龜茲文化詞典

王建林 等 主編

崧燁文化

目錄

《龜茲文化辭典》編輯委員會

前言

凡例

龜茲文化遺址分布示意圖

龜茲石窟分布示意圖

一畫

[一]

一切施王施身本生故事畫 34

[乙]

乙種吐火羅語 35

二畫

[一]

十二大願 37

十二立佛窟 37

《十力經》序 37

十六觀 38

十六佩劍者窟 38

十誦律梵文殘頁 39

二八臺遺址 39

二區佛母窟 39

二鴿譬喻故事畫 39

二龍浴太子佛傳故事畫 40

二商主施食佛傳故事畫 40

二道士微評制日本生故事畫 40

丁謙 41

丁谷山 42

七佛像 42

七步宣言佛傳故事畫 42

七寶示現佛傳故事畫 42

七角形平面中心柱支提窟 43

[丿]

匕首 43

八王爭舍利 44

八王分舍利圖 45

八王分舍利佛傳故事畫 45

九橫死 45

九色鹿捨身救溺人本生故事畫 45

三畫

[一]

大鼓 48

大雲寺 48

大石城 49

大像窟 49

大曆元寶 53

大自在天像 53

大宅失火圖 53

大迦葉頭部 54

《大唐西域記》 54

大勢至菩薩像 55

3

龜茲文化詞典
目錄

大望庫木遺址	55
大澇壩城堡遺址	55
大隧道本生故事畫	55
大劫賓寧因緣故事畫	55
《大慈恩寺三藏法師傳》	56
《大唐西域記地理考證》	56
《大唐西域求法高僧傳》	56
大施抒海取珠本生故事畫	56
大猿代母受射本生故事畫	58
大理家濟龜獲報本生故事畫	59
大象捨身救囚犯本生故事畫	59
大光明王始發道心本生故事畫	60
三弦	63
三寶標像	63
三區佛母窟	63
三耳釉陶罐	63
三水器譬喻故事畫	63
于祝	64
於術守捉	64
土龜茲樂	64

[丨]

山水圖	65
山中苦行佛傳故事畫	67
口誦乘船法而不解用譬喻故事畫	67

[丿]

千佛圖	68
千淚泉	69

《千佛洞是新疆人民的偉大歷史遺產》	70

[丶]

小天	71
小谷窟	71
小型禪窟	71
小穹窿頂窟	71
小兒播 踴戲因緣故事畫	71
小兒以土麥為食施佛因緣故事畫	72
小穹窿藻井帶弧面八邊形平面頂支提窟	72
女童塑像	73
女人繫小兒入井因緣故事畫	73
馬舞	73
馬王泗渡眾商本生故事畫	74
馬璧龍王救商客本生故事畫	74
飛天像	76
子死欲停置家中譬喻故事畫	81
屍毗王割肉貿鴿本生故事畫	81

四畫

[一]

木叉毱多	83
木扎提河	83
木素爾嶺	84
木雕獅像	84
五弦	84
五連洞	84
五銖錢	85
五方獅子舞	85

4

五朱文銅錢	85
五髻乾闥婆	86
五百商賈入海採寶因緣故事畫	87
五通比丘論苦之本本生故事畫	87
太子降生圖	87
太子試藝佛傳故事畫	89
太子驚夢佛傳故事畫	89
犬本生故事畫	89
天相圖	89
天龍八部	92
天宮伎樂圖	92
無畫窟	93
無文小銅錢	94
無惱指鬘因緣故事畫	95
王正見	96
王斛斯	96
王新僧伽藍	97
王遣使請佛乘車登天因緣故事畫	97
支提窟	98
開元通寶	101
瓦爾德施密特	101
瓦爾德施密特分期法	101
長筒形鼓	102
長條形禪窟	102
長壽女聽法圖	103
長方形平面縱券頂小型支提窟	104
長方形平面縱券頂帶壇基支提窟	104

長者難陀慳貪為盲子因緣故事畫	104
不識恩害龜本生故事畫	104
尤利多	104
夫蒙靈詧（馬靈詧）	105
車匿告別佛傳故事畫	105
車匿備馬佛傳故事畫	105
屯長	105
屯田司馬	105
屯田戍卒中龜茲人	105
比丘羅旬逾乞食不得因緣故事畫	105

[丨]

中心窟	106
中字錢	106
中心柱形支提窟	106
《中亞藝術與文化史圖說》	106
《中國突厥故地考察紀行》	106
《中國石窟寺雕塑藝術概述》	107
《中國突厥斯坦的古代佛寺》	107
《中亞與新疆古代晚期的佛教文物》	107
日天圖	108
日本人窟	109
日本「探險隊」	109
貝葉經	110
少年釋迦試藝圖	110

[丿]

烏什	110
烏壘州	110

龜茲文化詞典
目錄

烏壘關 ... 110
烏什哈特古城 ... 111
烏龜本生故事畫 ... 111
月天圖 ... 112
月光王施頭本生故事畫 ... 113
月明王施眼本生故事畫 ... 114
手鼓 ... 115
毛員鼓 ... 115
《化緣簿》 ... 115
倉庫窟 ... 115
風天圖 ... 115
分舍利圖 ... 116
公孫雅靖 ... 116
鳳首（弓形）箜篌 ... 117
升三十三天説法佛傳故事畫 ... 117
《從古今字譜論龜茲樂影響下的民族音樂》 ... 118

[丶]

火天圖 ... 118
火化圖 ... 118
火光定禪僧像 ... 118
六道圖 ... 119
六師論道佛傳故事畫 ... 119
六種眾生因緣故事畫 ... 120
六牙象王獻牙本生故事畫 ... 122
計戎水 ... 123
為釋迦族女説法圖 ... 123

為淨飯王説法佛傳故事畫 ... 124
方形平面無中心柱支提窟 ... 124

[ㄱ]

孔雀窟 ... 124
孔雀王譬喻故事畫 ... 124
雙耳釉陶缽 ... 125
雙領下垂式 ... 125
雙幡覆缽華蓋式尖頂方塔 ... 125
醜陋比丘因緣故事畫 ... 126
水定圖 ... 126
《水經注》 ... 127
水牛因緣故事畫 ... 127
水流大樹譬喻故事畫 ... 127
水牛王忍獼猴辱本生故事畫 ... 128

五畫

[一]

龍池 ... 130
龍神 ... 130
龍王窟 ... 130
龍舟圖 ... 130
龍興寺 ... 131
龍神圖 ... 131
龍神像 ... 131
龍泉守捉 ... 132
龍王與王妃像 ... 132
龍王守護佛傳故事畫 ... 132
龍王求經本生故事畫 ... 132

東川水	132	《北庭貽宗學士道別》	151
東西柘厥寺	133	葉護	151
東夷僻守捉	133	田仁琬	152
東昭怙厘佛足遺蹟	133	田揚名	152
東哈拉哈塘漢屯田遺址	134	盧舍那佛像	152

[ノ]

《東突厥斯坦的風土人情》	134	白山（人名）	153
石飾	134	白山（地名）	153
石雕	134	白延	154
石駝溺	134	白純	154
石磨盤	134	白英	154
未生怨窟	134	白環	155
未生怨王和王后像	134	白震	155
玉飾	135	白霸	155
玉曲吐爾遺址	135	白馬河	155
《古代庫車》	135	白孝節	155
戊己校尉	136	白孝順	155
本生故事畫	136	白孝德	156
正數2窟	149	白明達	156
布施竹園佛傳故事畫	149	白居易	156
布特巴什協海爾古城	149	白莫苾	158

[丨]

四川龜茲	149	白素稽	158
四鎮都統	149	白般綻	158
《四夷道里記》	150	白智通	158
四天王獻缽佛傳故事畫	150	白氏王朝	158
北河	151	白蘇尼咥	159
北山致隸蘭	151	白蘇畢梨	159

龜茲文化詞典
目錄

白蘇畢梨領屯米狀 ... 159
鳥舞 ... 159
《樂器胡撥四》 ... 159
《外國傳》 ... 159
生死輪圖 ... 160
印度飛天 ... 161
印度瘤牛車窟 ... 161
仙道王與王后圖 ... 161
仙人設肴膳供養故事畫 ... 162

[丶]

漢人渠 ... 162
漢風飛天 ... 162
漢式千佛 ... 163
漢龜二體錢 ... 163
漢龜茲屯田 ... 164
漢龜茲都城 ... 164
漢姑墨屯田 ... 165
漢歸義羌長印 ... 165
漢族供養人像 ... 166
立佛像 ... 166
立佛像板畫 ... 167
禮拜 ... 167
禮拜窟 ... 168
頭尾爭大譬喻故事畫 ... 168

[乙]

弘 ... 168
弗沙提婆 ... 169

台台爾石窟 ... 169
尼瑞摩珠那勝 ... 173
尼拘陀樹神佛傳故事畫 ... 173
出家決定佛傳故事畫 ... 173
出遊四門佛傳故事畫 ... 173
《司坦因甘新考古史料輯要》 ... 173
幼象助獅搏蟒本生故事畫 ... 173
母鹿捨身不失信本生故事畫 ... 175
聖友以乳施辟支佛本生故事畫 ... 176
《絲綢之路：東西方之間的商路與文化橋梁》 ... 177

六畫

[一]

西域 ... 178
西川水 ... 178
西州龜茲 ... 179
西域中道 ... 179
西域長史 ... 179
西域北道 ... 179
《西域圖志》 ... 180
《西域要考》 ... 180
西域都護 ... 180
西方三聖像 ... 181
西夷僻守捉 ... 181
西國龜茲樂 ... 182
《西域風土記》 ... 182
《西域水道記》 ... 182

西域都護府	182
《西陲牧唱詞》	183
西大寺古墓葬	183
《西域見聞瑣記》	183
《西域旅行日記》	184
《西北史前文化遺址概況》	184
動物	184
動物塑像殘塊	188
動物本生故事畫	188
托缽佛像	188
托浦古城	189
托庫孜薩來城堡	189
托乎拉克店石窟	189
托乎拉克艾肯石窟	189
地夜叉	192
地獄變	192
地獄圖	193
地獄油鍋窟	194
地藏菩薩像	194
《過磧》	195
《過賽里木》	195
有階窟	195
有翼飛天	195
達磨跋陀	196
《戎幕隨筆》	196
亞吐爾石窟	196
夾達克協海爾古城	196
吉祥施坐佛傳故事畫	196

[丨]

回鶻	196
回鶻窟	197
回鶻文題記	198
回鶻供養人像	201
吐蕃	203
吐蕃窟	204
吐蕃時期石佛像	204
吐火羅語與尼雅俗語	204
吐魯番出土文書中的白姓	205
《吐火羅語的發現與考釋及其在中亞文化交流中的作用》	205
呂光	206
呂休琳	206
呂休璟	206
則羅	206
曲侯	206
因緣故事畫	207
師子商主勇鬥曠野鬼本生故事畫	212

[ノ]

多匝	213
多龕窟	213
多寶珠重相輪雙幡覆缽式尖塔	213
多寶珠重幡式高基臺尖頂方塔	213
伎樂飛天	214
伎樂菩薩	214

龜茲文化詞典
目錄

伎樂與七寶圖 214	關中龜茲 227
伎樂天和金剛神像 215	壯士頭像 229
伎樂供養辟支佛因緣故事畫 216	江上迎佛圖 229
延城 216	齊朝龜茲樂 230
延田跌 216	羊達克沁大城 230
延王李玢 216	農夫本生故事畫 231
伊邏盧城 217	劉平國作列亭誦 231
伊里薩長者本生故事畫 217	《關於新疆石器時代文化的初步探討》232

[丶]

匈奴 217	阮咸 233
後山區 218	觀世音菩薩像 233
遷徙圖 218	觀察世間佛傳故事畫 234
伏（覆）缽塔 219	丞德 234
爭舍利圖 219	紅穹頂窟 A 234
朵雲圖案 220	紅穹頂窟 B 234
合掌信士斷珠本生故事畫 220	那羅延天像 235

[丶]

《觀安西兵過赴關中待命二首》 235

七畫
[一]

安西 220	克孜爾石窟 236
安西絲 220	克孜爾尕哈 240
安西道 220	克塔依城遺址 241
安西大都護 221	克孜爾古城遺址 241
安西都護府 222	克孜爾尕哈石窟 241
安西副大都護 223	克孜爾尕哈烽燧 245
安西大都護府故址 224	克孜利亞大峽谷 245
講經圖 225	剋日希古寺佛教遺址 246
講經窟 225	
守捉 227	
許欽明 227	

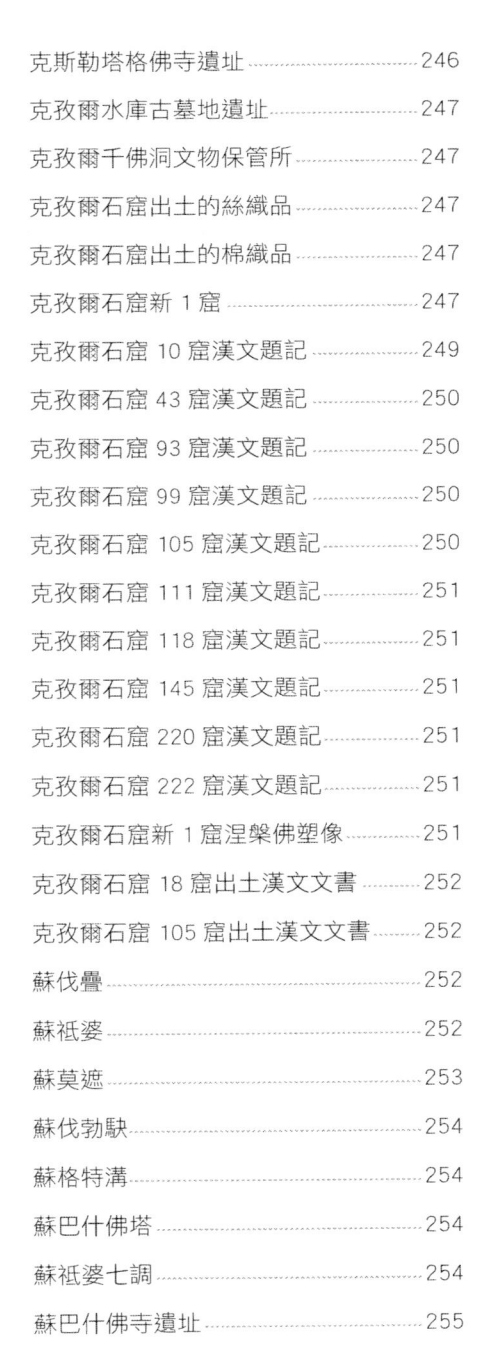

克斯勒塔格佛寺遺址	246
克孜爾水庫古墓地遺址	247
克孜爾千佛洞文物保管所	247
克孜爾石窟出土的絲織品	247
克孜爾石窟出土的棉織品	247
克孜爾石窟新 1 窟	247
克孜爾石窟 10 窟漢文題記	249
克孜爾石窟 43 窟漢文題記	250
克孜爾石窟 93 窟漢文題記	250
克孜爾石窟 99 窟漢文題記	250
克孜爾石窟 105 窟漢文題記	250
克孜爾石窟 111 窟漢文題記	251
克孜爾石窟 118 窟漢文題記	251
克孜爾石窟 145 窟漢文題記	251
克孜爾石窟 220 窟漢文題記	251
克孜爾石窟 222 窟漢文題記	251
克孜爾石窟新 1 窟涅槃佛塑像	251
克孜爾石窟 18 窟出土漢文文書	252
克孜爾石窟 105 窟出土漢文文書	252
蘇伐疊	252
蘇祇婆	252
蘇莫遮	253
蘇伐勃䭾	254
蘇格特溝	254
蘇巴什佛塔	254
蘇祇婆七調	254
蘇巴什佛寺遺址	255
蘇巴什佛塔女屍	255
李崇	256
李崇銅印	256
花巾舞	256
花天供養故事畫	256
杜環	256
杜暹	257
來瑱	257
走馬圖	257
赤沙山	257
《酉陽雜俎》	257
赤岸守捉	257
護法天王像	258
瑪扎伯哈石窟	259

[丨]

里拉	261
時健莫賀俟利發	261
《聽安萬善吹觱篥歌》	261
堅誓獅子因緣故事畫	262
足跡善知童子本生故事畫	262

[丿]

角	262
龜茲	263
龜茲文	266
龜茲板	267
龜茲語	267
龜茲鎮	268

《阿毗斯陀經中的魔鬼及其與中亞佛教造像的關係》......326
雞婁鼓......326
妖魔窟 A......327
妖魔窟 C、B......327
紡輪......327
張玄表......327
張孝嵩......327
張星烺......327
孜力克溝......327

八畫

[一]

耶婆瑟雞......329
耶婆瑟雞寺......329
耶輸陀羅入夢圖......330
耶舍出家佛傳故事畫......330
拉伊蘇溝古墓......330
拉伊蘇城堡遺址......330
拍板......330
輪台舞......331
鬱頭州......331
鬱多為大勝王釋偈本生故事畫......332
臥裸女圖......333
畫師窟......334
撥換城......334
頃希阿爾古城......334
直的經濟構造......334

蛤天人聞法因緣故事畫......334
英格邁利羊達克希阿爾古城......335
頂生王由貪喪身本生故事畫......335
《武威送劉單判官赴安西行營使呈高開府》......336

[丨]

曇景......336
曇摩鉗聞法投火坑本生故事畫......336
呼木阿里克......338
圖木休克山......338
明田阿達古城......338
明屋依塔格山......338
羅漢窟......338
羅雲洗佛足因緣故事畫......339
羅雲洗佛足譬喻故事畫......340
羅怙羅認父佛傳故事畫......340
羅怙羅命名佛傳故事畫......341
國王置幡請佛供養故事畫......341
叔伯殺龍濟國本生故事畫......341

[丿]

金光寺......342
金華寺......342
金花王......342
金砂寺......343
金剛杵圖......343
金剛神像......344
金翅鳥圖......344

克斯勒塔格佛寺遺址	246	蘇巴什佛塔女屍	255
克孜爾水庫古墓地遺址	247	李崇	256
克孜爾千佛洞文物保管所	247	李崇銅印	256
克孜爾石窟出土的絲織品	247	花巾舞	256
克孜爾石窟出土的棉織品	247	花天供養故事畫	256
克孜爾石窟新 1 窟	247	杜環	256
克孜爾石窟 10 窟漢文題記	249	杜暹	257
克孜爾石窟 43 窟漢文題記	250	來瑱	257
克孜爾石窟 93 窟漢文題記	250	走馬圖	257
克孜爾石窟 99 窟漢文題記	250	赤沙山	257
克孜爾石窟 105 窟漢文題記	250	《酉陽雜俎》	257
克孜爾石窟 111 窟漢文題記	251	赤岸守捉	257
克孜爾石窟 118 窟漢文題記	251	護法天王像	258
克孜爾石窟 145 窟漢文題記	251	瑪扎伯哈石窟	259
克孜爾石窟 220 窟漢文題記	251	**[丨]**	
克孜爾石窟 222 窟漢文題記	251	里拉	261
克孜爾石窟新 1 窟涅槃佛塑像	251	時健莫賀俟利發	261
克孜爾石窟 18 窟出土漢文文書	252	《聽安萬善吹觱篥歌》	261
克孜爾石窟 105 窟出土漢文文書	252	堅誓獅子因緣故事畫	262
蘇伐疊	252	足跡善知童子本生故事畫	262
蘇祗婆	252	**[ノ]**	
蘇莫遮	253	角	262
蘇伐勃駃	254	龜茲	263
蘇格特溝	254	龜茲文	266
蘇巴什佛塔	254	龜茲板	267
蘇祗婆七調	254	龜茲語	267
蘇巴什佛寺遺址	255	龜茲鎮	268

龜茲文化詞典
目錄

《龜茲舞》 ... 269
龜茲大武 ... 270
龜茲小錢 ... 270
龜茲飛天 ... 271
龜茲五銖 ... 271
龜茲樂譜 ... 271
龜茲回鶻 ... 271
龜茲佛曲 ... 271
龜茲祆教 ... 272
龜茲宮賦 ... 272
龜茲琵琶 ... 272
龜茲澡罐 ... 273
龜茲小銅錢 ... 273
龜茲文銅錢 ... 273
龜茲文題記 ... 274
龜茲樂樂器 ... 274
龜茲式千佛 ... 274
龜茲舍利盒 ... 274
龜茲語文書 ... 276
龜茲都督府 ... 276
龜茲摩尼教 ... 277
龜茲人的春節 ... 277
龜茲大乘佛教 ... 277
龜茲小乘佛教 ... 278
龜茲女子裝飾 ... 279
龜茲樂在雲南 ... 279
龜茲樂舞浮雕 ... 280
龜茲男人裝飾 ... 280
龜茲武王裝飾 ... 280
龜茲供養人像 ... 280
《龜茲風壁畫初探》 ... 282
龜茲石窟的發現 ... 283
龜茲石窟研究所 ... 284
龜茲回鶻的政治 ... 284
龜茲回鶻的經濟 ... 285
龜茲佛教行像節 ... 285
龜茲佛教的興盛 ... 285
龜茲的公娼制度 ... 286
龜茲的漢文文書 ... 286
龜茲的佛教戒律 ... 286
龜茲的藏傳苯教 ... 287
龜茲樂舞者的裝飾 ... 287
龜茲國王與大臣像 ... 288
龜茲國王托提卡及王后像 ... 288
《龜茲境內漢人開鑿、漢僧住持最多的一處石窟——庫木吐喇》 ... 288
佛國記 ... 288
佛圖澄 ... 289
佛傳故事畫 ... 290
《佛教東來之史地研究》 ... 295
佛救濟疫病供養故事畫 ... 295
佛說法度二王出家因緣故事畫 ... 296
《佛教在古代新疆和突厥、回鶻人中的傳播》 ... 296
谷內區 ... 297

谷東區	297
谷西區	297
身毒	298
伯希和	298
我所鳥譬喻故事畫	298
鳩摩羅什	298
繫六眾生譬喻故事畫	301
低舍羅希多殺樹得報因緣故事畫	302

【丶】

庫車（地名）	302
《庫車》（和瑛詩）	303
《庫車》（易壽崧詩）	303
庫車古烽燧	303
庫車的殘字紙片	303
庫車出土的《妙法蓮華經》殘片	303
庫木吐喇石窟	303
庫木吐喇城堡遺址	308
庫木吐喇石窟49窟漢文題記	309
庫木吐喇石窟51窟漢文題記	309
庫木吐喇石窟69窟漢文題記	309
庫木吐喇石窟20窟坐佛塑像	309
沙依拉姆石窟	310
沙彌均提因緣故事畫	310
沙彌勤誦經本生故事畫	311
沙彌守戒自殺因緣故事畫	311
《宋朝事實類苑》	311
宋宮廷教坊的龜茲部	312
初一寺	312
初轉法輪佛傳故事畫	312
弟史	313
弟子舉哀圖	313
訶黎布失畢	313
窮協海爾古城遺址	314
汪水大蟲因緣故事畫	314
快目王施眼本生故事畫	315
《初過隴山途中呈宇文判官》	316
《評向達的「新疆考古概況」》	317

【乛】

阿爾蘇	317
阿主兒	317
阿克蘇河	317
阿悉言城	317
阿羯田山	318
阿艾1號石窟	318
阿奢理貳伽藍	321
阿克墩古城遺址	321
阿艾漢代冶鐵遺址	321
《阿克蘇守歲呈朗公》	322
阿闍世王題材壁畫	322
阿私陀占相佛傳故事畫	324
阿蘭伽蘭苦修本生故事畫	325
阿闍世王靈夢佛傳故事畫	326
阿闍世王入花園佛傳故事畫	326

13

龜茲文化詞典
目錄

《阿毗斯陀經中的魔鬼及其與中亞佛教造像的關係》......326
雞婁鼓......326
妖魔窟 A......327
妖魔窟 C、B......327
紡輪......327
張玄表......327
張孝嵩......327
張星烺......327
孜力克溝......327

八畫

［一］

耶婆瑟雞......329
耶婆瑟雞寺......329
耶輸陀羅入夢圖......330
耶舍出家佛傳故事畫......330
拉伊蘇溝古墓......330
拉伊蘇城堡遺址......330
拍板......330
輪台舞......331
鬱頭州......331
鬱多為大勝王釋偈本生故事畫......332
臥裸女圖......333
畫師窟......334
撥換城......334
頃希阿爾古城......334
直的經濟構造......334

蛤天人聞法因緣故事畫......334
英格邁利羊達克希阿爾古城......335
頂生王由貪喪身本生故事畫......335
《武威送劉單判官赴安西行營使呈高開府》......336

［｜］

曇景......336
曇摩鉗聞法投火坑本生故事畫......336
呼木阿里克......338
圖木休克山......338
明田阿達古城......338
明屋依塔格山......338
羅漢窟......338
羅雲洗佛足因緣故事畫......339
羅雲洗佛足譬喻故事畫......340
羅怙羅認父佛傳故事畫......340
羅怙羅命名佛傳故事畫......341
國王置幡請佛供養故事畫......341
叔伯殺龍濟國本生故事畫......341

［丿］

金光寺......342
金華寺......342
金花王......342
金砂寺......343
金剛杵圖......343
金剛神像......344
金翅鳥圖......344

金翅鳥神	345	受出家衣佛傳故事畫	357
金華寺遺址	345	受毒蛇身因緣故事畫	358
金剛力士像	345	捨身飼虎圖	358
金天供養故事畫	346	舍衛城神變佛傳故事畫	358
供養圖	347	舍熊飼惡虎本生故事畫	359
供養人像	347	舍利摩提施塔因緣故事畫	360
供養者列像	350	兔王護法殉身本生故事畫	360
供養舍利圖	351	《使交河郡郡在火山腳其地苦熱無雨雪獻封大夫》	361
供養故事畫	351		
供養菩薩像	352	**[丶]**	
帛延	353	法顯	361
帛元信	353	法螺	363
帛法矩	353	法豐寺	363
帛法祖	354	法輪窟	363
帛屍梨密多羅	354	法輪常轉	363
貧女施燈因緣故事畫	354	法護王造塔供養故事畫	363
貧女請佛因緣故事畫	355	法護王請佛洗浴供養故事畫	364
貧人以身布施本生故事畫	355	寶藏窟 A	364
貧家子請佛沐浴供養故事畫	356	寶藏窟 B	364
牧女奉糜佛傳故事畫	356	寶藏窟 C	364
牧牛女出家佛傳故事畫	356	寶藏窟 D、E	364
制底窟	356	寶天因緣故事畫	364
製陶圖	356	寶天供養故事畫	365
魚尾飛馬窟	356	河灘地	365
《往五天竺國傳》	357	河西龜茲	365
甕中影譬喻故事畫	357	河南龜茲	365
貪慾索取本生故事畫	357	泥俑頭像	366

15

龜茲文化詞典
目錄

波斯薩珊朝銀幣 ... 366
波婆梨因緣故事畫 ... 367
波塞奇王畫佛因緣故事畫 ... 368
波斯匿王女善光因緣故事畫 ... 368
鄭吉 ... 369
房舍圖 ... 369
夜半逾城佛傳故事畫 ... 369
淨飯王及王后聽法圖 ... 370
盲龜鑽浮木孔譬喻故事畫 ... 370

[ㄅ]

建 ... 371
建中錢 ... 371
姑墨 ... 371
姑墨州 ... 371
降魔圖 ... 372
降魔成道 ... 373
降三魔女圖 ... 373
降伏迦葉佛傳故事畫 ... 374
降魔成道佛傳故事畫 ... 375
迦葉窟 ... 375
迦膩色迦 ... 375
迦蘭太子本生故事畫 ... 375
迦利龍王與王后聽法圖 ... 375
《經行記》 ... 376
經變畫 ... 376
陝西龜茲 ... 378
彌勒兜率天說法圖 ... 379

參詣天祠佛傳故事畫 ... 379

九畫

[一]

春鶯囀 ... 380
春鶯囀舞 ... 380
城上河 ... 380
威戎城 ... 380
勃達嶺 ... 380
封常清 ... 380
趙頤貞 ... 381
柘厥關 ... 381
擠奶裸女圖 ... 381
南戈壁墓地遺址 ... 381
樹下觀耕佛傳故事畫 ... 382
樹下誕生佛傳故事畫 ... 382

[丨]

貴霜王朝 ... 383
貴霜藝術 ... 383
毗訶羅窟 ... 383
毗摩天女像 ... 386
毗舍佉出家佛傳故事畫 ... 386
毗楞竭梨聞法身釘千釘本生故事畫 ... 386
哈拉墩遺址 ... 388
哈拉玉爾滾石窟 ... 389
哈天人因緣故事畫 ... 389
豎箜篌 ... 389
戰地濕羅 ... 391

16

昭怙厘大寺	391
思唯日神窟	392
啞譬因緣故事畫	392

[ノ]

須摩提女請佛因緣故事畫	392
須大拏樂善好施本生故事畫	393
須陀素彌王不妄語本生故事畫	395
須闍提割肉奉雙親本生故事畫	396
獨角仙人像	398
獨角仙人破戒失神通本生故事畫	398
泉幣	399
拜城	399
段成式	400
敘利亞畫家	400
《皇華四達記》	400
劍相師本生故事畫	401
鬼子母失子因緣故事畫	401
獅象捨身殺蟒救商客本生故事畫	402
修樓婆王聞法舍妻兒本生故事畫	402

[丶]

說法圖	403
說一切有部	405
宮殿圖	406
宮中娛樂佛傳故事畫	407
度善愛乾闥婆王緣	407
度曠野夜叉佛傳故事畫	408
度摩尼曼陀因緣故事畫	408
度化善愛乾闥婆王佛傳故事畫	408
度舍利弗、目犍連佛傳故事畫	408
突厥	409
突厥文題記	409
舉哀圖	411
洗腳窟	412
誘惑窟	412
帝釋天	412
前踐寺	412
聞法菩薩像	412
音樂家合唱洞	413
恰庫木排來克遺址	414

[フ]

柔然	414
絳賓王	414
結跏趺坐	415

十畫

[一]

班勇	416
班超	416
秦漢伎	417
秦州龜茲	417
耕作圖	418
鹽水關	418
鹽水溝堡塞遺址	419
礪石	419
賈耽	419

龜茲文化詞典
目錄

耆婆 419	倒數 3 窟 426
熱海道 420	**[丶]**
晉龜茲都城 420	郭昕 426
惡牛因緣故事畫 420	郭元振 427
壺中人譬喻故事畫 421	郭虔瓘 427
捕鳥師譬喻故事畫 421	高仙芝 428
格倫威德爾分期法 422	高位窟 428
原始時期龜茲服飾 422	高昌縣上安西都護府牒 428
夏渴蘭旦古城遺址 422	高昌回鶻時期的龜茲佛教 428
[丨]	唐王城 429
唆羅迷國 423	唐烏壘屯田 429
圓筒形鼓 423	唐龜茲屯田 429
鴦崛鬘遇佛因緣故事畫 423	唐龜茲都城 429
賊臨被殺遙見佛歡喜升天因緣故事畫 423	唐草文圖案 430
虔闍尼婆梨王聞法身燃千燈本生故事畫 423	唐尉頭州屯田 430
[丿]	《唐丘慈國蓮華寺蓮花精進傳》 431
鐵矢 424	唐漢人屯田戍卒間借米糧契 431
鐵釜 424	涅槃畫 431
鐵鑿 425	涅槃佛圖 434
徐松 425	涅槃入滅佛傳故事畫 434
徐欽識 425	悟空 434
透索 425	《悟空行記》 435
航海窟 426	諸天供養圖 435
餓鬼窟 426	諸天朝賀佛傳故事畫 435
俱毗羅城 426	凌山 436
俱毗羅磧 426	袒右式 436
倒數 2 窟 426	海生動物圖 436

海神問難船人因緣故事畫 ……………… 437

旃闍女謗佛有孕因緣故事畫 …………… 437

調伏醉象因緣故事畫 …………………… 438

《調查新疆佛教遺蹟應予注意的幾個問題》……………………………………… 438

[丿]

陶甕 ……………………………………… 439

陶壺 ……………………………………… 440

陶盞 ……………………………………… 440

陶甑（手製）……………………………… 440

陶甑（輪製）……………………………… 440

陶範半身佛像 …………………………… 440

通肩式 …………………………………… 441

通古斯巴什古城 ………………………… 442

娛樂太子圖 ……………………………… 442

桑達姆遺址 ……………………………… 443

十一畫

[一]

梵天 ……………………………………… 444

梵天勸請佛傳故事畫 …………………… 444

梵豫王施谷因緣故事畫 ………………… 444

菩薩像 …………………………………… 445

菩薩頂窟 ………………………………… 445

菩薩塑像殘塊 …………………………… 445

菩薩行善不怖眾生本生故事畫 ………… 445

它乾城 …………………………………… 446

乾闥婆 …………………………………… 446

乾陟舐足佛傳故事畫 …………………… 447

乾闥婆作樂供養故事畫 ………………… 447

教化兵將佛傳故事畫 …………………… 447

教化五百苦行仙人佛傳故事畫 ………… 447

黃文弼在庫車的考古發掘 ……………… 447

黃文弼一九二八年龜茲之行 …………… 447

排簫 ……………………………………… 448

菱格畫 …………………………………… 448

據史德城 ………………………………… 450

《焉耆—龜茲文及其文獻》 …………… 450

擲象出城佛傳故事畫 …………………… 451

勒柯克分期法 …………………………… 451

勒那闍耶殺身濟眾本生故事畫 ………… 451

[丨]

《略論鳩摩羅什》 ……………………… 452

《略述龜茲都城問題》 ………………… 453

《略論高昌回鶻的佛教》 ……………… 453

雀梨大寺 ………………………………… 454

雀爾塔格山 ……………………………… 454

雀爾塔格山石林 ………………………… 455

虛空夜叉 ………………………………… 455

趺坐佛塑像 ……………………………… 455

野干因緣故事畫 ………………………… 455

[丿]

笙 ………………………………………… 456

銅匕 ……………………………………… 457

銅角 ……………………………………… 457

龜茲文化詞典
目錄

銅鈸 457
銅釜 457
銅廠河 458
銅手鐲 458
獼猴奉蜜供養故事畫 458
獼猴以身作橋本生故事畫 459
盤舞 460
盤達龍王相本生故事畫 460
彩塑佛頭 460
彩繪地坪窟 460
象王不恃強淩弱本生故事畫 460
象、獼猴、鷯自分長幼本生故事畫 462
唧環飛鴿窟 462
第一次結集佛傳故事畫 463
梨耆彌七子因緣故事畫 463
鴿焚身施農人本生故事畫 464

[丶]

婆伽兒 465
婆羅遮 465
婆世躓因緣故事畫 465
婆那樹本生故事畫 466
婆羅門和金剛神像 466
婆羅門飲食供養故事畫 467
婆羅門捧珠因緣故事畫 467
婆提利迦繼位佛傳故事畫 467
婆羅門聞法捨身本生故事畫 467
婆羅門傾食著火因緣故事畫 469
婆羅門以美貌玉女施佛因緣故事畫 469
鹿野苑説法圖 469
鹿王代孕鹿烹本生故事畫 471
鹿王捨身救兔本生故事畫 471
閻文儒的克孜爾石窟分期 472
閻文儒的瑪扎伯哈石窟分期 472
閻文儒的庫木吐喇石窟分期 473
閻文儒的森木塞姆石窟分期 473
梁宰 473
常惠 473
商旅圖 474
密教畫 474
蓋嘉運 474
麻扎甫塘遺址 474
宿白的克孜爾石窟分期 475
清信士捨身奉戒本生故事畫 475
盜賊身刺三百矛譬喻故事畫 476
唯樓勒王率兵誅釋種佛傳故事畫 477

[ㄅ]

繩舞 477
《綜述中國出土的波斯薩珊朝銀幣》 478

十二畫

[一]

斯坦因 479
斯文赫定 479
《斯文赫定穿行亞洲述要》 480
博斯坦村龍泉遺址 480

博斯坦托克拉克石窟 ……480
焚化佛遺體圖 ……480
焚棺佛傳故事畫 ……481
塔什頓古城 ……481
塔里木盆地 ……482
《塔里木盆地考古記》……482
韓樂然 ……482
韓樂然題記 ……483
雅丹地貌 ……483
雅哈阿里克城 ……483
琵琶 ……484
散花飛天 ……484
瓊梯木遺址 ……484
森木塞姆石窟 ……484
聯珠鴿紋圖案 ……487
落崖人殺猴本生故事畫 ……488
雄獅奮身救猿本生故事畫 ……489
提克買克漢礦冶遺址 ……490
提婆達多投石傷佛因緣故事畫 ……490
散檀寧施辟支佛食本生故事畫 ……490

[｜]

喻空 ……492
最大窟 ……492
黑太沁古城 ……492
喀拉亞烽火臺 ……492
喀拉玉爾滾遺址 ……492
跋祿迦 ……492
跋提施樵木因緣故事畫 ……493
跋彌化魚醫瘡本生故事畫 ……493
跋摩竭提施乳本生故事畫 ……494

[ノ]

猴舞 ……495
猴子禪定圖 ……495
猴王智鬥水妖本生故事畫 ……496
智猛 ……498
智馬捨身救王命本生故事畫 ……498
筆（觱）篥 ……501
答臘鼓 ……501
《答門人問漢書西域形勢》……501
魯義姑圖 ……502
《犍陀羅・庫車・吐魯番》……502
釋迦牟尼佛趺坐塑像 ……502

[丶]

禪窟 ……502
禪宗窟 ……504
禪定佛像 ……505
禪定印之叉手式 ……505
禪定印之對指式 ……505
禪定印之抱元式 ……505
禪定印之握固式 ……506
禪定印之疊掌式 ……506
善善摩尼 ……506
善愛作樂供養故事畫 ……506
善愛乾闥婆王歸佛像 ……506

善人燃臂引路本生故事畫 507
善人燃燈供養因緣故事畫 507
善事被弟刺眼不懷恨本生故事畫 507
富那奇因緣故事畫 508
富樓那出家佛傳故事畫 509
祿勝 509
渭干河 509
遊牧圖 509
謝濟世 509
溫肅州 510
溫宿國 511
溫廷寬先生斷代法 511
《遊行外國傳》 511
普爾熱瓦爾斯基 511
普魯士皇家吐魯番「考察隊」 512
童子道人以身飼虎本生故事畫 513

[ㄱ]

疏勒鹽 515
孱提婆羅忍辱截肢本生故事畫 515

十三畫

[一]

鼓舞 517
鼓聲因緣故事畫 517
碗舞 517
榆林守捉 517
《蒙新考古報告》 518
《磧西頭送李判官入京》 518

[丨]

骰子 518
督使者 519
睒摩迦至孝被射本生故事畫 519
頻婆娑羅王歸佛佛傳故事畫 520

[ノ]

腰鼓 520
解縛本生故事畫 521
猿猴被膠譬喻故事 521
鋸陀獸剝皮救獵師本生故事畫 522

[丶]

《新疆識略》 523
《新疆圖志》 523
《新疆遊記》 523
《新疆古佛寺》 524
《新疆考古概況》 524
《新疆之文化寶庫》 525
《新疆考古的發現》 525
《新疆的佛教藝術》 525
《新疆出土古紙研究》 526
《新疆天山以南的石窟》 526
《新疆拜城赫色爾石窟》 526
《新疆天山南路的文物調查》 527
《新疆古希臘式遺蹟考察記》 528
《新疆赫色爾千佛洞的動物畫》 528
《新疆與中亞古代晚期的佛教文物》 528

《新疆佛教由盛轉衰和伊斯蘭教興起的歷史根源》 528
裸女圖 529
裸男圖 529
裸體人像 530
慈力王施血本生故事畫 535
慈心龍王授命本生故事畫 535
慈者不孝頭戴鐵輪本生故事畫 536
《塞上行》 537
塑像群窟 537
靖德太子李琮 537
溺水比丘捨身持戒因緣故事畫 537

[乛]

群巴克古墓葬遺址 537

十四畫

[一]

赫色爾 538
赫·海爾特 538
慕魄不言被埋本生故事畫 538

[丨]

裴秀 540
雌猴窟 540

[丿]

簫 540
僧房窟 540
箧盛四毒蛇譬喻故事畫 540

舞練飛天特寫像 542
舞師女作比丘尼因緣故事畫 542

[丶]

察爾其 542
賽里木 543
弊狗因緣故事畫 543
端正王智斷兒案本生故事畫 543

十五畫

[一]

慧超 547
飄帶舞 547
播蜜川 547
橫笛 547
橫的經濟構造 548

[丿]

德國「探險隊」 548
德國人的克孜爾石窟分期 549
《德國第三次考察隊的考古成果》 549
稻田本生故事畫 550

[丶]

羯鼓 552
額士丁 552
摩尼珠像 553
摩利支天像 553
摩訶毗盧遮那佛像 554

龜茲文化詞典
目錄

十六畫

[一]

薛行軍陶罐 556

霓裳羽衣曲 556

樵夫誅恩熊本生故事畫 557

[丨]

鸚鵡子王請佛供養故事畫 558

鸚鵡精誠滅火本生故事畫 558

[丿]

《穆天子傳地理考證》 559

[丶]

磨大石譬喻故事畫 559

凝乳搬運本生故事畫 559

燃燈佛授記佛傳故事畫 559

[ㄱ]

壁爐窟 A 561

壁爐窟 B 561

壁爐窟 C、D、E 561

壁龕禪窟 561

壁畫重層窟 561

壁畫重層窟旁小窟 561

十七畫

[一]

藏經洞 562

戴盔者窟 562

[丨]

嚫噠 562

[丿]

徽章 563

十八畫

[一]

覆缽式小塔 564

[丨]

點戛斯 564

[丶]

鷹王受眾愛戀本生故事畫 565

二十畫

[丶]

魔法使本生故事畫 566

[ㄱ]

譬喻故事畫 566

附錄：龜茲研究院大事記

後記

《龜茲文化辭典》編輯委員會

主　　任　　徐永明

副 主 任　　張國領

委　　員　　徐永明、陳　湧、張國領、朱英榮、吳平凡

　　　　　　王建林、李　麗、李　軍、王志疆、顏　松

　　　　　　程建軍、吐孫江·木沙、臺來提·烏不力

主　　編　　王建林、朱英榮

副 主 編　　徐永明、吳平凡、李麗

文字助理　　張慧玲、王　岩、胡乾芮、楊　波

　　　　　　奴爾買買提·卡迪爾、謝倩倩

攝　　影　　王建林

龜茲文化詞典
《龜茲文化辭典》編輯委員會

前言

　　龜茲古國在西漢初期是西域三十六國中的一個大國,亦是一個著名的佛國,境內佛教文化異常繁盛。而以佛教文化為代表的龜茲文化曾經在中亞地區輝煌了一千多年的時間,不僅影響了該地區各國的歷史進程,還為古代中亞文明的發展帶來了曙光。伴隨西域佛教的東傳,龜茲文化逐步對中原文化產生較大影響,主要體現在三個方面:第一,它開創了中原地區石窟文化的先河,中原地區的很多石窟寺大多發源於龜茲石窟;第二,它影響了古代中原地區人民的精神生活,由原來的祖先崇拜和對天、地、山川的大自然崇拜變成了對佛的崇拜;第三,它豐富了古代中原文化的內容,從建築形式到繪畫藝術都深深烙上了龜茲文化的印記。

　　作為一種複合型文化,龜茲文化是中國古代漢唐文化、西域文化與國外古印度文化、希臘羅馬文化、波斯文化、伊斯蘭文化融會貫通並結合龜茲人文特點而孕育的有著鮮明民族特徵與地域特色的一種文化綜合體,其形成也從古佛教文化、佛教石窟壁畫、石窟題記、樂舞、戲曲、文物、詩詞等多方面兼容並包,兼收並蓄,是中華文明在形成和積澱中的一個重要標誌,具有廣闊的研究價值。

　　但是到了十一二世紀時,隨著伊斯蘭教的傳入,龜茲佛教文化逐漸走向衰落,大量龜茲石窟毀沒於荒野蔓草之中,這一毀棄長達數百年之久。直到19世紀末20世紀初,先後有一批外國人來到龜茲地區「探險」,他們中有德國人、英國人、法國人、俄國人和日本人,他們在龜茲地區進行考古發掘並掠奪了大量珍貴的龜茲遺物。在此基礎上,這些所謂的「探險者」透過辦展覽會,出版圖書和畫冊,並撰寫了一批研究論文,向世人介紹他們的「探險」成果,龜茲文化又重新進入人們的視野,形成了以德國、日本為中心的龜茲文化研究基地。

　　中國的龜茲文化研究工作開展得較晚,1949年之前只是個別學者涉足於這個領域,未產生系統的研究成果。後來,中央人民政府先是把龜茲石窟中的克孜爾石窟和庫木吐喇石窟列為國家重點文物保護單位,成立了各有關文物保管所,開始了龜茲文化遺產的管理和保護工作,為以後龜茲文化研究工作的發展打下了基礎。因此,在20世紀五六十年代產生過一批較有質量和影響的研究成果。

　　改革開放後,隨著中外文化交流的廣泛開展和國際上「絲綢之路」研究熱潮的興起,龜茲文化研究從此進入了繁榮期。以新疆地區各大學和科學研究機構為核心,研究隊伍利用地理之便,率先撰寫了一批龜茲文化研究的專著和論文。接著以中國社會科學院和

龜茲文化詞典

前言

　　北京大學考古學院為核心的一批研究工作者對龜茲文化進行了更深入和富有成果的研究，並發表了一批高質量的專著和論文，使龜茲文化研究工作進入了一個新階段。

　　目前，新疆設立龜茲研究院，專門從事龜茲文化的研究。面對如此繁榮的研究現狀，面對如此眾多的學者為龜茲文化研究而努力拚搏，面對汗牛充棟般的龜茲文化研究成果的湧現，長期從事龜茲文化研究的我們，深深地感覺到為推動龜茲文化研究工作而編寫一部實用的工具書的時間到了。經過數年的整理加工，歷經多人的蒐集檢閱，我們終於編纂出了這部《龜茲文化辭典》。

　　《龜茲文化辭典》是一部集檢索、查閱、文獻參考、資源彙總於一身的專著類文化辭典，除參考國內外有關書籍之外，還從實際需要出發，努力配合龜茲文化的學習與研究，收集了關於龜茲的重要的人物、文章、事件、地名、考古遺物、文化遺址、典章制度、宗教傳說等，凡具有檢索價值者，均儘量予以收錄。整部書稿囊括了有關龜茲的詞目約1000條，同時集學術研究和文化品鑑於一體，旨在滿足廣大讀者和學者了解、研究龜茲文化的需要，以增加龜茲文化的影響力。

　　同時，本辭典完整地保存了龜茲的多民族文化發展成果。在漫長的歷史長河中，曾經有許多民族活躍在龜茲的土地上，對龜茲文化的形成和發展做出過重要貢獻，使龜茲文化呈現出燦爛多彩的特點，這些在辭典中都可尋蹤覓跡。

　　本辭典將龜茲多領域文化成就集結成書，付梓問世，對龜茲文化資源的歸納具有開拓性意義，對於各領域專家學者研究龜茲具有文獻意義。

　　謹綴首語於卷首，意在向讀者坦述我們的工作實況。可以說，比較完整而系統的《龜茲文化辭典》的出版，在中國國內尚屬首次。我們深感「篳路藍縷」之榮幸與艱難，在此特向鼓勵與支持我們的廣大讀者與有關同仁致以衷心感謝。我們竭誠盼望各方面的專家和讀者及時賜以批評指正，容本書有所改進和提高，使之逐步臻於完善。

凡例

　　一、本辭典共收詞目約 1000 條,包括政治、經濟、軍事、地理、宗教、民族、文學、歷史、音樂、舞蹈、繪畫、人物、文物、典故、典籍、風俗習慣、歷史事件、王朝世系、典章制度、考古遺址、學科術語、研究介紹共 22 類。

　　二、對學術上的問題,凡已有定論的,按定論介紹;尚無定論及有爭議的,則採取諸說並存,或以一說為主,兼及其他。

　　三、譯名採用較通行的譯法,對一些譯音雖有出入,但至今仍習用者,則根據「約定俗成」的原則沿用。釋文中出現的外國人名、地名等,根據需要,有的也酌注外文。

　　四、全書配插圖近 200 幅。書末附有龜茲研究院大事記。

　　五、詞目表按詞目第一字的筆畫數編排,筆畫數相同則按起筆(即書寫時的第一筆)一(橫)丨(直)ノ(撇)、(點)(折)順序排列。第一字相同的詞目,字數少的在前,多的在後;字數相同的,按第二字筆畫數和起筆排列;依此類推。同時,為了方便查詢,將首字相同的詞條收納到了一起。

　　六、歷史紀年,中國史部分一般用年號紀年,加注西元紀年;外國史部分多數用西元紀年,必要時加注年號紀年。

　　七、文中的材料補充、解釋、單位換算、地名解釋、附圖、年代等都一律採用括注。

　　八、文中多次出現于闐、和闐、和田,未做統一,「于闐」為今和田的古稱,此一稱謂延至民國二年(1913 年),才改稱「和闐」,1959 年後,將「和闐」改作「和田」,此一稱謂延續至今。是故文獻資料中出現了不同時期的不同稱謂,在此做特別說明。

龜茲文化遺址分布示意圖

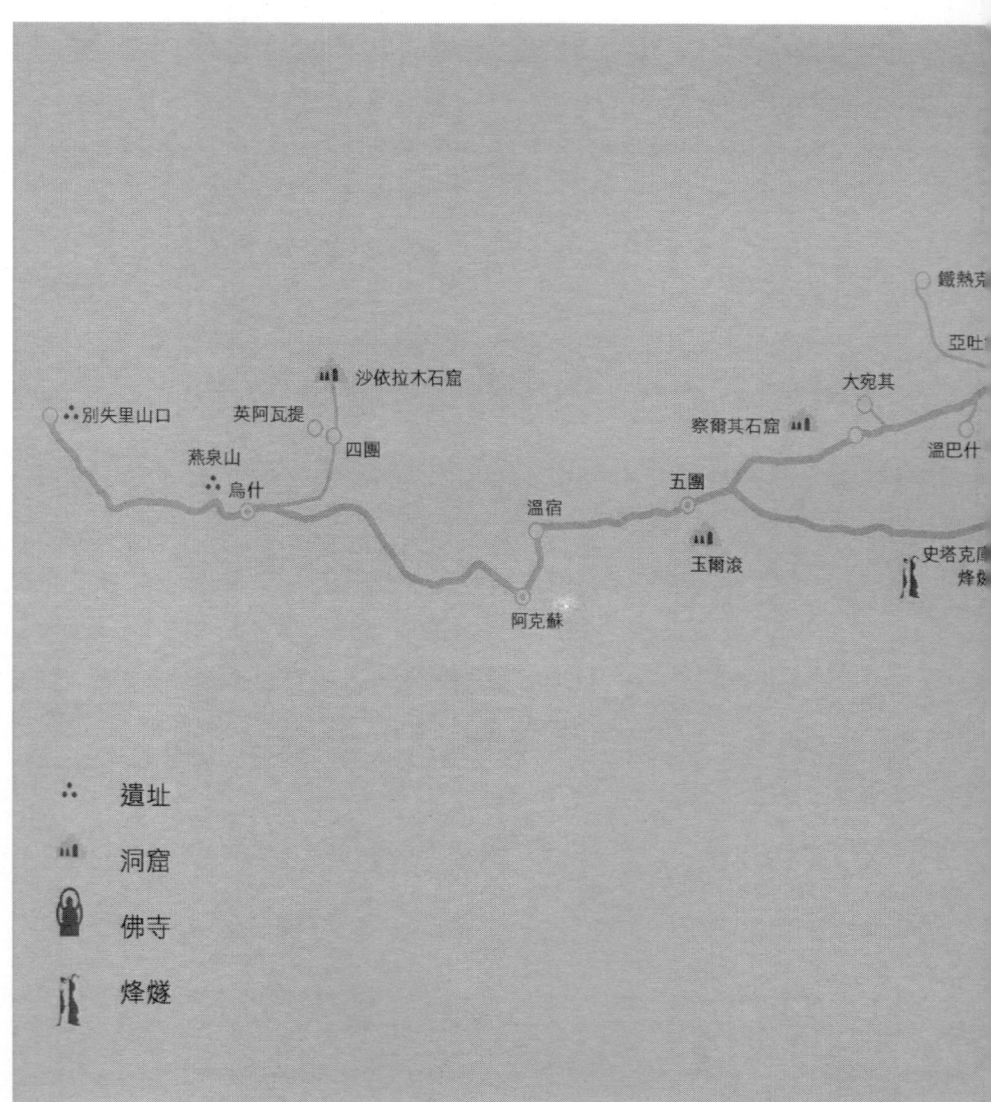

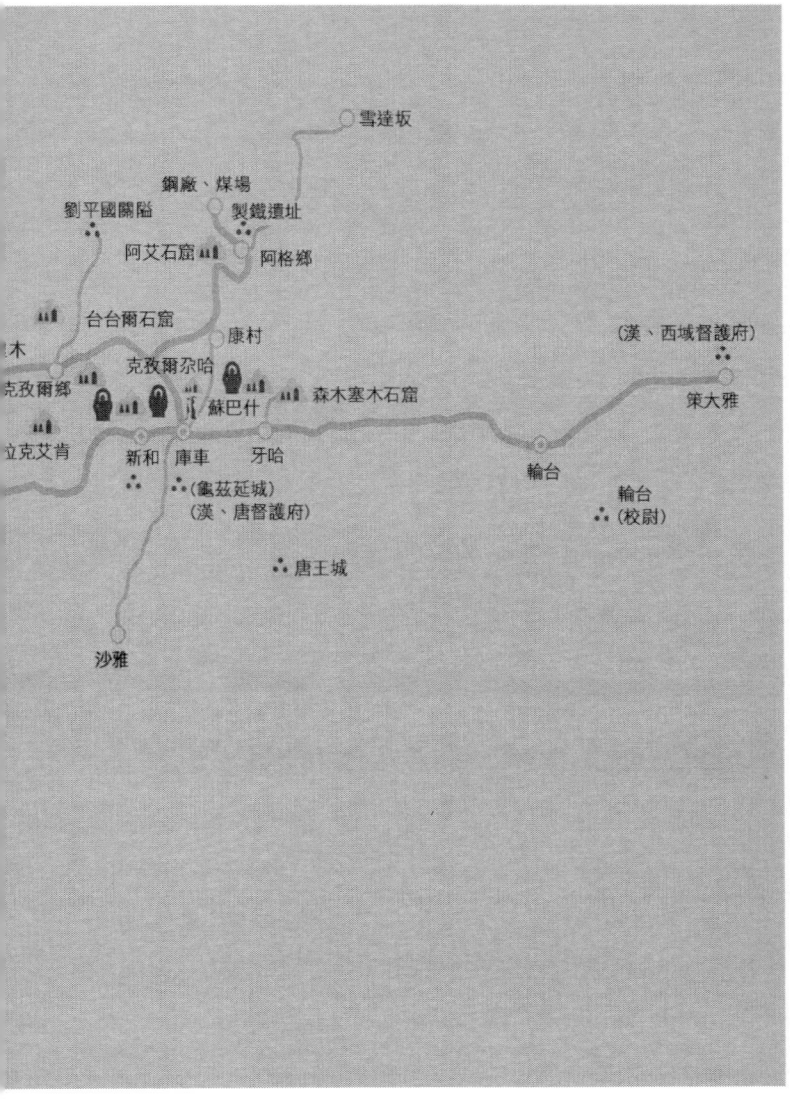

龜茲文化詞典
龜茲石窟分布示意圖

龜茲石窟分布示意圖

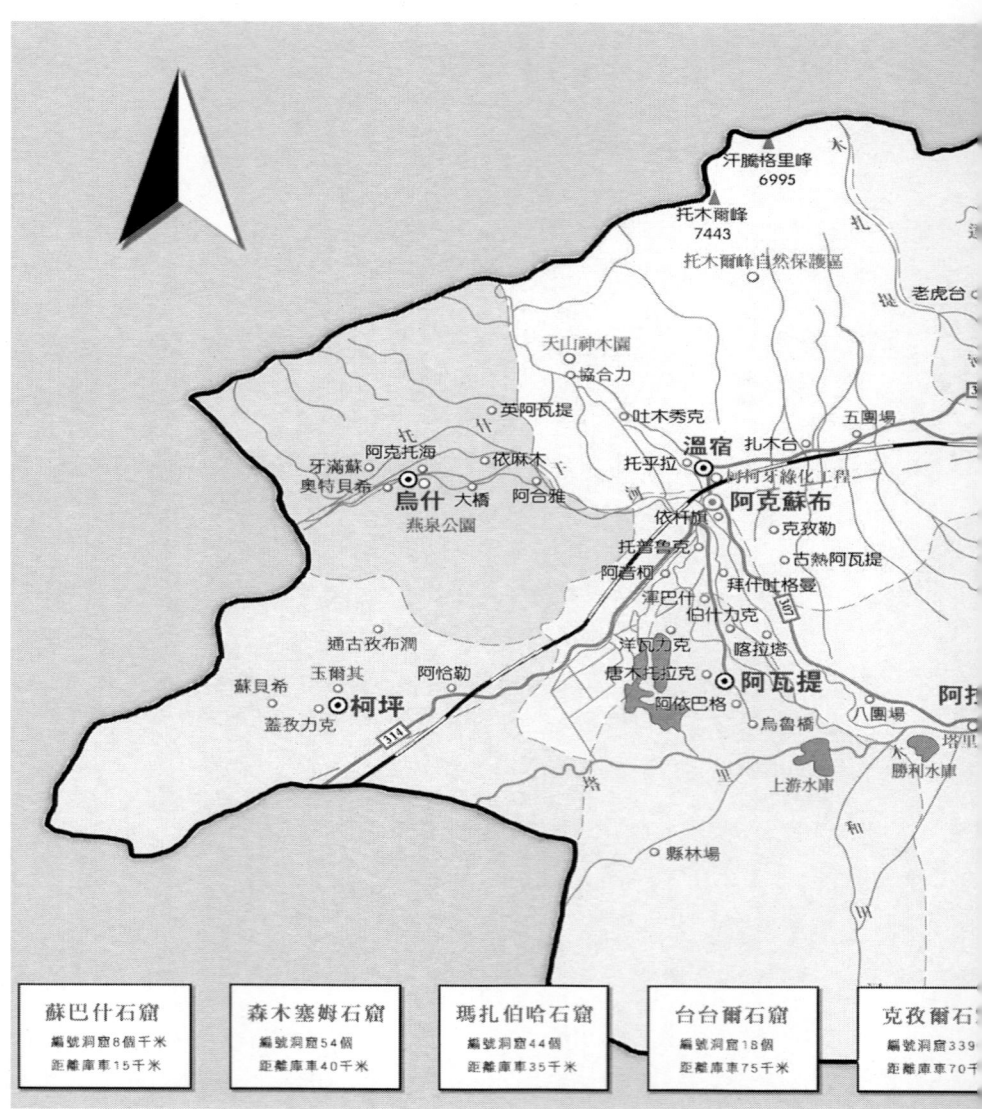

龜茲文化詞典

一畫

［一］

一切施王施身本生故事畫

這幅圖見於龜茲石窟多個洞窟內，克孜爾石窟114窟主室券頂菱形格內的較有特點。故事出自佛經《菩薩本緣經》。故事內容如下：從前，有一個國王名叫一切施。他剛剛生下來，就對他的父母親說：「我為了廣大受苦人，不僅能施捨我所喜愛的財物珍寶，而且能為他們獻出寶貴的生命。」因此父母專門為他起了一個名字——一切施。當他的父親死了後，他繼承王位，當了國王。他常常給人民布施財物，還教育國家官吏，對那些貧苦的人，沒有衣服的給衣服，沒有吃的給吃的，需要財寶的給予財寶，時刻尊重和愛護一切人民。當時，鄰國的人民都知道一切施王的無比功德，猶如潮水般紛紛前來歸化。為此，鄰國的國王對一切施王十分怨恨，他們一起策劃陰謀，準備攻打一切施王的國家。戰爭一打起來，就會傷害百姓。因此，一切施王決心遁入山林，拋棄王位和國家，專心學道，以避免戰爭的發生。這時，有一個遠方婆羅門遭官府逼債，前來向一切施王求施捨。這時的一切施王已無任何財物可以施捨了，但是他想到鄰國國王正重金懸賞捉拿自己，於是便讓這個婆羅門把自己捆綁起來，然後押往鄰國去領賞，把賞金施捨給婆羅門。婆羅門不肯這樣做，一切施王便把自己縛住，與婆羅門一起前往鄰國。鄰國國王見一切施王不管死活，自縛前來，感到很奇怪，連忙問清緣由。當婆羅門向鄰國國王敘述了事情的本末後，鄰國國王感到十分慚愧，決心停止進兵侵犯，並送一切施王回國，讓他照舊當國王。

克孜爾石窟114窟壁畫中所繪的這幅本生故事畫，表現的情景為鄰國國王坐於高座上，一切施王反縛雙手，身後有一押解的婆羅門，左手執繩，右手舉起作講說狀。（見圖1、圖2）

圖 1 克孜爾石窟 17 窟————一切施王施身

圖 2 克孜爾石窟 114 窟————一切施王施身

[7]

乙種吐火羅語

19世紀末20世紀初，西方「探險家」在新疆地區發現了許多用古代民族文字書寫的文書殘卷。其中的一種是用婆羅米字母寫的。在最初，儘管字母都認識，但因為是連寫的，不但不能了解其中的語法結構，連一個個的字母都斷不開。以後逐漸發現了其中有一些梵文借字，再進一步摸索出一些語法規律，於是才給考釋工作投入一線光明。德國學者勞於曼覺得它的語法結構和其他的印歐語言不同，所以說它是「非雅利安的」。後來又改稱為「北雅利安語」，都沒有得到學術界的認可。1907年，德國繆勒根據一個回鶻文的題款把這種語言定名為吐火羅語。1908年，德國學者西格和西格林發表論文，贊同這個名稱。從那時起，這兩位德國學者的主要精力就用在考釋吐火羅語上，對吐火羅語的語法結構做了初步的探索。他們肯定了它是屬於印歐語系的，同時還指出，吐火羅語有兩種語言不同而內容相同的殘卷，他們稱之為甲種和乙種。兩種用的字母相同，但在元音發音法、輔音發音法以及詞的變化方面卻有一些顯著的不同，例如：

龜茲文化詞典

一畫

甲	ñom	（名字）	乙	ñem
甲	cmol̥	（生）	乙	cmel
甲	rake	（字）	乙	reke
甲	śoṣi	（世界）	乙	śaiṣṣe
甲	waṣdh	（房子）	乙	oṣdn
甲	tsar	（子）	乙	ṣar

從這個例子裡可以很清楚地看出其間的不同。但是同時也可以看出，這只是兩種方言，而不是兩種語言。

經過進一步研究後發現，甲種方言殘卷發現的地點幾乎只限於焉耆，而乙種方言殘卷發現的地點主要是庫車。到了1913年，法國學者列維主張把所謂吐火羅語乙種方言改稱為龜茲語。法國伯希和曾在庫車找到大量木簡，其中之一上面寫著一個國王的名字 Swarnatepi。假如能從其他文獻中找出這個名字，那麼就可以確定木簡的年代以及使用這種語言的地區。考《舊唐書》卷198《龜茲傳》，有一個龜茲國王名蘇伐疊，和唐太宗同時。蘇伐疊顯然就是 Swarnatepi 的音譯，Swarnatepi 相當於梵文 Suvarnadeva，意譯「金天」。玄奘《大唐西域記》卷1《屈支國》說：「聞諸先志曰：近代有王，號曰金花。」「金花」的梵文就是 Suvarnapuṣpa。兩個名字裡都有 Suvarna（金）這個字，可見是有一定的血緣關係。這都證明這個木簡上寫的國王就是龜茲的國王，而這種語言就是本地的語言。所謂吐火羅語乙種方言實際上就是龜茲語。

總之，吐火羅語是一種印歐語言，5世紀至10世紀曾通行於塔里木盆地一帶。而5世紀至7世紀的文獻證實，吐火羅語中已經分出了甲、乙兩種方言，即乙種吐火羅語已出現了。

二畫

[一]

十二大願

　　庫木吐喇石窟16窟，主室為縱券形頂中心柱窟。該窟主室左右側壁繪大幅經變畫，其畫面、構圖形式完全相同，中間為橫長方形的中堂式畫面，兩側配以立軸式的條幅，條幅自上而下畫出多組人物形象，可惜畫面已被燻黑。據部分情節和漢文榜題，可知其內容是「十二大願」。漢文榜題為：

　　第二願者使我來世自身光明□□
　　琉璃內外明徹淨無瑕穢妙□□大
　　功德巍巍安住十方如日臨世□□
　　眾生悉蒙開曉
　　第三願者……世……
　　……圉……益
　　無饑……想……

　　其餘榜題文字多不可辨。第一願的榜題，據日本人渡邊哲信的錄文是：

　　第一願者使我來世……自身……三十二相八十種好……令一切眾生知我

　　這裡所說的「十二大願」，是指藥師琉璃光佛發十二誓願，要救眾生之病源，治無明之痼疾。「令諸有情所求皆得」（《藥師琉璃光如來本願功德經》），滿足眾生之一切慾望。

十二立佛窟

　　德文為12 Buddha höhle，這是德國人對克孜爾石窟188窟的稱呼。（見圖3）

圖3　十二立佛窟內景

《十力經》序

　　《十力經》序言中談到了龜茲國的前踐寺、耶婆瑟雞寺等，其文如下：「安西

37

境內有前踐山、前踐寺，復有耶婆瑟雞山，此山有水，滴溜成音。每歲一時，采以為曲，故有耶婆瑟雞寺。」

十六觀

　　庫木吐喇石窟16窟主室右側壁的經變畫，畫面被劃傷多處，殘損不全。其中堂部分，在天空中有各種樂器懸浮，不鼓而自鳴。在水榭樓臺還繪有各種菩薩像、歌舞樂伎和飛天等。其側壁立軸條幅，畫面被盜割多處，殘跡中有漢式宮廷建築和著漢裝人物，殘存壁畫情節雖不連貫，但仍可辨識其內容為「未生怨」，表現的是阿世王心生惡念，幽禁其父頻婆娑羅王的故事。左側立軸條幅中，畫面多已不清楚。該處所畫應為「十六觀」。原有漢文榜題已不復見。日本人渡邊哲信記錄的「十六觀」榜題文字有：

　　　　佛從岐屈山中沒王宮中見韋提夫人自武時

　　　　韋提夫人觀見水變成冰時

　　壁畫「十六觀」中的日想觀畫面，已被德國人挖去，而水想觀的榜題文字和正壁的「二者橫有口舌」榜題文字，也被日本人割走。

　　「未生怨」與「十六觀」是觀經變中經常表現的兩個內容。

　　未生怨王，即阿世，為古印度摩揭陀國王。據佛教傳說，其父王為摩揭陀國王頻婆娑羅，母為韋提希夫人（或稱韋提夫人）。韋提夫人懷胎時，相師占之，謂此兒生後必害其父，因而名曰未生怨，蓋取其出生之前結怨之意。阿世長大後，輕信提婆達多讒言，幽禁父母，事見《觀無量壽經》。即位後，併吞諸小國，威震四鄰，建一統印度之基。上述未生怨的壁畫題材，即取自阿世王幽禁父母的故事。

　　十六觀，是說韋提夫人被幽禁後，生厭離心，願生西方極樂世界，請佛世尊說其所修之法，故佛說此十六種之觀門。據《觀無量壽經》記載，此十六觀依次為：日想觀、水想觀、地想觀、樹想觀、八功德水想觀、總觀想觀、華座想觀、像想觀、遍觀一切色身想觀、觀觀世音菩薩想觀、觀大勢至菩薩想觀、普觀想觀、雜想觀、上輩生想觀、中輩生想觀、下輩生想觀。壁畫榜題中的「韋提夫人觀見水變成冰時」文字，是水想觀的說明。

　　另外，榜題中的「佛從岐屈山中沒王宮中見韋提夫人自武時」的畫面，表現的是韋提夫人被閉置深宮後，遙禮世尊，爾時世尊知其所念，於是「佛從岐屈山沒，於王宮出。時韋提夫人禮已，舉頭見世尊釋迦牟尼佛」的情景。

十六佩劍者窟

　　德文為 höhle der schwert-träger，這是德國人對克孜爾石窟8窟的稱呼。（見圖4、圖5）

圖 4　克孜爾石窟 8 窟──龜茲供養人（1906 年德國勒庫克等人盜走）

圖 5　克孜爾石窟 8 窟內景

十誦律梵文殘頁

1978 年前後出土。左邊已殘去多半，僅剩右邊一部分，上有六行斷續不接的文字。殘頁係用印度之婆羅米字母斜體（亦稱婆羅米中亞斜體）書寫。內容為梵文《一切有部律》中的殘片，即鳩摩羅什等譯《十誦律》中第五誦「迦那衣法」的半頁。（見圖 6）

二八臺遺址

位於新疆庫車縣牙哈鄉二八臺之東 12 公里處，東和輪台縣接壤，海拔 1009.5 公尺。遺址分為兩個區域：西區域為主區，保存有五個土堆（自北向南及自東向西），一堵牆壁。牆壁位於五個土堆的中間部位靠東的地方。五個土堆為原建築物坍毀後所留的殘跡。東區域為古代倉庫遺址，在 50～60 公尺的範圍內有許多口徑為 1～4 公尺不等的圓坑，深幾十公分到 1 公尺，顯然是當時的囤糧小窖。窖中還有殘存的糧食，以粟居多，只有少量的小麥；在此還出土礪石一，十紡輪一，白底藍花瓷片一，米黃色瓷片一，黃色瓷片一，石磨盤、鐵塊、紅皮粗砂灰陶。

二區佛母窟

德文為 Höhle mit der Mäyä 2 Anlage，這是德國人對克孜爾石窟 205 窟的稱呼。

二鴿譬喻故事畫

這幅畫繪在克孜爾石窟多個窟中，畫面中有兩隻鴿子和一棵樹。有的畫面中鴿子作互爭狀；也有的畫面一鴿作鳴叫狀，一鴿作死狀。故事出自佛經《百喻經》。故事的內容如下：過去有雄雌二鴿共居一巢，秋果熟時，二鴿將摘取的秋果堆滿巢

內。過了一些時候，果子乾了，看起來果子就少了，只有鳥巢的一半了。於是雄鴿就責怪雌鴿道：「想一想，要取來這些果子得付出多少辛勞，而你光知道吃果子，現在只剩下一半了。」雌鴿回答道：「我沒有獨自去吃果子，果子是自然減少的。」雄鴿不聽信雌鴿的話，反而憤怒地說：「如果不是你獨自在偷食果子，那麼，為什麼果子會減少了呢？」結果，二鴿爭吵起來，雄鴿說雌鴿偷吃果子，雌鴿說沒有偷吃，雙方越吵越激烈，終於發生了互鬥，雄鴿就啄殺了雌鴿。沒過幾日，天降大雨，乾果淋上了雨水變得潮濕，果子膨脹，又占滿了整個鳥巢，雄鴿見到這一情景，心生悔恨，才知道雌鴿未曾偷食果子，是自己錯殺了牠，於是悲聲地呼喚著雌鴿：「你何處去了啊！」

二龍浴太子佛傳故事畫

這幅畫繪在克孜爾石窟99、110窟中，畫面有一站立的裸體小兒，雙龍從虛空中水落而下，洗浴其身，左右兩側皆跪一人。故事說的是太子降生後，有兩條龍一吐溫水，一吐涼水，如冷熱兩個水龍頭（畫面繪出數條龍頭）一般，給這個尚未成佛的新太子洗澡。（圖7）

二商主施食佛傳故事畫

這幅畫繪在克孜爾石窟110窟中，畫面中釋迦牟尼坐於方形高座上，其上方兩側各跪一世俗裝扮的男子，翻領束腰，佩短劍，各持食物供養。說的是二商主各以麵酪等食物供奉釋迦牟尼。

二道士微諍制日本生故事畫

這幅畫繪在克孜爾石窟114窟券腹的菱形格內。故事出自佛經《六度集經》，內容如下：過去，有兩位道士，志清行淨，心地純貞，沒有私慾，猶如金子一樣赤誠。他們遠離髒穢汙濁的世俗世界，獨處深山，鑿石為室，閒居靜修。他們身上穿著草編的衣服，天天坐在葦席上。餓了，以野果充饑；渴了，以泉水解渴，過著風餐露宿、清淨無為的艱苦生活。兩道士矢志不渝，經過多年悉心禪修，終於獲得了五種智慧：其一，能看透一切，不論多遠的

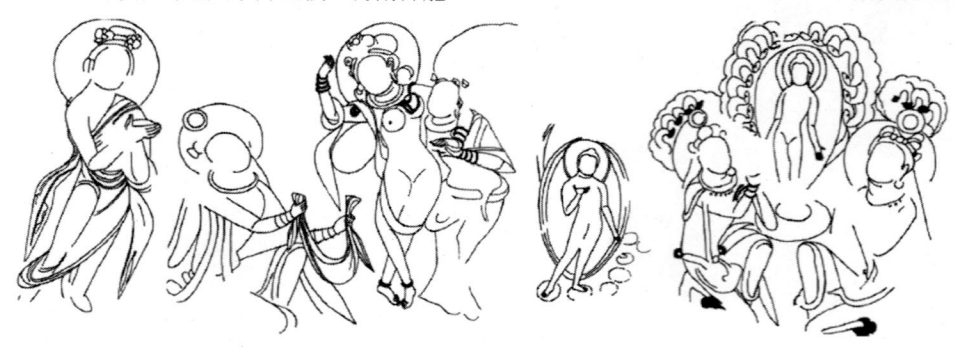

圖7 克孜爾石窟99窟——釋迦牟尼誕生圖（王建林線描）

地方和東西,都能看到;其二,能聽到一切,不管多麼微小的聲響,都能聽到;其三,能騰飛,不論出入何處,都沒有障礙;其四,能通知,能知道世間一切人心中所想;其五,能自知,能知人之生老病死、宿命因果和無數劫難等,無所不知。因而,各位天神都不得不向他倆稽首恭敬。他倆處山澤六十餘年,非常可憐眾生輾轉於愚昧黑暗之中,看不到生前作惡,死後必有餘殃;不知道只有拋棄慾望,敬奉佛道,才能獲得大福大德和終生尊榮。這兩位道士,一位名叫題耆羅,另一位名叫那賴。有一天晚上,題耆羅和那賴都在用心誦經,題耆羅因疲勞,先躺下睡覺了。誰知,那賴不小心踏到題耆羅的頭上。題耆羅因而大為不滿:「誰踏我的頭,明天早上太陽一出來,我讓他的頭分成七半。」那賴看惹了禍,趕快解釋道:「實在對不起,請原諒,我一時不慎,誤踏你的頭,何必如此大動肝火。就是不會動的器物尚有互相接觸碰撞之事,更何況我們終年相處,還能沒有一點誤失嗎?你聲言明天日出,我的頭必分成七半,但我有辦法可以不讓太陽出來!」事後,果真五天沒有見到太陽。當時,舉國上下一片黑暗,人們只有靠點燃火炬、蠟燭照亮,眾官也沒有任何辦法,居民惶恐不安。為此,國王召集群僚,請來道士,詢問他們:「如今,五天不見太陽出來,是什麼原因?」道士之中,有一位精於五神通的人講:「皆因山中兩位道士發生小的口角,所以,五天見不到太陽。」國王接著又問:「他倆的爭鬥有

沒有道理?」道士即把山中兩位道士爭鬥的事情經過,向國王訴說了一遍。國王說:「這該如何是好?」道士回答道:「請王速率群臣和下屬百姓,趕到山中,勸說他倆和好如初,這樣矛盾也就解決了。」依照道士的辦法,國王帶領群臣及人民,迅速趕到了山澤,大家齊向兩位道士叩頭道:「國豐民寧,全賴二尊之滋潤。而今,二尊不和,舉國不安,一切罪責在我國王,黎民百姓沒有任何過錯,切望二尊對人民寬赦!」那賴說:「請國王勸說題耆羅好了,他只要接受和解,我就把太陽放開。」並說,可以讓題耆羅用泥做成那賴的頭,供其處置。國王即把那賴的意思轉告給題耆羅,題耆羅照那賴的說法做了,泥首遂即破為七份,太陽馬上也出來了。全國上下,無不舉手慶賀。兩道士和解後,向國王陳述了治國的良策。國王回宮後,當即向全國下達詔令:「人無尊卑,不論高低貴賤,皆尊奉佛道,行五戒十善,以為治國之本。」此後,國王恩德潤及草木,臣吏清廉,父法母儀,家家和睦,守道貞信,家家都有孝子。眾人評論說:「兩菩薩看見國王不知佛法,臣民皆憒,邪見自蔽,如在黑夜中閉目而行,所以,才製造出這種變異,以教育人們明白尊佛的道理。」

丁謙

生於1843年,卒於1919年。近代地理學家。字益甫,浙江仁和(今杭州市)人。清末舉人。曾任象山縣教諭二十餘年。專治中國邊疆及鄰國地理。撰有《蓬萊軒

地理學叢書》69卷，分為兩集，由浙江圖書館刊行。他曾在《穆天子傳地理考證》一文中論述了當年周穆王西遊時曾到達過龜茲地區的觀點。

丁谷山

徐松在其所撰的《西域水道記》卷2中曾把雀爾塔格山稱為丁谷山。他說：「渭干河東流，折而南凡四十餘里，經丁谷山西，山勢斗絕。上有石室五所，高丈餘，深三丈許，就壁鑿佛像數十鋪，瓔珞香花，丹青斑駁。洞門西南向，中有三石楹，方徑尺，隸書梵字，鏤刻迴環，積久剝蝕，唯辨唐建中二年（781年）字。」

據閻文儒先生在《龜茲境內漢人開鑿、漢僧主持最多的一處石窟——庫木吐拉（喇）》一文中說：「就渭干河流過的地區，從克孜爾石窟東流，完全沿著確魯（爾）達格山麓，到庫木吐拉石窟北端，轉向南流出山口，當地的維、漢族人們，從沒有把這地方稱作丁谷山的。至於庫木吐拉，是維語『沙漠中的烽火臺』的意思，也沒有丁谷山的稱呼。」那麼丁谷山的名稱，從哪來的呢？

閻氏認為：或者在清嘉慶、道光年間，當地漢人因渭干河從西流來，至此轉彎出山口成「丁」字，因此稱之為「丁谷山」。

七佛像

佛教有三世說，即指來生為未來世，今生為現在世，滅了為過去世。

佛教因為有三世說，就有了三世佛。未來佛為彌勒佛；現在佛為釋迦牟尼佛；過去佛為毗婆屍佛、屍棄佛、毗舍婆佛、拘樓孫佛（拘留孫佛）、拘那含佛、迦葉佛、燃燈佛，七佛像的來源就出於此。

在龜茲石窟壁畫中，七佛像多出現在中心柱形禮拜窟主室正壁對面的弓形部位上。

七步宣言佛傳故事畫

這幅畫繪在克孜爾石窟76、99、110、175窟中，畫面中太子行步，足下蓮花盛開。說的是太子降生後即會走路，走了七步，步步生蓮花。然後一手指天，一手指地，說道：「天上地下，唯我獨尊！」這就是七步宣言。

七寶示現佛傳故事畫

這幅畫繪在克孜爾石窟123窟中，畫面有金輪寶、白象寶、紺馬寶、神珠寶、玉女寶、居士寶和方兵寶。傳說佛行將涅槃時，告阿難，以拘屍那揭羅城昔日大善見王的七寶示現。（圖8）

圖 8　克孜爾石窟 123 窟——七寶示現（1906 年德國勒庫克等人盜走）

七角形平面中心柱支提窟

　　在龜茲各石窟中，都有一些特殊的窟類。它們的性質和形狀不具有普遍性，只屬於某一處石窟所獨有，如克孜爾尕哈石窟的七角形平面中心柱支提窟。

　　這種支提窟的正中有中心柱，左右開甬道。由甬道通向後室。平面呈七角形，平頂。它的形制是龜茲其他各石窟所未見，只此一例。但是，根據這個窟的整個情況來看：壁上有清晰的斧鑿痕跡，未塗草泥，更未作畫。靠近中心柱正前方的平面券腹上有一條大裂縫。這似乎是一個尚未完成的石窟。古代的工匠在開鑿這個石窟時，由於券腹產生了裂縫，故而將其廢棄，成了今天這樣的形狀。再說，這種不規則的七角形不符合對稱和諧的美學原則，因此它不可能是古代龜茲工匠的有意識創造，而是工程中途停止時所留下來的，是無意識造成的事實。七角形平面可能是開鑿四角形平面的一個未完成階段。而平面券腹也可能是開鑿縱券形頂（因為在龜茲地區的石窟中的中心柱支提窟券腹絕大多數為縱券形）的一個過渡狀態。

[ノ]

匕首

　　出自克孜爾石窟 8—89 窟（1989 年編號），鐵鍛製，尖葉狀，雙刃，刃尖微殘，柄斷失，殘長約 13.8 公分，刃寬 2～5 公分，背厚約 0.8 公分，鏽蝕嚴重，分層剝落。1989 年 5 月出土。（圖 9）

龜茲文化詞典
二畫

如上所述，八王爭舍利的壁畫在整個龜茲石窟中可以說是隨處可見的，僅以克孜爾石窟一處來說，其4、8、27、58、新1窟、80、98、101、114、163、175、193、205、207、219、224等窟的壁畫中均發現有八王爭舍利的內容。

八王爭舍利的內容是：釋迦牟尼在拘屍那城涅槃後，八國國王遣使來求舍利，欲於本土起塔供養，遭到拒絕，遂發兵來爭佛舍利。後經一長者婆羅門獨樓那調停，將佛舍利平分為八份，由八王各攜一份歸國供養。此故事見於《佛說長阿含經》卷4《遊行經》中，在龜茲壁畫的表現為：在一處城牆的外面有許多騎馬或乘象的武士，他們劍拔弩張，形勢十分緊張，而城牆上有一位婆羅門正在說著話，似在曉諭眾武士。這幅畫非常富有情趣，十分符合生活的真實性。（見圖10）

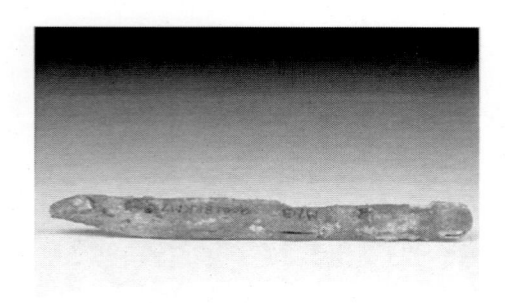

圖9　克孜爾出土文物——首

八王爭舍利

這是釋迦牟尼涅槃後所發生的種種事跡中的一個組成部分，也就是涅槃畫中的一個內容。在龜茲石窟壁畫中涅槃畫十分豐富，在各處石窟壁畫中隨處可見，琳瑯滿目，為中國其他石窟（包括敦煌莫高窟）壁畫中很難見到的，所以在佛教美術中是一份十分珍貴的財富。

圖10　克孜爾石窟205窟——八王爭舍利（1906年德國勒庫克等人盜走）

八王分舍利圖

出自克孜爾石窟 8 窟後室前壁，高 210 公分，寬 306 公分。此畫占據後廊前壁的整個壁面，為克孜爾石窟中分舍利圖畫面最大的一個。畫面分上下兩段。下段以城壁為背景，中央配以城門。城門前以城門為中心左右對稱各畫有三個帶盔甲的兵將。城門左右兩側各畫一個似為首領的人，為威風凜凜橫坐在軍象背上的將軍，跟隨他的士兵騎著軍馬，畫出四匹重疊的馬。士兵們揮著形狀各不相同的小旗，兩將軍伸出右手。

上段的畫面都用城牆圍了起來，表示圖中所有的人物在城內。畫面中央的城門上盤腿坐一位婆羅門，雙手捧罐。婆羅門兩側各六人分別排成前後兩列坐著，均有頭光。前排六人都拿著尖蓋的圓形舍利容器。後排六人，左右各有一人雙手拿舍利容器，其他四人中有三人合十禮拜，一人拿盤散花。

此畫現藏德國柏林亞洲藝術博物館。

八王分舍利佛傳故事畫

此畫繪在克孜爾石窟 4、8、27、58、69、80、98、114、163、175、178、179、192、193、205、207、219、224 窟中，畫面簡繁不一。較簡單的如 80 窟，僅繪出香姓婆羅門居中，雙手捧舍利罐，兩側為四身手持舍利盒的天人，較複雜的畫面同時繪出八個國王，著甲冑，乘象馬，持兵仗圍於城前共爭舍利的場面。207 窟則在右角甬道的內外側壁，分別繪出分舍利和爭舍利的場面，合兩幅為同一內容。這一題材，表現佛的遺體被火化後，諸國王前來欲得其舍利而引發爭端，爾後又平分以制止諸國之爭，並各取舍利還國建塔供養的故事。

九橫死

在庫木吐喇石窟 16 窟右壁右側的立軸條幅中寫有「九橫死」，惜已模糊不清。根據《藥師經》，「九橫死」的內容是：得病無醫，得病而不為醫療也；王法誅戮，所為非道而為國法所刑戮也；非人奪精氣，耽荒樂而身不慎，鬼怪乘隙奪其精氣也；火焚，被火焚燒也；水溺，墜於水而溺死也；惡獸咬，於山林中為惡獸所咬食也；墜崖，自絕壁墜下喪其命也；毒藥詛咒，中毒藥，罹詛咒而死也；飢渴所困，困於飢渴而死也。

九色鹿捨身救溺人本生故事畫

這幅畫繪在克孜爾石窟多個洞窟（34、175 窟）券復頂的菱形格內。故事出自佛經《佛說九色鹿經》。故事的內容如下：過去，有一頭九色鹿，毛呈九種顏色，角潔白如雪，常常與一隻烏鴉為伴，在恆水邊飲水食草。當時，有一個人不慎落到水裡，他狠狠抓住一根木頭，或出或沒，順流而下，命在危難之中。他仰頭呼喊：「山神、樹神、天神、水神、各位天神，為何不可憐可憐我？請救救我吧！」九色鹿聞聲，很快下到水中，對落水人安慰說：

龜茲文化詞典
二畫

「你不要恐懼，你可以騎到我的背上，抓住我的兩隻角，我當負你出水，即可游到河岸。」就這樣，九色鹿終於將溺人背負上岸。鹿因背負過重，疲勞不堪。溺人平安下地，並圍著九色鹿繞了三圈，連忙叩頭道謝：「今天，為報你救命之恩，願做你奴僕，為你採取水草。」九色鹿說：「不用這樣，你可以回去了！你要報恩，只要不向外人說出我在這裡就可以了。因為世人多貪愛我的皮和角，如知我在此，會趕來殺我。」說後，溺人離開。當時，國王夫人於睡夢中夢見一頭九色鹿，其毛亦有九種顏色，角白如雪。醒後，即臥床不起。國王問夫人：「為何臥床不起？」夫人回答：「我昨夜夢見稀有之鹿，毛呈九色，角白如雪。我盼望得到牠的皮，用作墊褥，用牠的角做拂柄。希望國王為我尋覓，如果得不到，我就會想死了！」國王告訴夫人說：「請你快快起來。我為一國之主，還能得不到嗎？」遂即在全國頒布詔令：「有誰能抓到九色鹿，敬奉於我，我當與其分國而治，並賜予金缽，內盛銀粟；再賜銀缽，內裝金粟。」很快，詔令傳到溺人耳中。溺人知國王為九色鹿懸賞禮重，心生惡念：「我說出此鹿，可得富貴。鹿本是畜生，休管牠死活！」於是，溺人告訴國王的募人說：「我知道九色鹿的處所。」募人即帶溺人求見國王。募人報告說：「此人知道九色鹿的處所。」國王聽後，甚是歡喜，對溺人說道：「你若能抓來九色鹿，我把國家的一半分給你，說話算數，請你相信。」溺人告訴國王說：「我能抓到九色鹿。但九色鹿雖是畜生，大有神威，國王應當派人去圍捕，才能抓到手。」當時，溺人臉上生有癩瘡，溺人一邊說話，一邊用手摸自己的瘡疤。國王聽了溺人的話，即派出大批兵眾，趕到恆水邊。當時，烏鴉在樹上棲息，忽見國王兵眾趕來，懷疑這是為捕捉九色鹿而來，即對九色鹿大呼道：「老朋友，快快起來，國王派人抓你來了。」鹿因臥地休息，一時沒有聽到。烏鴉即刻下樹，踞其頭上，啄其耳朵：「老朋友，快快起來，王軍來了！」這樣一喊，鹿才驚起，四向顧視，見國王兵眾甚多，團團把自己圍住，實在無路可逃，只好走到王軍面前求情。王軍見九色鹿近在咫尺，即挽弓欲射。九色鹿說：「你們且莫射我，我可親自到國王宮殿。」國王見到九色鹿，便告訴諸位大臣說：「你們千萬不能射殺此鹿，這是非常之鹿，好像天神一樣。」九色鹿即對國王說：「請不要殺我，我曾有恩於你的國家，是有功之鹿。」國王說：「你於王國有何恩？」九色鹿回答道：「不久前，我曾救活你國中一人。」鹿並長跪，再次問王道：「不知道是誰向你報告了我的住處？」國王指著東面的那個癩面人說：「就是他！」九色鹿聞王語，雙眼垂淚，不能自止。並向王說道：「大王，此人曾溺於水中，被水沖下來，當時只抓住一塊木頭。他仰天呼喊：『山神、樹神、諸天神，為何不救救我？』我聽到後，不惜生命，自投水中，把他救了上來。本來他向我保證，不隨便告訴我的住處。」國王聽罷，甚感憤怒，譴責這個人說：「你受人重恩，

為何反害人家？真是忘恩負義至極。」國王即命令全國上下，此後，若有捕殺此鹿者，當滅其五族。從此，眾鹿數千為群，均來依附，牠們飲食水草，不吃莊稼。國家風調雨順，五穀豐登，人無疾病，災害皆除，天下盡享太平。

克孜爾石窟 114、175 窟壁畫中所繪的本生故事畫，表現為九色鹿長跪在乘馬執劍的國王面前，正在訴說著被忘恩負義的溺人所出賣的經過，這幅本生故事畫在國內各石窟都出現過，特別是在敦煌莫高窟，九色鹿是本生故事畫中的重要題材。但是，各石窟壁畫的九色鹿故事，畫面與構圖不盡相同，有的如克孜爾石窟 34 窟，表現為溺人跪拜在九色鹿面前，叩謝牠捨身救命的情景。（圖 11）

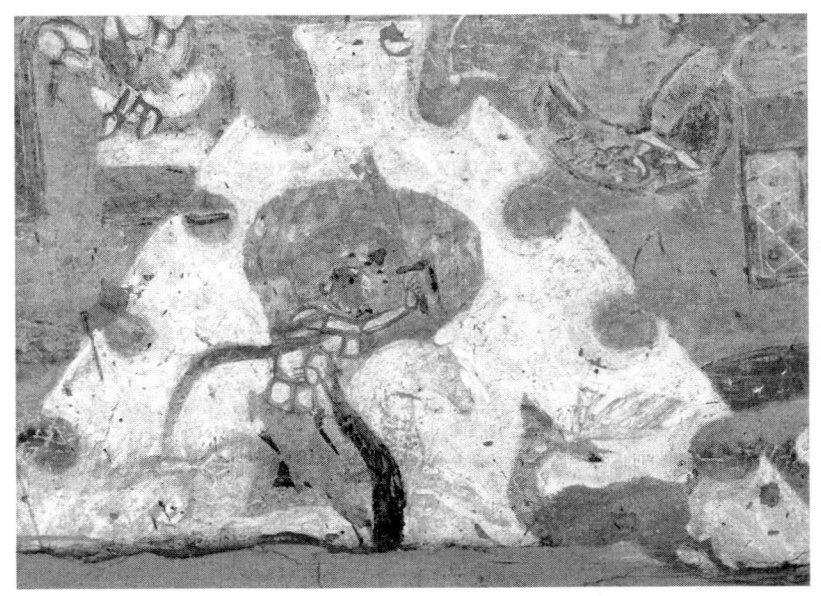

圖 11　克孜爾石窟 175 窟——九色鹿捨身救溺人

三畫

[一]

大鼓

德國人格倫威德爾從克孜爾石窟竊走的壁畫裡，有一人頭戴大象面具，身背大鼓，後面由一猴面的人舉槌擊打大鼓的形象。

1903年，日本「大谷光瑞探險隊」在庫車的蘇巴什佛寺遺址中挖掘出土的舍利盒樂舞圖中有兩名兒童抬著一面大鼓，一位鼓手正舞槌擊鼓的形象。（圖12）

圖12　庫車蘇巴什佛寺出土文物——舍利盒

（1903年日本「大谷光瑞探險隊」盜走）

這說明在古代龜茲音樂中是使用大鼓的。大鼓在唐、宋時期宮廷內也稱桴鼓。在唐玄宗制定的《坐部伎》裡《燕樂》就使用著桴鼓。在《立部伎》裡大鼓用得更多更廣，而且都用於與龜茲樂曲有關的樂部裡。《立部伎》共有八個樂部：《安樂》《太平樂》《破陣樂》《慶善樂》《大定樂》《上元樂》《聖壽樂》《光聖樂》。《舊唐書·音樂志》說：「自《破陣樂》以下，皆雷大鼓，雜以龜茲之樂，聲振百里，動盪山谷。」龜茲音樂除聲律曲調的優異之外，鼓樂的繁盛是龜茲音樂的另一大特點。而大鼓的應用更使龜茲音樂具有「洪心駭耳」的藝術魅力。

大雲寺

唐僧人慧超在《往五天竺國傳》中說：「（唐）開元十五年（727年）十一月上旬，至安西，於時節度大使趙君，且於安西有兩所漢僧住持，行大乘法，不食肉也。大雲寺主秀行，善能講說，先是京中七寶臺寺僧。大雲寺都維那，名義超，善解律藏，舊是京中莊嚴寺僧也。大雲寺上座，名明惲，大有行業，亦是京中僧。此等僧大好住持，甚有道心，樂崇功德。」

可見，大雲寺是唐開元期間漢族僧人在龜茲建立的一所佛寺，其寺主、都維那和上座都是來自長安的漢族僧人。

大石城

《新唐書·地理志》說：「……又六十里至大石城，一曰于祝，曰溫肅州。」可見大石城即于祝或溫肅州，地在今新疆的烏什縣。

大像窟

它是中心柱形支提窟中特別高大者，其前室鑿出摩崖露天大龕，龕內塑有10公尺以上的大佛像，故稱之為大像窟。

大像窟創始於阿富汗的巴米揚（位於阿富汗中部的巴米揚河谷，現為巴米揚省省會）。巴米揚這個名稱初見於5世紀的中國文獻。中國歷史上著名的求法者法顯於400年左右、玄奘於630年曾訪問該城。當時，巴米揚為商業與佛教中心。現在，巴米揚留下了兩個大像窟，一個窟的大立佛高達53公尺，因為在西邊，稱為西大窟；一個窟的大立佛高達35公尺，因為在東邊，稱為東大窟。唐玄奘當初曾參觀與朝拜過巴米揚的大像窟，並在其《大慈恩寺三藏法師傳》中做了如下的記載：「自縛喝南行，與慧性法師相隨入揭職國。東南入大雪山，行六百餘里，出睹貨羅境，入梵衍那（巴米揚，《魏書》作范陽，《冊府元龜》作帆延、失范延，《西域記》作梵衍那，《往五天竺傳》作犯引，《舊唐書·地理志》作失苑延，《新唐書》作帆延、望衍）國。……如是漸到梵衍都城，有伽藍十餘所，僧徒數千人，學小乘說出世部。梵衍王出迎，延過宮供養，累日方出。彼有摩訶僧部學僧阿梨耶陀婆（唐言聖使）阿梨耶斯那（唐言聖軍），並深知法相，見法師驚嘆支那遠國有如是僧，相引處處禮觀，殷勤不已。王城東北山阿有立石像，高百五十尺。像東有伽藍，伽藍東有涅槃釋迦立像，高一百尺。伽藍內有佛入涅槃臥像，長一千尺，並莊嚴微妙。」

巴米揚大像窟的開鑿，與巴米揚優越的地理位置有關。馬里奧·布塞格里在《中亞繪畫》一書中說：「作為伊朗和中亞佛教世界之間的仲介……巴米揚以巨型佛像著稱，它是從大夏到泰克西拉路上的一個繁榮的商隊城市。同時，它還是一個繁榮於1世紀晚期到7世紀的小乘佛教的最重要的宗教和寺廟中心。」

關於巴米揚大像窟開鑿的時代，蓋文·漢弗萊在《中亞》一書中是這樣說的：「這裡被保存下來的35公尺高大佛拱頂上的最早壁畫是繼貴霜王朝的最後一個皇帝婆蘇提婆於227年被推翻之後的階段建築的。有一些遲至4世紀，這是從裝飾華麗的貴霜—薩珊式的王冠判斷而得出的結論。」

關於這個問題在20世紀60年代以前，中外學者曾有種種分歧；20世紀60年代以來基本上取得了一致的意見，即35公尺高的東大窟開鑿較早，大約在3世紀；53公尺高的西大窟開鑿較晚，可以晚到5世紀。

龜茲石窟中的大像窟就是以阿富汗巴米揚大像窟為範本開鑿而成的。由於開鑿大像窟需要巨大的物力財力，對於龜茲這

龜茲文化詞典
三畫

個古西域「城郭」國家來說，負擔是沉重的，因此龜茲地區遺留下來的大像窟數量很少：克孜爾石窟為47、48、60、136窟四個窟；森木塞姆石窟為11、43兩個窟；克孜爾尕哈石窟為16、23兩個窟；庫木吐喇石窟為谷口區2窟、窟群區63窟兩個窟；瑪扎伯哈石窟和托乎拉克艾肯石窟兩處沒有發現大像窟，是當年未開鑿大像窟，抑或因年代久遠而塌毀，就不得而知了。

在這些大像窟中，克孜爾石窟47窟規模最巨，最為典型。（圖13）

圖13　克孜爾石窟47窟全景

克孜爾石窟47窟分為前後兩室，前室高16.8公尺，左右兩側各鑿出五行方孔，做立像臺之用，又稱欄臺。第一行有14個方孔，第二、三、四行各有13個方孔，第五行有12個方孔。第一行方孔下面，有幾個圓洞，洞中留有殘木，有火燒痕跡，欄臺之上佛像是毀於一場大火。壁面底部鑿出一條高約50公分的石臺，臺上壁面鑿出嵌有木橛的小孔。根據壁面上殘留的這些方孔、圓洞的石臺，可以設想當年的兩壁是如何的富麗堂皇！石臺上塑著一排立佛像，背後用木橛固定在壁面上。

前室正面的壁上鑿出一個大孔，殘留有朽木的痕跡。正壁底部鑿出一個高約50公分的石臺，臺面上留有兩個大圓孔，這兩個大圓孔似為當年大立佛的雙足站立處，而壁面上的大孔則為固定大立佛像的木橛嵌入處。從前室正壁殘存的情況看，當年在這裡塑有一軀高度在16公尺以上的大立佛像。當然，它雖然不能與巴米揚大像窟的53公尺和35公尺高的佛像相比較，但在龜茲地區卻是一軀最高的佛像了。

如果把已經塌壞了的克孜爾石窟47窟的前室復原，可以看到：前室正壁是一座16餘公尺高的大立佛像，巍峨壯麗，高大雄偉。左右兩壁各有五行雕飾華麗的木建築窟檐，中間是一尊尊飾金敷彩的浮雕佛像，最下部分則是一軀軀小立佛。縱券頂上畫出一軀軀飛天，在空中迎風飄舞，手托著花盤，正在往大地上拋撒著鮮花。左、右兩壁的塑像的空隙處，應繪有種種奇妙的壁畫。這樣，整個前室充滿著各種各樣的佛的形象，加上雕梁畫棟式的木結構建築，這裡成了一處既莊嚴神聖，又富麗華綺的佛的世界，成了一個極富於宗教神祕感和號召力的地方，使人們面對著這軀高大的、金碧輝煌的大立佛，會不自禁地產生出對於佛的莊嚴與慈悲的讚嘆的感情，從而誘發出皈依佛法的念頭。

克孜爾石窟47窟的後室高8公尺，長8.2公尺，寬3.7公尺，靠後壁處鑿出一個寬2.2公尺、高1.2公尺、長10公尺的石臺，臺上原有一軀涅槃佛，今已毀壞。

克孜爾石窟47窟的壁畫也有著許多明顯的特徵。從龜茲的中心柱形支提窟的壁畫布局來看，多是在窟門上的半月形拱壁上畫彌勒說法圖，兩壁畫釋迦說法圖及天宮牆欄、天宮伎樂；縱券形券腹中心畫天相圖，券腹兩側的菱形格中畫本生故事、佛傳故事或因緣故事，間以樹木、山水、鳥獸為背景；中心柱前佛龕兩側畫飛天及供養菩薩；後室則畫涅槃圖、火化圖、舉哀圖、爭舍利圖、供養舍利圖和舍利塔、立佛、菩薩像等。而克孜爾石窟47窟的壁畫布局卻是另一個樣子：前室縱券形券腹上畫著大飛天，後室橫券形券腹上也畫著大飛天，她們上身赤裸，披掛瓔珞、寶帶，下身著裙，在腰間有兩個衣結。她們的身體伸得比較直，只是以兩腳分開，一屈一伸來表示飛的姿態。這些飛天的打扮與印度早期桑志、巴拉胡提等地佛塔石門上造像的服飾十分相似，而雙腳一屈一伸的飛行姿態又和巴米揚大像窟券腹上的雙腳並列而飛的飛天不一樣，卻和印度笈多藝術中的飛天形象相似。

在克孜爾石窟47窟中，由於券腹被飛天畫所占據，本生故事畫被放置在極不顯眼的位置上。在涅槃臺西頭緊靠著涅槃佛頭部的西壁底部，畫了一幅薩那太子捨身飼虎本生故事畫。在這幅畫面上，薩那太子不像在龜茲石窟的其他壁畫上所表現的那樣：他一動不動地仰躺在地上，聽任著饑餓的老虎來齧食他的肌體。在這裡，薩那太子卻用一手撐著地，使上半身離地稍為仰起；另一隻手則伸向天空，似乎他

正在忍受著極大的痛苦和做出極大犧牲。因此，這幅畫與其他同題材的畫相比較，有動感，富於生氣，產生出更巨大的藝術效果和感染力。

在龜茲石窟的本生故事畫、因緣故事畫以及其他的壁畫中，多畫有樹木山石鳥獸作為背景來點綴，而在克孜爾石窟47窟中，點綴在佛周圍的是三寶標、摩尼珠、金剛杵、天雨花等圖案式的畫。這些都屬於佛教的法器和寶物，如金剛杵用來「斷煩惱，伏惡魔」，使佛的道場堅如金剛，諸種障礙不能妨害；天雨花則是對佛作供養而使用的寶物，《妙法蓮華經·序品》中說：「佛說此經已，結跏趺坐，入於無量義處三昧，身心不動。是時天雨曼陀羅華，摩訶曼陀羅華，曼殊沙華，摩訶曼殊沙華，而散佛上及諸大眾。」以這些佛教的法器和寶物作為佛周圍的背景，在龜茲石窟壁畫中並不多見。

克孜爾石窟47窟壁畫中的立佛，身穿長袍，袒露右臂，臉容既不豐滿也不瘦削，高隆的鼻梁通於額際；立佛的衣服無皺褶，有厚重感，似乎是用氈毛製成的，袍角也看不到飄舉的痕跡。壁畫中缺乏曲線，特別是人物曲線的勾勒，因而使人物形象顯得僵硬呆板。

但是，後室東壁上殘留的幾個舉哀弟子像卻畫得極為生動：他們都圍繞著涅槃佛，第一個全身匍匐，額頭觸地，悲不自勝；第二個雙手合十，兩眼緊閉，誠心祈禱；第三個目光黯淡，惘然若失，不知所措；

龜茲文化詞典
三畫

第四個雙眼圓睜，驚惶錯亂，哀痛欲絕。每個都表現出不同的神態，如實地描繪了《大智度論》卷2中關於佛涅槃時的記載：「諸人啼哭，諸天憂愁，諸天女等嘟咿哽咽，涕淚交流；諸學人等默然不樂；諸無學人，念有為諸將，一切無常；如是天人、夜叉、羅剎、乾闥婆、甄陀羅、摩羅伽及諸龍等，皆大憂愁。」這說明，古代龜茲畫家能夠運用現實生活中獲得的藝術靈感來處理宗教的題材，從而創造出美妙的作品來。

克孜爾石窟47窟壁畫中的人物，多用粗線畫出輪廓，然後在輪廓線內做大筆塗抹；在人物畫中，已經出現了初步的暈染法。所以說它是初步的，因為這種畫法沒有完美地表現出來，畫家們在應用上比較生澀稚拙，有的地方只是在人物的輪廓線上做一點粗糙的深淺塗抹，還不能很好地表達出凹凸明暗的透視感。

總之，克孜爾石窟47窟壁畫的風格，可以用十二字來概括，即「骨體肆野，用筆粗獷，色彩明快」。從壁畫中的人物來看，雖失之於簡單古樸，但有些人物仍神采奕奕，似乎是當時社會的一幅寫生圖。在用筆上，粗疏獷放，類似中國繪畫史上的「疏體畫」，畫家只是用幾條主線來勾畫形體，表達題旨，而沒有用副線來精心刻畫其餘的細小部分，即使如此，由於它能夠傳其「神」，正如唐張彥遠在《歷代名畫記》中所說的那樣：「夫畫物特忌形貌采章歷歷俱足。」所以仍不失為是好畫。在敷彩上，大都以樸實的深墨線，勾出形象的輪廓，並以石青、石綠、朱磦諸色加以點暈，給人以明快的感覺。（圖14）

圖14　克孜爾石窟47窟——比丘舉哀圖

結合 47 窟洞窟形制、壁畫特徵與碳14測定結果（碳14測定距今1615±46年，樹輪校正年代距今1600±60年，樹輪校正年代折合350±60年），可斷定47窟約建於4世紀前後。

大曆元寶

1928年12月，黃文弼於克孜爾36窟（黃文弼編號）發現大曆元寶銅錢2枚。

1961年，克孜爾千佛洞文物保管所在98號窟發現大曆元寶銅錢1枚。

1979年，克孜爾千佛洞文物保管所在新1號窟發現大曆元寶銅錢6枚。

大曆為唐代宗李豫的年號，其時間為766年到779年。大曆元寶就是這個時期鑄造的錢幣，後來透過商業交流，從中原傳入龜茲。（圖15）

圖 15　大曆元寶

大自在天像

這幅畫繪在克孜爾尕哈石窟13窟主室壁上。大自在天左手執劫波杯（髏杯），右手執三戟劍，面上有三隻眼睛，上身以骷髏為瓔珞，頭冠上有二仰月。

大宅失火圖

這幅畫繪在庫木吐喇石窟14窟的右壁上，是法華經變畫的一個組成部分。

法華經變是根據《妙法蓮華經》的內容繪製的。《妙法蓮華經》共有二十八品，其中的半數皆宜於繪畫，而大宅失火圖為《妙法蓮華經》二十八品中的第三品，說的是火宅之喻，其內容如下：「有大長者，其年衰邁，財富無量，多有田宅及諸僮僕。其家廣大，唯有一門……欻然火起，焚燒舍宅。長者諸子若十、二十或至三十，在此宅中……於火宅內樂著嬉戲，不覺不知，不驚不怖，火來逼身，苦痛切已，心不厭患，無求出意……爾時長者即作是念：此舍已為大火所燒，我及諸子若不時出，必為所焚。我今當設方便，令諸子等得免斯害。父知諸子先心各有所好，種種珍玩奇異之物，情必樂著，而告之言：汝等所可玩好，稀有難得，汝若不取，後必憂悔，如此種種羊車、鹿車、牛車，今在門外，可以遊戲。汝等於此火宅，宜速出來，隨汝所欲，皆當與汝。爾時諸子聞父所說珍玩之物，適其願故，心各勇銳，互相推排，競共馳走，爭出火宅……爾時長者各賜諸子等一大車，其車高廣，眾寶莊校……駕

以白牛,膚色充潔,形體姝好……是時諸子,各乘大車,得未曾有,本非所望……捨得弗,如來亦復如是,則為一切世間之父……但以智慧方便於三界火宅,拔濟眾生,為說三乘、聲聞、辟支佛、佛乘。……若有眾生,內有智性,從佛世尊聞法信受,殷勤精進,欲速出三界,自求涅槃,是名聲聞乘,如彼諸子為求羊車出於火宅;若有眾生,從佛世尊聞法信受,殷勤精進,求自然慧,樂獨善寂,深知諸法因緣,是名辟支佛乘,如彼諸子為求鹿車出於火宅;若有眾生,從佛世尊聞法信受……得益天人,度脫一切,是名大乘。菩薩求此乘故,名為摩訶薩,如彼諸子為求牛車出於火宅。」

《妙法蓮華經譬喻品》中「火宅之喻」是把人間世界比喻為一個火宅,眾生為貪求塵世之快樂,雖身在火宅不覺其險。只有佛陀運用其智慧,普救一切眾生於火宅之中。

大宅失火圖在庫木吐喇石窟壁畫中表現為一間富有立體感的、正在大火包圍之中的住宅,畫中還畫出了住宅中的人物。

大迦葉頭部

出自克孜爾石窟 60 窟上方窟後室內壁右側,縱 46.5 公分,橫 71 公分。

畫面描繪的是跪在涅槃佛腳前的大迦葉。大迦葉以娑羅雙樹的樹冠為背景,樹葉上的花都繪有花萼和花蕊。大迦葉的頭髮和鬍鬚為藍色,左腕上可見灰、白、黑及綠等顏色的百衲衣。

此件現藏德國柏林亞洲藝術博物館。

《大唐西域記》

又稱《西域記》。唐玄奘口述,辯機編。玄奘自唐貞觀元年(627年)西行求佛經,周遊中亞及印度各地,至唐貞觀十九年(645年)回國,隨即書述所見聞的一百一十、所傳聞的二十八個以上的城邦、地區、國家的山川、城邑、物產、習俗、宗教等,多《唐書》所未載,是研究印度、尼泊爾、巴基斯坦、孟加拉、斯里蘭卡等地古代歷史地理的重要文獻,為各國學者所重視。

該書完成於唐貞觀二十年(646年),較早的版本有宋安吉州資福寺刊印的《四部叢刊》影印本和宋《磧砂藏經》本。

由於此書受各國學者所重視,故於19世紀後期先後出版了法、英文譯本,20世紀初又出版了英文的重譯本。日本人堀謙德和足立喜六均有註釋,中國則有清代著名地理學家丁謙的《大唐西域記地理考證》和1984年2月出版的周連寬先生所著《大唐西域記史地研究叢稿》。

玄奘在《大唐西域記》中曾詳細記述了他在龜茲時的情況。

玄奘到達龜茲都城時,龜茲國王、眾大臣與僧人首領木叉多前來迎接,還有數千名僧人聚集在東城門外,安起帳幕,放

置佛像，奏著樂曲。當玄奘到來的時候，都前來慰問。

在龜茲的時候，玄奘還記述了自己與龜茲僧人首領木叉毱多的一場關於大小乘佛教教義分歧的激烈辯論，結果以玄奘的睿智與博學，不僅批駁了木叉多的小乘教義，還使得木叉多自覺理虧，心服口服。

在龜茲的時候，玄奘又記述了龜茲舉行佛教行像節時的熱鬧盛況。據傳說，每年釋迦牟尼生日這一天，龜茲國要舉辦行像節活動。這一天，各佛寺都要用珍珠寶玉、綢緞錦綺將佛像披持得煥然一新，然後把佛像抬到用金玉寶貝、綾羅綢緞裝飾起來的車子上，在街道上緩緩推行。一千多輛載著佛像的彩車集中在龜茲的鬧市中心，眾僧徒前來頂禮朝拜，各行業的百姓也放下手中的工作，前來觀看並向佛像拋撒香花，行跪拜之禮。龜茲國王也走出王宮，向佛像致敬，與大眾同樂。

大勢至菩薩像

《觀無量壽經》說：「以智慧光普照一切，令離三塗（指地獄、餓鬼、畜生『三惡趣』）得無上力，是故號此菩薩名大勢至。」大勢至菩薩主佛之智門者，以菩薩之大智至一切處，所以名之謂「大勢至」。

在龜茲石窟壁畫中，大勢至菩薩的形象與觀世音菩薩的形象基本相似。如庫木吐喇石窟45窟後室左壁有一軀大勢至菩薩像，他頂梳高髻，頭戴天冠，手持蓮花，全身裝束與觀世音菩薩無多大區別，只是在他的天冠中畫出一隻寶瓶。這是大勢至菩薩與觀世音菩薩的唯一不同之處。

據《觀無量壽經》中所說：大勢至菩薩「於肉髻上有一寶瓶，盛諸光明，普現佛事」。所以天冠中的寶瓶成了大勢至菩薩的特有標誌。

大望庫木遺址

位於新和縣城西小裕勒都司渠岸三道城西伯勒克斯村之西南沙窩中，黃文弼先生曾在此考察，發現過五銖錢和小五銖錢，並認為此遺址可能為東漢時班超所居的它乾城的故址。

大澇壩城堡遺址

位於庫車縣城東65公里、拉伊蘇河西30公里、烏庫公路南百米的戈壁上，是唐龜茲都督府下轄的六大守捉之一赤岸守捉所在地。參見「赤岸守捉」條。

大隧道本生故事畫

這幅畫繪在森木塞姆石窟35窟券腹的菱形格內。畫面中交足坐一人，左立一人，座前有枯骨。故事出自巴利文《本生經》卷12。故事說的是大藥師斷骨識性別的事。

大劫賓寧因緣故事畫

這幅畫繪在托乎拉克艾肯石窟15窟主室的壁上。故事出自佛經《賢愚經》。故事的內容如下：過去有一個國家，名金

55

地，國王叫劫賓寧。國王死，王子大劫賓寧為國王，欲出兵降伐舍衛國，遣使見舍衛國國王波斯匿。波斯匿王十分恐懼，前去拜見佛。佛說，讓金地國的使者來見我。當使者前來見佛時，佛現種種法，使使者驚服不已，佛命使者叫王前來見自己。大劫賓寧王來見佛，佛又作種種法力，使大劫賓寧王十分驚服，表示願意皈依佛法。金地王大劫賓寧進而思維妙法，終得阿羅漢果。之後，佛向弟子阿難說此因緣：原先有一個富人，捨錢財建造塔廟和堂閣，供養眾僧。年歲久了，塔廟塌壞，供養也斷絕了。他的兒子是一個比丘，就勸化人民節衣縮食，重新建造起塔廟，再次設食供養眾僧。這個富翁的兒子比丘，就是金地大劫賓寧也。

在托乎拉克艾肯石窟15窟的壁畫中，佛的身旁跪著一個頭戴寶冠、身穿錦袍的人。這裡說的是大劫賓寧王拜見佛時的情節。

《大慈恩寺三藏法師傳》

佛教史傳，共10卷。唐僧人慧立原著，彥悰箋。係玄奘的傳記，其中述及玄奘遊歷西域、印度等地的情況，足為《大唐西域記》的補充。19世紀中期以後，法、英諸國均有譯本。

《大唐西域記地理考證》

著名地理學家丁謙撰寫，刊登於《地學雜誌》1915年第六卷第二、三、五、六期上。文章對玄奘在《大唐西域記》中記載的諸地名，進行了詳細的考證。其中關於龜茲部分摘錄如下：「屈支即清庫車直隸州，後改設鳩茲府。唐時舊城，在府東南七十里，東川河濱。傳言師因凌山雪阻未開，不得進發，在此國淹停六十餘日。」「跋祿迦即漢書姑墨，唐書作亟墨，在庫車西四站，今拜城縣也。凌山即今木素爾達坂罕。木素爾，冰也；達坂罕，嶺也。由拜城西北度冰嶺，蓋溯木咱喇河（木扎特河）行，與今阿克蘇城北所設驛站異道。以彼為通衢，此為捷徑也。」

《大唐西域求法高僧傳》

為佛教史傳，共兩卷。唐僧人義淨撰。所收皆為唐時曾赴西域、南海、印度等地僧人傳記，兼及義淨本人旅行情況，為研究當時中西交通的重要資料。

大施抒海取珠本生故事畫

這幅畫繪在克孜爾石窟38、14、17窟券腹的菱形格內。故事出自佛經《賢愚經》。故事的內容如下：很久以前，有一個人名叫大施，他見人民生活困苦，就大量布施家中的財物給他們，為他們解厄濟困。不久，他把父母的財產都快布施完了，於是決定入海採寶。他與五百商人共同乘船入海，來到了一個寶島。大施聰明，通達世理，多聞明識，懂得寶的色貌、價值與好壞。他一邊採寶，一邊拿著寶的樣子告訴眾人：「像這樣顏色的寶，拿起來不重，但價值貴重，可以收取；像這樣的寶，

物重而價賤，不宜收取。」他又說：「取寶多少，要適可而止，多則船重，重則沉沒；少則船輕，但不補勞苦。」就這樣，大家照著大施的告誡，分頭辛勤採拾，然後弄到船上。待寶採夠，他們仔細包裝，又裝好船，準備歸還。但大施並不打算上船，眾商人前來問何緣故？大施回答說：「我還要到龍王宮採取如意珠，我要竭盡生命，不能回去。」當時，大施手執香爐，面向西方發誓禱告說：「我不畏勞苦，渡海取寶，全為救濟眾生貧困之苦，以此功德，為求佛道。如認為我心存忠誠，應當讓我願望得以實現，使眾商人、舟船、珍寶，不遇惡難，安生還國。」誓罷，眾商人紛紛前來抱住大施手腳，涕泣悲傷，向大施告別。於是，船斷索升帆，眾商人安全地渡出大海，回到了家鄉。而大施與眾商人分別後，經過千般辛苦，萬般阻難，從三個龍城中取得三顆寶珠。大施拿起寶珠求願說：「今日所得若真是摩尼寶珠，應當讓我的身體騰飛虛空。」求願已過，即舉身飛翔而去。不覺間，渡過了大海之難，到達岸邊，便停下來休息。這時，海中各位大小龍王，共同議論道：「我們海中，唯有這三顆寶珠，功德甚大，威力無比，大施把寶珠拿走，實在可惜。」他們立即去追，將寶珠祕密劫持而去。待大施醒來，三顆寶珠已失，他想：「這當中的能人，必是海龍王。我為寶珠，經涉千難萬險，今天正盼望早日回到國中，滿足我多年的願望。他們雖然偷偷搶走了，但我絕不放過，一定要盡力抒此海水，把三顆寶珠再奪回來！」大施決心已定，堅持到底，若不得珠，終不歸還。他下海中，得到一個龜甲，手持龜甲，正要抒海，不料海神知道了，趕來問道：「海水深廣，達三百三十六萬里，就是讓一切人民，皆來抒海，也不能使海水減退一點，何況你獨自一人，怎麼能辦成呢？」大施回答說：「若人有決心，想幹什麼，沒有辦不成的事情。我得這個寶物是為了廣大群生利益，以求佛道，我堅持不懈，何愁不能達到！」天神遙見大施一心一意，勤勞不怠，為眾生謀取利益，非常感動：「我們為何不去相助？」他們輾轉相告，共同來到大施處。大施投下盛水的器物，各位天人展開天衣，一同下到水中。大施出器，天人舉衣，抒了一邊，再抒另一邊，一次次反覆排除海水。一次抒海，海水減退四十里；二次抒海，減了八十里；三次抒海，減去一百二十里。如此下去，龍王惶恐不安，忙來求見大施，請求不要再排抒海水，大施才不得不停下來。龍王問道：「你求此寶，是為何用？」大施回答說：「是想用來救濟一切眾生！」龍王又問：「如你說的，我海中眾生甚多，你為什麼不給牠們，還想把它拿走呢？」大施回答說：「海中之類，雖屬眾生，然而並無劇苦。而人世間眾生，為錢財衣物，殺害欺詐，行十不善事，死了都會墮入地獄的。我為解救他們，故來索取這些寶珠。先給予他們缺少的東西，然後再以十善進行教誨。」龍王聞大施言，遂把寶珠還給了大施。

克孜爾石窟 38、14、17 窟壁畫中所繪的這幅本生故事畫，表現為大施立於海水之中，持器抒水，旁邊立一頭戴龍冠，手捧寶珠的人。這幅本生故事畫在龜茲石窟中多處出現，有的還繪出手執天繒幫助大施共同抒海的天神。（見圖 16、圖 17）

圖 16　克孜爾石窟 17 窟——大施抒海取珠

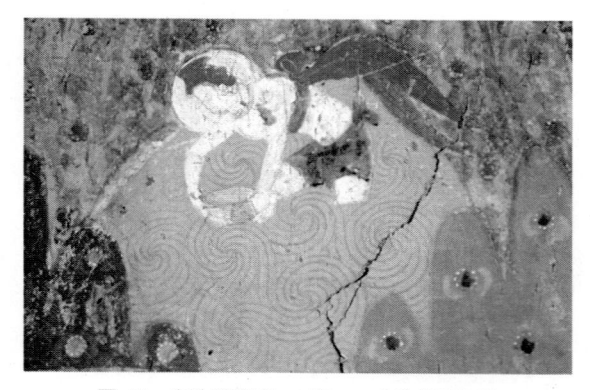

圖 17　克孜爾石窟 14 窟——大施抒海取珠

大猿代母受射本生故事畫

這幅畫繪在克孜爾石窟 92 窟券腹的菱形格內。故事出自英文版的《本生故事集》。故事的內容如下：很久很久以前，傳說在一株古老的榕樹下住著一隻善良的母猿。牠生有二子，大的叫南提牙，小的叫小南提牙，都長得健壯可愛，母子間感情深厚。後來，母猿雙目失明，猿兄弟就更加細心地照料牠們的母親。清晨，大猿汲來朝露給母親擦洗眼睛，小猿天天採摘最好的山果讓母親吃，森林中的動物無不為猿兄弟的孝德所感動。一天，一個外出打獵一無所獲的婆羅門經過榕樹，見母猿坐在樹下，便起殺心，張弓欲射殺母猿。這時，正巧大猿回來。大猿見此情景，立即跑到母猿面前擋住了射來的毒箭，自己中毒身亡。婆羅門射死大猿後，又要殺害母猿。小猿便對婆羅門說：「獵師啊，求你發發慈悲，留我盲母一條性命吧。」說罷便又站在母猿面前代受射。而兇狠的獵手貪婪成性，終把猿母子通通射死，用繩

索捆綁好揚長而去。當獵手剛走到家門口，家中即遭雷擊燃起了大火，妻子和兩個兒子都被燒死，他也被一根倒塌的木柱打得腦漿迸裂而死。

大理家濟龜獲報本生故事畫

這幅畫繪在克孜爾尕哈石窟21窟甬道外壁下部。畫面為水中站立一人，前一龜身上騎坐一人。故事講落水人得救報恩，大理家濟龜獲報的事。見《六度集經》卷3。

大象捨身救囚犯本生故事畫

這幅畫繪在克孜爾石窟8窟券腹的菱形格內。故事出自《佛經故事選》。故事的內容如下：從前，有一片大樹林，樹林蒼翠，綠草如茵，附近有個深不見底的湖泊，周圍是沒有水草的大沙漠。這個樹林是各種動物自由活動的樂園。動物中有一頭大象是菩薩的化身。牠吃樹葉和湖藕，喝湖水和山泉，過著苦行僧般的生活，非常知足，一點也不覺得清苦。一天，大象在樹林裡散步，忽然聽見遠處沙漠裡有無數的人聲。牠想：這是怎麼回事？這裡沒有通往城鎮的路，也不可能有人到沙漠裡來打獵，肯定是迷路的行人，或者是被國王趕出的罪犯。他們的聲音非常微弱、悲哀，有的還像在哭泣。這是為什麼？我要去看個明白。於是，大象急忙跑去，看見有很多人又饑又渴，非常疲憊地向樹林方向走來。這群行人看見大象像一座會走路的山，像秋天的浮雲，像風吹的霧團，都有些害怕。大象看出他們的心思，一邊對他們說：「不要怕，我不會傷害你們。」一邊伸出略帶紅色而發亮的長鼻子，慈祥地問：「你們滿身灰塵黑臉龐，瘦骨嶙峋頭髮長，到底從哪裡來，是什麼人？」那些人看到大象像人一樣說話，又答應不傷害他們，心情才平靜下來，並向大象叩頭訴說：「我們是被國王驅逐來邊疆的。我們受盡種種苦難，現在已經面臨死亡的邊緣！」大象聽罷，又問：「你們一共有多少人？」那些人回答道：「我們原有一千人，國王把我們趕到這沙漠地方，許多都饑渴而死，現在只剩下七百人了。」大象聽了他們悲慘的遭遇，慈悲的本性使牠流出了同情的眼淚，心想：這些人如此饑渴疲憊，身體又瘦又弱，可沙漠還有很長的路，他們缺水少糧怎能出得去呢？如果讓他們住在樹林裡，又沒有什麼可吃。看來只有用自己的肉做乾糧，用自己的腸子做裝水的袋子，才有可能幫助他們走出沙漠。除此以外是無法可想的了。這時，有的人被饑渴酷熱所苦，淚流滿面；有的人合掌叩頭，用手勢比畫著要水；有的人跪地哀告，請求給予拯救；有的輕聲詢問哪兒有水，怎樣才可以走出沙漠⋯⋯大象把長鼻子舉到頭頂，說：「這個山腳下有一個盛開著蓮花的湖。從這條路走去，可以到那兒解渴、避暑、休息。在山口下面還有一頭剛摔死的大象，你們可以吃牠的肉，用牠的腸子裝水。這樣，你們就可以走出這個大沙漠了。」大象送走了這群困苦萬狀的人，趕緊從小路奔到山頂，向佛祈禱說：「為了解救在死亡線上掙扎的人，我願獻

出自己的身體。」祝願以後，大象從山頂上跳下去，摔死在山腳下。而這群人根據大象的指點，來到蓮花湖，盡情地喝足了水。休息之後，又找到剛剛摔死的大象。有人看著這大象，心裡有些疑惑，說：「這具大象屍體，多像我們剛才遇見的象王啊！這是我們的恩人象王呢，還是牠的親屬或者牠的兒子？」有的人說：「這頭大象無疑就是我們見到的聖象。剛才我們聽見天吼地動，肯定就是聖象從山頂滾下的聲音。牠為了拯救我們，捐棄了寶貴的身體。我們怎能忍心吃牠的肉呢？我們應當燒化牠的身體，以報答牠對我們的恩情。」這群人像死了親人一樣難過，個個泣不成聲，嗓子都哭啞了。這時，有幾個人說：「事情已經如此，我們還是成全聖象的意願吧！我們應該遵照牠的希望去做。否則，牠的捨身壯舉就沒有什麼意義了，那也不是對牠的真正尊重。」於是，大家根據大象的囑託，取了牠的肉做乾糧，又用牠的腸子裝滿水，才走出茫茫的沙漠，到了自己的目的地。

克孜爾石窟17窟壁畫中所繪的這個本生故事畫，表現為一頭大象仰臥於地上，一個人手執刀正在象腹上割肉。整幅畫面氣氛凝重，充滿了一種精神的力量，隱約地透示出對大象莊嚴犧牲的歌頌。（見圖18）

圖18 克孜爾石窟17窟——大象捨身救囚犯

大光明王始發道心本生故事畫

這幅畫繪在克孜爾石窟14窟券腹的菱形格內。故事出自佛經《賢愚經》。故事的內容如下：很久以前，有一個國王名叫大光明。當時，距離他的國家不遠處，有一個國王，與大光明王甚為親厚。那個國家缺少什麼，大光明王隨時贈予；同時，那個國家也常常把珍貴的東西，奉獻於大光明王。有一次，這個鄰國的國王進大山遊獵，捉到兩頭可愛的小象，端正殊妙，色白如琉璃山，四肢駐地，令人喜歡。國王心中自唸道：「今天，我當以兩頭小象，贈給大光明王。」說罷，即以金銀寶物裝飾小象，並派人把小象送去。大光明王見到兩頭小象，無限喜悅，就命令馴象師散

[一]

闍馴養。不久,散闍即把兩頭小象馴服調順,並給它倆身上裝飾寶物瓔珞。他高興地報告國王說:「兩頭小象,業已馴好,請大王親往參觀。」大光明王聽後,很是高興,並派人敲擊金鼓,命令屬下群臣都來觀象。一時間,眾人蜂擁而來,大光明王乘在小象背上,猶如旭日出山,光明照耀,十分莊嚴。大光明王乘象與眾臣民,出城遊戲,很快來到試驗的場地。當時,小象氣足力壯,見到有一群象在蓮花池,吃蓮花根,性慾大發,遂奔逐一頭母象,進至深林。在路中,因為小象跑得很兇猛,大光明王頭上戴的帽子等,一一墜落在地,甚至連衣服也被撕壞了,身體也被碰傷了,頭上還流了不少血,血把頭髮染得通紅。大光明王頓時感到頭昏眼花,心想:「這次必然活不成了。」十分恐懼,即問馴象師散闍道:「請問,我還能不能活命呀?」散闍對大光明王說:「林中多樹,有的可以抓住。願大王速抓住一棵樹枝,以脫離象身,這樣可以保住性命。」國王即抓住樹枝,象繼續向前急奔,大光明王得以脫離象身,但不慎從樹枝上脫手,落在地上,衣服全丟掉了,身體也受傷了。馴象師散闍走在前面,也抓住了樹。他看見大光明王摔傷了,連忙叩著頭對大光明王說:「願大王莫再愁苦。這頭象的淫心會停息下來。牠討厭那些不愛吃的草,不願喝那些汙濁的水。牠喜歡王宮中那些清淨肥美的飲食,所以牠會跑回來的!」大光明王回答說:「我今天不再想你和這頭象,正是由於這頭象,幾乎使我喪命。」而狂象在野澤中,食惡草,喝汙水,淫慾也漸漸平息下來,思念王宮裡的清淨美味飲食,行如疾風,又回到了宮中。馴象師見狂象已回歸,便去告訴國王。大光明王回答說:「我不需要看你,也不需要看象!」散闍對國王說:「大王如果不需要我和象的話,唯願大王看一看我馴象的方法。現在馴象的場地已經選定,並且已給大王準備好觀看的座位。」當時,全國的人聽說散闍要給國王表演馴象,都趕來參觀。國王從宮中出來,人們前呼後擁,紛至沓來。馴象師散闍拉著象到了馴象場地,又讓工匠做了七個鐵丸,燒得赤熱滾燙。他心裡想:「象如吞此鐵丸,一定會死去,大王會後悔的。」便告訴大光明王說:「這頭象是頭寶象,唯有轉輪聖王才能得到牠。今有小的過失,不應當讓牠死去。」大光明王說:「象既然還沒有馴服,就不應當讓我騎;如果已經馴好,怎能惹出這場大禍!今天,我不願意見你,也不願看到這頭象!」散闍又說:「你雖然不需要我,但這頭象非常可惜!」大光明王發怒道:「請你快快走開!」散闍起來,悲傷地說:「大王沒有親疏之分,其心不正,只會聽甜言蜜語。」當時,眾人聽後,皆墜淚不止,都在注視著象。散闍即做出樣子,告訴象吞此鐵丸,如果不吞,即用鐵鉤割裂象腦。象見後即已明白,牠心裡想:「我寧吞鐵丸而死,而不能忍受用鐵鉤鉤死。正如人死,寧受絞死,也不樂意被燒殺死一樣。」這時,象屈膝向大光明王,垂淚求救,而大光明王更加憤怒。散闍對象說:「今天,

龜茲文化詞典

三畫

你為何不吞此丸？」象環顧四周，看到眾人中沒有一個人能救牠的性命，便取鐵丸，放入嘴裡。鐵丸一進到腑臟裡，頓時腑臟焦爛，鐵丸直穿過內臟，讓這頭象瞬間斃命。鐵丸從象體內流出，還依然赤熱。大家見了，沒有不悲泣的。國王見到這種情景，也非常驚怖，即產生了悔悟之心，便對散闍說：「你既然能把象調得這樣馴服，為什麼牠在山林中狂奔，你不能制止呢？」散闍跪下來回答大光明王說：「大王，我只能調象的身體，不能調象的心。」大光明王又問道：「有沒有這樣的人，既能調其身，也能調其心？」散闍回答說：「只有佛，既能調身，也能調心。」大光明王聽說佛的名字，心驚毛豎，又向散闍問了一些道理，散闍一一做了解釋。散闍說：「總之，佛最為高尚，最為慈悲，既能調自己，也能調眾生。」大光明王聞知，驚喜異常，即回到宮中，用香湯洗浴了身體，換上了新衣，登於高閣之上，向四方施禮，對於一切眾生，遂起大慈大悲之心，焚香許願：「願我能有功德，心向佛道，等我成佛後，既調自己，也調伏一切眾生，如為眾生，不管受何劫難，都在所不辭！」大光明王發誓已畢，天地大震，虛空之中發出美妙的聲音，天上人間，都在歌頌佛的無上功德。

克孜爾石窟 14 窟壁畫所繪的這幅本生故事畫，表現為大光明王騎在象背上，象正狂奔，大光明王雙手攀住一樹枝，得以脫身。在龜茲石窟壁畫中，大光明王始發道心本生故事畫在多處出現，畫面也有所不同：有的畫出國王的寶座，座前畫出赤熱的鐵丸，旁邊為馴象師散闍及欲吞鐵丸的象；有的則繪出乘象與吞丸兩個場面。（見圖 19）

圖 19 克孜爾石窟 14 窟——大光明王始發道心

三弦

克孜爾石窟77窟有此種樂器，共鳴體為木製、圓形，琴把細長，應該就是今日三弦的前身。這種三絃樂器為龜茲人所創造，龜茲壁畫就是有力佐證。清代毛奇齡《西河詞話》中說，三弦「世以為胡樂，非也」。應該說三弦是出於胡樂，更確切說是出於龜茲。三弦大概於元代傳入內地，所以元人張可久詞稱：「三弦玉指，雙鉤草字，題贈玉娥兒。」而波斯於15～16世紀之際才有三絃樂器描繪，可知波斯三弦也由龜茲傳入。

三寶標像

這是佛教的一種武器，可是在丁福保編纂的《佛學大辭典》和任繼愈主編的《宗教辭典》中都沒有描述。但是從龜茲石窟壁畫中所繪的形象來看，護法天王手執一個類似桃形器物，形狀較大，內心為空，形成一個小桃心，護法天王右手上揚握住心柄，立於佛陀左側。

顯然，三寶標與金剛杵一樣，也是佛與菩薩用來斷煩惱、伏惡魔的一種武器。

三區佛母窟

德文為Maya Höhle der 3. Anlage，這是德國人對克孜爾石窟224窟的稱呼。

三耳釉陶罐

出自克孜爾石窟89—6窟（1989年編號），為泥質紅陶施綠釉，手製，肩以上及三耳殘失，現通高約3.4公分，腹徑3.4公分，底徑1.4公分，胎厚約0.4公分。溜肩、鼓腹、小平底。肩部留有三耳的痕跡，三點呈三角相對。釉色斑駁，雜有氣泡。1989年5月出土。

三水器譬喻故事畫

畫面中佛座旁坐一俗裝的人，佛座前並列放置三只甕。講的是佛在那羅聚落好衣庵羅園時，有位刀師氏聚落主，原為耆那教徒，受其教主尼的唆使，前來佛所論難，提出佛既然憐憫一切眾生，為何只對一些人說法，不對其他人說法？佛以三種好壞不同的水器作喻，反問刀師氏聚落主：如果有這樣三種水器，第一種完好無損，第二種有點滲漏，第三種又破又漏，倘若有人要往這幾種水器裡倒水，應先倒進哪一種水器？刀師氏聚落主回答，應先倒進第一種水器，倒滿以後，再倒進第二種水器。至於第三種水器，儘管又破又漏，也應倒進水去，因為趁它尚未漏掉之前，還可暫時用一下。於是，佛告訴刀師氏聚落主，這第一種水器好譬諸比丘、比丘尼，第二種水器好譬優婆塞、優婆夷，第三種水器好譬外道異學。我既常為這些出家、在家弟子演說正法，也為外道異學說法，雖然有先有後，有多有少，但說的無不是最好、最純真的道理，只要大家能夠領會

其中一句深義，又勤於修習，依教實行，心定會獲得平安、快樂。

事見《雜阿含經》卷32：「如是我聞。一時佛住那羅聚落好衣庵羅園中。時，有刀師氏聚落主，先是尼弟子……受尼勸進已，往詣佛所，恭敬問訊已，退坐一面，白佛言：瞿曇，豈不欲常安慰一切眾生，嘆說安慰一切眾生？佛告聚落主：如來長夜慈憫安慰一切眾生，亦常嘆說安慰一切眾生。聚落主白佛言：若然者，如來何故為一種人說法，又復不為一種人說法？佛告聚落主：我今問汝，隨意答我……譬如士夫有三水器。第一器不穿不壞，亦不津漏。第二器不穿不壞，而有津漏。第三器者穿壞津漏。云何聚落主，彼士夫三種器中，常持淨水著何等器中？聚落主言：瞿曇，當以不穿不壞，不津漏者，先以盛水。佛告聚落主，複次應以何器盛水？聚落主言：瞿曇，當持彼器不穿不壞而津漏者，次以盛水。佛告聚落主，彼器滿已，復以何器為後盛水？聚落主言：以穿壞津漏之器最後盛水，所以者何，須臾之間，供小用故。佛告聚落主，如彼士夫不穿不壞不津漏器，諸弟子比丘、比丘尼，亦復如是，我常為彼演說正法，乃至長夜以義饒益，安隱樂住。如第二器不穿不壞而津漏者，我諸弟子優婆塞、優婆夷，亦復如是，我常為彼演說正法，乃至長夜以義饒益，安隱樂住。如第三器穿壞津漏者，外道異學諸尼輩，亦復如是，我亦為彼演說正法，初中後善，善義善味，純一滿淨，梵行清白，開示顯現，多亦為說，少亦為說。彼若於我說一句法，知其義者，亦得長夜安隱樂住。時，刀師氏聚落主聞佛所說，心大恐怖，身毛皆豎，前禮佛足，悔過世尊，如愚如痴，不善不辯，於世尊所，不諦真實，虛偽妄說，聞佛所說，歡喜隨喜，禮足而去。」

此譬喻故事畫出現於克孜爾石窟163、171、80、43、8窟的拱券菱形格中。

于祝

今新疆烏什縣，由阿克蘇市管轄。漢時為溫宿國，唐時稱溫肅州，又名于祝。

於術守捉

唐龜茲都督府轄下六大守捉之一。其位置據賈耽《皇華四達記》所記為過鐵門關後10公里。按現今行政區域看，已屬庫爾勒市轄區。根據資料核查，在今庫爾勒城南約3公里的夏渴蘭旦古城遺址，其城周1080公尺，中有土墩，墩為土坯所砌，出土文物頗具唐代風格。此古城遺址可能就是於術守捉城所在地。

土龜茲樂

據《隋書·音樂志》的記載，隋朝初年有三種龜茲樂，即西國龜茲、齊朝龜茲和土龜茲。顯然，這三種龜茲樂都是由龜茲傳入中原的。其所以分為三種，是由於傳入的時間先後不同，而且在傳入後與漢族音樂和中原其他少數民族音樂融合的情況不同而造成的。

所謂土龜茲，即原來就流行在長安的一種龜茲樂。「土」這個字就是土生土長的意思。隋朝都城大興在唐代易名長安，在隋以前，漢長安曾經是前趙、前秦、後秦、西魏、北周的都城。西魏是由北魏分裂出來的鮮卑族人建立的。土龜茲就是由西魏到北周在長安早就存在的一種龜茲樂。雖然並不確知它是什麼時候傳到長安的，但可以肯定，在北周武帝宇文邕於周保定五年即565年娶突厥可汗女兒為皇后以前，土龜茲就已經在長安存在了。西國龜茲和土龜茲是相對而言的，新傳來龜茲音樂叫做西國龜茲，舊有的龜茲樂就取名為土龜茲了。

[一]

山水圖

龜茲石窟壁畫中的山水，並不是僅僅作為一種景物的陪襯，它是以佛教經文為根據，用來表示佛國世界的景觀的。據《注維摩詰經》卷1說：「肇曰：『須彌山，天帝釋所住金剛山也，秦言妙高，處大海之中，水上方高三百三十六萬里。』」丁福保編纂的《佛學大辭典》「須彌」條解釋說：「須彌山入水八萬由旬，出水八萬由旬，其頂上為帝釋天所居，其半腹為四王天所居，其周圍有七香海、七金山，其第七金山外有鹹海，其外圍曰鐵圍山，故云九山八海，（南）瞻部洲等四大洲在此鹹海之四方。」

在佛教世界裡既然被想像出有這麼多的山，這麼多的水，在佛教繪畫中當然得表現出來，於是就產生了龜茲石窟壁畫中的山水圖。

龜茲石窟壁畫中的山都表現在菱形格中，一個菱形格中有許多山。山的形狀也不一樣，有尖頂山，山頭是尖的，山腰稍有鼓起，是一般山形的極單純的概括；有圓頭山，山頭是圓的，有的成掌形，有的成指形，把它們排列起來，組成重重疊疊的山巒；有平頂山，山頭平直，兩側凹入，看起來好像一個齒輪，似乎不像一座山；有花瓣山，頭尖中胖，下部收縮，狀如一瓣花。

從龜茲壁畫的整個形狀來看，它是用山和樹來構成菱形格圖案的。在這些菱形格中，對於山的安排和布置，又是多種多樣、各有千秋的。如疊鱗式，山頭層疊如魚鱗；如連續式，一座座山頭連續相接，產生出一種群山壁立的氣勢；如合抱式，使群山成包圍狀，中間產生一個「小盆地」，在「小盆地」中畫出主題畫；如山夾樹式，先畫一層山，夾畫一層樹，再畫一層山，又夾畫一層樹，如此反覆，使山上有樹，樹後有山，造成一種意境深遠的效果。

樹為山之衣，畫山一定要畫樹。龜茲石窟壁畫中有許多樹，千姿百態，形狀各異，主要的有：

掌形樹，樹形如一隻手掌，樹叢中畫出點點繁花。如克孜爾石窟110窟券腹畫

龜茲文化詞典
三畫

出掌形樹，中夾著箭形樹，樹叢中畫著一朵朵鮮花。張彥遠在《歷代名畫記》中談到魏晉以降的山水畫時曾說：「或水不容泛，或人大於山，率皆附以樹石，映帶其地，列植之狀，則若伸臂布指。」掌形樹是龜茲石窟壁畫中的早期作品，在藝術上顯得比較稚拙，是張彥遠所說的「伸臂」狀的樹木。

箭形樹，樹形如一支直指天空的利箭，樹叢中畫出各色花朵，如克孜爾尕哈石窟23窟後室頂有一棵箭形樹矗立在掌形樹中間，有兩隻猴子正在爬樹。

芽形樹，樹形如一棵剛出土的芽，如庫森吐拉石窟58窟券腹畫出一株芽形樹，樹叢中畫出飛禽走獸。

團形樹，樹形成一個大團狀，樹叢中畫出各色鮮豔的花朵，如克孜爾尕哈石窟23窟後室後壁畫有數棵團形樹，樹叢中畫出綠葉和鮮花。

球形樹，樹主幹上畫出一個個球形物，中間又畫出花葉，如克孜爾石窟224窟券腹的坐佛背後畫出一棵球形樹，一共有8個球狀物附著在樹的主幹上。

指形樹，樹形如一隻手指，如克孜爾石窟171窟券腹的坐佛像背後畫出一棵棵指形樹，中間也畫出花朵。指形樹也是龜茲石窟壁畫中的一種早期作品，是張彥遠所說的「布指」狀的樹木。

刷脈縷葉形樹，這種樹與現代繪畫中的樹已經相差無幾，它畫出了主幹、支幹，在支幹上畫出許多樹葉，如克孜爾石窟114窟主室左壁頂所畫的樹木，已經被畫成枝椏節生、綠葉片片的樹了。

此外，克孜爾石窟77窟左右甬道中的樹木花草，更是畫得栩栩如生，很有情趣。有一棵樹長在水池中，從這棵樹的主幹分出的支幹上，結著六個葵花似的大鮮花，樹上卻沒有一片綠葉；還有一棵樹畫成尖塔狀，下面是主幹，主幹上生出兩個支幹，托起整個樹身。

畫山必定要畫水，然而龜茲石窟壁畫中的水，似乎不及山與樹那樣豐富，它們多數被畫成一個個池塘，有的用線條畫出水波紋；有的雖不畫水波紋，卻畫出水禽、落花和魚，仍然使人產生有水的感覺。

克孜爾石窟77窟甬道頂畫出一個不規則的扇形水池，池中畫出流水的波紋，水中還畫出一個個漂浮著的果子；有一個水池沒有畫出範圍，也沒有畫出水波紋，但是由於中間畫著魚和兩隻正在嬉耍的水鳥，故而知道其為水池；還有一個水池也沒有畫出範圍、水波紋，但是其中畫有小鰻魚和水鳥，旁邊還畫出盤踞著的水蛇，故而認出其為水池。

克孜爾石窟118窟券腹畫有兩個倒葫蘆形的水池，一個池邊站著一隻山羊，正在從池中吸水；另一水池中浮著一朵小花，邊上草叢中畫出一隻小鳥。

龜茲石窟壁畫中的山水圖有兩個明顯的特點：它們不是獨立的山水畫，只是整

個佛教畫的一個組成部分，是為宣傳佛教教義而服務的；在藝術表現上，它們並不喧賓奪主，而是「藏中露」，即處處隱藏，但又處處顯露，這與敦煌莫高窟「露中藏」的壁畫山水，在表現形式上適得其反。

誠然，龜茲石窟壁畫中的山水，其技法尚處於稚拙階段，但是它畢竟給了後一時期的繪畫以啟發，甚至借鑑的作用。如畫中有的僅把山尖或巒頭描畫出來，其下一片單純的青綠色，使其實中有虛。聰明的龜茲藝術家們往往還在這片單純的青、綠色間，配上幾棵開著小花的樹和幾隻小動物，更顯出這片單純的青、綠色既富有鬱鬱蔥蔥的春天氣息，又給大自然以縱深迷遠的感覺，像這樣的表現手法，都值得我們繼承和發揚。對於龜茲石窟的這些繪畫，只要揭開它那宗教的帷幕，不論一山一水，一樹一草，不難看出，都是強烈地傾注了人的感情於其中的世俗藝術品，也是中國古代文化遺產中的瑰寶。

山中苦行佛傳故事畫

這幅畫繪在克孜爾石窟76窟中，畫面中太子面容枯槁，瘦得皮包骨頭，俗稱「脫皮白骨」。說的是太子棄家外出求道時，最初是向一些婆羅門教的學者求教。但他認為婆羅門教並不能解脫人世生死輪迴之苦，於是他就到尼連禪河畔的森林中苦修，經過約六年的時間，歷盡了艱辛。1906年被德國勒庫克等人盜走。

口誦乘船法而不解用譬喻故事畫

這幅畫繪在克孜爾石窟14窟券腹的菱形格中，畫面為一雙頭龍船上有兩人合掌，作躊躇驚慌狀。故事出自佛經《百喻經》。故事的內容如下：很久以前，有一個大長者，和諸商人共同入海採寶。這個大長者善誦入海駕船方法，入海遇到礁石、漩渦之處，應當如何駕船，如何退，如何進，他都熟悉。因此他告訴眾商人說：「入海如何駕船的方法我都知道得清清楚楚，你們完全可以信任我。」眾商人聽大長者這樣說，都十分相信他的話。當船航行到海中沒有多少時間，船師得病，突然死亡，於是由大長者代行船師的職務。不久，船就行到了礁石、漩渦區域，他就根據自己所掌握的駕船法，嘴裡邊說邊駕船，應該怎麼進、怎麼退，但是由於他掌握的只是書本知識，沒有實際經驗，因而船始終處於礁石、漩渦之中，不能得脫，這樣不僅不能到達採寶的地方，而且船隻傾覆，眾商人都溺水死亡。所以，世間凡夫有的就是如此，稍稍修習了一些禪法、安般數息和不淨觀，雖然能夠背誦其經文，但是不解其經義，實際上是對種種方法一無所曉。他們自以為是，便胡亂授人禪法，使他人迷亂失心，倒錯法相，終年累歲空無所獲，就像大長者駕船失事一樣。

［丿］

千佛圖

　　所謂「千佛」，就是指數量眾多之佛，無可計量之佛。

　　在龜茲石窟壁畫中，根據其尺寸的大小，可以分為大千佛和小千佛。

　　如庫木吐喇石窟45窟券腹的大千佛，其尺寸有等身的大小。佛坐蓮座上，或通肩，或袒露右臂，或雙領下垂。佛頭上有高肉髻，項光、身光俱用一粗一細兩種線條構成，中間用色塗。整個佛像用細線勾出輪廓、衣褶，然後用色平塗，在項間、臂部稍做暈染。千佛之間畫以彩色的祥雲與天雨花，畫出了一幅佛國天界的景象。（圖20）

圖20　庫木吐喇石窟45窟——千佛圖

　　如庫木吐喇石窟16窟券腹的小千佛，其尺寸只有十幾公分。佛穿雙領下垂式大衣，坐蓮座上，頭上有項光，背後有身光，四周有祥雲圍繞，使整個券腹成為一個佛國天堂。（見圖21）

圖21　庫木吐喇石窟16窟——千佛圖

如庫木吐喇石窟24窟左券腹有模印小千佛。佛的尺寸也只有十幾公分大小，都是用一個模子印製出來，所以個個模樣相同，千篇一律。在庫木吐喇石窟11窟的券腹兩側模印著大量小千佛，其數達數千之多，真是名副其實的「千佛」。模印小千佛與繪製小千佛相比較，前者無個別可言，在藝術上缺少創造性；而後者因係藝術家創作而成，富於個性，在藝術上顯示著生氣和活力。

上面介紹的幾個窟都是縱券頂支提窟，而在克孜爾石窟有一個穹窿頂支提窟，穹窿頂上布滿千佛，蔚為大觀。它是這樣布置的：穹窿頂中心畫一大坐佛，大坐佛的周圍成輻射狀，模印出一軀軀小千佛，他們坐蓮座上，衣服無皺襞，由通肩、雙領下垂和袒右三種服式的三軀小千佛成一組，順序排列模印而成。這個窟就是克孜爾石窟189窟。（見圖22）

除此以外，還有一些支提窟可以稱之為「千佛窟」，因為這類窟的券腹、左右壁、左右甬道頂、左右甬道壁、後室左右壁、後室後壁、中心柱後壁，即全窟所有的壁面全部繪著佛像，沒有其他內容。

千淚泉

克孜爾石窟有一處著名的風景點，它是一個環形的岩壁，岩壁上日夜不停地滲出一顆顆晶亮透明的水珠，故以此為名。

關於千淚泉，有一個淒美的傳說。

古時候，龜茲國王有一位公主，聰明美麗，婀娜多情。她喜愛狩獵，經常帶著侍女，騎馬去郊外打獵。有一次，她追逐著一隻兔子，獨自來到一處胡楊林中，遇見一個英俊年輕的獵人，他一箭射中了這隻兔子，並送給了公主。公主見這個年輕獵人面貌俊秀，箭法超群，便產生了愛慕

圖22　克孜爾石窟189窟——千佛圖

之心。從此以後，公主經常藉故獨自騎馬到郊外與年輕獵人相會，戀情逐日加深。最後年輕的獵人勇氣非凡地前去王宮，拜見龜茲國王，當面求親。龜茲國王聽了年輕獵人的訴說後，就命令宮女叫公主前來，當面問她，是否喜歡這個年輕人。公主回答說：十分喜歡，並且非他不嫁。國王心想：一個平民怎麼敢高攀一位公主呢？就故意提出一個十分苛刻的條件，刁難這個年輕人。他要求年輕獵人在山裡開鑿一千個石窟。等一千個石窟開成後，才把公主嫁給他。鍾情的年輕獵人沒有被苛刻的要求嚇倒，相反，為了得到愛情和幸福，他日夜不停地開山鑿洞。在他的辛勤努力下，一個又一個的石窟開成了。可是他由於過度辛勞，人越來越消瘦，終於在開鑿到九百九十九個石窟時，力竭身亡。公主聞訊趕來，痛不欲生，抱屍大哭，晝夜不止。她痛苦的眼淚就化作了千淚泉。（圖23）

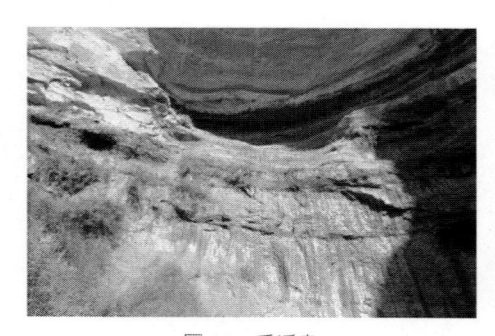

圖23　千淚泉

《千佛洞是新疆人民的偉大歷史遺產》

依爾凡·阿洪巴也夫撰寫，劉萬玉譯，刊登於《新疆學院》1956年第二期上。

作者在文章開頭說：「千佛洞是佛教在新疆占統治時代即西元前第1世紀開始至西元後第7、第9世紀之間的歷史遺產，它是研究佛教在新疆的情況，研究新疆人民歷史和文化遺產最宏偉的物質遺產之一。」這個開頭寫得十分好。文章接著說：「為了研究千佛洞的材料，1955年新疆學院史地系歷史研究生曾組織千佛洞參觀小組赴庫車參觀了庫車城郊的赫色爾（克孜爾）、森木塞姆、瑪扎伯赫（瑪扎伯哈）、庫木吐剌（庫木吐喇）等地之千佛洞。」

關於千佛洞的來歷問題，作者說：「關於誰修建千佛洞的問題，人民群眾中有著不同的不夠確切的神話和傳說。某些人說是伯熱合特為自己的愛人喜任而修築的，關於這方面還有著各種不同的傳說。我認為，千佛洞是由伯熱合特或者蒙古人建修的傳說是沒有根據的。如果千佛洞是伯熱合特為愛人而建修的話，當然應該修建在風景優美的地域，同時洞裡就不會布滿神佛類的壁畫，而且應該布滿著表示伯熱合特和喜任的愛情，和為喜任而鬥爭的勇敢事跡，而事實上卻相反的見不到一點表示伯熱合特和喜任愛情的壁畫，就千佛洞這樣大規模的建築，不是一兩個人可以辦到的，同時千佛洞也不是在某一個短時期內建修成的，因此千佛洞是伯熱合特時代伯

熱合特為自己的愛人喜任而建修的說法是沒有根據的。另外也不可能是蒙古人建修的，我們知道蒙古人在12世紀從事遊牧，還未建立統一的國家而過著部落生活，12世紀末13世紀初成吉思汗統一了蒙古各部後日漸強盛的，勢力伸到中亞和新疆，這時南疆早已信仰伊斯蘭教，7世紀初，當阿拉伯伊斯蘭教產生以後，其創始人穆罕默德以武力傳教的遺囑被其繼承人四大哈立發即阿伯伯克爾、吾麻爾、吾斯滿和艾力實現，7世紀後半期、8世紀初占領了中亞甚至勢力伸展到中國的西界，第9、第10世紀伊斯蘭教傳入新疆而開始代替了新疆的佛教，從此佛教被排擠出去，因而，當伊斯蘭教傳入南疆之後而蒙古人是沒有可能在南疆大規模地建修佛寺。」

[7]

小天

《隋書‧音樂志》載：龜茲樂「其歌曲有善善摩尼，解曲有婆伽兒，舞曲有小天，又有疏勒鹽」。「小天」則為龜茲佛曲中的一個代表曲，除此以外，在西域樂中還有很多佛曲。在陳《樂書》卷159就有如下記載：「李唐樂府曲調有普光佛曲、彌勒佛曲、日光明佛曲、大威德佛曲、如來藏佛曲、樂師琉璃光佛曲、無威感德佛曲、龜茲佛曲，併入婆陀調也。釋迦牟尼佛曲、寶花步佛曲、觀法會佛曲、帝釋幢佛曲、妙花佛曲、無光意佛曲、阿彌陀佛曲、燒香佛曲、十地佛曲，併入乞食調也。

大妙至極曲、解曲，併入調也。摩尼佛曲，入雙調也。蘇密七俱施佛曲、日光騰佛曲，入商調也。邪勒佛曲，入徵調也。觀音佛曲，永寧佛曲、文德佛曲、婆羅樹佛曲，入羽調也。遷星佛曲，入般涉調也。提梵，入移風調也。」這裡共二十九曲，與在敦煌石室遺書中發現的九調二十九佛曲的名稱完全相同。從中可以看出，龜茲樂中的佛曲是很多的。

小谷窟

德文為 Schlucht Höhle，這是德國人對克孜爾石窟178窟的稱呼。

小型禪窟

這類窟的面積極小，「僅容膝頭」。有的券腹呈拱形，有的則為平頂；有的不開明窗，前壁中間開門；有的開有明窗，左壁中間開門。

小穹窿頂窟

這是在龜茲地區最常見的一類禪窟，散見於各石窟群中，尤以在克孜爾石窟中最為多見。

小兒播鼗蹄戲因緣故事畫

德文為 Kleine kuppe Höhle，這是德國人對克孜爾石窟129窟的稱呼。

這幅畫繪在克孜爾石窟8、184、186窟中，畫面為形體高大的坐佛，一側為一裸體兒童，兒童左手舉鼗鼓作搖播狀，左

龜茲文化詞典
三畫

腋下挾一雞婁鼓，右手作擊打雞婁鼓狀。佛微微側身面向兒童，右手作「說法印」。三幅畫不同點是：8窟小兒在佛左側呈「胡跪」式；186窟小兒右手執一鼓槌擊打；184、186窟小兒在佛右站立。故事講的是：佛向弟子舍利弗講述他成佛前的一個故事，故事中佛化身為帝釋天主，教化一富豪之妻，此妻為彌勒菩薩轉世。婦人迷財貪慾，帝釋天主為度化此婦，化作商人，假說要做生意來到婦人家。婦人接待商人，命一兒取坐伺候。商人見小兒就以笑對之。小兒取坐遲慢，遭婦人打，商人見狀即笑。商人見旁邊一小兒撥弄鼗鼓玩耍，更笑而不止。婦人忍不住責問商人：你到我家來，為何見我的兒子頻笑不止？商人答道：你與我過去是好友，你怎麼忘了，似乎不認識我了。我所以笑你兒子，因那個挨打的兒子就是你的父親，你父親的靈魂轉世於你兒身上，你打兒即打你父親。你另一個兒子前世是隻牛，牛死後靈魂托生為小兒。你家用此牛皮蒙貫鼗鼓，你小兒撥弄鼗鼓玩耍，豈不知鼓皮乃是他的故體之皮，所以我才笑你。後來，商人又為婦人講轉世因果的許多道理。（見圖24）

圖24　克孜爾石窟8窟——小兒撥鼗蹋戲局部

小兒以土麥為食施佛因緣故事畫

這幅畫繪在克孜爾石窟224窟中，畫面為一活潑可愛的裸體小兒，恭敬地立於佛右側，雙臂屈曲以紅色土麥為食施於佛缽之中。說的是，有一小兒見佛來，心生歡喜，無以為獻，即以手中的土麥置於佛的缽中，以為布施。小兒因此事故，得了善報。

小穹窿藻井帶弧面八邊形平面頂支提窟

在龜茲各石窟中，有一些特殊的窟類，它們的性質和形狀不具有普遍性，只屬於某一處石窟所獨有，如森木塞姆石窟的小穹窿藻井帶弧面八邊形平面頂支提窟就是其中之一。

这种支提窟呈四边形，与方形平面穹窿顶支提窟相似。但是，方形平面穹窿顶支提窟的券腹是在一个平面上开出一个大穹窿，而这种支提窟则是把一个小穹窿承托在一个带弧面的八边形平面券腹上。而且前者的穹窿占顶部面积的绝大部分，后者的穹窿则只占顶部面积的小部分，只具有某种装饰性。

显然，这种支提窟的出现与穹窿顶的产生和演变是联系在一起的。在萨珊王朝的波斯，大穹窿顶火神庙出现之前，先是在波斯和亚美尼亚一带出现了用横放的喇叭形拱在四角把方形变成八边形，再在上面砌穹窿形式；或是在叙利亚和小亚细亚一带用石板层层抹角十六边或三十二边形以后，再在上承托穹窿顶。这些穹窿顶的跨度都很小，而且内部的形象也很零乱。可见，这种带小穹窿顶的支提窟是中心柱形支提窟向方形平面穹窿顶支提窟发展的一个过渡形式，也就是说在古代波斯的建筑中，开始并没解决好大穹窿顶的建筑技术问题，故而先从建造小穹窿顶入手，慢慢地取得经验，然后才建造大穹窿顶。因此，森木塞姆石窟这种小穹窿藻井带弧面八边形平面顶支提窟，在建造年代上是早于方形平面穹窿顶支提窟的。

女童塑像

出土于库木吐喇石窟。塑像作汉人女孩打扮，表情憨厚、天真、快乐，造型极其生动，说明汉人工匠对此塑像倾注了一片钟爱之情。这是库木吐喇石窟中出土的最具世俗化的艺术作品。

女人系小儿入井因缘故事画

这幅画绘在克孜尔石窟多个石窟中，171窟是最具典型的一例。画面为坐佛右侧一女，系小儿头坠入井内。说的是一女正抱儿持瓶汲水，在井边见一男子，心遂迷恍，误将小儿做水瓶坠入井内。（见图25）

图25　克孜尔石窟171窟——女人系小儿入井

马舞

显然是因西域盛产骏马，而人们模仿马的各种雄姿而形成的模拟舞蹈。古代龟

茲駿馬大都來自烏孫，並且源源不斷地輸入中原，而龜茲恰好位於農業遊牧的交界地帶，所以馬舞在龜茲境內也很流行。據《唐音癸籤》載，唐代有《舞馬傾懷曲》。在古代的烏孫、黠戛斯和現在的哈薩克族都普遍流行馬舞。《新唐書黠戛斯》載：「樂有笛、鼓、笙、篳、盤鈴，戲有弄駝、獅子、馬伎、繩伎。」可知馬舞是北方遊牧民族中普遍流行的舞蹈。

馬王泅渡眾商本生故事畫

這幅畫繪在克孜爾石窟多個洞窟中，14窟券腹的菱形格內所繪是其中一例。故事出自《增阿含經》《佛本行集經》《六度集經》《護國尊者所問大乘經》等佛教經典，又名「雲馬王本生」「良馬本生」「婆羅訶馬王本生」等。故事內容如下：昔時有一馬王，名叫雞屍，身軀高大，毛白似銀，嘶鳴如鐘鼓，行走快如飛，因此，又被稱作雲馬王。時有五百商人，攜帶種種奇貨珍寶，乘船渡海到別國進行貿易。因途中遇狂風迷失航向，漂泊到了羅剎國。羅剎國中有許多羅剎女，見大海中有遇難商船，便紛紛游水而來，把商人們接到了城中。羅剎城四周銀磚砌牆，布滿城閣殿宇，寶帳幛蓋，香煙繚繞，建造華麗非凡，宛如神宮瓊臺。商人們看後，羨慕不已。羅剎女們把商人分領到自己臥室，給他們換上新衣，供給珍珠，結為夫妻。商人們難中得救，個個心生歡喜。羅剎女一再告誡諸商人，不要隨意出城，否則要遭禍殃。但其中有一商主，為人聰明，很懂世故，

趁羅剎女熟睡之際，悄悄外出，觀察動靜。他走到一個鐵城旁，爬到高樹上仔細觀看，忽見城內屍體狼藉，血肉滿地，哭聲連天，被嚇得差點昏倒。商主問城中的人為何這般光景，城中人說：「我們原都是商人，海上遇難，被羅剎鬼女誘騙進城，把我們玩夠了，然後再扔到這裡，天天來吃我們。原來的五百同伴中，已有一半喪生，既是剩下的人也在等死。」商主問他們如何才能得救，城中人告訴他只有去找雞屍馬王。商主按指教，找見了馬王，商定了逃走之計。商主回到城內，祕密把消息轉告同伴，讓大家做好準備。過了數日，在眾羅剎女夜間熟睡不備之際，五百商人一齊聚集到岸邊，馬王已在等候，商人們便紛紛爬上了馬背。眾羅剎女醒來，見人全部不在，便跑到岸邊，假裝慈悲，哭喊著央求各商人念夫妻之情留下來。但馬王不予理睬，四足騰空，載著商人脫險而去。

克孜爾石窟14窟壁畫中所繪的這幅本生故事畫，畫面構圖簡潔，表現的只是兩個商人騎馬涉水騰空的一個片段，但從商人所穿的服飾來看，完全是古代龜茲人的服裝式樣，從這一點來看，這幅畫顯然是借鑑了當時世俗生活而創作的。這種寫實意味的本生畫在佛畫中是不多見的。

馬壁龍王救商客本生故事畫

這幅畫繪在克孜爾石窟114窟券腹的菱形格內，該圖是克孜爾石窟壁畫中較典型的一幅。故事出自《經律異相》。故事的內容如下：過去，有五百商人入海採寶，

其中有一商主，名叫滿月，採得了許多珍寶。滿月既得珍寶，正計劃回歸家鄉時，在海中遇一蛟龍，欲加害於他，使他不得歸還。當時，海中還有一個大惡羅剎鬼，緊緊追逐商人，妄圖害死商人，搶走珍珠寶貝。他向商人們放出一股惡風，頓時天昏地暗，致使商人們迷悶不堪，看不見前進的航道。對此，商人們個個驚恐萬狀，無不失聲痛哭。他們齊向天神、地神、水神、火神、風神等祈禱，又急聲呼喊著父母、妻子、兒女們的名字：「快快來相救！」正在這時，海中另有一位大龍王，名為馬璧，見到商人們這種悲慘遭遇，心懷慈悲，決心解救商人，讓商人們平安渡過大海，到達岸邊。馬璧龍王以淨天耳聞商人們的呼救，迅速趕到商人跟前，用非常和藹可親的聲音，撫慰他們道：「你們都不要害怕，請各位放心，我為你們指示航道，一定會安穩地讓你們渡過大海，順利安全地回到家鄉。」為此，馬璧龍王以白布纏住胳膊，並且灌上油，點燃起來，形成一個大火炬，猶如燈塔，照得大海航道通明。就這樣，經過七天七夜的日夜航行，終於讓眾商人平安地回到了家鄉。

克孜爾石窟114窟壁畫中所繪的這幅本生故事畫，表現為馬璧龍王變形作雙頭龍狀，或繞山做橋，或盤臥於地，身上行走著龜茲服裝打扮的商人以及載滿貨物的駱駝和牛。這是一幅寫實性十分強的畫，如果把馬璧龍王的身體看成是一條路，那麼這就是道道地地的一幅商旅圖，一幅商旅們奔波忙碌於古代絲綢之路上的商旅

圖。車爾尼雪夫斯基在《藝術與現實的美學關係》中說：「藝術的第一作用，一切藝術作品毫無例外的一個作用，就是再現自然和生活。藝術的另一種作用是說明生活。」儘管龜茲石窟壁畫是一種佛教藝術，它仍然離不開對自然和生活描寫，這正如恩格斯所說的：「宗教是竊取人和自然的一切內涵，轉賦予一個彼岸的神的幻影，而神又從它這豐富的內涵中恩賜若干給人和自然。因此，對這個彼岸幻影的信仰只要是強烈而生動的，那麼，人至今經過這條彎路總可取回若干內涵。中世紀的強烈信仰就這樣賦予整個時代以顯著的精力，不過這精力並不是外來的，而是存在於人性中的。」因此，從龜茲石窟莊嚴宏偉的形象中，它們出神入化的技藝中，它們浩大的工程中，我們看到了體現著人和自然的內容以及時代的精神。（見圖26）

圖26　克孜爾石窟114窟——馬璧龍王救商客

飛天像

在印度，4世紀至6世紀的笈多佛教藝術中出現了飛天的形象，這就是畫在阿旃陀石窟10窟中的手執花束的飛天像；在5世紀時，阿富汗巴米揚石窟有53公尺高大佛的西大窟券腹中，也畫出了飛天的形象。

在龜茲石窟壁畫中，飛天一般出現在佛龕兩旁、佛說法圖上方和有涅槃佛的甬道頂與後室券腹上。少數時候也畫在主室券腹上。

從龜茲石窟壁畫中的飛天形象來看，大致可以分為六種類型：

第一種，飛天的上身赤裸，下身著裙，頭戴寶冠，畫有項光。他們的身體伸得比較直，只是兩腿分開，以雙足一曲一伸來表示出飛的姿態。

如克孜爾石窟47窟後室券腹的飛天像，上身赤裸，胸前披掛瓔珞、寶繩等飾物，下身著裙，在腰間打兩個結。裙的下擺兩角成圓形，中間成瘦三角形。她們的身體伸得比較直，只是雙腿分開，一足平伸，一足翹起，以表示飛的姿態，因而顯得呆滯無力。（見圖27）

第二種，飛天頭戴寶冠，赤裸上身，下身著裙，裙的下擺成圓形，腹部以上的上身仰起，腹部以下的下身平伸，整個身體成一個90°的角，一足平伸，一足向上翹起，成一種飛的姿態。（圖28）

如庫木吐喇石窟38窟的左右甬道頂畫出的飛天，她們頭戴寶冠，有項光，前身上仰，後身平伸，成一個90°的角，赤雙足，一足平伸，一足向上翹起。下身著裙，裙的下擺成圓形，衣帶粗大，有飄動感。

在這一種類型的飛天中，克孜爾石窟196窟券腹中心部分畫出的六軀飛天最為動人。她們頭戴寶冠，耳墜金環，有項光，上身赤裸，天帶從頸後繞過肩頭在上臂部繞一圈，就在胸部兩側

圖27　克孜爾石窟47窟——飛天

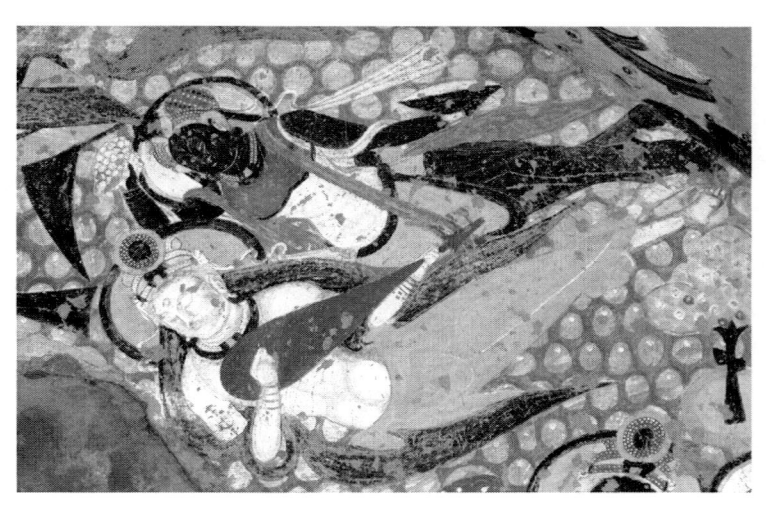

圖 28　克孜爾石窟 8 窟——飛天

飄動。她們的下身著裙，裙的下端兩個角成圓形，中間是三個瘦三角形。她們上身仰起，整個身體成一個 90°的角，赤足，一足伸直，一足屈起，產生了一種飛的動態。（見圖 29）

圖 29　克孜爾石窟 196 窟——飛天

　　第三種，飛天頭戴寶冠，有項光，赤裸上身，胸前有飾物，下身著裙，裙的下擺兩個角成圓形，腰部折成「V」形，雙足並列。

如在克孜爾石窟69窟後室券腹畫出飛天像，她們頭戴寶冠，髮垂項間，唇上有髭，頭上有項光，赤裸上身，下身著裙，裙的上端在腰部左右打兩個結，裙的下擺的兩個角成圓形，裙上的皺襞用白色線條描出。她們有的懷抱琵琶，有的手托花盤，身體從腰部處折起成「V」形，雙足並列，故而動態不很明顯，然而由於飄舞著的天帶的襯托，仍能使人感覺到她們是在天空中飛行。

如克孜爾石窟新1窟的後室券腹也畫有類似的飛天像，她們束髮戴寶冠，頭巾在頭部兩側飛揚。她們的臉形扁圓，頭上有項光，赤裸上身，胸前掛著珠串、瓔珞、綵帶，手腕佩帶金釧、玉環，肌肉做恰當的暈染，顯得極為豐腴健壯。她們的下身著裙，裙的上端在腰間左右打兩個結，腰帶下垂處又打兩個結。天帶繞過左臂從肩部落至腹前，再往上繞過右臂，在身體兩側飄揚。她們的上、下身都仰起，故而在腰部成一個「V」形的角，雙足赤裸，交叉並列，作飛行之狀。（圖30）

第四種，飛天頭戴寶冠，有項光，上身有的赤裸，有的著短衣，有的斜披絡腋，下身都著裙，腰間打出兩個結，裙的下擺兩個角成圓形。她們赤雙足，身體伸得比較直，上身稍仰起。她們的雙足有的作交叉並列狀，有的則一足平伸，一足屈起，似在游泳一樣。

如克孜爾石窟48窟後室券腹畫有飛天數軀，她們頭戴寶冠，有的上身赤裸；有的上身著短衣；有的天衣從肩部垂掛下來在腰部形成一個半環形再繞過手臂，在身體兩側飄舞；有的天衣從肩後掛至手臂

圖30 克孜爾石窟新1窟——飛天

處繞一圈就在身兩旁飛揚。她們有的手執花繩，有的手托花盤，有的手持花束，有的雙手做舞蹈的動作。她們的下身著裙，在腰間打出兩個結。裙的下擺有的成圓形，有的成瘦三角形。她們的雙足有的赤裸，有的作交叉並列狀，有的則一足伸直，一足向上翹起，上身稍微仰起，以示飛行的姿態。

第五種，飛天頭戴寶冠，有項光，上身有的赤裸，有的袒露右臂，上身仰起，下身伸直，赤雙足。有的一足伸直，一足翹造成腰部；有的一足伸直，一足稍微翹起；有的雙足分開，成「八」字狀；有的交叉並列，稍分開。

克孜爾尕哈石窟30窟後室鑿成盝頂，再用花邊圖案分成兩個長方形格，長方形格中共畫出飛天八軀。她們的頭上束髮戴冠，有項光。有的上身赤裸；有的則袒露右臂；有的肌膚成深褐色；有的肌膚潔白；有的手中托花盤，正在拋撒鮮花；有的懷抱琵琶，正在彈奏樂曲。她們飛行的姿態雖然都是上身仰起，下身伸直，但是雙足的擺法不同：有的一足伸直，從膝部起彎曲，一直翹到腰間；有的一足伸直，一足從膝部起不作彎曲，只是稍為翹起，雙足成「八」字形；有的雙足交叉並列，稍為分開。她們的服飾也不相同：有的上身赤裸，下身的裙直落到臀部上端，左右側打出兩個結，把裙子扣牢，裙角由於飄動，兩端成圓形帶兩個小尖角，中間成兩個瘦三角形；有的上身著淺色鑲深色花邊的緊身短衣，用「曲鐵盤絲」的畫法繪出衣上的皺襞。她們的天帶分各種不同的顏色，都是從頸後向前繞過手臂在身邊飛揚。在她們身後畫出天雨花、三寶標、摩尼珠等，配以藍色畫成的天空，令人賞心悅目，讚嘆不已。（見圖31）

圖31 克孜爾尕哈石窟30窟──飛天

龜茲文化詞典
三畫

這個窟的飛天像似乎把龜茲石窟壁畫中不同類型的飛天都集中在一起，充分顯示了龜茲飛天千姿百態的風貌和飄逸華麗的美感。

第六種，飛天上身穿短衫，雙手合十，下身著長裙，曳地不露足，上身伸直，下身彎曲成90°，天衣飛揚，天帶在雲彩間浮動，產生出強烈的飛行感，類似著名的敦煌莫高窟飛天像。

庫木吐喇石窟15窟中心柱正面佛龕兩旁畫出飛天像，她們頭戴花蔓冠，上身披短衫，雙手合十，下身著長裙，遮住雙足，衣帶比飛天的身長超過幾倍，在天空中飛舞飄揚，長長的衣袖也飄飄冉冉地浮動在天空中。在彩雲的簇擁下，飛天如凌水波之上、雲霧之中，迴環遨遊，其柔和的姿態、舒展飄逸的神情，充滿了強烈的動感與浪漫的氣息。這軀飛天恐怕也是龜茲石窟藝術中的最美形象了。

從龜茲石窟壁畫中的飛天像，可以看到這麼一種趨勢，即龜茲佛教藝術從初期較多地接受外來文化的影響（飛天像中的笈多藝術與巴米揚藝術的影響就是一例），逐漸地演變成造就具有本地民族特色的風格（克孜爾尕哈石窟30窟後室券腹的飛天像又是一例），再發展成為後期融合了越來越多中原地區漢族文化的成分（庫木吐喇石窟15窟中心柱正面佛龕兩旁的敦煌式飛天像更是一例，庫木吐喇16窟是最典型的例子，中原漢風格濃厚），從而使藝術本身達到了比較完美的境界。（見圖32）

圖32　庫木吐喇石窟16窟——飛天（復原臨摹，作者趙霄鵬）

我們知道，佛教產生於印度，當佛教傳入中國時，是透過新疆的絲道進行的，即一是經過疏勒、于闐、羅布泊、哈密戈壁到達敦煌；一是經疏勒、溫宿、庫車、焉耆、吐魯番到達敦煌。在敦煌糅合了民族特質以後，又分南北兩路散布開去，進入中原地區。南路以麥積山、涼州、廣元、大足到樂山；北路經雲岡、龍門、鞏縣、天龍山到響堂山。這兩路散布開去的藝術，愈益接近中原地區，愈被中原文化融會貫通後接受下來，融化並改造成能夠充分表達漢民族特性的漢族文化，然後再透過原來的路線，向西方傳播，在很大程度上影響了西域當地的文化。龜茲石窟壁畫中飛天形象的發展和變化正好說明了這個問題。

子死欲停置家中譬喻故事畫

這幅畫繪在克孜爾石窟17窟主室券腹右壁，畫面中靠左一黑膚色人懷抱一死去小兒，右立一白膚色人作說話狀，背景有一小白墓塔。故事出自佛經《百喻經》。故事的內容如下：過去有一個愚蠢的人，養育了七個兒子，其中一個兒子先死。此時，這個愚蠢的人見兒子既死，便欲停置於其家中，自己則欲棄家離去。旁人見到這種情況，就對他說：「生死道異，人死是一件莊嚴的事情，你應該趕緊把死去的兒子放到遠離家居的地方去埋葬掉，不應該把屍體停放在家裡，而自己卻欲棄家離去。」當時這個愚蠢的人聽了旁人的話後，便暗暗思念：若死去的兒子不能停放在家裡，要到遠離家居的地方去埋葬掉，而要把一個死兒挑到遠地埋葬，那麼這個擔子會一頭重、一頭輕，無法挑起來，因而也就無法把死去的兒子埋葬掉，倒不如再殺一個兒子，使擔子兩頭擺平，能挑得起來。於是，他便把另一個兒子殺了，挑起擔子，把兩個死去的兒子都埋葬在遠遠的地方。當地的人見愚人如此處理死兒，都紛紛嗤笑，認為這是從古到今未曾有過的蠢事。

屍毗王割肉貿鴿本生故事畫

這幅畫繪在克孜爾石窟多個洞窟券腹的菱形格內。故事出自佛經《賢愚經》，故事的內容如下：古老的時候，有一個國家十分富足，都是由於國王屍毗治理有方，故而深得人民的信任。屍毗王一生追求佛道，表示願為佛道獻出自己的一切。天神帝釋為考驗屍毗王的忠誠，讓毗首羯摩天化作一隻鴿，自己則化作一隻鷹，鷹追逐著鴿飛到了屍毗王的座前。鴿眼看著要被鷹抓住，就鑽到屍毗王的腋下，尋求庇護。鷹隨即也飛了過來，對屍毗王說：「今天，這隻鴿子是我的食物。牠來到大王處，請你快快還給我，我早已饑餓難忍了！」屍毗王回答說：「我本發願，度脫一切眾生。鴿子既來投奔我，我不能給你。」鷹又說道：「大王，你已表示要度脫一切眾生，如斷我食，我就要死去，我不也包括在一切眾生之中嗎？」屍毗王回答說：「如果給你其他的肉，你能不能吃？」鷹即回答說：「唯有得到剛剛宰殺的新鮮肉，我才可以吃。」屍毗王思念：「如果求得剛剛

宰殺的新鮮肉，正是害一個救一個，於理不容。其餘都有生命，都應該愛惜，唯有捨棄自身，才是最好的辦法。」即取利刃，自割股肉，用作鷹食，以保全鴿子的性命。鷹忙對屍毗王說：「大王為施主，要救濟一切眾生。我雖小鳥，亦屬生靈，但若用你的肉，換取這個鴿子生命的話，實屬不妥，請大王快快住手！」屍毗王不聽，命左右群臣，把秤拿到跟前，用鉤鉤住中間，兩頭掛秤盤，把鴿子放於一頭，自己割下的股肉放在另一頭。股肉割盡，一秤，比鴿子的肉還輕。於是又割兩臂兩脅的肉，等到身上的肉都已割盡，仍達不到鴿子的重量。這時，屍毗王把整個身體倒向秤盤，因氣力不繼，倒在地上，悶絕不醒，過了很長時間方才甦醒過來。他自己責備道：「我有生以來，即為身體所困，酸毒眾苦備嘗，但均未曾獲福，如今正是精進立行的時候，我絕不能有絲毫的懈怠！」他一遍遍地鼓勵自己，後來終於站立起來，跨上秤盤。秤兩端終得平衡。他認為這正是最大的善事，心中感到無比歡喜。

　　克孜爾石窟114窟壁畫中所繪的這幅本生故事畫，表現的是鷹追逐鴿子、鴿子正飛向屍毗王的景象。畫面正中是坐在寶座上的屍毗王，兩邊各站著一個大臣。屍毗王的頭上則繪出一鷹正追逐一鴿，鴿子飛向屍毗王。屍毗王伸出雙手作救援鴿子狀。114窟繪有一人持刀割屍毗王的腿肉，一人持秤。但是，在其他石窟的這幅本生故事中，秤的一頭為一隻鴿子，一頭則為腳登秤盤的屍毗王，畫面顯得更為豐富多彩。（見圖33、圖34）

圖33　克孜爾石窟17窟——屍毗王割肉貿鴿

圖34　克孜爾石窟114窟——屍毗王割肉貿鴿

四畫

[一]

木叉毱多

　　唐慧立在《大慈恩寺三藏法師傳》中記載了玄奘在出西域途中路過龜茲時遇龜茲高僧，並記述了他與木叉毱多的一場激烈辯論，最為有趣。

　　原文是這樣說的：「有高昌人數十於屈支（龜茲）出家，別居一寺，寺在城東南，以法師（玄奘）從家鄉來，先請過宿，因就之，王共諸德各還。明日，王請過宮備陳供養，而食有三淨，法師不受，王深怪之。法師報：『此漸教所開，而玄奘所學者大乘不爾也。』受余別食。食訖，過城西北阿奢理兒寺，是木叉毱多所住寺也。毱多理識閑敏，彼所宗歸，遊學印度二十餘載，雖涉眾經，而《聲明》最善，王及國人咸所尊重，號稱獨步。見法師至，徒以客禮待之，未以知法為許。謂法師曰：『此土《雜心》《俱舍》《毗婆沙》等一切皆有，學之足得，不煩西涉受艱辛也。』法師報曰：『此有《瑜伽論》不？』毱多曰：『何用問是邪見書乎？真佛弟子者，不學是也。』法師初深敬之，及聞此言，視之猶土。報曰：『《婆沙》《俱舍》本國已有，恨其理疏言淺，非究竟說，所以故來欲學大乘《瑜伽論》耳。又《瑜伽》者是後身菩薩彌勒所說，今謂邪書，豈不懼無底在坑乎？』彼曰：『《婆沙》等汝所未解，何謂非深？』法師報曰：『師今解不？』曰：『我盡解。』法師即引《俱舍》初文問，發端即謬，因更窮之，色遂變動，云：『汝更問余處？』又示一文，亦不通，曰：『《論》無此語。』時王叔智月出家，亦解經論，時在旁坐，即證言《論》有此語。乃取本對讀之，毱多極慚，云：『老忘耳。』又問餘部，亦無好釋。」

木扎提河

　　發源於汗騰格里山東麓，先是北南流向，流經拜城縣之察爾其鄉，改為西東流向，在拜城縣境內匯入了台爾維奇克河、喀布斯朗河、喀拉蘇河和克孜爾河四條大河，流經克孜爾石窟前時，水面寬廣，水流湍急，故稱為渭干河。這時，渭干河流向改變，又成為北南流向，流入庫車縣境內，向南流經庫木吐喇石窟。於是渭干河本身又東南流向，分一支水南流於沙雅之西，入塔里木河，而本身折東流於沙雅縣北，東流入輪台草湖。木扎提河即《水經注》之西源，亦即西川水。

83

龜茲文化詞典
四畫

沿木扎提河兩岸的古蹟甚多，除上面已經說過的克孜爾石窟與庫木吐喇石窟外，從木扎提河與克孜爾河的匯合處出發，沿克孜爾河北上，可以到達台台爾石窟；沿木扎提河北岸行，從西到東，可以經過溫巴什石窟和耶克埃力克石窟。

20世紀70年代，新疆龜茲石窟研究所經過調查，發現拜城有四座元朝時期的軍站遺址，當地維吾爾族人民稱之為「蒙古城」，它們都分布在木扎提河的南岸。從這四座「蒙古城」所處的位置進行分析，很自然地得出這樣一個結論，即拜城的木扎提河兩岸從2世紀到13世紀這一千多年的時間裡，一直是絲綢之路中的一條重要通道。（圖35）

圖35　木扎提河（克孜爾石窟段）

木素爾嶺

《西域水道記》有記載，地在今阿克蘇城北四百四十五里的大山中，即今新疆拜城縣西北端天山山脈之木扎提山隘。

木雕獅像

1958年出土於庫車蘇巴什佛寺遺址，現藏中國社會科學院考古研究所。獅身為半身側面，作跪臥狀，高7.5公分，獅目圓睜，收口露齒，唇外翻，獅表塗紅、白二色，現已部分脫落。

五弦

是五弦琵琶的簡稱。這種樂器在龜茲石窟壁畫中出現次數最多。如克孜爾石窟8、14、38、80、98、100、192、196窟，庫木吐喇石窟56、58窟，森木塞姆石窟42、48窟都有圖形描繪，清楚表明五弦有一個共鳴箱，成棒狀，直頸。唯在漢晉時期的石窟中還有曲頸五弦琵琶，可知五弦琵琶在魏晉時在龜茲地區已很普及。到隋唐時期，石窟壁畫中就只有直頸五弦，已無曲頸五弦了。而在漢文典籍中對於五弦的形狀並未說清楚，《通典》僅說：「五弦琵琶，稍小。」宋人陳《樂書》中也僅說：「五弦琵琶……其形制如琵琶而小。」龜茲石窟壁畫中所示五弦圖形就十分形象，補充了史書記載的不足。

五連洞

這是龜茲石窟建築中的一種特殊窟形，它出現在庫木吐喇石窟群中，是在離地面十餘公尺的岩壁上並列地開出五個石窟，石窟前又開出走廊把五個石窟連在一起。走廊前為石壁，石壁間開出明窗。而

且在每個石窟之間亦有石牆間隔，石牆上則開門以相通。

庫木吐喇石窟「五連洞」這種建築形式還傳入中原地區，天水麥積山石窟 4 窟就是一個例子。它是在離地面五十多公尺高的懸崖上鑿成石檐列柱，柱後鑿出一列七個佛龕。列龕與石柱之間開出長廊，以互相連通。（圖36）

圖 37　克孜爾石窟 2 窟出土——漢龜二體五銖

圖 36　庫木吐喇石窟——五連洞

五銖錢

在發掘克孜爾石窟窟區的遺存時，曾發現過大量的五銖錢。

據史籍記載，漢元狩五年（西元前118年），罷半兩錢，始鑄五銖錢。後來魏晉六朝，都曾鑄五銖錢。《史記‧平準書》中說：「有司言三銖錢輕，易奸詐，乃更請諸郡國鑄五銖錢，周郭其下，令不可磨取鋊焉。」

五銖錢在克孜爾石窟地區的大量出現，可見該窟開鑿時間之早了。（圖37）

五方獅子舞

據唐末段安節《說郛‧琴曲譜錄‧龜茲部》的記載，龜茲樂富於浪漫主義情調的五方獅子舞，亦稱「五常獅子，高丈餘，各衣五色，每一獅子有十二人，戴紅抹額，衣畫衣，執紅拂子，謂之獅子郎舞」。

五朱文銅錢

此類型的錢幣，鑄有漢文「五朱」（非銖）銘文，主要發現於巴楚縣、庫車縣和輪台縣等遺址。如庫車縣蘇巴什、唐王城、哈熱巴特古城、庫木吐喇、玉曲吐爾、伊斯塔那等都有出土。在巴楚的北朝文化層還出土鑄造五朱的細泥質錢範。

值得注意的是，這類五朱銅錢，因其錢文甚淺，在流通使用過程中極易磨損，成為無文、無廓的銅錢，也易使人誤以為它是來自於中原地區的女錢。這一類型的五朱文銅錢，同樣具有薄肉、廣串、無廓的特點。錢文此時已不再是重量單位的標誌，而蛻化成貨幣符號。依徑、串大小亦可分為四個小類型：

龜茲文化詞典
四畫

1. 徑 2.1～2.2 公分，串徑 0.9～1 公分，肉厚 0.1 公分；

2. 徑 1.9～2 公分，串徑 0.8～0.9 公分，肉厚 0.1 公分；

3. 徑 1.7～1.8 公分，串徑 0.8 公分，肉厚 0.1 公分；4. 徑 1.4～1.5 公分，串徑 0.8 公分，肉厚 0.1 公分。

五髻乾闥婆

在克孜爾石窟 14、80、99、175 窟主室正壁，採用塑繪結合的手法，描繪以樂神五髻乾闥婆鼓琴為前導，帝釋天率領忉利天（三十三天）眾前往摩揭陀國鞞陀提山因陀羅石窟，以四十二事問佛的情況。

乾闥婆，天龍八部之一，專司音樂，侍奉帝釋天，因其身散發出奇香，俗稱香音神。

龜茲石窟中的乾闥婆為一神的形象，頭上有項光，渾身飾以珠環，全身長帛飄動，跣足，一手執琴，一手作著舞蹈的姿態，胸前掛著瓔珞，顯得雍容華貴。

五髻乾闥婆，是以其頭上有五髻而得名。據說這五個髮髻分別代表天眼通、天耳通、他心通、宿命通、如意通「五通」。（見圖 38）

圖 38　克孜爾石窟 80 窟──五髻乾闥婆

五百商賈入海採寶因緣故事畫

這幅畫繪在克孜爾石窟101窟中，畫面為佛面向右側，前方有一個頭戴圓頂氈帽、穿翻領裝的商人，雙手所捧摩尼珠光焰熊熊；佛頭上方一寶蓋飄蕩。說的是，五百商賈入海採寶，收穫歸來後，紛紛向佛獻寶，更取寶珠散佛頂上，於虛空中變成寶蓋，隨佛行往。

五通比丘論苦之本本生故事畫

這幅畫繪在克孜爾石窟17窟券腹的菱形格內。故事出自佛經《法句譬喻經》。故事的內容如下：古時候，有個精於五通（即五神通，為天眼通、天耳通、他心通、宿命通、如意通五種神通力）的比丘，名叫精通力。他一個人在深山老林中的一棵大樹下，閒寂求道。當時，有四個禽獸安安穩穩地守候在旁邊。這四個禽獸，一是鴿子，二是烏鴉，三是毒蛇，四是老鹿。牠們白天到處覓食，天黑了則回到這裡。有一天夜晚，四個禽獸圍在一起，共同議論道：「世界上的苦，何苦為最重？」烏鴉首先說：「饑渴為最苦。饑渴的時候，身體四肢無力，連眼睛也看不見東西，精神不寧，如身投羅網，不能辨鋒刃。我等葬身亡命，都由於此。由此看來，饑渴為最苦。」鴿子聽了，緊接著說：「淫慾為最苦。淫慾盛時，沒有一點顧念，危身亡命，無不由此引來。」毒蛇聽了，認為牠倆說的都不對。牠說：「恚為最苦。毒意一起，不管遠近親疏，既能傷害人命，也能害死自己。」老鹿根據自己的經驗，認為毒蛇說的也不對。牠最後說：「若論世間之苦，恐懼驚怖為最苦。我遊林野，心裡常常驚慌失措，怕碰上獵人和虎豹豺狼，總好像有一種聲音。一怕，就趕緊奔投坑岸，使我母子受驚，有時，害怕得肝膽俱裂。由此觀之，驚怖為最苦。」五通比丘聽了，便耐心地告訴牠們說：「你們所論的苦，都是其次，沒有說到苦的根本。若論根本，天下之苦，都超不過人身。身本為苦器，憂愁畏懼無數，正因為這個緣故，我才捨俗學道，滅意斷想，不貪四大（指地、水、火、風四種物質現象，佛教認為，世界萬物和人的身體，均由四大組成）。總之，去掉一切私慾和貪求，想要斷絕苦源，就要學法求佛，最後達到涅槃，走向極樂世界。這個道，可以讓人擺脫一切憂愁和煩惱，取得世上最大的安寧。」四個禽獸聽了五通比丘的論說，心裡才豁然開朗，明白了苦的本源。

克孜爾石窟17窟壁畫中所繪的這幅本生故事畫，表現為一棵樹下，坐著一個比丘，正在抬手講說著什麼，其前面畫出鴿、烏鴉、蛇和鹿四種動物仰頭蹲著，正在虔誠地傾聽比丘的講說。在這幅畫中，四種動物畫得生動活潑，十分逼真，使整幅畫意趣盎然。

太子降生圖

克孜爾石窟壁畫佛傳故事中有不少描寫太子降生的場面：無憂樹下，摩耶夫人扶在侍女肩上，雙腿交叉站立，右臂揚起，

龜茲文化詞典
四畫

太子從她臂下肋間誕生，上身因之微向右傾。姿態從容、高雅，完全是舞蹈動作。在這組人物的旁邊，同樣以動人的姿勢站立著的是裸體的年輕太子，他和他的母親摩耶夫人在畫家的彩筆下，人體的形式美得到了最充分的表現。現存175窟後室右壁和99窟左甬道外壁有比較完整的畫面。（見圖39、圖40）

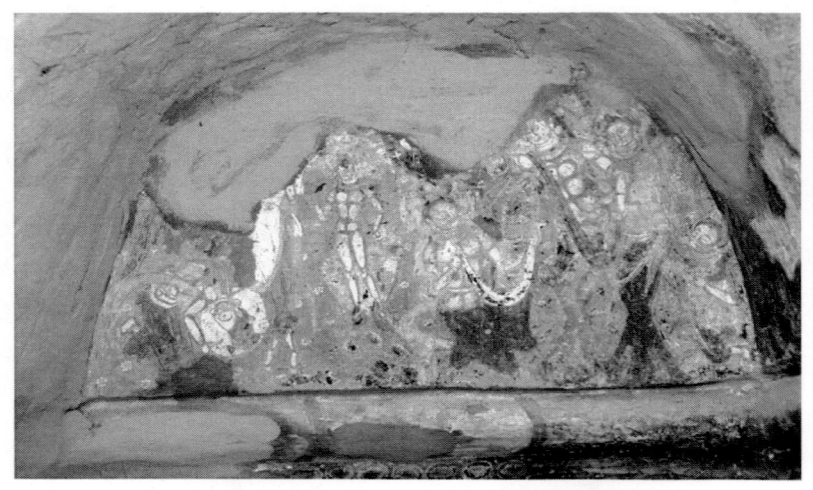

圖39　克孜爾石窟175窟——太子降生全景圖

圖40　克孜爾石窟76窟——太子降生圖（1906年德國勒庫克等人盜走）

太子試藝佛傳故事畫

這幅畫繪在克孜爾石窟110窟中，畫面為太子箭中鐵鼓試藝。相傳釋迦牟尼少年時期臂力過人，威武無比，與同族子弟比藝，他一箭射中了七鼓。

太子驚夢佛傳故事畫

這幅畫繪在克孜爾石窟99、110、118窟中，畫面中太子倚坐於床上，觀諸女互相扶枕而眠的睡態。110窟畫面中，太子坐於方座上，以手托頤作思考狀，左上方一裸體女仰臥而睡；右下方一女坐地而眠，太子覺得這些形象不僅不美好，而且十分醜陋，從而對宮廷生活產生了厭惡的情緒。

犬本生故事畫

這幅畫繪在克孜爾尕哈石窟11窟。畫面為一犬，下臥又一獸。故事講的是有關犬、獸本生之事。見巴利文《本生經》卷2。

天相圖

這是一種用神祕和詭怪的筆觸來表現佛教天界莊嚴神聖的圖畫。

佛教中所說的「天」包含著三重意。一是它為最高的所在，它的光明普照一切。二是它為最美好的地方，它是極樂世界。《大毗婆沙論》卷172中說，「問何故彼趣名天？答於諸趣中彼趣最勝、最樂、最善、最妙、最高，故名天趣」。三是神，它是諸神居住的地方，《金光明經疏》中說：「外國呼神亦名為天。」

天相圖是把活動在佛教天界裡的諸神形象描繪出來，故而在天相圖中，天龍八部諸神占據了主要地位。佛經中說，天龍八部諸神是佛的眷屬，是佛法的扶持者。

佛教對宇宙結構和宇宙現象的總的看法就是須彌山中心說。世界是怎樣構成的呢？即以須彌山為中心，其他大地、山河、星球等等都圍繞著它而排列。在須彌山上有欲界六天。欲界六天之上為色界十六天。色界十六天之上為無色界四天。但是在佛教繪畫中一般表現為十二天：梵天、地天、月天、日天、帝釋天、火天、焰摩天、羅剎天、水天、風天、毗沙門天、大自在天。

龜茲石窟天相圖中的「天」，主要為日天、月天、風天與火天。

龜茲石窟壁畫中的天相圖都繪在券腹中心部位，用來代表天空。在中心柱形支提窟中，它都繪在主室拱形券腹的中脊，還有的繪在甬道頂上。在非中心柱形支提窟中，它也繪在券腹中心部位。如克孜爾石窟38窟為一中心柱形支提窟，其主室拱形券腹的中脊所繪的天相圖從西至東、從北到南，依次為：月天、火天、風天、金翅鳥、火天、風天、日天。（見圖41、圖42、圖43）

龜茲文化詞典
四畫

圖 41　克孜爾石窟 8 窟——天相圖

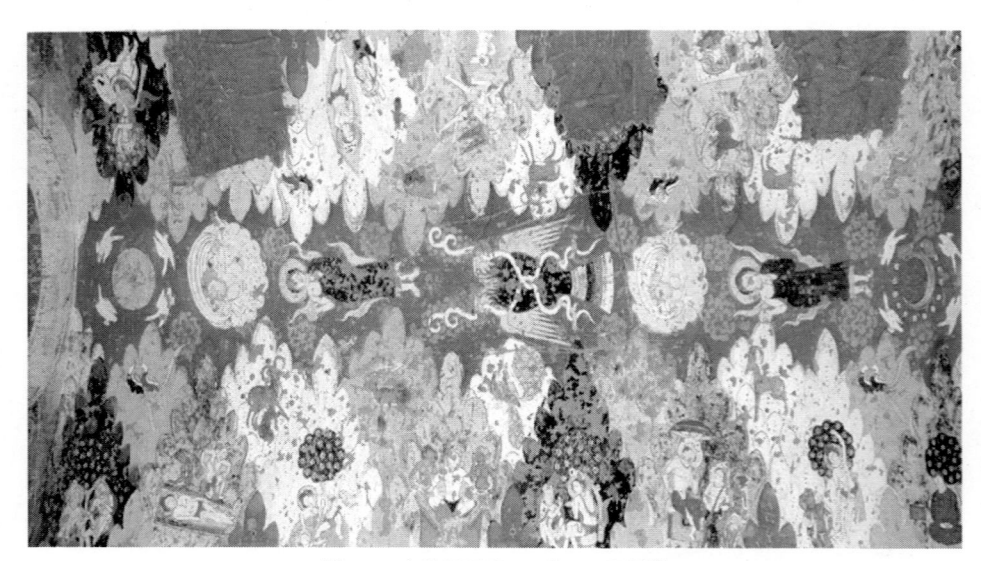

圖 42　克孜爾石窟 38 窟——天相圖

圖 43　克孜爾石窟 38 窟正壁與兩甬道全景

龜茲文化詞典
四畫

天龍八部

佛教天神。據《舍利弗問經》等載：1. 天眾（Deva）；2. 龍眾（Nāga）；3. 夜叉（Yakṣa）；4. 乾闥婆（Gandharva，香神或樂神）；5. 阿修羅（Asura）；6. 迦樓羅（Garuḍa，金翅鳥）；7. 緊那羅（Kinnara，非人，歌人）；8. 摩睺羅迦（Mahoraga，大蟒神）。《妙法蓮華經·提婆達多品》說：「天龍八部人與非人，皆遙見彼龍女成佛。」

天宮伎樂圖

龜茲石窟壁畫中有許多此類圖畫，它集中反映伎樂菩薩、天人、宮女等歡歌樂舞的群體形象。天宮伎樂圖的構圖形式都是橫著一字排列的方格圖形，中間用廊柱隔開，上面繪有屋簷式花紋，下面是牆堆式平台，具有很強的裝飾性。

克孜爾石窟38窟有兩幅天宮伎樂圖，繪製在主室的東西兩壁的上端、券頂的下方，每幅各長3.6公尺，高0.56公尺，每幅由七組畫面連續組成，每組又都繪有兩個伎樂天人。每幅圖都用凹凸形花牆堆做通欄，組與組之間用楣式龕框做間隔。天宮伎樂圖的下方是大幅說法圖，它表現釋迦牟尼成佛後在各地教化眾生，廣說苦、集、滅、道四聖諦的業績。伎樂圖繪在說法圖之上，表示天宮的位置，而天宮伎樂的歡樂場面，又是對下方佛說法度化眾生的歌頌。兩幅天宮伎樂圖除部分被損壞外，下部分保存完好，圖像清晰。其樂舞內容按禮佛時從右向左繞中心柱塔西行的規定，右側壁七組分別是：第一組，一人吹橫笛，一人彈撥里拉；第二組，一人舞瓔珞，一人托花盤；第三組，一人彈阮咸，一人吹橫笛；第四組，一人彈弓形箜篌，一人托花盤；第五組，一人舞瓔珞，一人托花盤；第六組，一人彈五弦琵琶，一人吹篳篥；第七組，一人擊銅鈸，一人吹排簫。左側壁七組分別是：第一組，一人彈五弦琵琶，一人吹橫笛；第二組，一人舞瓔珞，一人擊掌；第三組，一人彈阮咸，一人吹排簫；第四組，一人彈弓形箜篌，一人托花盤；第五組，一人吹橫笛，一人擊打答臘鼓；第六組，一人吹篳篥，一人彈五弦琵琶；第七組，一人舞瓔珞，一人舉手鼓。十四組中每組兩人都是一男一女，菩薩裝束，均袒臂露胸，項掛珠環，臂著環釧，少數的佩帶大環耳。男的頭戴寶冠，發佩披帶，女的或頂高髻花，或戴珠帽冠頂，男女膚色一白一棕，頭後都繪有圓光。

克孜爾石窟100窟的天宮伎樂圖有三幅，繪在主室的左右及門壁上，共有二十六個龕櫃，每龕兩身伎樂（左壁前轉角處為一人），共計五十一身。

克孜爾石窟98窟的天宮伎樂圖規模較小，繪製有兩幅，每幅九龕，每龕有伎樂一身，共十八身。

天宮伎樂圖裡的伎樂，是由天宮中常奏俗樂的一類樂神——乾闥婆組成。由這些樂神構成的伎樂圖，是為配合主室壁畫的內容，烘托下部的說法圖，用天宮歡樂

和雅的情景，讓人們在觀佛過程中得到輕歌曼舞的享受，是用於烘托佛法的一種藝術手段。克孜爾石窟 38 窟兩壁天宮伎樂圖在二十八身伎樂菩薩中，有十八人演奏樂器，十人或舞瓔珞，或散花，或擊掌，或擊手鼓。前者使人「心柔軟」「受化易」；後者是表示「供養」。把花、瓔珞、寶鏡的供養與舞蹈融合在一起，是一種很有表現力的藝術手法。（見圖 44）

圖 44　克孜爾石窟 38 窟——天宮伎樂圖

無畫窟

石窟的開鑿是為了傳播佛教的信仰，讓更多的世人皈依佛法，因此，石窟內理應畫有或塑有信仰與崇拜的對象——佛。然而，在龜茲石窟中卻出現一些無畫窟。這類石窟四壁清淨潔白，既不塑佛像，也不畫佛像，更是見不到一點色彩，可以說是空無所有。無畫窟的出現是和大乘空宗的流行有關。

原來，小乘有宗（又名俱舍宗，是漢傳佛教三十六宗之一）對佛說很拘泥，認為凡佛說的都實在。只要佛說有這類法，有這類概念，也就有這類實在。因此，他們承認萬法皆有，佛性實在。但是，大乘空宗（又名中觀學派）的看法就不然，認為一切皆空，連佛和佛性也是空的，所以他們說，一切佛和佛法的存在如幻如化。大乘《般舟三昧經》（又名《佛立三昧》）堅持佛及佛土的不實在，認為都是和夢幻一樣，是心念的產物，從而得出了心造萬物也能造「佛」的結論。他們說：「譬如人年少端正，著好衣服，欲好衣服，欲自見其形；若以持鏡，若麻油，若淨水，水精，於中照自見之，云何：寧有影從外入鏡、麻油、水、水精中不也。……不也……以鏡、麻油、水、水精淨故，自見其影耳。影不從中出，亦不從外入……色清淨故，

所有者清淨。欲見佛即見，見即問，問即報。」意思是說，佛之為物，既不在人心之外存在，也不是由一般凡心所生，而是在使「心」清淨的條件下，就可以顯示出來的。《道行經·薩陀波倫品》重點論述了「佛」的「本無」：故事說，薩陀波倫為求般若波羅蜜，在幻覺中聽到佛為他說經，說已不見。據此，薩陀波倫問曇無竭：「佛為從何所來？去至何所？」答謂：「空，本無所從來，亦無所至。佛亦如是。」他用了「幻」「野馬」「夢中人」「想像」「虛空」等來說明佛之「本無」。從這種佛之「本無」的觀點出發，大乘空宗論證了人之能否見佛，關鍵在於心的作用。《般舟三昧經》說：「心作佛，心自見，心是佛心，佛心是我身。」他們從佛之「本無」還論及現實世界和佛教理想世界（涅槃）的同一性。《中論·觀涅槃品》說：「涅槃與世間，無有少分別，世間與涅槃，亦無少分別。……涅槃之實際，及與世間際，如果二際者，無毫釐差別。」這就是說，現實世界和佛教的理想世界都是一樣的東西——空。由於心即佛，佛即在心中和「涅槃與世間，無有少分別」，那麼，佛的信仰就在心中，當然可以不要有、也不必有佛像和其他佛教繪畫的存在了，故而出現了無畫窟。

無文小銅錢

中國鑄幣史學者戴志強先生在《方孔圓錢》一文中曾有「記重錢」和「小錢」的劃分。其中小錢，即指特別輕小的錢，甚至小到直徑只有 0.8 公分左右，有「鵝眼錢」「榆莢錢」「菜籽錢」「延環錢」等名稱。龜茲出土的無文小銅錢，主要出土於巴楚縣的托庫孜薩來古城和圖木舒克墓地、庫車縣的蘇巴什佛寺遺址、庫車縣的唐王城、庫車縣的硝里汗那古城。此外，在庫車縣的庫木吐喇、玉曲吐爾、伊斯塔那、森木塞姆，新和縣的托乎拉克艾肯、索喀庫勒，拜城縣克孜爾，輪台縣的闊那協海爾、拉伊蘇，溫宿縣的喀依古，柯坪縣的阿克協海爾，巴楚縣的窮梯木、科西梯木等古城，烽燧、石窟寺等遺址都有一定數量的採集品。同類小銅錢在塔里木盆地的南緣如于田縣的哈拉墩，策勒縣的達瑪溝，民豐縣的安迪爾、尼雅以及樓蘭遺址亦有發現。而出土數量以龜茲為最多。在巴楚、拜城、庫車發現小銅錢的遺址中同時伴有錢範（又稱錢模）出土。

綜觀此種類型的小銅錢，它們具有徑小、薄肉、廣串、無廓、無文的特點，依徑、串大小還可以分為五個小類型：

1. 徑 1.7～1.8 公分，串徑 0.9 公分，肉厚 0.1～0.2 公分；

2. 徑 1.5～1.6 公分，串徑 0.8～0.9 公分，肉厚 0.1～0.2 公分；

3. 徑 1.3～1.4 公分，串徑 0.6～0.7 公分，肉厚 0.1～0.1 公分；

4. 徑 1.1～1.2 公分，串徑 0.5～0.6 公分，肉厚 0.1～0.2 公分；

5. 徑 0.8～1.0 公分，串徑 0.5～0.6 公分，肉厚 0.1～0.2 公分。

龜茲無文小銅錢的鑄行時代，黃文弼先生首先提出了「六朝」說。黃氏一說，在學術界有較深的影響。後來劉松柏先生提出了「西元前 1 世紀下半葉至 10 世紀」說，即西漢末至北宋初。其後又有錢伯泉先生的「西元前 1 世紀至 11 世紀」說，亦即西漢末至北宋。上述各說雖然提出了各自的論點，但終未能提出令人信服的論據，因此龜茲無文小銅錢的時代問題仍需進一步探討。

新疆考古所張平先生提出了新的見解，認為龜茲無文小銅錢出現於兩晉，歷南北朝而終及隋唐。張平先生說：「考古調查和發掘是探討無文小銅錢時代的基礎。目前出土無文小銅錢的重大遺址的年代，如巴楚墓葬為北朝，庫車蘇巴什、森木塞姆為晉唐，拜城的溫巴什、克孜爾亦為晉唐，窮梯木遺址和闐那協海爾遺址為隋唐，等等。可以看出，無文小銅錢的鑄行時代當為晉至唐；迄今為止，龜茲無文小銅錢尚未發現出土於兩漢時期的遺址或墓葬。無文小銅錢的鑄行上限，不可能早至西漢。」張平先生還說：「兩晉南北朝，是中國歷史上動盪的年代，亦是貨幣發展史中的一次衰退時期。不少地區以穀、帛做貨幣或鑄行小銅錢。如兩晉末年，河西的張軌鑄小錢，直徑 1.8 公分，串徑 0.65 公分，厚 0.1 公分，重 1.5 克。四川的成漢李雄鑄的小錢，直徑 1.25 公分，重 0.7 克。東晉『沈郎錢』，猶如榆莢，重 1 克。南朝的宋、梁亦鑄小錢，曾發現鑄錢遺址和小錢泥範。雖然魏晉南北朝時期，內地處於割據狀態，但內地與西域的聯繫卻並未因此而削弱，而地方鑄幣剛剛起步的龜茲地區，在與內地的交往過程中，必然受到內地鑄幣的深刻影響。我們可以認為龜茲無文小銅錢的鑄行，應為兩晉南北朝時期，大體的時間應和內地同步。其鑄行的初期亦是官鑄，這一點已得到鑄錢遺址發現的疊鑄工藝有力印證。」

無惱指鬘因緣故事畫

這幅畫繪在克孜爾石窟 188 窟券腹的菱形格內。故事出自佛經《賢愚經》。故事的內容如下：舍衛國有一個輔相，家資巨萬，生子曰無惱，勇武有力。後入一婆羅門受教，聰明過人。婆羅門之妻看中了他，欲引誘他。一次，婆羅門與眾弟子外出，留無惱在家。婆羅門之妻多次引誘，都被拒絕，終於惱羞成怒，自毀其臉，自破其衣，待婆羅門回來，就誣告無惱強姦了她。婆羅門大怒，暗中謀害。婆羅門假說欲成正果，必須於七日內殺千人，斬千指為鬘。無惱按師言，外出殺人，就要到九百九十九個人時，城內無人敢出，已無人可殺。這時，無惱的母親擔飯來供他食，他要殺母湊足千人。其母斥責之，他告其故。其母說：斬我的指湊數可以。此時，佛出現。無惱欲殺佛，佛施出大神通，追之不及。佛即為無惱說法，使他大徹大悟，放下屠刀，變成比丘。這時，國王波斯匿

帶兵來捉，遇見佛。佛為他們說了一段因緣：過去，波羅奈國有一毒鳥，捕食毒蟲，極毒，近之即死。有次，此鳥住在一樹上，樹下有一白象王，聞毒鳥聲，即死。此毒鳥即無惱。此白象王即波斯匿王。佛還為他們說因緣：過去，波羅奈國有一王，名駁足。一次，廚監忘記購肉，臨時無計，拿一個死孩肉燒之，供王食。王感到味美，從此以後天天要吃此肉，最終全城小兒都被吃光。大臣等共議，除去此王。準備在國王去城外洗澡時，派兵殺之。此時，國王許下心願，變成飛天羅剎，到處吃人，並把九百九十九個大臣捉去，準備湊足一千個大臣，舉行羅剎宴會。最後，被捉中的一位大臣，為國王說佛法。國王即不再吃人。這個駁足王就是今世的無惱。佛還為之說因緣：過去，波羅奈國有國王，生性淫亂，少女出嫁先行奸之，大臣婦女悉奸盡。時有一婦人裸體立溺，路人多怪之，共責之。女言：你們即是女人，有何可羞。你們立溺不羞，我為什麼要羞。眾人問她為什麼這樣，她答：現在全國只國王一人是男人，所以全國婦女盡被奸盡。你們都不能算男人！在此激勵下，眾人決定殺死國王。當國王在城外洗澡時，共圍之。國王懼，與眾人說：請讓我改過自新。眾人不允，共殺王。這個國王就是今之無惱，而眾人即今被殺千人。有此因緣，故世世相報。

這個因緣故事畫的畫面是這樣的：佛坐方形椅座上，背光後為覆缽塔。佛身旁站著一個人，正舉起手中的寶劍，向佛的頭部劈去。這是無惱欲殺其母時，佛出現，無惱轉而欲殺佛時的情景。（見圖45）

圖45 克孜爾石窟 188 窟——無惱指鬘因緣

王正見

唐天寶十年至十一年（751～752年）的安西副大都護。據《舊唐書封常清傳》載：唐天寶十年「王正見為安西節度，奏常清為四鎮支度營田副使行軍司馬」。王正見的職銜全名應為安西節度副使、安西副大都護。

王斛斯

唐開元二十一年至二十四年（733～736年）的安西副大都護。據《曲江集》

[一]

卷 10《敕安西節度王斛斯書》，稱王斛斯為「四鎮節度副大使、安西副大都護」。

王新僧伽藍

梁僧《出三藏記集》卷 14《鳩摩羅什傳》中說：「王新僧伽藍，九十僧。有年少沙門字鳩摩羅，乃才大高，明大乘學，與舌彌是師徒，而舌彌阿含學者也。」《梁高僧傳》卷 2《鳩摩羅什傳》中說：「因是廣求義要，誦《中》《百》二論及《十二門》等。……於是留住龜茲，止於新寺，後於寺側故宮中，初得《放光經》。」《續高僧傳》卷 2《達摩笈多傳》中說：「又至龜茲國，亦停王寺。又住二年，仍為彼僧講釋前論。」

根據上述記載，王新僧伽藍、王新寺、新寺、王寺應為同一佛寺的不同場合下的不同稱呼。

從上述記載看，該寺既然位於龜茲王宮附近，當然在龜茲都城之內。龜茲立國較早，這個龜茲故宮究竟為何時王宮，無從得知。而學術界對龜茲都城今地研究的認識則較一致，認為今庫車新老城之間的皮朗古城，即為古代龜茲的都城。

這樣王新僧伽藍、王新寺、新寺、王寺的故址應在今庫車之皮朗古城附近。

王遣使請佛乘車登天因緣故事畫

這幅畫繪在克孜爾石窟 172 窟中，畫面為佛前帝釋天作跪姿，佛前上方有一穿龜茲裝女性，雙手合十坐於雙輪車上。說的是波斯匿王久未見佛，於是令使者備四乘，往即迎佛。使者請佛。佛答曰：「我有六通之神足……不需汝車。」使者殷勤三請，世尊憫而乘車，使者「即於其夜，而取命終，生忉利天」。（見圖 46）

圖 46 克孜爾石窟 172 窟——王遣使請佛乘車登天

龜茲文化詞典
四畫

支提窟

又稱作「支帝」「脂帝」「質底」「制底」「制多」「制底耶」，梵文為 Caitya。

據唐義淨撰《南海寄歸內法傳》卷 3 中說：「大師世尊既涅槃後，人天共集以火焚之，眾聚香柴遂成大，即名此處以為制底，是積聚義。……又釋：一想世尊眾德俱聚於此，二乃積磚土而成之，詳傳字義如此。」唐玄應撰《一切經音義》卷 3 中說：「支提，或言脂帝，或言脂帝浮都，此云聚相，謂集寶及石等高以為相也。」《三種悉地陀羅尼法》中說：「梵音制底，與質多體同。此中祕密，謂心為佛塔也。」按照上述說法，支提窟就是安置佛的骨灰的地方，似乎與佛塔同義。但是，唐吉藏撰《法華義疏》卷 11 中說：「依僧律，有舍利，名塔婆；無舍利，名支提。」唐道宣著《四分律刪繁補闕行事鈔》（別名《行事鈔》《六卷鈔》《四分律行事鈔》）卷下 3 中說：「雜心云：有舍利名塔，無者名支提。塔或名塔婆，或云偷婆，此云塚，亦云方墳；支提云廟，廟者貌也。」唐湛然撰《法華文句記》卷 3 中說：「新云窣覩波，此云高顯，方墳者，義立也。謂安置身骨處也。」根據上述記載，我們搞清楚了「支提」和「塔」的區別，即塔是埋葬佛的骨灰的地方，故而有「塚」或「墳」的意義，而「支提」是積聚和紀念佛的無量功德的地方，故而有「廟」的含義。《大日經疏》卷 5 中說：「制底，翻為福聚，謂諸佛一切功德聚在其中。是故世人為求福故，悉皆供養恭敬。」《異部宗輪論疏述記》中也說：「制多者，即先云支提，訛也，此云靈廟。」

沃喬普在《印度的佛教石窟寺》中說：這個詞（指支提）和塔是同義的，而且從一個表示「喪葬堆」或「堆」的詞根 chita 分出來的，因此其意義是一個紀念館和一個古墳；在第二個意義上講，它都被耆那教徒和佛教徒用作去指一個「寺院包括著一個支提」；在尼泊爾和西藏，在佛教梵文文學中，這個詞被使用於類似一個塔放在寺院裡的意義。在這方面，它也使用舍利塔這個詞。沃喬普還說：「另外的起源來自意思為禪定的詞根 chit，因此它是指在紀念館裡進行禪定。在紀念館裡陳列著神聖的紀念物，這種紀念物逐漸成為就如我們目前所知的一種禪定的對象。」

從沃喬普對支提 Caitya 這個詞的梵文意義進行深入分析的結果來看，「支提」這個詞的含義仍離不開「紀念館」或「寺院」兩個範疇。因此《簡明不列顛百科全書》「制多 Caitya」條說：「佛教用語，又譯支提，指聖地或聖物。」所以我們可以說，支提是指陳列聖物的地方，也可以稱之為神殿或塔廟。

在印度，最早的支提窟開鑿在馬哈拉施特拉邦的阿旃陀地方。其開鑿時間則說法不一。有的說，阿旃陀石窟第一期工程開始於西元前 3 世紀的摩揭陀國孔雀王朝阿育王時期；有的說，印度最早的佛教石

窟寺當推西印馬哈拉施特拉邦的阿旃陀石窟群。經考古研究，石窟群從西元前 2 世紀肇始，前後經營達九個世紀。而《簡明不列顛百科全書》「阿旃陀洞穴」條中則說：「共約三十個洞穴，先後鑿成於西元前 1 世紀至 7 世紀之間，分為寺院與隱修院兩類，尤以壁畫著稱。」

阿旃陀的支提窟是一種內圓外方呈馬蹄形平面的塔廟，底部半圓形，向外直伸為長方形，兩旁排列著十餘根石柱。半圓形的中心安置一座舍利塔，周圍留有迴旋禮拜的半圓形空間。窟門的上面鑿有一個供採光用的火焰狀券洞。

印度支提窟的代表作，就是孟買附近的開鑿於西元前 1 世紀的迦梨支提窟。它深 37.8 公尺，寬 14.2 公尺，高 13.7 公尺。窟前有石柱高 15 公尺，柱頂雄踞三獅。窟內有石柱三十七根，八角形柱身，柱頂有兩象，跪式，象上騎兩人。券腹呈拱券形。舍利塔為覆缽式，頂上有一傘狀物。石窟內外都模仿木結構的建築物，唯妙唯肖地鑿出各種木構件和立柱。窟門上面的火焰狀明窗，看起來像東昇的太陽，又像菩提樹葉，這裡似乎存在著雙重的含義，因為釋迦牟尼是在菩提樹下成道的，而釋迦牟尼得道成佛象徵著光明普照大地。

龜茲的支提窟與印度的支提窟既有相似的地方，又存在著重大的差別。

龜茲的支提窟大概有以下幾種：1. 中心柱形支提窟；2. 方形平面無中心柱支提窟；3. 長方形平面縱券頂帶壇基支提窟；4. 長方形縱券頂小型支提窟；5. 方形平面帶明窗中心柱形支提窟。

在龜茲的所有支提窟中，只有中心柱形支提窟最接近於印度支提窟的原型。但是，在印度支提窟傳入龜茲地區以後，龜茲的工匠根據本地的自然特點和傳統習俗，對印度的支提窟進行了改造，建築了以印度支提窟為範本，又具有本地民族特徵的支提窟——中心柱形支提窟。比如，龜茲中心柱形支提窟中的中心方柱就是由印度支提窟中的舍利塔改變而成的。在印度，支提窟是用十幾根以至幾十根石柱來承受券腹的重壓，使之免倒塌；在龜茲，支提窟中不鑿出石柱，而是用與窟相連的中心方柱來支撐券腹的重量的。又如，印度支提窟內舍利塔的周圍留有迴旋禮拜的半圓形空間，以備佛教徒舉行宗教儀式之用；在龜茲，支提窟中這種半圓形空間改成為方形，這也是適合當地民族建築習慣的。再如，印度支提窟的窟門上面都開有一個火焰狀的券洞，這固然是為了採光的需要，但也與印度氣候炎熱的自然條件有關；而在龜茲，支提窟的窟門上面都不開明窗，這樣固然造成窟內光線陰暗，在建築上有不足之處，但也是龜茲地方夏天多風沙、冬天氣候寒冷的自然條件迫使龜茲工匠們做出此種改變的。

沃喬普在論及支提窟的起源時曾說：「支提」一詞的另外一個起源來自意為「禪定」的詞根 chit，是指在支提窟中進行禪定。支提窟的開鑿跟禪定確有一定的關係。

龜茲文化詞典
四畫

佛教從一創立開始就強調自我鍛鍊——修行。但原先的修行沒有一定的方式，後來才出現了禪定這種方式。禪定必須在山間林下、洞穴石窟裡進行。那麼，坐窟行禪的內容是什麼呢？主要是念經。《思唯略要法》中說：「佛為法王，能令人得種種善法，是故習禪之人，先當念佛……至心念佛，佛亦念之。」「念佛」又如何念呢？念之先，必須先觀佛。《禪祕要法經》卷中說：「佛告阿難：若有比丘……貪淫多者，先教觀佛，令離諸罪，然後方當更教繫念，令心不散……」那麼，「觀佛」又如何觀呢？《觀佛三昧海經》說得很詳細：「令諸眾生，見佛色身，具足莊嚴，三十二相八十種隨形好，無缺減相，心生歡喜。」「自有眾生樂觀如來咽喉如琉璃筒狀，如累蓮華相者；自有眾生樂觀如來廣長舌相，蓮華葉形，上色五畫，五彩分明，舌下十脈，眾光流出，舌相廣長，遍覆其面者。」「自有眾生樂觀如來腋下滿相，於其相中，懸生五珠如摩尼珠，上跓佛腋者；自有眾生樂觀如來臂傭纖圓如象王鼻者。」「自有眾生樂觀如來胸德字萬印相，三摩尼光相者。」「自有眾生樂觀如來骨色鮮白，頗梨雪山不得為譬，上有紅光，間錯成文，凝液如脂。」「自有眾生樂觀如來赤銅爪相，於其爪端，有五師子口。」這就是說，觀佛要從上觀到下，理學樣觀，就是邪觀。《觀佛三昧海經·序觀地品第二》中說：「若有比丘及比丘尼，諸優婆塞、優婆夷等欲觀佛者，當作是觀，不得他觀。若他觀者，名為邪觀，名為狂亂，名為失心，名為邪見，名顛倒心。設得定者，無有是處。」根據《觀佛三昧海經》的規定：觀佛必須先觀坐佛，後觀立佛、臥像，還要觀諸大王脊屬……再是，觀佛還要觀佛的生身相（佛傳故事畫）、本生相（本生故事畫）和因緣相（因緣故事畫）。

觀佛又在哪裡觀呢？就在支提窟中觀。故而支提窟中出現了佛像及本生故事、佛傳故事、因緣故事的圖畫。

所以，支提窟是在佛教徒進行苦修——禪定的需要下產生的。但是，當支提窟產生以後，它又成了廣大佛教信徒禮拜的對象，這大大地超過了禪定需要的範圍。

後來，支提窟的開鑿更成了佛教信徒追求今生來世福報的一種手段，這與建造支提窟的初原本意距離就更大了。如《造立形象福報經》中說：「佛告王曰：若有作佛形象，所得福祐，我今悉當為汝說之。王言諾。受恩佛言，天下人民能作佛形象者，其後世世所生之處，眼目淨潔，面貌端正，身體手足常好柔軟……後世常生勢尊貴家，受其氣力，與世絕異。在所生處，不墮貧家。作佛形象，其福如是……作佛形象，後世得作帝王，特尊勝諸國王，當為諸王之所歸仰。作佛形象，其福如是。……作佛形象，死後不復入於地獄畜生餓鬼諸惡道中。」

由於佛經的這種宣傳，故而統治階級和被統治階級，貧人和富人，凡是信仰佛

教的，都竭盡全力，捐助錢財來造窟畫像，於是就出現了數量更多、規模更大、裝飾更精的支提窟。

開元通寶

閻文儒先生在《龜茲境內漢人開鑿、漢僧住持最多的一處石窟——庫木吐拉（喇）》一文中曾說到他在庫木吐喇石窟40窟門外採集到「開元通寶」錢。其實在閻文儒先生以前，當地的文物管理部門即在庫木吐喇石窟區發現過大量的「開元通寶」錢。

「開元通寶」錢，簡稱「開元錢」。唐武德四年（621年）廢五銖錢後開始鑄造。幣面上下左右有「開元通寶」四字，有人迴環讀作「開通元寶」。為後世銅幣以「通寶」或「元寶」為名的由來。標準「開元錢」重二銖四絫（二十四銖合一兩，十絫合一銖），每十枚重一兩。中國古代衡法自此不再以銖、絫計算，改用兩、錢、分、厘的十進位法，其中的一錢即開元錢一枚的重量。「開元」意為開闢新紀元，非指年號。以後唐會昌五年（845年）曾鑄新的「開元通寶」錢。此後，南唐和閩國以及太平天國也曾鑄造「開元通寶」錢。

當然，庫木吐喇石窟區發現的「開元通寶」應為唐高祖武德時期鑄造的，是當時的漢僧或漢商帶到這裡來使用的。

瓦爾德施密特

德國佛教、印度學家，中文名林治，1897～1985年。他是德國當代幾位著名印度學家的老師。中國著名梵文學家季羨林教授於20世紀30年代至40年代也曾在哥廷根大學跟隨瓦爾德施密特學習梵文、龜茲文、焉耆高昌文。

瓦爾德施密特曾著《犍陀羅·庫車·吐魯番》一書，闡述了他對新疆石窟壁畫分期的看法，認為新疆石窟壁畫從總體上分為兩期：前期是以庫車為中心的龜茲時期；後期是以吐魯番為中心，並在中原文化影響下的回鶻時期。

瓦爾德施密特是對龜茲文化研究做過傑出貢獻的學者。

瓦爾德施密特分期法

對於克孜爾石窟的分期，瓦爾德施密特認為克孜爾壁畫受到了犍陀羅雕塑藝術的影響，因而應該稱為「印度伊朗畫風」。這種畫風可細分為兩期，即第一種畫風和第二種畫風。第一種畫風的主要顏色有淡黃、紅和淡棕三種暖色。每種顏色濃淡變化幅度很寬，顏色交替柔和。線條的粗細和走向十分認真，用毛筆細線勾勒人物和道具，衣紋線能顯示各部位的形態。線條流暢，依靠粗細變化產生立體效果。衣紋線的顏色接近衣服的顏色。描繪人體裸露部分則用渲染法表現肌膚的明暗與凹凸，渲染色暈的濃淡之間變換均勻柔和。第二種畫風相當普遍，它強調對比和反差，是

龜茲文化詞典
四畫

前述畫風中強調裝飾效果擴展後形成的。在用色方面，新增加了一種鮮豔明亮的青金石藍，給人以突出的印象。畫出的皮膚色大多與真實膚色相去甚遠，渲染色和底色的差別往往也很大。衣紋線和輪廓線很生硬。晚期則渲染法與高光線法並用。第二種畫風還有並存的旁系畫風，其特點是人肢體上渲染的陰影色彩濃重，又寬又暗，以至於把肢體各部位分隔成一個個團塊。每種畫風的年代是將壁畫上的供養人姓名和字體與出土文書中的姓名和字體對照，再參照漢文正史中的龜茲王姓名確定的。

瓦爾德施密特認為克孜爾石窟的分期具體年代包括三個階段。第一種畫風為 500 年前後，其代表洞窟為克孜爾石窟 76、77、117、118、207、212 窟。第二種畫風分為三期，第一期 600 年前後，代表洞窟為克孜爾石窟 67、110、198、199 窟；第二期 600～650 年，代表洞窟為克孜爾石窟 3、4、7、8、38、58、63、114、205、206、219、224 窟；第三期 650 年以後，代表洞窟為克孜爾石窟 123、184、185、188 窟。克孜爾石窟的廢棄年代為 8 世紀初期到中期。

長筒形鼓

龜茲石窟壁畫中的一種樂器。兩端較小，中間稍粗，兩面蒙皮，類似現在的腰鼓。演奏者或扭動身子，左手握拳，將鼓挾抱於左腋下，右手握杖擊鼓；或平立，置鼓於膝上部位，用右手持杖擊鼓。

在克孜爾石窟 135 窟的壁畫中有此類樂器的圖像。（圖 47）

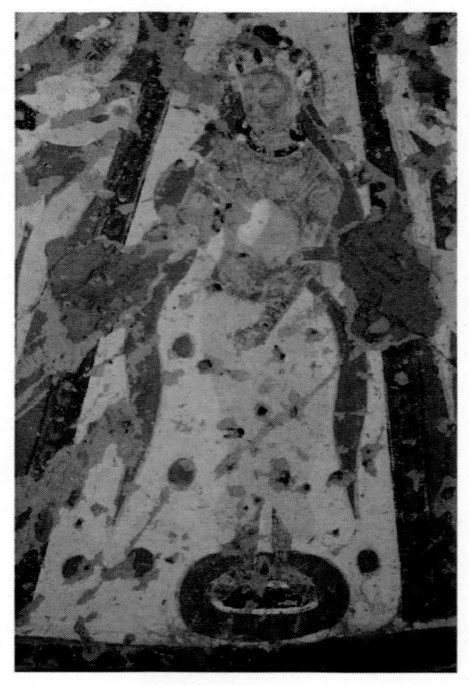

圖 47 克孜爾石窟 135 窟——伎樂手持長筒形鼓

長條形禪窟

在龜茲各石窟中，有一些特殊的窟類。它們的性質和形狀不具有普遍性，只屬於某一處石窟所獨有，如瑪扎伯哈石窟的長條形禪窟就是其中之一。

龜茲各石窟都存在著禪窟，這種禪窟的面積很小，一般都在 10 平方公尺以內，高度也在 2 公尺左右，只能容納一個僧人在窟內修行。而瑪扎伯哈石窟的長條形禪窟與此截然不同，它竟然長達 10 公尺，是

一條開挖在崖壁上的長長的巷道，盡頭處正面壁上有一個淺淺凹入的龕，未發現有雕塑佛像的跡象。窟內無窗、無炕、無壁爐、無壁畫、無塑像。由於入口處已經坍塌，不知在開門處是否曾開有明窗。但即使當時開有明窗，把門一關，10公尺長的石窟也是一片黑暗。為什麼要開鑿這種特殊的禪窟呢？有一種觀點認為這與龜茲流行小乘禪法有關。

「禪」是梵文「禪那」（Dhyana）的略稱，意譯為「靜慮」。《阿毗達摩俱舍論》卷28中說：「依何義故立靜慮名？由此靜慮能審慮故，審慮即實了知義。」《瑜伽師地論》卷33中說：「言靜慮者，於一所緣，繫念寂靜，正審思慮，故名靜慮。」正如任繼愈先生在《中國佛教史》第一卷「小乘禪法和『安般守意』」一節中所說：「『禪定』是佛教的一種宗教修養活動……它是運用宗教教誨所得的信仰力量，限制來自內部情緒的干擾和外界慾望的引誘，令修習者的精神樂於集中在被規定的觀察對象，並按照被規定的方式進行思考，以對治煩惱，解決所謂去惡從善，由癡而智，由『染汙』到『清淨』的轉變任務。它也可以按照佛教修習方法的安排，產生某種心理現象，使修行者從心緒寧靜，到心身愉悅安適，一直到出現某種特定的宗教幻覺或幻象，等等。這是由於對治各種煩惱所要求達到的心理狀況是有所不同的。總之，它是以要求嚴格控制意識的活動，務使按照佛教規定的思維方法以達到控制意志的保證。」小乘禪法的要點是「靜慮」，即「繫念寂靜，正審思慮」。進行「靜慮」的最好場所當然是一個光線陰暗甚至漆黑一團的地方，只有這種地方才能使修習者本人的視覺器官與外界完全隔絕，使修習者本人的心理狀態處於完全寧靜的境界。因此也只有這種地方才能使修習者本人透過禪定而引起宗教幻覺或幻象，從而達到這種宗教實踐所追求的最佳效果。所以，瑪扎伯哈石窟的長條形禪窟是為適合小乘禪法的修習而開鑿的，它是龜茲石窟建築中的早期作品。

長壽女聽法圖

出自克孜爾石窟83窟和163窟正壁與主室側壁，縱210公分，橫150公分。此圖原繪製於正壁三列佛說法圖的第一、二列左側。各說法圖中人物位置交錯，沒有欄格界。圖內上半部人物分屬左右兩幅說法圖。但說法的佛像都僅存少許身光。左側兩人是婆羅門，一人坐圓座，一人跪拜，都屬左側說法圖。向右是一個托缽挂杖的婆羅門，仰頭朝向佛，他身旁和身後是五個聽法者。畫面描述釋迦牟尼向婆羅門說法的場面。圖內下半部的說法圖畫面大體完整。中心部位是佛坐在方座上正在說法，畫面左下方是一婆羅門手持金剛杵在聽法。佛前橫臥一裸女，戴耳環、花帶及其他飾物。她身旁坐著一個裸上身的婦人，合掌向佛禮拜，婦人身後有三個侍女，還有一個散花天人。此幅畫中橫臥的裸女是已經死去的吉祥慧女，坐著的是她的姐姐長壽女。此畫右側的說法圖僅保存佛一

103

龜茲文化詞典
四畫

側的聽法者，畫面上可以看到一個金剛力士和他身後的五個僧人，最上面還有一個散花飛天。

此件現藏德國柏林亞洲藝術博物館。

長方形平面縱券頂小型支提窟

這類窟的面積較小，一般只有十餘平方公尺。窟內不鑿中心柱，正壁開龕，券腹呈縱券狀。

這是龜茲石窟中的一種晚期石窟，反映了佛教在龜茲已處於衰微狀態。

長方形平面縱券頂帶壇基支提窟

這類窟的面積較大，窟內不鑿中心柱，而在中心柱的位置砌起一座壇。券腹都呈縱券狀，平面呈長方形。

這類窟主要見之於庫木吐喇石窟中。多為漢僧開鑿、漢風較濃的支提窟。

長者難陀慳貪為盲子因緣故事畫

這幅畫繪在克孜爾石窟8窟中，畫面為佛側站立一裸體小兒，旁置一缽和一杖。故事說的是，長者難陀「巨富多財」，但慳貪過甚。有人來乞，不得入其門。臨終仍囑咐兒子勿施沙門及婆羅門。後還生於盲母腹中「生盲無明」。其母（盲目）於盲兒「年八九堪能行走，與杖一枚，食器一具，而告之曰：汝須乞活，不須住此。吾亦無目，復當乞求，以濟余命」。

不識恩害龜本生故事畫

這幅畫繪在克孜爾石窟17窟券腹的菱形格內。故事出自《雜寶藏經》《生經》等佛教經典，又名「龜本生」「神龜本生」「龜王本生」等。故事的內容如下：華麗的波羅奈城中有五百商人，商主名不識恩。有一次，他與五百商人入海採寶，返回途中遭水中羅剎鬼刁難，船不能行，眼看眾商人生命難保，個個喊天呼地，哀求神靈。商主還發誓說，若誰能救命，世世代代報恩於他。時有大龜，背殼寬廣里許，見此慘狀，心生憐憫，遂入水背負眾商人，脫險登岸。大龜負載過重，十分疲勞，便於岸邊休息睡眠。商主不識恩遂起歹心，用大石頭砸龜首，欲殺龜食肉。商人們見他無情無義，一齊譴責他。商主不僅不聽良言，還反問眾商人：「我現在饑餓得要命，誰又能可憐我呢？」說罷，就把大龜害死，割肉而食。當日夜中，一群大象過此，見商主如此忘恩負義，便齊用力把他和商人踏死，替慈善殞命的大龜報了仇。

克孜爾石窟17窟壁畫中所繪的這幅本生故事畫，表現的是大龜入海救不識恩及眾商人的情節，畫面上出現的是波浪滔天的海水，海水中漂浮著一隻大龜，龜背上坐著三個著古龜茲服飾的商人。

尤利多

1世紀末的龜茲國王，被班超所廢。《冊府元龜》卷983《外臣部征討二》記載：「（漢建初）三年（78年）閏四月，西域

假司馬班超，擊姑墨大破之。……後永元三年（91年），超為西域都護，徐幹為長史，拜白霸為龜茲王，遣司馬姚光送之。超與光共脅龜茲，廢其王尤利多而立白霸，使光將尤利多還詣京師。」

夫蒙靈詧（馬靈詧）

唐開元二十九年至天寶六年（741～747年）的安西副大都護。據《新唐書·段顏傳》載：段秀實「（唐）天寶四載，從安西節度使馬靈詧討護密有功，授安西府別將」。《舊唐書·封常清傳》載：唐天寶六年十二月「（高）仙芝代夫蒙靈詧為安西節度使」。按唐制，安西都護兼安西節度使，而自唐開元四年至唐天寶十四年（716～755年）的近40年時間內由玄宗李隆基之子李琮和李玢先後遙領安西大都護，安西主政者降為安西副大都護。

車匿告別佛傳故事畫

這幅畫繪在克孜爾石窟110窟中，畫面中車匿跪在太子前，雙手接太子賜物。車匿為太子馭者，長期服侍太子，兩人感情甚深。今太子離宮出家，車匿依依不捨。傳說車匿與太子訣別時，攜太子瓔珞珍寶回迦毗羅衛城，嚎聲大哭，悲痛欲絕。

車匿備馬佛傳故事畫

這幅畫繪在克孜爾石窟110窟中，畫面中車匿牽馬備鞍往宮中去。說的是太子的馭者車匿，為太子出走備鞍。傳說悉達多太子從王宮出走所騎之馬稱捷陟，為帝釋天化身。

屯長

是西域各地屯田區內直接領導戍卒生產和戰鬥的基層官吏。《後漢書百官志》稱：「曲下有屯，屯長一人，比二百石。」

屯田司馬

漢元初元年（114年）西域罷都護後，即設西域長史和屯田司馬。屯田司馬秩比一千石，負責西域各地的屯田事宜，為東漢時的西域「三絕三通」（指東漢政府三次放棄對西域的統治，又三次統治西域的過程）做出了巨大的貢獻。

屯田戍卒中龜茲人

唐安史之亂後，中原戍卒來源已斷絕，只好徵集本地少數民族人民充當，在今新和縣屬的通古斯巴什古城內，1928年，考古學家黃文弼曾在那裡發現「羅文羅」（織品）殘片及唐大曆十四年（779年）「白蘇畢梨領屯米狀」等文件多件。這裡的白蘇畢梨當時為龜茲人的屯田戍卒，說明當時龜茲與中原間聲聞隔絕十多年，這時內地漢人戍卒已難至西域，只能徵募龜茲人為屯田戍卒。

比丘羅旬逾乞食不得因緣故事畫

這幅畫繪在克孜爾石窟101窟中，畫面為佛偏向右，右手伸起正在說講；前

龜茲文化詞典
四畫

方一比丘蹲跪，合十靜聽，佛座前一缽覆地。故事說的是，有一婆羅門弟子薄福，年二十為父母逐出，佛即收為弟子，名羅旬逾。每次外出乞食則空缽而還，諸比丘分而食之。有一次，舍利弗以飯與之，缽便入地百丈，舍利弗以道力尋缽即得，以還羅旬逾，適欲食缽，倒去飯食。

【丨】

中心窟

德文為 Mittlere Höhle，這是德國人對克孜爾石窟 186 窟的稱呼。

中字錢

據黃文弼先生的《略述龜茲都城問題》，他在發掘庫車哈拉敦遺址時，曾在晚期文化層中，出土有成組的陶缸，以及蓮紋鋪地花磚、籃紋磚、筒瓦等物，尤其是磚的紋飾形制與唐代長安大明宮麟德殿出土的鋪地磚大致相同。同時出土的還有中字錢、建中錢、大曆元寶和開元通寶等，可以證明為唐代遺址。那麼，中字錢為唐代的錢幣無疑了。

中心柱形支提窟

這是龜茲石窟的支提窟中數量最多的一種，也是民族風格最濃的一種，故而學者們稱之為「龜茲窟」。

這類窟一般多分為前室、主室和後室三部分。前室大部分已塌毀，目前尚保存前室的龜茲支提窟，只有極少數的幾個。主室一般呈長方形，中心稍後部分鑿出方柱，上連券腹。中心柱前開龕，塑坐佛一軀（有的三面或四面開龕）；中心柱前也有不開龕的，而是鑿出基座，上塑立佛。中心柱左右開甬道連接後室。主室頂以縱券形為多，也有平棋頂、穹窿頂、形頂、橫券頂、平頂和仿椽子一面坡頂。在券腹與兩壁的連接處，鑿出一層、兩層或三層疊澀線，有的在疊澀線中還雜有混梟線。後室都比較低矮陰暗，券腹呈橫券狀或平頂。後壁有的鑿出涅槃臺，上塑涅槃佛；有的不鑿出涅槃臺，只是在壁面上畫一軀涅槃佛。有少量中心柱形支提窟呈方形平面，有一些窟則呈七角形平面。

《中亞藝術與文化史圖說》

德國學者勒柯克著，1925 年柏林出版，1977 年奧地利格拉茲新出縮印本。

這是一本關於克孜爾石窟壁畫所受西方影響的專著。為了說清楚上述問題，故而書中插有大量圖片。

《中國突厥故地考察紀行》

勒柯克著，載於 1907 年柏林出版的《人類學·人種學與遠古史雜誌》上。

1907 年，勒柯克回到德國後，當年就寫了這份考察報告。此報告除報導他在新疆的考察經過外，還概述了各地佛教遺址的性質及時代，引起了學術界對新疆古代佛教遺址的重視。

《中國石窟寺雕塑藝術概述》

溫廷寬先生撰寫，刊登於《美術史論》1984年第一期上。文章主要是論述中國各石窟寺的佛教雕塑，但也對龜茲石窟稍有涉及，特別是龜茲石窟的時代問題。文章中提及：「中國的佛教石窟創建很早，絕大部分是由西北『絲綢之路』傳入的。根據近年新疆文物調查組的報告，早在2世紀左右，就開鑿了新疆中部拜城的赫色爾（克孜爾），新合縣（新和縣）的吐火拉克埃艮（托乎拉克艾肯）等幾處石窟。這些石窟，由於一些歷史原因（如割據王朝的興亡或宗教信仰不同和矛盾衝突而導致拆寺毀像等）已受到很大破壞；近百年來，又屢遭一些外國『學者』的盜取和騙買，現存作品已經很少了。能夠保存到現在比較完整的大批石窟藝術，是以甘肅敦煌莫高窟作為重要起點的。」顯然，作者對龜茲石窟的了解是不多的，對龜茲石窟的評價是不足的。

在文章的末尾，作者附有一個「中國石窟崖造像分布圖說明」，其中有關龜茲石窟部分摘錄如下：「克孜爾（舊稱『赫色爾』）千佛洞」，在拜城東約10公里，東漢末至唐代（190～907年）開鑿；「克孜爾尕哈千佛洞」，在庫車城西北約10公里，晉代（265～420年）開鑿；「瑪扎伯哈千佛洞」，在庫車城西北約30公里，隋至唐代（581～907年）開鑿；「森木塞姆千佛洞」，在庫車東北約40公里，東漢末期（90～247年）開鑿；「吐火拉克埃艮（托乎拉克艾肯）千佛洞」，在新和西約70公里，現存只有唐代初期（600～700年）遺物；「庫木吐喇千佛洞」，在庫車西南約30公里，東漢末至晚唐（201～907年）開鑿。

《中國突厥斯坦的古代佛寺》

由德國冒險家格倫威德爾著，1921年柏林出版。

此書的副題為「1906年和1907年在庫車、焉耆和吐魯番的考古工作報告」。

此書對新疆多處石窟做了較詳細的描述，其中包括洞窟形制、壁畫題材、保存狀況、出土遺物等項，並有不少洞窟建築實測圖和壁畫白描圖。克孜爾石窟在此書中所占比重最大。

《中亞與新疆古代晚期的佛教文物》

勒柯克主編，1922年起在柏林陸續出版，1933年出齊，1973年至1975年奧地利格拉茲新出縮印本。

本書共分7卷：

1. 雕塑；

2. 摩尼教繪畫；

3. 壁畫；

4. 壁畫冊頁；

5. 新發現的壁畫之一；

6. 新發現的壁畫之二；

7. 新發現的壁畫之三。

每卷都有文物圖版和專題文章。

這套書後兩卷的主編增加了當年尚年輕的瓦爾德施密特。

該書的內容相當廣泛，包括考察經過、壁畫題材、洞窟建築、分期與年代、文化類型、人種與民族、社會歷史背景等。

該書除第二卷外，都收有克孜爾石窟壁畫或塑像以及相應的研究文章。

該書與格倫威德爾著的《中國突厥斯坦的古代佛寺》是關於新疆石窟的主要著作，對石窟的考古與藝術史均有較全面的敘述與研究，成為後來研究工作的依據。

日天圖

天，居天龍八部之首。日天，為諸天中之一天。《立世阿毗曇論·日月行品》說：「從剡浮提地，高四萬由旬，是處日月行。半須彌山等遊乾陀山，是日月宮殿，團圓如鼓……是日宮者，厚五十一由旬，廣五十一由旬，周回一百五十三由旬……是日天子於其中住，亦名修野。」《祕藏記》說：「日天赤肉色，左右手持蓮花，並乘四馬車輪。」

在龜茲石窟的天相圖中，日天形象有多種變化，在最早期的石窟中，日天被描繪成一個乘四馬拉車的神，這樣的特徵與佛經《祕藏記》中的「乘四馬車輪」的記載相吻合。但是日天身上穿有衣服，粗獷勁利，猶如錐刀，這又與佛經《祕藏記》中的「日天赤肉色」的記載不相吻合。

顯然，日天的形象來自印度。但是如上面所分析的那樣，印度的日天形象是赤裸上身的，這與印度的藝術傳統相一致。再是，印度婆羅門教信奉的太陽神蘇利耶，是乘坐長著七個頭的七匹紅馬拉的車子穿過天空的；古希臘的神話傳說中也有穿著衣服、坐著馬拉車的日天，這就是太陽神阿波羅。傳說中的阿波羅是眾神之父宙斯和女神勒托所生，和月亮神阿提米絲是孿生姊弟。他在希臘的宗教畫中被描繪成穿衣坐馬拉車的形象。這樣，佛教繪畫中坐馬拉車的日天形象似乎既來自印度，又受到過希臘文化的影響。常任俠先生在《印度和東南亞美術發展史》中曾說過：「菩提伽耶也還有與希臘相同的主題，如一隊馬匹所駕的日神蘇利耶的兩輪戰車，每對馬都以背相向，用後足立著，這與古希臘的表現方法相似。」

我們知道，西元前334年，馬其頓亞歷山大率軍東征，於西元前327年侵入印度，建立了一個東起印度河，西至尼羅河與巴爾幹半島的亞歷山大帝國。亞歷山大東征的後果，是使大量希臘人、馬其頓人湧入東方，在印度定居下來，他們帶來了希臘的文化與習慣，特別是希臘的藝術對印度產生了很深的影響，即出現了希臘—印度式文化，也就是所謂的犍陀羅文化。龜茲石窟壁畫天相圖中坐馬拉車的日天形象就是這種文化所造就的藝術作品。在阿

富汗的巴米揚石窟的具有 35 公尺高立佛的東大窟中就畫著一幅與龜茲石窟天相圖相類似的坐馬拉車的日天圖像。

但是在龜茲石窟壁畫的天相圖中，日天的形象並不是一成不變的，在馬拉車的日天以後，接著出現了坐無馬雙輪車的日天形象，接著又出現了中間一輪圓日、四周九個小太陽的日天形象。

在中國的古代文獻中，關於太陽的神話傳說很多，最重要的有下列幾條。

《山海經·海外東經》中記載：「湯谷上有扶桑，十日所浴，在黑齒北。居水中，有大木，九日居下枝，一日居上枝。」

《楚辭·招魂》中記載：「十日代出，流金鑠石些。」王逸註：「……言東方有扶桑之木，十日並在其上，以次更行。」

《莊子·逍遙遊》中記載：「昔者十日並出，萬物皆照。」

《淮南鴻烈解·本經訓》中記載：「堯之時，十日並出，焦禾稼，殺草木，而民無所食……堯乃使羿……上射十日……萬民皆喜。」

可見在中國的古代傳說中，太陽不是被描寫成一個神，而是被描寫成十日並存，這與龜茲石窟天相圖中的一輪圓日、四周九個小太陽的日天形象是一致的。

到了最後，龜茲石窟天相圖中的日天形象被簡單地畫成一輪圓日，這與現代繪畫中的太陽毫無區別了。

日本人窟

德文為 Japaner Höhle，這是德國人對克孜爾石窟 179 窟的稱呼。

日本「探險隊」

日本的「大谷光瑞探險隊」第一次進入中國是在 1902 年，當時除大谷光瑞本人外，還有他的弟子渡邊哲信、堀賢雄、本多惠隆、井上弘園四人。大谷光瑞經西伯利亞鐵路轉入中亞，越過蔥嶺，與本多惠隆、井上弘園兩人轉赴印度考察。而由渡邊哲信、堀賢雄赴新疆的庫車、吐魯番、于闐等地調查，於 1905 年 3 月經陝西回國。第二次「探險」在 1908 年，當時大谷光瑞派遣橘瑞超和野村榮三郎兩人赴中亞等地考察，他們到了吐魯番、庫車、于闐、羅布泊和敦煌等地。第三次「探險」在 1910 年，橘瑞超經西伯利亞入新疆。1911 年大谷光瑞又派遣吉川小一郎入新疆。日本「大谷光瑞探險隊」先後三次入新疆，都到過庫車。其中第一次之行所得，多在庫車周圍石窟遺址發掘；第二次、第三次之行所得，則以吐魯番為中心，包括庫車、于闐、羅布泊和敦煌的出土文書、文物等。

就在這三次中國之行的基礎上，他們於 1915 年出版了《西域考古圖譜》，於 1935 年出版了《新西域記》。這兩部書是他們西域「探險」成績的總報告。

貝葉經

出自克孜爾石窟89—3窟（1989年編號）。梵文墨書於貝葉之上，橫行，字跡清晰，葉色暗黃。出土時糅雜於積土中，剝落後皆成碎片。1989年5月出土。

少年釋迦試藝圖

出自克孜爾石窟110窟主室西側壁，縱71公分，橫82公分。110窟主室正壁和兩側壁共有連續的佛傳畫60幅。流失域外的此圖為16幅，描繪的則是少年釋迦的刀術。圖內右側裸身的少年釋迦，左手持刀鞘，右手握刀舉過頭頂，兩腿微分立，準備向身旁的木柱砍去。另外兩人也握刀準備砍另一木樁，兩人分腿，一腳抬起，動作幅度大，面部表情顯示十分用力，不如釋迦那樣泰然自若。

此件現藏德國柏林亞洲藝術博物館。

［丿］

烏什

今歸阿克蘇市管轄。漢時為溫宿國，唐時稱溫肅州，又曰于祝。

烏壘州

它是屬於龜茲都督府管轄的地方軍政機構，位於今新疆輪台縣境內。西漢時烏壘國的駐地是在今策大雅。根據近代考古發掘所得材料看，唐代的烏壘州，已不在漢朝的烏壘城。因為迄今為止，未在策大雅周圍地區發現恰當的古城遺蹟可以當作烏壘州城。同時根據兩漢、魏晉南北朝600多年的發展，到唐朝時，今輪台境內的政治、經濟重心已在迪那河主要支流克孜爾河流域，那裡已成為人口較多、農牧經濟較發達的地區。烏壘州城既然是主管地方的軍政機構，自然也應該把烏壘州城設在輪台境內的克孜爾河流域。

位於今輪台鎮東南約20公里的鹼灘上有一座稱為闊納協海爾的古城遺址，當地維吾爾居民稱它為「黑太依協海爾古城」。黃文弼《塔里木盆地考古記》中稱它為「黑太沁古城」，均為「漢人城」之意。城堡呈方形，周長700公尺，城牆夯築，牆基寬約5公尺，牆垣殘高約3～7公尺，城牆四周有凸出的「馬面」，四隅還有角樓建築遺蹟，城內沿牆垣有大量的房屋遺址。城內出土文物有「開元通寶」「大曆元寶」「龜茲小銅錢」「漢龜二體五銖銅錢」「唐代瑞獸葡萄紋銅鏡」，還有陶甕、陶罐、大型鋪地方磚（素面，灰褐色，每塊長28公分、寬28公分、厚5公分）、鐵器等生產生活用具和銅、石、骨質的文化用品等。而在城內還有一定規模的佛教寺院遺址，並出土有佛教塑像。這樣一個重要的唐代城堡遺址，在輪台縣境內只有作為烏壘州府較妥當。

烏壘關

新疆拜城縣的《劉平國治關亭誦》碑上曾指出，東漢時，龜茲左將軍劉平國不

僅在拜城黑英山盆地修建關亭，而且還修建過「東烏壘關城」，足證在東漢時期於龜茲東境確有烏壘關城，以保護設於它乾城的西域都護府。到了唐代，安西大都護府遷設龜茲後，統轄疆域遠較漢朝大，氣勢更加恢宏，拱衛安西都護府的軍事設施，自必更加嚴密，烏壘關的設立必然更加迫切。1971年冬，輪台縣在拉伊蘇河口興建水庫時，曾發現在拉伊蘇河口西岸的黃土台地分布有唐代古墓群，在一座墓葬的棺木上曾有「安西大都護府」「守捉」「烏壘關」等字樣，這說明在唐代時期作為拱衛安西大都護府的烏壘關依然存在。

既然「烏壘關」三字就在拉伊蘇河口處發現，也可設定烏壘關就建在拉伊蘇河口兩岸。因為拉伊蘇河源於天山山脈，到下游兩岸分布有很厚的黃土堆積臺地，河道到此切割得很深很寬，最寬處可達400餘公尺，形勢甚為險要。位於東岸的守捉城及漢唐烽火臺均還聳峙，而當時在拉伊蘇河東西兩岸修建烏壘關城，成為安西大都護府東境安危之所繫，自在情理之中。核古今形勢，烏壘關設立在拉伊蘇河兩岸最為確切。

烏什哈特古城

位於沙雅縣西北約35公里處。城係三重，均已坍毀，但大部分尚可辨認。外城特大，周垣約5公里。西、南兩面端直，北面略有彎曲，東面已被水沖毀無跡。外城與第二重城外均有溝壕。二、三兩重城都很小，作不規則的回形，有臺基多處。

烏龜本生故事畫

這幅畫繪在森木塞姆石窟11窟左甬道外壁的菱形格中。畫面為水池中樹下坐一捲髮人，正觀看池中的一頭大象、一隻水鴨、一隻龜。故事出自巴利文《本生經》卷3，故事的內容如下：古時候，當梵授王在波羅奈治理國家的時候，菩薩轉生在一個大臣家裡，長大後，成為國王的宰相。這國王是個饒舌的人，只要他一張嘴，別人就別想插話。菩薩想糾正國王饒舌的惡習，一直在尋找合適的機會。那時，在喜馬拉雅山區的一個水池裡，住著一隻烏龜。兩隻小天鵝前來覓食，與烏龜結識，成為好友。一天，這兩隻小天鵝對烏龜說：「烏龜朋友，我們住在喜馬拉雅山吉多峰坡面的金洞裡。那是個可愛的地方，你願意跟我們一起去嗎？」「我怎麼去呢？」「我們可以帶你去，只要你能閉緊嘴巴，不跟任何人說一句話。」「我能閉緊嘴巴，你們帶我去吧！」「好吧！」說完，牠們讓烏龜咬住一根小棍，牠們自己咬住小棍的兩端，飛上高空。村童們看見天鵝帶著烏龜飛，叫喊道：「兩隻天鵝銜著一根小棍，把烏龜帶走了！」烏龜張開嘴，想要說：「朋友們帶我走，關你們這些壞小子什麼事！」這時，天鵝正飛過波羅奈王宮的上空。烏龜一張嘴，牙齒脫離小棍。牠墜落在王宮庭院裡，摔成兩半。頓時人聲鼎沸：「烏龜掉在庭院裡，摔成兩半了！」國王在大臣陪同下，與菩薩一起來到這裡。看到了烏龜，國王問道：「智者，這烏龜怎麼會掉下來的？」菩薩想：很久以來，我

一直思索著要告誡國王，現在機會來了。事情一定是這樣的：「這隻烏龜與天鵝交上朋友。天鵝說：『我們帶你到喜馬拉雅山上去。』牠們讓烏龜咬住小棍，帶著牠飛到空中，而這烏龜聽到有人說閒話，不肯保持沉默，想要回嘴，結果鬆開棍子，從空中掉下，葬送了性命。」於是，菩薩對國王說道：「國王啊！這完全是饒舌招來的災禍。」說罷，唸了兩首偈頌：

　　這隻烏龜，咬住棍子，

　　饒舌多言，害死自己。

　　國王鑑戒，謹言慎行，

　　記取烏龜，饒舌喪生。

國王明白菩薩是在說他，說道：「智者啊！你在說我哩。」菩薩解釋道：「不管是你還是別人，誰要是饒舌，都會遭此災禍。」

月天圖

天，居天龍八部之首。月天，為諸天中之一天。《大日經疏》卷5中說：「西門之南，與日天相對，應置月天，乘白鵝車。」《祕藏記》中說：「月天子，白肉色，杖上有半月形，乘三鵝。」《起世經》卷10中說：「月天宮殿，純以天銀天青琉璃，而相間錯……彼月天子最勝宮殿，為五種風，攝持而行……以此五風所攝持故，月天宮殿依空而行。」

依照上述佛經的記載，月天的形象是：赤裸上身，持杖，乘鵝拉之車，依空而行。但是在龜茲石窟的早期壁畫中，月天形象卻被描繪成一個穿衣、坐雙輪車之神，與坐雙輪車之日天十分相似，區別只在背光上。日天的背光為白色的圓圈，中間畫出一道道輻射線，代表著光芒四射的太陽；月天的背光則為一個黑色的圓圈，代表著黑夜。這種形象似乎是受到希臘文化影響的結果。因為希臘神話中的月亮神阿提米絲，又是狩獵之神，她在希臘的藝術作品中被表現為一個乘著雙輪戰車的女神。

馬其頓亞歷山大率軍東征，於西元前327年建立了一個東起印度河，西至尼羅河與巴爾幹半島的亞歷山大帝國。他們帶來了希臘的文化與習慣，與印度本土文化融合，產生了希臘—印度式文化，也就是所謂的犍陀羅文化。龜茲石窟天相圖中坐雙輪車的月天形象就是這種文化所造就的藝術作品。

但是，月天的形象不是一成不變的。在龜茲石窟天相圖中，有的月天被表現為一輪圓月中畫著一隻兔——月兔圖。關於月中有兔的觀點，中國古代文獻中就曾談及。生活在戰國時代的大詩人屈原在他的著作《楚辭·天問》中曾說：「夜光何德，死則又育？厥利維何，而顧菟在腹？」王逸註：「言月中有菟，何所貪利。居月之腹而顧望乎。菟一作兔。」看來，古代的中國就存在著月中有兔的傳說。

其後，月天的形象又有了變化，一是被描繪成一輪滿月，四周有許多星星；二

是被描繪成一彎新月,四周有許多星星,成為眾星拱月的形狀。這類月天圖已純粹是現實中的月亮形象了。

月光王施頭本生故事畫

這幅畫繪在克孜爾石窟 17 窟券腹的菱形格內。故事出自佛經《賢愚經》。故事的內容如下:遙遠的古代,有一位國王,名叫月光,他崇信佛法、樂善好施。有一天,他下令拿出國中珍貴寶藏,放在城門口和道路兩旁,凡人們需要的,都儘量給予。於是,沙門、婆羅門、貧窮孤老、缺吃少穿的人都紛紛前來要求布施。月光王是要吃的給予食物,要穿的給予衣服,甚至於對要求金銀寶物的也不拒絕。從此,月光王樂善好施的名聲遠颺國內外,這引起了鄰國國王的嫉妒,暗下狠心,要千方百計害死月光王。他派出婆羅門勞度差前往月光王的國家。勞度差來到了月光王宮殿前,高聲說道:「我在遠方,就聽到大王的功德無比,一切布施,從不違背人的心意,所以我不遠萬里而來,想有所得。」月光王聽後,十分高興,並說:「你旅途勞累,請你放心,我隨所願,凡國城妻子、珍珠寶貝、車乘象馬、七寶、奴婢僕使等等,凡我所有,你想要啥,都可以得到。」勞度差說:「一切財物,雖可用來布施,但福德之報,不能達到弘廣,唯以身體布施,來日福報甚為廣大。我所以遠道而來,目的是想得到大王的頭。如果大王言而有信,請快快把頭施給我。」月光王聽後,無限歡喜,他要勞度差七天後前來取頭。

這時,月光王的王后、王太子和眾大臣紛紛前來勸阻,月光王卻說:「我用此頭,施與婆羅門,用此功德,誓求佛道。當我成佛後,一定設法將你們度出苦海。今天,我的決心再不能改變,請大家千萬不要阻擋我的最高追求!」七天後,勞度差前來取頭。他對月光王說:「你身強體壯,力氣又大,若被砍痛,是不是會後悔?所以我要把你的頭髮綁在大樹上,然後再砍下你的頭。」月光王同意把頭髮綁在大樹上,繼而向樹長跪,對勞度差說:「你砍下我的頭,請放在我手中,然後,你再從我手中去取。今天我以頭相施,用此功德,達到涅槃永恆之樂。」這時,勞度差就舉起了大刀,把月光王的頭砍了下來,攜著離去。

克孜爾石窟 17 窟壁畫中的這幅本生故事畫,表現的是月光王以頭髮纏樹,雙手合十,旁邊站著一個婆羅門,作揮刀砍頭的樣子。畫面簡潔明白,畫風樸實無華,色彩明暗適宜,都充分表達了月光王施頭這一動人的情節。(見圖48)

圖 48 克孜爾石窟 17 窟——月明王施頭

月明王施眼本生故事畫

這幅畫繪在克孜爾石窟 17 窟券腹的菱形格內。故事出自佛經《彌勒菩薩所問本願經》。故事的內容如下：古時候，有個月明王，長得端莊魁梧，神采奕奕。有一天，他從皇宮出來，在路上遇見一個盲人。這盲人貧窮饑餓，沿街乞討。在乞討中，他聽人說國王出宮巡遊就一面摸索著走路，一面向路人打聽月明王在哪裡，他很想拜見月明王，說說自己的苦衷。路人見他可憐，就把他帶到了月明王的跟前。月明王問這個盲人：「你四處打聽要找我，有什麼要求？」盲人說道：「國王為天下獨尊，過著安逸快樂的生活，而我飢寒交迫，再加上兩眼又瞎，真是生不如死啊！」月明王看見這個盲人一副可憐的樣子，心裡感到非常難過，不禁流下了同情的眼淚，忙問道：「對於你，有什麼樣的藥，可以治好你的眼睛？」盲人回答道：「我的眼睛已瞎了好多年，經過好多治療都無濟於事。只有用大王的眼睛，才能真正治好我的眼病。」月明王聽了盲人的話，毫不猶豫，立即取下自己的雙眼，給了盲人。盲人得到了國王的眼睛，雙目馬上又重見了光明。對此，月明王沒有一點悔恨，心中感到無限安慰和歡欣。

克孜爾石窟 17 窟壁畫中所繪的這幅本生故事畫，表現的是月明王正在用右手摳自己的右眼，左手中則拿著已經被他摳下的自己的左眼，旁邊坐著盲人婆羅門，題材扣人心弦，色彩簡單洗練，畫面簡潔醒目，不愧是一幅好的藝術作品。（見圖 49）

圖 49 克孜爾石窟 17 窟——月明王施眼

手鼓

龜茲石窟壁畫中的一種樂器。據唐玄奘譯《阿毗達摩俱舍論》卷1《分別界品》中說：「如手鼓等，合所生聲。」可見在佛教音樂中是使用了手鼓。

在克孜爾石窟38窟主室兩側壁佛說法圖上端各繪有一幅天宮伎樂圖，每幅7組，共14組，每組由一對膚色不同的半身相男女組成，框範在楣拱式龕內，或合奏，或對舞，或一人伴奏、一人舞蹈，多姿多彩。其中有一組，女的舉著手鼓，男的面視手鼓翻轉手中的瓔珞。

谷苞先生在《古代龜茲樂的巨大貢獻及其深遠影響》一文中說：「以前人們認為手鼓在新疆出現的時間很晚，其實在唐朝以前就已經在龜茲樂中出現了。敦煌壁畫和赫孜爾壁畫中均有手鼓的圖像。」

克孜爾石窟38窟修建於4世紀，而另一個有手鼓圖像的森木塞姆石窟7窟則修於7世紀。這說明4～7世紀的龜茲人已使用了手鼓這種樂器。

手鼓，也稱達卜。古代亞述人和埃及人均使用這種樂器。可能是隨著景教而傳入中亞，再傳入新疆的。當然也可能是由奔涉於絲綢之路上的栗特人及其他民族從西亞傳入的。

毛員鼓

龜茲石窟壁畫中的一種樂器。畫面上見到的毛員鼓，為兩頭粗中間細，形狀與腰鼓相似，只是在形體上比腰鼓略小。其演奏方法也與腰鼓相似，皆用雙手拍打。

毛員鼓的圖像見於克孜爾石窟80、101、104、163、171窟和186窟的壁畫中。

《化緣簿》

出自克孜爾石窟67窟。簿中記有龜茲六個國王的名字，其中兩個見於《新唐書》，於唐高祖和唐太宗時期在位；托提卡於隋朝時期在位。

倉庫窟

在龜茲的石窟中，有少量倉庫窟。顧名思義，這是古代僧尼儲藏物品的地方。

這類石窟都開鑿在岩壁上，先往裡開鑿出一個大洞，可以容人自由出入，然後再向下開鑿，開出一個大坑，大的深達兩公尺多。坑中鑿出一個個石槽，把整個坑分隔成幾個空間，以儲存不同的物品。

克孜爾石窟50窟為一個小型倉庫窟，窟中鑿出三個平列的倉槽。

克孜爾石窟74窟為一個大型倉庫窟，窟內有五個倉槽前後相錯，槽深有的達兩公尺多。

風天圖

風天，諸天中的一天。而天，為天龍八部之首。《祕藏記》中記載：「風天，赤黑色，持幢幡，右手持杖，上半月形。左手按腰。」這是佛經中對風天形象的規

定。而在中國古代的傳說中，風天被叫做風伯，又作箕伯，或作風師。張衡《思玄賦》中說：「屬箕伯以函風兮，懲洴泭忍而為清。」李善注引《風俗通義》曰：「風師者，箕星也；主簸物，能致風氣也。」

但是，龜茲石窟壁畫中的風天形象與上述所引的完全不同，是一個女性的形象，高聳著雙乳，鼓著嘴，正在引發風暴。如克孜爾石窟38窟券腹中脊所繪出的風天為一個面貌端莊的女子，露出高聳的雙乳。她雙手執綵帶，作舞蹈的姿態；她的嘴張得很大，似乎從她的嘴中正在吹出一股大風。

在整個龜茲石窟的天相圖中，只有風天的形象最富於浪漫的人間色彩，最具有藝術性。

分舍利圖

佛涅槃火化後，為了爭奪佛骨舍利，七個國家和聚落的軍隊包圍了拘屍那城，要求拘屍那的摩羅族人交出佛骨舍利，否則就要發兵攻城，形勢十分緊張。

據《阿育王經》的記載：「八國王競諍取舍利，各各起兵天帝釋見之，即遣天邊，自下曉諭諸王言：佛在世時，諸王皆如兄弟。佛適泥洹，云何相伐，橫殺萬民，當共分之，各還起塔，普皆得福。諸王皆言：快哉！持卿作評，為我分之，得無諍也。邊自以金瓶分之，阿世王共數，各得八萬四千舍利，余有佛口一髭，無敢取者，以阿闍世王初來求舍利，時車中投身著地，氣欲不報，故共持與阿闍世王。阿闍世王得舍利及髭還。」

由於爭舍利，雙方相持不下，故而產生了分舍利之事。《阿育王經》說是帝釋天派人前去曉諭眾人，然後平分舍利；有的佛經則說是一個香姓的婆羅門，見雙方刀劍相見，怕發生惡戰，違反佛陀生前的教導，故而挺身而出，曉以大義，然後平分了舍利。

在克孜爾石窟4窟東甬道西壁繪有這樣一幅畫：在一處城牆上，中間畫一個婆羅門，他的兩旁各畫四個手捧舍利盒的人。而城牆下面畫滿了騎兵和步兵。這是一幅典型的分舍利圖。城牆中間的婆羅門就是勸和的香姓婆羅門，他正在向城牆外前來爭舍利的人曉諭佛陀的生前教導，要他們止息干戈平分舍利。而城牆上手捧舍利盒的八個人，就是為爭舍利而不惜打仗的八個國王。現在，他們已經在香姓婆羅門的勸諭下，平分了佛骨舍利，並且取得了各人應有的一份。這幅畫把爭舍利和分舍利兩件事有機地結合在一起，在藝術處理上十分恰當、非常完美，是一幅不可多得的好畫。

公孫雅靖

武周萬歲通天元年至聖歷元年（696～698年）的安西大都護。據《元和姓纂》卷1載：「雅靖，安西（大）都護。」

鳳首（弓形）箜篌

龜茲石窟壁畫中的一種樂器。其構造原理與豎箜篌相同，由一弓桿與鑲貼在弓桿下半部的弧形音箱所構成。音箱像是用皮革製成，腔內估計設有支撐的骨架。鑲貼弓桿的方法是在箱體一側開幾道口，將弓桿由音箱上口插入，穿過箱體上的口子，然後再紮緊音箱上口，以固定弓桿。也有另用幾塊小皮將弓桿縫製在箱體上，在森木塞姆石窟46號窟正壁佛龕左側繪出的五髻乾闥婆手執的這種樂器，便明顯看到用針縫製的情況。在箱體上開口的，未見繪音孔；用小皮固定的，皆繪若干音孔。多數繪有弦，少者3根，多者12根以上，常見的為6根，雖然看不出是怎樣栓弦的，但少數在頸部繪出軫。總的印象是，早期圖像弓桿較粗，音箱較小，張弦較少，後期弓桿變長，音箱擴大，張弦增多。演奏者有坐、立兩式，多數為橫抱音箱於右肋，左手扶弓桿，右手挑弦，間或反之。也有抱音箱於一肋，用雙手彈奏，尤其是一些坐奏者，將音箱擱置於腿腹部，左手扶弓桿，右手挑弦，挑弦之後又將手高高地揚過頭頂，用力度似乎很大。看上去這種樂器較輕便，演奏方法也較自由，多以獨奏和伴奏的形式出現。這種樂器在印度、中亞和吐魯番、敦煌等地的浮雕與壁畫上也能見到。它們的共同特性是音箱皆在弓桿的下半部，呈臥式，應屬於一類樂器。日本音樂史家林謙三氏認為這種樂器源於印度，原稱弓形豎琴，先後經由西域或東南亞傳入中國，初傳時頭上有著鳥形裝飾，所以冠稱鳳首箜篌，以區別於豎箜篌。從文獻上看，鳳首箜篌之名最早見於《隋書·音樂志》，稱前涼張重華時（346～535年）便已隨天竺樂傳至涼州，要比《新唐書·南蠻傳》記載唐貞元年間（785～805年）驃國（今緬甸）進樂有鳳首箜篌為早，可見當時據以定名的這種樂器，是由西域傳來的。下面摘錄兩段文獻記載以為證。《隋書·音樂志》記天竺樂云：「起自張重華據有涼州，重四譯來貢男伎，《天竺》即其樂焉。歌曲有沙石疆，舞曲有天曲，樂器有鳳首箜篌……」《新唐書·南蠻傳》講到王雍羌遣弟舒難陀向唐廷獻樂時稱：「有鳳首箜篌二，其一長二尺，腹廣七寸，鳳首及項長二尺五寸，面飾虺皮，弦一十有四，項有軫，鳳首外向；其一頂有條，軫有鼍首。」

升三十三天說法佛傳故事畫

這幅畫繪在克孜爾石窟4、98、176、178、189、207、224窟中，畫面多為中立一佛像，手持一缽，作天宮說法狀。上方為宮殿建築，左右有執蓋。立佛周圍有持拂的天王侍衛和作跪狀禮拜的天人。一般在左下角畫出一道寶階，也有出現佛自三道寶階下降的畫面。佛教傳說中，欲界之第二天為三十三天，在須彌山頂上，中央為帝釋天，四方各有八天，故合成三十三天。佛從舍衛國園精舍，升三十三天，向母摩耶夫人說法，三月後履三道寶階返回人間。

龜茲文化詞典
四畫

《從古今字譜論龜茲樂影響下的民族音樂》

潘懷素先生撰寫，刊登於1958年第三期的《考古學報》上。文章共分五大段：第一，龜茲樂的影響；第二，龜茲樂的主要樂器；第三，龜茲樂樂律與蘇婆七調；第四，蘇祇婆七調影響之下的雅樂和燕樂；第五，餘論。

[、]

火天圖

火天，為諸天中的一天。而天，又為天龍八部之首。《大日經疏》卷5中說：「東南隅布，列諸火天眾，住火焰中，額及兩臂各有三灰畫，即婆羅門用三指取灰自塗身像也。一切深赤色，當心有三角印。在煙火圓中，左手持數珠，右手持澡瓶，此是普門之一身。」

龜茲石窟壁畫中的火天形象與佛經中的記載基本相符。如庫木吐喇石窟46窟券腹中脊出現的火天，為一身穿僧衣、袒露右臂、頭上有項光的神，一手上舉、握一珠，另一手也上舉，握有一物，身上有火焰噴出。

火化圖

佛陀涅槃後，遺體被裝入金棺，然後舉行火化儀式，諸天、弟子、眾人在火化儀式上悲哀悼念。對此，《根本說一切有部毗奈耶雜事》卷38有如下描述：「時諸壯士並四眾等，先用疊絮裹如來體，次以千張白疊周匝纏身，置香油館，覆以金蓋，各持香木，如法焚燒，火不能著。」「時有無量百千大眾，隨從尊者（摩訶迦葉——佛的大弟子）詣世尊所，除去香木，啟大金棺，千疊及絮並開解已，瞻仰尊容頭面禮足……尊者作念，我今自辦供養世尊。即辦白疊千張及白疊絮，先以絮裹，後用疊纏，置金棺中，傾油使滿，覆以金蓋，積諸香木，退住一面。由佛餘威及諸天力，所有香木自然火起。」

在龜茲石窟中，火化圖大多數繪於中心柱形支提窟的中心柱後壁，也有繪於後室後壁的。如克孜爾石窟114窟中心柱後壁的火化圖的畫面是這樣的：正中畫出金棺，棺的四周正冒出熊熊火焰，有一個哀痛欲絕的比丘正將身撲向烈焰焚燒著的金棺，場面極其生動、壯觀。

火光定禪僧像

這幅畫繪在台台爾石窟17窟後甬道券頂中。壁畫中表現的是這樣一種情景：入定僧身後畫出火焰，以表示此禪僧已入火光定，即第四禪定，從第四禪定起乃入涅槃。

唐玄奘《大唐西域記》卷3記阿難「即升虛空，入火光定，身出煙焰，而入寂滅」。因此，諸羅漢入滅時，多入火光定以灰燼其身。

六道圖

佛教所說眾生根據生前善惡行為有六種輪迴轉生的趨向，即天、人、阿修羅、畜生、餓鬼和地獄，故稱為六道。《阿毗達摩俱舍論》卷8中說：「於三界中說有五趣，即地獄等如自名說，謂前所說地獄、傍生、鬼及人、天，是名五趣。唯於欲界有四趣全，三界各有天趣一分。」若再加上阿修羅則稱六趣或六道。《大智度論》卷10中說：「說五道者是一切有部僧所說，婆磋弗妒路部（犢子部）僧說有六道。」卷30中又說：「佛去久，經流遠，法傳五百年後，多有別異，部部不同，或言五道，或言六道。若說五者，於佛經回文說五；若說六者，於佛經回文說六。又摩訶衍（大乘）中《法華經》（即《妙法蓮華經》）說有六趣眾生，觀諸義旨，應有六道。」可見六道圖是大乘佛教的藝術作品。

龜茲石窟中的庫木吐喇石窟75窟壁畫中有一幅六道圖。該窟正壁中畫一軀僧人坐像，形象高大，占去約三分之二的壁面。僧像著寬博漢式袈裟，其上有多瓣花染纈花紋。結跏趺坐，雙手置於腹前，手中捧持一缽狀物（或為寶珠）。從此缽狀物內引出數條墨線，分別與左右側的畫面相連。左右兩側各有三組畫面，分別表現天、人、阿修羅、畜生、餓鬼和地獄等六道。左側上方繪四身雙手合十的供養菩薩跪像，以代表「天道」；左側中部繪牛頭阿傍以大鼎煮人的場面，是代表「餓鬼道」；左側下方繪馬和駱駝，表示「畜生道」。此圖有漢文榜題，為：「此□□□□畜生□□□……乃至□□□等。」右側上方繪須彌山，當是「阿修羅道」；右側中部是四身站立的世俗人物，二男二女，著回鶻式衣袍，是為「人道」；右側下方是二身裸體瘦人在火中作痛苦哀號狀，以表示「地獄道」。

根據此壁畫畫面推測，正中之高僧形象，可能是地藏菩薩。地藏菩薩為六道能仕之尊，化身千百形，教化度脫六道眾生。

六師論道佛傳故事畫

這幅畫繪在克孜爾石窟80、97、207窟中，畫面中坐佛一側，諸天圍繞，合十禮拜；另一側為來自各個國家的外道門師，舉手作圖50克孜爾石窟80窟——六師論道態，正與佛展開激烈的辯論。說的是佛成道，多處說法，教化眾生，信徒越來越多，聲威大振。諸外道不服，聚集他們的著名論師，相約與佛進行辯論，結果落得大敗而歸，很多外道都紛紛皈依了佛教。（圖50）

圖 50　克孜爾石窟 80 窟——六師論道

六種眾生因緣故事畫

　　這幅畫繪於克孜爾石窟 34、69、224 窟中，畫面為佛身體向右微側，對其右側作跪姿、雙手合十的比丘作講說狀；佛頭上方為一飛鳥，右側為攀緣樹的獼猴，右下方是一頭野牛，佛座下方水中為失收摩羅，左側為一狗和一蛇。（見圖 51）

圖 51 克孜爾石窟 34 窟——六種眾生因緣

《雜阿含經》中說：「爾時世尊告諸比丘：『譬如遊空宅中，得六種眾生。一者得狗，即執其狗繫著一處。次得其鳥，次得毒蛇，次得野干，次得失收摩羅，次得獼猴。得斯眾生，悉縛一處。其狗者，樂欲入村；其鳥者，常欲飛空；其蛇者，常欲入穴；其野干者，樂向塚間；失收摩羅者，長欲入海；獼猴者，欲入山林。此六眾生悉繫一處，所樂不同，各各嗜欲到所安處，各各不相樂於他處。而繫縛故，各用其力，向所樂方，而不能脫。如是六根，種種境界，各各自求所樂境界，不樂餘境界。』」

六牙象王獻牙本生故事畫

這幅畫繪在克孜爾石窟14窟券腹的菱形格內。故事出自《六度集經》《大莊嚴論》《雜寶藏經》《六牙白象本生經》等佛教經典，又名「白象王本生」「瓶沙王本生」等。故事的內容如下：過去，舍衛國有一六牙白象，娶二妻，大妻名賢，小妻名善賢。有一天，白象與二妻去林中遊玩賞景，路上看見一朵蓮花，白象摘下來想送給大妻賢，不料卻被小妻善賢搶了去。白象默然，而大妻賢非常氣惱。她想：「這說明象疼愛小妻，不再愛我了。」她發下一願，要在來世拔取象牙，以報今日之辱。遂跳崖身亡。賢後來轉生為王家女。年長成人，姿色過人，被梵摩達王納為妃。賢念前世之怨，總想尋機報復。一夜裡她對王說：「王若能取一顆象牙為我做床，我才能活下去，不然性命就難保了。」梵摩達王聽後恐懼萬分，便布告天下，招募獵手，願出黃金百兩換取象牙。有一獵師，見錢眼紅，遂應募前去獵象。他身披袈裟，暗藏毒箭來到了象所。象的小妻善賢見獵人來，要象躲避。象說：「來人穿的是袈裟佛衣，必是行善人，不用害怕。」獵師走到象前，乘其不備，用毒箭射中了牠。善賢氣憤難忍，要殺死獵師，但象堅絕不答應。象的夥伴聞訊趕來要與獵師搏鬥，也被象制止。象知道自己壽命將終，仍鎮定自若地問獵師：「你殺我肯定是有原因，就請直接告訴我吧！」獵師便把梵摩達王要他取象牙的事告訴了象。象聽後，毫不遲疑，以鼻繞樹，使盡全身氣力，拔掉雙牙遞給了獵師。這時，六牙白象也因全身毒藥發作，疼痛而死。獵師把象牙交給國王，領到了一大筆酬金。但當王妻賢認出了這象牙乃是她前世之夫——白象王之牙，頓時悔恨萬分。自此她也棄惡從善，削髮為尼。

關於六牙白象的故事，還有另一種說法：昔時有一象王，率五百象，有二妻，素修佛法，深得眾望。一天，象王與二妻去山中遊玩，在水池邊得一蓮花，象王摘下蓮花送給了大妻，小妻見後，十分妒恨，便發誓要殺象王以報己怨。小妻為此懷恨而死，轉生為四姓女，生得聰慧，姿色勝人，被國王納為夫人，深得寵愛。她對國王說：「我夢見有一六牙白象，乃世之珍奇，想取其牙做佩飾。若大王不答應我的要求，我就會活不成了。」國王信以為真，便詔諭四方，尋找獵象人。有一南方獵手，

應召而來，遵照王命，化裝成沙門去捕捉六牙白象。獵人走到象林，見象王正對面走來，使箭要射。象王見此情景，問獵人為何要射殺牠，獵人便將國王命取象牙之事一一相告。象王明知國王逆行不道，卻依然善性不改，忍痛拔下了雙牙。象失雙牙，鮮血直流，不時身亡。獵人回宮，把象牙交給國王，並且詳細地告訴了獵象的經過，王聽後十分感動。王妻見象牙已得，正高興地要接取，頓時雷電霹靂大作，震得她吐血而死。

克孜爾石窟 14 窟壁畫中所繪的這幅本生故事畫，表現的正是獵師身披袈裟、彎弓射象與象王拔取雙牙的兩個片段。畫面構圖雖然簡單，但使人睹後一目瞭然，充分地表現了古代的龜茲藝術家創作這類題材作品時的高度概括力。（見圖52）

計戍水

塔里木河的古稱，詳見「北河」條。

為釋迦族女說法圖

出自克孜爾石窟 206 窟主室西側壁，縱 103 公分，橫 102 公分。這幅圖描繪的是耶輸陀羅及釋迦族女聽法的場面。圖內佛面前的耶輸陀羅身穿薄紗衣，合掌敬禮。另有釋迦族的五個婦女捧盤向佛供養鮮花。上端右側為兩個翩翩起舞的天女；上端左側為兩個彈奏琵琶的天人。

此件現藏德國柏林亞洲藝術博物館。

圖52 克孜爾石窟 14 窟——六牙象王獻牙

龜茲文化詞典
四畫

為淨飯王說法佛傳故事畫

這幅畫繪在克孜爾石窟 207 窟中，畫面為諸弟子坐於佛身側，佛座前有山池鳥獸，虛空中佛現神通，身焰放射。說的是佛歸尼拘陀園內，為淨飯王說法，飛騰虛空，示現種種神變，度釋迦族五百人出家。

方形平面無中心柱支提窟

這類窟與中心柱形支提窟相比較，一般面積較小，平面呈方形，窟內不鑿中心柱。券腹則形式多樣：有橫券頂、縱券頂、穹窿頂、覆斗頂、套斗頂、帶弧線的梯形頂和小穹窿藻井帶弧面八角形頂等。

[ㄎ]

孔雀窟

德文為 Pfauen Höhle，這是德國人對克孜爾石窟 76 窟的稱呼。

孔雀王譬喻故事畫

這幅畫繪在克孜爾石窟 77 窟主室左行道券腹下端，畫面為菱形格組成，左部有一大尾雄孔雀。故事出自佛經《舊雜譬喻經》。故事的內容如下：很久很久以前，有一孔雀王，隨從著五百母孔雀，經歷諸山。一天，孔雀王見一青雀長得漂亮，便捨棄五百母孔雀，去追青雀。青雀但食甘露好果。當時國王的夫人生病，夜裡夢見孔雀王，醒來後就對國王說：「請國王出重金募獵師，捉得此孔雀王，那麼我的病就會痊癒。」於是國王命令眾獵師，凡能捉得孔雀王來獻的，就賜他黃金百兩，並且把公主下嫁給他。眾獵師在重賞之下，紛紛奔赴山林。有一獵師見孔雀王隨著一隻青雀，到處飛翔，便以含蜜的塗滿自己的身體。孔雀王聞到香蜜的味道，便來取食，終於被捉。孔雀王見自己被捉，就對這個獵師說：「我給你大量的黃金，請你放開我。」獵師回答說：「國王已答應賜予我百兩黃金，並以公主下嫁。願望已足。」於是便把捕來的孔雀王獻給國王。孔雀王對國王說：「大王重愛夫人，因夫人生病，故來捉我，為此，請拿一些水來，我對此水念咒，然後把我咒過的水叫夫人飲之，並用來沐浴，夫人的病定會痊癒。若不痊癒，再殺我也不遲！」於是國王命人拿水來叫孔雀王念咒，然後把咒過的水拿給夫人飲用。果然，夫人的病立即痊癒，並且宮中內外凡是有病的人，飲了此水後，都水到病除。於是，國內的人民來取水者絡繹不絕。這時，孔雀王對國王說：「你可以綁住我的腳，把我放在水中，使我能自由來往於湖水上，我就在湖水中念咒，令遠近的百姓，都來湖上取水。」國王回答說：「此言極好！」就引水入湖中，令孔雀王咒之。老百姓飲了此水後，聾子能聽到聲音了，瞎子能見到光明了，跛足與駝背都伸直了。孔雀王對國王說：「現在國中諸種惡病都得了醫治，人民供養我，敬我如天神，我會永遠留在這裡的，如今大王可以解開綁我腳的繩索，以使得我能夠自由飛來飛去，去往湖水中。一到天黑，

我就住宿在宮殿內的梁上。」國王聽了後，就命人把綁在孔雀王腳上的繩索解開。這樣過了數月以後，孔雀王在梁上大笑。國王問道：「你為何如此笑？」孔雀王回答道：「我笑天下有三痴，一曰我痴，二曰獵師痴，三曰大王痴。我本來與五百母孔雀相隨，日子過得很快活，後來因追戀青雀，貪圖青雀的美色，結果為射獵者所得，這是我痴；獵師捉住了我，我送給他金山不要，而貪圖大王的重金與公主下嫁，這是一種貪慾，所以是獵師痴；而大王得到了我這樣的神醫，大王的夫人、太子以及國中人民凡有疾病者，都被我治癒，都活得很健康，大王既然得到了神醫，而不把牠持牢，反而縱放之，這就是大王痴。」說完這些話，孔雀王便飛離了王宮，回到了山林。

雙耳釉陶缽

出自克孜爾石窟60窟，為泥質紅陶，輪製，通體施綠釉。釉色斑駁，有氣泡和毛刺。圓形，直口平沿，淺鼓腹，平底，環耳安於腹兩相對稱。高約10公分，口徑約14公分，底徑約9.5公分。1989年5月出土。

雙領下垂式

在龜茲石窟壁畫中，佛的服飾大致有四種樣式：通肩式、袒右式、雙領下垂式、偏衫式。雙領下垂式就是這四種樣式之一。

所謂雙領下垂式就是佛的袈裟披在身後，前面雙領垂掛下來，露出胸部的一種樣式。在中原地區諸石窟中，隋唐時期的佛裝多為雙領下垂式，這是佛教漢化後在佛的服飾上的一種變化。龜茲石窟壁畫中出現雙領下垂式的佛裝是漢化佛教向西域地區傳播的反映，是龜茲佛教文化吸收中原佛教文化的結果。

雙幡覆缽華蓋式尖頂方塔

繪於克孜爾石窟224窟後室。塔身下面是一方形基臺，基臺上為方形塔身，塔身開圓洞式佛龕，龕上飾以「Ω」形紋。兩側有立柱，立柱內側下端有出檐短椿，上接「Ω」形紋。龕上為屋簷，屋簷上為「Ω」狀結；上接覆體。這部分結構實為一體，構成龕面上部的一個華蓋。覆體上接圓柱，圓柱上為飾以邊紋的華蓋，華蓋上為兩層相輪，相輪上為一小覆缽。這部分結構亦為一整體。小覆缽上為「一」形凹面的圓柱，圓柱上接一層相輪，相輪上為尖形剎，尖剎正面疊澀一層三角紋飾，尖剎接寶珠。最上是「山」形寶珠頂。尖剎上寶珠兩側各一飄著的幡，質地為絲綢之屬。左為淺色，幡端有交叉紋，右為深色，視覺上，雙幡對比鮮明，富有韻律感。

此式塔是木構建築，雖屬方塔類，但制形精巧富麗，在龜茲各石窟中較少發現，特別是這種圓洞式佛龕，頗為特殊。

龜茲文化詞典
四畫

醜陋比丘因緣故事畫

這幅畫繪在森木塞姆石窟30窟券腹的菱形格內。畫面為佛左側站立一人，面向佛，左腿折身後。故事出自佛經《撰集百緣經》卷10。故事的內容如下：波羅奈國有佛出世，號曰弗沙，在一樹下結跏趺坐。當時，釋迦及彌勒俱為菩薩，到彼佛所作種種供養，而翹一足於七日中說偈讚佛……爾時菩薩說是偈已，彼山中有一鬼神，作醜陋形來恐怖菩薩。菩薩以神力令彼行處懸崖險阻，不能得過。……佛告諸比丘，欲知彼時山神恐怖我故，五百世中形體醜陋，見者驚走。

水定圖

佛教特別重視以集中精神、屏除私慾而獲得悟解或功德的一種思維修習活動，這就是禪定。

禪定中有一種叫「水定」，這就是在水邊修習禪定，一心觀水，一心想水，從而達到消滅思想中的私心雜念、貪慾惡習的目的，它又被稱為「水觀」。

《楞嚴經》說：「月光童子即從座起，頂禮佛足而白佛言，我憶往昔恆河沙劫，有佛出世，名為水天，教諸菩薩，修習水精。」這就是「水定」這個佛教名詞的出處。

克孜爾石窟100窟券腹畫有一幅「水定圖」，其畫圖是這樣的：一個年輕道人，身披帛，結跏趺坐在水池邊上，其左右兩邊有兩個池塘，一個池塘中游著兩隻鵝，一個池塘中有三朵蓮花。道人正在進行禪定，他一心觀水，一心想水，以求得心地之清淨。

整幅「水定圖」顯得環境優美、氣氛莊嚴，神情和諧，猶如一幅傑出的人物山水畫。（見圖53）

圖53 克孜爾石窟100窟——水定圖

《水經注》

古代地理名著。北魏酈道元著，40卷。該書共記述水道1252條，注以水道為綱，自地理情況至歷史事跡、民間傳說，無不繁徵博引，是6世紀前中國最全面而系統的綜合性地理著作。引用書籍多至437種，還記錄了不少漢魏間的碑刻。所引書和碑刻今多不傳。文筆絢爛，具有較高的文學價值。

該書宋時已佚5卷，明朝以來，傳刻舛誤尤多。今本仍作40卷，乃經後人割裂改編而成。

清朝學者全祖望、趙一清、戴震，都有關於《水經注》的校刊本，沈炳巽撰有《水經注集釋訂訛》。近代學者王先謙合校諸家，集前人研究之大成。宜都楊守敬與其弟子熊會貞共成《水經注疏》一書，共40卷，對水名、地名、歷史以及徵引典籍，都詳作考釋，並以清朝的《大清一統輿圖》做底本，繪成《水經注圖》。楊守敬去世後，熊會貞述作增補。經前後數百年學者的努力，使這一部北魏以前中國古代地理總結的名著，大體恢復了原書的面貌。

《水經注》記錄了大量的古龜茲地名、水名、古城名及當時龜茲工藝水平，為研究龜茲歷史、文化、宗教提供了重要參考。

水牛因緣故事畫

這幅畫繪在森木塞姆石窟26窟中心柱上部的菱形格內。畫面為一猴騎牛。故事講佛度化水牛之事。見巴利文《本生經》卷4等。

水流大樹譬喻故事畫

畫面中佛座旁坐一以手合十的比丘，佛座前為一條河，河面上漂流著一根樹木。講的是佛在阿毗闍恆河邊時，有個比丘前來佛所，請求佛為自己說法，開示涅槃解脫的道路，聞法後，將獨自到僻靜地方，專心思維，努力修習，自證涅槃，永遠擺脫生死輪迴，即所謂「見法自知作證，我生已盡，梵行已立，所作已作，自知不受後有。」佛即以恆河中漂流的大樹作譬說，只要不著此岸──不放縱六入處；不著彼岸──不執著六外入處；不沉水底，不擱置洲渚，不入漩流──不退失堅定的信仰；人不取──不為情慾所惑；非人不取──不為鬼神所擾，循此道路，依此方法，就能像恆河中漂流的大樹一樣直至大海──修成正果，自證涅槃。事見《雜阿含經》卷43：「如是我聞。一時佛住阿毗恆水邊。時有比丘來詣佛所，稽首佛足，退住一面，白佛言：善哉，世尊，為我說法，我聞法已，獨一靜處，專精思維，不放逸住，所以族姓子，剃除鬚髮，正信非家，出家學道，於上增修梵行，見法自知作證，我生已盡，梵行已立，所作已作，自知不受後有。爾時世尊觀察水，見恆水中一大樹，隨流而

下,語彼比丘:汝見此恆水中大樹流不?答言:已見,世尊。佛告比丘:此大樹不著此岸,不著彼岸,不沉水底,不閡洲渚,不入洄,人亦不取,非人不取,又不腐敗,當隨水流,順趣流注,浚輸大海不?比丘白佛:如是世尊。佛言:比丘亦復如是,亦不著此岸,不著彼岸,不沉水底,不閡洲渚,不入洄,人亦不取,非人不取,又不腐敗,臨趣流注,浚輸涅。比丘白佛:云何此岸?云何彼岸?云何沉沒?云何洲渚?云何洄?云何人取?云何非人取?云何腐敗?善哉世尊,為我廣說。我聞法已,當獨一靜處,專精思維,不放逸住,乃至自知不受後有。佛告比丘:此岸者,謂六入處。彼岸者,謂六外入處。人取者,猶如有一習近俗人及出家者,若喜若愛,若苦若樂,彼彼所作,悉與共同,始終相隨,是名人取。非人取者,猶如有人願修梵行,我今持戒苦行,修諸梵行,當生在處,在處天上,是非人取。洄者,猶如有一還戒退轉,腐敗者,犯戒行惡不善法,腐敗寡聞,猶荂稗吹貝之聲,非沙門為沙門像,非梵行為梵行像,如是比丘,是名不著此彼岸乃至浚輸涅槃。時彼比丘,聞佛所說,歡喜隨喜,作禮而去。時彼比丘,獨一靜處,思維佛所說水流大樹經教,乃至自知不受後有,得阿羅漢。」

此譬喻故事畫在克孜爾石窟63、80、104、171窟的拱券頂菱形格中都出現過。

水牛王忍獼猴辱本生故事畫

這幅畫繪在克孜爾石窟198窟券腹的菱形格內。故事出自《經律異相》中。故事的內容如下:很久以前,在一個廣闊無邊的曠野,住著一頭水牛王。牠每天到外漫遊,靠吃野果和泉水為生。有一天,水牛王帶著群牛一起巡遊。水牛王走在最前頭,牠顏貌美好,神態巍巍,名德超群,忍辱和雅,顯示出舉止安詳的樣子。當時,有一獼猴居於道邊,見水牛王與眾牛高高興興地走來,出於嫉妒之心,懷恨不滿,就向牠們拋撒塵土和石頭瓦塊,進行侮辱與挑釁。對此,水牛王默默忍受下來,不予理睬。時過不久,水牛王的部眾走過來,獼猴見了,繼續進行辱罵和搗亂。水牛王的部眾見水牛王對獼猴的侮辱不以為恨,也就同樣忍受了下來。牠們走過不久,有一牛犢正追逐群牛走了過來,獼猴也趕上去,再次進行挑釁,水牛犢很是不滿,但看見牠的長輩都能忍受,也只好忍耐了事。牠們繼續向前走,不遠處,來到一片樹叢間,那時,有一樹神遊居於此。樹神問水牛王道:「你們接連多次遭受獼猴的辱罵,為何都能忍受,而不去反抗?」水牛王回答說:「獼猴侮辱我,牠將受到報應,災禍已經不遠了。」水牛群走過不久,有許多婆羅門、仙人、鄉民等走過來,獼猴照樣進行辱罵與挑釁。婆羅門等人義憤填膺,毅然奮起把牠抓住,一頓拳打腳踢後,把牠殺掉了。樹神見後,唱道:「罪惡日日積,罪大乃遭殃,惡貫已滿盈,自有惡報應。」

克孜爾石窟 198 窟壁畫中所繪的這幅本生故事畫，表現為獼猴騎在牛背上，一手執牛角，一手執杖，正向牛身上捶去。這幅畫雖然和故事中所說的情節不符，但獼猴侮辱水牛王這個主題是抓住了，而且透過畫面很好地顯示出來了。

五畫

[一]

龍池

在庫車，沿庫車—獨山子公路北行百餘公里後，在蜿蜒的盤山路上可以遠遠瞧見從高山上飛流而下的瀑布，宛如一條銀鏈綴於山壁之上，在陽光的照射下熠熠生輝。這條銀鏈的源頭，就是唐玄奘《大唐西域記》中所說的「（龜茲）國東境城北天祠前，有大龍池」的龍池。

龍池，又叫南天池，由大、小兩個湖泊組成，因之稱為「大龍池」「小龍池」。大、小龍池有一山之隔，但景色相差不大，只是小龍池的面積要小得多。

大龍池最美的要數它靜如處子、平似明鏡的澄碧湖水了。在湖的淺水區，有許多巴掌大的魚兒在穿梭游動。有關這些魚兒，還有一段美麗的傳說。據說在很久以前，湖中曾有九尾鯉魚，牠們要修行九千九百九十九年，才得以躍過龍門得道成仙。這九尾鯉魚最終是否躍過了龍門不得而知，但湖中的魚兒如今卻已多得不可勝數了。

小龍池的特別之處是它的湖灘上有許多巨石，不知它們是何時從山上滾落下來的。坐在巨石上看藍天白雲，看湖光秀色，看遠處縞裳皓首的雪山，悠然而愜意。

龍神

克孜爾石窟新1窟左甬道頂部天相圖中有三條龍神（均為蛇形，下同），中間一條為黑白相間的花色，兩邊兩條為黑綠相間的花色。三條龍並排，從雲中探身而出。

克孜爾石窟80窟券腹有三條花色、形態相同的龍神，左壁端亦有三條從池中沖天而起的綠色龍神。

龍王窟

德文為 Nāgaraja Höhle，這是德國人對克孜爾石窟193窟的稱呼。

龍舟圖

此圖出現在克孜爾尕哈石窟21窟東壁下部，圖形為一艘長方形的舟，頭部刻成龍頭形，尾部則成尖形，反映了當時龜茲國水上交通工具的情況。

龍興寺

唐僧人慧超在《往五天竺國傳》中記載：「（唐）開元十五年（727年）十一月上旬至安西，於時節度大使趙群，且於安西有兩所漢僧住持，行大乘法，不食肉也。……龍興寺主名法海，雖是漢兒生安西，學識人風不殊華夏。」

可見龍興寺是唐開元期間由一個久居龜茲的僧人創建的。

龍神圖

龍，居天龍八部的第二位。《大日經疏》卷5中說：「第二重廂曲之中置二龍王，右曰難陀，左曰跋難陀，首上皆有七龍頭，右手持刀，左手持絹索，乘雲而住。」《法華光宅疏》卷1中說：「難陀者譯言歡喜，跋難陀者譯為善歡喜也，變為人形，佛邊聽法，於人有染潤之恩，見人皆歡喜也。」《善見律毗婆沙》卷17中說：「龍者長身無足。」

根據上述佛經的記載，龍神的形象可以概括為二：一是神，即人身而頂上有七龍頭；二是物，即長身無足，似蛇。

在龜茲石窟的壁畫中，上述兩種形象都有：一種作菩薩打扮，頭戴寶冠、身穿錦袍、頭上有項光、頂上有七個蛇頭，這是龜茲石窟壁畫中大多數龍神的形象；一種則是一條「長身無足」的蛇，如克孜爾石窟新1窟東甬道頂就畫著三條從雲氣中露出身體的蛇，嘴上正噴著雨水。據季羨林先生在《中印文化關係史論文集》一書中說：「自從佛教傳入以後，中譯佛經裡面的『龍』字實際上就是梵文Nāga的翻譯。Nāga的意思是『蛇』。因此我們也就可以說，佛教傳入以後，『龍』的含義變了。佛經裡，以及唐代傳奇文裡的『龍王』就是梵文Nāgaraja、Nāgaraj或Nāgarajan的翻譯。這東西不是本國產的，而是由印度輸入的。」可見，在印度，龍與蛇是不分的。

顯然，上面所說的龍神的兩種不同形象完全是按照印度的模式而描繪出來的。到了後來，在龜茲石窟壁畫中出現了另一種龍的形象，牠頭上有角、身上有鱗、嘴上有鬚、長著四隻腳，這完全變成中國古代神話傳說中的龍了。

龍神像

龍是一種神異的動物。牠的形象是在蛇的基礎上加上各種動物的一部分肢體而形成的。牠的身體是蛇，卻有魚的鱗和鬚、馬的毛、鬣的尾、鹿的腳和狗的爪。然而在龜茲石窟壁畫中卻表現為另一種樣子。如克孜爾石窟67窟穹窿頂突角拱平面上畫有一個形象，牠頭上束髮戴寶冠，上身赤裸，下身著裙，披帶從肩前倒掛下來，繞手臂一匝，在身旁飛揚。牠的頭上畫出雲氣，雲氣中現出三個蛇頭。根據《大日經疏》卷5及《法華光宅疏》卷1記載，我們認為克孜爾石窟67窟穹窿頂突角拱平面上的形象就是已經變成人形，乘雲而住，在佛邊聽法的龍神了。

龍神具有人的形象，但牠的頭上又有雲氣，又有蛇頭，這種似人非人的神，在佛經中被稱作「人非人」。

龍泉守捉

唐龜茲都督府下轄六大守捉之一。據《新唐書·地理志》稱：自榆林守捉「又五十里至龍泉守捉」。自野雲溝至陽霞鄉，有發源於北部天山的陽霞河流貫其境，僅次於迪那河水量，形成了輪台縣境內的一塊重要綠洲。龍泉向以泉水多而著名，現於陽霞鄉西的博斯坦村尚有龍泉遺址。清代曾在此設置驛站，當時龍泉曾為陽霞名勝古蹟之一，現泉眼雖已淤塞，唯沼澤地面積尚有 400 平方公尺，該處古柳、蘆葦甚繁茂，由於那一片綠洲肥沃，故維吾爾語稱其為博斯坦綠洲。龍泉一名維吾爾語稱其為「依蘭布拉克」，即蛇泉之意。在這裡設守捉城，獨得天然地理的優勢。其成城遺址雖已難覓，但按里程、形勢及經濟實情看，龍泉守捉就在陽霞鄉內。

龍王與王妃像

這個題材在克孜爾石窟壁畫中屢見不鮮，但在中原一帶佛教遺址中卻不大常見。此題材屬佛傳故事，表現龍王在妃子陪伴下來佛前聽法的情節，意在讚頌佛法的偉大。畫面常把龍王處理為年輕王者，神態慵懶，由其妃攙扶，緩緩而行。龍王著紗衣，幾近裸體，龍王妃則全裸。見於 47 窟左甬道內壁，69 窟主室拱頂和 205 窟主室左壁等處，但多漫漶不清，不易辨認。

龍王守護佛傳故事畫

這幅畫繪在克孜爾石窟 110、205、207、224 窟中，畫面為佛居中，左右有龍王問偈，龍女獻寶。說的是目真磷陀龍王住在金剛座側之池及目真磷陀山之目真磷陀窟。昔如來成正覺於此，宴坐七日入定。此時龍王守護如來，即以身繞佛七匝，化出多頭俯垂為蓋。

龍王求經本生故事畫

這幅畫繪在克孜爾石窟 38 窟券腹的菱形格內。故事出自佛經《六度集經》。故事的內容如下：龍王向國王求索八關齋法。當時，國王的一位大臣恰巧得到此經兩卷，他就把得到的兩卷經獻給了國王。國王接受了此兩卷經以後，就把它轉送於龍王，龍王十分感激。

克孜爾石窟 38 窟壁畫中所繪的這幅本生故事畫，表現為國王坐在一個寶座上，其旁跪著一個人，雙手高舉，手中執卷狀物。這裡繪的是大臣向國王敬奉八關齋經的場面。

東川水

據《水經注》卷 2《河水》的記載：「龜茲川水有二源，西源出北大山南……又東南水流三分，右二水俱東南流注北河。又東川水出龜茲東北，歷赤沙積梨南流，枝水右出西南入龜茲城，音屈茨也，故延城矣，西去姑墨六百七十里。……東川水

又東南徑烏壘國，南治烏壘城西，去龜茲三百五十里。」

庫車有兩大河，東為銅廠河，源於庫車北山，南流於克孜爾達格之東，出雀爾塔格山口蘇巴什，分為三支南流：一為伊蘇巴什河，在東，水流不大，灌蘇巴什及附近農田即無餘水；一為烏恰河，南西流於庫車城東郊，徑入龜茲城，南流入沁河。沁河流於烏恰河之西，入庫車巴扎，南流與烏恰河合。烏恰河河水不大，南流灌胡木利克村農田即止，故入龜茲古城者為乾河床。沁河流量較長，疑沁河為新河，烏恰河為舊河，沿河兩岸古蹟甚多。伊蘇巴什河現雖為乾河，但在古時河流較大，中游河床寬達1公里。

所以，古龜茲之東川水即現在庫車之銅廠河。古時之東川水以伊蘇巴什河為其主流，而烏恰河為東川水之右出支流，沁河為東川水之左出支流。

東西柘厥寺

由唐代僧人圓照所撰的《悟空入竺記》中指出，悟空（釋悟空，俗名車奉朝，鮮卑人）於8世紀80年代至龜茲時尚記有東西柘厥二寺。唐朝於今渭干河處建有柘厥關，《新唐書·地理志》稱：「安西西出柘厥關，渡白馬河百八十里西入俱毗羅磧。」在此處建柘厥關，西出今新和縣綠洲，然後進入戈壁，即今雀爾塔格山南由新和縣境直達阿克蘇市的戈壁灘。可知東西柘厥寺即建在柘厥關近處，也即在白馬河東西兩岸各有一寺，所以稱東西柘厥寺。

東夷僻守捉

唐龜茲都督府轄下六大守捉之一。據《新唐書·地理志》稱：「龍泉守捉又六十里至東夷僻守捉。」龍泉守捉位於今新疆輪台縣陽霞鄉博斯坦村，從此向西約六十里，在被當地維吾爾人民稱為「黑大依協海爾」或「黑太沁故城」的東南約7公里的荒漠中有一座兵營遺址，當地維吾爾人民稱為「恰庫木排來克」，漢語意為「輪狀臺」。兵營平面略呈長方形，城垣南側殘存一土墩，高約5公尺，均為夯築。從遺址內出土的陶器、銅錢等文物均屬唐代，這裡很可能就是唐代東夷僻守捉，其地位於陽霞西南30公里，與唐代所記里程大致相當。

東昭怙厘佛足遺蹟

唐玄奘的《大唐西域記》卷1中記載：「東昭怙厘佛堂中有玉石，面廣二尺餘，色帶黃白，狀若海蛤，其上有佛足履之跡，長尺有八寸，廣餘八寸矣，或有齋日，照燭光明。」這塊印有佛足跡的東昭怙厘寺中的聖物，在佛寺坍毀之後，靜臥於廢墟之中千餘年。1898年，俄國人科茲洛夫來到這裡，想將此玉運走，但玉重2000公斤，遂碎而為二，以圓木爬犁運至縣城，被一老玉工發現阻攔，沒能得逞。後仍保存在縣政府大院內，1946年運至北京保存。

龜茲文化詞典

五畫

東哈拉哈塘漢屯田遺址

沙雅縣東哈拉哈塘附近有一道漢代的古渠，為紅土所築，現在仍可見到長達100多公里的渠道，寬約8公尺，深約3公尺，兩旁有一些漢代城壘和農田遺址，出土過五銖錢。

《東突厥斯坦的風土人情》

勒柯克著，1928年在萊比錫出版。

本書敘述了德國第四次考察隊的工作經過。

石飾

出自克孜爾石窟89—10窟（1989年編號），磨製，扁平，狀如蝙蝠，色白，不透明。長約1.5公分，寬約1.2公分，厚約0.3公分。1989年5月出土。

石雕

出自克孜爾石窟89—4窟（1989年編號），為片石半浮雕殘塊，似為人體下肢部分。石質細膩堅硬，色青。殘存13公分×12公分×3公分。正面雕像線條細膩光潔，流暢自然，經過細心思索。背面不甚平整。1989年5月出土。

石駝溺

龜茲的一種特產，出於國之西北大山中，其狀如膏，流出成川，甚臭。它功效神奇，人服之，身上臭毛落盡，百病祛除。

《北史·西域傳》說，龜茲「國西北大山中有如膏者，流出成川，行數里入地，狀如餳餬，甚臭。服之，髮齒已落者，能令更生，癩人服之，皆癒」。

《酉陽雜俎》前集卷10《物異》中說：「石駝溺。拘夷（龜茲）國北山有石駝溺，水溺下以金、銀、銅、鐵、瓦、木等器盛之皆漏，掌承之亦透，唯瓢不漏。服之令人身上臭毛落盡，得仙。出《論衡》。」

據《龜茲史料》一書的考證，它可能就是今天庫車依奇克里克山中的石油。

石磨盤

出自克孜爾石窟89—5窟（1989年編號）。原為圓形。徑約50公分，厚約2公分，殘存下扇部分。沉積砂岩質，色青灰，中心有圓坑，周鑿以輻輳式齒槽。磨損嚴重。1989年5月出土。

未生怨窟

德文為 Ajata Satru Höhle，這是德國人對克孜爾石窟219窟的稱呼。

未生怨王和王后像

出自克孜爾石窟224窟左甬道內側壁，縱41公分，橫72公分。圖中畫有三人。左邊一個戴珠冠，有頭光，後面有華蓋。中央是裸露上半身的婦人，高髻上插著三朵花，有頭光，背景是宮殿。右邊一個偏

祖右臂，用白布纏在左肩的後面，無頭光，背景是宮殿。此圖由三幅畫連成，這三個人是未生怨王、王后、行雨大臣。（見圖54）

圖 54　克孜爾石窟 224 窟——未生怨王和王后像

此件現藏德國柏林亞洲藝術博物館。

玉飾

出自克孜爾石窟 89—10 窟（1989 年編號），磨製，正面略弧，背面平，形如蠶頭瓣，長約 1.5 公分，寬約 1.2 公分，厚約 0.2 公分。色白，晶瑩剔透。1989 年 5 月出土。

玉曲吐爾遺址

位於庫車縣城西北，為北緯 41°41′30″，東經 82°41′30″。遺址之南約 200 公尺為庫車縣水管站及烏魯木齊通往喀什的公路，西南臨渭干河谷，東北傍綿綿的沙山，稍北即為庫木吐喇石窟溝口區石窟群，從北進入遺址內首先是一大院，其南部為中心堡。第二大院為住宅殘垣，第三大院繫馬廐畜圈之類，形成嚴密的戰鬥和生活集體。

遺址為一周長 1 公里有餘的古城，外城建築方式主要為一層沙石，一層土坯，壘積而成。

據專家考證，玉曲吐爾遺址即為唐安西大都護府址所在地。

《古代庫車》

格倫威德爾著，副標題是「西元初 8 個世紀內佛教石窟壁畫的考古學與宗教史學研究」，1920 年在柏林出版。

此書是格倫威德爾的壁畫專著，書中研究了壁畫題材及其淵源，還探討了主要洞窟的建造年代。

此書附冊圖版是克孜爾七個洞窟的壁畫精選，印製十分精美。

戊己校尉

主管西域屯田事務，並協助都護統治西域的官吏，秩比千石，地位和副都護相當，接受漢中央和都護雙重領導，調遣軍隊屬中央領導，經營屯田歸都護領導。《後漢書·西域傳》內應劭的《漢官儀》注稱：「戊己中央，鎮覆四方，又開渠播種，以為厭勝，故稱戊己焉。」指明戊己校尉直屬中央，率領屯田軍戍邊墾殖，以維護統一和保衛邊防。據《漢書·百官公卿表》稱：其屬官「有丞、司馬各一人，侯五人，秩比六百石」。丞掌民事，司馬和侯管軍事。最初於漢元康四年（西元前62年）於交河城設戊己校尉；漢初元元年（西元前48年）遷高昌城；漢建始三年（西元前30年）為了討伐烏孫反漢勢力，戊己校尉官置二人，以戊校屯高昌，己校屯姑墨。據黃文弼先生在《羅布淖爾（泊）考古記》一書中的考證，認為己校「原屯龜茲城南，後徙屯姑墨」。他是據《水經注》所稱「龜茲西川支水有二源，東流經龜茲城南，合為一水。水間有故城，蓋屯校所守也」的論述所下斷語，這是符合當時形勢的。

本生故事畫

「本生」，巴利文 Jātaka 的意譯，音譯為「陀伽」。Jātaka 是從動詞根 jan（降生）變來的名詞，意思是釋迦牟尼如來佛前生的故事。古代印度相信輪迴轉生。一個動物，既然降生，必有所為，或善或惡，不出兩途。有因必有果，這就決定了牠們轉生的好壞。如此輪迴，永無止息。釋迦牟尼在成佛以前，只是一個菩薩，他還跳不出輪迴，必須經過無數次的轉生，才能成佛。因此，就產生了所謂的本生故事。

雖然佛本生故事講述的都是佛陀前生的故事，但實際上絕大部分是流行於古印度民間的寓言故事，佛教徒只是採集來，按照固定的格式，給每個故事加上頭尾，指出其中的一個人、一個神仙或一隻動物是佛陀的前身而已。每篇佛本生故事都由五個部分組成：今生故事——說明佛陀講述前生故事的地點和緣由；前生故事——講述佛陀的前生故事；偈頌詩——既有總結性質的，也有講述性質的，一般出現在前生故事中，有時也出現在今生故事中；註釋——解釋偈頌詩中的詞義；對應——將前生故事中的角色與今生故事中的人物對應起來。

佛教徒編造的本生故事，數目巨大，現在光是巴利文的佛本生故事就有547個。這些故事，雖然最初是在印度編成的，但是它們的影響絕不限於印度。東晉僧人法顯所撰的《佛國記》中記載他訪問斯里蘭卡時見到的情況：「王使夾道兩旁作菩薩五百身已來種種變現：或作須大拏，或作變，或作象王，或作鹿馬。如是形象，皆彩畫莊校，狀若生人。」所謂「菩薩五百身」就是指的菩薩過去轉生五百多次的故

事。可見在 5 世紀初的時候，佛本生故事在斯里蘭卡已很流行了。

　　隨著佛教的傳布，亞洲其他國家如緬甸、泰國、寮國、柬埔寨、印尼等都流傳著佛本生故事，中國當然也不例外。漢譯佛經如《六度集經》《生經》《菩薩本行經》《菩薩本緣經》《菩薩本生論》《撰集百緣經》《賢愚因緣經》《雜寶藏經》《根本說一切有部毗奈耶》等，都記載著很多佛本生故事。

　　佛教徒利用本生故事來宣傳佛教義，最早見之於印度巴爾胡提大塔，當時就出現了一些本生故事的浮雕。其後在印度的桑志大塔上，也發現了本生故事的圖像。再以後，在印度的阿旃陀石窟壁畫中，本生故事已有數十種之多。

　　在中國各地的石窟中也有以本生故事為內容的壁畫和浮雕。山西的雲岡石窟、河南的龍門石窟、甘肅的敦煌和麥積山石窟都有不少精美的本生內容的作品。

　　但是，相對來說，龜茲石窟中的本生故事畫在中國石窟中則是首屈一指的。據不完全的統計，龜茲石窟共有本生故事畫 120 多種，其中僅克孜爾石窟一處就達 70 餘種。

　　本生故事反映的基本內容，都是以小乘經義為主的，所以本生故事畫屬於小乘經的變相。閻文儒先生在《經變的起源種類和所反映佛教上宗派的關係》一文中說：「新疆天山南麓，古代西域疏勒（佉沙）、跋祿迦、屈支、焉耆等地方，都是以小乘為主，因為今天遺存古代龜茲所創造的石窟藝術題材，也都是以本生故事變相為主；同時也以小乘經為主，也就是聲聞藏中各經典。唐智升《開元釋教錄》卷 13 上說：『聲聞藏者，小乘所詮之教也。……善男、善女稟之而脫屣塵勞；緣覺，聲聞奉之而升乎彼岸。』……因而小乘就重視漸次修行，對現世放棄一切，而追求升達彼岸，成為佛陀的各種善行故事；以及構成違反封建倫理道德，在地獄內受苦的諸故事。」

　　龜茲石窟壁畫中的本生故事大多數畫於中心柱形支提窟的主室券腹的菱形格中，也有一部分畫於中心柱的兩側，只有極少數畫於後室的兩壁上。根據初步考察，按照本生故事畫所反映的小乘佛教的教義，龜茲石窟中的本生故事畫可以分成以下幾類。

1. 宣揚因果報應的本生故事畫

　　小乘佛教的根本教義是四聖諦，首先肯定人的一生沉溺在苦海中，沒有絲毫樂處，即使有樂處，也是暫時的。對不滅的神（靈魂）說來，由於無明（貪、嗔、痴總稱為無明，也稱為三毒，貪慾尤為諸苦之根本，稱為苦本）的緣故，靈魂或出生為人，或為畜生，或為餓鬼，或為地獄，從無始以來，在生死苦海中流轉不息，與短促的一生同樣，是絲毫沒有樂處的。《中阿含經》說，佛告諸比丘：「眾生無始生死長夜流轉，不知苦之本際，無有一處不生不死者，亦無有一處無父母兄弟妻子眷

龜茲文化詞典
五畫

屬宗親師長者,譬如大雨滴泡,一生一滅。」這就是說,靈魂本身永遠不會被消滅,只有從因果報應中解脫出來,也就是從生死輪迴中跳出來,那就能長生永存了。

小乘佛教認為靈魂的「我」,是在他們規定的因果關係的支配下流轉輪迴生死之間的。「流轉」「輪迴」,是對因果報應的一種譬喻。小乘佛教根據他們的宗教實踐的需要,把整個世界分為三種,即「欲界」「色界」和「無色界」,被稱為「三界」;又把世俗世界中一切有情識的機體稱之為「有情」「眾生」,共分為人、天、地獄、餓鬼、畜生、阿修羅六類,叫做「六趣」或「六道」。一切有情眾生,凡是沒有超出生死的範圍,都要按照規定的因果關係,在這「三界」「六道」之中永遠流轉。

小乘佛教的生死輪迴的說教,進一步發展成為因果報應的教義。他們說:「社會上每一個人一生的貧富貴賤、壽夭窮達、吉凶禍福,都是由個人先天原因決定的。善惡各有報應,像車輪的旋轉一樣,循環不已。」《佛說阿含正行經》說:「人身中有三事,身死識去、心去、意去。是三者,常相追逐。施行惡者,死入泥犁、餓鬼、畜生、鬼神中;施行善者,亦有三相追逐,或生天上,或生人中……端汝心、端汝目、端汝耳、端汝鼻、端汝口、端汝身、端汝意,身體當斷於土,魂神當不復入泥犁、餓鬼、畜生、鬼神中。」

根據這種因果善惡報應的教義,世界上萬事萬物都存在因果關係,善有善報,惡有惡報,這種報應是這樣的及時,以致「如影逐形,不可即離」,即使今世不報,來世以至無窮世也要報的。

小乘佛教的因果、善惡報應的教義在龜茲石窟的本生故事壁畫中被大量反映出來,它具體地表現為「善有善報」這個主題,最常見的是「兔王焚身供養仙人」的本生故事畫,出自《撰集百緣經》,其內容如下:波羅奈國有一個仙人,在山林間食果飲水修習仙道,經歷多年。有一年,天氣乾旱,花果不茂,仙人為饑渴所迫,欲入村乞食自活。時有菩薩兔王與諸兔等隨逐水草,正行間,見長鬚仙人為饑渴所迫,欲入村乞討,便上去說:受我明日少許微供並有好法,汝可聽受。仙人聞已,作是念言:彼兔王者或能值見飛鳥走獸命盡之者,為我作食。尋即許可。時彼兔王見仙人許,尋集諸兔及彼仙人宣說妙法,於復拾薪,積之於地,而自然火,自投其身在大火中。時彼仙人即前抱捉,無常之命,已就後世。……佛告諸比丘,欲知彼時菩薩兔王,即我身是。這個故事告訴人們,釋迦牟尼在前生某世中曾為兔王,由於牠見到長鬚仙人為饑渴所迫,便做大善行,自焚其身,供養於仙人。因為牠做此大善事,故後世得了善報,修身成了佛。

這個本生故事表現在畫面上是「兔王自焚」的場面:一個長鬚的婆羅門坐在方臺上,旁邊燃著一堆熊熊之火,火中有一隻潔白的兔子,婆羅門正伸出雙手作救援狀。

2. 宣揚捨生求死的本生故事畫

小乘佛教要人們厭惡人世，把人生之苦說得無以復加，《正法念處經》說人生有十六苦，《生經》說人生有八苦。《增一阿含經·四諦品》第二十五中說：「彼云何名為苦諦？所謂苦諦者，生苦、老苦、病苦、死苦、憂悲惱苦、怨憎會苦、恩愛別離苦、所欲不得苦，取要言之，五盛陰苦，是謂名為苦諦。」這就是說，出生是痛苦的，老年是痛苦的，疾病是痛苦的，死亡是痛苦的，悲憂煩惱是痛苦的，和不可愛的東西結合是痛苦的，和可愛的東西離開是痛苦的，求不到所希望的東西是痛苦的。總之，人生中充滿了痛苦。在這些痛苦中，生老病死的痛苦是人人都不能避免的，是最基本的。

佛教所以要把人生說成是一個苦海，目的是要求人們捨生求死，去追求自我解脫的涅槃之樂。《四分》中記載著這樣一段故事：佛在婆求園教諸比丘修不淨觀，諸比丘修習既久，極端厭惡生活，難受得像毒蛇纏在頸上，有的比丘發願求死，或用刀自殺，或服毒藥，或互相殺害。有一比丘向名叫鹿杖梵志的婆羅門外道請求說，請你殺死我，我送給你衣缽。外道即舉刀殺死了比丘。有人稱讚外道說：「很好很好，你得了大福了！」既度脫沙門，又得到了他們的財物。外道接連殺死請求殺身的六十個比丘。

佛教對社會人生得出完全悲觀的結論，它們感嘆諸行無常，人生短促，因而苦惱於「無常」，惶惶然於死的恐怖之中，把徹底的死——涅槃當作自己的最高理想，故道教曾攻擊佛教為「修死」之學。

因此，佛教把宣揚捨生求死、追求解脫作為感化其信徒的一個重要方法，正如《小品般若波羅蜜經》第九章第一節第四頌中所說：「猶如大海只有一味，即鹹鹽之味；這個教法與戒律也只有一味，即解脫之味。」

龜茲石窟壁畫中存在著比較多的反映這方面內容的本生故事畫，如「摩訶薩王子捨身飼虎本生」就是其中一例。這個本生故事出自《菩薩本生論》卷1，其內容如下：「乃往過去無量世時，有一國王名曰大車。王有三子：摩訶波羅、摩訶提婆、摩訶薩。是時大王縱賞山谷，三子皆從。至大竹林，於中憩息。次復前行見有一虎，產生七子已經七日。第一王子作如是言：七子圍繞，無暇尋食，饑渴所逼，必啖其子。第二王子聞是說已：哀哉此虎，將死不久。我有何能，而濟彼命。第三王子作是思念：我今此身於百千生虛棄敗壞，曾無少益，云何今日不能捨。時諸王子作是議已，徘徊久之，俱捨而去。薩埵王子便作是念：當使我身，成大善業；於生死海，作大舟航；若捨此者，則棄無量癰疽惡疾，百千怖畏；是身唯有便利不淨，筋骨連持，甚可厭患。是故我今應當棄捨，以求無上究竟涅槃，永離憂悲無常苦惱，百福莊嚴，成一切智，施諸眾生無量法樂。是時王子興大勇猛，以悲願力增益其心。慮彼二子

共為留難，請先還宮，我當後至。爾時王子摩訶薩遽入竹林，至其虎所，脫去衣服，置竹枝上，於彼虎前委身而臥。菩薩慈忍，虎無能為。即上高山，投身於地。虎今羸弱，不能食我，即以乾竹，刺頸出血。於時大地六種震動，如風激水，湧沒不安。日無精明，如羅障。天雨眾華及妙香末，繽紛亂墜，遍滿林中。……是時餓虎即舐頸血啖肉皆盡，唯留全骨……佛告阿難，往昔王子摩訶薩豈異人乎，我身是也。」

這個本生故事闡述了摩訶薩王子對人生的看法，認為「此身於百千生虛棄敗壞，曾無少益」。他厭惡肉體，認為是「無量癰疽惡疾」，是「筋骨連持，曾可厭患」。他也厭惡現實生活，認為有「百千怖畏」。因此他決定捨生求死，「求無上究竟涅槃，永離憂悲無常苦惱」。這是對佛教捨生求死教義的極其生動的描寫。

這個本生故事在畫面上是這樣表現的：一隻餓虎，周圍幾隻小虎。一個人躺在虎口邊上，天空中有一個神人在飛翔。這是這個本生故事中最動人的場面，即「捨身飼虎」。在這幅畫中，餓虎的形象被藝術家加以藝術上的誇張，被畫成瘦得像一隻犬，背骨又立，腹背相連，顯得十分羸弱無力。而幾隻小虎正圍著這隻餓虎嗷嗷待哺，此情此景確實是能觸動人心的，難怪使摩訶薩王子下定了自我犧牲的決心。在這幅畫中還有一個動人之處，是那個頭朝下腳朝上在半空中飛翔著的神人。由於摩訶薩王子捨生求死的行為震動了天宮，天宮裡神人在寶座上坐不住了，於是就飛臨上空，來觀看這個悲壯的場面。

3. 宣揚改惡從善的本生故事畫

佛教信為現實世界是邪惡的，故稱之為「穢土」。《人本欲生經》說：「為愛因緣求，求因緣利，利因緣計，計因緣樂欲，樂欲因緣發求。以往愛因緣便不捨慳，以不捨慳因緣便有家，以有家因緣便守，不解則從是致是也重結也。以守行本。阿難，便有刀杖；從有刀杖，便有鬥諍言語，若干兩舌，一致弊惡法。」這就是說，人是生來自私的，由於自私便產生了殺戮和鬥爭。因此，人世間是邪惡的。

佛教之所以要鼓吹世界邪惡的說教，有兩個原因：一是認為世界本身是邪惡的。以釋迦牟尼所處的時代而言，就充滿了種種邪惡，如摩揭陀的君主頻毗娑羅王（Bindusarā）是被兒子阿世王（Ajātasatru）所殺害的，阿世王是被他兒子鄔達衍波達（Udayahada）所殺害的，鄔達衍波達是被他兒子阿奴達伽（Anuruddhaka）所謀害的，阿奴達伽王是被他兒子孟達（Manda）所殺害的。另外如拘薩羅的國王波斯匿王（Prasenajit）是被他兒子琉璃（Virùdhaka）所驅逐的。二是佛教正是利用邪惡的世界來傳布其信仰的。英國查爾斯·埃利奧特在《印度教與佛教史綱》一書中說：「佛陀以極為坦白的態度說，宗教有賴於邪惡的存在。『如果沒有三事存在，佛陀不會出現於世，他的教法也不會放光。何者為此三事？即生、

老、死。』這是真話。如果有人過著完善快樂、無憂無慮的生活，他的心中就不致有任何宗教思想；他們沒有宗教信仰的態度也是合理的，因為祈求任何神祇所能給予的至多不過是完善的快樂，而這些假想中的人們已經有了完善的快樂。但是據佛經所說，沒有一種生存形式能夠是快樂或永恆的。」

既然人類是自私的，世界是邪惡的，那麼，一個人如果試圖脫離這個現實的苦海，便只有改惡從善一途。對此，佛經中多處提及。如《佛說盂蘭盆經》說弟子大目犍運用天眼通看到自己的亡母生在餓鬼中，目連悲哀，即以缽盛飯，往餉其母。母得缽飯，送到口邊，化為火炭，不得入口。目連大叫，悲號涕泣，請佛指教。佛說，你母親罪根深結，犯了不捨給遊方僧飯吃的罪。我現在說出拯救的方法：每年7月15日，人人都該盡力準備最好的飯和果品，供養十方眾僧，還要施捨香油、錠燭、床鋪、臥具，如是，父母六親眷屬，立即解脫諸苦。目連照法施食，目連母即日得脫餓鬼之苦。《佛說盂蘭盆經》的意思是明確的，即只要改惡從善，一切罪惡都能得到赦免。如上面說到過的阿世王殺父篡位，罪莫大矣。但他能改惡從善，敬事佛陀，後成為天人。

佛經中宣揚的改惡從善，往往是在一念之間。《佛說大安般守意經》說：「謂善惡因緣起便覆滅，亦謂身亦謂氣生滅，念便生，不念便死，意與身同等，是謂斷生死道。」這就是說，道德的善惡，人身的生滅，都是由「念」來決定的。這種由一念之間而改惡從善，決定生死的佛教義理在龜茲石窟壁畫的本生故事中比較普遍地存在著。《佛說鹿母經》中的「鹿母本生故事」就是其中之一，其內容如下：佛言，昔者有鹿數百為群，隨逐美草，侵近人邑。國王出獵，遂各分進。有一鹿母懷妊獨逝。被逐饑疲，失侶悵怏。時生二子，捨行求食。煢悸失措，墮獵弶中，悲鳴欲出，不能得脫。獵師聞聲，便往視之。見鹿心喜，適前欲殺。鹿乃叩頭求哀，自陳：向生二子，尚小無知，始視濛濛，未曉東西，乞假須臾，暫還視之，將示水草，使得生活，旋來就死，不違信誓。是時獵者聞鹿所語，驚怪甚奇，即答鹿言：一切世人尚無至誠，況汝鹿身，從死得去，豈當還期，終不放汝。鹿復報言：聽則子存，留則子亡。母子俱死，不得生別。分死全子，滅三痛劇。即便說偈，以報獵者：

我身為畜獸，遊處於林藪；

賤生貪軀命，不能故送死。

今來入君弶，分當就刀機；

不惜腥臊身，但憐二子耳。

獵者於是聞鹿所語，甚奇甚異。意猶有貪，復答鹿言：夫巧偽無實，奸詐難信。虛華萬端，狡猾非一。愛身重死，少能效命。人之無良，猶難為期，而況禽獸，去豈復還。固不放汝，不須多方。鹿復垂淚，以偈報言：

龜茲文化詞典

五畫

　　雖身為賤畜，不識人義方；

　　奈何受慈恩，一去復不還。

　　寧就分裂痛，無為虛偽存；

　　哀傷二子窮，乞假須臾間。

　　世若有惡人，鬥亂比丘僧；

　　破塔壞佛寺，及殺阿羅漢。

　　反逆害父母，兄弟及妻子；

　　設我不還來，罪大過於是。

爾時獵者重聞鹿言，心益悚然。乃卻嘆曰：唯我處世，得生為人，愚惑癡冥，背恩薄義，殘害眾生，殺獵為業。欺偽苟得，貪求無恥，不知非常，識別三尊，鹿之所言，有殊於人，信誓邈邈，情現盡中，便前解，放之令去。於是鹿母至其子所，低頭嗚吟，舐子身體，一悲一喜，而說偈言：

　　一切恩愛會，皆由因緣合；

　　合會有別離，無常難得久。

　　今我為爾母，恆恐不自保；

　　今世多畏懼，命危於晨露。

於是鹿母將其二子示好水草，垂淚交流，即說偈言：

　　吾朝行不遇，誤墮獵者手；

　　即當應屠割，碎身化糜朽。

　　念汝求哀來，今當還就死；

　　憐汝小早孤，努力自活己。

鹿母說已，便捨而去。二子鳴啼，悲泣戀慕，從後追尋，頓地復起。母顧命曰：爾還勿來，無得母子，並命俱死。吾沒甘心，傷汝未識。世間無常，皆有別離。我自薄命，爾生薄佑。何為悲憐，徒益憂患。但當建行畢罪。於是母復為子，說此偈言：

　　吾前生貪愛，今來為畜身；

　　生世皆有死，無脫不終患。

　　制意一離貪，然後乃大安；

　　寧就誠信死，終不欺殆生。

子猶悲號，戀慕相尋，至於所，東西求索，乃見獵者，臥於樹下。鹿母往前，說偈覺言：

　　前所可放鹿，今來還就死；

　　恩愛愚賤畜，得見辭二子。

　　將行示水草，為說非常苦；

　　萬沒無遺恨，念恩不敢負。

獵者於是忽覺驚起。鹿復長跪，向獵者重說偈言：

　　君前見放去，德重過天地；

　　賤畜被慈育，赴信還就死。

　　感仁恩難忘，不敢違命旨；

　　雖懷千返報，猶不畢恩紀。

獵者見鹿篤信死義，志節丹誠，慈行發中，效應徵驗，捨生赴誓，母子悲戀，相尋而至。慈感愍傷，稽首謝曰：

　　為天是神祇，信義妙乃爾；

142

恐懼情悚然，豈敢加逆害。

寧自殺所親，碎身及妻子；

何忍害靈神，起想如毛髮。

獵者即放鹿使去。母子悲喜，鳴聲呦呦，偈謝獵者：

賤畜生處世，當應充廚宰；

即時分烹煮，寬惠辭二子。

天仁重愛物，復蒙放舍原；

德佑積無量，非口所能陳。

佛告諸比丘：鹿母者我身是也，獵者阿難是也。

這個本生故事透過獵者之口訴說了人世間的種種邪惡，如「人尚無志誠」，「巧偽無實，奸詐難信，虛華萬端，狡猾非一」，「人之無良，猶難為期」，「愚惑痴冥，背恩薄義，殘害眾生……欺偽苟得，貪求無恥」，等等。在這樣邪惡的人世間竟然有一鹿「篤信死義，志節丹誠」，獵者有感於中，遂發改惡從善之念，放母鹿而去。

這個本生故事是極其感人的，它在龜茲石窟壁畫中是這樣表現的：母鹿舐犢情深，輾轉悲鳴，而子鹿依依膝下，稚態可憫，不知其母之將死，猶忸怩頑皮。母鹿用依戀的目光注視著即將永久分離的子鹿，表現了愁腸百結的神態，充分描繪了佛經中有關鹿母子生離死別時那種難分的場面，看了令人心惻。

4. 宣揚濟世救眾的本生故事畫

從奴隸社會到資本主義社會，都不乏用「愛」來調和階級對立和階級矛盾的社會道德學說，佛教也並不例外，它強調世法平等，承認一切有情皆有佛性，不僅窮人苦人都有成佛的資格，連禽獸畜生，「蠕動行之物」皆有成佛的資格。《四十二章經》極力主張行大仁慈，把佛陀的慈悲普及於一切眾生。《六度集經》則強調「捐己濟眾」「富者濟貧」，不僅把「不殺」作為根本戒律之一，而且還要「恩及群生」或「愛活眾生」。三國時期的著名高僧康僧會概括「布施度無極」為「慈育人物，悲愍群邪」，「潤弘四海，布施群生」，不僅對好人要加以慈悲，對惡人也要加以慈悲，要達到「飢者食之，渴者飲之，寒衣熱涼，疾濟以藥；車馬舟輿，眾寶名珍，妻子國寶，索即惠之」的地步。

據英國佛教、梵文學者查爾斯·埃利奧特在《印度教與佛教史綱》中說：他（佛陀）成道以後，開始考慮應該先向誰宣講他的教義，他想起以前的幾位導師。但是一個鬼神來告訴他說他們已在最近逝世。他又想起那五名僧人，他們曾經他在修煉苦行時照顧過他，但是在他停止絕食時，離別而去。他以天眼觀察，看見他們住在波羅奈城的鹿野苑中。因此他在烏盧吠羅小住以後，就動身去尋找他們。他在途中遇見一名裸體苦行者，在回答他的問答時，宣傳自己是佛陀……但是苦行者回答說：

龜茲文化詞典
五畫

「也許如此，朋友。」他搖著頭，從另一條路走開了。

可見，濟世救眾的宗旨從佛教一誕生起就已經是一條重要原則了。這個宗教主題在龜茲石窟本生故事畫中存在較多，《佛本行集經》中的「馬王本生」就是其中之一，內容如下：「爾時佛告諸比丘言：我念往昔，有一馬王，名雞屍。形貌端正，身體白淨，猶如珂雪，又若白銀，如淨滿月，如君陀花，其頭紺色，走疾如風，聲如妙鼓。於彼時間，閻浮提有五百商人。時諸商人欲入大海，辦具資糧，持三千萬種種貨物，復持十萬以為資糧，擬於道路，興販取利。復有別財，用擬船師。如是具辦，漸漸而行，到大海際，即祠海神。備諸船舶，復雇五人。其五人者，一者執船，二者執棹，三者抒漏，四者善巧沉浮，五者船師。是諸人等，又相告語：所有罪過，清淨懺悔，又復教令入海之法，然後始入，求覓珍貴。時諸人輩至其海內，忽值惡風，吹其船舫至羅刹國。時羅刹國，其國多有羅刹之女。是時船舫欲到彼國，大風飄搏，船悉破壞。時諸商人，各運手足，截流浮去，欲詣彼岸。時羅刹女聞彼大海有船破壞，羅刹女等即往救援，一時捉得五百商人。

爾時諸羅刹女將諸商人向彼城已，教脫舊衣，以諸香湯沐浴其體，令生種種妙勝之座，以五欲具而娛樂之，五音諸聲，於前而作，以如是等種種方便，經於久時，受大快樂，歡喜悅豫（愉），迭相娛樂。

後時彼諸羅刹女等告諸商人：善哉聖子，是城南面不得從彼出向某處。時諸商人有一商主，智慧深細，聰明利見，即生疑念，作是思維：以何等故，此之諸女斷我等輩於南面處不聽行過，詣於彼所，我應可伺諸女睡臥，如是之時尋於此道，往其女所禁之處，次第觀看，欲知彼處善惡之事。若其知已，即當如事應行方便。

爾時商主作是念已，即伺彼諸羅刹女等臥睡眠已，遂從臥床安詳而起，不令有聲，即執利刀，從家而出，尋逐意趣，漸漸前進。至於少地，見一微徑，恐怖之所，無有草木，甚可畏懼。乃聞有人大叫喚聲，狀如叫喚大地獄中苦痛之聲。聞此聲已，遂大怖畏，身毛皆豎，默然而往。良久喘定，漸安身心，氣力稍增，還詣彼道，漸漸復進其路，未遠，見一鐵城。其城高峻，乃是所聞聲出之處。詣彼城已，周匝巡行，而不見門。到於北面，見有一樹，名曰合歡，近城而生。其樹高大，出於城上。時彼商主見斯樹已，即上其樹，觀看城內，見彼城中多有人死，過百餘數。或有死者，已被食半。或命未斷，半身支解。或有饑渴，逼惱而坐。或復消瘦，唯有筋骨，眼目欠陷，如井底星，迷悶在地，頭髮蓬亂，塵土坌身，甚大羸瘦，各相割肉而啖食之，以是因緣，作大叫喚，如閻羅王所居之處，見諸眾生，受大苦惱。……

是時商主復問彼言：汝諸人等云何在此受如斯事？彼苦人輩即答言曰：善哉善人，我等……從閻浮提興販商賈，為財

[一]

爾時商主即告彼等，說前見事。諸商人等從大商主聞是事已，憂愁不樂，甚大悵怏，恐懼顫慄，白商主言：善哉商主，我等今當宜可速至彼馬王所，願我等輩安置得達閻浮提內本生之處。時諸商人並及商主皆共聚集，詣彼雞屍馬王住所。

爾時馬王食彼無糠自然粳米，清淨香美。如是食已，至於海岸，露現半身，以人音聲，而三唱告：誰欲樂渡鹹水彼岸，我當安穩負而渡之，令到彼岸。時諸商人聞彼馬王如是語已，歡喜踴躍，身毛皆豎，合十指掌，頂禮馬王，作如是言：善哉馬王，我等欲渡，樂至彼岸，願濟我等，從水此岸達到彼岸。爾時馬王告諸商人：汝等當知，彼羅剎女不久應來，或將男者，或將女者，顯示於汝，慈悲哀哭，受於苦惱。汝等於時莫生染著愛戀之心。汝等若起如是意言：彼是我婦，彼是我男，彼是我女，汝等假使乘我背上，必當墮落為彼羅剎之所啖食。汝等若作如是意念：彼非我許，我非彼物，非我男女，於時汝等設使以手執我一毛而懸之者，我於是時安穩將送汝諸人輩渡彼鹹水，達到彼岸，作是語已，是大馬王告諸商人，汝等今者可乘我背負，或執身分腳足肢節，時諸商人，或上背者，或執肢節腳足分者。爾時馬王負彼商人，出哀愍聲，飛騰空裡，行疾如風……雞屍馬王乃將彼輩五百商人安穩得渡大海彼岸，到閻浮提。諸比丘，於汝意云何？若疑於時雞屍馬王，豈異人乎。勿生異念，即我身是。五百人中，大商主者，豈異人乎，即舍利弗是也。五百商人，豈

寶故來入大海。欲至彼岸，遇值惡風，吹壞船舶。我等彼時亦遭如是羅剎之女，濟度彼難，亦復共我受五欲樂。但聞汝等有如是聲，是羅剎女即知大海有船破壞，於彼之時，將我等輩置鐵城中。我等來日，行人同伴五百人，入此城來，已被他食二百五十，今唯二百五十人在。我等亦共彼輩和合，生於男女。彼羅剎女語言微妙，其聲婉媚，但彼女等貪食肉故，共生男女悉還食盡。汝諸人輩，慎莫共彼，受樂娛樂。何以故？彼甚可畏，無愛心故。是時商主復問：彼言諸人等輩，頗有方便得脫如此羅剎難不？彼即報言：有一方便。商主復問：方便如何？善哉為說，彼等報言：十五日滿四月節會大喜樂，日月與昴宿會合之時，有一馬王，名曰雞屍……彼所停處乃有粳米，自無糠燴，甚大鮮白，香美具足，彼馬所食。食是米已，來詣海岸，露現半身，口出人聲，而作其言：誰欲渡彼大鹹苦水！如是三說，我今當令安穩得渡鹹水彼岸。汝等若值如是馬者，得免諸難。唯有此事，更無餘也。……爾時商主既下樹已，依著來道，還向本處。見彼等輩諸羅剎女猶故睡眠。商主爾時還即睡臥，至於天曉，便作是念：云何令彼諸商人輩得知此事，而不令彼羅剎女覺。我今若當輒出是言向彼說者，是即漏洩，若其漏洩，令彼羅剎諸女聞者，恐將我等至厄難處。我之此語，應須隱默。乃至四月，臨當節會大歡樂時，馬王來日，乃可出言而告彼等。

145

異人乎,即刪闍耶波離婆伽諸弟子等五百人是。我於彼時,以此五百諸商人等至厄難處,墮於如是羅剎女邊。後羅剎女復欲將彼隨意處分。當於爾時,是舍利弗將詣我所。我於彼時,救其苦厄,得渡鹹水,達至彼岸。今者還復至刪闍耶邪見曠野險難之中,乘虛妄路。捨得弗於彼之處,示教化已,將詣我所。我於邪見曠野之中,化令得脫,渡生死海。……汝等比丘,應如是學。」

「馬王本生」描寫了釋迦牟尼成佛前某世作為馬王時的事跡。由於馬王發大悲心,行大仁慈,於羅剎女身邊渡脫墮入魔道中的五百商人,使他們得以脫離生死苦海。這個本生故事體現了佛教「渡盡一切有情」的宗旨,它在龜茲石窟壁畫中是這樣表現的:一匹碩大健壯的白馬,背上騎著幾個人(不是一個人,而是兩個或三個人),在波浪濤天的大海中疾馳。圖中的白馬昂著首,步履輕捷,疾走如飛。騎在背上的商人穿著古代龜茲的服飾,緊貼馬身,懷著得救後的喜悅心情在馬背上顫動著。如果揭去宗教的神祕色彩,這就是一幅體現古代龜茲商旅生活的世俗圖卷。

5. 宣揚智慧精進的本生故事畫

佛教十分強調「智慧」,即一個佛教徒應該要有對佛教義理抱高度信仰的覺悟。任繼愈先生在《中國佛教史》卷1中說:「佛教小乘列『戒、定、慧』為三學。『慧』為三學的中心,在修道中佔有特殊重要的地位。佛教要求人們用『慧』去斷『痴』驅『愛』。」《陰持入經》的注者說:「知四大為識色,意即不染色矣;不染色者,即不墮落,故言『識色令愛得舍也』。認識物質世界的本質(主要指肉體),不過是各種元素的暫時聚合,是虛偽的,即所謂『空性』,意識因此而不再受客觀物質的影響,這就是智慧……」

一個人有了智慧,就會做到如《陰持入經》所說的「處榮不憍(驕),行不墮落;巧邪炫,六情不受;利不為喜,耗即不憂」。那就達到了《法鏡經》中說的「利衰、毀譽、稱譏、苦樂,而不以傾動」的地步。這樣就有了堅持佛教信仰的覺悟。《陰持入經序》在解釋「七覺意」時說:「一、『念覺意』:師云,『覺』,覺善惡也。惡念生即滅之,道念生即攝持。……二、『法分別觀覺意』:『法』,善惡法,『觀』,寂諦觀。分別真偽,擇取淨法,可以免三界者矣。……三、『精進覺意』。……四、『愛可覺意』:『愚者愛六邪,可以為寶,上明十二神照其必為,轉心以受道,可三法之高衕。』……五、『猗覺意』:『智士常以猗四意止,色、痛、想、四陰起即覺滅之』。……六、『定覺意』:『得』『止』『斷』『神』『足』『根』『力』,意即寂定,在其所志,分別除守道,淨究竟。高德進心取道,雷霆之聲不能聞其耳,故曰『定』矣。七、『護覺意』:『意危難護,其妙難制。若在欲將護之,使其出欲;在色,在無色,護之亦然』。」這就是說,有了智慧,才能達到一種無所思想、精神平靜的境界。

但是，佛教講的智慧，是信賴信仰建立起來，並信賴信仰得以保障。如《陰持入經》禪法中有「五根」：信根、精根、念根、定根和慧根。信根為五根之首，即所謂「樹非根不生，道非信不成，為道德之根。信根立，道乃在，故信為首」。「信」就是信仰。先有信仰，然後才能產生智慧；而智慧產生後就能更進一步堅定信仰。這就是信仰與智慧兩者之間的關係。故此佛經中往往把釋迦牟尼描寫成智慧的化身，以用來堅定人們對佛教的信仰。這也反映在龜茲石窟壁畫的本生故事中。如「獼猴本生」，出於《佛本行集經》卷31，內容如下：爾時佛告諸比丘言：我念往昔，於大海中，有一大虯。其虯有婦，身正懷妊。忽然思欲獼猴心食，以是因緣，其身羸瘦，痿黃宛轉，顫慄不安。時彼虯，見婦身體如是羸瘦，無有顏色。見已問言：賢善仁者，汝何所患？欲思何食？我不聞汝，從我索食，何故如是？時其牸虯，默然不報，其夫復問，汝今何故，不向我道？婦報夫言：當若能與我隨心，我當說之；若不能者，我何假說。夫復答言：汝但說看，若可得理，我當方便會覓令得。婦即語言：我今意思獼猴心食，汝能得不？夫即報言：汝所需者，此事甚難。所以者何，我居止在大海水中，獼猴乃在山林樹上，何由可得？婦言：奈何！我今意思如此之食，若不能得如是物者，此胎必墮，我身不久，恐取命終。是時其夫復語婦言：賢善仁者，汝且容忍，我今求去。若成此事，深不可言，則我與汝，並皆慶快。爾時彼虯，即從海出，至於岸上。去岸不遠，有一大樹，名優曇婆羅。時彼樹上有一大獼猴，在於樹頭。取果子食。是時彼虯既見獼猴在樹上，坐食於樹子。見已漸漸到於樹下。到已，即便共相慰喻，以美言問訊獼猴：善哉善哉，婆私師吒，在此樹上作於何事，不甚辛勤受苦惱耶？求食易得，無疲倦不？獼猴報言：如是仁者，我今不大受於苦惱。虯重複更語獼猴言：汝在此處，何所食噉？獼猴報言：我在優曇婆羅樹上。食噉其子。是時虯復語獼猴言：我今見汝，甚大歡喜，遍滿身體，不能自勝。我欲將汝作於善友，共相愛敬。汝取我語，何須住此。又復此樹子少無多，云何乃能此處。願樂汝可下來，隨逐於我，我當將汝渡海。彼岸別有大林，種種諸樹花果豐饒。所謂庵婆果、閻浮果、梨拘果、頗那婆果、鎮頭迦果、無量樹等。獼猴問言：我今云何得至彼處？海水深廣，甚難越渡。我當云何堪能浮渡？是時彼虯報獼猴言：我背負汝將渡彼岸，汝今但當從樹下來，騎我背上。

爾時獼猴，心無定故，狹劣愚痴，少見少知。聞虯美言，心生歡喜，從樹而下，上虯背上，欲隨虯去。其虯內心，生如是念：善哉善哉，我願已成，即欲相將，至自居處，身及獼猴，俱沒於水。是時獼猴，問彼虯言：善友，何故忽沒於水？虯即報言：汝不知也。獼猴問曰：其事云何？彼何所為？虯即報言：我婦懷妊，彼如是思欲汝心食，以是因緣，我將汝來。

龜茲文化詞典

五畫

爾時獼猴，作如是念：嗚呼！我今甚不吉利，自取磨滅。嗚呼！我今作何方便，而得免此急速厄難，不失身命。復如是念：我須誑虬。作是念已，而語虬言：仁者善友，我心留在優曇婆羅樹上寄著，不持將行。仁於當時。云何依實。不語我知：今須汝心，我於當時，即將相隨。善友還回，放我取心，得已還來。爾時彼虬聞於獼猴如是語已，二者俱出。獼猴見虬，欲出水岸，是時獼猴努力奮迅，捷疾跳擲，出大筋力，從虬背上跳下，上彼優曇婆羅大樹上。其虬在下，少時停待，見彼獼猴，淹遲不下，而語之言：親密善夫，汝速下來，共汝相隨，至於我家。獼猴嘿然，不肯下樹。虬見獼猴，經久不下，而說偈言：

善友獼猴得心已，願從樹上速下來；

我當送汝至彼林，多饒種種諸果處。

爾時獼猴，作是思唯：此虬無智。如是念已，即向彼虬而說偈言：

汝虬計校雖能寬，而心智慮甚狹劣；

汝但審諦自思忖，一切眾類誰無心。

彼林雖復子豐饒，及諸庵羅等妙果；

我今意實不在彼，寧自食此優曇婆。

爾時佛告諸比丘言：汝諸比丘當知彼時大獼猴者，我身是也。彼時虬者，魔波旬也。於是猶尚誑惑於我，而不能得；今復欲將世間自在五欲之事而來誘我，豈能動我此之坐處。……

這個本生故事在龜茲石窟壁畫中表現得十分有趣：一條虬盤身仰頭與一隻獼猴屈後肢伸前肢，相對而坐，像在敘說著什麼似的。這大概是上述佛經中虬與猴互說偈言的場面的描寫了。這是一幅完全以動物為形象的圖畫。虬畫得並不碩大粗壯，似乎是藝術家故意把它畫成一條與猴同樣大小的蛇。而獼猴的形象很可愛，露出一種聰明機智的神態，正在那裡對虬的謊言進行有力的駁斥。這幅畫集中地反映了這個本生故事的主題思想，即釋迦牟尼的智慧勝於一切。

龜茲石窟中的本生故事畫不是採用捲軸連環畫的構圖形式，它只是擷取本生故事中最精彩的一個場面在繪畫中予以表現。因此它好比是一個特寫鏡頭，攝取了本生故事中的精髓，抓住了本生故事中最本質的東西，用色彩集中其藝術之美於一點而加以再現。總的來說，龜茲石窟的本生故事畫，用筆粗疏，色調清淡，形象洗練，風格簡樸，含有一種虎虎有生的來自民間藝術的氣質。

佛教美術發端於印度，然後傳入中亞，再經過新疆傳入內地。根據這種發展情況，新疆是中國最先接納印度或中亞的佛教美術的地區，並在本地生根、開花之後，再向東傳入內地的。

從龜茲石窟向東到敦煌的莫高窟、天水的麥積山石窟以至大同的雲岡石窟、洛陽的龍門石窟等，我們可以看到這樣一種趨勢：越向東，本生故事畫越少，經變畫

越多；壁畫越少，雕塑越多。因此，龜茲石窟為這條中國佛教美術發展鏈條中的第一環，也是龜茲石窟本生故事畫特別珍貴的地方。

正數 2 窟

德文為 2 Höhle von vorn，這是德國人對克孜爾石窟 189 窟的稱呼。

布施竹園佛傳故事畫

這幅畫繪在克孜爾石窟 77、207 窟中，畫面為坐佛周圍以諸天、比丘，佛座前襯以山水鳥獸，空中飛天起舞。說的是王舍城迦蘭陀長者，時城豪貴，皈佛時以竹園布施。其園中的精舍為頻毗娑羅王所修建。

布特巴什協海爾古城

位於新疆新和縣西南 30 餘公里處，方形，殘存城垣高約 2 公尺，長 250 公尺，寬 150 公尺。「布特巴什協海爾」維吾爾語意為「佛頭城」，是一座唐代屯戍之城。

[Ⅰ]

四川龜茲

三國時期，曹魏統治河西，當地的龜茲移民被迫成為曹魏的屬民。由於曹魏政權係篡奪東漢而來，龜茲移民始終耿耿於懷，對曹魏抱有二心。為時不久，他們即擺脫曹魏的羈束，投歸漢朝的正統——蜀國。《三國志·蜀志·後主傳》說：「（蜀漢延熙）十年（247 年），涼州胡王白虎文、治無戴等率眾降，衛將軍姜維迎逆安撫，居之於繁縣。」蜀漢後主劉禪延熙十年為 247 年。龜茲王族姓「白」，東漢時，龜茲國有王名白霸、白英等，東遷的龜茲國人也因此姓「白」。「涼州胡王白虎文」無疑是遷居涼州的龜茲移民的大首領，他於 247 年率眾脫離曹魏，投歸蜀國，被安置在繁縣（今四川新繁縣東北），於是，有不少龜茲人擴散到四川。

關於龜茲移民南遷的事，《三國志·蜀志·姜維傳》記載得更為詳細：「是歲（蜀漢延熙六年，243 年），汶山平康夷反，維率眾討定之。又出隴西、南安、金城界，與魏大將軍郭淮、夏侯霸等戰於洮西，胡王治無多等舉部落降，維將還安處之。」原來這年蜀國大將姜維領兵北征，與曹魏大軍鏖戰於臨洮以西，河西與曹魏政權的聯繫一時中斷，白虎文得以乘機率眾與治無多（「治無戴」的異譯）所部共同投歸蜀國。

四鎮都統

日文《西域考古圖譜》上卷刊布的「大谷光瑞探險隊」從庫車庫木吐喇石窟割走的唐代壁畫漢文榜題名，有兩方漢僧名供養像的提名，其一是：

大唐□嚴寺上座四鎮都統律師□道

這方榜題的具體出土地點不明。據榜題明書「大唐」兩字來看，有可能就出於

149

庫木吐喇石窟 16 窟。這則榜題又給我們提供了一個漢寺「□嚴寺」的例證。該寺有可能就在龜茲，供養僧人的頭銜是「四鎮都統」。都統當是都僧統的略稱。這一名叫「□道」的律師，是四鎮的都僧統。四鎮，顯然是指龜茲、疏勒、于闐、焉耆四鎮。根據榜題，我們可以知道，在龜茲設有掌管四鎮佛教事務的僧官——四鎮都統，這位都統是一漢僧，說明當時的龜茲，在佛教上也居於統轄四鎮僧寺的特殊地位。在這種情況下，龜茲地區既流行龜茲人信奉的小乘教，又流行漢人信奉的大乘教，兩者並行不悖。宗教信仰如此，在開窟建寺上也同樣如此。

《四夷道里記》

唐賈耽撰，為記述西域地理的重要資料，今佚，只在《新唐書·地理志》中尚能看到部分內容。其中描述從龜茲至姑墨的路程云：「安西西出柘厥關，渡白馬河（今木扎提河）百八十里西入俱毗羅磧，經苦井，百二十里至俱毗羅城（今拜城縣之賽里木鎮），又六十里至阿悉言城（今拜城縣城），又六十里至撥換城，一曰威戎城，曰姑墨州，南臨思渾河。」可見其描述之詳盡，實為一本關於西域地理的珍貴文獻。

四天王獻缽佛傳故事畫

這幅畫在克孜爾石窟 110 窟中，畫面中釋迦牟尼坐於方座上，手持一缽，其上方兩側，各有二天王，均頭戴寶冠，身著甲胄，雙手各持一缽。說的是二商主各以食物供奉給釋迦牟尼。釋迦牟尼忖量，當以何器受之。這時四天王從四方飛來，各持一石缽奉獻。釋迦牟尼以神通合為一缽，受二商主之食。（見圖 55）

圖 55　克孜爾石窟 110 窟——四天王獻缽

北河

《水經注》卷2《河水》中說：「北河又東徑龜茲國南。」根據此條記載，考慮龜茲南面的河流，北河顯然即現在的塔里木河。

《通典·邊防七·西戎三》中說：「（漢）宣帝時，烏孫公主遣女東，有大河東流，號計戌水。」「烏孫公主遣女東」指的是《漢書·西域傳》中的一段記載：「時烏孫公主遣女來至京師學鼓琴，漢遣侍郎樂奉送主女，過龜茲。龜茲前遣人至烏孫求公主女，未還。會女過龜茲，龜茲王留不遣，復使使報公主，主許之。」所以《通典》中所說的「有大河東流，號計戌水」，這條大河就是龜茲境內東流的塔里木河，計戌水則是塔里木河的又一個古稱。

塔里木河有三源：南為和田河，發源於喀喇崑崙山，中游橫穿塔克拉瑪干沙漠，因沿途蒸發滲漏，河道斷流，只在洪水期才有流入塔里木河。西南源葉爾羌河是塔里木河最長支流，源於喀喇崑崙山和帕米爾高原。北源阿克蘇河，源於天山山脈西段，水量豐富，是塔里木河主要水源，南流到阿瓦提縣肖夾克附近和葉爾羌河及和田河匯合後稱塔里木河。塔里木河河水主要靠上游山地降水及高山冰雪融水補給。從阿克蘇河口到尉犁縣南面的群克爾一帶，河灘廣闊，河曲發育，河道分支多。洪水期無固定河槽，水流泛濫、分散，河流容易改道。在河谷窪地易形成湖泊、沼澤。群克爾以下河道又合成一支。歷史上塔里木河河道，南北擺動，遷徙無定。

北山致隸蘭

梁僧祐《出三藏記集》卷11《比丘尼戒本所出本末序》中說：「北山寺名致隸蘭。」

北山致隸蘭在何處？據湯用彤先生在《漢魏兩晉南北朝佛教史》第十章《鳩摩羅什及其門下》的考證，北山致隸蘭即昭怙厘二伽藍，即雀梨大寺，地在今之庫車蘇巴什佛寺遺址。

《北庭貽宗學士道別》

唐代詩人岑參所作，其詩如下：萬事不可料，嘆君在軍中。讀書破萬卷，何事來從戎。曾逐李輕車，西征出太蒙。荷戈月窟外，擐甲崑崙東。兩度皆破胡，朝廷輕戰功。十年只一命，萬里如飄蓬。容鬢老胡塵，衣裘脆邊風。忽來輪台下，相見披心胸。飲酒對春草，彈棋聞夜鐘。今且還龜茲，臂上懸角弓。平沙向旅館，匹馬隨飛鴻。孤城倚大磧，海氣迎邊空。四月猶自寒，天山雪濛濛。君有賢主將，何謂泣途窮。時來整六翮，一舉凌蒼穹。

葉護

唐太宗時，龜茲國王訶黎布失畢因不忠於唐朝中央政府，於是唐朝中央政府出兵討伐，打敗龜茲兵，活擒訶黎布失畢至長安，並立其弟葉護為龜茲王。《冊府元

龜》卷985《外臣部·征討四》記載：「（唐貞觀二十一年，647年）閏十二月，阿史那社爾與郭孝恪、楊弘禮率五將軍，又發鐵勒十二部兵十萬餘騎以伐龜茲……破其大城五所，虜男女數萬口。社爾因立其王之弟葉護為王，勒石紀功而旋。俘其王訶黎布失畢及那利、羯獵顛等獻於廟。」

田仁琬

唐開元二十五年至二十六年（737～738年）的安西副大都護。據《舊唐書·高仙芝傳》載：「小勃律國王為吐蕃所招，妻以公主，西北二十餘國皆為吐蕃所制，貢獻不通。後節度使田仁琬、蓋嘉運並靈累討之，不捷。」按唐制，安西都護兼節度使，而自唐開元四年至天寶十四年（716～755年）的近40年的時間內由玄宗李隆基之子李琮和李玢先後遙領安西大都護，安西主政者則降為安西副大都護。

田揚名

唐聖歷元年至長安四年（698～704年）的安西大都護。據《舊唐書西戎傳》載：「其安西都護，則天時有田揚名，中宗時有郭元振，開元初則張孝嵩、杜暹皆有政績，為夷人所伏。」

盧舍那佛像

又稱摩訶毗盧舍那佛，漢譯稱「大日佛」「大日如來」等，是密教之本尊。據密教的經典說，盧舍那佛與釋迦牟尼為同一佛，盧舍那佛是法身佛，而釋迦牟尼是應身佛。所謂「法身」，是指由於體現諸法之本性，修得佛教一切功德和教法而成就的佛身；所謂「應身」，則係指釋迦牟尼之生身。顯然，這是密教徒為了抬高自己的身分而胡謅出來的說法。因此，在密教的諸佛排列中，盧舍那佛列於主位上，而釋迦牟尼則列於從位上，這與大乘佛教其他各派的諸佛排列法完全不同了。

盧舍那佛既然是密教的教主，當然是神通廣大、法力無邊的了。據密教經典的說法，盧舍那佛身內包涵著一切世界，他的神力讓他在一切世界裡都能轉法輪，調伏眾生。在敦煌莫高窟135窟中有一幅盧舍那佛像，其形象是這樣的：身體軀幹部分畫成須彌山，兩肩是日、月，山下面是地獄道、畜生道等。而畫於龜茲石窟中的庫木吐喇石窟9窟北甬道外側壁西端的盧舍那佛像與此十分相似，佛高1.6公尺以上，佛的身軀上尚可辨別須彌山等形象。須彌山為束腰形，兩側有日月，山下畫有海水。此外，還繪有抱小孩的人物以及馬、火焰等，其內容似乎與六道內容有關。

然而克孜爾石窟17窟的盧舍那佛形象卻與前者有別。這軀盧舍那佛的全身，如胸部、腹部、臀部，甚至腿部都畫著一個又一個的小佛。總之，似乎在盧舍那佛身上孕育著萬佛。《大日經疏》卷16中說：「所謂毗盧遮那者，日也。如世界之日，能除一切闇冥，而生長一切萬物，成一切眾生事業。今法身如來亦復如是，故以為喻也。」《千臂千缽大教王經》卷1中說：

「說教之根宗本有三。一者盧舍那法身，本性清淨出一切法，金剛三摩地為宗；二者毗盧遮那報身，出聖性普賢願行力為宗；三者千釋迦化現千百億釋迦，顯現慧身，流出曼殊室利身，作般若母為宗。」這正如范文瀾先生在《中國通史簡編》第三編第二冊中所說的：「密教甚至說僧人是從佛口裡出來的。」可見，密教是把盧舍那佛作為化身、孕育萬物佛之佛來進行崇拜的。（圖56）

圖56 克孜爾石窟17窟——盧舍那佛

［丿］

白山（人名）

3世紀末的龜茲國王。西晉武帝太康年間（280～289年）的龜茲王名白山。《文獻通考》卷336《四裔考十三》記載：「晉武帝時，其（龜茲）王遣子入侍……」這個龜茲王就是白山。

白山（地名）

《北史·西域傳》說：「龜茲國，在尉犁西北，白山之南一百七十里，都延城，漢時舊國也。」《隋書·西域傳》也說：「龜茲國，都白山之南百七十里，漢時舊國也。」

根據《隋書》的記述，焉耆、龜茲、疏勒三國都城的位置都在白山之南，這裡所說之白山似泛指天山而言。

但《新唐書》卷221上《西域傳》說：「龜茲……居伊邏盧城，北倚阿羯田山，亦曰白山，常有火。」

根據《新唐書》的記述，我們知道白山也稱阿羯田山，並謂山上常有火。其實，阿羯田山在突厥語的意思，即是白山。

《水經注》引《釋氏西域記》說：「屈茨（即龜茲）北二百里有山，夜則火光，晝日但煙，人取此山石炭，冶此山鐵，恆充三十六國用。」

《水經注》所引龜茲北面的山與《新唐書》記載的「阿羯田山，亦日白山，常有火」相合，指的也是白山。

據周連寬先生在《大唐西域記史地研究叢稿》一書中說，《新疆圖志》及《西域水道記》均稱白山為額什克巴什山，而黃文弼先生曾查勘了「白山常有火」的記載，證實《釋氏西域記》之說無誤。他說，古時白山之地現仍產鐵、硫黃、石炭、白礬，有幾處常噴煙，夜則發光。但是黃文弼先生說，古時的白山現稱哈馬木達克山。

而據馮承鈞原編、陸峻嶺增訂的《西域地名》一書考證說：「《新唐書·龜茲傳》之阿羯田山，突厥語此言白山，今新疆庫車縣治北之白山。」此說古時白山之名一直沿用至今。

白延

魏晉時的龜茲僧人。《出三藏記集》卷2：

「首楞嚴經二卷闕

須賴經一卷

除災患經一卷闕

右三部，凡四卷，魏高貴鄉公時，白延所譯出。別錄所載。安公錄。」

《歷代三寶記》卷3：「（曹魏甘露）三年（258年），白延於洛陽出《首楞嚴經》等五部六卷。」

《大唐內典錄》卷2：

「首楞嚴經二卷

無量清淨平等覺經二卷

叉須賴經一卷

除災患經一卷

平等覺經一卷

菩薩修行經一卷

右六部，合八卷，高貴鄉公世，西域沙門白延，懷道遊化，甘露年中來屆洛陽，止白馬寺，眾請譯焉。」

白純

4世紀中葉的龜茲國王，為前秦大將軍呂光所滅。《文獻通考》卷336《四裔考十三》記載：「晉武帝時，其（龜茲）王遣子入侍，惠懷末，以中國亂，遣使貢方物於張重華、苻堅。堅遣其將呂光伐之，其王白純距境不降，光進軍討平之，立其後白震為王。」

白英

2世紀初的龜茲國王。《後漢書·班梁列傳》記載：「（漢）延光二年（123年）夏，復以（班）勇為西域長史，將兵五百人出屯柳中。明年正月，勇至樓蘭，以鄯善歸附，特加三綬。而龜茲王白英猶自疑未下，勇開以恩信，白英乃率姑墨、溫宿自縛詣勇將。」

白環

唐貞元四年至五年間（788～789年）悟空從天竺回國道經龜茲時的國王。《悟空入竺記》中說：「龜茲（亦云丘慈）國王白環，正日屈支城。西門外有蓮花寺，有三藏沙門名勿提提犀魚。……於此城住一年有餘，次至烏焉國王龍如林。」

白震

前秦大將軍呂光攻滅龜茲後所立的龜茲國王。《太平廣記·鳩摩羅什》記載：「（呂）光軍未至，（鳩摩羅）什謂龜茲王白純曰：『國運衰矣！尚有敵從東方來，宜恭承之，勿抗其鋒。』（白）純不從而戰，（呂）光遂破龜茲，殺純，立純弟（白）震為主。」

白霸

1世紀70年代班超所廢的龜茲王名尤利多，當時龜茲王朝還未以白為氏。班勇廢尤利多而立白霸為王，這是龜茲白氏王朝的開始。

龜茲白氏王朝何以以「白」為氏？這有多種說法：向達先生稱龜茲王朝所以稱為白氏，取義於龜茲國王之白山；馮承鈞先生稱龜茲王蘇伐勃和訶黎布失畢兩名的共同組成部分 Pbspa，其音義為「白」，是龜茲王以白為氏的起源；周連寬先生則稱在龜茲王名字中包含有 Arjuna 這個共同的組成部分，而 Arjuna 一字在印度古語中義為「白」，是印度古代大史詩《摩訶婆羅多》中一個勇敢善戰的英雄，因此龜茲諸王從白霸起即以印度古代傳說中的英雄 Arjuna 為氏。

白馬河

《資治通鑑》卷199說：「布失畢窘急，保撥換城……」注為：「自安西府西出柘厥關，渡白馬河四百餘里至撥換城。」

此處的白馬河即賈耽《四夷道里記》中之白馬河，《新疆識略》稱木雜喇特河，今拜城縣境內的木扎提河。

白孝節

龜茲國王白莫之子。白莫死，他被立為龜茲國王，時在719年。《冊府元龜》卷971《外臣部·朝貢四》記載：「（唐開元九年，即721年）六月，龜茲王白孝節遣使獻馬及狗。」

白孝順

《全唐文》卷999《僕羅訴授官不當上書》中說：「但在蕃王子弟婆羅門瞿曇金剛、龜茲王子白孝順等皆數改轉，位至諸衛將軍。僕羅最是大蕃，在唐神龍元年（705年）蒙恩授左領軍衛翊府中郎將，至今經十四年，久被淪屈，不蒙准列授職，不勝苦屈之甚。」此書上於唐開元六年（718年）。

書中龜茲王子白孝順在其他史籍中未曾提及，與唐時的龜茲名將白孝德是同族，也無可稽考，但它清楚地說明了一個問題，

龜茲文化詞典
五畫

即唐代時，龜茲王公貴族的子弟有不少曾在中央政府中擔任著文武官職。

白孝德

龜茲人，唐肅宗時為李光弼的偏將，以戰功累封為昌化郡王，歷太子少傅。《新唐書·白孝德傳》記其事說：「白孝德，安西人，事光弼為偏裨……後累功至北庭行營節度使，徙寧。僕固懷恩引吐蕃兵入寇，孝德擊敗之。永泰初，吐蕃、回紇圍涇陽，郭子儀說回紇約盟，吐蕃退走，子儀使渾以兵五千出奉天，命孝德應之，大戰赤沙峰，斬獲甚眾。累封昌化郡王，歷太子少傅。（唐）建中元年（780年）卒，贈太保。」

白明達

龜茲人，他是從龜茲來到中原的一位傑出音樂家，從隋煬帝到唐高祖、太宗、高宗四代，一直活躍在華夏樂壇，為宮廷創作了許多新曲。606年，隋煬帝把周、齊、梁、陳遺留的樂家子弟編為樂產；另外還把擅長樂舞的庶民集於洛陽，他自己又寫了大量歌詞，命宮廷樂正白明達配曲，《隋書·音樂志》中指出白明達創作的新歌曲有「《萬歲樂》《藏鉤樂》《七夕相逢樂》《投壺樂》《舞席同心髻》《玉女行觴》《神仙留客》《擲磚續命》《鬥雞子》《鬥百草》《泛龍舟》《還舊宮》《長樂花》及《十二時》等曲，掩抑摧藏，哀音斷絕」。這些樂曲的內容儘管是漢風的，但樂曲的主旋律卻是龜茲樂。由此可見白明達是一位作曲天才，他所創作的樂曲能在社會上廣為流傳，產生了廣泛的社會影響，所以也能被傳承下來。當然，他一生絕不止於創作這些樂曲，未被記錄下來的一定還很多。隋煬帝對白明達創作的樂曲也十分滿意，他從其創作的樂曲中悟出「多彈曲者如人多讀書。讀書多則能撰書，彈曲多即能造曲，此理之然也」。可見白明達作品的感人魅力，難怪隋煬帝向白明達說：「齊氏偏隅，曹妙達猶自封王，我今天下大同，欲貴汝，宜自修謹。」由於白明達精通樂律、作曲，而被提升為「樂正」，負責隋朝宮中有關西域樂舞的排練。唐朝初年，白明達依然為唐廷所重用。唐太宗時命擔任「太樂署」職務，組織音樂、舞蹈演出。李世民聽了白明達的作品，非常欣賞他的音樂才能。

白居易

唐代著名詩人，龜茲人的後裔。

1997年10月，河南省伊川縣彭婆鄉許營村北萬安山南麓，出土了一塊唐朝士人皇甫煒夫人白氏的墓誌，談到了白氏家族名人及其轉徙的軌跡。志文說：「白氏，其先太原人也。在春秋時，勝以勇果著；當戰國際，起以英武聞。既我唐受命，孝德以破虜安邊，軍功為最……曾祖，皇揚州錄事參軍。祖季康，皇宣州溧水縣令。父敏中，即今相國、節制荊門、司徒公也。岳降融姿，天生焯器，幼而聰悟，鄉黨稱奇。（唐）長慶之年，登進士甲科，由是聲華籍籍，為諸侯之靈珠矣。（唐）太和

三年（829年）……首命臺衡，弘益蒼生，蕩滌斜穢，皆曰宰相輔國，中為警策矣。（唐）大中二年（848年），以長女歸於煒。（唐）大中五年，以司徒守司空，兼門下平章事，兼寧節度使、京西諸軍都統，鎮撫羌口，廓清邊鄙。（唐）大中六年，以檢校司徒平章事，移鎮西蜀，煒尋與前夫人同歸於洛。前夫人寢疾，煒方煢煢在疚，不克省親，以（唐）大中七年……歿於東都。及煒再齒人倫，從事分陝，（唐大中）九年十一月，口假匍匐訴於司徒公，公以煒早忝科第，柔而自立，遂繼姻好，（唐大中）十年二月廿五日，又以夫人歸於煒……」由墓誌可知，皇甫煒先後娶宰相白敏中的長女和次女為妻。皇甫煒在其妻子的墓誌中，詳細敘述了白氏祖輩的名人，更充分地記載了岳父白敏中的一生事跡。誌文中提到的白孝德，《新唐書·白孝德傳》說他是「安西胡人」。「安西」指唐朝安西都護府的治所「安西城」，也就是龜茲國的都城伊邏盧城，因此，所謂「安西胡人」，實際上是指龜茲國人。白孝德原是龜茲國的世子（國王的長子），其弟名叫白孝節。唐朝發生「安史之亂」，唐肅宗向安西、北庭二都護府及西域各國徵兵「勤王」，白孝德響應唐肅宗的號召，率龜茲國精兵三千，隨安西、北庭名將李嗣業、馬璘入關，先後隸屬於郭子儀、李光弼的麾下，收復西京長安和東京洛陽，被唐朝封為昌化郡王，留居於內地，再未返回西城。因此，其父死後，其弟白孝節繼位為龜茲王。唐建中元年（780年），白孝德死於長安城。皇甫煒為其妻作墓誌，說白孝德是白氏的前輩人，是在唐大中十三年（859年），距白孝德之死僅79年。有關白氏的家史，皇甫煒必然從其岳父白敏中那裡得來，而白敏中於長慶初年即已考中進士，距白孝德之死僅40年。白敏中後來拜相，職位極高，用不著去攀附白孝德，為己增光。因此，白敏中說自己是白孝德的本家，必是事實。《北夢瑣言》卷5《中書蕃人事》引李肇《國史補》，說白敏中是「蕃人」。《太平廣記》卷251《盧發》，記載白敏中宴請廉問長沙的常侍杜蘊時，自詡「十姓胡中第六胡，也曾金厥掌洪爐」，可見他出身於「西蕃龜茲」是毫無疑問的。

白氏墓誌中提到的祖先，與《舊唐書·白居易傳》提到的白居易的祖先頗有關聯：「白居易，字樂天，太原人，北齊五兵尚書建之仍孫。建生士通，皇朝利州都督；士通生志善，尚衣奉御；志善生溫，檢校都官郎中；溫生，歷酸棗、翬二縣令；生季庚，建中初為彭城令……自鍠至季庚，世敦儒業，皆以明經出身。季庚生居易。」白氏的曾祖，即白敏中的祖父名，白居易祖父名，同屬白氏的「鍠」字輩；白敏中之父名季康，白居易之父名季庚，同屬「季」字輩。他們應當是堂兄弟，可知白居易也是龜茲人的後裔。因為白敏中是「蕃人」「十姓胡中第六胡」，與唐龜茲將軍白孝德同氏族，而與白敏中同一個祖先的白居易，則作為龜茲人的後裔是無疑的了。

龜茲文化詞典
五畫

白莫苾

8世紀初的龜茲國王。《新唐書》卷221上《列傳第一百四十六上·西域》記載：「（唐）開元七年（719年），王白莫死，子多匝立，改名孝節。（唐開元）十八年（730年），遣弟孝義來朝。」

白素稽

唐太宗時，龜茲國王訶黎布失畢因不守藩禮，被唐軍打敗，俘至長安。唐高宗時，敕放訶黎布失畢遣歸故里，仍為龜茲國王。訶黎布失畢死後，立其子白素稽為龜茲國王，並拜為龜茲都督府都督。《冊府元龜》卷970《外臣部·朝貢三》記載：「（唐）上元二年（675年）正月，右驍衛大將軍龜茲國王白素稽獻銀頗羅，賜帛以答之。……十二月丁亥，龜茲王白素稽獻名馬。」

白般綻

甘肅安西榆林窟23壁畫中供養人的名字，因其姓即與龜茲國姓相同，名字也不類似漢人，因此向達先生在《莫高、榆林二窟雜考》一文中斷定其為流寓敦煌之龜茲國人。

白智通

龜茲人，北周武帝宇文邕時的傑出音樂家。據唐代開元年間（713～741年）太樂令劉貺的《太樂令壁記》中記載：「周武帝聘虜女為後，西域諸國來媵，於是龜茲、疏勒、安國、康國之樂，大聚長安。胡兒令羯人白智通教習，頗雜以新聲。」從這段簡單的記載中，可知白智通精通西域各族的音樂，因為除龜茲、疏勒位於塔里木盆地外，安國、康國卻位於亞錫爾河、阿姆河之間的河中地區，主要是粟特族居地，樂舞與天山南路有所不同，而白智通能擔任這些不同音樂的總導演，一方面說明他是西域音樂家的魁首，德高望重，受到各族同行的尊敬；同時從「頗雜以新聲」來看，白智通還有豐富的音樂理論知識，頗具作曲才能。

自從西域樂舞隊來到長安後，在白智通的領導下，進行了大規模的演出活動，新創作的帶有西域色彩的新樂曲，不僅轟動了長安，而且透過西域優秀藝術的輸入中原，極大地豐富了中原的樂舞藝術，而且這股藝術洪流對隋、唐、宋三代音樂舞蹈的發展都產生了深遠的影響。

白氏王朝

《新唐書·西域傳》說：「（龜茲）一曰丘，姓白氏，居伊邏盧城。」

事實上，早在1世紀時，龜茲的白氏王朝就存在了。漢永元三年（91年），西域長史班超破月氏，降服龜茲，遂廢其王尤利多，立龜茲之侍子白霸為王，龜茲的白氏王朝似乎就是從此開始的。到漢延光三年（124年），班超子班勇征服西域，當時，龜茲王為白英；又據《晉書》，晉太康年間（280～289年），龜茲王為白

山；而後秦苻堅的大將呂光攻殺之龜茲王，稱為白純（其妹即龜茲高僧鳩摩羅什的母親）；《魏書》又稱呂光殺白純而立白震為龜茲王；更據《隋書》及《北史》的記載，隋大業年間（605～616年）遣使入隋獻貢的龜茲王名曰白蘇尼咥；又據《唐書》記載（唐）開元七年（719年）薨歿之龜茲王為白莫苾；（唐）開元九年（721年）六月遣使來獻駒馬的龜茲王是白孝節；《悟空入竺記》中的龜茲王曰白環（悟空入竺時間為751～790年）。因此，從歷史的記載來看，龜茲白氏王朝延續的時間很長，從東漢和帝永元三年（91年）開始，直至唐德宗貞元六年（790年）吐蕃攻陷安西之後，龜茲的政治情況發生了巨大變化，白氏王朝到這時才告結束，先後竟達700年之久。而白氏王朝統治的這段時間，正是龜茲歷史上政治形勢最安定的時期，也是龜茲歷史上的「太平盛世。」

白蘇尼咥

　　隋開皇元年至大業十一年（581～615年）的龜茲國王。《北史》卷97《列傳第八十五‧西域》記載：「隋大業中，其（龜茲）王白蘇尼咥遣使朝貢方物。是時，其國勝兵可數千人。」

白蘇畢梨

　　黃文弼先生在庫車一帶進行考古發掘時，曾發現不少漢文書，如在沙雅西北通古斯巴什古城中發現《白蘇畢梨領屯米狀》，書於唐大曆十四年（779年）三月二十三日。龜茲王姓白，則此白蘇畢梨是龜茲人而充當屯田戍卒者。

白蘇畢梨領屯米狀

　　近代曾在新疆新和縣城南唐代通古斯巴什古城中出土「白蘇畢梨領屯米狀」古文書一紙，上書：

　　□歷十四年米□□三月二十三日白蘇畢梨領得

　　□屯米四半（面）一碩捌斜譖一

鳥舞

　　《舊唐書‧音樂二》載：「《鳥歌萬歲樂》，武太后所造也。武太后時，宮中養鳥能人言，又常稱萬歲，為樂以象之。舞三人，緋大袖，並畫鴝，冠作鳥象。」這首《鳥歌萬歲樂》即脫胎於龜茲人明達所作的《萬歲樂》。可知中原各種鳥舞源於龜茲，受到中原各族人民的喜愛。「冠作鳥象」是一種化妝，然後模擬不同鳥類的動作而翩翩起舞，頗有生活氣息。

《樂器胡撥四》

　　清代詩人蕭雄寫了讚美樂器胡撥四的詩。其詩如下：龜茲樂部起紛紛，調急弦粗響遏雲。忽聽名呼胡撥四，不禁低首憶昭君。

《外國傳》

　　5卷，釋曇景撰，《隋書‧經籍志》著錄，今佚。

龜茲文化詞典
五畫

曇景，《通典·邊防七·西戎三·西戎總序》注作「曇勇」，《梁高僧傳》卷3與《歷代三寶紀》卷10作「曇無竭」。他於劉宋永初元年（420年）召集同志沙門僧猛、曇朗等二十五人，發跡北上，遠適西方。初至河南國，乃出海西郡，進入流沙，到高昌郡，經龜茲。從龜茲至沙勒諸國，登蔥嶺度雪山，進至賓、月氏。然後停檀特山南石留寺，受大戒，以天竺禪師佛多羅為和尚，漢沙門志定為阿梨。停三月，復去中天竺。其歸國於南天竺隨船泛海到廣州。據《歷代三寶紀》載：「曇無竭遊西域二十餘年，自外並化，唯竭只還。於賓國寫得別件梵本經來，元嘉末年達於江右。」則曇無竭自南天竺返國，當在劉宋元嘉二十年（443年）左右。

又唐時日本飛鳥寺僧信行撰集《翻梵語》10卷，其中曾多處引用《外國傳》的記載。《隋書·經籍志》《歷代三寶紀》也引用了《外國傳》的記載，但唐宋以後就不見各家徵引了，可見當時已佚。

生死輪圖

此圖繪於克孜爾石窟175窟左甬道內側壁上，居中為佛，高肉髻，偏圓臉，身披袒右袈裟，內著僧支，背光作波狀紋，交跏趺坐於蓮花臺上，臺下為水池，表示生死苦海。佛的左手下垂拈袈裟一角，右手屈舉，拇食指相掐，作說法姿勢，佛下兩側各繪兩身合掌聽法菩薩（左兩身剝落），表示佛在宣說五趣生死輪迴的內容。以佛為中心，用兩條平行細密的線將壁面繪成三圈，每圈內又以若干小佛相間隔，分繪五趣的內容，由每軀小佛的手指向相應的畫面。內圈五幅畫面表現天趣，上一幅為天宮說法，次兩幅為音樂歌舞，表現天趣的用景妙樂。再下兩幅畫面：左為五衰相現，不樂本座，右為兩人輿屍出殯，旁一人手捧供品，後兩人席地而坐，一人手執物，一人雙手撫膝，歪斜著頭，表現出一副悲痛欲絕的情狀。這兩幅畫面與其上表現法樂和娛樂的三幅畫面形成鮮明而又強烈的對照，點出天趣雖樂，不免一死，逃脫不了「墜墮愛別離苦」。中圈的畫面共六幅，儘管左下兩幅剝落，仍可辨認，它描繪的是人趣方面內容，不僅見有牛耕、刨地、製陶等種種艱辛場面，並看到殺罰的情景：畫面中前兩人單腿跪，一人左手提懸兔耳，右手執一把尖利的小刀，作宰殺狀；另一人剝獸皮，後一人交腳而坐，擺動雙手作勸阻狀，在悲憐這些無故被殺的小生靈。外圈畫面僅剩右邊三幅，亦可看出它的內容：最下一幅是在烈火中繪一湯鑊，表示地獄趣，畫面雖較簡單，卻很清楚地說明地獄趣有「爐炭燒煮」等苦。中間一幅畫面繪出孔雀、兔、象、鹿、虎等一群禽獸，而凶殘的虎正在捕食一頭鹿，強者凌弱，同類相噬，表示畜生趣有「互相食啖」等苦。上一幅繪出一群披頭散髮、瘦骨嶙峋、烈焰燒身、奔跑嚎叫的餓鬼形象，一看便知是表示餓鬼趣中餓鬼們「為種種饑渴所逼」的情景。真是三惡趣中苦毒萬端，不可言狀。可見圖內各趣畫面與佛經描述的內容基本一致。

毋庸說，這幅佛說五趣生死輪圖的思想內容是毫無可取的，所謂的生死流轉，因果報應，涅槃境界，完全是根據需要而編造杜撰出來的，但是，從佛教史料、佛教美術和反映現實的角度來看，卻有其一定的價值。

印度飛天

　　指的是龜茲石窟壁畫中的飛天，其風格接近於印度的一種。這種飛天是龜茲石窟壁畫中的飛天的原始形態。因佛教傳自印度，所以龜茲最早的佛教藝術受到的首先是印度佛教藝術的影響。這種飛天以色彩造形，很少用線，多赤裸上身，有項光，手腳僵直。

印度瘤牛車窟

　　德文為 Halle mitdem Zebuwagen，這是德國人對克孜爾石窟 149A 窟的稱呼。

仙道王與王后圖

　　出自克孜爾石窟 83 窟主室正壁，高 290 公分。

　　畫面較大，環繞中心主題畫和周圍的數層裝飾花樣占據整個正壁，其左右兩側的花紋延至側壁。主題畫中心為國王，坐在靠椅寬大的高座上。國王後面和靠椅間置放箜篌。

　　背景的上端可見宮殿式的柱廊、房子。國王的面前有拿著飄帶輕歌曼舞的女子，後面有三個手拿著圓盤與拂塵的侍女。國王的腳下坐著兩個女子，各舉一隻手在伴唱。王座右側的上下坐著出家的男女各一人，後面的人正在給他們剃髮。（見圖57、圖58）

圖57　克孜爾石窟83窟——仙道王與王后局部（1906年德國勒庫克等人盜走）

龜茲文化詞典

五畫

圖 58　克孜爾石窟 83 窟——仙道王與王后（1906 年德國勒庫克等人盜走）

此件現藏德國柏林亞洲藝術博物館。

仙人設肴膳供養故事畫

這幅畫繪在克孜爾石窟 38 窟券腹的菱形格內，畫面為佛坐方座上，結跏趺坐，頭上有一團形花樹的寶蓋。佛的身旁半跪著一個束髮、滿臉長鬚的婆羅門，雙手高舉一盤。盤中放著各種食品，正向佛作供養。故事出自佛經《撰集百緣經》。故事的內容如下：世尊告諸比丘，昔波羅奈國有佛出世，號曰帝幢，將諸比丘，遊諸聚落，於其路次，值一仙人，見佛世尊，心懷歡喜，前禮佛足，設諸肴膳，供養佛也。

[丶]

漢人渠

位於新疆沙雅縣喀拉黑炭巴扎之西，地名曲魯巴哈，為西漢時屯田留下的遺址。參見「漢龜茲屯田」條。

漢風飛天

這是龜茲佛教藝術受中原佛教藝術影響後產生的一種飛天形象。

這類飛天多為女性，圓臉曲眉，頭戴寶冠，有項光，上身赤裸，雙手合十，下身穿長裙，曳地不露足，天衣飛揚，最具動感。

漢風飛天主要出現於漢人開鑿的庫木吐喇石窟中，和敦煌飛天大同小異。

漢式千佛

千佛是龜茲石窟中常見的題材，如在克孜爾石窟的晚期石窟中，千佛逐漸替代早期石窟的只崇拜釋迦牟尼佛一佛的傳統，成為壁畫的主要題材。但是在表現形式上漢風洞窟中的千佛是漢族傳統的式樣，而龜茲風洞窟中千佛則可稱為龜茲式的，兩者繪畫形式迥然有別。

漢式千佛大多不畫方形邊欄，僅以千佛的形體形成豎成行、橫成列的布局。千佛的形象比較一致，用色雷同，且又多畫在白色壁面上，色彩單調而缺少變化。在構圖上畫面留有一定空白，注意經營位置，講究筆墨情趣，在設色上清淡典雅，可以說這是漢族傳統繪畫的手法。此外，漢風洞窟的千佛絕大多數畫在主室券頂的左右券腹上，有的畫在主室左右壁，整體布局上也顯示出自己的特點。

漢龜二體錢

1980 年 6 月，張平先生在輪台縣「侖頭古城」採集到一批窖藏的漢龜二體錢（又稱龜茲五銖）共 220 枚，係銅質澆鑄，鑄幣圓形、方孔，均具有狹緣、廣串、薄肉的特點，其肉厚約 0.1～0.15 公分。1983 年，新疆維吾爾自治區博物館文物隊調查巴楚縣托庫孜沙來遺址時又獲得兩枚漢龜二體錢。一枚圓徑 1.8 公分，穿 0.7 公分，重約 1.8 克；另一枚圓徑 2 公分，穿 0.8 公分，重約 2 克。「五銖」和龜茲文「20」同鑄於面上，背面無字。1986 年 4 月下旬，庫車縣文管所在離所約 500 公尺的高大寺下發現萬餘枚漢龜二體方孔銅錢，絕大多數為紅銅質，盛在一個兩端無底的紅陶水管內，正面漢文篆字穿右「五」，穿左「銖」，背龜文穿上「o」，穿下「e」。有廓，正面有內廓，除極少數有好廓外，絕大部分無好廓。背面內好周廓，按尺寸大小可分為五種。

綜觀出土的大量漢龜二體銅錢的特點是：

1. 鑄幣形制係承繼中原秦漢圓形方孔的特點。正面大多無內廓，顯然是在漢五銖貨幣體系基礎上鑄就，但又具有本地特色，幣面鑄有龜茲文。就大多數漢龜二體錢觀察，正面鑄漢文篆字「五銖」，背面鑄龜茲文「20」。「2」為龜茲文「50」的意思，「0」為一度量單位，因此「20」為 50 個「0」單位，當與正面漢文「五銖」等值。這樣「0」即相當於中原的「絫」，十絫合一銖。不過也有少數銅錢上的文字布局與此不同。有一種布局是漢文與龜茲文均鑄於正面，穿上為「2」，穿下為「0」；穿右為「五」，穿左為「銖」，背素無字。另一種是僅鑄龜茲文於背面，正面素面無漢字，被稱為龜茲一體錢。從這些情況看，可知龜茲貨幣深受漢代貨幣制度的影響。而龜茲自漢至初唐的貨幣發展變化，即漢五銖——仿漢小五銖——漢龜二體錢——龜茲文一體錢。主要是受中國中原貨幣發展規律的制約支配，所以龜茲貨幣史是中國貨幣史不可分割的一部分。

龜茲文化詞典
五畫

2. 漢龜二體錢全為銅幣，為龜茲所鑄。大概始鑄於東漢末、三國時，通行於兩晉南北朝，盛行於4～5世紀的南北朝前中期，鑄止下限在南北朝晚期或隋朝。流通下限約在7世紀中葉的初唐，所以在庫車蘇巴什佛寺遺址的發掘中，可以看到唐朝錢幣與漢龜二體錢共存於同一文化層內的現象。

3. 據龜茲境內出土大量的漢龜二體錢，可知在3世紀後，商品經濟已深入到龜茲各族居民的日常生活，所以需要大量的銅錢投入流通領域，同時也標誌著龜茲地區貨幣經濟的發展。

漢龜茲屯田

龜茲東接輪台，西鄰姑墨，南靠精絕，北連烏孫，位於絲綢之路北道中樞，地位十分重要，向為匈奴貴族所控制，所以校尉賴丹屯田輪台時，匈奴嗾使龜茲貴族殺害賴丹，並盡力阻止屯田軍向龜茲發展。因而西漢於西元前60年統一西域後，於龜茲東南境屯田。這是輪台屯田向西的擴大和發展。黃文弼先生在《塔里木盆地考古記》中說，1930年在沙雅縣英業古城東北發現有「長達二百華里之古渠……在渠旁及遺址中，曾覓出漢代五銖錢及陶片」。當地維吾爾人民稱之為「黑太也拉克」，即漢人渠之意。1949年後，考古人員仍見沙雅漢人渠長200多公尺、寬達8公尺、深達3公尺。可見這裡曾經是西漢大規模屯田地區。

漢龜茲都城

《漢書·西域傳》稱：「龜茲國王治延城，去長安七千四百八十里。……東至都護治所烏壘城三百五十里。」

延城究竟在今何地？

《欽定皇輿西域圖志》卷15《疆域八》「龜茲」條說：「大抵延城，伊邏盧城故址，當在今額什克巴什郭勒之東，阿巴特、托和鼐間，而庫車特其西境爾，是以《魏書》稱其東有輪台，見輪台逼近延城之東，而《漢書》東至烏壘城三百里，可無疑於計里之太近也。」額什克巴什郭勒即東川水（城上河），今阿巴特（阿爾巴特）西距庫車城100公里，托和鼐西距庫車城30公里，阿巴特與托和鼐之間的距離為70公里。如果從輪台逼近延城之東來看，可假定漢代延城位於阿巴特或其附近。阿巴特距庫車100公里，而策大雅（烏壘城故地）距庫車240公里，從240公里中除去100公里，尚餘140公里，等於358古漢里（今1公里等於2里，1里等於漢唐1.279古里）多一點，正與漢代延城距烏壘城「三百里」之數約略相符。這是周邊寬先生的說法。

《水經注》卷2《河水》說：「東川水……枝水右出，西南入龜茲城……故延城矣……又東南流徑於輪台之東也。……又東南流，右會西川枝水。……又東南徑烏壘國南，治烏壘城。……又東南注大河。」枝水右出，即今城上河，西南入龜

茲城，即今之庫車城。右會西川枝水，是古時城上河流於輪台之東，右會渭干河，即西川水，直至野雲溝之南入塔里木河。現在流至輪台之東，入塔里木河為渭干河，城上河流至庫車與輪台間草湖即止，此古今易勢也。在庫車之東北城上河旁，地名皮郎，亦名哈拉墩。有大土墩一，四周均為居民住宅，上有古房址，在墩上遠見有城牆一線，南北行，約有二三公里長。……東川水即今銅廠河，由銅廠河分出西南流之城上河，即《水經注》之東川枝水。現城上河由蘇巴什西南流入庫車城，與《水經注》所稱枝水右出入龜茲城完全相合。是現在之庫車城，即漢時之延城也。這是黃文弼先生的說法。

後來，黃文弼先生又在《新疆考古的發現》一文中斷定庫車的皮郎舊城即《水經注》之龜茲城，亦即《漢書‧西域傳》所述龜茲王所治之延城。

漢姑墨屯田

漢建始三年（西元前 30 年）烏孫發生內亂，小昆彌附離被其弟日貳殺害。漢朝派段會宗出使烏孫，立附離子安日為小昆彌，日貳逃往康居。《漢書‧西域傳》「烏孫國」稱：「日貳亡，阻康居，漢徙己校屯姑墨，欲候便討焉。」可知為了防禦日貳發動叛亂，西漢政府決定派己校率軍一千人屯田姑墨，準備討伐烏孫反漢的分裂勢力。

西漢在姑墨屯田後，儲備了充裕軍糧，從而漢建昭三年（西元前 36 年）西域副校尉陳湯出兵進攻潛居康居的郅支單于時，並沒有徵調內地士兵及糧食，只是調用了城郭諸國士兵及龜茲境內屯田吏士，分兩路進攻郅支城，一舉攻下了郅支城，消滅了匈奴郅支單于。這次戰役之所以很快勝利，主要得力於屯田，既有充足的軍糧，又有徵之即來的屯田士卒。同樣漢成帝建始四年（西元前 29 年）烏孫小昆彌安日使貴人姑莫匿等三人詐亡從日貳，刺殺之。都護廉褒賜姑莫匿等金人二十斤，繒三百匹。這次勝利顯示了姑墨及龜茲境內其他屯田軍的巨大力量。

漢歸義羌長印

在沙雅縣於什格提遺址內發現一枚「漢歸義羌長」印，銅質篆文、臥羊紐。當時居住在崑崙山北麓的羌族，稱為「南山羌」。「漢歸義羌長」是漢朝賜給羌族某個酋長的官號。這些印章表明當時西域各國自王以下都是漢朝中央政府正式任命的地方行政官吏，其國王的地位相當於內地的諸侯王。（圖 59）

圖 59　漢歸義羌長印

漢族供養人像

庫木吐喇石窟 46 附 1 窟位於大千溝內北側崖壁上，與 45 窟小谷南北相望。此窟為中心柱形窟，主室高大，券腹作縱券形。頂下端與左右側壁上端連接處，作雙層疊澀，其上加飾半圓形凸棱。主室前壁不存，券腹大部殘去。東、西側壁上部也已塌毀。主室正壁上部岩石開裂、塌毀。

此窟在清理積沙中，曾發現有用織物包裹的骨灰、棉紗線團、木梳和壁畫殘塊。壁畫殘塊發現於主室正壁下方，壁畫殘存四身女供養人像。供養人束髮於頂，結成一髻，墜向腦後。額頭上方的頭髮中，橫插一木梳。衣服寬博、交領。左手握拳，似擎一花。畫面僅用墨線勾勒，未敷彩。供養人像前，有豎寫的長條形漢文榜題。殘存的文字為：

第一身：「□□趙什四」

第二身：「新□□□□」

第四身：「寶妹梁寶妹」

供養人的服飾，顯然是漢式，題名中的「趙什四」，也應是漢人。此窟發現的木梳遺物形式，與壁畫中供養人頭上的裝飾相同，說明壁畫與木梳應為同一時代的遺存。這個石窟應是當時漢人所開鑿的。

立佛像

龜茲石窟壁畫中的立佛像，根據不同款式可以分成以下幾類：

1. 單獨一身的立佛像

克孜爾石窟 48 窟中心柱後壁畫有立佛像。立佛頭上有高髻，袒露右臂，僧袍的下擺鑲有寬邊，袍上無皺褶，使人產生一種厚重感。立佛頭上有傘狀寶蓋，邊沿繡出花紋，並做出小摘子。立佛的雙足踏著一個蓮盤。克孜爾石窟 14 窟窟門上壁也畫有立佛像。立佛肌體豐滿，臀部聳起，有曲線感，加上深淺不同的暈染，使人生一種呼之欲出的感覺。克孜爾石窟 185 窟為一個小型縱券頂支提窟，窟內左右兩壁畫立佛。立佛的頭上有傘形寶蓋，似用錦緞繡成，鑲有繡花寬邊，內有綵帶飄出。立佛袒右臂，手作「轉法輪印」，赤雙足，身體的裸露部分稍做暈染。

2. 有供養者的立佛像

克孜爾石窟 229 窟主室右壁畫有立佛像。立佛穿通肩大衣，赤雙足站蓮花上。立佛的背光用三條粗線畫成，項光為紅色，

外加一條白色粗線。佛的身旁畫出供養菩薩和三寶標、天雨花等。克孜爾石窟69窟後室左壁畫出一軀立佛，眉毛高挑，眼睛上斜，腰身細，臀部大，加上用線條表現出來的曲線，使之具有女性的美。立佛身旁有一供養比丘，肥頭大耳，豐頤厚頜，身體粗壯。庫木吐喇石窟38窟左甬道左壁畫有立佛，臉長而圓，眼細長，鼻梁通於額際，嘴緊閉，面露笑容，眉目清秀，安詳慈愛。立佛的手作「轉法輪印」，旁邊有供養諸天。克孜爾石窟188窟的正壁畫有大立佛。大立佛的高度在1.5公尺以上，相當於一個較矮的人的身材。大立佛或通肩，或袒右臂，赤雙足站在兩個蓮盤上。大立佛的背後畫出項光、背光，頭上畫有天宮牆欄。兩個大立佛之間畫有一個供養菩薩頭像。

3. 背光有小立佛的立佛像

克孜爾石窟123窟右壁畫有立佛。立佛無項光，背光裡畫出無數個小立佛。立佛身旁有供養比丘和供養菩薩。供養菩薩打扮得雍容華貴，頭戴寶冠，寶冠上有五個用珍珠串成的環，還有三行珠串縛在額間，耳上也掛著金環、珠貝，一身珠光寶氣；供養比丘則樸素大方，深灰色的袈裟鑲著淺灰色的邊，頭上與項間無任何裝飾物，只是在他的頭旁空間中下垂著一朵朵蓮花。

立佛像板畫

出自克孜爾石窟27窟上方窟，縱46.3公分。此板畫發現於婆羅米文書籍的抄寫本上。出板畫的石窟已毀壞。

板畫上的佛身材魁梧，站在橢圓形的蓮花座上，頭稍傾向右前方，左手舉至齊眉處，右手在胸口捧著缽。左手的食指和中指間纏著縵網，腰稍偏向一邊。長及小腿的偏袒纏在右肩上。上衣有兩層，下穿裙，有頭光和身光。

板畫上方橫寫著一行龜茲文題記。

此件現藏德國柏林亞洲藝術博物館。

禮拜

為近年在（克孜爾石窟谷內區蘇格特溝內）105窟發現的兩方漢文題記。該窟為方形僧房窟，因位於溝內西側崖壁的最高層，既能遠眺「千淚泉」，又可俯視流過的泉水，兩方題記便分刻在窟內西、北壁，所寫日期分前後兩天，有些字雖被煙垢覆蓋，但尚能辨認。從字體來看，當處於一人之手筆，而這人便是自稱歸官的王進。這位名不見經傳的邊吏，可能是一位在安西都護府任職的漢官，在返回中原之前，遊覽克孜爾石窟，先後兩次登臨該窟時題寫。從內容上看，這兩方題記是王進藉以排遣胸中的悶氣，與我們所要論證的問題關係不大。但題記中出現「忽耳入山泉」之句，卻使人進一步加深了「千淚泉」

即為文獻上記載的「滴溜成音」地方的印象。

如果這一推測能夠成立的話，那麼，克孜爾石窟極有可能便是耶婆瑟雞寺。

總之，從克孜爾石窟的地理環境考察，與文獻上記載的耶婆瑟雞寺情況甚為接近。

西壁一方：

吾三日款行入山……

忽耳入山泉……

徘徊躅處……

聖庸不可……

安定蜀……

歸官王進……

四月十三日禮拜北壁一方：

開元十四年四月十四……

禮拜窟

支提窟的另一種稱呼。由於在支提窟中都塑有或畫有佛像，便於佛教信徒們禮拜之用，所以又把支提窟叫做禮拜窟。詳情參見「支提窟」條。

頭尾爭大譬喻故事畫

這幅畫繪在克孜爾石窟77窟主室券頂下部，畫面為一黑色蛇匝繞於物，頭欲前而不能，尾欲後則止，作互不相讓狀。故事出自佛經《舊雜喻經》。故事的內容如下：過去有一條蛇，頭與尾互相爭吵。頭對尾說：「我比你重要，我比你大。」尾也對頭說：「我比你重要，我比你大。」頭說：「我有耳能聽，有目能視，有口能食。爬行時，我總是在前頭，所以說我比你大。你沒有這些本事，不應該說比我大。」尾說：「我叫你爬行，你才得爬行。如果我尾巴繞在樹木上，一連三日，看你怎麼去爬行。」這樣，頭一動也不能動，不得去尋食，餓得快要死去。於是，頭對尾說：「你就放開吧，算你重要，算你為大。」尾聽了後便放開身體。這時，頭對尾說：「既然你比我重要，比我大，我就聽你的，你在前頭爬行。」於是這條蛇是尾在前、頭在後，倒過來爬行。這樣，沒有爬行幾步就掉入火坑中，被燒死了。這個譬喻是說：有的聰明大德上座，能斷法律，下有小者，不能順從，上座力不能制，便語之言，欲爾隨意，事不成濟，俱墮非法，喻若彼蛇墜火坑也。

[ㄏ]

弘

1世紀中葉的龜茲國王，後被莎車王賢所殺，屠其族，滅其國，並以自己的兒子為龜茲王。《梁書·諸夷列傳》記載：「龜茲者，西域之舊國也，後漢光武時，其王名弘，為莎車王賢所殺，滅其族。」

弗沙提婆

龜茲高僧鳩摩羅什的弟弟。鳩摩羅什的父親鳩摩羅炎原為印度的婆羅門族，世襲高位，但是他棄相位出家，東渡蔥嶺，遠投龜茲，被龜茲王迎為國師，後來和王妹耆婆結婚，生鳩摩羅什和弗沙提婆兄弟二人。

台台爾石窟

位於拜城縣克孜爾鄉東北約 6 公里處，與克孜爾東南 9 公里處的克孜爾石窟恰好置於南北一條直線上。克孜爾石窟開鑿在木扎提河北岸的斷崖上，台台爾石窟則坐落於這一斷崖頂部向北延伸出去的戈壁丘陵上，兩者的高差在百米以上。（圖60、圖61）

圖 60　台台爾石窟

圖 61　台台爾石窟佛寺

台台爾石窟附近的岡阜丘陵屬於額特爾山的南麓餘脈。窟群周圍都是低矮的丘阜，南面是一片戈壁灘。距離窟群 200 多公尺的戈壁灘的前緣，有泉水潺潺流過。泉水之南是一片綠洲，田疇相望，樹影婆娑；泉水之北是戈壁丘陵，童山濯濯，荒涼肅穆。

石窟群的範圍，東西長約 400 公尺，南北寬約 160 公尺，洞窟分布在東西兩座山丘上。西丘較東丘微高，約 30 公尺上下，頂部有一座寺廟遺址，曾撿到刻有勿爾渾文字的陶片。

洞窟開鑿於東、西山丘的半腰。大部分洞窟窟口向南，少數洞窟坐西朝東。洞窟距離山丘下地面雖僅 10 公尺左右，因山坡上滿是小卵石與風化的石屑，攀登頗為不易。

台台爾石窟殘存洞窟計 18 個，我們自西向東依次編號。這些洞窟中窟形較完整或保存壁畫的有 1、5、10、11、13、15、16、17 八個窟，餘皆殘破。

現在把尚殘存有壁畫的洞窟做介紹。

5 窟為一中心柱型禮拜窟，其後甬道後壁西段殘存四身人物的項光遺蹟，上方有一條葉狀紋裝飾帶，它以弧形線分隔成組，每相鄰二組的顏色不同。後甬道前壁上端 30 公分高度範圍內存有火焰紋。壁畫內容似為佛涅槃後的荼毗場面。火焰紋上方也有一條葉狀紋裝飾帶。甬道的券頂部分，中段繪有供養寶蓋。券頂西端，繪有

169

一身供養天，右手持花缽，與其相對稱的東端部分，壁畫已殘破，似也為一身供養天。後室東甬道券頂部的殘畫是菱形格山巒，菱形山中繪有樹木與水池，有的還繪有小鳥，但無人物與故事情節。中脊處繪有白色大雁，作引頸向外、展翅飛翔狀。

　　13窟為一有前室、主室、後室的中心柱型禮拜窟，其前室的後壁即主室門道入口兩側的壁面下端，沿牆腳繪有紅色裝飾帶，高約14公分。西壁下方接近地面處有石青色殘跡，故知前室中不僅繪紅帶為飾，可能還繪有壁畫。主室門道靠近左右壁牆腳的地坪上和左右壁下端的牆腳處，各有一條紅色裝飾帶。門道西壁上方有人物項光的殘跡。主室後壁大龕內左右壁和頂部，繪交錯重疊的平頂山巒，山中有樹，但無人物。主室左壁畫面大部分存在，繪的是山中塔，塔中有坐佛。值得注意的是，山形有了變化，高聳的卵形山頂已變成平頂，山巒的兩側邊為下凹的弧線。今存山巒共三橫排，每排七座。每座平頂形山巒中有覆缽塔，塔剎上懸掛雙幡，塔身正中有一楣拱龕，楣拱兩端以龕柱承支。龕中一身結跏趺坐佛，著通肩衣，做禪定印。最上一排平頂山巒的山頂與山頂之間的半圓形部位內，繪有樹木和對鳥。券頂中脊壁畫僅存前段，內容自外向裡為：日神、風神和火神。日神正面端坐於四馬雙輪車中，頭部已殘缺，左手撐於右胯部，右手高舉。身後有圓形放射狀光芒。風神偏於中脊西側，舞動著一條巾狀物。火神亦偏西，斜向而立，身後與雙肩生出火焰。整個券頂繪以菱形山巒為背景的佛本生故事。右券頂所存一幅，畫面為中立一人，赤裸上身，雙手合十，跣足，立於折疊著的衣物之上，身後為舟狀光焰。兩側下方各有一龍王，龍王頭部上方繪出蛇形的頭。左券頂壁畫基本完好，可惜壁畫上煙炱太厚，畫面內容大部分難於辨認。參照龜茲石窟中常見的佛本生故事的畫面構圖，可以識別出的有：一國王乘象奔馳於林間樹下始發道心的大光明王本生；捨身救護小猴的獅王本生；救渡賈人出海的龜王本生；燃臂當炬引迷路商人出危難的薩縛王本生；施捨親子的須大拏本生；施捨自身的一切施王本生等。疊澀底面繪的是供養天。後室西甬道狹窄的前壁上存有一人物的頭部。外側壁前端壁面上殘存有馬足與鞍韉。內側壁（中心柱西壁）正中殘有身光，似為坐佛之身光。南側上方有一交腳坐人物像。後甬道後壁殘有身光，據其形狀並參照龜茲同類窟中這一部位幾乎千篇一律的塑畫題材推斷，後壁原畫應是佛涅槃像。前壁（中心柱後壁）殘畫內容有棺木、火焰和白纏裹的佛軀體的局部。推斷此壁原畫應是佛荼毗場面。左甬道外壁北端有一龍王，頭部上方畫出六條兩兩相對的蛇頭。其右側是一交腳盤坐於象背上的武士，武士上身已殘，僅殘存套有護腿的腿部。武士的右側是一女子。女子南側和武士與女子之間的下方，各有一菩薩裝人物像。外側壁南下角繪有一樹，內側壁（中心柱東壁）裡側畫一坐佛。佛右側畫七身菩薩，分列兩排，皆面向佛像。頂部尚殘存一寶冠和一

飄帛，券頂原來似繪供養天。左、右甬道外側壁壁畫，可能表現的是佛涅槃後「八國國王爭舍利」的情節。

16窟為一中心柱型禮拜窟，其主室左壁殘存一身人物像的項光與身光，從位置高度估計，可能是一身主佛像。其側殘有一身菩薩立像。主室正壁最上方的小龕右側，繪有兩身禪定小坐佛。主室前壁東段繪一身主佛，東壁繪一身立佛像。後甬道的外側壁繪有立佛像，右甬道外壁為二身，右甬道右壁為一身、後壁為三身、左壁為一身。左甬道外壁為二身。這樣，共計九身。中心柱右壁龕外下方，繪一人側身橫臥於床上，頭部有髻，右手支頤，著著長衣，有項光兩圈和身光一圈。中心柱正壁券拱形大龕的上方外沿，以線條畫出龕楣，楣尾兩端上捲，龕楣與龕上沿之間繪出黑圈。在最上方的小龕兩側和東上角小龕的東側，各繪出一身禪定小坐佛。在大龕下部的壁畫上，僅西側還有一些殘畫，可以見到臥佛的局部身光和模糊的雙足，畫面應是涅槃時的情景。佛兩側有一樹，樹下跪一比丘，著紅色袈裟，偏袒右肩。中心柱東壁龕內的側壁上殘存一塔剎，其上懸著一條飄舞的繒幡。中心柱左、右、後三壁和三壁的大小龕內部刷白灰。每個龕的龕內正壁上都繪有帶黑紅二色圓點的花樹，每個龕的外周一圈都飾以紅色邊框。主室與後甬道外周壁畫都是雷同的主佛像，每相鄰的兩身主佛之間又繪出塔、小佛像或供養人。每身主佛高約1.8～2公尺（包括項光），寬約1公尺（包括身光）。立佛肉髻為石青或石綠色。手指間可以見到肉膜，即三十二相之一的縵網相。除少數立佛的袈裟通肩外，餘皆右袒。主佛多一手托缽，一手做各種手印，皆跣足。立佛各有三圈項光、三圈身光。在中間較寬的一圈上繪有兩行錯開排列的白色小圓點。項光與身光中還有繪出化佛；項光中各畫四身，身光中化佛則八至十身不等。化佛的身姿、衣著、動作一如立佛。

立佛之間的其他題材如下：

1. 龜茲裝男供養人兩身，形象已很模糊；

2. 覆缽塔一，塔中楣拱龕內畫一結跏趺坐佛，著通肩衣，做禪定印；

3. 龜茲裝男供養人一身，下體殘，左手持香爐；

4. 禪定小坐佛一身，右袒；

5. 龜茲裝男供養人一身，通高56公分，髮後梳，下部已不清，左手撐於左胯部，右手似持一香爐，身穿齊膝長大衣，大衣右翻領，腰身緊窄合體，大衣顏色為肉色，上無花紋，領口、前襟和下擺處都有一條較寬的橙色鑲邊；

6. 禪定小坐佛一身，保存完好，穿雙領下垂袈裟，內著僧支，坐於覆蓮座上；

7. 龜茲裝男供養人兩身，左側一身左胯下似佩一短劍，右側一身左手撐於左胯部，右手持一香爐，腰間畫出一條細紅線；

8. 龜茲裝男供養人一身，右手持香爐，頭部已殘，軀模糊。上述畫面的背景空隙處，還繪有供養寶物和寶花。

17窟亦為一中心柱型禮拜窟，其現存壁畫幾乎都在後甬道中。後甬道的左、右壁（不包括上方半圓部分）繪交錯重疊的平頂山巒，今存五橫排，每排五至六座，每座山中有一覆缽塔。塔剎上懸掛兩條飄幡。塔身正中龕楣有一禪定坐佛，坐佛頭部多存，而袈裟均已刮去。此處壁畫構圖與13窟相似，色調亦以石青為主，只是塔上相輪較多，塔剎也略高一些，最上方一排每兩座山巒之間的半圓形部位，繪有生動的蓮花、禽鳥與水池。後甬道券頂與後甬道南壁上方半圓部分的壁畫題材相同，繪僧人和梵志於深山禪定的情景。此處山巒不是畫成呆板對稱的圖案式，而是有點寫實意味；峰巒或倚或直，重疊錯布。山間散布著一些草廬，每一草廬中坐一僧人或一梵志。僧人著圓領割截衣，梵志則裸露上身。他們似乎都已入定，對近在身旁的咆哮的虎、出洞的熊、躑躅的鹿和嚶鳴的鳥兒都視而不見，聽而不聞。此外，券頂上還繪有尖耳持劍的地夜叉和尖耳有翼的虛空夜叉。後者在龜茲石窟現存的壁畫中是首次發現。中心柱左壁、右壁和券頂交接處殘存一塊壁畫，上面畫有三身供養天，其中一身持有與阮咸相類似的樂器。

在台台爾石窟殘存的18個窟中，中心柱型禮拜窟為4個，占22%；方型禮拜窟為2個，占11%；僧房窟為5個，占28%；不明窟形的為7個，占39%。

綜上所述，台台爾石窟大致可分為早、中、晚三期。第一期可以稱之為「僧房窟期」，除了僧房窟外，其他類別的洞窟尚未出現。這期的特點是，洞窟為單窟，分布較散，位置稍高，主室為券頂。第二期除僧房窟繼續開鑿外，還出現了中心柱型禮拜窟和方形禮拜窟。洞窟形制上的共同特點是頂式豐富了，不僅有券頂，還有頂和梯形頂。中心柱型禮拜窟的壁畫題材，主室內有塔中坐佛、佛本生等，後室甬道頂有山中入定僧和飛雁、寶蓋等。方形禮拜窟平面多為橫長方形。這一期內，既有如第1期中那樣的單個、分散的洞窟，又出現了幾個洞窟毗連成一組窟的新形式。這種新形式中，主要是僧房窟與中心柱型禮拜窟的結合。第三期開鑿數量銳減，中心柱型禮拜窟主室頂部由券頂變成了平頂，內容題材則突出帶化佛的立佛，頂部出現了圓蓮新紋樣。

若將台台爾石窟與龜茲其他幾處石窟相比，可看出台台爾石窟第二期大致相當於龜茲石窟的盛期後段到晚期前段。由於未發現任何可提示開窟年代的銘刻或題記，台台爾石窟分期的進一步核實與校正，還有待於龜茲石窟分期問題的解決和它本身發掘工作的進一步開展。

尼瑞摩珠那勝

6世紀中葉的龜茲國王。《南史·夷貊列傳》記載：「龜茲者，西域之舊國也。自晉度江不通，至梁普通二年（521年），王尼瑞摩珠那勝遣使奉表貢獻。」

尼拘陀樹神佛傳故事畫

這幅畫繪在克孜爾石窟207窟中，畫面中佛身旁有一露半身之樹神。說的是波羅奈國都城，有一株尼拘陀樹，縱廣無節，四方以時祭祀供養，乞求男女，多所應驗。

出家決定佛傳故事畫

這幅畫繪在克孜爾石窟110窟中，畫面作太子床上欲起狀，後為助太子出家的天神，下屈膝合十者為車匿。說的是悉達多太子的夫人耶輸陀羅，告訴太子其所做八夢，堅定了太子出家的決心。

出遊四門佛傳故事畫

這幅畫繪在克孜爾石窟76、99、110、175窟中，畫面中太子騎馬出城，前蹲一老人、臥一病人，有二人肩抬一死屍，前站立一持缽比丘，為太子出遊四門的故事。相傳太子出遊時，分別看到一孕婦、一老人、一病人、一死人和一修行者，感到人生的生老病死的痛苦，希望能有解脫人生痛苦的方法，於是起了出家求道的念頭，想走修行者的道路。

《司坦因甘新考古史料輯要》

孫守先先生撰寫，刊登於1928年第一、二期的《地學雜誌》上。文章闡述了司（斯）坦因「1906年4月負其政府使命，入中國西疆考古，歸作《中國流沙考古記》」的路程中所經由的路線。其中談到「其歸程係由甘州、肅州、嘉峪關、安西，諸處西北行，至哈密，折而西，經吐魯番，焉者，曲折以至庫里（應為庫車），折而南，橫穿大漠以達渠勒，遂逆來時道而直至和闐。處此北行，再貫戈壁，以達阿克蘇，西行而南，經柯坪，葉爾羌，遄歸英倫。」

文章中還介紹了斯坦因在和闐、渠勒、尼雅、安得悅河附近、卡牆、凹石峽故墟、察哈雷克、密遠、羅布淖爾（泊）沙漠、疏勒河及南湖附近、長城極西舊址、千佛洞（指敦煌莫高窟）、安西附近等處的考古發掘情況以及所獲得的成果。

幼象助獅搏蟒本生故事畫

這幅畫繪在克孜爾石窟114窟券腹的菱形格內。故事出自《雜寶藏經》《根本說一切有部毗奈耶藥事》《佛本行集經》等佛教經典，又稱「幼象本生」「幼象雄獅本生」。故事內容如下：從前，一片大森林裡，住著大蟒、雄獅和幼象。蟒生性殘忍，專吞食迷路行人；而獅、象性情慈悲，樂施好善。一天，有五百商人遇狂風迷路，走入了這個大森林中，群商恐懼，嘈雜亂叫，結果驚醒了正在睡覺的大蟒。

龜茲文化詞典
五畫

蟒見食物到手，便把五百商人緊緊圍困成一團，準備一一吃掉，這一情景被獅子和幼象看見。獅子找幼象商量，決心救出這些遇難的商人。獅子說：「商人遇險，你我心中不安，救人生命是修善積德。但是我們都會因此而死掉，你願意這樣做嗎？」幼象點頭表示同意。獅與象一齊撲向了大蟒。獅子站到象頭上，用力猛打蟒的後腦，結果大蟒被打得腦漿崩裂而一命歸天。但牠口中噴出的毒氣把獅子毒死了；由於獅子站在幼象頭上，用力過猛，把幼象的腦殼踏碎，幼象也在疼痛中死去。五百商人得救，個個興高采烈，他們為報答獅和象的救命之恩，便收拾其遺體築塔埋葬。

克孜爾石窟17窟壁畫中所繪的這幅本生故事畫，由兩個局部組成：上部是大蟒正欲吞食被圍困的商人，商人們驚恐呼救；下部是幼象頂獅，正勇敢地和蟒搏鬥。畫面層次豐富，形象生動，氣氛緊張，相互間的關係和激烈的衝突在特定的環境中清楚地表達出來。色塊和線條的有機結合，使構圖動靜有別，主次有序，達到了畫面的和諧與統一。（見圖62）

圖62　克孜爾石窟114窟——幼象助獅搏蟒

母鹿捨身不失信本生故事畫

這幅畫繪在克孜爾石窟224窟券腹的菱形格內。故事出自佛經《經律異相》。故事的內容如下：過去有幾百隻鹿生活在一起，牠們到處隨逐水草，有時也跑到村邊吃草喝水。有一天，國王帶領大隊人馬外出遊獵，追逐鹿群，群鹿驚恐萬分，各奔東西。當時，有一頭母鹿，正懷孕有胎，因持續奔跑，疲倦不堪，又饑又渴，一時間肚痛難忍，生下兩隻小鹿。母鹿為了母子性命，懷著恐懼的心情，到處覓食，不小心墜入獵人陷阱，悲鳴哀號，不能逃脫。獵師聞聲，即刻來觀看，看見一頭母鹿陷於阱中，心裡異常高興，動手欲殺。母鹿向獵師叩頭求饒道：「可憐我剛剛生下兩隻小鹿，因年幼無知，生活尚不能自理，現在還離不開我的照顧和撫養，請求你先把我放了，讓我回去看一看牠們，給牠們吃些東西，並告訴牠們將來如何喝水吃草，然後我再回來赴死，說到做到，絕不違背我的誓言。」獵師聽了，感到十分驚怪和好笑，對母鹿說：「一切世間之人，都不誠實可信，何況你母鹿這樣的畜生，從死裡逃出去，還會回來就死嗎？」母鹿回答說：「如果你讓我回去，兩隻小鹿即可成活。如不放我，兩隻小鹿只有死了。」獵師聽了，更感奇異，覺得母鹿貪生怕死，便對母鹿說道：「你巧偽無實，奸詐難信，虛華萬端，狡猾至極，愛身重死，人都做不到的，更何況你禽獸，去了還能歸來嗎？」堅持不放母鹿歸去。母鹿再次流下了眼淚，嘆道：「我雖然身為畜生，但我知道傷天害己、知恩必報的道理。如果你放我而我不歸來，豈不是罪大惡極了嗎？」獵師再次聽到母鹿的話，心中更加驚異，乃羞愧地說：「我雖然來到世上，脫生為人，但愚惑無知，忘恩負義，天天以殘害眾生殺獵為業，唯利是圖，貪求無厭，不知世有佛道。」他感母鹿之言，皆非常人所說，便趕忙前去，把母鹿從陷阱中放出，讓牠歸去了。母鹿回到小鹿處所，舐著小鹿的身體，低頭鳴吟，悲喜交集。母鹿就帶領著兩隻小鹿，找到有水有草的地方，教導牠們如何獨立地生活。在做完這些以後，母鹿便斷然離開小鹿而去。兩隻小鹿與母鹿戀戀不捨，悲痛至極，從後追趕母鹿，時而撲倒在地。母鹿見此情景，命令牠倆說：「你們快快回去，不可再來！再來，我們母子都難逃活命，我不忍心讓你們與我同死。你們該知曉：人世間皆有別離，我自己生來命薄，與你們無關，你們何必為此悲愁憂患呢！」兩隻小鹿更加悲痛，鳴啼不止，尋找到陷阱處，見到獵師正在林下躺著，母鹿立在旁邊，對他說道：「承蒙你放了我，使我得見到小鹿，為牠們指示了自立之路，今一切都已辦妥，我趕來就死，再也無什麼遺憾了，只是你有恩於我，這種恩義我是永遠不會忘記的！」獵師聽了，突然驚起，見母鹿篤信死義，志節丹誠，忠於慈行，捨生赴誓，母子悲戀之情，更感悲傷，叩頭說道：「今天，我真是遇見了天神，如此講究信義！對於天神，我豈敢有殺害之心，寧可殺我自己，怎能忍心殺害天神！」說完，獵師即放母

龜茲文化詞典
五畫

鹿歸去。母鹿與小鹿團聚一起，悲喜交集，思緒萬千，跪謝獵師離去。獵人把這事報告了國王，很快，全國上下，家喻戶曉，都感到母鹿恪守信義，品德高尚，莫不慨嘆。從此，國王命令禁止獵殺鹿。鹿在這個國家的土地上，到處自由自在地遊食水草，不再受到傷害。

克孜爾石窟 224 窟壁畫中所繪的這幅本生故事畫，表現的是母鹿舔子、幼鹿吮母乳這麼一幅十分感人的畫面。構圖簡潔明快絲毫無多餘之處，使人感到有缺一筆不妥、多一筆累贅的感覺。（見圖 63）

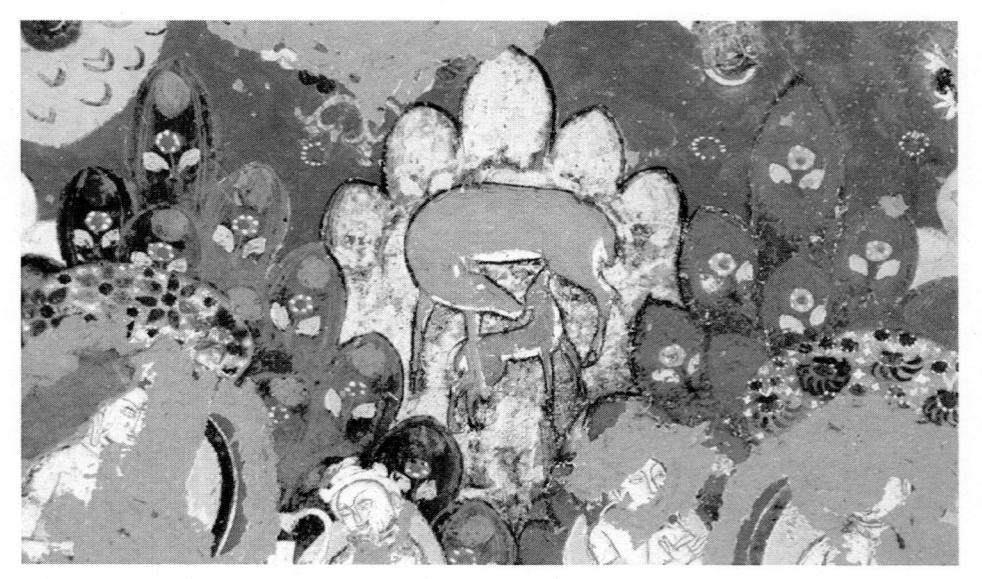

圖 63　克孜爾石窟 224 窟──母鹿捨身不失信

聖友以乳施辟支佛本生故事畫

這幅畫繪在克孜爾石窟 14 窟券腹的菱形格內。故事出自佛經《賢愚經》。故事的內容如下：很久很久以前，在波羅奈國的仙人山中，常年居住著一位辟支佛（獨立修行成的佛）。他長久身患重病，有一天，他趕去詢問藥師。藥師耐心地告訴他：「你患的是風病，必須經常服乳。」當時，這個國中有一位善人，名叫阿利那蜜羅，意即聖友。為了求乳，辟支佛前往聖友家中，訴說了自己的病情，希望能從聖友家中得到乳。聖友聽後，異常歡喜，對辟支佛予以精心照顧與養護，天天請辟支佛喝奶。時過三月，辟支佛的病情日漸好轉。辟支佛對善友的一片好心，非常感激。為此，他躍入天空，坐臥行立，

身出水火，一會兒變成大的軀體，充滿虛空；一會兒變成小的軀體，甚至可入秋毫之內。凡此種種，共表演了十八種變化。聖友見了，極為歡喜。以後，辟支佛又從空中下地，重新接受聖友的供養。經過很長很長時間，辟支佛終入涅槃。聖友無限悲傷，追念無量，遂收辟支佛的遺骨裝入寶瓶，並用各種香花、伎樂和寶物供養。還拿來大蓋，蓋在寶瓶上面，顯得更加莊嚴肅穆。就這樣，聖友一直不停地供養辟支佛。聖友這樣的行為，實為世間少有。因而他終於得到了福報。

克孜爾石窟 14 窟壁畫中所繪的這幅本生故事畫，表現為地上仰臥著身著袈裟的辟支佛，旁邊站立著聖友，他正俯身面對辟支佛，以勺餵乳。四周圍畫出一朵一朵的鮮花，似在襯托聖友的高尚的行為。

《絲綢之路：東西方之間的商路與文化橋梁》

德國波恩大學宗教學研究所所長克林凱特著，1988 年科隆出版。這是一本從龜茲石窟壁畫探討古代龜茲的民族與宗教以及在東西方文化影響下龜茲的獨特文化的專著。

六畫

[一]

西域

漢以後對於玉門關（今甘肅敦煌西北）以西地區的總稱，始見於《漢書·西域傳》。有二義：狹義專指蔥嶺以東而言。廣義則指凡通過狹義的西域所能到達的地區，包括亞洲中、西部，印度半島，歐洲東部和非洲北部都在內。漢武帝派張騫初通西域，漢宣帝始置西域都護。唐在西域設安西、北庭二都護。以後各代中原與狹義西域在政治、經濟、文化上都有著不可分割的密切關係。亞歐海運暢通前，橫貫西域的大路長期是東西方往來要道，便利了東西方經濟、文化的交流。自19世紀末以來，西域一名漸廢棄不用。

西漢初期，西域有三十六國，其後分為五十餘國。東漢以後，互相吞併，合為二十國。到北魏時，更減為十六國。至隋、唐，又分為四十四國。

西域諸國多為綠洲圍繞、以城市為中心的所謂「城郭」國家，故國小民寡，一般大國才有人口六七千戶，小國則不足一千戶。人民大多從事農業、畜牧業，也有商業。

西川水

《水經注》卷2《河水》中記載：「龜茲川水有二源，西源出北大山南……其水又東南流右會西川枝水，水有二源，俱受西川，東流經龜茲城南合為一水……」

現庫車有兩大河，西為木扎提河，發源於汗騰格里山東麓，東南流至克孜爾千佛洞，有克孜爾河來匯。克孜爾河發源於庫車北大山，南流於克孜爾山之西，入木扎提河，出雀爾塔格山口庫木吐喇為渭干河，水分三支，一支左派東南流於庫車縣城之南，入渭干河，而渭干河本身東南流，分一支水南流於沙雅之西，入塔里木河，而本身折東流於沙雅縣北，東流入輪台草湖。

木扎提河即《水經注》之西源，亦即西川水。出山口後之鄂根河即《水經注》西川支水左派。不過鄂根河為新河，西川支水之舊河床尚在稍南與渭干河駢比東趨，至輪台而合。然皆流於庫車城南，與《水經注》所說流入龜茲城南完全相合。且沿線古城遺址甚多，是西川支水左派北之龜茲城亦現庫車東郊之皮朗舊城矣。

西州龜茲

即高昌回鶻。《宋會要輯稿·蕃夷四》中說：「龜茲，回鶻之別種也，其國王自稱獅子王……或稱西州回鶻，或稱西州龜茲，又稱龜茲回鶻，其實一也。」是故，高昌回鶻兼有西州和龜茲都督府之地，因以名之。我們現在雖然還不十分把握史書中分稱西州回鶻和龜茲回鶻的原因，但龜茲和高昌兩地均屬高昌回鶻王國，這一點大概沒有疑問。

西域中道

《大事記續編》卷36中說：「從敦煌玉門關入西域，前有二道，今有三道。從玉門西出，經羌轉西，越蔥嶺，經縣度，入大月氏，為南道。從玉門西出，發都護井，回三隴沙北頭，經居盧倉，從沙西井轉西北，過龍堆，到故樓蘭，轉西詣龜茲，至蔥嶺，為中道。從玉門西北出，經橫坑，辟三隴沙及龍堆，出五船北，到車師界戊己校尉所治高昌，轉西與中道合龜茲，為新道。」

漢時西域有南、北兩道，魏晉時則變為南、北、中三道，其中北道、中道都要經過龜茲。

據《法顯傳》記載：後秦弘始元年（399年）法顯與其同行自長安出發，經河西走廊之涼州（武威）、甘州（張掖）、肅州（酒泉）、敦煌等地，循天山南道至鄯善（若羌），稍作逗留，又從鄯善折向北道，經烏夷（焉耆）、龜茲，又沿于闐河（和田河）越塔克拉瑪干大沙漠，到于闐。然後又從于闐經子合（葉城）、于摩（塔什庫爾干）、竭叉（喀什），復又竭叉還于摩，度蔥嶺，越新頭河（印度河），至印度。

法顯進入新疆後，為什麼先進入西域南道，後又折向西域北道呢？對這件事，羽溪了諦在《西域之佛教》一書中寫道：「南道之中部，即克里雅以東之路，常有流沙與吐蕃人之襲劫，行旅往來，頗為不安。」

法顯所走的這條路線就是西域中道。所以不論是西域北道還是西域中道，都要經過龜茲。

西域長史

《後漢書》卷118《西域傳》有以下記載：「乃以班勇為西域長史。……勇遂破平車師。自建武至於延光，西域三絕三通。（漢）順帝永建二年，勇復擊降焉者，於是龜茲、疏勒、于闐、莎車等十七國，皆來服從……」

可見，西域長史一職的設置自班勇起始。事實上，西域長史是執行已廢的西域都護的職務。當時，西域長史的治所在柳中城（今新疆鄯善西南之魯克沁）。此後魏晉和前涼均設有此官職。

西域北道

從中原通西域，漢時有南北兩道，龜茲居北道中。

《前漢紀》卷12中說：「自玉門陽關出西域有兩道行，從鄯善旁出南山西行至莎車為南道。南道西逾蔥嶺則出大月氏、安息，自車師旁北山西行至疏勒為北道。北道西逾蔥嶺，蔥嶺則出大宛、康居、奄蔡、鄢耆。」

唐玄奘當年西行的路線，走的就是西域北道。

唐玄奘於唐貞觀三年（629年）由長安出發，出玉門關，越莫賀延沙漠，至伊吾（哈密），入高昌（吐魯番）故地。翌年，過阿耆尼（焉耆），到屈支（龜茲）。

在西域北道中，龜茲居中心，地位十分重要。

《西域圖志》

清官修地方志，即《欽定皇輿西域圖志》。

該書始修於清乾隆二十一年（1756年），二十七年（1762年）初稿成，至民國十七年（1928年）增訂為今本。凡52卷。首4卷為天章，此下分為圖考、列表、晷度、疆域、山、水、官制、兵防、屯政、貢賦、錢法、學校、封爵、風俗、音樂、服物、土產、藩屬、雜錄十九門。記載範圍包括當時新疆全部，兼及甘肅嘉峪關以外州縣。資料皆根據當時實地調查考察所得。

該書卷15《疆域八》的「龜茲」條中記錄了大量有關龜茲的歷史古蹟，如「大抵延城，伊邏盧城故址，當在今額什克巴什郭勒之東，阿巴特、托和薾間，而庫車特其西境爾，是以《魏書》稱其東有輪台，見輪台逼近延城之東，而《漢書》東至烏壘城三百里，可無疑於計里之太近也」。這一段文字記述龜茲都城延城和伊邏盧城的位置，既引證了古代典籍中的記錄，又考察了實地勘查的結果，可信度極高，是研究龜茲文化不可缺少的資料。

《西域要考》

丁義明先生撰寫，載於《地學雜誌》1915年第六卷第三期。文章共分七節。第一節「西域名稱之起源」。第二節「西域國俗之匯類」，內云：「西域諸國，大率土著，有城郭。如溫宿、龜茲、莎車、疏勒，則城郭之國也。生長於斯，故云土著。」第三節「西域南道之路線」。第四節「西域北道之路線」，內云：「隨北山波河西行。北山即天山，河即塔里木河。隨著，傍也。波者，循也。言傍此山循此河而西也。」第五節「烏弋山離國別道路線」。第六節「條支國支道之路線」。第七節「車師後城長國新舊道之路線」。

西域都護

漢神爵二年（西元前60年），置西域都護作為代表中央政府統轄西域的最高軍政長官。《漢書》記其事說：「神爵中，匈奴乖亂，日逐王先賢撣欲降漢，使人與（鄭）吉相聞。吉發渠黎、龜茲諸國五萬人迎日逐王，口萬二千人、小王將十二人

隨吉至河曲，頗有亡者，吉追斬之，遂將詣京師。漢封日逐王為歸德侯。吉既破車師，降日逐，威震西域，遂並護車師以西北道，故號都護。都護之置自吉始焉。」

自漢宣帝至新莽時期，先後任西域都護的凡十八人，鄭吉、段會宗等都名重一時。

西域都護除了監督西域各地的行政外，還統帥中央政府在西域地區的駐防部隊。兩漢時期西域各地自君長以下各級官吏皆受漢朝中央政府及其代表西域都護的管轄和監督。西域各君長的代立都由中央政府選定或批准。

到唐代，都護一職權力更大，都護之下設副都護二人，掌貳都護事、長史司馬各一人，錄事功曹、倉曹、戶兵曹、法曹、參軍各一人，參軍事三人。

西方三聖像

畫在庫木吐喇石窟45窟右甬道右壁上，據《宗教辭典》的解說，西方三聖亦稱阿彌陀三尊，即：中為阿彌陀佛，左脅侍為觀世音菩薩，右脅侍為大勢至菩薩。

在庫木吐喇石窟45窟的壁畫上西方三聖的圖像已經模糊不清，但榜題仍清晰存在，有漢文「南無觀世音菩薩」「南無阿彌陀佛」的題名。

西夷僻守捉

唐龜茲都督府轄下六大守捉之一。據《新唐書·地理志》稱：自東夷僻守捉西「又七十里至西夷僻守捉」。輪台縣「闊那協海爾古城」西北約25公里的拉伊蘇河東岸有一座戍堡和兩座烽火臺矗立的共存遺址。從這個遺址到恰庫木排來克的東夷僻守捉所在地為35公里左右。這座拉伊蘇戍堡，邊長300公尺，現僅殘留下四個城角的戍樓遺址。戍堡內出土文物很豐富，有鐵刀、弓箭等兵器，有鐵犁鏵、鐵鑔頭、鐵鐮刀等農具，和大量的陶罐、紡輪、石磨穀物加工用具等生活用具，同時還出土有「開元通寶」「龜茲小銅錢」「漢龜二體五銖錢」，唐代銅鏡殘塊等，可以斷定這是一座唐代戍堡，可能即是西夷僻守捉所在地。在戍堡四周，至今仍然可以看到唐代戍卒開挖的溝渠和田埂，面積超過千畝。

在西夷僻守捉城還有兩個相距不遠的烽火臺。一座殘高約8公尺，邊長約6公尺，呈方形的烽火臺，在其下的居住遺蹟內，曾採集到東漢的剪輪五銖銅錢，因而可以斷定這座烽火臺屬漢朝，可知從漢朝起這裡是一個軍事要地。而位於東側的烽火臺，殘高約14公尺，平面呈梯形。用土坯疊砌，每塊土坯長35公分、寬25公分、厚11公分，土坯層內間隔著夾有數層木樁。1986年12月新疆文物考古研究所將木樁交北京中國文物局文物保護技術研究所實驗室進行碳14測定。測定數據：距今

1220±70年；樹輪校正，距今1155±75年。因此，這座東側的烽火臺屬唐代的建築。

西國龜茲樂

據《隋書·音樂志》的記載，隋朝初年有三種龜茲樂，即西國龜茲、齊朝龜茲和土龜茲。顯然，這三種龜茲樂都是由龜茲傳入中原的。其所以分為三種，是由於傳入的時間先後不同，而且在傳入後與漢族音樂和中原其他少數民族音樂融合的情況不同而造成的。西國龜茲是北周武帝宇文邕娶突厥可汗女為皇后，突厥可汗將龜茲樂隊包括舞蹈、歌唱演員作為陪嫁的嫁妝送到長安來的。宇文邕於北周保定五年（565年）娶突厥可汗女為皇后到隋統一中國，只有24年，時間是不算長的。由於這種龜茲樂是新從西方的龜茲傳來的，所以被稱為西國龜茲。它所保留的龜茲樂的原來情調是最為濃厚的。

《西域風土記》

書名。東漢班勇撰。久佚。漢安帝時，班勇主西域長史，曾聯合西域各國，擊敗北匈奴。一生久居西域，足跡遍各地。至漢安帝末，將親身見聞寫成此書。范曄撰《後漢書》，即據此書寫成《西域傳》。

《西域水道記》

清代徐松撰，5卷。

徐松（1781～1848年），字星伯，順天府大興縣人。清嘉慶十年（1805年）進士。清嘉慶十七年（1812年）因事遣戍新疆，赴伊犁。出玉門關後，即隨其所至的地方，用小冊子記下所經之山川河道，著成《漢書西域傳補註》《西域水道記》。

《西域水道記》以羅布淖爾（羅布泊）、哈喇淖爾（敦煌西北）、巴爾庫勒淖爾（巴里坤湖）、巴勒喀什淖爾（巴爾喀什湖）、塞喇木淖爾（賽里木湖）、宰桑淖爾（齋桑泊）、特穆爾圖淖爾（伊塞克湖）等十一個湖泊為綱，敘述甘肅嘉峪關以西和當時新疆地區水系，並附有地圖。凡有史可考者，亦加引證，為研究新疆歷史地理的重要參考書。

徐松曾考察過龜茲的河道與古蹟，他在《西域水道記》中說：「赫色勒（克孜爾的異譯）河，又南流三十餘裡，經千佛洞西，緣山法像，尚存金壁。」又說：「渭干河……經丁谷山西，山勢斗絕，上有石室五所，高丈餘，深二丈許，就壁鑿佛像數十鋪，瓔珞香花，丹青斑駁。」可見他曾親歷了龜茲的克孜爾河和渭干河，並拜謁了龜茲的克孜爾千佛洞和庫木吐喇千佛洞。

西域都護府

漢神爵二年（西元前60年），中央政府主張更有力地控制西域各國，設置此一行政管轄機構。治所在烏壘城（新疆輪台縣之策大雅）。《漢書·西域傳》記其事

說：「都護督察烏孫、康居諸外國動靜，有變以聞。可安輯，安輯之；可擊，擊之。都護治烏壘城，去陽關二千七百三十八里。與渠犁田官相近，土地肥饒。於西域為中，故都護治焉。」

都護府管轄玉門關、陽關以西天山南北，西包烏孫、大宛、蔥嶺這一範圍內的西域都國（初為三十六國，後增至五十國）。王莽天鳳三年（16年）後西域不通，都護府不再存在。東漢時曾兩度重置西域都護府（74～76年，91～107年），並移治龜茲它乾城（新疆庫車渭干河西小裕勒都司渠岸伯勒克斯村之大望庫木遺址）。

都護的設置，對鞏固中原地區與狹義西域在政治、經濟、文化上的關係，發展西域地區的生產，保護東西商路暢通，都有積極的作用。

《西陬牧唱詞》

清乾隆年間詩人王芑孫所作，內容如下：墓石遙傳刻畫工，和通技術擅雕蟲。有碑無帖真堪惜，漢字回文由洞中。

西大寺古墓葬

對這一發現，作者自註：「庫車山中有漢字石刻方徑尺許，用回文折旋，皆釋典中語，疑是唐時遺蹟，不著書人，姓氏緣起無考。」詩人所說的「回文」很可能即是古龜茲文，即西方學者所說的B型吐火羅文。

1978年，庫車縣文管所考古人員在蘇巴什佛寺遺址西大寺地區發現一座古墓葬，發掘發現一具保存較為完好的彩繪棺木，棺內有一具完整的人骨架。屍骨額頭極為扁平，與《大唐西域記》《新唐書·西域傳》等書中記載的古龜茲人生子則「以木押頭欲其扁匾」（即將初生嬰兒的前額用木板之類的板狀物長時間輕壓，使其逐漸成扁平狀）的習慣相吻合，由此推斷這是一個古代龜茲人的墓葬。

《西域見聞瑣記》

向達先生撰寫，刊登於《文物》1962年第七、八期上。文章共分六個部分：第一，序言；第二，耿恭臺與疏勒城；第三，面衣別解；第四，龜茲國之東西昭怙厘；第五，熱海道小考；第六，河西新疆諸石窟寺所留帝國主義文化強盜的題名。

在「龜茲國之東西昭怙厘」中，向達先生首先引用了三段史料來說明東西昭怙厘的出處。一是玄奘的《大唐西域記》卷1中說：「荒城北四十餘里，接山阿，隔一河水，有二伽藍，同名昭怙厘，而東西相稱。佛像莊飾，殆越人工，僧徒清肅，誠為勤勵。東昭怙厘佛堂中有玉石，面廣二尺餘，色帶黃白，狀如海蛤，其上有佛足履之跡，長尺有八寸，廣餘六寸矣，或有齋日，照燭光明。」二是《梁高僧傳》卷2《鳩摩羅什傳》中所說的雀梨大寺。三是《水經注》卷2所引《釋氏西域記》中說：「龜茲國北四十里，山上有寺，名

雀離大清淨。」向達先生說：「雀梨、雀離、昭怙厘，只是同名異譯。」

那麼，龜茲國之東西昭怙厘到底在今庫車之何地呢？向達先生認為：「玄奘所記的東西昭怙厘，我以為遺址在今庫車西南，書上稱為渭干河口，今名庫木吐喇的地方。」

根據以後的考古發掘和其他學者的文章，否定了向達先生的這一考證，認為東西昭怙厘不是在今庫木吐喇石窟處，而是在今庫車的蘇巴什佛寺遺址上。

蘇巴什佛寺遺址在今庫車縣西北偏東23公里，雀爾塔格山南麓、庫車河（銅廠河）出山口處。當時建築遺址分布於河的兩岸，尤其是河東河西的幾座高塔，特別引人注目。在遺址中發掘出的出土物十分豐富，有銅器、鐵器、陶器、木器、壁畫、泥塑等，單銅錢就有五百多個，又發現寫古民族文字的木簡兩枚及殘紙等。蘇巴什佛寺遺址中最壯觀的是那些綿延不斷的牆垣，儘管已經圮坍，但其殘存部分最高處達10公尺，可見當時的建築物是如何的高大雄偉。但是，與這些高達10公尺的牆垣殘存在一起的還有高度在三四公尺與四五公尺之間的牆垣。此外，在遺址的邊緣部分尚存在著高僅一二公尺的殘牆斷壁。因此，從蘇巴什佛寺遺址殘存的牆垣來看，那些高達10公尺的牆垣想必是安置釋迦牟尼佛塑像的大雄寶殿或安置彌勒佛、金剛力士等的前殿的殘存，而那些高度在三四公尺與四五公尺之間的牆垣則是講堂、齋堂、禪堂等建築物的殘餘，至於那些散存於遺址四周的牆垣想必是居民住宅的遺蹟。因此，蘇巴什佛寺遺址就是古龜茲的東西昭怙厘，所以現在我們又稱蘇巴什佛寺遺址為東大寺遺址、西大寺遺址。

《西域旅行日記》

1903年4月，日本第一次「大谷光瑞探險隊」曾在克孜爾石窟考察，將三十多個洞窟編號，渡邊哲信撰本書記載其事，發表於1937年東京出版的《新西域記》上卷中。

《西北史前文化遺址概況》

王永焱先生撰寫，載於《文物參考資料》1915年第十期，內容涉及龜茲地區的史前文化。在介紹阿克蘇市喀拉玉爾滾遺址時說：「在天山南麓塔里木盆地北之阿克蘇東，高出河南約20公尺的台地上有新石器時代人類居住遺址多處。這些遺址中所發現的陶器，色灰黑，質粗，有籃紋，石器大都是用大小不同的天然礫石製成。把天然礫石兩邊打擊後使用。因而稱這種文化為『礫石文化』。石器中有磨製很好的石刀，扁平和長形、圓形的礫石打成的石刀和兩邊凹入的漁網石墜等。這種礫石文化標本，在中國發現很少，可能是一種特殊文化。」

動物

在人類的藝術史中，動物的形象可以說出現得最早。當人類還處於原始時期，

動物作為藝術形象已經出現。這是因為我們的祖先雖然在脫離了動物狀態而進入人類社會，但仍然和動物生活在一起。為了獵取飛鳥走獸作為食物，他們不得不仔細地觀察和研究各種動物的習性和形貌。因此可以說，人類最早創造的藝術形象就是動物。據法國學者勒盧阿·古蘭統計，在66個舊石器時期的洞穴中，有野馬畫611幅，野牛畫510幅，猛獁畫205幅，赤鹿畫112幅，馴鹿畫84幅，洞熊畫36幅，洞獅畫29幅，犀牛畫16幅。

在中國，作為藝術形象的動物最早出現在新石器時期的半坡遺址中，這就是陶器上的魚、蛙等飾畫。到了奴隸社會，中國的青銅器十分發達，動物的形象也越趨精彩，如商朝的方簋，口下作龍紋，腹作饕餮紋，腹下作鳥紋，兩耳作怪鳥形。進入封建社會以後，動物的形象更是百花紛呈，散見於各個藝術領域裡。如四川德陽市黃滸鎮蔣家坪出土的漢家禽畫像磚，中為一獨木貫有橫枋之架，架左有一昂首伸頸翹尾振翼的雄雞，架之左右，各有一伸頸前進之鵝，架上站一鉤嘴鳥似鸚鵡。又如長沙馬王堆一號漢墓出土的漢帛畫中，動物形象很多，有魚、龜、蛇、兔、鴟等。到東漢末年，佛教傳入中國以後，佛教藝術繼承了和發展了這一優良傳統，不論是雕刻和壁畫，都出現了不少優美活潑的動物形象，在敦煌莫高窟、天水麥積山等石窟中都有這類傑出的作品，但是，其中尤數新疆拜城縣克孜爾石窟壁畫中的動物形象最為豐富多彩、絢麗奪目了。

在整個龜茲石窟群中，克孜爾石窟77、195窟與224窟壁畫中的動物形象是最多的。其中77窟左、右甬道頂上畫有雉、羊、鹿、象、猴、鴨、水鳥、魚、馬、鴿、虎、鸚鵡12種動物。克孜爾石窟224號窟拱形頂上則畫有虎、象、獅、羊、鹿、猴、狗、鴨、雉、鴿、鳥、兔、蛇、馬、熊、天鵝、大雁、鸚鵡18種動物。另外，克孜爾石窟114、171、188、110窟也有此壁畫內容。（見圖64~78）

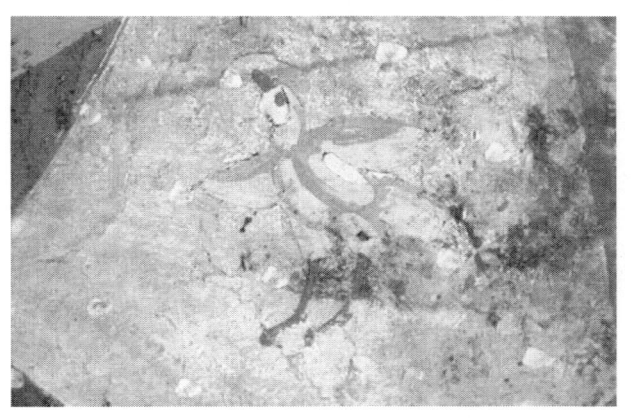

圖64　克孜爾石窟195窟——欲飛的鳥

龜茲文化詞典
六畫

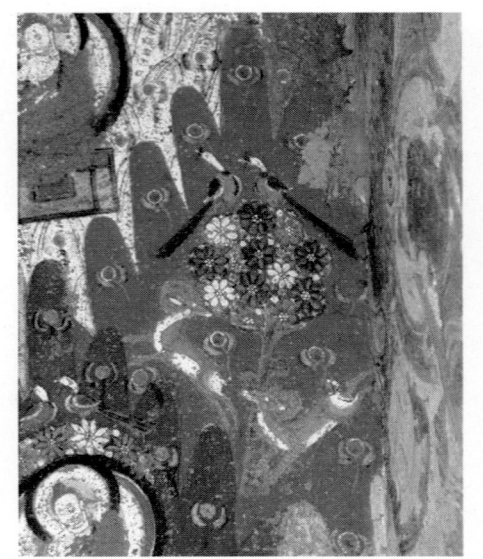

圖 65　克孜爾石窟 171 窟──動物本生

圖 66　克孜爾石窟 195 窟──憤怒的狗熊

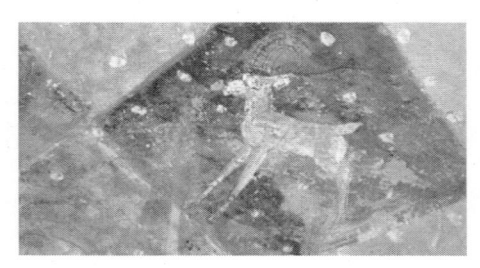

圖 67　克孜爾石窟 195 窟──大角羊

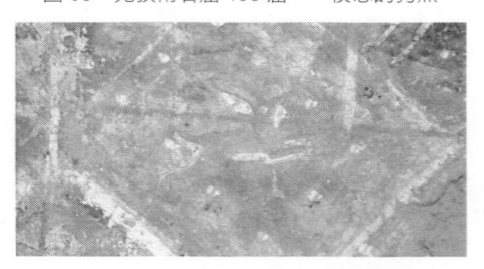

圖 68　克孜爾石窟 195 窟──奔跑的兔

圖 69　克孜爾石窟 195 窟──奔跑的盤羊

圖 70　克孜爾石窟 110 窟──貓頭鷹聞法

[一]

圖 71　克孜爾石窟 188 窟——背筐的獼猴

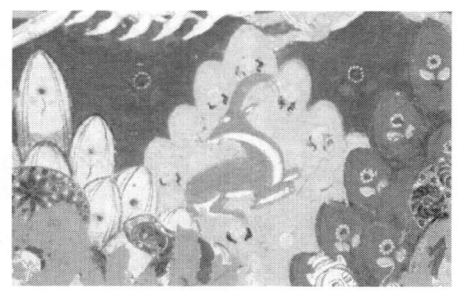

圖 72　克孜爾石窟 224 窟——羚羊

圖 73　克孜爾石窟 224 窟——鹿本生

圖 74　克孜爾石窟 110 窟——野鴨

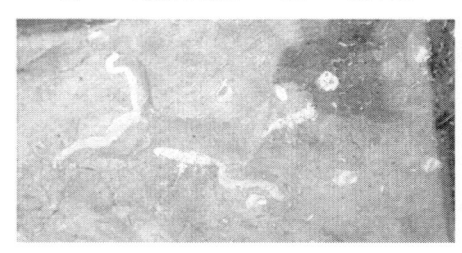

圖 75　克孜爾石窟 195 窟——奔跑的虎

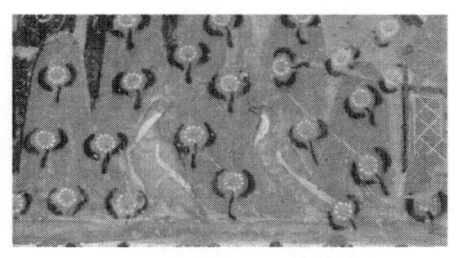

圖 76　克孜爾石窟 110 窟——鵪鶉

龜茲文化詞典
六畫

圖 77　克孜爾石窟 114 窟——鹿救小白兔

圖 78　克孜爾石窟 110 窟——奔跑的盤羊

動物本生故事畫

　　本生故事，是一種佛教文學題材，描寫釋迦牟尼在成佛前的許多世中修行為善的種種行為的片段。據說，釋迦牟尼在成佛前的許多世中曾經不具人形，而是某一種動物，如《大般涅槃經》卷 15 中所說的「於過去作鹿、作、作麞（獐）、作兔⋯⋯」等種種動物。這些動物是釋迦牟尼的前世，牠們修行為善，為釋迦牟尼成佛創造了條件，因此佛經中有許多動物修行為善的本生故事，把這些故事形之於圖畫，就叫做動物本生故事畫。如幼象本生、獼猴本生、兔王本生、熊本生、鹿王本生等故事繪成的畫，就是動物本生故事畫。

托缽佛像

　　托缽佛是描繪釋迦牟尼成佛後度化妻子及眾生的內容。釋迦牟尼內向而立，左手托缽，體態安詳，光澤籠罩，恰如《觀佛三昧海經》所記：「舌下亦有眾雜色脈⋯⋯變成眾光⋯⋯一光間，有一光臺，其色眾妙，不可具名。」在克孜爾石窟 69 窟主室左壁就畫有這樣一尊托缽佛：他頭上高髻，長眉細目小嘴，高聳的鼻梁連於額際，身上穿雙條線長方格袍，一手下垂，一手在胸前上舉，手中托一缽。這軀托缽佛的特殊畫法表現在項光、背光上，它除由白、藍、黑三色線條畫出項光，藍、黑、紅三色線條畫出背光外，還從佛頭、佛身用一

動物塑像殘塊

　　出自克孜爾石窟新 1 窟，共 4 件，為猴像殘軀。1973 年出土。

條輻射線穿過項光、背光，以此來表示佛光的威力。托缽佛的身旁畫出四眾。左邊的一個五體投地，正在向佛行跪拜之禮。右邊的三個：一個仰體抬頭，雙臂在背後托地，支撐著整個身體；一個老人站立在佛旁，雙手合十向佛致敬；老人頭旁畫出一個人的半身，似正在扭過頭來與老人說話。

克孜爾石窟 123 窟左甬道左壁亦畫有一軀托缽佛。此托缽佛的項光中畫有七軀小坐佛，背光中則畫有無數小立佛。托缽佛的四角畫出供養菩薩等。

托浦古城

位於新和縣稍北約 30 公里處。城垣遺址高 4.5 公尺，東西 227 公尺，南北 194 公尺。

托庫孜薩來城堡

唐龜茲都督府轄下九州之一鬱頭州城的故址，古代文獻中又稱據史德城。參見「鬱頭州」條。

托乎拉克店石窟

位於溫宿縣東南阿克蘇至拜城公路 148 公里處。石窟開鑿在黃土質山丘上，有洞窟 7 個，現形制較好的有 4 個，均屬僧房窟，窟內均無壁畫，建窟時間大約在魏晉之初。7 窟是阿克蘇地區發現的石窟中最完好的一個，橫券頂，分主室和耳室兩部分。在主室表層中清理出骨器一件，殘棉布一塊，已褪色。另有獸骨、木炭、陶片等。

托乎拉克艾肯石窟

位於新疆維吾爾自治區新和縣西稍偏北約 70 公里的戈壁山坡上。由新和縣城乘車出發，沿著西去阿克蘇的公路，到大尤都斯稍西的地方下車，向北步行於戈壁之中，只見迎面有大山傾來，走到山跟前，見一道山谷豁然在目，山谷中飄動著梧桐樹的枝葉。在這道山谷兩旁的崖壁即開鑿著托乎拉克艾肯石窟。（圖 79）

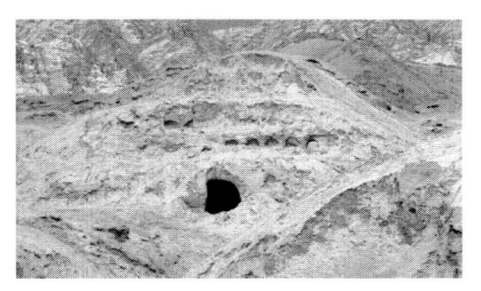

圖 79　托乎拉克艾肯石窟外景

在維吾爾語中，「托乎拉克」是「梧桐樹」的意思，「艾肯」是「水渠」的意思，所以托乎拉克艾肯即為「梧桐樹水渠」。現在，在托乎拉克艾肯石窟所處的山谷中，溪水緩緩流出，而兩旁叢生著梧桐樹，顯出一派生機。

根據新和縣文化館的編號，托乎拉克艾肯石窟共有 20 個窟，分布在東西相距約 5 公里的岩壁上。

在托乎拉克艾肯的 20 個石窟中，有 4 個為方形窟，4 個為禪窟，6 個為中心柱（支提窟），1 個為僧房窟。

托乎拉克艾肯石窟的壁畫主要集中在 15 窟、9 窟和 18 窟中，其他石窟只有一點殘跡。

托乎拉克艾肯石窟 15 窟為一中心柱形支提窟。券腹中心畫出天相圖，殘留有日天、火天、風神的形象，與瑪扎伯哈石窟 9 窟券腹中心的壁畫十分相似：日天為一輪圓日；風神為一個長著兩隻角、有一對高聳的乳房、正鼓著嘴吹風的怪物；火天為一個身著僧衣、身上噴出火焰的人物。這個窟的券腹左、右兩側畫出因緣故事。因緣故事中的佛，穿通肩大衣，坐獅子座上，背景是山林花草，形成一個個菱形格。

托乎拉克艾肯石窟 15 窟是石窟群中保存壁畫最多的一個窟。窟內正壁畫出寶塔苦修圖。佛坐於覆缽式的塔中。塔的兩側畫出兩根方柱，塔前畫出臺階。這與克孜爾石窟 17 窟右甬道內的塔內坐佛像不一樣。按照托乎拉克艾肯石窟 15 窟的塔的形象來看，它不像克孜爾石窟 17 窟的塔，它有門柱，有臺階，似乎是一個塔寺。而克孜爾石窟 17 窟的塔雖然也是覆缽式，且上有雙幡，但沒有門柱和臺階，與一般的舍利塔畫相似，不過在供養舍利的地方改成坐佛罷了。此處，托乎拉克艾肯石窟 15 窟的塔兩旁還畫出掌形樹，掌形樹中間畫著鹿、兔等動物，整個畫面成一個菱形格。佛坐在塔寺內拱形龕中的蓮臺上，有的袒胸，有的通肩。因為整個畫面太小，佛的面貌已很模糊。

托乎拉克艾肯石窟 15 窟左右兩壁上的壁畫與正壁上的壁畫稍有不同，雖然也畫出寶塔苦修圖，但中間雜以因緣故事畫。因緣故事中的佛不坐在塔寺內的龕中，而是坐在方座上，頭上有寶蓋，手施「無畏印」，周圍是掌形樹，構成一個菱形格。

托乎拉克艾肯石窟 15 窟壁畫上的因緣故事繪在主室的左右兩壁，而不像龜茲地區其他石窟那樣繪在主室券腹上，這是它的特殊之處。從圖像上來看，因緣故事大概有以下幾個：

1. 海神難問船人緣；

2. 寶天因緣；

3. 大劫賓寧緣；

4. 堅誓獅子緣；

5. 野干因緣等。

在托乎拉克艾肯石窟壁畫的因緣故事中，既有人物因緣，也有動物因緣，而且動物因緣圖畫得更為自然生動，富有情趣。

托乎拉克艾肯石窟 15 窟的後室正壁畫有佛涅槃圖。佛的巨大身體帶著用三條粗線畫出的身光橫亙在整個壁面上，佛的身旁是舉哀諸天，他們頭戴寶冠，身著錦袍，面容悲戚哀傷。後室券腹上則畫著臨空飛行的飛天，一手托著花盤，一手正在拋撒著鮮花。後室右壁畫有立佛，立佛周圍畫出有花邊圖案的長方形框架。

托乎拉克艾肯石窟 15 窟的右甬道頂畫有天相圖，畫出龍神、風神、大雁等形象。右甬道內側壁下部畫有本生故事，明顯可見的有薩那太子捨身飼虎的本生故事畫。右甬道左壁上部畫有山林苦修圖。山林由掌形樹構成，間有動物圖像，佛有的袒右、有的通肩，坐在樹枝上。此種苦修圖在龜茲石窟壁畫中甚為少見。（見圖 80）

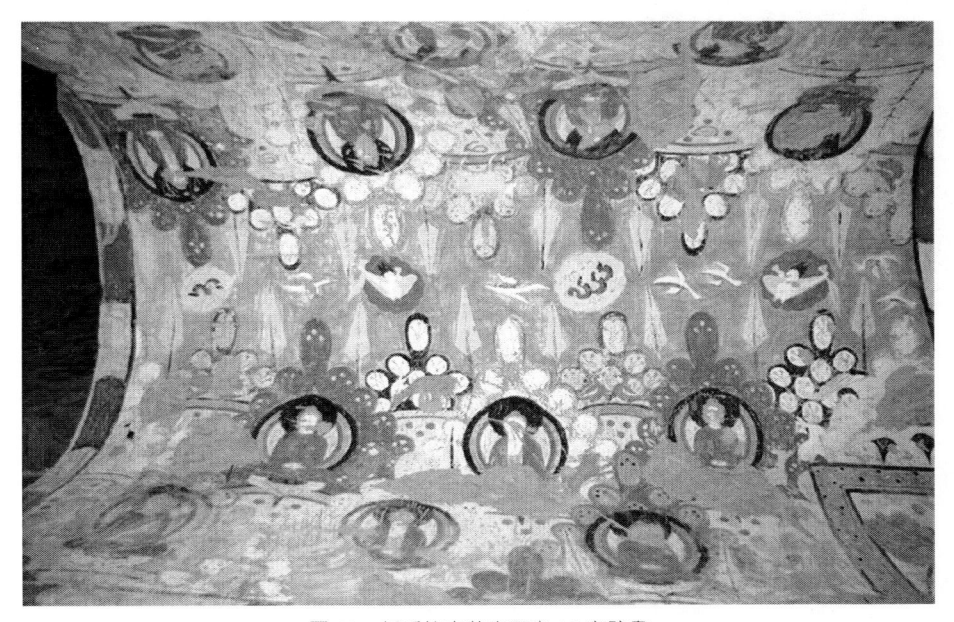

圖 80　托乎拉克艾肯石窟 15 窟壁畫

托乎拉克艾肯石窟 9 窟也為一個中心柱形支提窟。券腹左右兩側畫有因緣故事，但因殘破太甚，能辨識清楚的極少。有一幅畫是這樣的：佛坐菩提樹下，身邊有一個著民族服裝、頭戴錦帽的人。此人身旁的樹上又畫著一隻鳥。

托乎拉克艾肯石窟 18 窟為一方形平面縱券頂支提。券腹中心留有點滴殘畫，似為一軀坐佛。

托乎拉克艾肯石窟的中心柱形支提窟的壁畫，從題材與內容來看，屬於龜茲石窟的早期階段。再從其存在著比較多的毗訶羅窟和禪窟（約占總石窟數的 40%）這一點來看，也說明了在托乎拉克艾肯石窟中，早期石窟較多，晚期石窟較少。

在托乎拉克艾肯的一處山頭上有一古城遺址，這裡城垣高聳，雄踞山頂，頗有氣勢。城牆用土坯砌成，像是唐代的遺物。城內地上仍可見大量遺留下來的炭灰殘渣，它似乎說明這座城是在一場戰火或大火中被毀的。這樣，我們可以說，隨著這座古城被一場大火所吞滅，也就結束了

托乎拉克艾肯石窟的黃金時代，它遭到了廢棄，並長期地被埋沒在荒草流沙之中了。（圖81）

圖81 托乎拉克艾肯山頂古城遺址

地夜叉

地夜叉的形象在龜茲石窟的壁畫中多處出現，其形狀是一個尖耳持劍的人物。

據後秦僧肇所撰的《注維摩詰經》卷1中說：「夜叉，什曰：秦言貴人，變言輕捷，有三種：一在地，二在虛空，三天夜叉也。地夜叉但以財施，故不能飛空；天夜叉以車馬施，故能飛行。佛轉法輪時，地夜叉唱空夜叉聞，空夜叉唱四天王聞，如是乃至梵天也。肇曰：夜叉，秦言輕捷，有三種：一在地，二在虛空，三天夜叉，居下二天，守天城池門閣。」

地獄變

地獄，佛教名詞。「六道」中惡道之一。據《阿毗達摩俱舍論》卷8、11和《大乘義章》卷8載，有八大地獄：

1. 等活地獄，生此者互相殘殺，涼風吹來死而復活，更受苦害；

2. 黑繩地獄，以黑鐵繩絞勒罪人；

3. 眾合地獄，以眾獸、刑具等配合，殘害罪人；

4. 號叫地獄，罪人受苦折磨，發出悲號；

5. 大叫地獄，罪人比前者受的殘害更重，大聲叫喚；

6. 炎熱地獄，以銅鑊、炭坑煮燒罪人；

7. 大熱地獄，罪人受煮燒比前者更烈；

8. 阿鼻地獄，位於南贍部洲之下二萬由旬（古印度計算距離的單位，以帝王一日行軍之路程為一由旬，相當於35公里），深廣亦二萬由旬，墮入者「受苦無間」，造「十不善業」重罪者墮之。

把地獄中的景象形之於圖畫，稱為地獄變。在龜茲石窟中的庫木吐喇石窟79窟有一幅地獄變壁畫，其內容可分為兩組：

第一組有人物九身：

1. 地藏王菩薩，三頭四臂，長髮藍身，交腳坐於高座，手持大頭棒；

2. 小鬼，半裸綠身，披飄帶；

3. 人物，裸上身，雙手反剪背後，有項光；

4. 女人著盤領對襟俗裝，披長髮，背手而跪；

5. 人物，裸上身，背手而跪；

6. 人物，著盤領對襟俗裝，背手而跪；

7. 人物，半裸而跪；

8. 人身羊頭，裸上身，雙臂前伸；

9. 人物，半裸而跪，被羊頭人捉住頭部。

第二組有人物十身：

1. 女人，雙手背後；

2. 一人捉女雙手；

3. 羊頭人身；

4 與 5. 二人鋸解羊頭人；

6. 人物，右手挽弓，跨左腿；

7. 身殘，跨左腿；

8. 半裸人，躬身爬行，後一獸；

9. 一獸追人；

10. 一人立，上身殘去。

壁畫施深紅底色，局部藍青色，餘皆用墨線勾勒，著色不多。

兩組畫面，第一組似表現審訊場面，第二組則表現鋸解等受刑場面。

註：地獄思想原本產於印度，傳入漢地後，就與漢民族對於生死的觀念糅合在一起，在這之後出現了地藏王菩薩和十殿閻王，使地獄概念進一步完整化，其中主宰地獄拯救人的苦難的地藏王菩薩被安到唐玄宗時代的新羅僧人金喬覺身上。藝術家們根據人們頭腦中想像的情節，用連續畫面描述地獄的陰森可怕，於是就產生了「地獄變」這個專門的繪畫題材。相傳盛唐畫家吳道子曾在兩京寺院裡畫地獄變相，其「筆力勁怒，變狀陰怪，睹之不覺毛戴」，以至於「屠沽漁罟之輩見之而懼罪改業」，可見這個題材此時已相當成熟。敦煌盛唐到中唐的一些洞子開始出現地獄變和地藏菩薩的形象。

雖然在克孜爾石窟和庫木吐喇石窟的壁畫中均曾有過地獄畫面，但多為五道或六道輪迴內容中的一節，作為「變相」，出現諸如審訊、受刑等場面，在龜茲石窟壁畫中基本沒有。德國人格倫威德爾和勒柯克從吐魯番剝走的回鶻高昌時期的壁畫中有地獄變內容，今復見之於庫木吐喇石窟 79 窟的壁畫中，值得注意。

庫木吐喇石窟 79 窟的地獄變圖畫，內容複雜，地獄場面比較完備並帶有一定的情節性，與吐魯番以及敦煌的表現形式有一定聯繫，應看作是內地向西域佛教文化回潮的結果。

地獄圖

出自克孜爾石窟 199 窟主室右壁，縱 52 公分，橫 260 公分。圖的上端是人字形裝飾花紋，下面即畫欄，下邊是紅色的裝飾花紋，再下即是地面，畫面分六欄，欄的底色各不相同。

第一圖的背景是藍色，缺損達四分之三以上，剩下的是其右下角，畫面上可見人腳。

第二圖的背景是紫色，左側有個大石臼，塞滿著僅露出頭部的人，人頭向上求討水喝。石臼旁站著妖怪，兩手高舉石杵在搗人頭。右側有個用三塊尖石支撐的大甕，甕下正燒著火。甕中可見塞在裡面的六個人頭，人頭上蓋著甕蓋。旁邊的小妖怪背著人正欲往大甕裡塞。

第三圖的背景是綠色，中央跪著兩手綁在後面的裸體人物。眼前站著披頭散髮的小妖怪，兩手捧著噴火的碗靠近他的臉，跪著的人顯出恐懼的表情。畫面左右兩側是全裸的小妖怪，一人捧缽在口中噴火朝著跪者，另一人兩手捧盤，盤中的水正向上升。

第四圖是朱紅色的背景，右下角一全裸者跪伏著，背後是兩個豬頭妖怪，各拿著長矛在刺他。另一妖怪兩手高舉一物在男人的頭上。

第五圖的背景是藍色，左側一全裸者兩手被綁跪在地上。其後面站著妖怪，左手抓著裸者的頭髮，強硬地將其朝後，右手拿刀挨著男人的頸脖，正要砍他的頭。右側還有一裸者，另一個妖怪用左手抓住裸者的頭髮將其頭往下按，妖怪右手握劍正要砍下這裸者的頭。

第六圖的背景是朱紅色。圖中描繪地獄中的各種場面。圖中受折磨的是生前犯罪的人，有受杵搗、鍋煮、燒身、火刑、切肉以及下火海者。

此件現藏德國柏林亞洲藝術博物館。

地獄油鍋窟

德文為 Hölle ntopf Höhle，這是德國人對克孜爾石窟 80 窟的稱呼。（圖82）

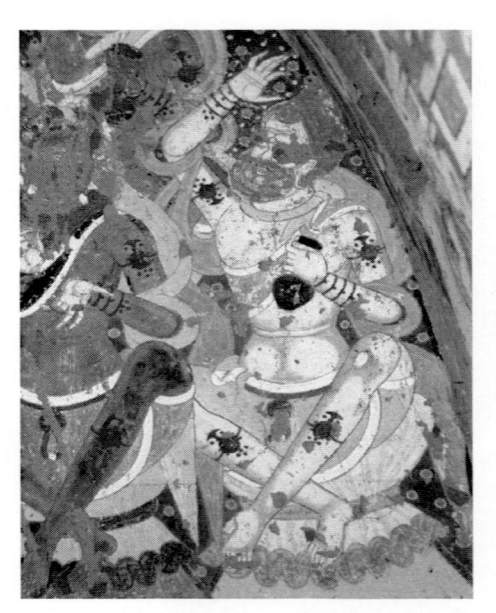

圖 82　克孜爾石窟 80 窟——降服六師外道局部

地藏菩薩像

又稱地藏王菩薩，據《宋高僧傳》卷 20 等記載，佛天度一千五百年，地藏菩薩降跡於新羅國王族，姓金號喬覺。唐永徽四年（653 年），年二十四歲，削髮剃度，帶白犬，航海來中國，至今之安徽省九華山，端坐山頭，達七十五載，於唐開

元十六年（728年）成道。《地藏十輪經》稱其「安忍不動猶如大地，靜慮深密猶如祕藏」，故名為地藏。佛經中還說他受釋迦牟尼佛的囑咐，在釋迦既滅，彌勒未生之前，自誓必盡度六道眾生，拯救諸苦，始願成佛。《地藏菩薩本願經》卷下曾說：「現在未來天人眾，吾今殷勤付囑汝，以大神通方便度，勿令墮在諸惡趣。」所以地藏菩薩往往現身於天人地獄之中，以救六道眾生之苦難，被中國佛教徒稱之為四大菩薩之一（其他三大菩薩為文殊菩薩、普賢菩薩和觀世音菩薩）。

庫木吐喇石窟79窟右壁下部畫有一幅地獄變，其中有一幅地藏菩薩像，其狀圓頂，坐方座，赤上身，著短裙，露雙腿，兩眼圓睜，面現凶光，手持寶珠及錫杖，背光呈圓形，中間畫出一條條輻射線。地藏菩薩面前跪著一行六人，赤上身，著短裙，兩個長角的鬼卒抓住兩個人的頭髮，正在捆綁捶打。另兩個鬼卒正在拉鋸鋸開一個人的頭顱，此人的頭顱已被鋸成兩半。

《過磧》

唐代詩人岑參所作，其詩如下：黃沙磧裡客行迷，四望雲天直下低。為言地盡天還盡，行到安西更向西。

《過賽里木》

清代詩人施補華所寫，詩文內容如下：西域之國三十六，姑墨當今賽里木。劉平國碑我所搜，編入趙家金石錄。漢永壽三年作四年，改元恩詔阻遙傳。龜茲烏壘長懷古，策馬亭亭漢月圖。

有階窟

德文為Treppen Höhle，這是德國人對克孜爾石窟110窟的稱呼。

有翼飛天

克孜爾石窟227窟正壁佛龕上方花繩左右繪有兩身飛天，赤身裸體，背後有雙翼，非常明顯，有實感。（見圖83）

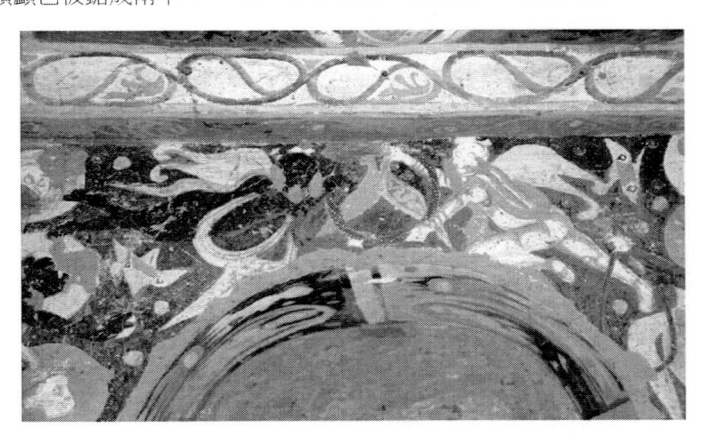

圖83　克孜爾石窟227窟——有翼飛天

龜茲文化詞典
六畫

達磨跋陀

據《法華經傳記》卷6引《外國記》指出其名為法賢，龜茲人。天性聰明，少時出家，已能盡通三藏，不過這時所學的為小乘佛典，自恃多才識廣，看不起大乘教徒，並對他們常詆毀和凌辱。後有大乘名僧須梨耶前去龜茲，以《妙法法華經》教化了法賢。由此達磨跋陀改宗大乘佛教。這裡所說的須梨耶，據日本學者羽溪了諦說即是鳩摩羅什的大乘師梨耶蘇摩。

法賢歸心大乘，十分虔誠，日誦《妙法法華經》五遍，傳說他死時狀若禪定，因此眾僧即以其骨灰為塔。

《戎幕隨筆》

清官吏謝濟世（1689～1755年）謫居烏里雅蘇臺（今蒙古人民共和國扎布汗省會）期間曾巡視庫車地區，根據所見所聞，著該書。書中比較詳細地描述了庫木吐喇石窟，為中國最早介紹龜茲石窟的著作之一。

詳見「謝濟世」條。

亞吐爾石窟

這個石窟位於拜城縣亞吐爾鄉9大隊，整個石窟群共有20餘個洞窟，但都破壞殆盡，看不出窟形，分不清窟室。其中只有一個中心柱形窟尚能分辨出來，但也是殘垣斷壁，破壞嚴重，沒有發現殘存的壁畫和雕塑。

夾達克協海爾古城

位於今沙雅縣西北21.7公里處。這是古代龜茲通向和闐、阿克蘇的必經通道。1961年6月，在古城東南角尺許的地下曾出土呈四方形排列的4口特大陶罐，均為細土質紅陶，外呈黃白色，其形狀為細高鼓腹狀，分四截製造而成，罐高1.59公尺，罐口周長1.38公尺，細頸周長1.34公尺，腹部最大周長3.46公尺，底部周長1.65公尺，罐壁厚2公分。

吉祥施坐佛傳故事畫

這幅畫繪在克孜爾石窟80、110、163、171窟中，畫面中佛座一側有一方座，下方跪一人，雙手向下提一物，也有為菩提樹下帝釋天以草敷座或僅在一角畫出佛座的。說的是釋迦在菩提樹下將成道時，帝釋天化作吉祥童子，取淨軟吉祥草敷之為座。

[ㄧ]

回鶻

中國古代民族。先世可追溯到西元前3世紀丁零和四五世紀的敕勒、鐵勒、高車。7世紀初回紇與鐵勒的僕固、同羅、拔野古等部結成聯盟，勢力逐漸強大，擺脫突厥統治。646年首領吐迷度配合唐軍擊滅薛延陀，歸服於唐。唐在回紇地區設瀚海都督府。唐天寶三年（744年）骨力裴羅統一回紇九姓諸部，攻滅後突厥，在

鄂爾渾河建立東起興安嶺、西迄阿爾泰山的回紇汗國。唐封骨力裴羅為奉義王、懷仁可汗。回紇以遊牧為主，逐水草而居。8世紀中葉與唐絲馬互市，商業貿易逐漸發展。788年，經過唐朝的同意，改回紇為回鶻，取「捷鷙猶鶻然」之意。這顯然是少數上層人物的主意，因為他們對漢字已很熟悉，懂得了利用漢字的含義來抬高自己。回鶻曾兩次助唐平定「安史之亂」，歷代可汗大多受唐加封。唐先後有三個公主與回鶻可汗聯姻，漢族生產技術、文化制度隨之傳入回鶻。

唐開成五年（840年），黠戛斯兵十萬騎，攻入回鶻城，殺掉了宰相掘羅勿，推翻了回鶻汗國。《資治通鑑·唐紀》記其事說：「及掘羅勿殺彰信，立厖馺，回鶻別將句錄莫賀引黠戛斯十萬騎攻回鶻，大破之，殺厖馺及掘羅勿，焚其牙帳蕩盡，回鶻諸部逃散。」顯然，這次事件是由於內亂引起的。

汗國覆沒之後，回鶻諸部紛紛遷徙，大部分遷往安西都護府境內及葛邏祿部所在的蔥嶺西于闐以西地方，部分遷至河西走廊或為唐朝所收納。此後分別稱為西州（或龜茲）回鶻、蔥嶺西回鶻和河西（或甘州）回鶻。前者與今日維吾爾族有族源關係。

西遷後的回鶻諸部漸漸穩定下來。約在9世紀40年代末，有個龐特勤在安西（今庫車）稱可汗，隨即派使到長安，向唐朝中央政府報告回鶻西遷後的情況及他自己稱可汗的經過。唐大中十一年（857年），唐朝中央政府派王端章冊封龐特勤為祿登里羅汨沒密施合俱錄毗伽懷建可汗。於是，龜茲進入了回鶻時期。

回鶻窟

庫木吐喇石窟75窟是一縱券頂方形窟，體積不大。壁畫大多完整，惜侵蝕較甚。正壁中為一身僧人坐像，形象高大，占去約三分之二的壁面。僧像著袈裟，其上有多瓣花染纈花紋。結跏趺坐，雙手置於腹前，手中捧持一缽狀物（或為寶珠）。從此缽狀物內引出數條墨線，分別與左右側的畫面相連。左右兩側各有三組畫面，分別表現天、人、阿修羅、畜生、餓鬼和地獄六道。左側上方繪四身為雙手合十的供養菩薩跪像，以代表「天道」；左側中部繪牛頭阿傍以大鼎煮人的場面，是代表「餓鬼道」；左側下方繪馬和駱駝，表示「畜生道」。此圖漢文榜題為「此□□□畜生□□□……乃至□□□等」。右側上方繪須彌山，當是「阿修羅道」；右側中部是四身站立的世俗人物，二男二女，著回鶻式衣袍，是為「人道」；右側下方是二身裸體瘦人在火中作痛苦嚎狀，以表示「地獄道」。

高僧下方有一方漢文墨書經文，高24公分，寬34公分，自右向左豎行書寫，計16行。字多漫漶不清，經反覆辨識，其依稀可識者錄如下文：

……………無量觀門

龜茲文化詞典
六畫

　　□□界三千大千世界□□□□
　…………………作聖四大比行
　………悉□□□使起濁身□
　………………無意識界意識
　…………………昏□□□□
　……輪皆次問分為□□放□□
　………………廣量□□旁□□
　…………………意想有更為
　……………白色白光勢及水輪
　……識下汛入洛水鐵成水輪□
　……………金黃色黃光變成金輪
　…金輪想道自身□□□唵□□
　………火輪焚燒不淨罪□那之
　…………若見自身身骨即念是
　…………無常無我□□□不□

　　根據此壁畫面推測，正中之高僧形象，可能是地藏菩薩。地藏菩薩為六道能仕之尊，化身千百形，教化、度脫六道眾生。其有關圖像中，亦多附有六道內容。

　　在左右側壁下方各有供養人一列。左壁的前九身是比丘，其後為世俗供養人像。供養人像有漢文榜題。此壁上榜題文字有「梵□□寺□道秀一心供養」等。道秀當是漢僧名。東壁供養人計十七身。前二身為比丘（或比丘尼）。其後為世俗人像。世俗供養人中男人著盤領長袍，腰束帶，腳穿長靴，長袍上有的飾以團花。男女供養人混合相間排列。此壁供養人榜題文字保存較好，可以辨識的有：「阿□祿思」「兄骨祿□」「□子母思」「□骨祿思□」「妹骨祿思力」「弟子□□一心供養」等。前壁殘存的供養人榜題為「清信仏（佛）弟子兄□□□」。供養人的題名中，多姓骨祿，應是回鶻人姓氏。（圖84）

圖 84　庫木吐喇石窟 75 窟窟型

　　此窟內容表明，這是回鶻人骨祿氏家族出資開鑿的洞窟。

回鶻文題記

　　回鶻文是古回鶻人採用粟特文字母創制的一種文字，共約有 19～23 個字母，初由右向左橫寫，後直寫右行。楷書用於經典，草書用於一般文字。

古回鶻人採用粟特文創制回鶻文，其時在8世紀中葉牟羽可汗時期，是由使用粟特文的摩尼教徒幫助進行的。牟羽可汗於762年幫助唐代宗討平史朝義，收復洛陽。此時，他與洛陽的摩尼教教士相識。數名摩尼教教士隨同牟羽可汗回到回鶻汗國，在中國國內傳布摩尼教。由於牟羽可汗的虔誠信仰，後來摩尼教被立為回鶻的國教。但是，事實上在6～7世紀時，摩尼教已經傳入中國新疆地區，武周延載元年（694年）即有波斯摩尼教高僧拂多誕來長安，始在漢族地區傳布，在這同時，摩尼教也由新疆傳入當時在漠北居住的回鶻。因此，摩尼教早已為回鶻所知，而且也有了信徒，只是由於可汗的扶植，摩尼教才在回鶻汗國大為興盛。摩尼教徒為了發展其宗教，自必傳授其文字於回鶻。而摩尼教徒使用的是粟特文，於是便用粟特文去拼寫回鶻語言，從而創造了回鶻文。

那麼，從什麼時候起回鶻人開始使用回鶻文呢？劉義棠先生在《維吾爾研究》一書中說：「由吐魯番發掘物，回鶻文字已用之於書籍等文物所示，在此以前必然有所使用，因回鶻文化之興盛在第9、第10世紀。」

那麼，劉義棠先生所說的 Kara Balgasun 回鶻紀功碑又是建於何時呢？胡秋原先生在《丁零‧突厥‧回紇》一書中稱，此碑大概是唐元和九年（814年）所立。此碑已公認為保義可汗而立，而保義可汗在位之年為808～821年。羅振玉先生在《和林金石錄》的《回鶻毗伽可汗聖文神武碑校釋》一文中說：「保義在位凡十四年，為回鶻極盛之世。此碑之立，蓋在其卒後矣。」

這樣，劉義棠先生的闡述說清了兩個問題，一是回鶻人在西遷以前已使用回鶻文，二是有實物佐證的回鶻文最早使用時間為9世紀初。

回鶻文開始是由右向左橫寫，後來改為豎寫右行。這是因為粟特文是橫寫的。而《大唐西域記》卷1中卻說：「自素葉水城，至羯霜那國，地名窣利（即粟特），人亦謂焉。文字語言，即隨稱矣。字源簡略，本二十餘言，轉而相生，其流浸廣，粗有書記，豎讀其文，遞相傳授，師資無替。」玄奘所說「豎讀其文」卻與回鶻文相似。據清乾隆五十九年（1794年）刊行之《龍威祕書》中所著錄之高昌文字為豎讀，近年發掘文物中之回鶻文字亦為豎讀。其唯一原因，可能是受漢文字影響，因為回鶻文中經常挾帶有漢字之故。

這樣，高昌回鶻王國的建立時間是9世紀中葉，而回鶻文在高昌回鶻王國建立前已經產生。但是其廣泛流行和應用則應是在高昌回鶻王國建立以後的事。古回鶻人原係遊牧部落，進入新疆後，在當地較發達的文化影響下，逐漸捨棄遊牧生活，轉入定居的城市和農業生活。這樣，隨著社會政治、經濟生活的發展，回鶻文作為回鶻文化的一個組成部分，起著越來越大的作用。

同時，回鶻文產生以後，還對其周圍其他民族的文化發展做出過很大的貢獻。

史載契丹小字仿自回鶻文。元代時，回鶻文為蒙古族所採用，經過若干變化後，形成現代的蒙古文。《元史·塔塔圖該》記載：「塔塔圖該，輝和爾人也，性聰慧，善言論，深通本國文字……太祖（成吉思汗）……命教太子諸王以輝和爾字，書國言（指蒙古語）。」《元史·釋老傳》中說：「我國家肇基朔方，俗尚簡古，未遑製作。凡施用文字，因用漢楷及畏兀字，以達本朝之言。」16世紀以後，滿族又從蒙古族那裡接受了這種字母，形成滿文。

此外，回鶻文在13～15世紀期間也用作金帳汗國、帖木兒帝國和察合台汗國的官方文字。例如現存金帳汗國時代的所謂《貼木兒庫特魯扎令》《托赫塔迷失扎令》等都是用回鶻文寫成的。史載貼木兒「令書記官用回鶻文記其一切征戰活動」。故而阿拉伯史家依本·阿拉伯沙曾說：「察合台人有另一種文字，叫回鶻文。它作為蒙古人的文字而為大家所知……用它寫有委任狀、命令、書函、詩歌、歷史、故事以及成吉思汗的勅令。誰通曉這種文字，誰就不患貧困……」

回鶻文的繁榮還和佛教在高昌回鶻王國的盛行密切相關。古回鶻人在其西遷以前雖有接觸佛教的跡象，但是其全面接受佛教文化還是在建立高昌回鶻王國以後。《五代史·外國列傳二·回鶻》中說：「餘眾西奔，歸於吐蕃。吐蕃處之甘州。（後梁）乾化元年（911年）……賜其入朝僧凝盧宜、李思宜、延篯等紫衣。後唐同光二年（924年）四月……遣都督李引、釋迦副使鐵林、都監楊福安等……來貢方物。」宋、遼、金之世，回鶻人之信奉佛教更為普及，並不限於甘州回鶻。《宋史·外國傳·龜茲》中記載：「回鶻自天聖至景祐，四年入貢者五，最後賜以佛經一藏。……（宋）紹聖三年（1096年），使大首領阿連撒羅等三人以表章及玉佛至洮西。」《遼史·聖宗本紀》中記載：「（遼）統和十九年（1001年）春正月，回鶻進梵僧名醫。」《遼史·西夏傳》中記載：「（遼咸雍三年，即1067年）十一月，遣使進回鶻僧金佛梵覺經。」洪皓《松漠紀聞》中記載：「（回）紇奉釋氏最甚，共為一堂，塑佛像其中，每齋必羊，或酒酣，以指染血塗佛口，或捧其足而鳴之，謂為親敬。誦經則衣袈裟，作西竺語。」根據上述記載，當時的回鶻王國從上層統治階級到下層平民百姓已經普遍信仰佛教，由其屢次的隨使進貢，齋期之至誠，可知這種信仰已經到了十分深入的地步。

古回鶻人既然接受了佛教文化，就用回鶻文翻譯了大量佛經。這種回鶻文佛經有兩個來源，一譯自當地的古代語言，即龜茲語或焉耆語；一譯自漢文。我們現在將主要回鶻文佛經列舉如下：《金光明最勝王經》《俱舍論安慧實義疏》《妙法蓮華經》《八陽神咒經》《華嚴經》《阿彌陀經》《勝軍王問經》《彌勒會見經》《佛頂尊勝陀羅尼經》《大雲清雨經》《大方

便佛報恩經》《慈悲道場懺法》《金剛經》《十方平安經》《七星經》《無量壽經》《聖一切如來頂髻中出白傘蓋佛母餘無敵總持》《般若波羅蜜多經》《十業道佛譬喻經》《方廣大莊嚴經》《瑜伽師地經》《阿含經》《玄藏傳》，以及大量關於本生、譬喻的故事等。回鶻文《金光明最勝王經》的跋文中有如下一段話，「後學的別失八里人僧古薩里又從漢語譯為突厥——回鶻語」，說明大量的回鶻文佛經是從漢文佛典中譯出的。當時回鶻人翻譯的佛經數量巨大，縱然不是全部《大藏經》，至少是《大藏經》中的經、論兩部分的主要著作都已先後被譯成回鶻文。在許多回鶻文佛經的跋文中，我們發現一般都寫有下面這樣的話：「願這份功德首先轉給十姓回鶻王和王室，然後是轉給其他天上之父母，然後是仍活著的親友，最後是自己」等內容。

回鶻人除了用翻譯與印刷佛經來大做佛事功德外，還出錢捐款建造石窟寺廟，然後在捐施的石窟寺廟的佛教壁畫的下方寫出施主的名字或官銜，畫出施主的肖像，如在庫木吐喇石窟 79 窟壇基前壁上畫出一行七人，六個大人，一個小孩。六個大人都站著，雙手合十，其中四個著僧衣，兩個著回鶻裝，小孩也著回鶻裝，雙手合十，跪在地上。在人物的上方或頭旁寫有鶻文的題記。所以，在龜茲石窟中出現了許多的回鶻文題名和題記，光在庫車地區的幾處石窟中就留下了八行回鶻文題記。

回鶻供養人像

庫木吐喇石窟 79 窟位於庫木吐喇窟群區 7～9 窟左上方的山頂處。1982 年被發現，8 月清理完畢。此窟平面為方形，券腹崩毀。窟內中部有基壇，高約 70 公分。此窟壁畫先後畫過三次，窟中發現的塑像殘塊甚多，也是多次重塑過的。最後一次重繪的壁畫為「回鶻風」形式。（圖 85）

圖 85　庫木吐喇石窟 79 窟——回鶻供養人

此窟前壁窟門右側為四身回鶻供養人像，像高67公分。供養人都著回鶻裝，計二男二女，另附一身童子像。左起：

第一身為男像，披髮，頭頂小冠。圓臉，腮部微鼓，絡腮鬍鬚，著盤領長袍，腰束革帶，雙手微握，置於胸前。其前榜題上漢字已不清。此像前下方為一童子跪像，頭上披髮，雙手合十，回首反顧。

第二身為女像。頭上束髮，披一紅色長巾，雙手合十，持一蓮蕾，作供養狀。身著圓形交領長袍，領上有鱗狀紋飾，頭髮左側插飾一梳。漢文榜題為「頡里思力公主」，其旁並書寫一行回鶻文。

第三身為男像。形象同第一身，唯雙手合十持蓮花供養。其漢文榜題是「同生阿兄彌希鶻帝嘞」。漢文旁並列一行回鶻文。

第四身為女像。束髮於頂，髮上插飾一梳，雙手合十持蓮花供養。長袍上有團花紋飾。漢文榜題為「新婦頡里公主」。旁書回鶻文一行。

這四身回鶻供養人像上方，各有橫行書寫的墨書龜茲文題字。這種用漢、回鶻與龜茲三種文字共同書寫的供養人榜題，是極為罕見的。

基壇的四壁，表層壁畫是繪在白色粉皮層上。正壁亦為回鶻供養人像，其餘三壁均畫本生故事。

正壁回鶻供養人像一列六身，分立於左右。其中左側三身為比丘裝，右側為一身比丘裝，兩身世俗人像。比丘像以墨線勾勒，施以淡彩，著寬博肥大袈裟，足穿方頭履。右側之世俗供養人為一男一女。供養者雙手持蓮花。在第三、四身像間加畫一身童子供養。供養人榜題用漢文與回鶻文並列書寫，上方有墨書龜茲文榜題。其漢文榜題有：「頡里阿其其施城中識知俱羅和上（尚）」（左起第一身）；「法行律師」（左起第二身）；「聖寺府座律師旁信一心供養」（左起第三身）；「童子搜阿迦」（第三、四身）；老翁神生淨土受過慈父悟（左起第五身）。（見圖86）

圖86　庫木吐喇石窟79窟——比丘與回鶻王禮佛（王建林線描）

吐蕃

中國古代藏族在 7～9 世紀建立的政權。唐代漢文史籍將青藏高原這一藏族王朝寫作「吐蕃」。「蕃」為古代藏族自稱。據敦煌古藏文資料記載，6 世紀末雅隆部（今西藏山南地區）興起。633 年首領松贊干布（棄宗弄贊）統一附近的古羌人蘇毗、羊同、白蘭等部，在拉薩建立奴隸制政權。積極汲取漢族工藝技術，統一度量衡制，設互市，發展農牧業生產，掌握淬火、磨礪等冶鐵技術，並仿唐立軍制，定法律，創製藏文，扶植佛教發展。唐朝文成公主、金城公主先後與贊普松贊干布、墀德祖贊（棄隸縮贊）聯姻和好，加強了西藏與中原的經濟文化聯繫。雙方會盟共 8 次，823 年建立的唐蕃會盟碑至今猶在拉薩大昭寺前。

然而在這中間，中原王朝與吐蕃王朝之間的關係並不是一直和平共處的，吐蕃曾經幾次出兵侵占唐王朝管轄下的龜茲，幾次兵戎相見。《舊唐書·高宗紀》記載：「（唐）咸亨元年（670 年）……四月，吐蕃寇陷白州等一十八州，又與于闐合眾襲龜茲撥換城，陷之。罷安西四鎮。辛亥，以右威衛大將軍薛仁貴為邏娑道行軍大總管，右衛員外大將軍阿史那道真、左衛將軍郭待封為副，領兵五萬以擊吐蕃。」《舊唐書·吐蕃傳》記載：「時（唐儀鳳三年，即 678 年）吐蕃盡收羊同、党項及諸羌之地，東與涼、松、茂、等州相接，南至婆羅門，西又攻陷龜茲、疏勒等四鎮，北抵突厥，地方萬餘里，自漢、魏已來，西戎之盛，未之有也。」《舊唐書·吐蕃傳》又記載：「（唐貞元）六年（790 年），吐蕃陷我北庭都護府。初，北庭、安西，既假道於回紇朝奏，因附庸焉。蕃性貪狠，徵求無度。……於是吐蕃率葛祿、白服之眾（屬沙陀部），去歲各來寇北庭，回紇大相頡干迦斯率眾援之，頻戰敗績，吐蕃攻圍頗急。北庭之眾既苦回紇，是歲乃舉城降於吐蕃，沙陀部落亦降焉。北庭節度使楊襲古與麾下二千餘人出奔西州，頡干迦斯不利而還。（唐貞元）七年（791 年）秋，又悉其丁壯五六萬人，將復北庭，仍召襲古偕行，俄為吐蕃、葛祿等所擊，大敗，死者大半。……自是安西阻絕，莫知存否，唯西州之人，猶固守焉。」

總之，從 670 年開始，有將近 120 年的時間，龜茲基本上是處於吐蕃的控制下，不過其中有一段時間，即《舊唐書·西戎傳》所記的「（武周）長壽元年（692 年），武威軍總管王孝傑、阿史那忠節大破吐蕃，克服龜茲、于闐等四鎮，自此復於龜茲置安西都護府，用漢兵三萬人以鎮之。」但是這段時間不長，自安史之亂後，唐王朝自顧不暇，龜茲又重新陷於吐蕃，一直到為回鶻人所吞併為止。

8 世紀末，赤松德贊、赤祖德贊兩代贊普竭力「興佛抑苯」（苯教），遭到部分貴族反對，藏王朗達瑪屬行「禁佛崇苯」政策，於 824 年被刺殺，吐蕃王朝瓦解。計傳九世，歷時 200 年。

龜茲文化詞典
六畫

吐蕃窟

龜茲石窟中包含有吐蕃文化內容的洞窟以克孜爾尕哈石窟 31、32 窟為代表。這兩個窟都是方形，不加券頂。壁畫內容如金翅鳥、發心、供養、授記等與藏傳佛教教義相合。壁畫風格、布局也與龜茲壁畫不同，用粗細不同的線條勾勒後，薄施淡彩，衣飾簡單，多用白、黑等色，淡雅恬靜。壁畫中的供養人像，包括國王、王后都著藏族的傳統服裝「褚巴」，壁畫中的女性雙辮垂肩，人物足蹬長靴，均為吐蕃人服飾，與西藏查拉路甫石窟的菩薩像服裝相似。

吐蕃時期石佛像

1985 年，在庫車蘇巴什佛寺遺址昭怙厘寺南 20 多公里的庫車河河床西岸出土一卵石佛像，卵石呈橢圓形，長徑 24 公分，短徑 19 公分，最大厚度 9 公分，下部略大。其像跏趺於蓮臺，偏袒，右手側出，掌心向外，拇指曲壓手心，示無畏印，左手二胸，手心向上，拇指與食指似掐一布帛，嘴頷已毀，有項光、背光雙層光環，佛像左腰際壓背光左外環橫刻一行藏文，漢譯為「華吉祥」，即《佛說三十五佛名禮懺文》所列 35 尊佛中的 34 尊，約為唐後期吐蕃占領龜茲時的遺物。現藏庫車縣文管所。

吐火羅語與尼雅俗語

季羨林教授在 1979 年 8 月 29 日烏魯木齊學術報告會上的報告，由劉志霄先生根據錄音記錄稿整理成文，發表於《新疆史學》1979 年的創刊號上。

文章中，季羨林教授用通俗生動的語言介紹了龜茲語誕生的經過。他說：「我們這個世紀，也就是 20 世紀的初年，外國人，歐洲人在新疆進行發掘，找出許多東西。吐火羅語用的字母，就是婆羅迷字母。從左向右橫寫的，字母大家認識的，可是語言呢？大家不懂。大家知道，現在的拉丁字母，英文使用拉丁字母，法文、德文也都是用拉丁字母。我們認識字母，不一定懂語言。對於吐火羅語呢？字母認識了，不懂這個語言。所以，當時德國人勞於曼，他給這種語言一個名稱，叫第一種語言，但並不知道是什麼語言。到了 1907 年，德國的一個學者叫繆勒，他把這種語言叫做吐火羅語。1908 年，另外兩位德國學者西格、西格林同意這個名稱，叫做吐火羅語。到了 1913 年，法國的一個學者叫列維，他認為吐火羅語 B，應該叫做龜茲語。到了 1921 年，西格、西格林就把吐火羅語 A，照了照片出版了，出版了婆羅迷原文，還用拉丁字母標音。到了 1931 年，西格和西格林出版了吐火羅語語法。這中間，從 1907 年到 1931 年，才出版了吐火羅語的語法。所謂吐火羅語語法，實際上是吐火羅語 A，吐火羅語 B 很少。這是為什麼呢？因為吐火羅語 A 的殘卷的大部分，是保存

於德國的柏林，B 的殘卷，即列維稱為 B 的殘卷，就是列維稱作龜茲語的殘卷，基本上在巴黎。德國人和法國人各霸一方，而且封鎖資料，不給對方看。到 1936 年，英國一個學者叫白雷，他認為，A 應該叫做『焉耆語』，B 應該叫做『龜茲語』，主張不要吐火羅語這個名稱。結果引起一場筆墨官司。西格、西格林堅持用吐火羅語。其他國家，特別是法國和英國則認為吐火羅語的叫法是不對的，應該把 A 叫焉耆語，把 B 叫龜茲語。到了最近，又過了幾十年了。看來吐火羅語這個名詞不恰當。為什麼呢？因為它講的情況，跟《大唐西域記》裡講的，不大符合。所以，現在究竟應該怎麼樣呢？還不敢說。我們傾向 A 叫焉耆語，因為殘卷在我們的焉耆縣發現的。B 叫龜茲語，是在庫車發現的。根據地方，起這個名字比較恰當。」

吐魯番出土文書中的白姓

《高昌入作人、畫師、主膠人名單》中列出：白明熹、白希熹、白阿敏。

《唐諸戶丁配田簿》中列出：白明熹、白嘿子、白相海、白尾仁、白僧定、白善相。

《唐高宗某年西州縣左君定等征鎮及諸色人等名籍》中列出：白居住、白歡達、白胡仁、白卑子。

《吐火羅語的發現與考釋及其在中亞文化交流中的作用》

季羨林教授撰寫，刊登於《語言研究》1956 年第一期上。文章中，季羨林先生介紹了吐火羅語 B——龜茲語發現的經過以及學者們對它所做的研究，他說：「1908 年德國學者西格和西格林發表論文，贊同這個名稱（指吐火羅語）。從這時以後，這兩位德國學者的主要精力就用在考釋吐火羅語上。今天我們能夠讀吐火羅語甲方言，幾乎完全是依靠他們的研究成績。在這篇論文裡，他們對吐火羅語的語法結構做了初步的探測。他們肯定了它是屬於印歐語系的，同時還指出，吐火羅語有兩種語言不同而內容相同的殘卷，他們稱之為甲組和乙組。兩組用的字母相同，有時候發現的地點也相同，但在元音發音法和輔音發音法以及詞的變化方面卻有一些顯著的不同，例如：

甲	ñom	（名字）	乙	ñem
甲	cmol̥	（生）	乙	cmel
甲	rake	（字）	乙	reke
甲	śoṣi	（世界）	乙	śaiṣṣe
甲	waṣdh	（房子）	乙	oṣdn
甲	tsar	（子）	乙	ṣar

從這個例子裡可以很清楚地看出其間的不同。同時也可以看出，這只是兩種方言，而不是兩種語言。

再進一步研究，就發現，甲方言殘卷發現地點幾乎只限於焉耆，而乙方言發現

地方主要是在庫車。到了 1913 年法國學者列維就主張把所謂吐火羅語乙方言改稱龜茲語。」

呂光

前秦建元十八年（382 年）九月車師前部王彌、鄯善王休密馱親自入長安朝見苻堅，奏請「大宛諸國，雖通貢獻，然誠節未純，乞依漢法，置都護故事。若王師出關，請為嚮導。」於是，苻堅決定出兵西域，委任麾下氐族名將呂光為統帥，總兵十萬，鐵騎七千出征（一說步兵五萬，鐵騎五千）。前秦建元十九年（383 年）發兵長安，加鄯善王休密馱為使持節散騎常侍、都督西域諸軍事、寧西將軍，車師前部王為使持節平西將軍、西域都護，兩國兵併出。冬十二月，焉耆王泥流迎降，白純固守，等援於獪胡。獪胡王遣其弟吶龍候統率騎二十餘萬，並引溫宿、尉頭等國兵合七十餘萬來救。獪胡軍鎧甲精良，射不可入，且使弓馬，善矛，又有一種套人革帶，擲之多中。呂光與其戰於城西，大破之，斬首萬餘級，白純收其珍寶遁走，降者三十餘國。前秦建元二十年（384 年）秋八月，呂光奏捷於苻堅，疏稱：「唯龜茲據三十六國之中，制彼候王之命，入其國城，天驥龍麟，腰褭丹髦，萬計盈廄。雖伯樂更生，衛賜覆出，不能辨也。所獲珍寶以萬萬計。」前秦建元二十一年（385 年）三月，呂光以駝二萬餘頭滿載珍寶及珠禽怪獸，駿馬萬餘匹，從龜茲回師勤王，但苻堅已敗亡。呂光還至涼州，建立後涼王朝。呂光西征，雖只是短暫的一年多，卻使魏晉南北朝時期流沙東西的再度統一。

呂休琳

唐開元十七年至十八年（729～730 年）的安西副大都護。據《貞元新定釋教目錄》載：「三藏沙門達摩戰涅羅，東天竺人……（唐）開元十八年安西節度使為呂休林（琳）表薦入朝，利言隨師，以充譯語。」可知開元十八年時安西節度使為呂休琳，此處雖未說安西都護，按唐制應為安西副都護兼節度副使。

呂休璟

唐先天二年至開元三年（713～715 年）的安西大都護。據《資治通鑑考異》卷 12 注曰：「五月，詔葛邏祿、胡屋、鼠尼施等……宜令北庭都護湯嘉惠與葛邏祿、胡屋等相應，安西都護呂休與鼠尼施相應。」

則羅

龜茲國王。漢建武二十二年（46 年）莎車王破龜茲，以其子則羅為龜茲王。《後漢書·西域傳》說：「其（漢建武二十二年）冬，（莎車王）賢復攻殺龜茲王，遂兼其國。……賢又立其子則羅為龜茲王。」

曲侯

又稱軍侯，是西域各大屯田區的直接組織者的指揮官，常由駐軍校尉擔任，一

般率屯軍千人左右，受西域都護和戊己校尉領導，秩比六百石。

因緣故事畫

佛教常以事物相互間的關係來說明它們產生和變化的現象。其中為事物產生或毀滅的主要條件的叫做因，為其輔助條件的叫做緣，合稱因緣。《阿毗達摩俱舍論》卷6說：「因緣合，諸法即生。」任繼愈先生在《中國佛教史》第一卷中對於因緣這個佛教理論的概念曾做如下說明：「所謂緣起說，可以概括為『依此故彼有，此生故彼生』，也就是要求從普遍聯繫中的互為條件、互相制約的關係方面理解事物存在。……在佛教的小乘階段，主要講的是『十二因緣』，也被稱為『業感緣起』。」任繼愈先生還說：「每人都受自己所招致的因果的支配，人人都將自食其果，每人的報，是每人的業的結果；一方面是佛在安排一切，佛是世界和眾生的創造主。就是說，佛在普度眾生上是平等的，但度人的方式則根據每個人自身的品格而有所不同。」

小乘佛教因緣學說的基本內容是「十二因緣」，亦稱「十二緣生」，包括無明、行、識、名色、六處、觸、受、愛、取、有、生、老死十二個部分。

《宗教辭典》「十二因緣」條認為，任一有生命之個體，在未獲解脫前，均須依此因果律於「三世」「六趣」中生死流轉，永無終期；人們貧富貴賤壽夭等差別，以及存在於社會中之不平等，即植根於此。佛教修習之最終目的，在於擺脫所謂「十二因緣」之束縛，跳出「三世輪迴」的範圍，此即「涅槃」。

閻文儒先生在《經變的起源種類和所反映佛教上宗派的關係》一文中論述了三世二重因緣說。他說：「因為早期的小乘教，重視以『十二因緣』與『四聖諦』的修行，提出三世二重因緣說。他們宣稱在輪迴之中，十二因緣是涉及過去、現在和未來三世的。現在之果必有過去之因，現在之因，又將有來生之果。力圖使人相信人間一切苦難的根源，是在人的自我意識中，而不在社會制度中。要消滅苦難，只有求之於因果報應，而不是訴之於社會鬥爭。」

因此，佛經中出現了許多宣傳「十二因緣」「兩重三世」這類關於因緣說教的故事，以勸諭世人，敬信佛法，多做好事，積累善因，以得到善緣。這種故事稱之為因緣故事。

因緣故事畫在印度的阿旃陀石窟中就出現過，查爾斯·埃利奧等在《印度教與佛教史綱》一書中曾說：「十二因緣法在佛教藝術中已經變成了『生命的車輪』。在阿旃陀壁畫中已經發現有古代的實例。」

在龜茲石窟，因緣故事絕大多數繪在中心柱形支提窟的拱形券腹上，每一個菱形格中繪一幅因緣故事畫，講明一個因緣。

從龜茲石窟的因緣故事畫來看，它著重於說明「十二因緣」中的幾個因緣，現在分類試論於下：

1. 說明「無明」的因緣故事畫

「無明」是「十二因緣」中的第一因緣，它的主要含義是指無智和愚昧，特別是指不懂佛教道理的世俗認識。

龜茲石窟壁畫中的「波婆梨緣」因緣故事就是用來說明「無明」這個因緣的，它見之於《賢愚經》，其內容如下：時波羅奈國輔王生一子，身紫金，眾相備，名曰彌勒。國王聞其子異，恐長大後為患，欲除之。輔相恐，把子送於其舅波婆梨處。波婆梨為波梨富羅國國師，有五百弟子，聰明高博。彌勒受其教育，進步很快。波婆梨欲為作會顯揚其美，派一弟子向輔王索取珍寶為費用。弟子於道中聞佛法，欲見佛，中道被虎所咬，生於天上。波婆梨只得自竭所有，供養婆羅門，並各給五百金。勞度差最後來，無錢無食供養，惱羞成怒說：『若不施我，汝更七日，頭破七段。』波婆梨很憂愁。其弟子自天上來，告其見佛可解厄，即派彌勒等十六弟子去見佛，都聽了妙法，得以成道。內一弟子向波婆梨告以詳情，波婆梨即祈請佛光臨宅所。果然，佛臨宅所，並為之說法。後來，彌勒入波羅奈城說法，有一穿珠師因聽法而忘記了工作。一富翁嫁女，欲穿一珠，給十萬錢。因未曾穿好而被拿走，損失十萬錢。珠師妻怪其聽法之事，師心動搖。彌勒即請其到精舍，為說因緣：昔波羅奈國中有一薩薄，巨富，有兩子，長子淚吒，次子阿淚吒。臨死時，囑兩子勿可分家。後因阿淚吒妻唆使丈夫，堅持分家，終於把家產分成兩份，各取一份。阿淚吒花錢如流水，無錢，即往兄淚吒處取錢，先後達六十萬。後來，淚吒不再給錢，而阿淚吒又漸富，淚吒卻敗落變窮，往阿淚吒處要錢，被其婦辱罵，便覺人心可惡，出家成為辟支佛。時天旱，人遭饑荒，阿淚吒又困乏，打柴買食為生。一次，見辟支佛無有供養，便帶入家中，用打柴所得換糧作供養。後入澤打柴，見一兔，一擊化為一個死人，大恐，趁黑暗時，背回家中，死人卻化為金子。國王聞此奇事，即拜阿淚吒為大臣，此皆為禮辟支佛的因緣。

這幅因緣故事畫在龜茲石窟壁畫中是這樣表現的：佛祖右臂，雙足相交坐蓮座上，頭上有紅色白點的華麗寶蓋。佛的身旁站著一個人，穿著僧衣，袒著右臂。這是彌勒聽了佛說法後，皈依佛門，得以成道的情景。

2. 說明「行」的因緣故事畫

「行」是「十二因緣」中的第二因緣，它的主要含義是指能招致罪惡果報的身、口、意諸「業」，亦即人的一切心、身活動。

龜茲石窟壁畫中的「沙彌均提緣」因緣故事就是用來說明「行」這個因緣的，它見之於《賢愚經》，其內容如下：爾時有諸賈客，欲詣他國。其諸商人，共將一狗。至於中路，眾賈頓息。伺人不看，閒靜之時，狗便盜取眾賈之肉。於時眾人即

患恚,便共打狗,而折其腳,棄置空野,捨之而去……時舍利弗乞食施與,為說佛法,狗便命終,生舍衛國婆羅門家,名曰均提。七歲時,舍利弗又度之出家,聽為沙彌,為說種種妙法,得阿羅漢果。佛為之說因緣:昔有諸比丘一起。年少比丘,聲音清越,善巧贊唱;年老比丘,聲音鈍濁,不能經咒,每日出聲而自娛。年少比丘而呵之曰:今汝長老,身如狗叫吠。呵已,老比丘即喚少年:汝識我不?少年答:我大識汝,汝是迦葉,佛時比丘上座。答曰:我今已得阿羅漢道,沙門儀式悉具足矣。時少年比丘聞其所說,心驚毛豎,惶怖自責,即於其前懺悔過咎。時老比丘即聽懺悔。由其惡言,五百世中常受狗身。由其出家,持淨戒故。今得見我,蒙得解脫。

這幅因緣故事畫在龜茲石窟壁畫中是這樣表現的:佛赤雙足坐方座上,袒右臂,頭上有團形花樹做寶蓋,周圍畫出掌形樹,樹叢中畫出一朵朵含有雙葉的小花。佛的身旁畫出一隻狗。這是舍利弗為狗說佛法時,狗歡欣跳躍的情景。

3. 說明「愛」的因緣故事畫

「愛」是「十二因緣」中的第八個因緣,它的主要含義是貪求財物、愛戀異性而造成的種種因果。

龜茲石窟壁畫中的「婆世躓緣」因緣故事就是用來說明「愛」這個因緣的,它見之於《賢愚經》,其內容如下:羅閱國有長者,名屍利躓,生子名婆世躓,見那羅拔家一女色美,欲求為婚姻,但彼為小姓,己則貴族,經哀求,父母同意。女方父母則要求其共同學技,才能同意。婆世躓為女色,入女家學技。一次去王宮表演,他表演走繩索之技。受王命,越走越高,越危險,氣力不夠,中道欲墮。此時,目蓮尊者凌空,謂其曰:寧全生命出家學道,寧墮死娶彼女。婆世躓答:原自濟存,不用女也。目蓮即於虛空中化作平地,婆世躓恐怖得止,因地而下,得全身首。遂隨目蓮詣佛,得成阿羅漢果。佛為之說因緣:昔波羅奈國有大長者,初生一子。家中有人從海中取一鳥卵,卵生一鳥,長者愛之,與子使弄。鳥漸長,子騎鳥背,處處遊玩。時子聞國王作戲,便乘鳥往,鳥停樹上,子見王女愛,便與共交,作事不密,為王知,捕之欲斬。子言:諸君為何勞力殺我,聽我樹上自投死。諸人聽許。便起攀枝而上,乘鳥凌空飛去。因此鳥故,得延壽命。彼長者子,今婆世躓也;爾時王者女,今技家女是;彼鳥者則目蓮是。過去世時,惑色致困,由鳥得濟。今復貪色,垂當死亡,由目蓮故,得到安穩。

這個故事敘述了婆世躓兩世貪色愛戀,兩世幾遭厄運,在佛的幫助下得以解脫的因緣。這幅因緣故事畫在龜茲石窟壁畫中是這樣表現的:佛坐蓮座上,袒右臂,頭上有華麗的寶蓋。佛的身旁站著一個身穿短衣、短褲,赤著雙足的人。這是婆世躓詣佛,佛為之說「愛」的因緣的情景。

4. 說明「取」的因緣的故事畫

「取」是「十二因緣」中第九個因緣，主要含義是由有貪愛，便狂熱地追求和執取可供享樂的東西，滋長了非佛教的世俗觀念。

龜茲石窟壁畫中的「梨耆彌七子緣」因緣故事就是用來說明「取」這個因緣的，它見之於《賢愚經》，其內容如下：舍衛國波斯匿王有大臣名梨耆彌，大富翁，生有七子，六已娶婦，為七子找婦，請一婆羅門相覓。在特叉屍國，見五百童女遊戲，其餘赤足渡水，一女不赤足；其餘塞衣渡水，一女並衣入水；其餘上樹採花，一女不上樹。問之曰：鞋用以護腳，陸地眼可見，水底眼不見，有毒物等，所以不脫鞋；女人之身相有好惡，塞衣為人所見，相好即可，相不好嗤笑，以此不塞；上樹，樹枝危害人身，故而不上。見女聰明，遂聘矣。梨耆彌設車往迎，道中至一客舍，女言不可住，遂向露宿。後，象觸柱房坍；至一大澗，眾人息，女言速渡水上岸。後，大雷雨至，澗水暴漲。梨耆彌幾次脫險，更敬重女。時特叉屍、舍衛二國不和，特叉屍王欲試舍衛有賢智之士不？遣使送馬兩匹，為母與子，形狀毛色一類無異，希識別。國王與群臣都不能分別，梨耆彌歸家說此事，女曰：取好草飼馬，其是母，必推草與子；其是子，必取草博食之。試之，果如是。特叉屍王又遣使送二蛇，粗細一樣，希別雌雄。國王與群臣俱不識。梨耆彌又歸家言之，女曰：以細氈鋪地上，取二蛇其上，雌者愛細滑，靜不動；雄者性剛則轉側不安。試之，果如是。特叉屍王又遣使送一木，兩頭一樣，上下粗細一致，希分別頭尾。國王與群臣俱不能，梨耆彌復歸家言之，女曰：取其木，著水中，根自沉沒，頭浮其上。試之，果如是。波斯匿王為此，拜女為王妹。女懷孕，生三十二卵，為三十二子，勇健無比，為一輔相所陷，被國王殺了頭。時女（毗舍離）請佛及僧於舍供養，佛為之說因緣：過去此三十二人共為親友，共盜一牛，詣一老母所，欲殺牛食之。牛跪乞命，仍殺之，老母也共食之。牛，今波斯匿王是也；盜牛人毗舍離三十二子是也；老母，毗舍離是也。

這個因緣故事在龜茲石窟壁畫中是這樣表現的：佛赤雙足坐方座上，頭上有團形花樹做寶蓋。佛的身旁有一個人，手持一碗正在冒著熱氣的食物，對佛作供養。這是毗舍離在其三十二個兒子被波斯匿王殺了後，請佛作供養時的情景。

5. 說明「有」的因緣故事畫

「有」是「十二因緣」中的第十個因緣，它的主要含義是決定來世所得果報的思想行為的總和。

說明「有」的因緣故事畫在龜茲石窟的壁畫中出現得最多，現在來介紹其中的兩幅畫：其一是「無惱指緣」因緣故事，見之於《賢愚經》，其內容如下：舍衛國一輔相，巨富，生子曰無惱，勇武有力。後入一婆羅門受教，聰明過人。婆羅門師

婦看中欲誘。一次，婆羅門師與眾弟子外出，留無惱在家。師婦多次引誘，被拒絕，惱羞成怒。師來，毀面破衣，誣無惱奸她。師怒，陰為謀害，假說欲成正果，必須於七日內殺千人，斬千指為。無惱按師言，外出殺人，殺到九百九十九人，城內無人敢出，無人可殺。其母看其饑餓，擔飯來，他要殺母成千人。母斥責之，他告其故。母說：斬指可以。此時，佛現，無惱欲殺佛，佛顯大神通，追之不及。佛為說法，無惱大徹悟，放下屠刀，成比丘。時國王波斯匿帶兵來捉，遇佛，為之說因緣：昔波羅奈國的一毒鳥，捕食毒蟲，極毒，近之即死。有次，引鳥住樹上，樹下白象王聞毒鳥聲，即死。毒鳥即無惱，白象王即國王也。佛還說因緣：昔波羅奈國有一王，名駁足。一次廚監忘，不辦肉，監時無計拿一個死孩肉燒之。王感美，天天要吃此肉，使全城小兒被吃完。大臣等共議，除去此王。於王城外洗澡時，圍兵欲殺。此時，王許下願心，變成飛天羅剎，到處吃人，並把九百九十九個大臣捉去，準備湊足一千個大臣，舉行羅剎宴會。最後，被捉之一位大臣，為之說佛法後，即不再吃人。駁足王即無惱也。佛還為說因緣：昔波羅奈國有國王，淫極，少女出嫁先行奸之，大臣婦女悉奸盡。時有一婦人裸體立溺，路人多怪之，共責之。女曰：汝等即女人，有何可羞。汝等立溺亦不羞，我有何可羞。問其故，答曰：我國唯王一人男子耳，一國婦女被其奸盡，爾等能算男人？在此激勵下，眾人決定殺王。趁王到城外洗澡時，共圍之。王懼曰：允我改過。不准，共殺之。國王即無惱也，眾人即今被殺千人也。有此因緣，故世世相報，無有了結。

這個因緣故事畫在龜茲石窟是這樣表現的：佛坐方座上，頭上有塔式寶蓋。佛的身旁站著一個人，舉起手中的寶劍，正在向佛的頭部劈去。這是無惱欲殺其母時，佛出現，無惱轉而欲殺佛時的情景。

其二是「富那奇緣」因緣故事，見之於《賢愚經》。其內容如下：放缽國長者名曇摩羨，生有二子，長名羨那，二名比耆陀羨那。另一婢生一子，名富那奇。長者死時，囑二子勿分家。後，二子受人挑撥，欲殺富那奇，長兄出面保護，收留之。後，富那奇用五錢買薪，薪中有牛栴頭檀香木，值王夫人熱病，需牛頭栴檀香木，使富那奇得金萬兩，遂富有。又入海，得諸寶、摩尼珠等，具足子孫七世食用不盡之財，盡與長兄，已出家為沙門，經種種磨難，得以成道。時其長兄出海採寶，遇龍危急，長兄一心念稱富那奇，富那奇即變身作金翅鳥王，龍怖，入海底，長兄得救。至家，為佛及眾弟子大作供養。佛為之說因緣：昔有一長者，造伽藍，供養眾僧。死後，其子出家，無人供養，伽藍遂敗，眾僧散去。其兒比丘來見，重複舊業。時有一道人在中庭不時掃除草土，比丘噁心喝斥。今此比丘，如奴無異。今富那奇即比丘也，說此惡語，故淪而為奴。

這個因緣故事在龜茲石窟壁畫中是這樣表現的：佛赤雙足坐方座上，袒右臂，

頭上有團形花樹做寶蓋。佛的身旁坐著一個人，頭戴錦帽，雙手捧著一碗飯，而佛的右手也托著一隻缽。這是羨那入海得救後為佛及眾弟子作供養時的情景。

龜茲石窟的因緣故事畫種類較多，構圖與布置部位多與本生故事畫相似，但從畫面看，亦有它的特點：一是畫中的主角是佛，而本生故事畫的主角則是菩薩、凡人，甚至是牲畜禽獸或蟲蟻；二是畫面十分雷同，多是中間為一尊正面而坐或側面而坐的佛，旁邊是一個或幾個有關因緣人物或因緣動物，故而，故事內容比較難以辨識和區分。但是，目前在龜茲石窟中被保存下來的因緣故事畫，數量有上千幅，種類過七十餘種。其數量和種類之多，為中外石窟壁畫中所罕見。

師子商主勇鬥曠野鬼本生故事畫

這幅畫繪在克孜爾石窟175窟券腹的菱形格內。故事出自佛經《雜寶藏經》。故事的內容如下：過去，在迦屍國和比提醯國之間，有一片大曠野。曠野中，有一個名叫沙托盧的惡鬼。它殘害無辜人民，斷絕行人道路，任何人都難於通過。當時，有一個商主，名叫師子，帶著五百商人，行至大曠野處，眾商人無不驚恐萬狀。商主鼓勵大家說：「請大家不要害怕，你們都跟我來！」他們手拉著手，很快來到惡鬼處所。商主警告惡鬼道：「你不知道我是誰嗎？」惡鬼回答道：「我知道你的名字，故來和你應戰。」商主又問：「你有什麼辦法與我鬥？」隨即拿起弓箭，射向惡鬼，接連射出五百枝箭，結果都被惡鬼吸進了肚子。商主又拿出弓刀器杖對付惡鬼，同樣，又被惡鬼吸進了肚子。接著，商主又用拳頭和惡鬼相鬥，拳頭也拿不回來了。商主又用手打，結果，手被黏在惡鬼的肚皮上。商主再以腳踢，兩隻腳也被黏住了。最後，商主用頭去撞，頭也拔不出來了。惡鬼見商主沒有取勝，更加得意忘形。它對商主叫喊道：「你手、你腳和你頭，個個在我腹中留，你有任何手段，我均能把你鬥敗。」商主聽後，堅定地回答道：「我手、我腳和我頭，以及弓刀器杖雖被收，奮鬥精神你不能收，我不勝惡鬼誓不休！」曠野鬼見商主這種英勇頑強的鬥爭精神，也感到害怕，最後，只好把五百商人全都放行了。

克孜爾石窟175窟壁畫中所繪的這幅本生故事畫，表現為師子商主正在與身軀高大的曠野鬼進行搏鬥，師子商主的雙手已插入惡鬼的肚子中，並正用頭與膝蓋猛擊惡鬼的身體，畫面充分顯示了師子商主與曠野鬼惡鬥時的激烈程度。（見圖87）

[ㄉ]

圖 87　克孜爾石窟 175 窟——師子商主勇鬥曠野鬼

[ㄉ]

多匝

龜茲國王白孝節的原名。《新唐書》卷 221《列傳第一百四十六上·西域》記其事說：「（唐）開元七年（719 年），王白莫死，子多匝立，改名孝節。」

多龕窟

德文為 Nischen Höhle，這是德國人對克孜爾石窟 27 窟的稱呼。

多寶珠重相輪雙幡覆缽式尖塔

繪於克孜爾石窟 205 窟後室。此式塔身下因繪有坐佛，僅見部分塔身，塔身上是一圓形蓋，典籍上稱為「相輪」。相輪上為凹邊的扁柱，扁柱又覆一層相輪，上面是半圓形覆缽。覆缽上是疊澀出檐的相輪，約四層，再上是重疊多層相輪構成的尖狀剎，剎端繫雙幡，質地為絲織品，剎頂疊澀多層寶珠，頂端是「山」形寶珠，兩側垂吊兩組寶珠鏈。這一式制形比較精當，但整個式樣與印度堵波接近。

多寶珠重幡式高基臺尖頂方塔

繪於克孜爾石窟 38 窟後室。此塔基臺較高，共分為五層三部分，最下部分中寬而短，正反疊澀。中間部分，一種飾以「米」字紋；一種為方格，上部為斜邊，接塔身。塔身正面開一方形龕，龕內坐佛，佛頭重疊「Ω」式紋，兩側是帶檐立柱。塔身上為齊邊屋頂，上接重疊式覆缽，覆缽上為角柱式寶珠剎，剎頂垂瓔珞寶珠兩組，兩側為重幡。

這一塔式是木石結構，整個結構裝飾性強，亦頗富麗，其重幡結構，石窟中發現不多。

213

伎樂飛天

克孜爾石窟 8 窟主室前壁繪有一身懷抱琵琶的飛天像。克孜爾石窟 69 窟後室券腹繪有一組飛天像，其中有懷抱琵琶的飛天像，只是動態不甚明顯，飛行感覺靠飄舞的天帶來襯托。

伎樂菩薩

龜茲石窟壁畫中出現很多，她們圓臉秀眉，肌肉豐滿，裝束近俗家，面相端莊，神情恬靜，體態婀娜多姿，舞姿輕快靈活，加上帔巾綵帶一類的裝飾，舞姿飄逸瀟脫，優美典雅，富有動感。在千姿百態的舞蹈造型中，其基本特徵為：立姿者多以頭、腿、腰成「S」形曲線，即三道彎式；或雙腳蹉步；或一腳獨立，一腳向後抬起，並以手勢的多種變化與動態來牽動體形的變化。克孜爾石窟 76 窟壁畫上一伎樂菩薩，神情自然，活潑大方，身姿舒展，右手叉腰，左手吐「劍指」（論辯印）指向佛，雙腳蹉步，舞姿優美。克孜爾石窟 99 窟壁畫一伎樂菩薩，右臂彎曲，反掌向前，左臂上伸，下肢一蹲一跪，右腳踩踏，動作跨度很大。克孜爾石窟 101 窟壁畫一伎樂菩薩，身披瓔珞綵帶，含胸出胯，兩臂呈現順風旗姿勢，右臂高舉，翻腕托掌，左臂平舉，屈肘朝下，掌心向外，舞姿優美典雅。克孜爾石窟 176 窟壁畫上一伎樂菩薩，右手上提，左手下按，兩臂委婉舒展，腹部旋回，體態變化豐富。（圖 88）

圖 88　克孜爾石窟 77 窟——伎樂菩薩

伎樂與七寶圖

出自克孜爾石窟 123 窟後甬道頂部。本圖畫面依次是：伎樂天、七寶（金輪寶、白象寶、紺馬寶、神珠寶、玉女寶、居士寶、主兵寶）的展現，吹排簫的伎樂天。右廊繪的歌舞的伎樂天和彈琵琶的伎樂天。（圖 89）

此件現藏德國柏林亞洲藝術博物館。

圖 89　克孜爾石窟 123 窟——伎樂與七寶圖

伎樂天和金剛神像

出自克孜爾石窟 77 窟後室前壁，畫為橫 166 公分。

畫面左端為左手拿金剛杵的伎樂天，向著佛的頭部飛翔，隨著金剛神的伎樂天兩手抱著阮咸在彈奏。畫面右方為跳著舞蹈的伎樂天向著與大家相同的方向飛翔。（圖 90）

此件現藏德國柏林亞洲藝術博物館。

圖 90　克孜爾石窟 77 窟——金剛力士
（1906 年德國勒庫克等人盜走）

215

伎樂供養辟支佛因緣故事畫

這幅畫繪在克孜爾石窟193窟中，畫面為佛側站立一人，做種種伎樂，以娛佛。故事說的是，舍衛城人民出家遊戲，見如來「則伎樂供養佛僧，發願而去」。

延城

古龜茲國的都城。《漢書·西域傳》說：「龜茲國王治延城，去長安七千四百八十里。……東至都護治所烏壘城三百五十里。……東通尉犁六百五十里。」《北史·西域傳》說：「龜茲國，在尉犁西北，白山之南一百七十里，都延城，漢時舊國也。」可見，從漢到南北朝期間，龜茲國的都城在延城。

那麼，漢時的延城究竟在今之庫車何地呢？《水經注》卷2《河水》說：「龜茲川水有二源，西源出北大山南……其水南流徑赤莎山……又出山東南流，枝水，左派焉。又東南水流三分，右二水俱東南流注北河。東川水出龜茲東北，歷赤莎積梨南流。枝水右出西南入龜茲城，音屈茨也，故延城矣。……其水又東南流右會西川枝水，水有二源，俱受西川，東流徑龜茲城南合為一水……」

根據《水經注》所述，漢時期的龜茲國都延城，當在今庫車城中的皮朗舊城，亦名哈拉墩遺址。黃文弼先生在《略述龜茲都城問題》一文中考證說：「試以《水經注》所述東西川水形勢，結合我們的實地考察，解說於下：現庫車有兩大河，西為木扎提河，發源於汗騰格里山東麓，東南流至克孜爾千佛洞，有克孜爾河來匯。克孜爾河發源於庫車北大山，南流於克孜爾山之西，入木扎提河，出雀爾塔格山口庫木吐拉（喇）為渭干河，水分三支，一支左派東東南流於庫車縣城之南，入渭干河，而渭干河本身東南流，分一支水南流於沙雅之西，入塔里木河，而本身折東流於沙雅縣北，東流入輪台草湖。木扎提河即《水經注》之西源，亦即西川水。出山口後之鄂根河即《水經注》西川支水左派。不過現鄂根河為新和，西川支水之舊河床尚在稍南與渭干河駢比東趨，至輪台而合。然皆流於庫車城南，與《水經注》所說徑於龜茲城南完全相合。且沿線古城遺址甚多，是西川支水左派北之龜茲城亦即現庫車東郊之皮朗舊城矣。……亦即《漢書·西域傳》所述龜茲王所治之延城矣。」

延田跌

武周天授年間（690～692年）的龜國王。《新唐書西域傳》記載：「（武周）天授三年（692年），王延田跌來朝。」

延王李玢

唐開元十五年至天寶十四年（727～755年）的安西大都護。據《舊唐書》卷107《玄宗諸子》載：「延王玢，玄宗第二十子也，初名洄。……（唐開元）十五年，遙領安西大都護，磧西節度大使。」

伊邏盧城

唐代龜茲都城。《新唐書·西域傳》說：「（龜茲）一日丘，一日屈……俗斷髮齊頂，唯君不剪髮，姓白氏，居伊邏盧城，北倚阿羯田山，亦日白山，常有火。」

關代唐代的龜茲國都伊邏盧城的遺址到底在何處？卻是眾說紛紜。

法國人沙畹說，如今的庫車城，即658年安西都護府徙治之龜茲城，亦即《新唐書》之伊邏盧城。

英國人斯坦因也認為，如今的庫車城就是當年的伊邏盧城。他的根據是唐玄奘在《大唐西域記》中的一段話，「荒城北四十餘里，接山阿，隔一河水，有二伽藍，同名昭怙厘」。他說：「玄藏位置二昭怙厘於都城北四十里，核以蘇巴什廢寺南端至今庫車城之距離八英里，大致相合。」

周連寬先生認為，唐時的龜茲國都伊邏盧。根據《新唐書》「北倚阿羯田山，亦日白山」的說法，應位於今庫車城或庫車河西岸庫車城附近。

黃文弼先生在《略述龜茲都城問題》一文中說：《通典·邊防七》謂龜茲「王理延城（註：今名伊邏盧城），都白山之南二百里」；又云：「今安西都護府所理則龜茲城也。」《通典》是唐杜佑作於8世紀後期，西域諸條根據杜環《經行記》，杜環隨高仙芝使西域，一切皆親歷，所言必不虛，所云延城今名伊邏盧城，是唐時龜茲王所居，即漢之延城。蓋唐時龜茲王在漢延城遺址上重新修築，改名伊邏盧城耳。這從考古發掘也得到了相應的證明。1985年，我們在庫車東郊皮朗舊城哈拉墩遺址做過一次試掘。哈拉墩文化層明顯地分為早晚兩期……壓在早期文化層上面的是晚期文化層，出土物有成組的陶缸，以及蓮紋鋪地花磚、藍紋磚、筒瓦等物，尤其磚的紋飾形制與唐代長安大明宮麟德殿出土的鋪地磚大致相同；同出的還有建中錢、中字錢、大曆元寶和開元通寶等，可以證明為唐代遺址。雖然我們發掘不廣，但唐代遺址建立在漢代遺址上面的線索，已經很清楚了。再從城的規模看，《新唐書》未言城的大小。《大唐西域記》稱「大都城周十七八里」，雖未指明伊邏盧城，但說是王都；而《新唐書》云「（王）居伊邏盧城」，則大城正可理解為伊邏盧城。現就皮朗古城遺址的實地查勘，周約7公里，折合唐里則與《大唐西域記》所記規模出入不大。則皮朗舊城為漢之延城、唐之伊邏盧城得到更進一步之認識。

伊里薩長者本生故事畫

這幅畫繪在克孜爾尕哈石窟14窟甬道外側壁上。畫面為中間坐一人，後面站兩人，前面立一人。故事講的是伊里薩長者英明處事的情節。見巴利文《本生經》卷2等。

匈奴

西元前3世紀形成部落聯盟，冒頓單于統一各部，統治大漠南北廣大地區。據

《漢書·西域傳》記載：「西域諸國，各有君長，兵眾分弱，無所統一，雖屬匈奴，不相親附。匈奴能得其馬畜旃，而不能統率與之進退。」

在漢中央政府勢力進入龜茲以前，龜茲一直為匈奴所控制。漢武帝為經營西域，斬斷匈奴對西域的奴役，曾兩次派張騫出使西域，欲與西域諸國聯合起來，共擊匈奴，但張騫沒有完成其使命，龜茲仍在匈奴控制之中。《後漢書西域傳》說：「其（漢建武二十二年，即46年）冬，（莎車王）賢復攻殺龜茲王，遂兼其國。……賢又自立其子則羅為龜茲王。賢以則羅年少，乃分龜茲為烏壘國，徙駟為烏壘王，又更以貴人為姶塞王。數歲，龜茲國人共殺則羅、駟，而遣使匈奴，更請立王。匈奴立龜茲貴人身毒為龜茲王，龜茲由是屬匈奴。」《後漢書·班梁列傳》又說：「時龜茲王建為匈奴所立，倚恃虜威，據有北道。」

48年，匈奴分裂為南北兩部，南匈奴歸附於漢，從此匈奴勢力大減。74年，班超平定龜茲，把匈奴勢力逐出龜茲。《通鑑紀事本末》卷6《西域歸附》記其事說：「（漢永元）三年（91年）冬十月，龜茲、姑墨、溫宿諸國皆降。十二月，復置西域都護、騎都尉、戊己校尉官。以班超為都護，徐幹為長史，拜龜茲侍子白霸為龜茲王，遣司馬姚光送之。超與光共脅龜茲，廢其王尤利多而立白霸，使光將尤利多還詣京師。」

後山區

克孜爾石窟遺址位於明屋依塔格山峭壁之間，按自然地形，劃為四個自然分區，後山區就是其中之一。它位於孜力克溝西側，處在克孜爾石窟群的邊緣地區，分布石窟三十個，即202窟至231窟。孜力克溝東側崖壁，分布五個無編號石窟。（圖91）

圖91　克孜爾石窟後山區全景

遷徙圖

出在克孜爾石窟131窟中。正壁中部用硬物刻畫馬、駝、鹿、羊、禽鳥、人和人騎馬、駝的形象，並有刻畫民族古文字。

馬：身體瘦健，頭部較小，頸部披滿長長的鬃毛。

駝：皆雙峰，背上載物或人。

鹿：頭部很小，雙角粗大，生排杈，四肢修長，勁健有力。

羊：數量最多，圖中所占比重較大；皆作大角，尾短而上翹。

禽鳥：可辨的僅兩隻：一隻在一個站立的人物的右側；另一隻在一個似月亮樣圖像的左側。

人物：較複雜，可見六個，其中四個為立姿。一個伸雙臂，有尾飾；另一個手臂動作不清，有尾飾；第三個邊緣殘損，形象模糊，仍可辨出伸臂布指狀，亦有尾飾。第四個明顯比別的人物和所有的動物形體大，用單線刻畫，頭作圓圈形，帶一半圓小帽，腰部橫出一鉤狀物，有尾飾。一臂平展，伸五指，另一臂不清，但可見頭部右側有一隻大鳥，回頭作張望狀。在他的右前方，可見一個月亮似的圖像，在其內弦亦有一回首站立的小鳥。（圖92）

圖92　克孜爾石窟131窟——岩刻畫「遷徙圖」局部

伏（覆）缽塔

出自克孜爾石窟多個窟甬道內外的側壁。此畫所繪的塔由基壇、塔身及相輪三部分組成。最下面的為基壇，方形石板從上依次束腰形地重疊成四層，其上為塔身。塔身內繪有舍利容器及佛坐像（大部分已脫落），塔中舍利容器其高度與直徑的比幾乎是1：1。相輪從下面依次通過露盤、伏（覆）缽、塔剎伸向上面。塔頂的兩面幡似在飄搖。此塔不同於印度中部的塔，而與阿富汗東部到巴基斯坦北部所遺留的坎第晚期的方座塔有許多共同點。

塔柱壁畫中排列的僧侶們，畫得比較簡單，衣著種類和手勢均不一樣。排第一位的僧提著燈。列像的上方記著各個僧人的名字，白底上橫著寫成一條帶狀。

舍利容器的上方繪菱形圖案，如菱形山岳圖的簡化式樣。繪在通廊的伏特天井，畫圖向內側彎曲。

爭舍利圖

這是龜茲石窟涅槃畫中最精彩的一部分。

佛涅槃火化後，為了爭奪佛骨舍利，七個國家和聚落的軍隊包圍了拘屍那城，要求拘屍那的摩羅族人交出佛骨舍利來，一時形勢十分緊張。

在龜茲石窟中，爭舍利圖一般畫出兩個部分。一是拘屍那城牆：那高聳的城牆上有著狼牙似的雉堞，城牆外面還有甕城，顯示出拘屍那城的險峻和堅實。二是爭舍利的七個國家和聚派出的四兵：象兵、馬兵、車兵、步兵。全副武裝，在拘屍那城門外嚴陣以待。如克孜爾尕哈石窟14窟左甬道右壁的步兵圖和後室左壁的騎兵圖，描繪得極其誇張生動，極富寫實味道，確是兩幅不可多得的精品力作。

龜茲文化詞典
六畫

朵雲圖案

在庫木吐喇石窟中出現了許多朵雲圖案，用壁畫中一朵朵的雲氣來表現天上的景觀。這種圖案源於中原。

朵雲，在中國古代被視作祥雲，據《左傳》魯昭公十七年（西元前525年）：「昔者黃帝氏以雲紀，故為雲師而名。」晉杜預註：「黃帝受命有雲瑞，故以雲紀事，百官師長，皆以雲名號。」因此，古代中原地區都把雲作為傳統的裝飾紋樣，以示祥瑞。漢代流行神仙方士，以朵雲表示天地間交往的工具，以流雲為紋的裝飾圖案屢見不鮮。佛教傳入中原後，朵雲又象徵為天景，成為中原石窟壁畫中表現空中景象不可缺少的裝飾。在唐代石窟中，這種朵雲襯托天景的紋樣，比比皆是。在龜茲石窟的龜茲風洞中，是見不到朵雲圖案的，而在克孜爾石窟的229窟中所見的雲紋，也僅此一例。正是此例，證實是受庫木吐喇石窟漢風洞窟的影響。庫木吐喇石窟的漢風洞窟內，朵雲多見於各種經變畫、券頂部位的裝飾圖案以及坐佛行列。

庫木吐喇石窟中出現的朵雲裝飾，是中原文化向龜茲文化傳播的產物。

合掌信士斷珠本生故事畫

這幅畫繪在森木塞姆石窟44窟券腹的菱形格內，畫面為一跪者捧珠，右為一禪定坐比丘。故事講的是合掌信士判斷寶珠之事。見巴利文《本生經》卷7等。

[丶]

安西

唐貞觀十四年（640年），置安西都護府於交河城。唐顯慶三年（658年），移安西都護府治於龜茲。唐龍朔元年（661年），安西都護府已統轄龜茲、于闐、碎葉、疏勒四鎮及月氏等都督府十六、州八十、縣一百十。安西都護府至此已成為唐朝中央政府管轄整個西域地區的政治、軍事中心之一。

由於安西都護府在整個西域地區的位置重要、名聲顯赫；由於安西都護府長時期駐紮在龜茲，在唐朝的政治史中占有傑出的地位，故後來的史籍與史者都稱龜茲為安西，把安西當作龜茲的代名詞。唐著名詩人岑參在《武威送劉單判官赴安西行營便呈高開府》一詩中所說的安西便是龜茲。

安西絲

龜茲地區出產的一種絲織品。據《冊府元龜·外臣部·朝貢五》的記載：後晉天福三年（938年）戊戌三月「可汗回鶻王仁美進野馬、獨峰駝、玉響頭、大鵬砂、硇砂、膃肭臍、金鋼鑽、羚羊角、白貂鼠皮、安西絲、白布、犛牛尾、野駝峰等物」。

安西道

唐代的龜茲是長安與西域各地萬里傳烽、千里馳驛的交通樞紐。唐朝通西域有

三道主幹線，即安西道、于闐道、北庭—碎葉道。

安西道，即沿天山南麓，由長安直通龜茲的大道，亦即通常所說的絲綢之路中道。

安西大都護

許欽，字欽明，武周長壽元年至萬歲通天元年（692～696年）。《舊唐書·許欽明傳》：「少以軍功歷左玉鈐衛將軍、安西大都護，封鹽山郡公。（武周）萬歲通天元年授金紫光祿大夫，涼州都督。」

公孫雅靖：武周天萬歲通天元年至聖歷元年（696～698年）。《元和姓纂》卷1：「雅靖，安西（大）都護。」

田揚名：唐聖歷元年至長安四年（698～704年）。《舊唐書·西戎傳》：「其安西都護，則天時有田揚名，中宗時有郭元振，開元初則張孝嵩、杜暹，皆有政績，為夷人所伏。」

郭元振：唐神龍元年至景龍四年（705～710年）。《舊唐書·郭元振傳》：「神龍中，遷左驍衛將軍，兼檢校安西大都護。」《文苑英華》卷972《兵部尚書代國公贈少保郭公行狀》：「（唐）景龍中……授公（郭元振）驍騎大將軍兼安西大都護，四鎮經略使，金山道大總管。」

張玄表：唐景雲元年至先天元年（710～712年）。《資治通鑑》卷210，唐景雲元年十二月「安西都護張玄表侵掠吐蕃北境，吐蕃怨而未絕和親」。《舊唐書·吐蕃傳上》：「睿宗即位……時張玄表為安西都護，又與吐蕃比境，互相攻掠，吐蕃內雖怨怒，外敦和好。」這裡的安西都護應為安西大都護，因在其前的郭元振是大都護，這時西域形勢並無多大變化，所以張玄表自也為大都護。

呂休璟：唐先天二年至開元三年（713～715年）。《資治通鑑考異》卷12注曰：唐開元三年「五月，詔葛邏祿、胡屋、鼠尼施等……宜令北庭都護湯嘉惠與葛邏祿、胡屋等相應，安西都護呂休與鼠尼施相應」。

靖德太子李琮：唐開元四年至十五年（716～727年）。《舊唐書》卷107《玄宗諸子》載：「琮，玄宗長子也，本名嗣直。……（唐）開元四年正月，遙領安西大都護，仍充安撫河東、關內、隴右諸蕃大使。」

延王李玢：唐開元十五年至唐天寶十四年（727～755年）。《舊唐書·玄宗諸子傳》：「延王玢，玄宗第二十子也，初名洄。……（唐開元）十五年，遙領安西大都護，磧西節度大使。」

郭虔瓘：唐開元三年至五年（715～717年）。《資治通鑑》卷211，唐開元三年十一月丁酉，「以左羽林大將軍郭虔瓘兼安西大都護、四鎮經略大使」。至唐開元四年（716年）正月十九李琮遙領安西大都護以後，郭虔瓘即降至安西副大都護。《舊唐書·郭虔傳》：「俄轉安西副大都護，

攝御史大夫，四鎮經略安撫使，進封潞國公。」

安西都護府

唐貞觀十四年（640年），置安西都護府於交河城。唐顯慶三年（658年），移治龜茲。唐龍朔年間（661～663年），平定西突厥並招撫原西突厥諸屬部屬國後，統轄龜茲、于闐、碎葉、疏勒四鎮及月氏等都督府十六、州八十、縣一百十，把中原的府州縣制度推行於西域。當時安西都護府的轄地自今阿爾泰山西至鹹海（一說裡海）所有遊牧部族和蔥嶺東西，東起銀山，西包阿姆河兩岸城郭諸國。唐咸亨元年（670年），四鎮為吐蕃攻陷後移治碎葉。武周長壽元年（692年），收復四鎮，重置安西都護府於龜茲。轄境經常因屬部屬國的叛亂和境外東突厥、吐蕃和大食勢力的侵入而發生變化。但直到8世紀前期，唐統治這一地區的局勢基本上尚能維持不變。安史之亂後隨著唐朝勢力的迅速削弱，蔥嶺以西遂為大食所併，蔥嶺以東地入吐蕃。唐貞元七年（791年）府治為吐蕃所攻陷。

《舊唐書·西戎傳》說：「先是，太宗既破龜茲，移置安西都護府於其國城，以郭孝恪為都護，兼統于闐、疏勒、碎葉，謂之『四鎮』。高宗嗣位，不欲廣地勞人，覆命有司棄龜茲等四鎮，移安西依舊於西州。其後吐蕃大入，焉耆以西四鎮城堡，並為賊所陷。則天臨朝，（武周）長壽元年（692年），武威軍總管王孝傑、阿史那忠節大破吐蕃，克復龜茲、于闐等四鎮，自此復於龜茲置安西都護府，用漢兵三萬人以鎮之。……其安西都護，則天時有田揚名，中宗時有郭元振，開元初則張孝嵩、杜暹，皆有政績，為夷人所伏。」

《文獻通考·輿地考八》說：「安西都護府本龜茲國，唐貞觀中置都護府於西州，顯慶中移治龜茲，東接焉耆，西連疏勒，南鄰吐蕃，北拒突厥。（唐）貞元三年（787年），陷於吐蕃。」

《舊唐書·地理三》又說：「（唐）龍朔元年（661年），西域諸國遣使來內屬，乃分置十六都督府，州八十，縣一百一十，軍府一百二十六，皆隸安西都護府，仍於吐火羅國立碑以紀之。」

十六都督府為月氏都督府、太汗都督府、條支都護府、天馬都督府、高附都督府、修鮮都督府、寫鳳都督府、悅般州都督府、奇沙州都督府、姑默州都督府、旅獒州都督府、昆墟州都督、至拔州都督府、鳥飛州都督府、王庭州都督府和波斯都督府。

安西都護府設大都護一員，從二品；副都護四人，正四品上；長史一人，正五品上；司馬一人，正五品上；錄事參軍事一人，正七品上；錄事二人，從九品上；功曹、倉曹、戶曹、兵曹、法曹五參軍事各一人，並正七品下；參軍事三人，正八品下。

安西副大都護

湯嘉惠：唐開元五年至八年（717～720年）。郭虔瓘於唐開元五年六月卒於軍中後，即於該年七月拜湯嘉惠安西副大都護。

張孝嵩：唐開元八年至十二年（720～724年）。《舊唐書·郭虔瓘傳》載：「嵩身長七尺，偉姿儀。初進士舉，常以邊任自許。及在安西，務農重戰，安西府庫，遂為充實。」說明張孝嵩任安西副大都護、四鎮節度使後，很重視屯田積穀和軍事訓練，所以在他主政安西時，能遏制吐蕃勢力的擴張。

杜暹：唐開元十二年至十四年（724～726年）。《資治通鑑》卷212載：唐開元十二年春，三月甲子，「起暹為安西副大都護、磧西節度等使」。《舊唐書杜暹傳》載：「蕃人伏其清慎，深思慕之，乃奪情擢拜黃門侍郎，兼安西副大都護。暹單騎赴職。」

趙頤貞：唐開元十四年至十七年（726～729年）。《資治通鑑》卷213載，唐開元十四年「會暹入朝，趙頤貞代為安西都護，嬰城自守，四鎮人畜儲積，皆為蘇祿所掠。安西僅存」。《新唐書·本紀第五》載：唐開元十五年（727年）閏九月「寇安西，副大都護趙頤貞敗之」。

呂休琳：唐開元十七年至十八年（729～730年）。《貞元新定釋教目錄》載：「三藏沙門達摩戰涅羅，東天竺人……（唐）開元十八年安西節度使為呂休林（琳）表薦入朝，利言隨師，以充譯語。」可知唐開元十八年時安西節度使為呂休琳，此處雖未說安西都護，按唐制應為安西副都護兼節度副使。

來瑱：唐開元十八年至十九年（730～731年）。《舊唐書·來傳》：「父曜，起於卒伍。（唐）開元十八年，為鴻臚卿同正員、安西副都護、持節磧西副大使、四鎮節度使，後為右領軍大將軍、仗內五坊等使，名著西陲。」

徐欽識：唐開元十九年至二十一年（731～733年）。《全唐文》卷343：「安西都護、高平縣公（徐）欽識子女。」

王斛斯：唐開元二十一年至二十四年（733～736年）。《曲江集》卷10《敕安西節度王斛斯書》稱王斛斯為「四鎮節度副大使、安西副大都護」。

田仁琬：唐開元二十五年至二十六年（737～738年）。《舊唐書·高仙芝傳》載：「小勃律國王為吐蕃所招，妻以公主，西北二十餘國皆為吐蕃所制，貢獻不通。後節度使田仁琬、蓋嘉運並靈累討之，不捷。」

蓋嘉運：唐開元二十六年至二十八年（738～740年）。《舊唐書·西突厥傳》載：唐開元二十六年夏「……莫賀達干遣使告安西都護蓋嘉運。嘉運率兵討之，大敗都摩度之眾，臨陣擒咄火仙……」

夫蒙靈詧（馬靈詧）：唐開元二十九年至天寶六年（741～747年）。《新唐書·段秀實傳》稱：段秀實「（唐）天寶四載（745年），從安西節度使馬靈詧討護密有功，授安西府別將」。《舊唐書封常清傳》稱：唐天寶六年十二月「（高）仙芝代夫蒙靈詧為安西節度使」。

高仙芝：唐天寶六年至十年（747～751年）。《舊唐書·高仙芝傳》載：「（唐）開元末，為安西副都護，四鎮都知兵馬使。」

王正見：唐天寶十年至十一年（751～752年）。《舊唐書·封常清傳》載：（唐）天寶十年「王正見為安西節度，奏常清為四鎮支度營田副使行軍司馬」。王正見的職銜全名應為安西節度副使、安西副大都護。

封常清：唐天寶十一年至十四年（752～755年）。《資治通鑑》卷216：唐天寶十一年十二月丁酉「以安西行軍司馬封常清為安西四鎮節度使」。《舊唐書封常清傳》稱：「（唐天寶）十一載……以常清為安西副大都護，攝御史中丞，持節充安西四鎮節度、經略、支度、營田副大使，知節度事。」

梁宰：《新唐書·段顏傳》：「肅宗在靈武，詔嗣業以安西兵五千走行在，節度使梁宰欲逗留觀變，嗣業陰然可。秀實責謂曰：『天子方急，臣下乃欲晏然，公常自稱大丈夫，今誠兒女耳。』嗣業因固請宰，遂東師，以秀實為副。」其任職上限應為唐天寶十四年（755年），下限應在唐天寶十五年（756年）七月，即肅宗即位改元之時。在史籍中都只說安西節度使梁宰，未說安西副大都護，實際梁宰任安西節度使時，也行安西副大都護之權。因為安西副大都護一職，自高仙芝起已成虛懸，節度使實已控制安西軍政之權。

註：自唐開元四年至天寶十四年（716年～755年），近40年的時間內由玄宗李隆基之子李琮和李玢先後遙領安西大都護，安西主政者則降為安西副大都護。由於唐玄宗於712年繼位後，於713年改元開元。到唐開元四年出師北伐，破滅了後突厥汗國，於是經濟發展、社會安定，唐朝國勢再度中興，被稱為「開元盛世」。玄宗李隆基為了削弱邊將的權力，創設了遙領安西大都護的制度，並不履職，只是加強了對安西邊將的政治監督，安西軍政事務仍由主邊將領全權負責，名分上則保留安西副大都護的官銜。肅宗繼位後，即征西域兵前往內地平叛，並於唐乾元元年（758年）三月組成「鎮西北庭行營節度使」，由李嗣業任行營節度使。此後西域留守部隊由四鎮留後負責。

安西大都護府故址

即為玉曲吐爾遺址。參見「玉曲吐爾遺址」條。

講經圖

出自克孜爾石窟123窟主室前壁。此圖上端無界限地繪有三幅講經圖，各圖的構成幾乎一樣。中央是坐佛，呈不同的坐姿。坐佛兩側是聽經的人群。門口左右兩側也分別畫著立佛像。門左側的立佛左手托缽，頭光中環繞著八九身小坐佛，全身光中圍繞著小立佛。下端是小坐佛。全身光僅留一側。頭光及全身光的邊緣有叼著花環的飛鴿。畫面背景是天空和香花。

此件現藏德國柏林亞洲藝術博物館。

講經窟

用於高僧講說佛教經典，在龜茲石窟群中是一種比較特殊的窟形，數量很少。

講經的習俗是從印度傳入中國的，在東晉《高僧法顯傳》中，記述古代斯里蘭卡講誦佛經的盛況：「獅子國（斯里蘭卡）……佛齒，當出至無畏山精舍，國內道俗欲植福者，各各平治道路嚴飾巷陌……然後佛齒乃出中道而行，隨路供養到無畏精舍佛堂上，通俗雲集，燒香燃燈，種種法事，晝夜不息，滿九十日，乃還城內精舍。」唐玄奘在《大唐西域記》裡說到過卑缽羅石室苾芻設壇念誦的故事。《妙法蓮華經·法師品》中有受持法師、讀經法師和誦經法師的記載。《晉書》中還記載鳩摩羅什講經於草堂寺。可見，講經是佛教法所做的事之一，是佛教徒的一種經常性集會。

東晉高僧道安曾制定僧尼規範三則：一曰行香定座上講之法（即講經儀）；二曰常日六時行道飲食唱法（即課誦齋粥儀）；三曰布薩差使悔過等法（即道場懺法儀）。可見，聽講經是僧尼的必修課程之一，這在印度也是如此。義淨的《南海寄歸內法傳》卷4中記述著印度那爛陀寺的情況：「那爛陀寺人眾殷繁，僧徒數出三千，造次難為詳集。寺有八院，房有三百，但可隨時當處自為禮誦。然此寺法差一能唱導師，每至晡西（下午三到五時），巡行禮讚。淨人童子持雜香花，引前而去，院院悉過，殿殿皆禮。每禮拜時，高聲讚嘆，三頌五頌，響皆遍徹，迄乎日暮，方始言周。」

講經時，必須履行一定的儀式。圓仁在《入唐求法巡禮行記》中記述的「赤山院講經儀式」的順序是：打講經鐘，大眾上堂。講師上堂登高座間，大眾同音稱嘆佛名。講師登座訖，稱佛名便停；一僧開始「作梵」，唱「云何於此經」一行偈。梵唄訖，講師唱經題目。講經，講訖，大眾同長音讚嘆；讚嘆語中有迴向詞。講師下座，一僧唱「處世界，如虛空」偈。宋元照《四分律行事鈔資持記》卷39記述了講經應遵行的節目：初禮三寶、二升高座、三打磬靜眾、四贊唄、五正說、六觀機進止、七說竟迴向、八復作贊唄、九下座禮辭。

講經的主講高僧稱為講師，輔助講師的僧人稱讀師。讀師讀經題，講師講經義。

龜茲文化詞典
六畫

《開元釋教錄》卷6「勒那摩提」中記述講經法會的成員，有法師、都講、香火、維那、梵唄等，根據講經儀式的要求，各有專職。佛教名數中的「七僧」為：一講師、二讀師、三咒願師、四三禮師、五唄師、六散華師、七堂達。

佛教經典對講經的作用評價極高。鳩摩羅什所譯《維摩詰經·佛國品》中說：「演法無畏猶師子吼，其所講說乃如雷震。」

講經既有如此巨大的力量，如此奇妙的作用，於是就成了佛教徒的一種經常性的重要活動。

但是，講經必須要有一定的場所。《宋高僧傳》卷6「僧徹傳」曾記：唐僧徹每入麟德殿講經，懿宗曾因法集，躬為贊唄。僧徹在麟德殿講經，這是因為皇帝要聽經。而佛教建築中有專門為講經建造的建築物，如《無量壽經》卷下中說：「無量壽佛為諸聲聞菩薩大眾頒宣法時，都悉集會七寶講堂，廣道教演暢妙法。」講堂就是專門為講經建造的建築物。

中國的佛教殿堂中，法堂是專門供講經集會用的。《石門文字禪》卷21《信州天寧寺記》說：「層閣相望而起。登普光明殿（佛殿），顧其西側有雲會堂（禪堂），以容四海之來者。為法寶藏（輪藏殿）以大輪載而旋轉之，以廣攝異根也。顧其東側有香積廚（廚房），以辦伊蒲塞饌。為職事堂（庫房），以料理出納。特建善法堂（法堂）於中央以演法，開毗耶丈室（方丈）以授道。」可見法堂是專門為講經建造的建築物。

講堂、法堂，都是演說佛法飯戒集會之處。在中國的佛寺建築中，法堂為僅次於佛殿的主要建築，一般位於佛殿之後。據《六學僧·隋羅雲傳》的記載，法堂之建，始於晉道安、曇翼於上明東寺所造。法堂之內應有佛像、法座、罘法被或板屏及鐘鼓等。《釋氏要覽》下「佛堂置佛像」引《大法炬陀羅尼經》說：「法師說法時，有羅剎女常來惑亂。是故說法處常須置如來像，香花供養，勿令斷絕。」法座亦稱獅子座，於堂中設立高臺，中置座椅，名曲床。曲之前置講臺，供小佛坐像，下設香案，供置香花，兩側列置聽席等。

另據《景德傳燈錄》卷6末附《禪門規式》的記載：中唐時，百丈懷海禪師於814年建立法堂、僧堂：眾僧盡居僧堂，依受戒年次安排；於僧堂設長連床，供坐禪偃息；院大眾於法堂「朝參夕聚，長老上堂，徒眾側立，賓主問答，激揚宗要」。

龜茲石窟中的講經窟就是起「講堂」「法堂」的作用，在建築上也與法堂、僧堂有許多相似之處。

庫木吐喇石窟22窟就是一個講經窟，從它的形制來看，窟中的土臺為講師升座說法的高臺，四壁的臺階為眾僧的聽席。高臺背後正壁上的佛像也符合於「法堂之內應有佛像」的規定。這個講經窟是橫長方形，面積在20平方公尺左右，它的建制與中原地區的法堂建築十分相似，原因是

庫木吐喇石窟是龜茲石窟群中受中原文化最深的一處石窟。這個講經窟可能是根據中原地區的法堂建築的規範建造起來的。

克孜爾尕哈石窟 28 窟為另一種類型的講經窟，也是龜茲地區最大的一個講經窟。它的形制是這樣的：進門為一條拱形的大甬道，甬道的頂端開一個耳室，在甬道左側中部開一門，由此門入正窟。正窟面積約為 7.5 公尺 ×8 公尺，券腹呈縱券狀，窟的右壁築有壁爐，四壁底部鑿出一道寬臺階。窟的前壁開有明窗。從形制上看，這個窟像是一個大型的毗訶羅窟。但是我們考慮到新疆冬天十分寒冷的氣候條件，作為居住僧尼的毗訶羅窟，如此大的規模，儘管冬季可以在壁爐上生火取暖，人們也是無法忍受長夜的嚴寒而生活下去的。因此，作為一天集中一次或兩次「朝參」「夕聚」和講經窟是更為合適的。雖然窟中沒有築出土臺，但四壁下部的寬臺階仍可供講師講經和眾僧聽經坐席之用。壁上由於被煙燻黑，過去是否畫有佛像不得而知。再說，我們從中原佛教首先是由西域地區傳入這個角度分析，這個講經窟可能是中原地區講堂、法堂的前身，是中國比較早期的佛教講經建築物。

森木塞姆石窟 49 窟也是一個講經窟。這個窟與克孜爾尕哈石窟 28 窟基本相似：首先是一條甬道，由甬道開門入正室。正室面積為 5 公尺 ×5.5 公尺，前壁開明窗，左壁築壁爐，四壁下部鑿出寬臺階，作為講經法師和聽經僧眾的坐席。

克孜爾石窟 119 窟是一個開有兩個門的講經窟。券腹呈橫券狀，面積為 7.2 公尺 ×5.7 公尺，前壁開明窗，左壁築一大壁爐。這個窟的特點是窟內四壁底部不鑿出臺階，這樣，講經的法師和聽經的僧眾似乎都是席地而坐的，那麼，這應該是比克孜爾尕哈石窟 28 窟更為古老的一種講經窟了。

守捉

《辭海》「守捉」條稱：「唐制，軍隊戍守之地，較大者稱軍，小者稱守捉，其下則有城有鎮。天寶以前，軍、城、鎮、守捉皆有使。又上元以後改防禦使為團練守促使，簡稱則無守捉二字。」可知守捉是軍隊戍守之地。在唐代的天山南北各軍事通道上都設有守捉。在安西大都護府所屬的龜茲境內就有六個守捉，即於術守捉、榆林守捉、龍泉守捉、東夷僻守捉、西夷僻守捉和赤岸守捉。

許欽明

許紹之子，武周長壽元年至萬歲通天元年（692～696 年）的安西大都護。據《舊唐書·許欽明傳》載：「少以軍功歷左玉鈐衛將軍、安西大都護，封鹽山郡公。（武周）萬歲通天元年授金紫光祿大夫，涼州都督。」

關中龜茲

陝西省白水縣縱目鎮，有一塊前秦時樹立的《廣武將軍□產碑》，該碑記述了

龜茲文化詞典
六畫

前秦建元四年（368年）駐防兩將軍劃分管區界線的事實，碑陰和碑側有「廣武將軍□產」屬下官吏的題名，其中碑陰記的「白姓」和「帛姓」龜茲移民的「酋大」（酋長和部落大人，即部落首領）多人，還有眾多的西羌各部落首領，其內容為：「□□法曹京兆解盾、左尉始平胡性、軍監始平駱岐、蕫督馮翊相訓、參軍南安王準、參軍扶風歷靜、參軍京兆陳暢、司馬京兆杜益臣、司馬京兆石安即默歆、建威司馬略陽杜基、參軍天水蘇哉、將軍馮翊胡鈞、將軍馮翊維敘、揚威將軍酋大白安、立節將軍……建威將軍楊……宣□□將軍秦國、酋大秦熙、廣威將軍楊參……溪、部大王卯多里、□□蜀□□、建威將軍韓雙、部大……帛初、部大樊良奴、田……建威將軍董平奴、都統……帛大谷、部大董白……廣武將軍楊山多、建威將軍楊响……王稠兒、部大楊小方、部……建威將軍楊帝溪、酋大王何、酋……孫良、酋大王臘、部大張……錄事董廣、寺門李浮、行事秦黃……雷蹉屠、立義將軍夫蒙……錄事楊頭、寺門楊醜、錄事井……曹夫蒙頭、寧遠將軍夫蒙……行事董無、戶曹王興、錄事秦平、租曹□□、戶曹夫蒙彭娥、部大楊赤平……行事白禽、兵曹董考、主簿秦國、賊曹□宜、錄事夫蒙護、部大王先多、秦……主簿司馬穆、賊曹楊沙、主簿秦梨、金曹王江、錄事夫蒙大毛、部大爪黑平、部……主簿白國、賊曹梁□、主簿郭陵、兵曹秦鳥、行事夫蒙傷大、部大秦度地、部大□□金漢慶、功曹楊苑、金曹王周、主簿胡逸、戶曹霍千、主簿夫蒙大祁、部大韓秉世、□□□□去秦□、功曹董陷、行事王滑、功曹秦漢、書佐秦翟、功曹夫蒙進、部大秦道成……參事楊安、書佐徐雙、參事秦屬、書佐津索、□□□□□、兵曹夫蒙犁、部……參事楊生、書佐梁胡、參事韓榮、寺門爪胡、參□□□□、租曹夫蒙大傷將……梁生、陽翟、□□深、幹聿□。」在碑陰和碑側，總共有龜茲移民首領白安、帛初、白禽、白國等5人。除漫漶者外，全部題名中可見姓氏的，為114人，龜茲首領的人數約占總人數的3.5%，這個百分比似可類推為龜茲移民與當地移民的比例，也就是說，龜茲移民的人數，也占當地居民總人數的3.5%，可見當時龜茲移民人數的眾多！那麼《廣武將軍□產碑》中所記的龜茲移民，居住和生活在何處？該碑的正文為我們提供了明確的地望：「（廣武將軍□產）於今君臨此城，漸再累紀……立節將軍董□、建威將軍楊□……建武將軍王柴、鷹揚將軍□□……躬臨南界，與馮翊撫軍苟輔，參分所部，刊石……山為……方，西至洛水，東齊定陽，南北七百，東西二百……苦水，統戶三萬，領吏千人，大將三□。」根據碑文可知，「□產」既「君臨此城」，又能統率官為四品的建威將軍、建節將軍、廣威將軍、寧遠將軍，是其武職必為三品的護軍將軍；他又統有苦水、羌、氐等各族和編戶3萬，官吏題名中又有主簿、錄事、行事、參事等文職官員，可見他的文職必為郡太守；他所分管的防

區為「西至洛水，東齊定陽，南北七百，東西二百（里）」，前秦的定陽縣即今陝西的宜川縣，可知他所管理的是臨晉城，為馮翊郡治所在，他分管的防區在馮翊郡的東部。由此可知，前秦時期的馮翊郡東部，臨晉（今陝西大荔縣）、定陽與洛水之間，龜茲移民頗多，人數約占當地兵人和民戶的 3.5%，民戶 3 萬人中即有龜茲移民 1000 多戶，每戶 5 口計，約有五六千人之多，加上兵戶，其人數的確相當可觀。這個防區之北，即是漢朝的龜茲縣故地（今陝西米脂縣），可見經過數百年的繁衍發展，龜茲移民的人數大為增加，聚居區大為擴展。

又《晉書》卷 115《符丕載記》有這樣一段史實，說符登攻占姚萇的轄地胡空堡後，「盡眾而東，攻屠各姚奴、帛蒲二堡，克之」。當時關中戰亂連年，各族築堡自守，「姚奴」必與姚萇同族，為羌人首領，築堡聚族而居，故稱「姚奴堡」；帛蒲必為龜茲移民首領，築堡聚族而居，故稱「帛蒲堡」。帛蒲堡在新平南部，新平即今陝西彬縣。可知前秦時期，關中西部也聚居著不少龜茲移民。

壯士頭像

出自克孜爾石窟 60 窟上方窟後廊內壁左，高 59 公分。

壯士的眉連額頭的皺紋，顯出悲哀的神情。頭上戴有三珠冠，冠的左右各有隨風飄動的兩個白細的統帶。頭光上有白色的花邊，內繪藍色。頸上戴著聯珠首飾，從肩到腕都畫著花紋，背景為樹冠。

此件現藏德國柏林亞洲藝術博物館。

江上迎佛圖

這幅畫繪在庫木吐喇石窟 14 窟正壁下層西半段。

據道宣《集神州三寶感通錄》卷中《西晉吳郡石像浮江緣》中說：「（晉）建興元年（313 年），吳郡吳縣松江瀆口，漁者萃焉。遙見海中有二人現，浮游水上，漁人疑為海神，延巫祝備牲牢以迎之……浮江二人隨潮入浦，漸近漸明，乃知石像……便舉還通玄寺。看像背銘，一名唯衛，二名迦葉，莫測帝代，而辭跡分明……」

庫木吐喇石窟 14 窟為一長方形平面縱券頂支提窟，主室正面壁畫是一鋪場面宏偉的經變畫，券頂中脊繪一條帶狀圓形蓮花圖案，蓮花周圍襯以雲朵裝飾。其兩側壁繪的是小千佛，全為正面結跏坐像，袈裟為土紅色，雙領下垂，是典型的漢式千佛像。主室前壁是經變畫、左右側壁也為經變畫。總觀全窟壁畫，幾乎全是漢風式樣。因此我們斷定，此窟為漢僧所開。這樣，壁畫上畫江上迎佛圖就不足為奇了。

江上迎佛圖在畫面上是這樣表現的：一條煙氣氤氳的河道上，浮著兩尊佛像。

龜茲文化詞典
六畫

齊朝龜茲樂

據《隋書·音樂志》記載，隋朝初年有三種龜茲樂，即西國龜茲、齊朝龜茲和土龜茲。顯然，這三種龜茲樂都是由龜茲傳入內地的。其所以分為三種，是由於傳入的時間先後不同，而且在傳入後與漢族音樂和中原其他少數民族音樂融合的情況不同而造成的。

齊朝龜茲是北齊保存下來的龜茲樂，這種龜茲樂傳入中原時間既長，而且中間還經過了幾次大的變革。首先這種龜茲樂是前秦呂光於384年攻占龜茲，次年將龜茲樂隊遷至涼州。《晉書·呂光傳》載：呂光「以駝二萬餘頭致外國珍寶及奇伎異戲、殊禽怪獸千有餘品」。其後因又改變，雜以秦聲，所謂秦漢樂也。後來北魏太武帝拓跋燾占領河西，將這種龜茲樂遷至華北的平城。《魏書》卷109《樂志》載：「得其伶人、器服，並擇而存之。」這就是又做了一番改變。494年北魏由平城遷都至洛陽，後來北魏分裂為東魏和西魏，又後來在東魏的地盤上建立了北齊。據《唐會要》卷33《西戎五國》談「龜茲樂」載：「尤為北齊文宣所愛。每彈，常自擊羯鼓和之。」這種龜茲樂自385年至581年隋朝建立，中間凡196年，又經過了氐族人建立的後涼，鮮卑族人建立的北魏及其所分裂出來的東魏，最後又經過漢族化了鮮卑人建立的北齊。齊朝龜茲所經歷的地區首先是由今甘肅的涼州遷至平城（今山西大同），以後又遷到了河南洛陽和鄴，受到這許多地區的不同影響。所以齊朝龜茲是在長期內受了漢族音樂文化的深刻影響的，是已經大大地改變了其原來面貌的一種龜茲音樂。

羊達克沁大城

位於新疆沙雅縣北英爾默里北10公里，城為三重，城牆已圮，現僅存城基，全為夯土所築，殘高約1公尺，北牆略存痕跡，大外城周約3351公尺，內城周約510公尺，中有高低土阜一線，想為當時建築物傾圮之堆積，內城與外城中間尚有一城，北牆基址不明顯，城中沙堆纍纍，地面全已鹽鹼化，檢視無一遺物，連陶片亦不可得。本地人傳說：「此為韃子城，已兩千年了，穆罕默德出世前即已有此城。」言雖無稽，但此城開築的時間很早應無疑義了。就此城的構築特點，應早在3～5世紀。據《魏書》，延城在白山南一百七十里，現此城在沙雅北六十里，而沙雅距庫車白山二百二十里，減去至沙雅里數，則此城距白山為一百六十里，與《魏書》所記延城里數大致相合；又《晉書》說龜茲都城有三重，中有佛塔廟千所，此城中間一線高地可能為當時塔廟區域。《隋書》說龜茲都城方六里，現此城周約六里餘，範圍亦大體相當。因此《晉書》《魏書》《周書》《隋書》所說龜茲都城可能即指此城。

農夫本生故事畫

這幅畫繪在森木塞姆石窟 11 窟的菱形格內。畫面為一人爬梯，梯子下方為三足鼎，鼎中立二人。故事講一仙人架梯救王，抓獲盜寶賊。見巴利文《本生經》卷4 等。（見圖 93）

圖 93　森木塞姆石窟 11 窟——農夫本生

劉平國作列亭誦

在今之拜城縣黑英山鄉喀拉達格山麓的岩壁上保存著一處東漢時期的刻石——《劉平國作列亭誦》。誦文用漢字隸書陰刻，全文如下：

龜茲左將軍劉平國以七月二十七日發家

從秦人孟伯山狄虎賁趙當卑萬阿羌

石當卑程阿羌等六人共作列亭從

□□關八月一日始斫岩作孔至十日

□堅固萬歲人民喜長壽億年宜

子孫永壽四年八月甲戌朔十二日

乙酉直建紀此東烏壘關城皆

將軍所作也俱彼山□

在近處又刻：

敦煌長□

淳於伯隗

此誦文作於漢延熹元年，即 158 年。誦文記載了龜茲左將軍劉平國於這年七月二十七日，帶領秦人孟伯山等六人來此鑿岩作孔修築列亭這一歷史事實。據黃文弼先生在《塔里木盆地考古記》一書中的考證：「關（指劉平國所作之列亭）設在溝（指博者克拉格溝）口，兩旁岩石聳立如雙關。東溝東半山岩石上，鑿有兩孔，下堆積有許多碎石塊，必為當時鑿孔遺渣。疑當時建關塞在岩石上，鑿孔以置木閂或柵欄，日開夜閉，以稽行人。」

古代的列亭皆築於交通線上，有兩種作用，一方面作為哨所，屯兵駐守，以保護道路的暢通，即如《漢書·高帝紀》顏師古注中所說的「障為要險之處，別築為城，因置吏士而作障蔽以冠也」；另一方面也

作為驛站，給來往的政府官吏、信使郵差提供食宿車馬之便，即如《漢書·張湯傳》顏師古注中所說的「亭謂停留宿食之所」。

同時，誦文提供的材料說明：東漢時，在庫車地區，有漢人、羌人在那裡勞動、生息。

誦文第二行，「從秦人」之「秦」字清晰可見，明確無誤。

「秦人」，曾是戰國、秦王朝西域廣大地區對中原秦王朝統治下人民的稱呼。兩漢階段，仍用以稱呼兩漢王朝治下的人民，是傳統習慣的表現。如《史記·大宛列傳》記述李廣利攻大宛：「貳師與趙始成，李哆等計：聞宛城中新得秦人，知穿井……」同一件事，在《漢書李廣利傳》中，「秦人」一詞即寫成「漢人」。《史記》《漢書》之匈奴傳中，也有這種「秦人」「漢人」互稱的情況。漢武帝劉徹在一件罪己詔中稱：「……曩者朕之不明，以軍侯弘上書言，匈奴縛馬前後置城下，馳言秦人我丐若馬，又漢使者久留不還，故舉師遣貳師將軍……」這些資料都可以說明，所謂「秦人」，明顯即指「漢人」，這在漢代當時，認識是非常明確的。中國的史學界，對此也一直沒有疑義。

作為龜茲左將軍的劉平國，從其姓名，可以看出漢文化對龜茲貴族上層集團中的巨大影響。關於劉平國，究竟是龜茲人還是漢人，有兩種相反意見：王樹認為劉平國「乃漢人為西域官者」；王國維持相反觀點，認為既然稱劉「率秦人」勞作，則劉非秦人無疑。從一般情況看，當時漢人在西域做中央命官者多，擔任地方小王國吏則未見；而誦文又明言劉平國率「秦人」孟伯山等六人作亭，則劉平國當非「秦人」，卻取名「平國」，寓有深意。（圖94）

圖 94 劉平國作列亭誦

《關於新疆石器時代文化的初步探討》

吳震先生撰寫，刊登於1962年3月3日《新疆日報》上。文章中關於龜茲文化的內容如下：「阿克蘇的磨製石刀、卡爾桑的石鋤和磨谷器，標誌著農業經濟已占主要地位。漁網石和石球也反映了這兩處遺址的居民還分別兼營捕魚、狩獵生產。儘管阿克蘇遺址沒有發現銅器，但從石刀

磨製的精緻來看，可能是處於銅石並用時代，至少屬於新石器時代晚期。」

[7]

阮咸

　　龜茲石窟壁畫上的一種樂器。畫面上的阮咸多為圓腹直頸，腹大頸細，復手的形式多樣，開二音孔。少數為圓腹曲頸。皆張四弦，圖95克孜爾石窟118窟——伎樂手持阮咸卻未繪出柱。從江蘇南京南朝墓出土的竹林七賢磚刻中看，這種樂器應有柱制，這裡可能是畫工省筆所致。演奏和組合情況，一如琵琶和五弦。

　　阮咸在克孜爾石窟的多個洞窟的壁畫中出現過，其中在38窟主室東壁的天宮伎樂圖中就畫出4具曲頸阮咸，而77主室券腹的天宮伎樂圖中則畫出4具直頸阮咸。（圖95）

觀世音菩薩像

　　觀世音菩薩是中國佛教四大菩薩之一，相傳其顯靈說法的道場在浙江普陀山。觀世音菩薩是中國佛教徒信仰最廣的一尊菩薩，據《妙法蓮華經·普門品》的說法，觀世音菩薩能夠現三十三身，救十二種大難，稱遇難眾生只要誦唸觀世音菩薩的名號，「菩薩即時觀其音聲」，前往拯救解脫，如犯人唸觀世音菩薩的名號而枷鎖自

圖95　克孜爾石窟118窟——伎樂手持阮咸

落，死囚臨刑唸觀世音菩薩的名號而刀杖節節折斷，等等。因此，佛教徒稱觀世音為大慈大悲救苦救難的菩薩。

由於觀世音菩薩可以隨機應變以種種化身救眾生的苦難，因此他具有各種不同的名稱和形象，有千手觀音、馬頭觀音、如意輪觀音、水月觀音等名稱，有佛身、梵王身、婆羅門身、比丘身、長者婦女身、童男身、童女身、夜叉身等形象。中國佛教中觀世音菩薩的雕塑和畫像常作女相。丁福保編纂《佛教大辭典》「觀音」條中說：「又莊岳委談曰：『今塑畫觀音者，無不作婦人相。考宣和畫譜，唐宋名手寫觀音像甚多，俱不飾婦人冠服。《太平廣記》載一仕宦妻為神所攝，因作觀音像奉焉，其妻尋夢一僧救之，得蘇。則唐以前塑像亦不作婦人也。』」任繼愈先生編《宗教辭典》「觀世音」條中則說：「女相觀音造像約始於南北朝，盛於唐代以後。」

龜茲石窟壁畫中的觀世音菩薩像都不作婦人相。如庫木吐喇石窟 45 窟後室左壁的阿彌陀佛像旁畫出一軀觀世音菩薩像，他頂梳高髻，頭戴天冠，胸前雜飾珠串瓔珞，臂腕佩帶環釧，天衣飄舉，長裙覆足，披帛從肩上一直垂搭地面，袒胸露臂，面相豐滿端麗，身體確實很美，手持蓮花，天冠中畫一化佛。

觀察世間佛傳故事畫

這幅畫繪在克孜爾石窟 80、189、227 窟中，此畫布置在坐佛之下，或作火甕，中伸四鬼頭，以示地獄道；或作臥白獸，以示畜生道；或作火中骷髏，以示餓鬼道……說的是釋迦牟尼成道後，觀察世間，皆悉徹見，一切眾生莫不輾轉生死於六道（或五道）中。

丞德

《漢書·西域傳》載：「（龜茲王絳賓）（漢）元康元年（西元前 65 年）遂來朝賀，王及夫人皆賜印綬，夫人號稱公主，賜以車騎旗鼓歌吹數十人，綺繡雜繒琦珍凡數千萬。留且一年，厚贈送之。後數歲來朝賀，樂漢衣服制度，歸其國，治宮室，作徼道周衛，出入傳呼，撞鐘鼓，如漢家儀。……絳賓死，其子丞德自謂漢外孫。成、哀帝時往來尤數，漢遇之亦甚親密。」

丞德為絳賓的兒子，絳賓死，丞德繼承為龜茲國王。丞與承通，丞德義為承繼其父之德業，此為漢名無疑。可見當西漢後期，龜茲與漢朝來往如此之密，習染漢文化如此之深，在西域諸國中是罕見的。

紅穹頂窟 A

德文為 Rotkuppel Höhle A，這是德國人對克孜爾石窟 67 窟的稱呼。

紅穹頂窟 B

德文為 Rotkuppel Höhle B，這是德國人對克孜爾石窟 66 窟的稱呼。

那羅延天像

亦為密教所傳的佛之守護神。《法華經義疏》卷12中說：「真諦云：那羅，翻為人。延，為生本。梵王是眾生之祖父，故云生本。羅什云：天力士，名那羅延，端正猛健也。」

在克孜爾石窟178窟前室西壁的壁畫中，那羅延天被繪成如下的形象：三面六臂，騎一大鳥。在三個面孔中，中間的一個面孔是正面的，右邊的一個面孔是側面的，似乎是很勉強地聯上去的。左邊的一個面孔因原畫殘缺已經看不到了。在六隻手臂中，右邊的三隻手臂全部能夠看到：上面的一隻手拿著一隻輪，中間的一隻手做著「說法印」，下面的一隻手拉著套在大鳥脖子上的一條繩索；左面的三隻手臂只能看到中間的一隻手，「施無畏印」。作為坐騎的大鳥尚能看到牠那長長的向上伸著的脖子與兩隻巨大的爪子。據《祕藏記》卷下的記載：「那羅延天，三面，青黃色，右手持輪，乘迦樓羅鳥。」因此，克孜爾石窟壁畫中的那羅延天圖像，基本上是符合於密教經典所描寫的規範的。

從克孜爾石窟壁畫中的那羅延天圖像來看，其繪畫的技巧不甚高明，主要反映在那三個面孔不是很自然地聯在一起，而明顯地看出硬湊上去的痕跡，這與斯坦因於1901年在尼雅遺址發現的一個三頭神像極為相似。據郭魯柏撰、馮承鈞譯之《西域考古記舉要》中所記：「斯坦因在1901年（在尼雅）所得……有一奇異的三頭神，將兩個有鬚的半面聯在一起，另有一個第三首超出其上。」尼雅遺址「在紀元初年很繁榮，可是在3世紀末年被居民放棄」。尼雅遺址的這個三頭神像顯然是一件3世紀前的密教藝術品了。而它和克孜爾石窟178窟的那羅延天像又是那麼近似。這樣，我們就會產生一種想法，即克孜爾石窟178窟中密教藝術品，其時代的上限想必也是比較早的。

根據閻文儒教授的分期，克孜爾石窟178窟的開鑿時間為兩晉時期，即相當於3世紀中到5世紀初，這正是鳩摩羅什在龜茲大弘大乘佛教（包括密教）的時期。也就是說，早在4世紀左右，密教已經傳入龜茲，並已經表現在壁畫上，產生了第一批密教藝術品。

《觀安西兵過赴關中待命二首》

唐代詩人杜甫所作，其詩如下：

四鎮富精銳，摧鋒皆絕倫。還聞獻士卒，足以靜風塵。老馬夜知道，蒼鷹饑著人。臨危經久戰，用急始如神。

奇兵不在眾，萬馬救中原。談笑無河北，心肝奉至尊。孤雲隨殺氣，飛鳥避轅門。竟日留歡樂，城池未覺喧。

七畫

[一]

克孜爾石窟

位於新疆維吾爾自治區的拜城縣境內，它在新疆諸石窟中具有重要的地位，是中外文明的古代藝術寶庫之一。（圖96）

圖96 克孜爾石窟景觀

克孜爾石窟在拜城縣克孜爾鎮東南約9公里處的木扎提河河谷的北岸，高近40公尺的明屋依塔格山的懸崖上，隔河南望是雀爾塔格山，就是北魏酈道元所撰《水經注》卷2《河水》中記載的赤沙山，由於沙石呈赤色，在陽光的照耀下一片紅亮。維吾爾語稱紅色為「克孜爾」，克孜爾石窟之名就由此而來。

克孜爾石窟東距庫車約70公里，木扎提河東下便可達到庫車的庫木吐喇石窟。

克孜爾石窟已編號的洞窟有296個，其中，1953年編號的洞窟235個，1973年新發現並編號的石窟1個，1989年對克孜爾石窟進行維修加固，又清理出33個洞窟。這些洞窟都排列在東西約3公里的沙石水積層構成的明屋依塔格山的岩壁上。明屋依塔格山間有兩條大溝，一條稱蘇格特溝，一條稱孜力克溝，都有溪水流過。其中蘇格特溝的溪水流量較大，滋潤著溝旁兩側的土地，因此，這裡雜樹生花，藤蘿蔓結，夏日裡人行其間如在綠蔭道中，清爽宜人。孜力克溝的溪水流量較少，溝旁兩側的土地上沒有高大的喬木，只有一些灌木叢和一片碧綠的草地。而在明屋依塔格山南麓、木扎提河北岸、整個克孜爾石窟群的前面有一大片綠洲，其上古樹鬱鬱蔥蔥，花草茂密青翠，生長著杏、桃、梨、沙棗等果樹和柳、楊、榆等喬木，春日裡桃紅柳綠，花開似錦，煞是一派世外風光。特別是綠洲裡有一大片開墾的土地，可以利用溪水的灌溉，種植糧食、瓜果和蔬菜。這樣優美的自然環境是佛教徒進行苦修的理想場所；這樣肥沃的綠洲，又能

[一]

養活大批在此苦修的僧尼。因此，這裡的自然環境使克孜爾石窟成為古龜茲地區以至整個塔里木盆地邊緣地區最大的一處石窟遺址。

克孜爾石窟的 296 個洞窟，分布於 4 個不同的大區域內，這就是谷西區、谷內區、谷東區和後山區。這 4 個區域是根據當地的自然條件而劃分的。因為克孜爾石窟全部分布在明屋依塔格山的岩壁上，明屋依塔格山系東西走向，中間被蘇格特溝和孜力克溝分成兩道峽谷。以蘇格特溝峽谷為界，峽谷以西地區分布著從 1 窟到 80 窟的 80 個洞窟，再加上 1973 年才發現的新 1 號窟，稱谷西區；蘇格特溝峽谷內的兩邊岩壁上分布著從 81 窟到 135 窟的 55 個石窟，稱谷內區；蘇格特溝峽谷以東的地區分布著從 136 窟到 200 窟的 65 個洞窟，稱谷東區。再向東去就是孜力克溝峽谷。峽谷的東邊岩壁上也有開鑿石窟的痕跡，但因塌毀過甚，現在已經找不到一個尚可以看出明顯窟形的石窟，也就是說，孜力克溝峽谷以東已無編號的石窟了。峽谷的西邊岩壁上分布著從 201 窟到 229 窟的 29 個洞窟，此處，孜力克溝峽谷的南邊岩壁上還分布著從 228 窟到 235 窟的 8 個洞窟，因為這兩處石窟都是在整個克孜爾石窟群的邊緣地區，故稱為後山區。

現有編號的克孜爾石窟雖然僅有 296 個，實際上當時所開鑿的石窟並不止這個數字。從石窟分布的情況和地形來看，40 窟以東，直到 77 窟的中間，距離很遠，這一段地帶，應當是有石窟的，不過由於沙崖的崩塌，堆成斜坡，因而許多石窟被埋在流沙堆中了。1944 年，韓樂然先生就在這一段地帶清除流沙，挖出了一個石窟，他在當時編為特 1 窟。1953 年把特 1 號窟統一編為現在的 69 窟。1973 年，克孜爾窟保管所在韓樂然先生所挖出的 69 窟的邊上清除流沙時，又發現了一個新的石窟，現在編為新 1 窟。足見當年所開鑿的石窟，比今天要多得多。

在整個克孜爾石窟區域內，除了石窟本身以外，還有一些古代佛寺的遺址。在谷西區 10 窟上方的山頂上有一座寺廟遺址。在後山區 220 窟之前也有一個寺廟遺址。

由於年代的久遠，加上大自然和人為的破壞，目前，已編號的 296 個石窟，許多是殘破的，只有 70 餘個石窟，窟形比較完整，並且有較好的壁畫。這些石窟除了已殘破的 220 窟後壁有「（唐）天寶十三載」（754 年）、「（唐）大曆四年」（769 年）的題記，222 窟有「（唐）貞元十年」（794 年）等漢文題記外，其餘各窟中的題記文字都是古代龜茲文（吐火羅語乙種，屬印歐語系）。至於石窟中的塑像，除了 1973 年新發現的新 1 窟中尚保存著一軀涅槃佛的殘像外，其餘在伊斯蘭教進入龜茲代替佛教以後曾損壞了一部分，另一部分則被外國「探險者」於 20 世紀初所盜竊，現在再也看不到一件精美的佛教塑像了。

龜茲文化詞典

七畫

　　克孜爾石窟的形制種類較多，有禮佛用的支提窟，有說法用的講經窟，有生活用的毗訶羅窟，有修止用的禪窟，有堆物用的倉庫窟等。在每一類石窟中，又有著不同的建築形式：如支提窟可分為大像窟、中心柱形窟和方形平面窟。大像窟中，有的僅開一高大的主室，有的在主室的後壁開甬道和後室。中心柱形窟中，有縱券頂、平棋頂、穹窿頂和方椽子一面坡頂。在頂與兩側壁之間，有的有一層或兩層的疊澀線，有的在疊澀線中還雜有混梟線。方形平面窟中，有橫券頂、穹窿頂、覆斗頂、套斗頂和帶弧線的梯形頂。可謂形式多樣，風格各異。

　　關於克孜爾石窟的年代，由於石窟本身沒有留下直接的文字根據，學術界尚未取得一致的意見。國外有的學者曾主要根據石窟中的龜茲文題記，將石窟分作6世紀前後和7世紀前後兩大期。中國國內有的學者曾根據壁畫內容的變化，對照文獻記載和其他實物等間接依據，將石窟的年代定為5世紀至8世紀。而閻文儒先生的分期是最有代表性的。他根據不同的窟形和不同的壁畫題材風格，把克孜爾石窟中74個保存較好的石窟分作四期：第一期的時代為東漢後期；第二期的時代為「兩晉」時期；第三期的時代為南北朝到隋；第四期的時代為唐、宋時期。

　　克孜爾石窟具有顯著的地方特色：一是在石窟組合上具有一定的規律，出現了支提窟、毗訶羅窟、禪窟等組合在一起的成套石窟；二是有許多毗訶羅窟和小型禪窟，這在玉門關以內的石窟群中是罕見的；三是中心柱形支提窟數量眾多，成為支提窟中的主體石窟；四是壁畫中多描繪佛前生修「難行、苦行」的本生故事，佛先世從誕生到涅槃的佛教故事以及佛現世受供奉的因緣故事。

　　克孜爾石窟是中國現存少數幾個主要表現小乘佛教內容的石窟之一，它的壁畫題材內容，前期主要見於漢譯《賢愚經》，中期主要見於漢譯「說一切有部」經、律，晚期則流行千佛題材。而說一切有部經、律的內容又是克孜爾石窟壁畫的主要題材。

　　說一切有部是在釋迦牟尼逝世後300年初從上座部中分出的，主要分布在古印度西北克什米爾、犍陀羅等地，曾盛極一時。貴霜王國迦膩色迦王在位時，大力扶植這一部派的發展，因而使「說一切有部」學說廣為流行，並形成了克什米爾和犍陀羅兩個中心地區。而龜茲的佛教主要是從這兩個地區傳入的，故而在克孜爾石窟的壁畫中出現大量根據「說一切有部」的教義繪出來的藝術作品，從而形成了克孜爾石窟藝術的獨特的風貌。

　　克孜爾石窟藝術的主要成就，是它的面積達1萬多平方公尺的壁畫，壁畫的內容包括佛、菩薩、比丘、飛天、供養人像和本生故事畫、佛傳故事畫、因緣故事畫、天宮伎樂圖、說法圖、禮佛圖、動物圖、天相圖等。其中，大量的本生故事畫、佛

傳故事畫、因緣故事畫占有突出地位。目前已經辨認和大致可以辨認的本生故事畫有70餘種，最常見的有睒子本生、鹿王本生、屍毗王本生、月光王本生、大光明王本生、須達拏太子本生、鴿本生、六牙象王本生、獼猴王本生、曇摩鉗太子本生、薩那太子本生等。佛傳故事有60餘種，最常見的是有關涅槃的內容，如舉哀、焚棺、爭舍利、分舍利、供養舍利等。因緣故事有40餘種，最常見的是恆伽達緣品、波斯匿王女金剛緣品、華天因緣品、貧人夫婦氎施得現報緣品、大劫賓寧緣品、阿輸迦施士緣品、師質子摩頭羅瑟質緣品等。這些故事畫與敦煌莫高窟所見的故事畫風格迥異。在敦煌，本生故事採取連環畫的形式，即把本生故事中的每一個情節用畫面連續不斷地表現出來。在克孜爾石窟，畫面中所表現的只是本生故事中的一個關鍵性情節，因此一幅畫面代表著一個故事。比如，若干描寫薩那太子本生的畫面，都只畫出捨身飼虎這一個關鍵性情節，以此來表達整個故事的主題；又如獼猴王本生故事中，畫面上出現的只是獼猴王以身為橋搭救群猴這個場面，以此來概括整個故事的內容。這樣，在一處壁畫中，有時可以出現十幾個以至幾十個本生故事。龜茲石窟壁畫中的這種傑出的處理方法，是其他處石窟所難相頡頏的。

在克孜爾石窟，壁畫的布置大致是這樣的：大像窟中，主室正面塑大立佛，左右前三壁分塑佛像三至五層，頂部畫飛天。左右甬道靠中心柱兩壁和後壁開龕、龕四周畫立佛或坐佛。後室頂畫飛天、法輪、摩尼珠、金剛杵等。後壁在涅槃佛兩端畫舉哀弟子。中心柱形窟中，正面龕內大多塑坐佛，龕四周有須彌山浮雕，也有畫供養菩薩、伎樂飛天的。左右兩壁一般都畫說法圖，有的上下分層、左右分格，每格畫一幅說法圖；有的通壁畫幾幅說法圖，僅以佛左右的聽法四眾相間隔。窟門上方多數畫彌勒說法圖，也有畫釋迦說法圖和禮佛圖的。券形頂畫出許多菱形格，每一格畫出一幅圖，內容有的為本生故事，有的為本生故事間雜佛傳故事，有的為因緣故事間雜本生故事，有的為上面畫因緣故事，下面一行畫本生故事。券腹與下壁連接處，有的畫水生動物，有的畫各種圖案。左右甬道有的畫舍利塔、有的畫分舍利圖或供養舍利圖，有的畫立佛、比丘或供養人像，但以畫涅槃內容的為多。後室後壁有的塑涅槃佛，有的畫涅槃佛，背後有娑羅雙樹和舉哀諸天、舉哀弟子的圖像。後室前壁多數畫焚棺圖，也有畫供養舍利的。後室頂畫飛天，間雜以天雨花、三寶標、摩尼珠、金剛杵等。方形平面窟中，壁畫內容比較雜亂，無一定的規律。四壁有的畫大立佛，有的畫佛傳故事，有的畫小千佛，有的畫說法圖。券腹的壁畫內容也相差很遠，縱券頂的大多畫本生故事，橫券頂的大多畫禪僧和山水；窿廬頂的多數畫條幅式伎樂天，也有畫千佛的；套斗頂的多數畫雙頭鷹，也有畫圖案花紋的。

從壁畫的風格和技巧來看，克孜爾石窟雖然不像敦煌莫高窟，一個時代的壁畫

與另一個時代的壁畫是如此涇渭分明，但也是可以看出一個大概的發展過程的。

　　克孜爾石窟的早期壁畫以風格來論，整體比較粗糙。人物是用極粗的線條畫出輪廓，再用平塗的筆法表現人體和衣服細部。山、水、樹畫得幼稚、拙劣，樹畫得像一隻手掌或一根手指，即所謂「伸臂布指」，還不能分別畫出樹葉、樹枝和樹幹，即使能畫出，也只是用大筆作點充當枝葉。而畫著本生故事的菱形格所表現出來的橢圓形紋，應該是山的形象，但實際上成了圖案畫。慢慢地，人物畫的輪廓線變細了，出現了「屈鐵盤絲」式的細線條，人物的肌體上運用了深淺不同的暈染，產生了質感。樹的形狀有了發展，出現了三五花瓣式的樹頂。間有圓潤而較粗的細線條，較前期更剛勁而挺秀，特別感到有柔和、圓潤、明朗、爽快的格調。到後來，壁畫風格有了更大的進步。如人物的輪廓線有了類似粗細相間的蓴菜條。在輪廓線內又俱加以暈染。樹木畫中出現了如畫史中所記的「輪囷盡偃蓋之形」的狀態了。券腹菱形格表現的山不再是圖案式的，而是正式畫出了山的形狀，並有了類似初步的皴法。特別值得指出的，用色以土紅、大綠為主，相當接近於莫高窟中晚唐壁畫的顏色。

　　克孜爾石窟是中國著名的古代佛教文化遺址。中華人民共和國成立以後，該石窟被公布為國家級重點文物保護單位。政府在這裡專門設立了文物保護機構，對所有的重要石窟修建了窟門和梯架，還修築了一條直通窟群腳下的翻山公路。1985年，新疆維吾爾自治區文化廳又在這裡設立了新疆龜茲石窟研究所，2009年更名為新疆龜茲研究院。近幾年來，在國家文物局的支持下，調集了有關專業人員，進行了大量的石窟維修、保護、資料整理、學術研究等工作，已經產生了初步的成果。今天，克孜爾石窟正以其嶄新的面貌出現在人們的面前。

克孜爾尕哈

　　這是龜茲石窟群中一處石窟的名稱，而這個名稱的來歷卻與這個石窟附近的一處漢時烽燧遺址的有趣傳說相關。

　　古時候，龜茲國王有一個獨生女兒，長得花容月貌，深得國王與王后的鍾愛，把她養在深宮大院裡，接受著良好的教育。公主長到十五歲時，國王和王后想為女兒選擇對象。請來了一位相師，測算她未來的命運與選擇對象的方向，想不到相師竟說出一句極其不祥的話，他預言公主將來要被毒蟲螫死，並說他看的相千真萬確。國王和王后對相師的話半信半疑，但為了保護愛女的生命，他們決定讓女兒搬出王宮，遠離著有花草樹木、容易產生毒蟲的環境，專門在寸草不生的戈壁灘上建造了一個大土臺，土臺上又建造了一所房屋（這裡指的就是尚保存至今的漢朝烽燧），讓她住在這所房屋裡。他們以為房屋在土臺上，四周又是沙漠，毒蟲就不可能來侵害她了。有一天，國王和王后思念遠在戈壁灘上的女兒，要送點東西來安慰她。便派

侍者送去了一些蘋果。沒想到不幸的事終究還是來臨了，當公主拿起一隻蘋果，用刀削去皮，從中切開，張開小口去吃的時候，一隻毒蟲從蘋果心中爬出來，咬了公主一口，公主隨即中毒，不治身亡。此後，公主所住的大土臺子一帶及附近的石窟就被稱為克孜（維吾爾語「姑娘」的意思）尕哈（維吾爾語「居所」的意思）。

克塔依城遺址

位於新疆庫車縣東南 70 公里草湖戈壁中之桑達姆廢址東 10 公里處。它由一方城址及其西部的三個附帶建築物構成。殘存的城址東西長約 300 公尺，南北長約 150 公尺，殘存的牆垣高 7～8 公尺，頂寬 1 公尺，底寬 10 公尺，每隔 30 公尺有一馬面。城牆的建築方法是離地面 2 公尺處有 1 層樹梢枝，20 公分厚，其上有土坯 7 層；又 1 層樹梢枝及 7 層土坯；又 1 層樹梢枝，最上面為土坯，40 餘層到頂。每塊土坯厚 10 公分。在這裡出土有細砂黑陶、鐵塊、剪邊銅錢 65 枚、建中通寶錢、麻毯、麻履帶、核桃殼、核桃、糜子等，其中成串銅錢為龜茲地區鑄造的五銖錢，可見此遺址在漢代即已存在，唐代仍沿襲使用，並且從遺址上可以看到漢代夾條夯築和唐代用土坯重築的遺痕。而從燒過的麻毯、木樁及燒紅了的磨石看，說明這裡曾經受過戰火的洗禮。

克孜爾古城遺址

位於新疆庫車縣哈拉哈塘鄉北 10 公里處，海拔 914 公尺。城為方形，每邊長 110 公尺，外有護城河，寬為 20～25 公尺。護城河底和城垣高度相差 6～7 公尺，城四周築有馬面，在城中出土有「建中通寶錢」，綠釉陶盂、罐、紅陶片、粗砂黑陶片、骨殖和土炭，另有一大陶罐，無釉黃皮紅陶質、無耳朵、上沿厚 3 公分，上口直徑 25 公分，大部分保存完好，可能係儲糧之物，表明此城係屯戍軍營，於 8 世紀還在使用。

克孜爾尕哈石窟

位於新疆庫車縣城西約 12 公里處。從庫車縣城西去，沿著庫車—拜城的公路，經大瑪扎到桑瑪爾巴哈村，入戈壁中，再向西北步行約 5 公里，到一漢時遺留的烽火臺，從此轉向東北，入山溝中，走 1 公里許，即到達克孜爾尕哈石窟。（圖97）

圖 97　克孜爾尕哈石窟外景

龜茲文化詞典
七畫

克孜爾尕哈石窟在雀爾塔格山的南麓，與克孜爾石窟、庫木吐喇石窟在雀爾塔格山與渭干河之間形成了一個三角，組成了古龜茲國都附近的一處最大石窟群。

從克孜爾尕哈石窟附近矗立的漢時烽火臺遺址來看，這裡從漢時開始就有一條大路通過。從羅布泊附近以及在天山南麓焉耆至庫車道上發現的不少烽火臺遺址來看，這條大路在龜茲境內的走向大致是這樣的：先沿著哈爾克山南麓向西，至庫車河南下，到雀爾塔格山，又沿著雀爾塔格山南麓西行，至渭干河與雀爾塔格山交匯處，分成兩道，一道沿渭干河北岸入拜城盆地，走玄奘的那條路；另一道越渭干河，再沿雀爾塔格山南麓西行。

這條大道在西漢時即開通。漢武帝派張騫出使大月氏以後，漢朝和匈奴在西域進行370多年的爭戰。至漢神爵二年（西元前60年），匈奴日逐王率部投降。漢朝於此時正式設置西域都護，作為統轄西域地區的最高行政長官。西域都護所管轄的範圍包括全部天山南路、天山北路和巴爾喀什湖以東以南地區的烏孫、蔥嶺地區的無雷、費爾干納盆地的大宛等。當時，天山北路還有一部分地區仍屬匈奴。至漢甘露元年（西元前53年），匈奴呼韓邪單于稱臣於漢，並遣子入侍，從此新疆全部地區都歸於漢朝中央政府的統治之下。漢朝政府在這裡設置行政管理機構，開墾屯田，興修水利，建築烽燧驛站，開築道路。

這條道路從漢歷唐至元朝間仍為龜茲境內的一條繁忙的大道。克孜爾尕哈石窟就是由這條大道前往克孜爾石窟、庫木吐喇石窟以至於托乎拉艾肯石窟的必經之處。所以，克孜爾尕哈石窟的興起與這條大道的開鑿、繁榮是分不開的。

克孜爾尕哈石窟現有編號的石窟46個，其中窟形較完整的尚有38個，其中保留有壁畫的只有11個。

克孜爾尕哈石窟在窟形上的特點是毗訶羅窟眾多，38個窟形較完整的石窟中，毗訶羅窟就有19個，占50%。再是出現了特殊窟形的石窟，如24窟為七角形平面，正中有中心柱，左右開甬道，後壁有奧室，券腹呈平面狀。這種支提窟在其他石窟中是見不到的。

閻文儒先生在《新疆天山以南的石窟》一文中，對克孜爾尕哈石窟年代進行了分期，「根據壁畫的內容與風格，可以分為四期：第一、二期16、23兩個窟；第三期11、13、14、30四個窟；第四期15、21、31、32、46五個窟」。

克孜爾尕哈16窟為一大型中心柱形支提窟，這種窟的高度在10公尺以上，但是它沒有前室，不塑大立佛像，故不能稱之為大像窟。可是它在高度上又比一般的中心柱形支提窟高得多，所以有的稱它為大型中心柱形支提窟，有的則稱它為高縱券頂中心柱形支提窟。

這個窟的主室中，塑像和壁畫已蕩然無存，左右甬道頂畫有天相圖，尚可看清楚金翅鳥和火天的形象。左右甬道的兩壁畫出一個個方格，方格中畫出用掌形樹構成的山林，間雜以各種鳥獸。後室係盝形頂，中以捲草紋圖案分成幾個長方格，格中畫著一軀伎樂天，類似克孜爾石窟77號窟的圖樣。後室右壁則畫出摩尼珠、天雨花、三寶標等。

克孜爾尕哈石窟23窟與16窟一樣，為一大型中心柱形支提窟。券腹中心鑿出長方形橫格，格中畫伎樂天。券腹左右側畫因緣故事：有五百雁聞佛法生天緣、堅誓師子緣、梵志施佛納衣得授記緣、師質子摩頭羅瑟質緣等。後室頂畫飛天，兩側畫出山水動物，似為動物本生故事，較為明顯可見的有榕鹿本生和猴王本生。左甬道頂畫出金翅鳥。後室後壁畫出幾棵圓形樹叢，樹叢中綠葉、鮮花互相襯托，極為雅緻。

這一期的壁畫無論人物、樹木或山林大多是簡單而粗陋的，但也出現了圓形樹叢這類較為進步的作品。

克孜爾尕哈石窟13窟等為這個石窟的第三期作品。13窟右壁畫有說法圖六方，但已漫漶，難以辨識。右甬道右壁有幾處殘畫，一處是：在一宮殿中，有一個人（上身已殘缺）一隻腿擱在另一隻腿上，悠閒自在地坐在錦凳上。這只凳成鼓形，中間有一道細腰，飾以綵帶，凳腳成蓮瓣狀，此座被稱為「束帛座」。此人的面前放著一隻鼎狀物。這是佛傳故事中「太子在宮闈中生活」的一幅畫。另一處是：在宮殿中，一個人坐在寶座上，四周有許多人環繞著他，他們手中都拿著各種器具，在服侍著寶座上的人。這是佛傳故事中「入學習文」的一幅畫。

克孜爾尕哈石窟14窟窟門上壁畫彌勒說法圖。左甬道畫有伎樂天六軀。左甬道右壁與右甬道左壁畫出步行的武士，他們身披戰袍，腰掛寶劍；後室左右壁畫出騎馬的武士。他們騎著高頭大馬，舉著戰旗、長矛。這是涅槃畫中的爭舍利部分，即阿世王聞佛涅槃，率領四兵——象兵、馬兵、車兵、步兵，前來拘屍那城爭奪舍利的場面。中心柱後壁畫「荼毗圖」（火化圖），畫中可以看到熊熊的火光以及眾比丘悲痛欲絕的舉哀場面。後室後壁則畫出供養舍利的圖像，可以看到幾個手捧舍利盒的人。

這個窟後室部分的壁畫與克孜爾石窟中的中心柱形支提窟的後室部分壁畫完全一樣，壁畫的題材全取自涅槃的內容。

克孜爾尕哈石窟30窟的左右壁各畫說法圖八幅。左甬道左壁和左甬道右壁共畫龜茲供養人七軀，他們身著翻領、折襟、窄袖的龜茲服，束著腰，有的腰掛長劍，有的身佩匕首，有的手執花繩，有的手持長莖花。後室頂鑿成盝形，再用圖案分成兩個長方格，格中畫有飛天八軀，她們頭上束髮戴寶冠，有項光，上身有的袒右，有的赤裸；手中有的托花盤，有的托樂器，

龜茲文化詞典
七畫

她們飛行的姿勢不一樣：有的一足伸直，一足從膝部起彎曲，一直翹到腰際；有的一足伸直，一足從膝部起不作彎曲，只是稍微上翹，便雙足成「八」字形；有的則雙足在踝部處相交，稍微分開。她們的衣著也不相同，有的上身赤裸，下身的裙子直落到臀部上端，兩邊打兩個結；有的全身著淺色而鑲著深色邊的緊身小衣，用勁利的線條畫出身上的皺襞。在她們身後畫著三寶標、天雨花、摩尼珠等圖案，配以藍色染成的天空，令人賞心悅目，讚嘆不已。

這一期的壁畫出現了「屈鐵盤絲」式的細線條，用色也比較鮮明華麗。人物的姿態自然而富有精神，服飾則綺美而多變。整個風格與前期相比，有了明顯的進步。

克孜爾尕哈石窟的晚期作品可以21、31、32、46窟為代表。

21窟為一橫券頂中心柱形支提窟。券腹中心畫出天相圖。券腹左右兩側俱是模印的千佛。這些千佛以一個著通肩大衣，一個著雙領下垂袈裟為一組，如此連續排列下去。中心柱正面開龕，龕的周圍也是模印千佛。左甬道左壁上部是模印千佛，下部畫有一幅龍舟圖：一隻雕著龍頭的船，船上立著一個穿古龜茲服飾的人。

克孜爾尕哈石窟31窟為一穹窿頂中心柱形支提窟。這個窟原為縱券頂中心柱形支提窟，後來有人把縱券頂改造成為穹窿頂，故而至今在穹窿的兩側可以看到券頂的痕跡。後室頂的壁畫已經漫漶，經仔細辨識，可以看到有坐車的、騎牛的、吹笛的……菩薩，整幅畫中無佛像，似為菩薩赴會圖。

克孜爾尕哈石窟32窟為一方形平面六重斗四式藻井支提窟，壁畫已經漫漶，難以辨識。

克孜爾尕哈石窟46窟為一縱券頂中心柱形支提窟。券腹中心畫出天相圖，有日天、月天和金翅鳥的形象。日天雙足交叉坐兩輪車中的方臺上，身後有一圈用雙線條畫成的光環；月天的形象與日天相似，只是她的光環是用單線畫成的；金翅鳥為人面鳥身，嘴上叼著蛇；在日天和金翅鳥之間還有火天和風神的形象，已十分模糊。券腹左右兩側畫出菱形格，菱形格中畫有千佛。

這一期的石窟形制出現了前期所沒有的形式，如穹窿頂、六重套斗頂等。壁畫題材上出現了千佛的形象，有的千佛是繪出來的，有的千佛則係模印而成。這些千佛的形象都千篇一律，顯得十分呆板，缺少生氣。

總之，克孜爾尕哈石窟不論在石窟的形制上，還是壁畫的風格上，都比較接近於克孜爾石窟，而不同於庫木吐喇石窟。儘管這三處石窟相距不遠，但是相對來說，庫木吐喇石窟受到中原文化的影響最深，克孜爾石窟次之，克孜爾尕哈石窟則很少見到了。

克孜爾尕哈烽燧

位於新疆維吾爾自治區庫車縣正北約 6 公里處的戈壁中，建於西漢時期。它是現在新疆境內保存最完好的西漢時期烽燧，也是漢統一西域的明證。

烽燧高 12 公尺，底面邊寬約 6 公尺，均用樹梢、木橛加土夯築而成，經過兩千年風雨的侵蝕，其南面已剝蝕成凹形。頹痕纍纍的古烽燧，傲然屹立於大地上，像一個歷盡滄桑的老人在述說著辛酸的往事。（圖 98）

圖 98　克孜爾尕哈烽燧

克孜利亞大峽谷

位於新疆維吾爾自治區庫車縣城北 70 餘公里處。克孜利亞，維吾爾語「紅色懸崖」的意思。克孜利亞大峽谷又因其道路曲折幽深，兩旁的懸崖絕壁挺拔高聳而被稱為「天山神祕大峽谷」。據有關人士測試，大峽谷的最窄處僅容一人側身而過，而寬闊處卻達 50 餘公尺，可供數輛汽車並行。

步入大峽谷，腳下的路時而寬闊，時而狹窄，時而平坦，時而崎嶇。走到峽谷狹窄處，光線逐漸黯淡下來，頭頂上只剩下一線天空，與峽谷外的明媚陽光形成強烈反差，恍若兩個世界。站在其中，兩旁的岩壁呈現出的巨弧形線條，或明或暗，令人目眩地盤旋而上，直衝天空，仰頭凝視，便覺得彷彿一路跟著飛了上去，飄飄然不知所終。

由於地勢的關係，大峽谷內的地下水資源較為豐富，而所謂的道路便是以前的河床。因此，走在大峽谷的路上，會遇到涓涓細流纏繞在腳邊。這不起眼的細水，有著一個特別的名字——含羞水，行人一旦用腳截住這些細流，它便會神奇地斷流，像是真的害羞了似的。

大峽谷內有三處奇景：一是山洞冰雪，一是懸心巨石，一是開鑿在 35 公尺懸崖絕壁處的阿艾石窟。

在大峽谷的一處山洞裡，有一大塊晶瑩潔白的冰終年不化，即使外面熱如火爐，洞內也依然清涼宜人，頗為奇妙。而懸心石，則因其美麗的傳說而別有意義。相傳很久以前，有位可愛的年輕人生活在這裡，一天遇見了一位姑娘。小夥子被姑娘的美麗所打動，決心不顧一切地追求她。慢慢地，姑娘也喜歡上了勤勞質樸的小夥子，於是兩人便悄悄地定下了終身。不久，小夥子帶著禮物到姑娘家提親，不想卻遭到

了姑娘家人的反對。但兩個年輕人非她不娶、非他不嫁的堅決態度，令姑娘的父親最終不得不妥協。然而老父親還是擔心小夥子欺騙自己的女兒，便把小夥子帶到了一塊心形巨石跟前。這塊巨石像是從天而降，橫亙在路上，但底部卻是懸空的，可容一人爬行穿過。老人指著石頭對年輕人說道：「這塊神奇的石頭，如果你真心地愛我的女兒，你就會平安地穿過去；如果心不誠，這石頭就會落下。你願意接受這個考驗嗎？」憨厚的小夥子二話沒說就從容地從巨石下鑽了進去。兩個有情人終成眷屬，而這塊成全了美滿姻緣的巨石，自此被稱作懸心石。今天，在懸心石的旁邊雖然已闢有一條小路，但年輕的情侶們依然願意從石下穿過，以表示對愛情的忠貞。

坐落在大峽谷峭壁上的阿艾石窟，1999年得以重見天日時，窟內壁畫已遭嚴重毀損。當時的窟口很小，進窟必須由軟梯攀登而上，並弓身彎腰入內。現在經過修繕，遊人已可拾級而上，從容步入。

阿艾石窟是一個典型的漢風石窟，窟內的殘存壁畫十分精美，線條舒展流暢，細膩柔和，窟壁上均寫有漢人題記。阿艾石窟的發現，進一步證實了古龜茲與中原的密切交往，具有極珍貴的價值和意義。

剋日希古寺佛教遺址

位於庫車縣城東北3公里的牙哈鄉麻扎巴格村內，約為唐代塑製佛像的作坊遺址。遺址由3個不規則形狀的土墩組成，即東部的三角臺基、西南的凹形土臺、中間的高約10公尺的土墩。遺址北部有燒陶的窯址，曾出土一尊供養人陶塑，西南部曾出土一口盛石膏的殘陶缸，中間高土墩上也曾出土石膏碎片、殘佛像和唐代「大曆通寶」錢幣。

克斯勒塔格佛寺遺址

位於柯坪縣城西北10公里處。遺址分兩部分，坐落於蘇巴什河龍口東西兩岸的克斯勒塔格山坡地帶，為南北朝至唐時期的遺址。西岸的佛教建築遺址在1974年修建縣水泥廠時，已經有一部分被破壞，現尚能看出是一個規模較大的殿堂、佛塔、僧房相結合的建築群落。該遺址和龜茲地區的一些石窟建築相似，其塔廟建築部分獨具特色，自山腳起利用自然坡度分層修建殿堂，通體由階梯相連，自下而上高達30多公尺，頂部西側為一殿堂，東側有一座較大型的佛塔建築。河東岸的建築群保存較好，規模較大，且布局完整嚴謹。建築同樣是利用自然坡度分層修建，並有圍牆自上而下環繞著建築群落。圍牆為土坯壘築。佛寺中遺留著大量罐、甕、缽、碗、壺等陶器殘片，耳呈條帶形並戳有「O」印記。採集到的陶紋輪極為精緻，有刻畫的蓮花紋，背稍呈凹形。1976年，在此曾出土兩種南北朝時期的龜茲舍利罐，現存新疆維吾爾自治區博物館。在佛寺的望臺殘壁上，有壁畫遺蹟。

克孜爾水庫古墓地遺址

拜城縣克孜爾鄉建水庫時發掘出的一處古墓地，屬長方形豎穴土坑墓，隨葬品有陶、石、銅、骨器等，尤以帶流彩陶器為特徵，紋飾有菱格、三角、網格和水波紋等，富有鮮明的地方特點，時代約為西元前 1000 年。出土的陶器精品有單耳帶流陶釜、彩陶壺、單耳彩陶缽、石斧、石鐮、素面銅鏡、磨製得非常光潔的石質項鏈等。其中 1991 年在 25 號墓出土的單耳帶流彩陶釜，通體類似後世菱形格圖案的連續三角形紋，很可能就是龜茲菱形格畫的原始雛形。這些石器、陶器由於與銅器相伴生，已屬於金石並用時期。但由於缺乏有關的人骨測定資料，這些原始居民的種族歸屬尚屬一個歷史懸念。

克孜爾千佛洞文物保管所

1949 年以前，克孜爾石窟遺址處於無人管理狀態。

1949 年至 1950 年左右，克孜爾石窟遺址由拜城縣克孜爾鄉人民政府管理。1956 年，拜城縣克孜爾千佛洞文物保管所成立，隸屬拜城縣人民政府文教科，對克孜爾石窟和拜城縣境內其他石窟遺址進行保護和管理工作。所址設於拜城鎮。

拜城縣克孜爾千佛洞文物保管所歷任所長由縣人民政府（人委）文教科（局）副職領導兼任。

1985 年 7 月，新疆維吾爾自治區龜茲石窟研究所成立，隸屬自治區人民政府文化廳，對拜城、庫車和新和縣境內的石窟遺址進行研究和管理工作。所址設於克孜爾石窟。與此同時，拜城縣克孜爾千佛洞文物保管所撤銷。

克孜爾石窟出土的絲織品

1. 絲織殘片。長 17 公分，寬 24 公分。朱紅色，無花紋。左邊緣尚有一白線頭。

2. 絲織碎片。長約 5 公分，寬約 2.5 公分。淺藍色，平紋，每平方公分有緯線約 25 根，經線約 70 根。1989 年 5 月，出自 51 號窟。

3. 絲織碎片。共 3 塊。其中一塊土黃色，平紋，質輕薄，每平方公分緯線約 52 根、經線約 40 根。另外兩塊為碎片，平紋，一為赭色，一為紅色。此碎片太小，經緯難以明辨。

克孜爾石窟出土的棉織品

色白泛黃，約 3 公分 × 10 公分，平紋，每平方公分緯線約 10 根，經線約 25 根。此為一塊碎片，1989 年 5 月出自 51 窟。

克孜爾石窟新 1 窟

新疆拜城縣克孜爾石窟是中國著名的石窟建築群。20 世紀以來，已有編號的 235 多個洞窟，絕大多數已在中外做過不同程度的介紹，20 世紀 40 年代末，韓樂然先生在克孜爾石窟谷西區從 47 窟到 77

窟這一區域下面的流沙覆蓋部分，即67窟的左下方，發現了一個新的石窟（當時定為特1窟，現在編為69窟），窟內尚存部分塑像和壁畫，壁畫顏色仍十分鮮豔。這一發現，給人們這樣一種啟示：與特1窟平行的這一線部位，可能還存在著未被發現的石窟。

1973年，克孜爾千佛洞文物保管所的工作人員結合清除流沙的工作，對特1窟的周圍進行清理，果然在緊靠特1窟的西面發現了一個新窟，編號為克孜爾石窟新1窟。

新1窟位於克孜爾石窟谷西區的中部，其上為67窟，其左側為69窟（特1窟），其右直至39窟為一片流沙。

新1窟是一個中心柱形窟，窟分前後兩室。主室稍後部分鑿出中心方柱，柱的正面開有佛龕，龕內原來塑有佛像，現已不存。前室的券腹坍壞，左右兩壁的壁畫已不存，但壁上可見殘留木櫺朽跡的窟窿。壁基鑿有臺階，仍明顯可辨。當年在此臺階上應塑有立佛像。沿中心方柱兩側開出東西兩甬道，可進入後室。新1窟的全部精美遺蹟均保存在後室中。後室的左甬道頂殘損，但甬道頂和甬道口尚保存一部分壁畫；右甬道保存較好，甬道兩壁的壁畫尚殘存，但甬道頂的壁畫已毀。右甬道長2.8公尺、寬1.41公尺、高2.13公尺。後室呈橫長方形，長5.45公尺、寬2.32公尺、最高2.46公尺。後室後壁鑿出一個涅槃臺，

臺長5.85公尺、寬1.05公尺、高0.9公尺。上有泥塑涅槃佛一軀。

新1窟後室頂繪三身飛天，均裸露上身、露臂，胸前雜飾珠串、瓔珞和寶帶，臂部、腕部都佩戴著釧、環等飾物。飛天的下顎、頸部、腹部、胳臂、眼圈、腳掌都做了深淺不同的暈染，顯得體態豐滿、肌肉豐腴，形成了極為強烈的質感。

在飛天的右側畫一輪滿月，中有一隻白兔。按照壁畫的布局，飛天的頭部左側還應該有一個太陽，但可惜已因殘缺而看不到了。

新1窟後室正壁尚殘留四個舉哀天王的畫像。他們頭戴寶冠，胸部、項部和臂、腕處裝飾著瓔珞、寶帶和釧環，站在涅槃佛的身後，表現出驚惶恐怖、極度悲哀的神態。

新1窟中心柱後室前壁由於壁面剝落，繪畫殘缺，現在只能看到一所宮殿式建築的殘部與兩個殘像。這所宮殿式建築裝飾著幔帳、流蘇，繪出一種極別緻的龍頭形圖案。兩個殘像的臉部清晰可見，手中似捧著物，應為供養舍利圖的殘部。

新1窟中心柱的左甬道兩側壁全毀。右甬道內側壁下部尚有殘畫，可見兩個寶座，座沿畫寶瓶狀圖案，一座前還有一雕鏤精巧的「踏腳」。寶座兩旁的人物像尚可看清幾個，形象各異。有作武士打扮的，有赤裸上身的，有深目高鼻、唇上有髭的。這些人物都作向佛作供養的姿態。最左邊

寶座旁畫一肚子凸出、軀幹粗壯，類似夜叉力士的人物，因頭部毀壞，面目不清。他凶蠻地抓住一小孩的手，小孩頭上束髻，面目清秀，似表現佛經中「太子持身與羅剎」的場面。

新1窟左甬道頂全為圖案式壁畫，中間一長條畫四幅圖，由內向外：第一、三幅均為荷葉叢中有三條蛇，口吐水珠，代表正在作法行雨的龍；第二幅為荷葉叢中有一水池，池中有一人，舉起左手，代表正在作法呼風的風神；第四幅畫四隻大雁圍繞著一個圓形球飛翔，圓球代表一輪朝日。這是一幅天相圖，根據其布局，外端還應該有一彎新月，但由於岩壁崩落而不見了。其兩側全為菱形格圖案，有黑底紅點、藍底白環、白底綠格等等。其中有一菱形格內畫一條盤旋著身子、頭高高仰起的蛇，相鄰的菱形格內有一隻形象可愛的小猴，與蛇對坐著，似在說話。有的菱形格內還畫著帆形樹。

新1窟左甬道兩側幾乎全毀，只有左側入口處尚有殘畫一幅：在一軀立佛的腳旁，畫一龜茲供養人，頭紮錦綢，頸後有飄帶，身著翻領、窄袖、折襟袍服，腰間束帶，腰下垂掛一劍。他一手舉一盞焚香燈，一手按劍，腰部以下已殘。

新1窟保存下來的塑像極少，只有一尊涅槃佛和兩尊立佛的殘軀。涅槃佛橫躺在後室的涅槃臺上，右脅而臥，全長5.65公尺，因其頭部、腿部殘損嚴重，故難以窺其全貌。但折氈狀的枕頭依然存在。衣服的下部有稍稍凸起的衣紋，由兩邊向中間匯攏。

新1窟的右甬道有兩尊立佛的殘軀，只保存下身，著袍、赤腳，凸起的衣紋貼體，以一長一短圓弓形線條向上收起。

敦煌莫高窟的北魏早期造像，其服飾衣紋是「貼泥條式」；雲岡石窟的北魏早期造像，其服飾衣紋則採用高凸的線條。克孜爾石窟新1窟僅存的三軀佛塑像，其服飾衣紋與敦煌莫高窟和雲岡石窟的北魏早期造像相似。

新1窟的壁畫、塑像所表現的藝術風格明顯地受到了早期佛教藝術的影響：如佛的塑像上的衣服皺襞緊貼身體，衣褶的線條勁健有力，沒有一點柔和之感。尤其是繪畫的手法方面，在用粗線畫出輪廓以後，不做細線勾勒，卻十分成功地運用了「凹凸法」，使壁畫中的人物呼之欲出，立體感很強。這些，都是克孜爾石窟早期佛教藝術所具有的典型的特徵。綜上所述，我們認為克孜爾石窟新1窟的開鑿年代約相當於中原的南北朝時期，即5～6世紀之間。

克孜爾石窟10窟漢文題記

該窟左壁有題記兩條，為畫家韓樂然於民國三十六年（1947年）4月19日第二次來克孜爾石窟考察時，先後於6月10日和6月16日用硬筆在左壁砂岩上刻畫的，字體方正，兩條相鄰，豎行刻寫，共34行250字，自壁面左端刻至右端，所占

面積長（橫）3.35公尺，寬（豎）0.9公尺，占左壁窟檐下的二分之一壁面。題記為：

  余讀德·勒庫克著之新疆文化寶庫及英·斯坦因著之西域考古記，知新疆蘊藏古代藝術品甚富，隨有入新之念。故於一九四六年六月五日，隻身來此。觀其壁畫琳瑯滿目，並均有高尚藝術價值，為我國各地洞窟所不及。可惜大部牆皮被外國考古隊剝走，實為文化上一大損失。余在此試臨油畫數幅，留居十四天即晉關作充實準備。翌年四月十九日，攜趙寶麒、陳天、樊國強、孫必棟二次來此。首先編號，計正附號洞七十五座，而後分別臨摹、研究、記錄、攝影、挖掘，於六月十九日暫告段落。為使古代文化發揚光大，敬希參觀諸君特別愛護保管！韓樂然六·十。

  最後於十三號洞下，挖出一完整洞，計六天六十工。壁畫新奇，編為特一號。六十六。

克孜爾石窟43窟漢文題記

  正壁佛龕內有兩條題記：

  其一，自左向右陰刻：「寂然而靜」四字，字高20公分，寬15公分，字幅總長80公分。

  其二，豎刻，共四行，面積約50公分×20公分，自左至右分別是：

    □□□□五月廿日

    燕人法虛□□

    燕人烏什哈達

    富紳

  右甬道穹頂右下部刻有六字：「惠燈豎行到此」。

  左甬道穹頂左下部刻有四字：「豎行法興」。

  東壁有兩條。

  其一，上下刻寫「寧郡」二字。

  其二，自左向右刻寫「□山弟子書」。

克孜爾石窟93窟漢文題記

  前壁下刻「來庭俊」三字。

克孜爾石窟99窟漢文題記

  前室右壁題記：

  乾隆四十三年九月

克孜爾石窟105窟漢文題記

  正壁題記，長、寬為2公尺×1.4公尺，分行豎刻，共八行：

  吾三日款行入山

  忽耳入山泉

  □□躅處

  聖肅不可

  安定獨山（實際這個山字在方格裡）

  □官王進

  四月十三日

  禮拜

北壁亦有題記，長、寬為 0.6 公尺 ×0.9 公尺，豎刻四行：

開元十四年四月

十四日

□□□□

禮拜

克孜爾石窟 111 窟漢文題記

右壁中部漢文題記：

鷹□□□

僧達摩到此□□

禮拜遏□□□

後壁門東上角刻有「達摩」二字。

克孜爾石窟 118 窟漢文題記

左窗左壁題記，豎刻，部分已脫落，殘存部分長 30 公分，寬 12 公分：

敬叩□

回婦女

道光

廿捌日

委筆

敬叩

右窗頂豎刻二行，高 20 公分，寬 7 公分：

□□平羅縣

兵丁夏桐叩

右壁豎刻，幅長 35 公分：

道光二年九月書

克孜爾石窟 145 窟漢文題記

右壁坐佛下題「明秀」二字。

克孜爾石窟 220 窟漢文題記

左壁小龕內刻字二行：

天寶十三載十一□五日

禮拜

東壁題記殘存四字：

大曆四月

克孜爾石窟 222 窟漢文題記

左壁殘存題記：

貞元十年

克孜爾石窟新 1 窟涅槃佛塑像

涅槃佛在該窟後室的涅槃臺上，全長約 5.65 公尺，高約 80 公分，因其頭部、腳部已經坍壞，故難以窺其全貌。佛像屈

膝累足，右脅而臥。頭部雖不見，折氈狀的枕頭依然存在。

佛的塑像上的衣服緊貼身體，衣紋塑成條棱狀的突起，高處在 9～13 公分之間，低處在 7 公分左右，這與敦煌莫高窟的北魏早期造像用「貼泥條式」塑出衣紋或山西雲岡石窟的北魏早期造像的衣紋採用高凸的線條十分相似。整個涅槃佛衣服上的皺襞比較稀疏，且多由兩邊向中央匯攏。

根據佛經的記載，佛涅槃時應該是「右脅而臥，頭枕北方，足指南方，後背東方」且「足足相累」。這軀涅槃佛雖然也是「右脅而臥」「足足相累」，卻是頭枕西方，足指東方，面向南方，後背北方。這是由於克孜爾石窟的大多數窟開鑿在明屋依塔格山的南麓，南向開門，這樣涅槃佛塑像就只能面南背北、頭西足東了。

克孜爾石窟 18 窟出土漢文文書

1928 年 12 月，黃文弼在該窟中掘出一漢文書殘牒。殘牒長 14.2 公分、寬 11.4 公分，上書兩行字：「磧行軍押官楊思禮請取」，「闐鎮軍庫旋被問依」。

克孜爾石窟 105 窟出土漢文文書

1928 年 12 月，黃文弼從該窟中發掘出漢文文書殘紙兩件，一紙上書：「（唐）貞元七年西行牛二十一頭」；另一紙上書：「□□節度押牙特進太常卿。」

蘇伐疊

唐高祖、唐太宗時期的龜茲國王。《舊唐書·西戎列傳》記載：「高祖即位，其（龜茲）主蘇伐勃駃遣使來朝。勃駃尋卒，子蘇伐疊代立，號時健莫賀俟利發。（唐）貞觀四年（630 年），又遣使獻馬，太宗賜以璽書，撫慰甚厚，由此歲貢不絕，然臣於西突厥。」

蘇祇婆

中國南北朝時期的龜茲音樂家。《資治通鑑·隋紀一》記載：「（鄭）譯因龜茲人蘇祇婆善琵琶，始得其法，推演為十二均、八十四調，以校太樂所奏，例皆乖越。」

蘇祇婆在中國音樂史上占有傑出的地位。因為無論是研究隋唐音樂史，還是研究西域音樂與中原音樂的交流史，以及燕樂宮調理論等，都免不了要涉及蘇祇婆的龜茲琵琶及其「五旦七調」的龜茲宮調理論。

在中國音樂史上，蘇祇婆的「五旦」理論是十分重要的。「旦」即「均」，「均」即「韻」（律），故「五旦」即「五律」。因此，「旦作七調」，便是在一個「旦」（律）上建立同主音的七種調式。所謂「其聲亦應黃、太、林、南、姑無均（韻）」，便是在這五個「律」上分別建立一組「同主音七調」。《周書·長孫紹遠傳》有「持林鐘作黃鐘，既清且韻」等語，據諸家考證，南朝宋氏尺（f1）之林鐘，乃北朝之

黃鐘（c1）；復以北朝之林鐘為黃鐘，還得「既清且韻」，則黃鐘就得等於g1了（相當於唐代的「燕律」）。

由於蘇祗婆的「五旦三十五調」，只用到五個「調聲」（調式主音），所以，十二律中的「以外七律」，才「更無調聲」。

關於蘇祗婆的「龜茲七調」，鄭譯是分作兩步來論述的：先說「聽其所奏，一均之中，間有七聲……調有七種」，報出沙陀力（宮）、雞識（商）、沙識（角）、沙侯加濫（變徵）、沙臘（徵）、般涉（羽）、俟利薘（變宮）七個調名。這可以理解為是八度之內的七個階名（一均之中，間有七聲）所構成的一組「同音列七調」或「同宮七調」或「橫均七調」——七種調式要用到七個主音；然後話鋒一轉，說「又有五旦之名，旦作七調……旦者，則為均也」。這是說：在龜茲琵琶上，在龜茲樂及其宮調理論中，「七調」的編排或轉換方式，主要是以「同主音」關係為其主要特色的，此即「旦作七調」或「同主七調」或「縱均七調」——七種調式只用一個主音；最後，鄭譯經過推演，確立了十二旦（縱均），十二宮（橫均），「旋轉相交，終皆和合」，以表縱橫通順、毫無阻滯之義。

從先秦「五降」、西漢「五變」「一律生五音」，到蘇祗婆的「五旦」各作同主音的「七調」，體現龜茲樂對於中原音樂文化（包括宮調理論）的吸收、融化與發展，促使了龜茲音樂文化的特殊繁榮，並轉而成為唐代音樂文化的一股新鮮血液，為絢麗的華夏文化書寫了動人的一頁，這一切，是令人難忘的；其中，著名的龜茲音樂家蘇祗婆的貢獻，值得我們永遠紀念。

蘇莫遮

據文獻記載，龜茲每年七月要舉行群眾性的「蘇莫遮」大會，會間人人佩帶假面具，或作怪獸之狀，或作鬼神之形，或用泥水潑灑行人，或用繩索鉤套行人，男女晝夜盡情歌舞，場面熱烈而風趣。這些歌舞均有樂隊伴奏，使用的樂器有多種，而主奏樂器便是大鼓。

龜茲「蘇莫遮」是一種伴隨佛教而傳入的一種歌舞活動。慧琳《一切經音義》卷41中說：「『蘇莫遮』，西戎胡語也，正雲『颯磨遮』。此戲本出西龜茲國，至今又有此曲。此國渾脫、大面、撥頭之類也。或作獸面，或像鬼神，假作種種面具形狀。或以泥水沾灑行人，或持絹索搭鉤捉人為戲。每年七月初，公行此戲。七月乃停。土俗相傳云，常此法攘厭趁羅剎惡鬼食啖人民之災也。」

「蘇莫遮」傳入中國中原地區稱為「乞寒戲」。馬端臨《文獻通考·樂考二十一》中說：「乞寒，本西國外蕃康國之樂，其樂器有大鼓、小鼓、琵琶、五弦、箜篌、笛。其樂大抵以十一月，裸露形體，澆灌衢路，鼓舞跳躍而索寒也。」

龜茲文化詞典
七畫

蘇伐勃駃

7世紀初的龜茲國王。《冊府元龜》卷970《外臣部·朝貢三》記載：「唐高祖初為唐王，突厥遣使獻良馬。即位，龜茲國王蘇伐駃勃遣使來朝。」唐高祖即位的年號為「武德」，唐武德元年即618年。但是蘇伐勃在位不久就死了，其子蘇伐疊繼立。

蘇格特溝

在維吾爾語中，「蘇格特」意為柳樹，蘇格特溝即柳樹溝。蘇格特溝位於明屋依塔格山間，南北走向，呈喇叭狀，全長約1500公尺，口寬約30餘公尺，幽深狹長，兩側絕壁懸崖對峙，小溪穿過溝底南流，匯入渭干河。溝內光線幽暗，空氣濕潤清涼，遍地生長茂盛的灌木叢和小喬木等植物。

在克孜爾石窟的地理環境中，蘇格特溝占有重要的位置，它把整個石窟群分成三大區域。在它以東的稱谷東區，包括從136窟到201窟以及232窟到235窟；在它以西的稱谷西區，包括從1窟到80窟以及新1窟；在蘇格特溝溝內的稱谷內區，包括從81窟到135窟。

蘇巴什佛塔

在庫車蘇巴什佛寺遺址西北，有一座大型佛塔，方形塔基，南面有臺階可達基頂，方形基座上建有方形圓頂的支提窟式廟宇，牆上尚有殘餘的壁畫，當年塔頂必定還有其他的裝飾。佛塔是用土建成的，外面塗上白石灰，風格非常接近今天的藏式白塔。

根據碳14測定，蘇巴什佛塔約建於西晉年間（265～317年）。（見圖99）

圖99　庫車蘇巴什佛塔

蘇祇婆七調

《隋書·音樂志》說：「（隋）開皇二年（582年）齊黃門侍郎顏之推上言，禮崩樂壞，其來自久。今太常雅樂，並用胡聲⋯⋯詔求知音之士，集尚書，參定音樂。⋯⋯（柱國公鄭）譯云：考尋樂府鐘石律呂，皆有宮、商、角、徵、羽、變宮、變徵之名，七聲之內，三聲乖應，每恆求訪，終莫能通。先是周武帝時，有龜茲人

曰蘇祇婆，從突厥皇后入國，善胡琵琶。聽其所奏，一均之中，間有七聲。因而問之。答云：父在西域，稱為知音，代相傳習，調有七種。以其七調，勘校七聲，冥若合符。

一曰娑陀力	華言平聲	即宮聲也
二曰雞識	華言長聲	即南呂聲也
三曰沙識	華言質直聲	即角聲也
四曰沙侯加濫	華言應聲	即變徵聲也
五曰沙臘	華言應和聲	即徵聲也
六曰般贍	華言五聲	即羽聲也
七曰俟利箑	華言斛牛聲	即變宮聲也

譯因習而彈之，始得七聲之正。然其就此七調，又有五旦之名，且作七調。以華言譯之，旦者則謂均也。其聲亦應黃鐘、太簇、林鐘、南呂、姑洗五均，已外七律，更無調聲。」

蘇巴什佛寺遺址

位於庫車城西北偏東23公里，雀爾塔格山南麓、銅廠河出山口處。

整個遺址分布於河的兩岸，尤其是河東河西的幾座高塔，特別引人注目。這裡的佛塔與中原的樓閣式佛塔不一樣，有的塔身是一個半球形的建築物，高約12公尺。塔基是一個四方形的平台。有的塔身是一個高聳的方錐體，塔基是一個四方形的多層平台，最下面的一層平台最大，然後層層縮小，形成一個個臺階。這裡的佛塔都用土坯砌成，不以木、石、磚為材料，所以已經損毀得很厲害。

蘇巴什佛寺遺址中最壯觀的是那些綿延不斷的牆垣，儘管已經圮坍，但是殘存部分最高處達10公尺，可見當年的建築物是如何的高大雄偉。但是，與這些高達10公尺的牆垣一起的還有高度在三四公尺與四五公尺之間的牆垣。此外，在遺址的邊緣地區尚殘存著一些高僅一二公尺的殘牆斷壁。（圖100）

圖100 庫車蘇巴什佛寺遺址

在河西岸的遺址中，出土物頗豐富，有銅器、鐵器、陶器、木器、毛織物碎片、小米、核桃、壁畫、泥塑等，單銅錢就有500多個，又發現寫古民族文字的木簡2枚及殘紙等，有一紙墨書「一十人于闐兵」六字，彌足珍貴，此紙或係寫在唐設安西都護府於龜茲之後，記錄從于闐調來士兵的數目。

蘇巴什佛塔女屍

在庫車蘇巴什佛塔塔基北側，自東至西，挖有墓道，下有南北方向的墓室一座，內葬一具女屍，現藏於庫車文管所。女屍穿有金錦衣，墓頂懸掛一個精雕的木龍頭，墓中發現開元錢，陪葬物品也極為豐厚，可推測為王族。

龜茲文化詞典
七畫

李崇

王莽時的西域都護。《漢書·西域傳》中說：「（新莽）天鳳三年（16年）乃遣五威將王駿、西域都護李崇將戊己校尉出西域，諸國皆郊迎，送兵穀，焉耆詐降而聚兵自備。」王駿等知悉此情後，即集結莎車、龜茲兵七千餘人，分數部入焉耆，遭到焉耆王軍隊的襲擊而王駿被殺，戊己校尉郭欽即從別道至焉耆，趁焉耆兵未還時，擊殺其老弱，於是「李崇收餘士，還保龜茲，數年莽死，崇遂歿，西域因絕」。可見李崇到了龜茲，最後死在龜茲。

1949年後，在沙雅縣裕勒都斯巴克出土了李崇的印信。

李崇銅印

在沙雅縣的裕勒都斯巴克發現，現藏新疆維吾爾自治區博物館。此人曾於王莽篡漢的16～23年主政西域，為西域都護。

花巾舞

在龜茲石窟壁畫中常可見到花巾舞的造型，如克孜爾石窟77窟右甬道壁畫上的舞伎，全身穿衣，衣著樸實，雙手持花巾兩端，神情莊重，舞風古樸、活潑，有濃厚的生活氣息。有的舞伎近於全身赤裸，雙手持絲綢花巾，體態窈窕嬌美，神情豔麗，應為宮廷舞蹈。這種絲綢織物塑造的舞蹈，很可能傳自中原。

花天供養故事畫

這幅畫繪在庫木吐喇石窟50窟的方格內。故事出自佛經《賢愚經》。故事的內容如下：舍衛國有一個長者，生有一個兒子。這個兒子出生的時候，天上下了一場「大雨」。這場「大雨」下的不是水，而是各色各樣的鮮花。因為這個緣故，所以長者就給兒子取名為費波提婆，意即花天。花天長大後，要求去禮拜佛。他隨手一指，就會化作寶床，化作種種飲食，都用來供養佛及眾僧。佛接受了花天的供養後，十分歡喜，即為他宣說了無上妙法。後來，花天前去拜佛，要求成為佛的弟子。佛同意了，花天就此成了比丘。佛為此事說了一段因緣：過去時，毗婆屍佛與眾僧出遊，路過一個村莊。村裡的富人競相以金銀財寶向佛及眾僧作供養。村裡有一個窮人，無錢供養佛及眾僧，於是他採集了種種鮮花，奉獻予佛及眾僧。由於這個窮人用鮮花向佛及眾僧作供養，故而死了以後轉生為花天，獲得了種種神通。

這個供養故事在畫面上是這樣表現的：佛結跏趺坐蓮座上，袒右臂。佛的身旁有一著民族服飾的人，雙手捧鮮花，正在向佛作供養。這裡畫的是窮人採集鮮花供養佛及眾僧時的情景。

杜環

唐人。《通典》著作者杜佑的族子。唐天寶十年（751年）隨高仙芝西行，為大食所敗被虜。至唐寶應元年（762年）

附商舶東歸，撰有《經行記》，原書久佚，唯《通典》選有數則。

杜暹

唐開元十二年至十四年（724～726年）的安西副大都護。據《資治通鑑》卷212載：唐開元「十二年春，三月甲子，起暹為安西副大都護、磧西節度使」。《舊唐書·杜暹傳》載：「蕃人伏其清慎，深思慕之，乃奪情擢拜黃門侍郎，兼安西副大都護。暹單騎赴職。」

來瑱

唐開元十八年至十九年（730～731年）的安西副大都護。據《舊唐書·來瑱傳》載：「父曜，起於卒伍。（唐）開元十八年，為鴻臚卿同正員、安西副都護、持節磧西副大使、四鎮節度使，後為右領軍大將軍、仗內五坊等使，名著西陲。」

走馬圖

出自克孜爾石窟93窟。均用木具或金屬具在牆壁上刻畫人馬像，塗繪滿壁。有人騎在馬上手執旗幟，或橫或豎。亦有人立馬背者，倒順不一。或作走勢，或作奔騰，或尾隨一隻駒、犬，緊湊熱鬧，為遊牧民族走馬娛樂圖。圖上邊為氈房，頂側透出一曲線紋，所有人馬圍繞此氈房左右。

赤沙山

即今之雀爾塔格山。《水經注箋刊誤》卷1《河水》中說：「入姑墨川水，注之導姑墨西北赤沙山……」

雀爾塔格山由新生代膠結或半膠結沙礫岩組成的山體，在不同的光線下，會呈現出瑰麗的赤金色，故而古代人稱之為赤沙山。

《酉陽雜俎》

唐人筆記，唐段成式撰。前集20卷，分玉格、貝編、屍穸、諾皋、動植等30篇；續集10卷，分貶誤、寺塔等6篇。所記奇且繁，或錄祕藏，或敘異事，道佛人鬼，災祥靈驗及瑣聞雜事，無不畢具。此書分類記載，體制略似西晉張華《博物志》。

《酉陽雜俎·境異》關於龜茲的記載有兩條：「龜茲國，元日鬥牛馬駝，為戲七日，觀勝負，以占一年羊馬減耗繁息也」；「婆羅遮，並服狗頭猴面，男女無晝夜歌舞，八月十五日，行像及透索為戲」。

赤岸守捉

唐龜茲都督府轄下六大守捉之一。現在庫車和輪台兩縣是以拉伊蘇河為縣界，看來唐代龜茲和烏壘州之間也是以拉伊蘇河為界的，而《新唐書·地理志》又指出：西夷僻守捉西「又六十里至赤岸守捉」。西夷僻守捉在拉伊蘇河東岸，赤岸守捉必在拉伊蘇河西岸的庫車境內。經在拉伊蘇

河岸邊掘得的一座唐墓的棺材板側板外側所書「東至烏壘營五里，西至手捉六十里」。顯然手捉即守捉的同音異寫。「西至手捉六十里」，即指從拉伊蘇河向西再行30公里，就達到了赤岸守捉。現在在拉伊蘇河西岸約30公里的烏庫公路大澇壩附近、在公路南百米的戈壁上有座城堡遺址。城堡呈方形，周長120公尺，殘垣高約3～5公尺，係夯築。在城堡內出土有「開元通寶」「大曆元寶」「龜茲小銅錢」等唐代文物。城堡東約700公尺處有烽火臺，殘高約6公尺。依今公路里程計，大澇壩西距庫車65公里，即130華里，與《新唐書‧地理志》所說自赤岸守捉「又百二十里至安西都護府」的記載大致相符。可證大澇壩附近的城堡遺址可能就是赤岸守捉。

護法天王像

護法天王，在中國佛教中一般指的是四大天王。據佛教的傳說，在須彌山腰有一山名犍陀羅山，山有四峰，各有一王居之，各護一天下，故名「護世四天王」。中國內地佛寺塑像一般為：東方持國天王，其塑像身白色，持琵琶；南方增長天王，身青色，持寶劍；西方廣目天王，身紅色，手繞纏一龍；北方多聞天王，身綠色，右手持傘，左手持銀鼠。

佛經中有四大天王觀察善惡的傳說，如《四天王經》說：「四天王神……各理一方，長案行天下，伺察帝王臣民龍鬼蜚蚊行蠕動之類，心念、口言、身行、善惡。……具分別之，以啟天釋。若多修德，精進不殆。……釋敕司命，增壽益算。」

這就是說，四大天王在佛的授命下，如欽差大臣一樣，有伺察人間善惡、掌握眾人生死的權力。

在龜茲石窟壁畫中也有四大天王的形象。西莫尼‧格里爾在《阿富汗和中亞的佛教》一書中曾說：「在庫車地區，護法神的藝術作品很少出現在早期的石窟中。然而，在克孜爾石窟的『地獄香爐洞』的涅槃畫中，有四個穿盔甲、帶夾耳朵的君王，儘管缺少有特色的標誌，他們可能就是四大天王。而格倫威德爾描述在森木塞姆石窟的『帶動物雕飾花紋洞』的穹窿頂突角拱四角上，有四個護法神坐在一個座位上。」當然，西莫尼‧格里爾所說的克孜爾石窟和森木塞姆石窟中的四大天王像已經被德國人劫走，現在在那裡再也見不到了。但是尚有其他的護法天王像保存在那裡，可以供我們研究和觀賞。

克孜爾石窟193窟的窟門左壁畫有一幅護法天王像，他長髮垂項，頭上戴有寶冠，冠上畫出項光。他全身披掛盔甲，塊塊鐵甲，相連而成，似乎使人聽到了鏗鏘的金屬碰撞聲，整個形象顯得十分威武雄壯。克孜爾石窟224窟前室窟門左壁也畫有一軀護法天王像。他頭戴寶冠，項掛寶繩，穿白色上衣，外套黑色背心，背心下擺鑲白色花邊，衣袖窄小，袖口上端繡出花紋，下身著裙。他雙手按住腰間，作勇猛剛烈的姿態。

瑪扎伯哈石窟

位於新疆維吾爾自治區庫車縣東北30公里處的沙土原上。從庫車東，沿著去烏魯木齊的公路約20公里，轉向正北，再行10多公里，到達克爾希村。從克爾希村轉向東南，車行約5公里，即是瑪扎伯哈村。石窟就在瑪扎伯哈村西南近500公尺處的戈壁山坡上。

瑪扎伯哈石窟和森木塞姆石窟隔克爾希村遙遙相望，在它們的中間有一條通過克爾希村的古馬車道，至今兩旁古樹參天，車道的蹤跡猶歷歷在目。從這條古馬車道前進，一直可以到克孜爾尕哈石窟。顯然，這是古代的一條重要的通道，而瑪扎伯哈石窟和森木塞姆石窟就是依靠這條古通道的繁榮而興建起來的。

但是，目前的瑪扎伯哈石窟卻成了整個龜茲石窟群中最殘破的一處。庫車縣文管所在瑪扎伯哈的石窟編號共44個，其中的24窟、41窟和42窟已經全部塌壞，不再存在了。所以，現在我們在瑪扎伯哈能看到的尚具有窟形的石窟為41個了，可是其中9個已因殘破太甚，無法辨識是支提窟、毗訶羅窟還是禪窟了。尚能辨別的32個窟中，支提窟為6個：2個中心柱形支提窟、3個方形平面穹窿頂支提窟、1個長方形平面縱券頂支提窟；毗訶羅窟為12個，其中1個為大型毗訶羅窟；禪窟為14個，其中的9個為長近10公尺的長條形禪窟。

瑪扎伯哈石窟9窟保存最為完好。這是一個中心柱形支提窟，券腹中心畫出天相圖，尚能看清日天、火天與風神的形象。券腹左右兩側畫因緣故事：有佛說法度二王出家緣、貧人須摩持縷施佛像、梵志施佛納衣得授記緣等。這個窟的左甬道頂畫有法輪，左甬道左右兩壁畫立佛及供養菩薩。右甬道頂畫有法輪，法輪的下方畫出本生故事，明顯可辨的有鹿王本生、鹿母本生、鸚鵡本生等。後室頂中心畫著法輪，兩側畫出山林鳥獸。後室左壁開龕。後室右壁畫有立佛，後室正壁也畫有立佛。中心柱後壁畫有金剛力士像。這個窟的甬道口鑿出門楣，楣間畫出寶蓋，並有天雨花、三寶標等圖畫。

瑪扎伯哈石窟25窟也是一個中心柱形支提窟。這個窟的主室已殘。左甬道兩側畫有本生故事，因漫漶，尚可辨認的有鳥本生。後室頂亦畫著本生故事，有一個為龍本生。龍本生故事在龜茲石窟壁畫中甚為少見，現將其內容介紹如下：過去，佛與阿難都因為有罪孽，罰而為龍。有一次，一條龍對另一條龍說：只是我與你共在海中，海中的一切都見過了。我們是否可以到陸地上去玩一玩呢？另一條龍回答道：陸地上的人生性邪惡，如果碰到他們，就非常危險，還是不去陸地的好。一條龍又說道：我們可以化為小蛇，那就不會引起陸地上的人的注意了。於是，這兩條龍就變成兩條小蛇，離開大海，來到陸地。牠們到陸地不久，在路上碰到了一條毒蠍。蠍一看到兩條小蛇，就產生邪念，想毒死

牠們，於是就噴出了毒沫。一條蛇見此情景，決定以龍的神威殺死這條毒蠍，另一條龍則慈心忍辱，勸其不要加害於毒蠍。那條蛇聽從了勸告，就忍受了蠍的毒沫。另一條蛇又相勸說：我們還是回大海中去。於是兩條小蛇又變成了兩條龍，奮其神威，離陸地而去。那條毒蠍見此情景，惶恐而死了。佛當時告訴諸比丘說，那條要害蠍的龍是阿難，而另一條慈心忍辱的龍是我。而毒蠍就是調達也。

這兩個中心柱形支提窟從其窟壁畫題材和風格來看，屬於瑪扎伯哈石窟的早期洞窟。

瑪扎伯哈石窟 35 窟是一個長方形平面縱券頂支提窟。這個窟十分殘破，現在尚能看到的是券腹中心的一幅月兔圖，旁邊有星星圍繞。關於月中有兔的說法，佛經中曾有論及，如商羯羅主所著、唐玄奘所譯的《因明入正理論》中就說過：「世間相違者，如說懷兔非月。」意思是說如果認為有兔的不是月亮，那是跟世間公認的邏輯相違背的。可見，印度人民早就相信月中有兔子。因此，季羨林先生在《印度文學在中國》一文中說：月亮裡面有一隻兔子的說法「並不是中國國產，它來自印度。從西元前 1000 多年的《梨俱吠陀》起，印度人就相信月亮裡面有兔子。梵文的詞彙就可以透露其中的消息。許多意思是月亮的梵文字都有 Sasa（兔子）這個字作為組成部分，譬如 Sasadhara 和 Sasabhrt，意思是『帶著兔子的』；Sasalaksana，Sasalaksmana 和 Sasalaksman，意思都是『有兔子的形象的』。此外，印度神話寓言裡面還有許多把兔子和月亮聯繫起來的故事，譬如巴利文《本生經》（Jātaka）第三至六個故事。在中譯佛經裡面，也有不少這樣的故事……到了三國時代，中印交通的道路開闢了，來往頻繁了，同時佛教已經傳入中國；這些都給印度人民創造的一些美麗動人又富有教育意義的故事傳入中國提供了有利條件。於是印度各種類型的故事就大量傳入中國」。但是，生活在中國戰國時代的大詩人屈原在他的著作《楚辭·天問》中就提出了月中有兔的觀點，他說：「夜光何德，死則又育？厥利唯何，而顧菟在腹？」王逸註：「言月中有菟，何所貪利。居月之腹而顧望乎。菟一作兔。」看來，古代的中國和印度都存在著月中有兔的傳說。所以，從這幅月兔圖來看，瑪扎伯哈石窟 35 窟，可能屬於瑪扎伯哈石窟中的中期作品。

瑪扎伯哈石窟 3 窟是一個方形平面穹窿頂支提窟，券腹穹窿畫出 8 個條幅，一個條幅畫一立佛，另一個條幅畫一伎樂天，8 個條幅共有 4 組畫，十分類似庫木吐喇石窟谷口 21 窟穹窿頂中的壁畫。在穹窿頂突角拱平面部分的四個角上，畫出「鹿野苑說法圖」：佛祖右，坐獅子座，臂部與腕部做深淺不同的暈染，旁有聞法比丘，上有兩軀飛天。飛天著白色長袍，用勁利的細線條畫出全身的衣褶，雙足並列，身子平直，頭部向上仰起，作飛行之狀。佛

座前畫出相對而臥的兩隻鹿。窟內四壁上為天宮牆欄，下畫說法圖。

瑪扎伯哈石窟 32 窟也是方形平面穹窿頂支提窟，券腹已崩塌，券腹與下壁之間鑿出三層疊澀線，中間畫有斜方格、聯珠紋、寬邊迴紋等圖案。窟門上壁有一涅槃佛像。

從石窟形制上看，方形平面穹窿頂支提窟是一種晚期的窟形，這從整個龜茲石窟群中看都是如此，從石窟壁畫上看，在整個龜茲石窟的說法圖中，鹿野苑說法圖是一幅晚期的作品，如克孜爾石窟 189 窟係由一個毗訶羅窟改制成方形平面穹窿頂支提窟，故而閻文儒先生在《新疆天山以南的石窟》一文中把其定為早期開窟晚期作畫的石窟之一。在這個石窟的正壁上也畫有一幅鹿野苑說法圖。在這個石窟的明窗上方也畫有一軀涅槃佛。瑪扎伯哈石窟 1 窟和 30 窟在壁畫內容與壁畫布局上是如此接近於克孜爾石窟 189 窟，所以我們就把這兩個窟定為瑪扎伯哈石窟中的晚期窟。

[ㄌ]

里拉

龜茲石窟壁畫上的一種樂器。該樂器在龜茲石窟壁畫中僅見一例，就出現在克孜爾石窟 38 窟主室右側壁的天宮伎樂圖中，由於壁面所限，只繪出音箱和框的二分之一，可看到五根弦。演奏者將樂器橫抱於胸前，左手握框，右手執撥。如果依其器形合理地復原未繪出的部分，那麼，其形象很像是古代希臘的撥弦樂器里拉琴。

里拉（Lyre）是一種絃樂器，有雙臂和一橫木伸出，與琴身平。弦從琴底的尾板或琴前伸展向橫木。大多數里拉琴用撥奏，少數用弓奏。箱形里拉琴有一個箱狀木製琴身和木製音板；弓奏里拉琴有一個圓的琴體和彎的背以及皮琴腹。它在古代近東流行甚廣。在蘇末人的浮雕上（西元前 3000 年）可見坐在地上的樂人演奏大里拉琴的場面，有的琴高 146 公分以上，琴呈不對稱狀。巴比倫還有一種橫著持的小型里拉琴，龜茲石窟壁畫中的里拉琴就是這種類型的。古希臘人將它視作智慧和穩健的象徵。

時健莫賀俟利發

龜茲國王蘇伐疊的稱號。參見「蘇伐疊」條。

《聽安萬善吹觱篥歌》

此詩為唐代詩人李頎所作。李頎（690～751 年），東川（今四川三台）人。開元進士，曾任新鄉縣尉。所作邊塞詩，風格豪放，七言歌行尤具特色。有《李頎詩集》。

詩中寫道：「南山截竹為觱篥，此樂本自龜茲出。流傳漢地曲轉奇，涼州胡人為我吹。」其中觱篥，亦作篳、悲篥，又

名篳管。從詩中可以看到，觱篥最初是龜茲人的樂器。

《太平御覽樂部》中也說：「篳篥者，本龜茲國樂也，亦名悲篥，有類於笳。」

堅誓獅子因緣故事畫

這幅畫繪在托乎拉克艾肯石窟15窟主室的壁上。故事出自佛經《賢愚經》。故事的內容如下：過去有一個辟支佛，在山林中坐禪，諸野獸都來親附。有一獅子，名蹀迦羅毗（意為堅誓），軀體金色，光相明顯，食草果，不害群生。有一個獵人，剃光頭，著袈裟，內藏弓箭，行於澤中，見有獅子，甚懷歡喜。當時正值獅子睡覺，便以毒箭射之。獅子驚覺，欲攻殺獵人，見此獵人著袈裟，便害意息滅，毒發而死。時天地大動。天無雲而雨。天雨諸花，供養其屍。是時獵人剝獅子皮以奉國王提毗，求賞。國王念此獅身金色相，必是菩薩之人，遂問獅死時跡象，又請仙人解義，後做七寶之車，張獅子皮，燒香散花而以供養，復打金棺，盛獅子皮，起塔藏之。堅誓獅子由於對著袈裟的人發善心，故得以成佛。

在托乎拉克艾肯石窟15窟的壁畫中，此故事的畫面表現為佛坐獅子座上，其旁站立著一頭獅子。這裡說的是堅誓獅子親附佛的情節。

足跡善知童子本生故事畫

這幅畫繪於森木塞姆石窟11窟右甬道外壁的菱形格中。畫面為地下臥一人，一夜叉以刀破腹。故事講馬面女夜叉抓獲婆羅門之事。見巴利文《本生經》卷3等。（見圖101）

圖101　森木塞姆石窟11窟——足跡善知童子

［ノ］

角

龜茲石窟壁畫中的一種樂器。這本來是古代軍隊中使用的樂器，《北史·齊宗室諸王傳》中說：「周武帝乃駐馬，鳴角收兵。」

龜茲石窟壁畫中的角呈短下獸角形，演奏者頭向後微仰，右手叉腰，左手舉器，鼓腮吹奏。

克孜爾石窟 100 窟壁畫中就繪有角。

龜茲

龜茲，又稱丘茲、丘慈、鳩茲、歸茲、屈茲、屈茨、屈支、拘夷、苦先、苦叉、曲先等，梵文稱 Kuöā，藏文稱 Kutsahiyui。

龜茲這一名詞最早出現在班固的《漢書》中，稱：「龜茲國，王治延城，去長安七千四百八十里。戶六千九百七十，口八萬一千三百一十七，勝兵二萬一千七十六人。大都尉丞、輔國侯、安國侯、擊胡侯、卻胡都尉、擊車師都尉、左右將、左右都尉、左右騎君、左右力輔君各一人，東西南北部千長各二人、卻胡君三人，譯長四人。南與精絕、東南與且末、西南與扞彌、北與烏孫、西與姑墨接。能鑄冶，有鉛。東至都護治所烏壘城三百五十里。」

精絕國在今之新疆民豐縣，且末國在今之新疆且末縣，扞彌國在今之新疆策勒縣北的沙漠中，烏孫國在今之中亞伊塞克湖東岸，姑墨國在今之新疆阿克蘇市。可見在西漢時，龜茲的疆域就十分遼闊，已不愧是西域之泱泱大國了。

而實際上，龜茲的勢力範圍則大大超過其疆域。東漢明帝時，龜茲曾攻破疏勒，殺其王併其國，立龜茲人兜題為疏勒王，稱雄於西域北道。東漢章帝時，龜茲更控制莎車，把其勢力範圍擴張到西域南道。

龜茲位於天山中段南麓，《水經注》稱之為北大山，《北史》稱之為白山。

龜茲境內有赤沙山，山上有佛寺，名雀離大清淨。此山似為今之雀爾塔格山。龜茲西境有孤石山，唐時曾建有據史德城。此外，尚有岐山、神山等。

龜茲的主要河流，《魏書》稱計戍水，《水經注》稱北河，即今之塔里木河。境內尚有東川水、西川水、白馬河、思渾河、中河、赤河等水道。

從中原通西域，漢時有南北兩道，龜茲據北道中；魏晉時有南北中三道，其中北道、中道都要經過龜茲。南北朝時，南北阻隔，但龜茲猶遣使向江南的宋、梁王朝納貢，這是因為當時存在著一條不必經過河西走廊、取道吐谷渾，從益州沿長江南下的「河南道」。

龜茲物產豐富，農產品有稻、粟、麥、麻、穈、葡萄、石榴以及梨、李、桃、杏等。畜產品有馬、牛、駱駝、羊、皮、氍毹、細氍等。手工業產品有胡粉、安息香、龜茲板、葡萄酒、金錘碟像等。

龜茲礦藏資源很多，有金、銅、鐵、鉛、錫、石炭等。據《水經注》記載，在龜茲北 100 公里的大山中，晝夜晚火光煙氣，有規模巨大的冶鐵工場。據《新疆歷史文物》記載，在庫車縣西北阿艾山曾發現一處冶鐵遺址，遺址內出土小坩堝、鐵

龜茲文化詞典
七畫

渣、礦石和陶瓴（鼓風管道）等，有一件同出的灰陶三耳罐，就其形制判斷，顯然是漢代遺物。在庫車縣東北可可沙又發現漢代鐵礦遺址一處。同時，在距離可可沙10餘公里的提克買克發現漢代煉銅遺址一處，範圍約2平方公里。遺址內有瓦片、鼓風嘴、煉爐底、碎礦用的石碾、馬槽等物及漢五銖錢兩枚，遍地都是銅礦石和煉渣，煉渣內含銅量不少。在此附近的卡克馬克還發現一所較小的銅礦遺址。

古代龜茲多孔雀，群飛山谷間，人取而食之。而王家孳乳成群孔雀，其數字達千餘隻。

龜茲還有一種特產，出於西北大山中，其狀如膏，流出成川，甚臭。唐段成式在《酉陽雜俎》中把它名為「石駝溺」，說它功用神奇，人服之，身上臭毛落盡，就能成仙。

龜茲土地肥沃，氣候溫和，農業比較發達，特別是西漢以來，中央政府在此大力開墾屯田，使穀物產量大大增加。但是，龜茲又有「城郭屋宇」，貨幣有金銀錢、小銅錢，說明這是一個農業與商業並重的社會。

當時土地似乎已歸私人所有，政府准地徵租。而對無田者，即不從事農業的人，則稅銀。私有制經濟比較發達，富人製葡萄酒至千斛，有的儲藏達10年之久。在法律上則反映為殺人者死，劫賊斷其一臂並刖一足。

經濟繁榮帶來了財政上的富足，故而龜茲城牆廣輪與長安城相等，而城中建有佛寺塔廟千所，宮殿則壯麗煥若神居，這些都說明，統治階級手中已經積聚了大量的財富。

在政治上，西元前的龜茲基本上處於匈奴控制之下。西元前101年，西漢政府在取得對大宛戰爭的勝利之後，在西域設立使者校尉率領士卒在輪台、渠犁一帶屯田。這樣，西漢政府的勢力首次進入了龜茲地區。西元前59年，西漢政府任命鄭吉為西域地方的最高行政長官，稱西域都護，秩比二千石，並設西域都護府於烏壘城（今輪台縣境內）。這樣，龜茲正式列入漢朝政府行政管轄之內。

1世紀，龜茲進入白氏王朝統治時期。據《後漢書》記載：漢永元三年（91年）西域長史班超初破月氏，降服龜茲，遂廢其王尤利多，立龜茲的侍子白霸為王。龜茲的白氏王朝似乎就是從此開始的。到漢延光三年（124年），班超子班勇征服西域，當時，龜茲王為白英。又據《晉書》記載，晉太康年間（280～289年），龜茲王為白山。而前秦苻堅的大將呂光平定西域，攻殺龜茲王白純（其妹即龜茲高僧鳩摩羅什的母親）。《魏書》又稱呂光殺白純而立白震為龜茲王。根據《隋書》及《北史》的記載，隋大業中（605～616年）遣使入隋獻貢的龜茲王名曰白蘇尼。又據《唐書》記載唐開元七年（719年）龜茲王白莫苾虁歿之，唐開元九年（721年）

六月遣使來獻狗馬的龜茲王是白孝節。《悟空入竺記》中所記的龜茲王曰白環（悟空入竺時間為751年至790年）。因此，從歷史的記載來看，龜茲白氏王朝延續的時間很長，從1世紀一直到8世紀末，即到唐貞元六年（790年）吐蕃攻陷安西之後，龜茲的政治情況發生了巨大的變化，白氏王朝到這時才告結束，先後竟700年之久。

3～4世紀時，龜茲的經濟發展很快，文化也隨之發展起來了，用婆羅迷字母書寫的龜茲語已經出現，後人就稱之為龜茲文。婆羅迷字母的形成可以追溯至西元前8世紀或西元前7世紀，當時閃米特人把這種字母傳給印度商人，成為所有印度字母的祖先，後傳入龜茲。婆羅迷字母開始在中亞流行是西元前後的事，可是它在龜茲一直使用到10世紀左右。

當時，在龜茲境內通用的文字除龜茲文以外，還同時流行著漢文。漢永壽四年（158年）《龜茲左將軍劉平國治關城誦》發現於拜城東北約100公里之喀拉達格山麓博者克拉格溝口，誦文刻在岩石上，全部為漢文。而中國著名考古學家黃文弼在庫車一帶古城遺址中發現過不少漢文書，如在沙雅西北通古斯巴什舊城中發現《李明達借糧契殘紙》，還有《白蘇畢梨領屯米狀》《將軍妣閏奴烽子錢殘紙》等，此外，龜茲諸石窟中的漢文題名、題記也為數不少。這些都說明在龜茲確實流行過漢文。周連寬先生在《大唐西域記史地研究叢稿》中說：「從兩漢至南北朝，龜茲官府文書和民間契約都用漢文……至6世紀後，官府文書和民間契約，亦採用之（龜茲文），與漢文並行。」

5世紀時，芮芮和嚈噠先後威脅著龜茲。《宋書》卷95《列傳第五十五‧索虜》中有如下的記載：「自索虜破慕容……據有中國，而芮芮虜有其故地，蓋漢世匈奴之北庭也。芮芮一號大檀，又號檀檀，亦匈奴別種。自西路通京師，三萬餘里。僭稱大號，部眾殷強，歲時遣使詣京師，與中國亢禮。西域諸國焉耆、鄯善、龜茲、姑墨東道諸國，並役屬之。」《梁書》卷54《列傳第四十八諸夷》中有如下的記載：「元魏之居桑乾也，滑猶為小國，屬芮芮。後稍強大，征其旁國波斯、盤盤、罽賓、焉耆、龜茲、疏勒、姑墨、于闐、句盤等國，開地千餘里。」芮芮後因內部分裂，逐漸衰微，至6世紀中葉，被突厥所吞併。而嚈噠的命運也與芮芮相似，於6世紀中葉，在突厥人和薩珊波斯人的夾攻下被滅亡，突厥人和薩珊王朝以阿姆河為界，各占其以東和以西的嚈噠領土。所以對龜茲來說，芮芮和嚈噠的威脅解除以後，突厥人的威脅又來了。《隋書》卷84《列傳第四十九‧北狄》中有如下的記載：「西突厥者，木桿可汗之子大邏便也。與沙缽略有隙，因分為二，漸以強盛。東拒都斤，西越金山，龜茲、鐵勒、伊吾及西域諸胡悉附之。」這種政治局面一直維持到7世紀中葉，由於唐王朝在龜茲設立了安西都護府才告結束。

龜茲文化詞典
七畫

到了790年，吐蕃勢力強大，攻陷了安西都護府，把唐王朝的政治力量逐出了龜茲，於是就出現了吐蕃統治龜茲100多年的政治局面。

841年，居住在漠北的回鶻汗國發生內亂，黠戛斯兵10萬騎攻入回鶻城，推翻了回鶻汗國。於是，回鶻諸部紛紛遷徙，有一部分遷到了安西都護府境內定居下來。857年，有一個龐特勤在安西稱可汗，並向唐王朝報告了稱汗的經過。唐宣宗派王端章冊封該龐特勤為祿登里羅汩沒密施合俱錄毗伽懷建可汗。於是，龜茲就進入了回鶻化時期。

1124年，契丹族的耶律大石在河中地區的起兒漫城稱帝，史稱黑契丹，又稱西遼。西遼建都於虎思斡耳朵，疆域包括今新疆及其以西的廣大區域。龜茲從此被控制在西遼手中。

13世紀初，蒙古人的勢力進入龜茲。這時，伊斯蘭的勢力也進入到龜茲。蒙古人是信仰佛教的，於是兩種宗教勢力就在這裡進行著激烈的戰爭。這是龜茲的宗教文化大變動時期。這個時期延續了近兩個世紀，一直到15世紀時，佛教在龜茲才最後被伊斯蘭教所代替，於是龜茲就進入了伊斯蘭時期，一直至今。

古代龜茲是漢朝西域三十六國中的一個大國，其地包括今新疆之輪台、庫車、沙雅、拜城、阿克蘇、新和六個縣市，而以庫車為中心。

龜茲作為西域的一個國家，其起始的年代已很難稽考，據中國史書記載，早在西元前1000年左右，龜茲與中原地區便有了交往。

龜茲文

龜茲文為古代龜茲的通用文字。據《大唐西域記》的記載，龜茲「文字取則印度，粗有改變」。可見，當時的龜茲文是從印度傳入的一種文字。但是，龜茲文到底記錄了什麼樣的語言，是用什麼字母書寫的呢？從《大唐西域記》中是找不到答案的。在19世紀末以前，人們也幾乎是毫無所知。1890年，美國人鮑威爾在庫車附近獲得貝葉形樺皮記載的古寫本，而1892年，英國傳教士威伯也在庫車附近獲得此類紙寫本斷片，它們都用婆羅迷文寫成（即中亞婆羅迷文斜體）。

後來，據德國學者西格和西格林以及法國學者列維的研究，認為上述發現中的文字就是古龜茲文。他們認為龜茲文就是用印度的婆羅迷字母書寫古龜茲語的一種文字。

目前已發現的龜茲文文獻甚多，有《Dharamapāda》（《法句經》）、《Mahāparinivāna》（《大般涅槃經》）、《Nagaropama》（《古城比喻經》）、《Karunāpundarika》（《悲華經》）、《Varnanarhavayauana》（《佛德讚嘆偈》）、《Pratimoksa》（《十誦比丘戒本》）、《Paytai》（《波夜提》第

七十一至第八十五)、《Prayayasctika》(《十誦律波逸提》第八十九、第九十)、《Pnalidesaniya》(《波羅提提舍尼》第一、第二)、《Pratityasamutpadasastra》(《第十二因緣論》)、《Smtyupasthana》(《念處》的斷本)、《Maitreyasamitinataka》(關於彌勒的劇本)、《Nandacaritanataka》(關於難陀的劇本)等。

季羨林先生在《中印文化關係史論文集》一書中說過:最早的漢文裡的印度文借字都不是直接從梵文譯過來的。最早譯過來的佛經不是直接從梵文或巴利文譯過來的,而是經過中亞和新疆一帶今天已經不存在的許多古代文字轉譯過的,比如龜茲文等等都是。因此,在古代東西方文化交流方面,龜茲文做出過重大的貢獻。

古龜茲文雖然已經失傳,但幸而在龜茲石窟中被保存了一部分,顯得彌足珍貴。

龜茲石窟中保存的龜茲文可分成兩類:一類是古代龜茲人在石窟內的題名或題記,如庫木吐喇石窟69窟為三重套窟,前室為支提窟,中室為毗訶羅窟,後室為禪窟。在中室正壁、右壁刻有大量龜茲文題記和題名。一類則寫在一幅幅壁畫的上面,用來說明壁畫的內容。如庫木吐喇石窟50窟是一個中心柱形支提窟,窟的左右壁用白條劃成8行,每行用不同顏色分成10個方格,每個方格中畫出一幅供養故事,上面的白條中則寫著龜茲文,是用來說明下面這些供養故事畫的內容的。今天,這些龜茲文已經成為我們研究古代龜茲文字的不可缺少的第一手資料。

龜茲板

古代龜茲的一種神奇木材,事見於唐段成式所撰的《酉陽雜俎》中。

《酉陽雜俎》前集卷2《壺史》中說:「房琯太尉祈邢算終身之事,邢言:『若來由東南,止西北,祿命卒矣。降魄之處,非館非寺,非途非署。病起於魚飧,休材龜茲板。』後房自袁州除漢州,及罷,歸至閬州,舍紫極宮,適雇工治木,房怪其木理成形,問之,道士稱:『數月前,有賈客施數段龜茲板,今治為屠蘇也。』房始憶邢之言。有頃,刺史具鱠邀房,房嘆曰:『君,神人也。』乃具白於刺史,且以龜茲板為托。其夕,病而終。」

龜茲語

龜茲語為古代龜茲人民使用的一種語言。

新疆發現的古文書中有三種世人從未認識的語言,經西方學者多年的研究,才知道除一種是中亞古利語(被稱為第三種語言)之外,其餘兩種即所謂第一種語言和第二種語言,第一種語言被稱為「焉耆龜茲語」,流行於庫車、焉耆、吐魯番一帶;第二種語言被稱為「塞語」或稱「和闐塞種語」,流行於于闐、鄯善一帶。第一種語言又分為兩種方言,甲種方言是焉耆人民的通用語言,乙種方言是龜茲人民

七畫

的通用語言。1907年，伯希和在庫車西北約16公里的夏德郎（Saldirang）峽口古壘中盜去一批木簡，簡上有婆羅迷字寫的文字，其中一枚，乃龜茲王Swarnate所簽發的商隊通行證。據法國學者列維的考證，Swarnate（Suvarate）即唐太宗時代之龜茲國王蘇伐疊（季羨林作Swarnatepi，相當梵文的Suvernadeva，義為「金天」），其父名蘇伐勃，此名經還原為Suvarnapuspa，義為金花，亦即玄奘《大唐西域記》中所謂屈支國的金花王。又一簡正面寫有「Ksum 十一月」一行，「Ksum」一字，據列維的考證，謂是蘇伐疊的在位年號。他又說此種語言乃是龜茲土著之語言，即龜茲語。

在歷史上，龜茲語與龜茲文一樣，在東西方文化的交流上產生過重大的作用。

比如，中國在2世紀才開始有佛經的翻譯，從音譯方面來說，有些字音不能用印度原文對照，只能從龜茲語找出音譯的原字。據周連寬先生的研究，如「沙門」梵文為Sramana，龜茲語作Samane；「沙彌」梵文為Sramanera，龜茲語作Sanmir；「波逸提」梵文為Payantika，龜茲語作Payti。從這些例子可以看出，前者與中國譯音相差較遠，後者則較近。從釋義方面來說，也是這樣。例如梵文之「Prarrajya」指「前進」，而漢譯作「出家」，即龜茲語Ost memlalne；梵文之Mithydrsti指「謬見」，而漢譯作「外道」，即龜茲語Parnanne，指「外」；梵文之Sama、Santi指「和」，而漢譯作「滅」，即龜茲語Kes，指「息」。這就說明中國所譯佛經中，有一部分不是直接從梵文譯來，而是間接地從龜茲語譯為漢語。故龜茲語在傳播佛教上起著橋梁作用。

那麼，龜茲語的流行始於何時呢？周連寬先生在《大唐西域記史地研究叢稿》一書中說：「從兩漢至南北朝，龜茲官府文書和民間契約都用漢文，但從4世紀起，龜茲人民已開始借用婆羅迷字，以表達本地的語言，於是逐漸形成了所謂『乙種方言』（龜茲語）。」

龜茲鎮

《舊唐書·龜茲傳》稱：「先是太宗既破龜茲，移置安西都護府於其國城。以郭孝恪為其都護，兼統于闐、疏勒、碎葉，謂之四鎮。」而安西都護府由西州遷往龜茲，擴大為安西大都護府後，隨即同時設立了龜茲、于闐、疏勒、碎葉四鎮，後來曾以焉耆代碎葉。這個鎮主要是管理、組織、指揮戍邊的軍隊，屬於國防機構。《新唐書兵志》：「唐初，兵之戍邊者，大曰軍、小曰守捉、曰城、曰鎮，而總之者曰道。」又說：「其軍、城、鎮、守捉皆有使，而道有大將一人，曰大總管，已而更曰大都督。」

龜茲鎮由於其任務是主管戍邊軍隊，受大都護及後來的節度使的直接指揮。這種鎮都設有鎮守使，負責指揮調度軍隊。

龜茲鎮的駐兵制度及其兵額，據《舊唐書·吐蕃傳》稱：「(唐)貞觀中……侯君集平高昌，阿史那社爾開西域，置四鎮，前王之所未伏，盡為臣妾，秦、漢之封域，得議其土境耶！於是歲調山東丁男為戍卒，繒帛為軍資。有屯田以資糗糧，牧使以娩羊馬。大軍萬人，小軍千人，烽戍邏卒，萬里相繼，以卻於強敵。」

至唐開元年間，增設安西節度使，與安西大都護府同治龜茲境內，統龜茲、焉耆、疏勒、于闐四鎮，其管戍兵24000人，馬2700匹，衣賜62萬匹緞。以上所說戍兵是指的以漢軍為主的中原戍兵，並不包括少數民族的地方武裝在內。而以漢軍為主的內地戍兵在各鎮所駐戍兵數，歷來史書均未說清。

駐紮在龜茲鎮的衛戍部隊究在何地，史書未載。根據考古發掘，很可能位於龜茲王城東北7公里的明田阿達古城就是龜茲鎮所在地。據黃文弼先生在《新疆考古發掘報告（1957~1958年）》中說：「明田阿達古城在庫車縣城東北約7公里……靠近胡木利克村。古城遺址東為伊蘇巴什河，西為烏恰河，南為烏庫公路，北倚雀爾塔格山。在伊蘇巴什河與烏恰河之間的臺地上，中間有一個面覆沙磧的高嶺，古城遺址即坐落其上。古城內外兩重。」由此可知，兩河中間夾一高臺地，地勢險要，用水又方便，在城周圍進行耕墾也很方便，適宜於較多駐軍的防守。現殘存的內地為長方形，面積東西150公尺，南北72公尺，城牆夯築，殘高1公尺，寬1~2公尺不等。城內有兩個大土臺，在內城之南和西南有17個方形土坯臺。於外城內外也都有土坯臺，可知該古城構造較複雜，範圍較大。重要的是在城中曾出土有漢文殘紙，上書有「左右衛率府廣濟府衛士王萬二千口雜字」。黃文弼先生認為「『王萬二千』應為『三石二斗』之誤寫，為衛士在本州應給予之糧」。有人認為這個說法並不確切，「王萬二千」可能是「一萬二千」之誤，即指當時龜茲鎮的駐兵數，而內外兩重城完全能容納這樣多駐兵數。所稱出土的左右衛率府廣濟府衛士，即指唐時太子武官。《舊唐書職官三》云：「太子左右衛率府……掌東宮兵仗羽衛之政令，總諸曹之事。凡親勳翊府及廣濟等五府所屬焉。」可見廣濟府屬於左右衛率府，則廣濟府衛士曾被征戍龜茲，所以會在明達古城中出土廣濟府衛士的殘紙。這就可作為這裡曾是唐代龜茲鎮所在地的有力佐證。

《龜茲舞》

宋代詩人沈遼所作。其詩如下：龜茲舞，龜茲舞，始自漢時入樂府。世上雖傳此樂名，不知此樂猶傳否？黃扉朱邸晝無事，美人親尋教坊譜。衣冠盡得畫圖看，樂器多因西域取。紅綠結坐後部，長笛短簫形制古。雞婁楷鼓舊所識，饒貝流蘇分白羽。玉顏二女高髻花，孔雀羅衫金畫縷。紅靴玉帶踏筵出，初驚翔鷺下玄圃。中有一人奏羯鼓，頭如山兮手如雨。其間曲調雜晉楚，歌詞至今傳晉語。須臾曲罷立前

龜茲文化詞典
七畫

廡，嘆息平生未嘗睹。清都閬苑昔有夢，寂寞如今在何所。我家家住江海涯，上國樂事殊未知。玉顏邀我索題詩，它時有夢與誰期。

龜茲大武

《羯鼓錄》諸位宮曲中有食曲凡三十三曲，曲名如下：「雲居曲、九巴鹿、阿彌羅眾僧曲、無量壽、真安曲、雲星曲、羅利兒、芥老雞、散花、大燃燈、多羅頭尼摩訶缽、婆娑阿彌陀、悉低、大統、蔓度大利香積、佛帝利、龜茲大武、僧個支婆羅樹、觀世音、居麼尼、真陀利、大與、永寧賢者、恆河沙、江盤無始、具作、悉家牟尼、大乘、毗沙門、渴農之文德、菩薩緱利陀、聖主與、地婆拔羅伽。」

食曲和佛曲相似，俱為頌揚諸佛菩薩之作，只是食曲的材料比佛曲少。所以，食曲中的《龜茲大武》就是婆調的《龜茲佛曲》。而佛曲者，是由西方傳入中國的一種樂曲，有宮調可以入樂。內容也都是頌揚諸佛菩薩之作，是以名為佛曲。如《隋書·音樂志》中所說的「（梁武）帝既篤敬佛法；又制《善哉》《大樂》《大歡》《天道》《仙道》《神王》《龍王》《滅過惡》《除愛水》《斷苦輪》等十篇，名為正樂，皆述佛法。」

據向達先生在《論唐代佛曲》一文中之考證，認為「佛曲者源出龜茲樂部，尤其是龜茲樂人蘇祇婆所傳來的琵琶七調為佛曲的近祖」。

龜茲小錢

1989年5月，先後從五個洞窟中出土一批龜茲小錢。

3窟出土龜茲小錢，共三枚，銅鑄，鏽甚，圓形方孔，無字。一枚徑約1.4公分，孔約0.5公分，厚約0.1公分；另兩枚有外廓，徑約1.8公分，孔約6公分，厚0.1公分。

6窟出土龜茲小錢：銅質，模鑄，圓形方孔，無廓，無字，徑2.2公分，孔0.9公分，厚0.1公分，此幣一枚。另一枚與此大致相同，僅直徑比此枚略大0.3公分。

8窟出土龜茲小錢：青銅模鑄製，方孔圓形，無廓無字，徑約2.3公分，孔0.9公分，厚約0.1公分。

10窟出土龜茲小錢：青銅模鑄，圓形，孔方，無內外廓，無字，徑2公分，孔0.9公分，厚約0.1公分。

51窟出土龜茲小錢：銅鑄，脫落後4枚連為一體，尚不曾使用。錢為圓形方孔，無廓，徑約1.2公分，孔0.5公分，厚約0.1公分。（圖102）

圖102　克孜爾石窟出土文物──龜茲小錢

龜茲飛天

這是龜茲石窟壁畫中飛天形象在發展過程中的民族化階段。最早的龜茲石窟壁畫中的飛天是模仿印度的飛天形象而繪製的，隨著龜茲佛教藝術本身的進步和發展，於是在吸收、融化印度佛教藝術成分以後，創造出了一種新的民族化了的藝術形象，這就是龜茲飛天。

這類飛天重視用線，多男身，一般都是上身赤裸，下身著裙，有項光、赤雙足，或頭戴寶冠、胸批瓔珞，或手持樂器、花束。腰、腿姿勢變化多端。有的一足平伸，一足上翹；有的前身仰起，雙足並列，起飛的姿態要舒展得多。

龜茲五銖

龜茲文銅錢或漢龜二體錢的另一種叫法。參見「龜茲文銅錢」條。

龜茲樂譜

《酉陽雜俎》卷12載：元宗伺察諸王，寧王嘗中夏揮汗鞔鼓，所讀書乃《龜茲樂譜》也。上知之，喜曰：「天子兄弟當極醉樂耳。」

龜茲回鶻

在9世紀中葉，西域的歷史上發生了一件重大的事件，這就是回鶻西遷。據《舊唐書回紇傳》載：「(唐大和)七年(833年)三月，回紇李義節等將駝馬到，且報可汗三月二十七日薨，已冊親弟薩特勤……開成初，其相有安允合者，與特勤柴草欲篡薩特勤可汗。薩特勤可汗覺，殺柴草及安允合。又有回紇相掘羅勿者，擁兵在外，怨誅柴草、安允合，又殺薩特勤可汗，以厲駁特勤為可汗。有將軍句錄末賀恨掘羅勿，走引黠戛斯，領十萬騎，破回鶻城，殺厲駁，斬掘羅勿，燒蕩殆盡，回鶻散奔諸蕃。有回鶻相駁職者，擁外甥龐特勤及男鹿並遏粉等兄弟五人、一十五部，西奔葛羅祿，一支投吐蕃，一支投安西，又有近可汗牙十三部，以特勤烏介為可汗，南來附漢。」

除附漢的十三部以外，大部分到了西域，其中安西一支發展成為後來的高昌回鶻王國，疆域包括高昌、焉耆、龜茲等原屬於西州和安西都護府管轄的大片地區。

高昌回鶻在《宋史》中稱西州回鶻，以其居地屬唐之西州。除此以外，尚有「龜茲回鶻」和「西州龜茲」之說。《宋會要輯稿·蕃夷》卷4：「龜茲，回鶻之別種也，其國王自稱獅子王……或稱西州回鶻，或稱西州龜茲，又稱龜茲回鶻，其實一也。」是高昌回鶻兼有西州和龜茲都督府之地，因以名之。

龜茲佛曲

陳暘《樂書》卷159《諸胡曲調》中說：「樂有歌，歌有曲，曲有調。故宮調胡名婆陁力調，又名道調，婆羅門曰阿修羅聲也。……李唐樂府曲調有普光佛曲、彌勒佛曲、日光明佛曲、大威德佛曲、如來藏

佛曲、藥師琉璃光佛曲、無威感德佛曲、龜茲佛曲，併入婆陁調也。」

佛曲是由西方傳入中國的一種樂曲，有宮調可以入樂。內容都是頌揚諸佛菩薩之作，是以名為佛曲。據向達先生在《論唐代佛曲》一文中之考證，認為「佛曲者源出龜茲樂部，尤其是龜茲樂人蘇祇婆所傳來的琵琶七調為佛曲的近祖」。

龜茲祆教

該教崇拜以火光代表主善之神，故又名「拜火教」。

祆教傳入天山南路，在漢文史書上最早記載的是《魏書·高昌傳》，「高昌……俗事天神，兼信佛法」。《魏書西域傳》「焉耆國……俗事天神，並崇拜佛法」。在《魏書》同傳的龜茲國條則說「風俗、婚姻、喪葬、物產與焉耆略同」。可知龜茲與焉耆、高昌一樣信奉祆教，並崇信佛法，也說明祆教不排斥異教，還可以與不同信仰的人共同居住，和睦相處。

龜茲宮賦

《晉書》卷122記載，呂光破龜茲，其王「帛純收其珍寶而走，王侯降者三十餘國。光入其城，大饗將士，賦詩言志。見其宮室壯麗，命參軍京兆段業著《龜茲宮賦》以譏之。胡人奢侈，厚於養生，家有蒲桃酒，或至千斛，經十年不敗。士卒淪沒酒藏者相繼矣」。

龜茲琵琶

龜茲琵琶有兩種：一般把四根弦的叫琵琶，五根弦的叫五弦。

龜茲的五弦琵琶早在南北朝時期（420～589年）就已經傳入中國了。建國於581年的隋朝，從北周承襲下來的《七部樂》，內中《龜茲樂》的樂隊中就有琵琶和五弦等樂器。

另外，有人認為五弦即龜茲琵琶，在拜城克孜爾石窟壁畫中有其圖形。對此，聯想到隋唐時代著名的龜茲籍的琵琶演奏家蘇祇婆、白明達等人所演奏者均為五弦。可見，直頸的五弦琵琶是龜茲人創造的。（圖103）

圖 103　克孜爾石窟 8 窟——伎樂手持龜茲琵琶

龜茲澡罐

《梁書》卷 40《劉之遴傳》說：「之遴好古愛奇，在荊州聚古器數十百種……又獻古器四種於東宮……其第三種，外國澡罐一口，銘云『（漢）元封二年（西元前 109 年）龜茲國獻』。」

龜茲小銅錢

1928 年，黃文弼先生在庫車考古時發現了不少龜茲小銅錢，並且分布地域很廣。他在《塔里木盆地考古記》中說：「龜茲小銅錢……在塔里木盆地散布極廣。塔里木盆地北部，庫車裕勒都司巴克一帶遺址，尤其大望庫木、色當沁一帶最多。在塔里木盆地南部，如于闐哈拉敦、和闐達摩戈北沙磧中，均有廣泛散布。我在巴楚圖木舒克古僧墳中，得小錢約數千（十）枚，出土時尚有麻繩貫串。可證此種銅錢為本地人當時通用錢幣。多為紅銅質，有孔、圓形、薄小。普通圓徑均在 1.5 公分左右，大者達 1.8 公分，重約 5 克至 8 克，經線 8 公釐至 1 公分不等，無字，亦無輪廓。」

龜茲文銅錢

「漢龜二體錢」的又一種稱呼，還有稱「龜茲五銖」的。因為考慮到這是一種地方鑄幣，應以地方特點和民族特色為主來命名較為合適，因此被稱為「龜茲文銅錢」。這類銅錢有 3 種不同的版式：

1. 面鑄有龜茲文。光背，無漢文。

2. 面鑄有龜茲文和漢文。穿左為銖，穿右為五，光背。

3. 面鑄龜茲文。背鑄漢文五銖，數量多，為雙範合鑄。

龜茲文題記

目前，在龜茲石窟中被保存下來的龜茲文題記可以分成兩類：一類是古代龜茲人在石窟內的題名或題記。如庫木吐喇石窟 69 窟為三重套窟，前室為支提窟，中室為毗訶羅窟，後室為禪窟。在中室正壁、右壁刻有大量龜茲文題名和題記，同時還刻有漢文題名如「戒香」「還源」「定銓」「惠親」等；一類則寫在一幅幅壁畫的上面，用來說明壁畫的內容。如庫木吐喇石窟 50 窟是一個中心柱形支提窟，窟的左右壁用白條劃成 8 行，每行用不同顏色分成 10 個方格，每個方格中畫出一幅供養故事畫，上面的白條中則寫著龜茲文，是說明下面這些供養故事畫的內容的。今天，這些龜茲文題記已成為我們研究古代龜茲歷史、文字和語言的不可缺少的第一手資料了。

龜茲樂樂器

《隋書·音樂志》說龜茲樂有樂器 15 種，《唐六典》說龜茲樂有樂器 16 種，《通典》說龜茲樂有樂器 14 種。

那麼，具體地說有哪幾種樂器呢？《舊唐書·音樂志》說，龜茲「樂用豎箜篌一、琵琶一、五弦琵琶一、笙一、橫笛一、簫一、篳一、毛圓鼓一、都曇鼓一、答臘鼓一、羯鼓一、雞婁鼓一、銅鈸一、貝一」。

《新唐書·音樂志》說，「龜茲樂，有彈箏、豎箜篌、琵琶、五弦、橫笛、笙、簫、篳、答臘鼓、毛圓鼓、都曇鼓、候提鼓、雞婁鼓、腰鼓、齊鼓、檐鼓、貝，皆一，銅鈸二」。

龜茲式千佛

千佛是龜茲石窟中常見的題材，如在克孜爾石窟的晚期石窟中，千佛逐漸替代早期石窟的只畫釋迦牟尼佛一佛的傳統，成為壁畫的主要題材。但是在表現形式上漢風洞窟中的千佛是漢族傳統的式樣，而龜茲風洞窟中千佛則可稱為龜茲式的，兩者繪畫形式迥然有別。

龜茲式的千佛，每身佛像外圍有方形或長方形的邊欄，或在各列之間畫以邊欄。在用色上，千佛的袈裟、頭光、背光色彩變化較多，整體千佛壁畫富有圖案般的裝飾效果。在布局上，龜茲式千佛一般只畫在主室左右壁上，很少畫在主室券頂的左右側壁上。

龜茲舍利盒

1903 年，日本「大谷光瑞探險隊」在庫車東北 23 公里的蘇巴什佛寺進行發掘，出土了大量文物，其中有一具舍利盒（盛骨灰的容器）。此盒與其他文物一起被「探險隊」盜往日本，現存東京，由私人收藏。這具舍利盒盒身被紅、灰白、深藍三種顏色覆蓋，還鑲有一些方形金箔做裝飾，盒內僅盛骨灰，外形沒有特色，故

一直沒有為人們所注意。直至半個世紀後，有人發現顏色層內有繪畫的痕跡。經剝去表面顏色，才露出盒上繪製的精美圖像，隨即引起了學者們的注目。日本《美術研究》曾發表了熊谷宣夫的論文，對舍利盒及其繪畫進行了研究與探討。

這具舍利盒，盒身為圓柱體，盒蓋呈尖頂形，盒高 31 公分，直徑 37.7 公分，木製，體外貼敷一層粗麻布，再用白色打底，然後繪畫。畫的外面還塗有一層透明材料，製作十分精巧。盒蓋上有四個用聯珠紋組成的圈狀圖形，中間繪「有翼童子」，其形象與 1906 年斯坦因在新疆若羌磨朗遺址一座堵波內發現的壁畫上「迦陵頻」舞的舞童十分相似。四個「有翼童子」分別演奏篳篥、豎箜篌、琵琶和一個尚難以辨的彈撥樂器。

最為令人驚嘆的是，盒身周圍繪有一隊形象十分生動的樂舞圖。全圖除幾處繪畫破損，形象略為模糊外，大部分圖像清晰，形象鮮明，是一幅反映龜茲音樂舞蹈藝術活動的珍品。

樂舞圖以一男一女手持舞旄為先導，向右依次為：六位手牽手相連的舞蹈者，隨之是一位舞棍的獨舞者，緊接著是一組樂隊，最後又是一位持舞棍的獨舞者，並有三位兒童圍繞其身，整個樂舞團由二十一人組成。

六位舞蹈者及兩個持棍獨舞者，均頭戴各式假面具，身著甲冑般的彩色舞服。假面具的形象依次為：披肩方巾的英俊武士，盔冠長鬚的威武將軍，豎耳鉤鼻的鷹頭，渾脫尖帽的人面，豎耳鉤鼻的鷹頭和戴兜狀帽子的老者。兩個持棍獨舞者中，前一個面孔頗似猴子，後一個頭部畫面模糊，但仍可能是豎耳猴面。這兩人都拖著長尾巴，顯然裝扮的是動物形象。

舞蹈者和持舞旄的人服飾都很別緻，他們上身內穿貼身緊袖衫，外穿圓領花邊短袖緊腰外套，底襟為弧形，腰下繫有方形小裙。女子穿寬腳長褲，男子穿緊長褲。男女都是足登軟靴。舞者腰間繫紮的兩片尾部開衩的下甲特別引人注目。衣飾的花紋主要以聯珠紋為圖案。樂隊前的獨舞者，滿身裝飾著聯珠紋圖案，十分醒目別緻。

六位舞蹈者雖然頭戴面具，從面孔上分不出男女，但以持旄者的服飾為依據，仍可辨出他們是三男三女。六位舞人男女交錯手牽著手，唯第五位女舞者與前後二男用布帛相連。

舞蹈者的舞姿很有特色，是一組邊走邊跳的形態。腿部舞姿造型十分優美，有的作旁吸腿狀，有的作端腿狀。那位頭戴盔冠的將軍聳肩曲肘，吸腿而立，是一個頗具戲曲「起壩」的威武造型。舞蹈者都側面互視，顯然是在舞動中左右顧盼、交流情趣。壓後的持棍猴面獨舞者的情態尤為生動，從兩臂近於平展、一腿吸起、一腳微蹺、下甲飄起和尾巴甩動的造型看，是一個旋轉的動態。其左右又有三位兒童拍手助興，看來是一位技藝高超、風趣無

窮的藝人，作為樂舞隊的最後一名，他的表演大概是最精彩的「大軸」戲吧！

樂隊由八人組成，前面是兩名兒童抬著一面大鼓，一位鼓手正舞槌擊鼓，其後為彈豎箜篌者，彈鳳首箜篌者，吹排簫者，擊羯鼓和雞婁鼓者，吹銅角者。

樂器演奏者的形象也很生動。擊大鼓者全神貫注，指揮著全樂隊演奏，後面的樂手相率起樂，邊奏邊作神情交流。最後的吹銅角者面對壓後的獨舞者，高舉銅角，為其精彩的表演縱吹助威。

樂手們完全是龜茲世俗男子的形象。他們身穿翻領緊袖花邊長袍，腰紮聯珠紋式的腰帶，下穿長褲，足登高筒皮靴，腰帶上還掛有一把佩劍。這些樂人都留著短髮。《舊唐書·西戎傳》載：「龜茲國……男女皆剪髮，垂與項齊。」玄奘《大唐西域記》也記龜茲「服飾錦褐，斷髮巾帽」。史籍記載與此圖所示完全相同。此外龜茲石窟壁畫的供養人形象與樂舞圖一致。因此可以確認，這幅樂舞圖是龜茲人民世俗樂舞生活的真實寫照。（圖104）

龜茲語文書

出自克孜爾石窟89-10窟（1989年編號）。紙質色灰白，站在沙土塊上，長約10公分、寬約6公分，橫行墨書龜茲文6行，字跡較工整清晰。1989年5月出土。

龜茲都督府

648年安西都護府遷往龜茲後，即在天山以南設龜茲、焉耆、疏勒、毗沙4個都督府。因4個地區原都相襲有王，即各任命其王為都督。在都督府之下還分設有州，州設有刺史，也由各地民族酋領充任。《新唐書·百官志四》稱：「都督掌督諸州兵馬、甲械、城隍、鎮戍、糧廩（廩）、總判府事。」可知都督府州負有主管各少數民族地區軍政事務之責。在安西大都護府所在地另設有龜茲都督府，負責處理原龜茲轄境內少數民族的軍政事務。

《舊唐書·地理志》稱：「龜茲都督府，本龜茲國，其王姓白，理白山之南……（唐）貞觀二十二年（648年），阿史那社爾破之，虜龜茲王而還，乃於其地置都督府，領蕃州之九。」

圖104　蘇巴什佛寺遺址舍利盒上的樂舞（王建林線描）

龜茲都督均由白氏王室承襲，其府界：東接焉耆都督府，南接毗沙都督府，西南接疏勒都督府。據《新唐書‧地理七下》「龜茲都督府，領州九」。在龜茲都督府下所轄9個州，在《新唐書》《舊唐書》僅列出姑墨州、溫肅州、郁頭州、烏壘州4個州的名稱，其餘5個州名稱未列出。

龜茲摩尼教

八九世紀時，吐魯番盆地成為摩尼教在天山南北的主要活動中心。德國勒柯克在他的論文《火州出土的一件摩尼教經典殘片》中提到，在吐魯番地區發現的一件突厥文書記述說，回鶻懷信可汗（795～805年）曾於羊年（803年）來到高昌，請求摩尼教的慕（即大主教），派遣三名瑪希司塔克（即傳教士）到回鶻可汗牙帳附近傳教。另外還在吐魯番發現一份保義可汗、昭禮可汗（823～832年）時期用波斯文寫成的摩尼教殘卷《讚美詩集》，其中記述了摩尼教的東方主教區，主要包括北庭、高昌、焉耆、龜茲、喀什噶爾等地。在詩集前面的序言中有《聽眾的祈願》，是摩尼教徒獻給回鶻汗國的君主和達官貴人的祝詞，那些達官貴人的官職或稱號除可汗、特勤外，還有都督、伊難、伊利、達乾等。從這些出土文獻中都可證明摩尼教傳入了龜茲並產生過重大的影響。

龜茲人的春節

唐段成式在《酉陽雜俎‧境異》中敘述了龜茲人民過春節時的情況，書中說：每年的頭一天，龜茲全國都要舉行鬥牛、鬥馬、鬥駱駝的遊戲，這種遊戲要延續七天之久，以勝負來占卜這一年畜牧業生產的好壞。還說：春節期間，龜茲人民跳起一種叫「婆羅遮」的舞蹈，舞蹈者頭戴狗頭、猴面等面具，男女雜處，不分晝夜地歌舞作樂，充分顯示出節日狂歡的場面。20世紀初，曾經在庫車蘇巴什佛寺遺址發現過一只舍利盒，上面刻有戴著鬼怪或動物面具的舞蹈者們舞蹈的場面，就是對龜茲地區流行過「婆羅遮」舞的最好物證。

龜茲大乘佛教

龜茲佛教向重小乘，但也有大乘。3～4世紀之際，龜茲佛教徒在中原所譯經中，即有大乘經典。《出三藏記集》卷11《比丘尼戒本所出本末序》記僧純在龜茲時，龜茲「王新僧伽藍，有年少沙門字鳩摩羅，才大高，明大乘學」，此鳩摩羅即龜茲有名的高僧鳩摩羅什。羅什於359～385年間，在龜茲宣傳大乘佛教。《梁高僧傳》卷2《鳩摩羅什傳》記：羅什「廣誦大乘經論，洞其祕奧，龜茲王為造金師子座，以大秦錦褥鋪之，令什升而說法」，受到龜茲王白純的特殊禮遇。又記當時「西域諸國咸伏什神俊，每至講說，諸王皆長跪座側，令什踐而登焉。其見重如此」。因此，我們可以推測，至少在羅什停留龜茲期間（385年羅什東來），龜茲的大乘佛教應占有一定地位。事實上，我們從克孜爾石窟中所反映的多佛情況，如38中心柱窟主室前壁兩側各置一立佛龕，47大像窟

龜茲文化詞典
七畫

中成列的佛像和27、99兩中心柱窟主室左右壁面的千佛龕，17中心柱窟後室左甬道的摩訶毗盧遮那佛壁畫等，說明羅什在龜茲宣揚大乘之前和羅什東行之後，克孜爾石窟都有大乘佛教的圖像。6世紀中期以後，龜茲大乘佛教似更流行。根據《續高僧傳》卷2《隋東都雒濱上林園翻經館南賢豆沙門達摩笈多傳》所記，達摩笈多於584年前後，「又至龜茲國，亦停王寺，又住二年，仍為彼僧講釋前論（念破論、如實論）。其王篤好大乘，多所開悟，留引之心，旦夕相造」。可證克孜爾石窟後期壁畫改重千佛，應該也是這種情況的反映。

在克孜爾石窟壁畫還出現了把大乘和小乘經典上的內容混合地繪在一個壁面上現象。在4窟和178窟的中心方柱左壁上都畫有「未生怨王示相圖」和「阿世王靈夢圖」。前者畫出上面，後者畫在下面，組成一個完整的畫面。「未生怨王示相圖」的故事見於《根本說一切有部毗奈耶雜事》，屬小乘經典；「阿闍世王靈夢圖」的故事見於《大般涅槃經後分》，屬大乘經典。這個事實反映了當時龜茲地區大小乘佛教並相流行這個歷史事實。

龜茲小乘佛教

古龜茲屬小乘佛教的流行地區，這是有文獻和實物為佐證的。《大唐西域記》中記載：「屈支國（即龜茲國）……伽藍百餘所，僧徒五千餘人，習學小乘教說一切有部。經教律儀，取則印度，其習讀者，即本文矣。尚拘漸教，食雜三淨。」《往五天竺國傳》中記載：「……此龜茲國，足寺足僧，行小乘法，食肉及蔥韭等也。」《華嚴經感應傳》中記載：「（龜茲國）唯習小乘，不知釋迦分化百億，現種種身云，示新境界，不信華嚴大經。有梵僧從天竺將華嚴梵本至其國中，小乘師等皆無信受，梵僧遂留經而歸。」

《大唐西域記》等所說的「三淨」，即小乘律中規定僧尼可食不見、不聞、不疑三淨肉，大乘教則一律禁止肉食。1979年北京大學考古隊在克孜爾石窟的一些「毗訶羅窟」的灶坑中確實發現肉骨頭。這樣，文獻記載和考古發掘是互相吻合的。

壁畫上以涅槃畫為例，說明克孜爾石窟涅槃畫內容大部分出自小乘經典，如《佛說長阿含經》中記載：「爾時世尊即從座起，往趣雙樹，敷上北首，右脅而臥，足足相累。」又如《中阿含經》中記載：「於是世尊將尊者阿難至雙樹間，四疊鬱多羅僧以敷床上，襞僧伽黎作枕，右脅而臥，足足相累。」再如《根本說一切有部毗奈耶雜事》中記載：「於是世尊自疊僧伽胝枕頭，右脅而臥，兩足相重。」

克孜爾石窟的涅槃佛基本上都是畫成「右脅而臥，足足相累」的，有很多還畫出「四疊鬱多羅僧（比丘三衣之一，名上著衣，即七衣）以敷床上」和「襞僧伽黎（比丘三衣之一，名合，即大衣）作枕」等具體細節。這是從上述小乘經典中取材的。

《佛般泥洹經》中記載：釋迦牟尼涅槃時，「第二帝釋將十萬眾天人來下，持十二部天名樂來，華香眾寶，懸在空中，去地三里」。

克孜爾石窟有些中心柱形支提窟的後室頂和甬道頂上滿繪著伎樂天的形象，他們手托花盤或懷抱樂器，在天空中飛翔。伎樂天的四周則布滿天雨花、摩尼珠、法輪、三寶標等「華香眾寶」，如第47窟、48窟、69窟等就是表現了上述小乘經典中的內容。

更令人感到有趣的是69窟後室東壁緊挨著涅槃佛的壁面上畫著一軀密跡金剛像。他威武健壯，勇猛有力，但是卻把雙手叉於胸前，作出極度悲哀、無所適從的模樣，並把金剛杵畫在遠遠的邊角上。據《佛入涅槃密跡金剛力士哀戀經》中記載：「牟尼世尊在拘屍那城娑羅林間北首而臥，初入涅槃時，密跡金剛力士見佛滅度，悲哀懊惱……嗚呼！怪哉咄哉，大苦！此金剛杵當用護誰，即便擲棄，自今以往，當奉侍誰？誰當慈愍訓誨於我？」這幅畫生動地繪出了密跡金剛悲哀時的情景。

可見光從涅槃畫看，克孜爾石窟中的許多內容都反映著小乘佛教的內容。

同時，《出三藏記集》卷11《比丘尼戒本所出本末序》記載：「拘夷國（即龜茲國），寺甚多，修飾至麗，王宮雕鏤，立佛形象，與寺無異。有寺名達慕藍（註：百七十僧），北山寺名致隸藍（註：六十僧），劍慕王新藍（註：五十僧），溫宿王藍（註：七十僧）。右四寺佛圖舌彌所統。……有年少沙門，字鳩摩羅，才大高，明大乘學，與舌彌是師徒，而舌彌，《阿含》學者也。」上文中所說的佛圖舌彌是小乘阿含學者，統領龜茲各佛寺及眾僧，曾是龜茲高僧鳩摩羅什年少出家時的小乘經師。即使在整個西域地區，佛圖舌彌也是名聞一時的小乘佛學大師。而唐玄奘往印度求經路過龜茲時所遇見的龜茲大德高僧木叉多，也是小乘學大師，是當時龜茲佛教界的領袖。《大慈恩寺三藏法師傳》中說「芻多理識開敏，彼所宗歸，遊學印度二十餘載，雖涉眾經，而《聲明》最善，王及國人咸所尊重，號稱獨步」。可見，從鳩摩羅什時期至唐玄奘時期，時間過了幾百年，而龜茲的佛教仍然是小乘派占據統治地位。

龜茲女子裝飾

《晉書·四夷傳》「龜茲國」條中說：「男女皆剪髮垂項」；同書「焉耆國」條中有「其俗丈夫剪髮，婦人衣襦，著大袴」。這種裝飾可以在龜茲石窟壁畫的女供養人中見到。據說到唐代的時候，中原地區亦襲其風，女子也斷髮垂項。

龜茲樂在雲南

據《新唐書·南蠻列傳》載，唐天寶四年（745年），南詔（今雲南）王皮邏閣遣孫鳳伽異赴長安，拜鴻臚少卿宿衛，返鄉時皇帝賜給「胡部、龜茲音聲二列」，

四方皆慕的龜茲樂隊和樂舞由此直接而完整地傳到了雲南。

時過49年，在歡迎唐朝「冊封南詔使」祠部郎中袁滋的宴會上，南詔王異牟尋（皮邏閣重孫，鳳伽異之子）特意將當年龜茲樂隊僅存的兩個垂白髮的笛工歌女介紹給袁，感慨萬分地說：「此先君歸國時，皇帝賜胡部、龜茲音聲二列，近喪亡略盡，唯二人故在。」

龜茲樂落籍南詔後，很快匯入當地樂舞藝流。唐貞元十六年（800年），異牟尋派出200餘人組成的龐大的伎樂隊赴長安獻演《夷中歌曲》，亦即《南詔奉聖樂》——大型組合式歌舞，所用樂分4部，以龜茲部位列最前，使用的樂器數量和樂人配置較唐宮規定的龜茲樂標準數略多。演出以「五宮異用，獨唱殊音，複述五均譜，分金石之節奏」。

龜茲樂舞浮雕

據民族音樂研究所編輯出版的《中國音樂史參考圖片》第八集中載：在成都市出土的五代王建（846～916年）墓中有24塊龜茲樂舞的浮雕，正中的兩塊浮雕為兩個舞人，兩旁22塊浮雕各為一奏樂人。他們所奏的樂器有：羯鼓；銅鈸；貝；笙；葉；箜篌；箏；排簫；？（看不清是何種樂器）；拍板；琵琶；都曇鼓；鼓（看不清楚為何種鼓）；腰鼓；笛；篥；拍板；羯鼓；雞婁鼓、鼗鼓（四個鼗牢疊在一起）；答臘鼓（又名揩鼓，扁而平，類似達卜——手鼓）；毛圓鼓。這一套龜茲樂的樂器，比所有文獻的記錄都更為完備，而且透過浮雕還可以清楚地看到當時這些樂器的形狀。王建墓中的龜茲樂舞浮雕對我們今天研究龜茲樂舞很有幫助。

龜茲男人裝飾

《新唐書·龜茲傳》中說：「俗斷髮齊頂，唯君不剪髮……王以錦冒頂，錦袍、寶帶。」《大唐西域記》卷1說：「服飾錦褐，斷髮巾帽。」

克孜爾石窟壁畫中的龜茲供養人，男子斷髮且帶巾帽，其衣服為氈，襟領袖端另縫以不同材料，由其花紋上考察之，似為錦類華麗織物。有的男人上衣似綴飾珍珠，有的下著，穿長靴。

龜茲武王裝飾

克孜爾尕哈石窟16、23兩個窟的甬道中畫出斷髮、披甲、佩劍、腳著長靴的武士供養人像，可以從中認識到龜茲國一般的武職官吏的服飾。

龜茲供養人像

克孜爾石窟新1窟左甬道左壁殘留著一身供養人像，以錦巾包紮頭髮，頸後飄著頭巾，著龜茲裝，一手按著掛在腰部的劍，一手高舉一燈盞，似為龜茲國王。（圖105）

圖 105　克孜爾石窟新 1 窟──龜茲供養人

克孜爾石窟 69 窟主室門上方半圓形壁面，單獨繪有一幅佛說法圖。圖中佛的左下角繪有一對俗裝男女。男像戴冠，兩側各有一綹長髮散披於肩，橢圓臉型，面部不清，內著圓領緊身上衣，外服大領、半袖、對襟長袍，衣袍的領、袖、襟端另外縫製不同衣料，在袍的右上襟端又別緻地向外翻折一塊，腰束珠形帶，佩短劍。女像亦戴冠，冠前裝飾有璣珠和飛禽的羽毛，冠頂繪有蛇首，披著濃密捲曲的過肩髮，耳垂金環，臉型、內衣同男像，外服圓領、半袖、對襟短衫，下穿條紋裙。手皆執曲柄香爐，頷首而視，神情恭敬虔誠。男女像頭部繪有項光。畫上墨書有龜茲文題名。此畫與眾不同的是，男女像畫成披髮纓冠之形，以表明其不是一般龜茲貴族，而是龜茲國王與王后。（見圖 106）

圖 106　克孜爾石窟 69 窟──龜茲王供養

克孜爾石窟104窟左右甬道壁上繪的供養人，著龜茲裝，長袍考究，剪髮垂項，似為王公、貴族的形象。

克孜爾石窟189窟左壁上繪有三身供養人像，他們穿著翻領、褶襟、窄袖的長袍，有的長袍為斜方格子花紋，有的長袍的領口、衣襟處鑲著各色花邊；腰束綵帶，左右各佩一把寶劍和匕首；雙腳著靴，雙手合十捧一支長莖花。

克孜爾石窟205窟是龜茲國王托提卡（隋末）捐修的。其前室有國王、王后及家人的畫像，像下面有國王和王后的名字。畫中的國王托提卡居中間，其左側是兩個引薦僧，右側是王后。國王身穿長大衣，前額短髮中分，頭後剪髮齊頸。右手舉薰爐，左手握短劍，背後挎拖地長劍，頭後有項光。王后身高略低於國王，頭戴長毛圓皮帽，留披肩長髮。上身內穿緊身衣，外套為半袖緊束腰大翻領；下穿拖地長花裙，裙面繡六邊形格的套花圖案。雙手持花繩帶，帶從頸後繞向胸前，再垂至膝部。王后的頭後也有項光。此畫的另一部分畫三個年輕人，許是親王和太子。其中年齡大的一人有項光，另兩人較矮，無冠也無項光。三人均佩戴長劍，有兩人腰挎短刀。畫上所有男人均穿緊腿馬褲和尖頭靴。

《龜茲風壁畫初探》

袁廷鶴著，是一篇探討龜茲風壁畫的較好文章。文章把龜茲風壁畫的發展分為三個階段：第一階段形成於4～6世紀之間。這個階段的龜茲壁畫較多地吸收了外來的藝術手法，人物形象也存在一些印度壁畫的特徵，與本地區的民族風格並存。第二階段形成於6～10世紀。這個階段的龜茲壁畫具有鮮明的民族風格，藝術水平達到了前所未有的高度，內容更為豐富多彩。第三個階段形成於10～13世紀。這個階段的龜茲壁畫由於回鶻人進入龜茲地區而帶進了新的宗教──摩尼教的影響，同時由於大量中原文化的回流而出現了一批吸收了漢風壁畫技巧的作品。

一般人提到的龜茲風主要是指第二階段的壁畫。它延續的時間最長，數量最多，民族風格最鮮明，其中一些形式是龜茲地區所特有的。

壁畫中龜茲風人物的額寬而高，這是符合唐玄奘在《大唐西域記》中所說的龜茲有「生子以木押頭，欲其扁也」的風格。龜茲人頭圓，頸粗，鬢際到眉間的距離長，五官在面部占的比例小而集中。龜茲畫家們熱衷於變形手法，把手指的第一節畫得很粗，逐節減細，指尖向手背攏過去，使手顯得靈巧而豐滿。他們常常把人物的四肢結構變化減弱，略去解剖中的一些細節，使腿像藕一般圓潤修長。軀幹和四肢取舞蹈家修長優美的體形為楷模，造型豐滿而不臃腫。龜茲風的菩薩是甜美的，甚至有些天真，普通人更易接近。

龜茲風壁畫的用線有兩種類型。一種是用細蘆管等硬筆勾線，線條勻硬而樸拙。

另一種是細勁剛健的線，細而不弱，圓轉優美，富於彈力。

龜茲風壁畫多用原色，如石青、石綠、硃砂、土紅等。底色多用重色，人物裸露部分多用亮的肉色，調子厚重。

龜茲風壁畫表現人物的另一種重要手法是暈染。畫家把人體分解成大小長短不同的圓柱體或圓球體，在邊沿染上深一些的赭紅色，逐漸向中間減淡，達到了表現體質感的目的。

龜茲石窟的發現

早在18世紀中葉，中國就有關於龜茲石窟的調查記錄了。1726～1736年，謫居烏里雅蘇臺（今蒙古人民共和國扎布汗省會）的謝濟世，曾奉大將軍平郡王福彭之命，巡視庫車地區。其《戎幕隨筆》有云：「丁谷山千佛洞（即庫木吐喇石窟）白衣洞，即唐書所謂阿羯田山。山勢自西北迤邐趨東南，天山所分一大干也。白衣洞有奇像十餘，剝落不可識，洞高廣如夏屋，屋隅有泉湧出，洞中石壁上鐫白衣大士像，相好端正，衣帶當風，如吳道子筆。洞左復有一洞，如曲室，深窈不可窮，前臨斷崖，見西南諸峰，無名而秀異者甚眾，西日照之，雪光耀晃，不能久視。上下山谷，佛洞以百數，皆元人所營，佛像亦喇嘛所為，醜怪百出，不堪寓目，壁鐫楷書輪迴經一部，字甚拙，亦元時物，或指唐人刻者，謬也。……自石浮屠王千佛洞可五六十里，東南塹崖一帶，橫亙如城。城上復疊兩重城，漸隘至頂，下層望上層呼之可應，然陡絕不可登，須繞出山背，盤道行回幾十里乃得到。有潭水畝許，不涸不盈。唐時有關隘以防禦突騎施。塔下舊有兩截碑，文字可辨者三分之一，唐開元三年（715年）安西都護呂休為監察御使張孝嵩平阿了達干紀功碑也。孝嵩以奉使至，憤吐蕃之跋扈，念拔汗那之式微，以便宜徵兵戎落，出安西數千里，身當矢石，俘斬凶夷，故碑碣多以常惠、陳湯比之，今僕以大將軍之命，奉使至此，其有於古人多矣。」（轉引自俞浩《西域考古錄》卷12）其後，又有七十一（人名，字椿園，滿洲正藍旗人，1754年進士）在其所著《異域瑣談》卷3中記載庫車克孜爾尕哈石窟和庫木吐喇石窟云：「鑿穴而繪佛像」，「鑿洞四五百處，內皆金粉五彩，繪西蕃佛像莊嚴」，並有「西蕃字跡」。1816年，徐松自喀什噶爾（今喀什）經烏魯木齊回伊犁時，既記錄了克孜爾石窟，又記錄了庫木吐喇石窟。其所著《西域水道記》卷2云：「赫色爾（即克孜爾）河又南流三十餘里，經千佛洞西，緣山法像尚存金碧，壁有題字曰惠勤，蓋僧名也。河流經岩下，雅爾干河來匯，是為渭干河。渭干河東流折而南，凡四十餘里，經丁谷山西，山勢斗絕，上有石室五所，高丈餘，深二丈許，就壁鑿佛像十鋪，瓔珞香花，丹青斑駁……隸書梵字鏤刻回環……又有一區是沙門題名。西岸有故城……」

龜茲文化詞典

七畫

龜茲石窟研究所

1985年7月設立，隸屬新疆維吾爾自治區人民政府文化廳，對拜城、庫車及新和縣境內的石窟遺址進行研究和管理工作。所址設於克孜爾石窟。

新疆龜茲石窟研究所成立初，曾自行設立行政辦公室、美術研究室、資料室和保衛科。而後，又增設考古研究室、龜茲石窟保護室駐庫車工作站。

1992年6月，經新疆維吾爾自治區文化廳正式批准，龜茲石窟研究所下設行政辦公室、美術研究室、考古研究室、龜茲文化研究室、石窟技術保護研究室（在庫車設辦事處）、資料室、接待部、保衛科和園林科。

行政辦公室為龜茲石窟研究所的後勤管理部門，負責人事檔案、財務、計劃生育、婚姻和職工福利等工作。

美術研究室負責整個龜茲地區的各個窟群的壁畫臨摹及壁畫藝術的研究工作，以及和中外的同行進行學術交流和文物展覽等工作。

考古研究室負責各個窟群的考古、清理和入檔工作。

龜茲文化研究室負責對龜茲文化資料蒐集、整理、研究等方面的工作。

石窟技術保護室負責各窟群石窟壁畫的維修保護工作。

資料室負責管理所有的資料、檔案，以及資料、圖書的購置，收集文物考古、美術攝影等方面的科技情報。

接待部負責接待中外的遊客、學者以及與中外賓客的業務洽談工作。接待部下設五個部門：導遊室、賓館、餐廳、販賣部、龜茲畫廊。

保衛科負責龜茲地區各個石窟群的安全保衛工作。

園林科負責各窟群（主要為克孜爾石窟）的環境保護工作。

至1992年7月，全所有幹部職工31人，其中幹部22人。另有臨時聘用工35人。現有技術人員16人，其中副高職稱的3人，中級職稱的4人，初級職稱的4人。

全所有住宅、辦公用房、賓館等，建築總面積為3220坪。

龜茲回鶻的政治

據《宋史·龜茲傳》稱：「其國主自稱師（獅）子王，衣黃衣、寶冠，與宰相九人同治國事。」原來北方回紇汗國時的官制也是「外宰相六、內宰相三」，共九位宰相同治國事。而在《宋會要輯稿·蕃夷四》進一步記載了各級官職名稱：在獅子王之下的文武官員有西州大都督府單于軍樞密使、金紫光祿大夫、檢校太師、左神武大將軍、御使大夫、上柱國封譙縣開國子、監使、判官、都監等。

根據史書，龜茲回鶻屬於高昌回鶻王國之內，但是他們實行雙王制，即龜茲回鶻設一個國王，高昌回鶻也設一個國王。他們既可獨立對外，又可合一對外。實際這種雙王制在阿爾泰語系民族所建立的政權中，是一種通有的形式。

龜茲回鶻的經濟

當時龜茲已經進入封建社會，土地、葡萄園都可以私自買賣，社會已經通用了鈔（幣），而土地的租賃關係也已萌發了貨幣地租，並出現了人口的買賣。

當時社會上雖然已有通行的鈔幣，有時也有用金錠、銀錠作為價值尺度的，但是大量的是以粗棉布作為主要貨幣。

至於說龜茲回鶻的生產，《宋史·龜茲傳》雖僅有一句「有米麥瓜果」，究其實際內容可謂豐富之極。龜茲回鶻的生產經歷漢唐時代的長期發展，農業方面的米、麥、青稞、粟、菽；園藝業方面的葡萄、石榴、杏、李、梨、桃、西瓜、甜瓜等；還有畜牧業方面的牛、羊、馬、駱駝等一應俱全，已達到較高生產水平。此外，手工業方面的氈、毯、生產工具、軍事武器等也都很發達。

龜茲佛教行像節

據傳說，每年釋迦牟尼生日這一天，龜茲國要舉辦行像節活動。這一天，各佛寺都要用珍珠寶玉、綢緞錦綺將佛像披掛得煥然一新，然後把佛像抬到用金玉寶貝、綾羅綢緞裝飾起來的車子上，在街道上緩緩推行。一千多輛載著佛像的彩車集中在龜茲的鬧市中心，眾僧徒前來頂禮朝拜，各行業的百姓也放下手中的工作，前來觀看並向佛像拋撒香花，行跪拜之禮。龜茲國王也走出王宮，向佛像頂禮膜拜，與民同樂。

龜茲佛教的興盛

庫車古稱龜茲，是歷史上有名的佛教聖地。3世紀中葉，佛教在龜茲已經很隆盛，4世紀成了北道的佛教中心，大乘小乘都很流行，蔥嶺以東的王族婦女，都遠道至龜茲的尼寺內修行。《晉書·四夷傳》「龜茲國」條說：龜茲「其城三重，中有佛塔廟千所」。著名的高僧鳩摩羅什，就出生在龜茲，是精通小乘大乘的高僧。385年到內地，在長安譯經三百多卷。當時的龜茲，不僅佛寺很多，而且建築規模宏大，裝飾甚是華麗，僧徒達到萬人。唐玄奘在630年到達龜茲時，有「伽藍百餘所，僧徒五千餘人，習小乘教說一切有部」。在龜茲也有行像的習俗，「動以千數，雲集會所，常以月十五日、晦日，國王、大臣謀議國事，訪及高僧，然後宣布」。五年有一大會，「舉國僧徒皆來會集，上自國君，下至士庶，捐棄俗務，奉持齋戒，受經聽法，渴日忘疲」。727年慧超自印度返回路經龜茲時，還是「足寺足僧，行小乘法，吃肉及蔥韭等也。漢僧行大乘法」。

龜茲文化詞典
七畫

龜茲的公娼制度

《魏書·西域傳》記載，龜茲「俗性多淫，置女市，收男子錢入官」。《新唐書》卷 221 上也記載「……蔥嶺以東俗喜淫，龜茲、于闐置女肆，徵其錢」。可見，當時的龜茲已經實行公娼制度。就這一點來說，龜茲的上層統治者在絲綢之路上廣設妓館，招徠往來商旅，把收來的錢充入國庫，已成為國家收入的一個重要來源。

龜茲的漢文文書

在沙雅縣西北通古斯巴什舊城中發現「李明達借糧契」殘紙，所書年代為唐大曆十五年（780年）四月十二日。大曆為唐代宗年號。大曆僅十四年，大曆十五年已是唐德宗建中元年。又有「白蘇畢梨領屯米狀」，書於唐大曆十四年（779年）三月二十三日。又有「將軍姚榮閏奴烽子錢」殘紙，只書丙午年，不記年號。其餘如石窟岩壁間的漢文題記為數更多。根據周連寬先生的考證，認為「漢唐時代漢語在龜茲頗為流行，龜茲人習慣用漢語者，必非少數」，「從兩漢至南北朝，龜茲官府文書和民間契約都用漢文」。

龜茲的佛教戒律

古代龜茲的僧徒對於佛教的戒律，和漢地相比較，大概是很無所謂的。他們都是些「吃肉及蔥韭」的葷和尚，對於私生活尤其不大注意，和尚可以結婚，有時甚至被官方認為合法。鳩摩羅什的父親本來是天竺的貴族，出家來到龜茲，被龜茲王尊為國師，並把王妹許配給他做妻室。龜茲王既以和尚為國師，當然是佛教的篤實信徒，且以一國之尊，負佛教弘揚者與保護者的美名，竟置佛教教義於不顧，敢冒褻瀆宗教的罪名，非把妹妹嫁給和尚不可；而鳩摩羅什的父親既被奉為國師，為一國僧徒之表率，也斷不至於糊塗得忘掉佛家戒律，偏要做釋迦牟尼的浪蕩子弟。在這種情況下只能有一種解釋，那就是：龜茲人，至少是龜茲的上層，並沒有把佛教的禁慾主義看得那麼認真，在一般的觀念裡也並不認為和尚娶老婆是醜行。鳩摩羅什的「德行」可謂高矣，但他至少也結過兩次婚。一次是呂光進滅龜茲，以「龜茲王女」妻之；一次是羅什來長安後，後秦主姚興讓他納「妓女十名」「別立廨舍」，過著俗家生活。雖然記載中都說是「被逼」。但細思索，這不過是撰書僧徒的曲筆而已。《晉書·鳩摩羅什傳》出自史家，就沒有那麼多顧慮，直書這個大和尚的底細：「（鳩摩羅什）嘗講經於草堂寺，（姚）興及朝臣、大德沙門千餘人，肅容聽法。羅什忽下高座，謂興曰：『有二小兒登吾肩，欲鄣須婦人！』興乃召宮女進之，一交而生二子焉。」

這次納妻卻實實在在是主動要求的。問題在於，色慾一來竟然中止講經，在莊嚴的法堂上，在大庭廣眾之下，直向姚興要女人，毫無遮閃，未免過分。於此亦可見龜茲僧侶之遺風。

龜茲的藏傳苯教

苯教是在原始圖騰崇拜的基礎上，糅合一些民間巫術形式。由於苯教徒具有詛咒仇敵、預測凶吉的功能，是以每逢軍事戰爭，吐蕃王朝就要請苯教徒進行祭祀；並占驗軍丁名冊，待凱旋時，也要殺牲舉行祭祀。直至7世紀入侵西域時，每次軍事行動，苯教徒仍然在其中起了重要作用，這在米蘭、于闐等地所得吐蕃簡牘中有大量反映。如《吐蕃簡牘綜錄》：

427條：「兔年春正月，祭祀小羅布之降生命宮男女守護神，獻上美好祭品，點交兵器和寫有祈禱文之經旗作為供品。」

441條：「……祭降生時命宮守護男女值日神及福德正神時……以兵器卜有無危險？小羅布城範圍內，以後有無敵人？年成好否……有無？」

442條：「……祭女神，宰四頭羊，用兵器卜問……小羅布有無外敵。于闐米欽……」

這些都證明吐蕃人入侵西域的各種軍事行動，苯教徒實際上造成了精神支柱的作用。因而他們侵占安西都護府所在地龜茲後，苯教同樣給龜茲社會產生了一定的影響。這從克孜爾石窟內所留下的吐蕃岩畫也可找到生動例證。如在克孜爾石窟131窟中有一用單線刻畫的巨人，頭圓形，似戴一半圓小帽，腰部橫出一鉤狀物，有尾飾，左臂平伸，張開五指。右臂模糊不清，唯在頭部右側有一大鳥，回頭作張望狀。它的右前方，有一圓形月亮，在月亮內弦處有一回首站立的小鳥。這幅畫應該就是吐蕃古代某些部落的鳥卜圖像。《舊唐書·東女國傳》稱：「其俗每至十月，令巫者齎楮詣山中，散糟麥於空，大咒呼鳥。俄而有鳥如雞，飛入巫者之懷，因剖腹而視之，每有一谷，來歲必登，若有霜雪，必多災異。其俗信之，名為鳥卜。」《北史》《隋書》《新唐書》也有類似的記載。而東女國實即《隋書》的女國，慧超《往五天竺國傳》的「蘇跋那具恆羅」，都是「蘇毗」（藏人的一支，分布於今西藏北部及青海西南部）的異稱。圖中張開手臂的巨人，正是巫者在山中呼喚，其巫者右上方的大鳥，正是被他呼喚來的卜物。據說今西藏珞巴族仍有用雞占卜吉凶的習慣，很可能即為古代蘇毗「鳥卜」的遺風。

從吐蕃人在克孜爾石窟內留下的遺蹟看，可知吐蕃軍占領龜茲的同時，盛行於藏族的苯教也曾傳入龜茲，並給龜茲社會以一定的影響。

龜茲樂舞者的裝飾

《通典》卷146載：「龜茲樂，二人皂絲布頭巾，緋絲布袍錦袖，緋布袴。舞者四人，紅抹額，緋白袴奴，烏皮靴。」《舊唐書·音樂志》載：「龜茲樂，工人皂絲布頭巾，緋絲布袍，錦袖，緋布袴，舞者四人，紅抹額，緋襖白袴帑，烏皮靴。」

龜茲文化詞典
七畫

龜茲國王與大臣像

　　出自克孜爾石窟 199 窟西甬道內側壁，縱 113 公分，橫 94 公分。此圖為西甬道內側壁供養人的前三個，面向主室內的塑像。右側第一人有雙環項光，身分最高，是國王。跟隨其後的兩人是大臣。國王穿翻領長大衣，大衣為半袖，有肩蓋，腰部繫聯珠帶，下穿窄口褲和黑皮靴。左手所持物已殘失，腰下掛短刀和短劍，刀鞘寬大。身後佩長劍，僅可看見劍柄。兩大臣服裝及所佩刀劍均與國王有別。

　　此件現藏德國柏林（何館不明）。

龜茲國王托提卡及王后像

　　出自克孜爾石窟 205 窟主室前壁，縱 94 公分，橫 68 公分。此圖位於主室前壁門東側下列。圖的右側是兩個引薦僧，意在由這兩名僧人引領供養人禮拜佛像。圖的上端有橫寫的龜茲文供養人榜名，畫中的供養人是龜茲國王托提卡和王后司瓦雅普拉普哈。國王穿翻領對襟長大衣，下穿裹腿褲和尖頭靴。右手握短劍，左手持熏香舉至胸前，身後佩帶長劍，王前額為中分短髮，後腦長髮至頸部。頭部圓光邊沿呈向外放射狀，頂端有圓珠。王后跟隨國王身後，上身穿大翻領束腰短袖外套，下穿白點小花黑下擺拖地無褶裙，裙面花紋圖案上下分為多列，各列均不相同。王后雙手持長珠鏈，一手上舉。額頭有一團絨花珠裝飾，兩側有飄巾下垂至胸部。頭後也有圓光，由兩環組成。

　　此件現藏德國柏林（何館不明）。

《龜茲境內漢人開鑿、漢僧住持最多的一處石窟——庫木吐喇》

　　閻文儒教授撰寫，刊登於 1962 年第四期的《現代佛學》上。文章首先論述了漢文化與龜茲文化在歷史上的密切交流與聯繫以及歷代中原王朝對龜茲的強烈的政治影響，然後深入細膩地分析與論證了庫木吐喇石窟中的部分石窟係為漢人開鑿的、漢僧住持的。他指出：「河壩一區，在河谷的最南端，距山口不及百米的東谷內，谷南岸的懸崖上 7 號窟，是一個長方形的縱券頂窟，窟內並沒有壁畫，在東壁北端有用土紅顏色寫出的題記，能看出的有：月二十四日畫□□寺｜大德法藏鄔……｜題記之耳廿一日畫金砂寺新□□了｜。與這三行題記並列的，又有三行回鶻文題記。這三行題記中，可以看到龜茲確有如慧超所記的漢寺院。而庫木吐喇的寺院名稱，有的叫做『金砂寺』，當然這一行，『二十四日畫』的寺院名稱，雖然看不清楚，但是也可以肯定地說，是另一個漢僧住持的寺院。……東壁上有許多劃出的字，在南端有：『年三月九日到此聞□□晏戒朋到此照智岑（？）神到此間惠超定。』這些題名，都應該是漢僧的名字。」

佛國記

　　原名《歷遊天竺記傳》，又名《法顯傳》，古代著名的旅行傳記。1 卷，東晉法顯著，是作者往天竺求佛經歸國後自

記行程之作。對所經歷約三十國的山川風物,都有扼要記載。不但是4世紀時亞洲佛教史料,也是中國與印度、巴基斯坦、尼泊爾、斯里蘭卡等國的交通史料,並為中國現存史料中有關陸海交通的最早詳細記錄,受到中外學術界的重視。19世紀時,法、英等國先後出版了譯本,近人丁謙著《佛國記地理考證》,日本人足立喜六亦著《考證法顯傳》,對本書均有考證。

根據《佛國記》,法顯在新疆的行程是這樣的,先循天山南道至鄯善(今若羌),稍作逗留,又從鄯善折向天山北道,經烏夷(今焉耆)、龜茲,又沿于闐河(今和田河)越塔克拉瑪干大沙漠,到于闐,然後又從于闐經子合(今葉城)、於麾(今塔什庫爾干)、竭叉(今喀什),復又竭叉還於麾,渡蔥嶺(今帕米爾),越新頭河(今印度河),至印度。

法顯進入新疆後,為什麼先進入天山南道,後又折向天山北道呢?對這件事,羽溪了諦在《西域之佛教》一書中寫道:「南道之中部,即克里雅以東之路,常有流沙與吐蕃人之襲劫,行旅往來,頗為不安。」

法顯從烏夷到龜茲,再由龜茲越塔克拉瑪干大沙漠南下于闐。這條路線直至唐、宋時尚繼續存在。唐賈耽在《四夷道裡記》中說:「自撥換(今阿克蘇)南而東,經昆崗、渡赤河,又西南經神山、睢陽、鹹泊,又南往疏樹,九百三十里至于闐鎮城。」宋《太平寰宇記》又說:「從撥換正南渡思渾河,又東南經崑岡、三叉等。」這條路線後來由於和田河的乾涸而廢棄。

佛圖澄

姓帛,龜茲人。九歲時在烏萇國出家,清真務學,兩度到罽賓學法。西域人都稱他已經得道。晉永嘉四年(310年)來到洛陽,時年已七十九。他能誦經數十萬言,善解文義,雖未讀此土儒史,而與諸學時論辯疑滯,無能屈者。他知見超群、學識淵博,並熱忱講導,有天竺、唐居名僧佛調、須菩提等不遠數萬里足涉流沙來從他受學。此土名德如釋道安、竺法雅等,他跋涉山川來聽他講說。《梁高僧傳》說他門下受業追隨的常有數百,前後門徒幾及一萬。教學盛況可見。

他又重視戒學,平生「酒不齒,過中不食,非戒不履」,並以此教授徒眾;對於古來相傳的戒律,亦復多所考校。如道安《比丘大戒序》說:「我之諸師始秦受戒,又之譯人考校者甚少,先人所傳相承謂是,至澄和上多所正焉。」

《梁高僧傳》中敘述他的神通事跡頗多,說他志弘大濁,善誦神咒,能役使鬼神,徹見千里外事,又能預知吉凶,兼善醫術,能治痼疾應時瘳損,為人所崇拜。他的義學和戒行反為神異事跡所掩。

他到了洛陽之後,本想在洛陽建立寺院,適值劉曜攻陷洛陽,地方擾亂,因而潛居草野。晉永嘉六年(312年)二月石勒屯兵葛陂,準備南攻建業。這時佛圖澄

因石勒大將郭黑略的關係，會見了石勒。澄勸他少行殺戮。當時將被殺戮的，十有八九經澄的勸解而獲免。澄對於石勒多所輔導，石勒既稱帝，事澄甚篤，有事必諮而後行。石勒卒，石虎廢其子石弘而自立為天王，對澄更加敬奉。朝會之日，澄升殿，常侍以下悉助舉輿，太子諸公扶翼上殿，主者唱大和尚，眾坐皆起。又敕司空李農每日前往問候起居，太子諸公五日一往朝謁。後趙建武十四年（348年）十二月八日卒於鄴宮寺，年一百一十七歲。

佛傳故事畫

這是描寫釋迦牟尼一生教化事跡的圖畫。

佛陀原是古印度釋迦族的剎帝利種姓淨飯王之子。釋迦族人是一個小貴族政治共和國。釋迦族人的領域位於現在尼泊爾和印度北方邦之間的邊界地區，在拉普提河上游和甘達克河之間，離瓦拉納西以北大約160公里，首都稱為迦毗羅衛。

佛陀出生的地方名叫蘭毗尼園，在今尼泊爾南部邊境。他的母親名叫摩耶，也是釋迦族人，據說她在佛陀出生以後七日逝世。佛陀由她的妹妹摩訶波波提——也是淨飯王之妻——撫養成人。

佛陀本名悉達多，意為事業成就者。三藏經典中記載和他直接交談的人，呼他為喬答摩，這是他的族名，大致相當於姓。最著名的尊稱就是「佛陀」，意為覺者或智者。釋迦牟尼是梵文經典中慣用的尊稱，意為「釋迦族的聖人」和「釋迦族的獅子」。「如來」一詞意義有些隱晦不明，常常和「佛陀」是同義詞，而喬答摩本人也以此自稱，代替第一人稱的代名詞。

佛陀出生以後，傳說有一個名叫阿私陀的老年預言家來訪，說佛陀前程遠大。但是他身已不能生而聞其新教法，因而悲泣不已。

佛陀從小就有一種捨棄家室、過無家的聖潔生活的理想。他的父母親試圖改變他的意向，使他注意世間興趣和享樂。他娶了妻子，生了兒子，在宮廷中過著富裕和舒適的生活。但是他經常思索：「我要衰老，我也不能擺脫衰老、疾病和死亡的威脅。我看到別人處在這種悲慘狀況之中，就覺得可怕、不快和厭惡。」一次偶然的機會，他親眼見到了衰老、疾病和死亡的存在。這些事給他留下了深刻的印象。他於29歲時，不顧父母親的悲傷，離家出走。

佛陀先師從阿羅邏、迦羅摩和優陀迦·羅摩子學道，做他們的弟子。他接受了他的導師們關於信仰和行為的一般觀念——達摩、毗奈耶和修習禪定，但是認為他們的教義的內容並不適當而未接受。所以他辭別而去。

於是他住在一個稱為烏盧吠羅的地方，他說：「我在那裡心中想到，這真是一個好地方，一座美麗的森林，河水清澈，沐浴的場所令人喜悅。周圍有草地和村落。」他決定要在此處實行最嚴格的苦行。這個地方在菩提伽耶附近，接近現在名為

帕爾古或利蘭佳的河流，此河從前名叫尼連禪河。他開始實行絕食，安坐不動，專心入定，完全停止呼吸。他逐漸減少食物，直到每日吃一粒米。他吃種子和草度日，有時簡直是食用糞便。他拔除鬚髮，連續站立，或臥於荊棘之上。他不洗除汙穢，直至身體看來好像一株老樹。他常至墓地，並和腐爛屍體睡在一起。他瘦得不成樣子，能夠透過肚皮摸到脊背骨。

但是這種行為並未產生覺悟，他也仔細思維，覺得他已達到了自我克制的極限，然而尚未獲得覺悟。必然另外還有一條獲得知識的道路。因此他吃了一些米粥。當時有五名僧人在他附近生活，希望他發現真理以後，再轉告他們。當他們看見他開始進食，他們的信念消失了，於是就離他而去。

佛陀在進食以後開始靜坐沉思，經歷四種禪定階段，最後達到純粹的安慰和平靜的心境。他成道以後，在菩提樹下結跏趺坐，七日不動，安享解脫之樂，並且想出十二因緣法。

於是他開始考慮應該先向誰宣講他的教義。他想起以前的幾個導師，但是一個鬼神來告訴他，他們已在最近逝世。他又想起那五名僧人，他們曾經在他修煉苦行時照顧過他。他以天眼觀察，見他們在波羅奈的鹿野苑中。因此他在烏盧吠羅小住以後，就動身去尋找他們。他途中遇見一名裸體苦行者，在回答他的問題時，第一次宣稱自己是佛陀。

佛陀來到鹿野苑，為五個僧人說教，這在佛教史上被稱為鹿野苑初轉法輪。他說教的要旨極為簡單，首先說了「八正道」，然後又說了「四諦」。

佛陀初次說法以後，成為第一批皈依者的是那些曾經奉行過宗教生活的人，但是成為第二批皈依者的卻是來自波羅奈富裕的商業家族。他然後返回烏盧吠羅，並且度化了一千名剎帝利苦行者，這些人就是過隱居生活的婆羅門。

以後，佛陀在拘薩羅、摩揭陀、鴦伽諸國流動居住大約 45 年，訪問舍衛城及王舍城兩座都邑，並且遠及西部拘流人的國家。

佛陀的日常生活大致是這樣的：黎明以前起床，往往獨自靜坐沉思，一直到出外乞食時為止。然後他率領弟子們到城中或村中募化，手持飯缽，接受別人放進缽中的任何食物。他有時一邊走路，一邊和弟子們談話。他也常常不托缽乞食，而是接受某一虔誠人士的邀請到其家中吃飯，此人併請他的全體弟子，盡力為他們準備佳餚。這種邀請是在先一日訪問佛陀時提出的，佛陀以意味著同意的沉默接收邀請。第二天上午，主人親自或派人前來通知說，飯已備好。佛陀持衣缽，至其家中。主人親手侍候客人，將其預備的食品放進他們的缽中。佛陀飯後，為其說法，或和眾人進行問答。他自己乞食，回家吃飯時，也是和弟子們進行問答。他日食一餐，時間是在 11 時和 12 時之間。他並不拒絕肉食，

龜茲文化詞典
七畫

只要他不知道牲畜是特地為他而殺的。飯畢說完法以後，他經常退入自己的房間，或往樹下寂靜處休息和坐禪。

佛陀在80歲時，有一次他來波伐，住在鐵匠純陀的芒果園中。純陀請他吃飯。他離開純陀的家時，身患痢疾，腹痛劇烈，但是他忍受痛苦，帶著弟子們前往拘屍那。在未到拘屍那的一座樹林時，佛陀無法前進，躺在鋪設於兩株娑羅樹之間的臥處上。拘屍那城的居民都跑來看他，一個不信仰佛陀的僧人名叫須婆陀，這時也來了。阿難要把他趕走，佛陀聽見以後說：「不要阻止須婆陀，無論他問什麼，他是為了獲得知識，而不是為了打擾我。他將很快理解我的回答。」須婆陀是佛陀最後教化的弟子。他立即成為阿羅漢。

這一天的後半夜，佛陀在經歷了一系列禪定境界（一共有二十個階段）後，終於逝世了。

上面介紹的是佛陀的傳記，除個別地方以外，其內容是基本可信的。然而，佛經中記載著許多有關佛陀一生的傳聞，雖然它的歷史意義不大，但卻是佛教藝術的主要題材，並且像佛陀一生中可靠事跡一樣影響了他的信徒們的心靈。

這些傳聞的主要事跡如下：菩薩——未來的佛陀——住在兜率天中，選擇他將要出生的地點和門第。他然後化作白象，進入母親摩耶夫人胎中，其母在夢中見到這一景象，就請婆羅門來解釋夢境，他們說她的兒子將要成為萬有君主或者成佛。

臨近產期之時，摩耶夫人回家省親，但在途中藍毗尼園內臨盆生子。她站在地上，手攀樹枝，她的兒子從脅下而生，沒有使她遭受痛苦。天神把他接住，但是他著地以後即行七步，並且說道：「天上天下，唯我獨尊。」阿私陀向他敬禮，預言他將要成佛，捨棄世間。他的父親為了防止此事，使他享受一切快樂，與世隔絕。於是青年的佛陀生活在優裕環境之中，周圍擠滿了護侍天神。他甚至在上學時也有一萬名兒童和十萬名少女伴送。老師打算教授字母，而他卻提出640種書寫方法，使老師驚訝不已。他力大無窮，拉弓勝過他人，能把一頭白象扔過城牆。16歲時與表妹耶輸陀羅結婚。他在出遊城市的時候，看見了一個老人、一個病人、一具屍體和一個面容快樂的僧人。車夫告訴他這是些什麼人，因此他決定捨棄世間。他的兒子正在此時出世。他聽見這一消息時說，一個新的鐐銬使他受到世間生活的束縛，但是他仍然決定要實現他的決心。當天晚上，他對慣常為他唱歌的婦女們的歌聲，絲毫感覺不到樂趣。於是這些婦女紛紛入睡。他觀看她們的睡眠姿態，覺得令人作嘔。於是他吩咐車夫車匿為建多迦（一匹高大白馬，從頭至尾長18腕尺）上鞍，這時他走進妻子的住房，默然看她最後一眼，當時她帶著兒子已經入睡。然後他騎馬動身，車匿和一群天神伴隨而行。這時城門已關，四個天神捧住四隻馬腳躍過了城門。這時魔羅前來擾亂，答應給他一個萬有帝國，但是沒有產生效果。他騎在馬上跳過阿諾

摩訶後,用劍割斷自己的長髮,又將頭髮拋在空中,心中想到,如果他能成佛,頭髮則停在空中不往下墜。頭髮果然懸在空中,讚美他的天神們將其放入天上神殿中,並以僧人的袈裟獻與佛陀。

黎明時,佛陀坐在一棵樹下,身放金光,一名貴族少女蘇闍羅及其僕從富樓那以金缽盛牛奶與米飯供他食用,自此以後他有七週沒有進食。他將金缽投入河中,心中想到,如果他能成佛,缽則逆流而上。金缽果然逆流而上,然後沉入龍宮之中。黃昏時候,他走到菩提樹下,遇見一個割草的人。此人送一捆草給他鋪設座位。他接受草,坐定以後,發誓說:「寧願血液乾涸,身體腐爛,如不成佛,絕不起座。」這時魔羅前來大肆騷擾,以可怕的魔軍和美麗的魔女來襲擊他,但是均未得逞。在進行戰鬥的時候,魔羅問他誰能證明他曾經行善或行布施。他請大地作證。大地震動,空中雷鳴,回應他的請求。大地女神親自出現,為他作證。魔羅的潰敗,據說是在夜裡發生的事。滿月已經升起,當夜三更時刻,他證得了覺悟。

佛傳故事畫就是描寫佛陀的一生事跡的,但是它的根據主要不是佛陀一生中真實地發生過的事,而是一些神奇的傳說。

佛傳故事畫一般有兩種畫法:一種是選畫佛陀一生中某一事跡,如「四相圖」,即專畫佛陀「誕生、成道、說法、涅槃」四件事;如「八相圖」,專畫佛陀「受胎、誕生、出遊、逾城、降魔、成道、說法、涅槃」八件事;又如「十二相圖」,專畫佛陀「從人間上生兜率天、從兜率天降、入胎、出胎、善巧諸技藝、受用諸妃眷、出家、修苦行、降魔、成道、轉法輪、入涅槃」十二件事。

另一種是多幅連續畫出佛陀的一生事跡,一般有以下內容:

1. 仙人布髮掩泥得燃燈佛授記;

2. 菩薩在忉利天宮說法;

3. 白象形降神入胎;

4. 右脅而生;

5. 父王奉太子入天祠,天神起迎;

6. 阿私陀為太子占相;

7. 入學習文;

8. 比試武術;

9. 太子納妃;

10. 太子田間觀耕後,樹下靜觀;

11. 太子出遊四門,見老、病、死和沙門;

12. 太子在宮闈中的生活,見婦女姿態深可厭惡;

13. 逾城出家;

14. 六年苦行;

15. 降魔;

16. 成道;

17. 梵天勸請說法;

18. 鹿野苑初轉法輪；

19. 降伏毒龍，度三迦葉；

20. 遊化摩揭陀國；

21. 還回迦毗羅衛，與父淨飯王相見；

22. 給孤獨園長者奉獻祇陀樹園；

23. 升天為母摩耶夫人說法後下降人間；

24. 提婆達多以醉象害佛，佛調伏醉象；

25. 摩揭陀國王舍城阿世王；

26. 憍薩羅國舍衛城波斯匿王；

27. 佛在摩揭陀國帝釋岩為帝釋說法；

28. 教化伊羅缽龍；

29. 佛在龍窟留影；

30. 在雙樹入涅槃；

31. 迦葉來禮佛，佛從金棺現雙足；

32. 八王分取舍利。

記載佛傳故事的經典大致有《修行本起經》《太子瑞應本起經》《普曜經》《過去現在因果經》《佛本行集經》《眾許摩訶帝經》《佛所行贊》等。

佛傳故事作為一種佛教藝術，最早出現在建築於西元前 1 世紀的印度桑志大塔門廊的石雕上，有「入胎」「誕生」「逾城」「降魔」「成道」「說法」「涅槃」以及「宮闈生活」「淨飯王出迎」等場面。以後在印度的阿瑪拉瓦蒂和犍陀羅的佛教藝術中也出現過佛傳故事的內容。

在龜茲石窟中，佛傳故事畫大多數表現為描寫佛陀一生中的某一事跡。如在克孜爾石窟 17 窟的券腹中就畫出了「誕生」——一個女人站在一棵樹下，扭著腰，一手攀著樹枝，旁邊站著一個侍者；「占相」——一個女人抱著一個嬰兒，旁邊站著一個人，正在說著話；「宮中嬉戲」——一個人坐在寶座上，旁邊有人在跳著舞，這是描寫佛陀青年時代的宮闈生活；「六年苦行」——一個人結跏趺坐，筋條畢露，骨瘦如柴，這是佛陀離家後進行苦修的情景；「降魔」——一個人在中間坐著，凝思冥想，周圍有醜陋的妖魔等。如在克孜爾石窟 38 窟券腹上畫出了「龍王護法」——一個人在方座上，身穿通肩黑袍，雙手作「禪定印」，頭上有項光，身後有背光。但是在他的項光上現出四個蛇頭，他的身上畫出幾道寬寬的帶子似東西，他的旁邊站著一個人，有項光，雙手托一盤，正在作供養之狀，這是說佛陀在菩提樹下成道後，時天下大雨，龍王從其住所而出，繞佛陀身七匝，並以其頭遮蓋佛陀之頂的事跡；「降魔」——一棵樹下，一個人坐在方座上，緊閉雙眼和嘴，赤裸上身，下身著裙，兩旁各有一個全身藍綠色的妖魔。這是說佛陀在修道時，魔軍前來襲擊他的事跡。

在龜茲石窟中，佛傳故事畫也有多幅連續畫出佛陀一生事跡的。如在克孜爾石

窟110窟，藝術家們把壁畫用圖案劃分成一個個方格，再在方格中連續地畫出佛傳故事。由於20世紀初一些外國「探險家」的盜竊，原有60餘幅佛傳故事畫幾乎被劫掠一空。現在尚留有少數能辨識清楚的佛傳故事：一幅是「逾城出家，四天王捧馬足」——佛陀騎在馬上，馬頭兩旁有天人護侍，馬後有一侍從持有寶蓋，有四個天王捧著四隻馬腳，馬正在騰空而起；一幅是「度五比丘」——佛陀坐在一棵樹下，旁邊有一個比丘，佛陀正在對他進行教導；一幅是「降魔」——佛陀坐在樹下方座上，一旁是一個可憎的妖魔，另一旁是一個誘人的美女。

在龜茲石窟中，佛傳故事畫一般都是與本生故事畫夾雜在一起，只有克孜爾石窟110窟的佛傳故事畫為捲軸連環畫的構圖形式，這在龜茲石窟壁畫中是很少見的。

《佛教東來之史地研究》

梁啟超先生在北京高等師範學校的演講，由賈伸筆記，刊登於1920年第十一卷第十二期的《地學雜誌》上。文章中，梁啟超先生認為：「中印之交通，與中國文明有絕大關係。然中印之交通卻以佛教之東來為媒介；而其所以能東來者，則又與西域諸國有關。」梁啟超先生還認為西域：「有廣義狹義之分。自玉門、陽關以西，直至歐洲，包有波斯、安息、大食等國者，廣義之西域也；自玉門以西、蔥嶺以東，昔日之所謂三十六國，今日之甘肅西部及新疆一帶者，狹義之西域也。」

關於印度佛教東傳的原因及傳入的經過，梁啟超先生說：「曩者匈奴盛時，每誘西域以為之輔，而中國亦致力降服之，以斷匈奴之右臂。自孝武大行討伐以來，窮追異域，漠南已無王庭。至迦王之時，匈奴已不能為中國患。中國既不好大喜功，遂韜甲囊弓，不復用武。西域以附庸之國，一度而為自由之民，印度勢力因以漸漸侵入。東漢末葉，西域且與印度同文焉。及三國初，佛教遂大盛於西域。……據此則知佛教非由印度直接入中國，乃由西域間接入中國者也。然三國以前，小乘經典居十分之九。東晉而後，自西域傳來之經典，多恐其贗，遂直入印度以探其真。正如中國之文明，昔由日本間接得來者，今則直探歐美矣。是以自晉隆安以至唐開元三百五十年間，中人赴印求經典者，前赴後繼，代不乏人，就中以朱士行、支法領、法顯、玄奘諸人為最著。」

佛救濟疫病供養故事畫

這幅畫繪在克孜爾石窟188窟券腹的菱形格內，畫面為佛坐方形椅座上，背後為覆缽塔。佛左方跪立一人，雙手持有桿幡。故事出自佛經《撰集百緣經》。故事的內容如下：世尊告諸比丘，昔波羅奈國有佛出世，號日月光，將諸比丘至梵摩王國，受王供一已，長跪白佛，願見救濟此諸民眾災疫疾患。爾時世尊尋持所著僧伽梨衣，授與彼王，繫於幢頭，各方供養，疫鬼同時自然退散，無復災患。（見圖107）

图 107　克孜尔石窟 188 窟——佛救济疫病供养

佛说法度二王出家因缘故事画

这幅画绘在玛扎伯哈石窟寺 9 窟券腹的菱形格内。故事出自佛经《撰集百缘经》。故事的内容如下：从前，有两个国王为争权夺利，常常发动战争，害得老百姓困苦不堪。有一次，两个国王都集中大量兵马，企图进行一场大战。当战争即将开始的时候，其中的一个国王胆怯起来，心中十分惶恐，就跑到佛的住处对佛崇敬致礼，诉说了心中的苦闷。佛就为这个国王详细地叙述了佛的慈悲为怀，悯念众生的教义，使这个国王心开意解，得须陀洹果，当即在佛的面前提出了出家当沙门的要求。佛宣告说：善来比丘！于是这个国王的鬓髮自动脱落，僧衣自动加身，马上成了一个沙门。以后经过精勤修习，得了阿罗汉果。这时，另外一个国王听说佛已把与他作战的国王度为沙门，心意泰然，无复怖畏，也来到佛的住所，向佛顶礼膜拜，听佛说法，十分欢喜，于是请佛到他的宫廷中去赴宴。佛接受了邀请。这个国王就回归本国，大摆宴席，用种种佳肴美味，宴请佛及众僧。因为这个缘故，佛也把这个国王度为沙门。

《佛教在古代新疆和突厥、回鹘人中的传播》

耿世民先生撰写，刊登于《新疆大学学报》1978 年第二期上。文章中涉及了佛教在龟兹的传播情况，今摘录如下：「库车地区：玄奘记载库车当时『伽蓝百余所，僧徒五千余人，习学小乘教说一切有部。经教律义，取则印度……』又谈到『荒城北四十余里，接山阿，隔一河水，有伽蓝，同名昭怙厘，而东西随称，佛像庄饰，殆越人工，僧徒清肃，诚为勤勖』。又说：『大城西门外，路左右各有立佛像，高九十余尺。于此像前，建五年一大会处。每岁秋分数十日间举国僧徒皆来会集；上自君王，下至士庶，捐废俗务，奉持斋戒，受经听法，渴日忘疲。』像和田一样，库车也有行像节日，如说：『诸僧伽蓝装严佛像，莹以珍宝，饰以锦绮，载诸辇舆，谓之行像，动以千数，云集会所』。」「新疆出土文物用古代库车语、古代焉耆语写成的佛教文献有《法句经》《佛所行赞》《十二

因緣經》《十通比丘波羅提木叉戒本》《托胎經》《雜阿含經》等。」

耿世民先生談到8世紀、9世紀時，佛教在庫車地區的繁榮和流行情況，他引用了慧超《往五天竺國傳》中的記載。

谷內區

克孜爾石窟遺址位於明屋依塔格山峭壁之間，按自然地形，劃分四個自然分區，谷內區就是其中之一。它位於蘇格特溝內地段，分布石窟54個，即82窟至135窟。（見圖108）

圖108　克孜爾石窟谷內區景觀

谷東區

克孜爾石窟遺址位於明屋依塔格山峭壁之間，按自然地形，劃分四個自然分區，谷東區就是其中之一。它位於蘇格特溝以東地段，分布石窟70個，既136窟至孜力克溝201窟和232窟至235窟。（見圖109）

圖109　克孜爾石窟谷東區景觀

谷西區

克孜爾石窟遺址位於明屋依塔格山峭壁之間，按自然地形，劃分四個自然分區，谷西區就是其中之一。它位於蘇格特溝口以西地段，分布石窟92個（含新1窟），即1窟至81號窟和89—1至89—10窟。（見圖110）

圖110　克孜爾石窟谷西區景觀

龜茲文化詞典
七畫

身毒

東漢初期，龜茲有一王名身毒，這與印度古名相同，說明那時佛教東傳，龜茲開始接受印度文化的影響。

伯希和

法國漢學家，1878～1945年。曾任職於法國遠東學院（在越南河內）。1906～1909年活動於中國甘肅、新疆一帶，盜竊敦煌千佛洞大量珍貴文物，運往巴黎。1911年起任法蘭西學院（巴黎）教授。1925年主編東方學雜誌《通報》。著有《敦煌千佛洞》《中亞的三年》《伯希和在中亞探險報告書》等。

在1906年至1909年期間，伯希和曾在庫車、吐魯番等地發現並盜竊了許多文物。

我所鳥譬喻故事畫

這幅畫繪在克孜爾石窟14窟中，畫面有三幅：中間一幅繪一白頸黑身的鳥向天引頸呼叫；第一幅繪一石青色鳥低頭向下作鳴叫狀，背景畫許多植物蓓蕾，代表藥樹；第三幅繪一灰色鳥，動作如第一幅，方向相反。此畫所描繪的故事是：很久很久以前，有一座香山，生長著很多蓽藥樹和胡椒樹。有一隻鳥名叫「我所」，棲息在蓽茇樹上。春季藥果熟時，當地人都來採摘，服食療疾。這時，「我所」鳥喚呼悲鳴，不讓人採：「這些藥果都是我的，你們不要採呀！」牠不停地叫喊，眾人只管摘果，不聽「我所」鳥的叫喊。「我所」鳥日夜憂悲呼叫，最後死去。於是佛說道：這是一個道理啊。那些愚蠢的人，貪戀財富，一旦命盡，財不隨身，就像「我所」鳥那樣。

鳩摩羅什

鳩摩羅什（344～413年），龜茲人。他的先代本出婆羅門族，在印度世襲高位。他的父親鳩摩羅炎，棄相位出家，東渡蔥嶺，遠投龜茲，被龜茲王迎為國師，後被逼和王妹耆婆結婚，生鳩摩羅什和弗沙提婆兄弟二人。（圖111）

圖111 克孜爾石窟——鳩摩羅什銅像

那時的龜茲，「其城三重，中有佛塔廟千所」，佛教十分興盛，並且是小乘佛教國家。

鳩摩羅什七歲時，便隨母親出家，「從事受經，日誦千偈」，接受佛教的啟蒙。鳩摩羅什九歲時，隨母親出走，到了當時小乘佛教中心的罽賓國（約在今克什米爾境內）。鳩摩羅什在那裡遇到了佛教小乘的著名法師槃頭達多，佛教典籍上說他是「才明博識，獨步當時，三藏九部，莫不該博」。鳩摩羅什最初就是跟這樣一位精通佛理的大師學習，系統地接受了小乘佛教的思想，初步形成了他的宗教世界觀。在罽賓國學習期間，以其出類拔萃，很快贏得了該國君王和眾佛徒的尊敬。鳩摩羅什十三歲時，隨他的母親返回故鄉龜茲，「諸國皆聘以重爵，什並不顧」，可以想見，鳩摩羅什當時在西域享有很高的聲望。就是在這個時期，鳩摩羅什的思想發生了一次重大的轉變——由佛教小乘轉變為佛教大乘，並且從此終生不移。關於這次思想轉變的時間，各種佛教史籍的記載略有些出入，《出三藏記集》上說，鳩摩羅什是由罽賓國回到龜茲後，又出走莎車國（今新疆莎車一帶），在那裡接觸到大乘的教義，完成了思想轉變。《梁高僧傳》卻記載說是鳩摩羅什由罽賓歸龜茲的途中，在莎車停留了一年，「時有莎車王子、參軍王子兄弟二人，委國請從而為沙門。兄字須利耶跋陀，弟字須利耶蘇摩，蘇摩才伎絕倫，專以大乘為化……什亦宗而奉之」。這兩種說法雖不完全一致，但都肯定鳩摩羅什在莎車國首次接觸到大乘思想。鳩摩羅什師承須利耶蘇摩，主要接受的是大乘空宗學說。鳩摩羅什起初對大乘佛教空宗持懷疑態度，認為他們主張的一切皆空，會破壞諸法，妨礙世間的人們修行，以達到另一個彼岸世界。在須利耶蘇摩的開導下，講明諸法本身就是空無虛妄，「眼等諸法，非真實有」，鳩摩羅什這才「方知理有所歸」。從此，他「廣求義要，受誦中百二論及十二門等」一系列大乘空宗的主要經典著作，專心接受大乘空宗思想，並把這種思想貫穿了此後一生的宗教活動。

鳩摩羅什從莎車回到龜茲國後，立即開始在國內大力宣揚他剛接受的大乘空宗思想，貶低小乘。他對當時的佛教經典爛熟於心，又有國內無人可望其項背的雄辯口才，「時龜茲僧眾一萬餘人，疑非凡夫」，對鳩摩羅什是「咸推而敬之，莫敢居上」。龜茲國王也為他「造金師子座，以大乘錦褥鋪之，令什升而說法」。由於統治階級的贊助和鳩摩羅什的大力弘揚，原先是小乘佛教的龜茲國，大乘佛教逐漸占了上風。但小乘佛教畢竟源遠流長，根深蒂固，暗中仍與大乘對峙著。大乘沒能在龜茲國站穩腳跟，只隨著鳩摩羅什的活動風行了一個很短的時期，在前秦大將呂光破龜茲，帶羅什東去後，大乘佛教迅速衰落下去，從此一蹶不振。

鳩摩羅什二十歲時，在龜茲王宮受戒，從罽賓律師卑摩羅叉習《十誦律》。

不久，他的母親再往印度，臨行特勉勵他到中國弘傳方等深教，他毅然引為己任，表示當忍受諸苦來弘法。他留住龜茲約二十多年，廣習大乘經論。

前秦建元十五年（379年），中原僧人僧純、曇充等遊學龜茲歸來，稱述龜茲佛教盛況，說到彼處王新寺有青年沙門鳩摩羅什，才智過人，明大乘學。時高僧釋道安在長安，極力獎勵譯經事業，聽到鳩摩羅什在西域有這樣高的聲譽，就一再勸苻堅迎他來。前秦建元十八年（382年），苻堅遣呂光等出兵西域，他囑呂光在攻下龜茲時，從速送鳩摩羅什入關，前秦建元二十年（384年），呂光攻陷了龜茲，得了鳩摩羅什。次年，苻堅被殺，呂光割據涼州，自立為涼主。鳩摩羅什相隨至涼州，遂被留在那裡。後來姚萇繼苻堅稱帝於長安，慕鳩摩羅什高名，也曾虛心邀請，而呂光父子忌他智計多能，不放他東行。鳩摩羅什被留凡十七年，隱晦深解，無法弘傳。到了姚興嗣位，於後秦弘始三年（401年）出兵西攻涼州，涼主呂隆兵敗投降，鳩摩羅什才被迎入關，這時他已經五十八歲了。

姚興對鳩摩羅什十分敬重，待以國師之禮。後秦弘始四年（402年），鳩摩羅什應姚興之請，住逍遙園西明閣，開始譯經。他先譯出《阿彌陀》等經，接著就著手創譯《大智度論》和《百論》。次年，姚興以舊譯諸經文多乖失經旨，勸請重譯《大品般若》，並選宿舊義學沙門慧恭、僧䂮、僧遷、僧睿等五百餘人參加譯場，詳義著文。後秦弘始六年（404年），他校訂了《大品》譯文，兼在中寺為罽賓律師弗若多羅度語，譯出《十誦律》的大半，並重治《百論》譯文。以後繼出《佛藏》《菩薩藏》等經。從後秦弘始八年（406年）起，他遷住大寺，續出《法華》《維摩》《華手》及《小品般若》等經，《中》《十二門》等論，最後又應請譯出《成實論》。他在譯經之暇，還常在逍遙園澄玄堂及草堂寺講說眾經。

鳩摩羅什翻譯事業，在當時是空前的。他的成就，不僅在所譯經論的內容上第一次有系統地介紹了根據般若經類而成立的大乘性空緣起之學，而且在翻譯文體上也一變過去樸拙的古風，開始運用達意的譯法，使中原誦習者易於接受理解，而為義學方面開闢了廣闊的園地。鳩摩羅什對翻譯事業有高度的責任感，特別是傳譯富有文學趣味的大乘佛典如《法華》《維摩》《大智度論》等經論，使他感到翻譯上兼顧信與達的困難。因此，他的譯籍在力求不失原意之外，更注意保存原本的語趣。他既博覽印度古典，對梵文極有根底，又因留中原日久，對漢文也有相當的素養。同時他對於文學還具有高度的欣賞力和表達力。由於具備了這些條件，故能創造出一種讀起來使人覺得具有外來語與漢語調和之美的文體。他的譯文以「曲從方言，趣不乖本」為原則，再考慮到中原誦習者的要求，在傳譯上或增或削，務求達意。因此，他譯《法華》時，常為表達言外的

含意而有增文；譯《大智度論》時，又以秦人好簡裁而略之；譯《中論》則將其中繁重乖缺處分別加以刪補；譯《百論》則反覆陶煉，務存論旨；這都因他並嫻華梵，故能斟酌損益，遊刃有餘。他在譯文上有所增削時，極其慎重，如他譯《維摩》時，常一言三復，精求原意；譯《大品般若》則與諸宿學對校舊譯，詳其義旨，並以釋論校經，必求文合然後付寫，可見他在傳譯上慘淡經營的苦心。因此他所譯經論，特為中原佛教所樂誦，且對於後來的佛教文學發生了一定的影響，大乘根本教理的移植和弘傳，應歸功於這位大家。

鳩摩羅什來中原後專力翻譯，著作不多。相傳有《實相論》二卷為他有系統的著述，現已佚。他曾注《維摩》，亦無本，又有答廬山慧遠及王稚遠問的文章多篇，現存後人所集他答慧遠問大乘深義十八科三卷，題為《大乘大義章》。此外，《廣弘明集》收載他答姚興《通三世論》書一篇。其他口義散見於關中諸疏。至於答王稚遠問二十四項，現僅存略目，載於《出三藏記集》所輯收的陸澄《法論目錄》中。現就他答慧遠問所涉及的諸點看，如辨法身色、力、命、業相等如化，辨斷煩惱殘習差品，辨大種造色及生法無定相，辨如、法性、真際等義，多根據《大智度論》所說給以解釋，亦可見他著述規模的一斑。

鳩摩羅什門人號稱三千。蓋當時義學沙門雲集長安，多趨於他的門下。又鳩摩羅什譯經，常隨即敷講，參加譯場的諸助手便成了聽受義理的弟子。其中最著名的為僧肇、僧睿、道融、曇影等，後世有四傑、八俊、十哲之稱。

鳩摩羅什為人神情開朗，秉性坦率，平時虛已善誘，專以大乘教人，而善於辨析義理，應機領會，獨具神解。當時北天竺禪師佛馱跋陀羅來中原，到長安來尋他，每有疑義，必共諮決。他又具有文學天才，嘗為《維摩》譯文作注，出言成章，不待刪改；所作贈法和慧遠偈文，都辭理婉約，韻味深長。在來中原的譯師中他是最能精通中原語文的人。他雖屆高年，仍從事傳譯，未嘗停歇。後秦弘始十五年（413年）四月，他因微疾，驟卒於長安大寺（今陝西戶縣草堂寺），時年七十。

繫六眾生譬喻故事畫

畫面為佛座旁跪一雙手合十的比丘，佛座前直立一柱，柱前為一池，池內露出一鱷魚頭，在佛的四周又圍繞著奔跑的狗、狐狸、猴和游動的蛇、飛行的烏鴉。有的畫面將立柱以及朝不同方向奔跑的狗、狐狸、猴和游動的蛇、飛行的烏鴉，皆布置在佛的左側一邊。講的是佛告知諸比丘，有位士夫在遊一座空宅時，先後得到狗、烏鴉、蛇、狐狸、鱷魚、猴六種動物，將牠們拴在一根立柱上。因為這六眾生，有的是空中飛鳥，有的是地上走獸，有的是爬行動物，習性各異，各用其力奔向自己樂意去的地方。由於立柱堅固，無法掙脫，只得依止而住。這六眾生，猶如人身六根，即眼、耳、鼻、舌、身、意六種感覺器官；

立柱，猶如身念處。雖然六根各有所樂境界，眼求色、耳求聲、鼻求香、舌求味、身求觸、意求法，碰到喜悅的就高興，否則就討厭，以致產生種種苦惱，但只要好好修習身念處，令念於身安住，在六根接觸外境時，便不會被汙染，始終保持清淨。事見《雜阿含經》卷43：「如是我聞，一時佛住拘睒彌國瞿師羅園。爾時世尊告諸比丘：『譬如士夫遊空宅中，得六種眾生。一者得狗，即執其狗繫著一處。次得其鳥，次得毒蛇，次得野干，次得失收摩羅，次得獼猴。得斯眾生，悉縛一處。其狗者，樂欲入村。其鳥者，常欲飛空；其蛇者，常欲入穴；其野干者，樂向塚間；失收摩羅者，長欲入海；獼猴者，欲入山林。此眾生悉繫一處，所樂不同，各各嗜欲到所安處，各各不相樂於他處。而繫縛故，各用其力，向所樂方，而不能脫。如是六根，種種境界，各各自求所樂境界，不樂餘境界。眼根常求可愛之色，不可意色，則生其厭。耳根常求可意之聲，不可意聲，則生其厭。鼻根常求可意之香，不可意香，則生其厭。舌根常求可意之味，不可意味，則生其厭。身根常求可意之觸，不可意觸，則生其厭。意根常求可意之法，不可意法，則生其厭。此六種根，種種行處，種種境界，各各不求異根境界。此六種根，其有力者，堪能自在隨覺境界。如彼士夫，繫六眾生於其堅柱，正出用力，隨意而去。往反疲極，以繩繫故，終依於柱。諸比丘，我說此譬，欲為汝等顯示其義。六眾生者，譬猶六根；堅柱者，譬身念處。若善修習身念處，有念不念色，見可愛色，則不生著，不可愛色，則不生厭。耳聲、鼻香、舌味、身觸、意法，於可意法，則不求欲，不可意法，則不生厭。是故比丘，當勤修習，多住身念處。』佛說此經已，諸比丘聞佛所說，歡喜奉行。」

此譬喻故事畫出現在克孜爾石窟34窟和224窟的拱券頂菱形格中。

低舍羅希多殺樹得報因緣故事畫

這幅畫繪在克孜爾石窟80窟中，畫面為佛左側坐一盛裝女子，有頭光，雙手托一藍色寶珠；佛右側有一菩提樹，樹冠向下，樹幹分叉而倒立。說的是，過去阿育王供養佛修道時的菩提樹，夫人低舍羅希多作念：「王極愛念於我，今舍我珍寶至菩提樹間，我方使殺樹令死，王不可往，可與我相娛。」於是遣人「以熱乳澆之」。但菩提樹有神力，不得死，而低舍羅希多則得到了惡報。

[丶]

庫車（地名）

古代之龜茲，亦作鳩茲。其名並見《兩漢書》《晉書》《魏書》《梁書》《周書》《隋書》《新唐書》《舊唐書》《宋史》《明》及《梁高僧傳》《續高僧傳》《宋高僧傳》。《水經注》引《釋氏西域記》作屈茨，《出三藏記集》卷11作拘夷，《梵語雜名》作歸茲，又作俱支囊，《西域記》作屈支，

《新唐書》一曰「丘」，二曰「屈」，唐移安西都護府於此，故亦稱安西，《元史》作苦先，又作曲先，又作苦叉。

《庫車》（和瑛詩）

清嘉慶年間烏魯木齊都統和瑛所作之詩，內容如下：萬里龜茲國，千尋佛洞山。壁經唐代古，城壘漢時殘。土甲榮奇木，田庚徙慴蘭。天西無警燧，那獨柳陳安。

和瑛在新疆生活了大約九年光景，親自造訪過克孜爾石窟，自註：「城西六十里，山有大佛洞。」所指應即庫木吐喇石窟。又注「洞有觀音大士像，壁剜漢楷《輪迴經》一部，唐人所為」，今石窟雖在，石刻佛經早已無存，這段記載是唯一的歷史記錄，可補文化史研究之闕。

《庫車》（易壽崧詩）

清代詩人易壽崧所作，其詩如下：由來此地號龜茲，大漢曾驅十萬師。遠戍不聞前日鼓，披荊重覓古時碑。垂柳夾道斜遮戶，野水無聲曲抱池。已見車書遵異俗，笑人猶作虎頭痴。

庫車古烽燧

據實地調查，庫車境內古烽燧由東而西有兩條路線。一條是以庫車的拉伊蘇河山口為起點，依次是托克塔姆的丘克吐爾、博斯坦托乎拉克吐爾、克里什科西吐爾、伊希哈拉吐爾、克孜爾尕哈吐爾，然後進入鹽水溝。這一條道路是由庫車東境連成一條線，沿著天山北山腳下一直通到拜城劉平國作列亭處。第二條道路是從輪台境內通到庫車，它們依次是確里瓦特吐爾、托克塔木吐爾、塔汗其吐爾、沙克沙克吐爾、克里沙尕里吐爾、科西吐爾、庫木吐爾，然後到了新和縣境內的達玉杜士吐爾、羊達克吐爾，之後轉入阿克蘇。

庫車的殘字紙片

庫車曾出土兩片唐代的殘字紙片，其一寫有漢文「一十人于闐兵」六字，原料用麻，米黃色，粗橫簾紋，纖維交織不勻，纖維束多，紙質粗糙。該紙之生產年代為618～907年；其二為有字無年款，原料用麻，黃色，粗橫簾紋，纖維束多，纖維交織不勻，紙質不勻。該紙的生產年代為618～907年。

庫車出土的《妙法蓮華經》殘片

該殘片有字無年款，經鑑定生產於618～907年，原料用麻，淺米黃，厚紙，簾紋不顯，纖維分散較細，背面寫回紇文。

庫木吐喇石窟

位於今新疆維吾爾自治區庫車縣城西南約30公里的渭干河流經雀爾塔格山山口處的東崖間。目前，已編號的石窟共有112個。絕大多數石窟集中在雀爾塔格山山口以內西北方向約5公里的河谷東岸上，稱窟群區，它由南北方向的一條蜿蜒750餘公尺的岩壁組成。

龜茲文化詞典
七畫

在庫木吐喇石窟的大窟群之南、渭干河出山口之東的河谷上還有少量的石窟，稱谷口區。所以，整個庫木吐喇石窟就由谷內、谷口兩區組成，形成了古龜茲地區的又一處著名石窟寺遺址。

從地理上看，庫木吐喇石窟處於渭干河的下游，與上游的克孜爾石窟直線相距15公里左右。它的東北不遠處坐落著克孜爾尕哈石窟，它的西南方又有托乎拉克艾肯石窟。這樣就在古龜茲西部地區形成了一個石窟群區。而根據黃文弼先生的考證，今庫車縣的皮郎古城為漢之延城、唐之伊邏盧城，即為龜茲在漢唐時期的都城。庫木吐喇石窟離皮郎古城最近，這成為庫木吐喇石窟興起與發展的一個重要原因。再是，離庫木吐喇石窟東面約2公里處有一座古城遺址，今稱玉曲吐爾遺址，從其規模大小、城牆結構以及地理位置來看，很可能是唐安西都護府所在地。這樣，我們可以看到庫木吐喇石窟在整個龜茲石窟中的重要地位與作用。（見圖112）

圖112　庫木吐喇石窟俯瞰

徐松在《西域水道記》卷2中說：「渭干河東流，折而南凡四十餘里，經丁谷山西，山勢斗絕，上有石窟五所，高丈餘，深二丈許，就壁鑿佛像數十鋪，瓔珞香花，丹青斑駁，洞門西南向，中有三石窟，方徑尺，隸書梵字，鏤刻回環，積久剝蝕，唯辨建中二年字。又有一區是沙門題名。」這是中國文獻中對庫木吐喇石窟的早期記錄。

閻文儒先生對庫木吐喇石窟進行了分期：第一期為兩晉時期，第二期為南北朝的隋時期，第三期為唐到高昌回鶻時期。

庫木吐喇的前期石窟與克孜爾石窟極為相似，但庫木吐喇的後期石窟則與克孜爾石窟風格迥異。

庫木吐喇前期的石窟主要為中心柱形支提窟。這類石窟可以46窟為代表：券腹中心畫出天相圖，有坐車的日天、坐車的月天、人頭鳥身的金翅鳥、雙乳高聳的緊那羅、身上露出火焰的火天等形象；券腹左右兩側畫出因緣故事，有布施佛幡緣、舞師女作比丘尼緣、閻婆羅似餓鬼緣、貧人拔提施佛樵木緣、婢使以檀塗佛足緣、小兒散花供養佛緣等等。因緣故事畫的下方繪出一行本生故事畫，尚能看清的有兔王本生、薩那太子本

生等；正壁開龕，龕上壁間繪出聞法天人；窟門上壁繪出彌勒說法圖。此窟主室中的壁畫題材與風格跟克孜爾石窟 17 窟十分相似，稍有區別的是克孜爾石窟 17 窟券腹畫的是本生故事和佛傳故事，沒有因緣故事的內容。

早期石窟除庫木吐喇石窟 46 窟一類外，還有另一類窟，這就是庫木吐喇石窟 63 窟。這一類窟的券腹中心部位不畫天相圖，而是繪出兩行本生故事畫，有兔王本生、大魚本生、子本生、薩那太子本生等。券腹的左右兩側不是畫因緣故事，而是畫出一軀軀的坐佛，佛的背後畫出山林草木。

在壁畫的風格上，無細線條做輪廓，而是用極粗線條，內部用土紅色大抹。人物的形象表情呆板，繪畫的技法比較拙劣。

庫木吐喇的中期石窟，除中心柱形支提窟外，出現了方形穹窿頂窟，這可以谷口 21 號、23 號和窟群區 34 號為代表。

谷口區 21 券腹中心是一朵大蓮花。從大蓮花四周輻射出十二條幅，每一條幅中畫出一軀伎樂天。伎樂天的臉扁圓，眼細長，唇有髭，嘴小，鼻通於額間。從整個臉部看，似乎眼、鼻、嘴都擠在一起。伎樂天的肌膚部分做了淺深不同的暈染，產生了豐滿感，所以扭動著的腰肢十分細軟柔美，加上細長的手指，這些有髭的伎樂天，看起來很像女性的形象。

這個窟的左壁尚保存著一幅精美的宮殿圖。一根根描繪著圖案花紋的柱子，上面畫出斗拱、額枋和梁桁，畫著鱗形、卷葉形和三角曲線形圖案。整個畫面極富立體感，使人在這幅壁畫面前有處於真實的宮殿之中的感覺。

谷口區 23 窟的券腹穹窿中也畫出一朵蓮花，從蓮花四周輻射出來的條幅中間隔地畫著一軀立佛和一軀供養天。立佛著通肩大衣，赤足站在蓮花上；供養天頭戴寶冠，赤裸上身，頸部、胸前和手腕處飾以瓔珞、珠串、寶繩、釧、鐲、環等，極其富貴華麗，亦赤足站在蓮花上。穹窿邊緣畫出小千佛。小千佛身著通肩大衣，坐蓮花上，雙手作「禪定印」。穹窿與下壁連接處畫出雙齒形嵌花圖案，甚為精緻。窟門上壁有說法圖殘畫。

窟群區 34 窟的券腹穹窿中也畫出十二條幅，每一條幅中各畫出一個人物，有的身穿圓領、著長袍，腰束帶，下著長褲，腳上有長靴，一手拿一盞燈，一手按一把寶劍，頭上有項光、寶蓋；有的身穿無領對襟長袍，頭戴圓形帽，腰束帶，一手拿一盞燈，頭上有項光、寶蓋；有的頭上伸出六個蛇頭等等，顯然，條幅中畫出的人物各色各樣，有的似為供養人，有的似為龍王。穹窿頂平面部分的四個角上，各畫兩人，共捧著一個圓盤狀的東西。這些人物面貌奇特：眼呈斜三角形，眉毛畫成兩條相連的臥蠶，鷹鉤鼻通於額間，唇上有絡八字髭鬚，嘴下全是長鬍鬚，滿頭捲髮，捲髮中露出一隻有叉的角，也露出一對奇特的倒捲尾巴似耳朵，頭上有頂光，

身上有項圈、手鐲等飾物，是一對海神，因為在這兩個人的周圍充滿著水生動物，有猴頭螺螄、海鳥、水母、猴頭魚等。窟內四壁各畫出五行、每行八幅的因緣故事畫。在上下行畫之間空隙處，有古龜茲文題記。因緣故事中的佛處在宮殿中，周圍是牆垣、臺階。佛的身旁有兩個或四個因緣人物。

這一期的壁畫龜茲風格比較濃厚，佛教藝術從印度傳入後經過一段時間的發展，已基本上民族化了。因此這期的壁畫與前一期相比，有了較大的進步。人物形象的輪廓線既勁且細，有屈鐵盤絲之風。人物的肌膚體作深淺不同的暈染，立體感極強。用色以藍、白、綠為主，特別感到明朗而爽快。

庫木吐喇的晚期石窟，除了繼續保存著中心柱形支提窟以外，出現了長方形縱券頂正中設高50公分壇基的石窟。這類窟以庫木吐喇石窟14、16窟和45窟為代表。

庫木吐喇石窟14窟的券腹中心畫出天像圖。日天是一輪紅日：中間一個圓心，四周畫出日光。月光是一輪滿月，四周畫出八顆星星。窟內右壁畫降魔圖：佛右袒，坐蓮座，周圍是熊熊烈火，烈火中有許多妖魔。還畫出房舍圖，但見重重房宇，前後相連，有立體感。更畫出迎佛圖，有兩個王公貴族正在迎接佛的到來。正壁畫出彌勒變，已多處漫漶。

庫木吐喇石窟16窟的券腹中心畫出朵雲圖案，券腹左右兩側畫出小千佛。小千佛坐蓮花座，著雙領下垂式袈裟，有項光、身光，頭上有祥雲繚繞。左右甬道頂畫出日天的形象，狀如蓮花，周圍有祥雲縹緲，還畫出飛著的大雁。

庫木吐喇石窟45窟的券腹中心畫出一行寶相花圖案，筆法細膩，色彩綺麗。券腹左右兩側畫出大千佛。佛坐蓮座，或袒右，或通肩，或雙領下垂。佛或做「禪定印」，或做「施與印」，或做「轉法輪印」，或做「施無畏印」，手勢各異。頭上有寶蓋、朵雲，間雜以天雨花。左甬道頂畫有法輪、天雨花和朵雲。左甬道左壁畫有阿彌陀佛、觀世音菩薩和大勢至菩薩的西方三聖圖像，腳下畫出侏儒。

庫木吐喇的晚期石窟的壁畫風格，在人物形態上，早已掃除了早期的滯鈍呆板的筆法，顯得生動活潑。用線上，不僅是剛勁如屈鐵盤絲，而且粗細相間，更為自然圓潤。無論是在邊紋上、券腹上，或佛座下，都應用了朵雲紋，它與寶相花紋，成為當時代表的紋飾。在房屋畫上，已能創造出「向背分明」「深遠透空」的藝術效果。至此，庫木吐喇石窟壁畫藝術已達到了它的最高峰。

庫木吐喇石窟與克孜爾石窟相比較，有一個最顯著的特點，就是它受中原漢族文化的影響較深，在藝術風格上唐風較濃。

據《舊唐書·西戎傳》記載：「則天臨朝，（武周）長壽元年（692年），武威軍總管王孝傑、阿史那忠節大破吐蕃，克復龜茲、于闐等四鎮，自此復於龜茲置

安西都護府，用漢兵三萬人以鎮之。」據《新唐書·西域傳》的記載：「武威道總管王孝傑破吐蕃，復四鎮地，置安西都護府於龜茲，以兵三萬鎮守。」

安西都護府移植於龜茲都城，首先使龜茲成了西域地區的政治中心，其次使龜茲與中原王朝的關係更形密切，唐王朝使節的頻繁來往，以及駐守在龜茲的三萬漢兵，帶來了大量的漢族文化。再說，當時唐王朝的統治者武則天又好佛教，689年「有沙門十人偽撰《大雲經》，表上之，盛言神皇受命之事，制頒於天下，令州縣各置大雲寺，總度僧千人」。690年「夏四月，令釋教在道法之上，僧尼處道士女冠之前」。這樣使龜茲的佛教大為興盛，加之庫木吐喇地處龜茲國都與安西都護府的附近，所以就出現了大量唐風較濃的壁畫。特別應該指出的是，安西的都護，則天時有田揚名，中宗時有郭元振，開元初則張孝嵩、杜暹，皆有政績。這三四十年良好的政治局面，在庫木吐喇石窟中造就出一大批精美的盛唐時期的作品，開闢了龜茲地區石窟藝術的一個新時期。

對這一時期的庫木吐喇石窟的情況，新羅僧人慧超在《往五天竺國傳》中曾做如下的描寫：「（唐）開元十五年（727年）十一月上旬，至安西，於時節度大使趙君，且於安西有兩所漢僧住持，行大乘法，不食肉也。大雲寺主秀行，善能講說，先是京中七寶臺寺僧。大雲寺都維那，名義超，善解律藏，舊是京中莊嚴寺僧也。大雲寺上座，名明惲，大有行業，亦是京中僧。此等僧大好住持，甚有道心，樂崇功德。龍興寺主，名法海，雖是漢兒，生安西，學識人風，不殊華夏。」

至今，在庫木吐喇石窟45窟到76窟的岩壁上有「大寶寺」漢文題記，49窟內有「金砂寺上座」漢文題記，62—B窟有「大□寺」漢文題記、谷口7窟有「月廿四日畫□□寺｜大德法藏鄔嵩……｜題記之耳廿一日畫金砂寺新□□了｜」等漢文題記，說明唐時的庫木吐喇地區確有不少漢僧住持的佛寺。

在庫木吐喇石窟中，有很多窟確實是由漢人開鑿的。如庫木吐喇石窟16窟，左壁畫「西方淨土變」，右壁畫「東方藥師變」，邊側有十二大願的漢文榜題。

如庫木吐喇石窟42窟的右甬道右壁有「南無大慈大悲救苦觀世音菩薩」的漢文榜題；右甬道左壁有「南無寶光□□菩薩」的漢文榜題；後室後壁有「南無文殊師利菩薩」的漢文榜題。

如庫木吐喇石窟45窟的後室右壁畫出有阿彌陀佛、觀世音菩薩、大勢至菩薩的西方三聖像，旁有「南無阿彌陀佛」、「南無觀世音菩薩」漢文榜題。

所以，閻文儒先生在《龜茲境內漢人開鑿漢僧住持最多的一處石窟——庫木吐喇》一文中說：「在庫木吐喇的石窟群中，確定有十幾個窟是漢人開鑿的。」

在壁畫的風格上，濃厚的唐風是明顯可見的。庫木吐喇石窟14窟「降魔變」壁畫中，擊刺釋迦牟尼的武士裝的魔鬼，頭上戴著雉尾，與山東益都駝山盛唐窟中所刻的天王的裝飾相同。「迎佛圖」中的江水，已經是「一擺三波，三折之浪」，與敦煌莫高窟盛唐以來壁畫所畫的水一樣。庫木吐喇石窟12窟和15窟壁上所畫的菩薩像，頭戴小型花鬘冠、高髮髻，胸前有複雜的細瓔珞，帔巾下垂，橫於胸腹之間兩道；用筆上，又是郭若虛所描寫吳道子的人物畫「其勢圓轉，而衣服飄舉」。這樣的風格，是中原各地石窟盛唐以後菩薩造像的標準形態。

在庫木吐喇石窟中還有少量回鶻時期開鑿的石窟，其中保存得最完好的是79窟：中間築有土壇，壇上塑有坐佛一軀，其上身已毀，只留下身，雙腿交叉，足放在相對的大腿上，足心向上，這是佛最常見的座式——「蓮花座」。

壇基前壁畫出一行七人，六個大人，一個小孩。六個大人都站著，雙手合十，其中四個著僧衣，兩個著回鶻裝，小孩也著回鶻裝，雙手合十，跪在地上。在人物的上方或頭旁有龜茲文、回鶻文和漢文的題記。漢文為豎行，行左到右，內容如下：「頡里阿斯□施城中識智□羅和上」「法行律師」「□悟」。

窟內右壁下部畫出「地獄變」。從裡到外，內容如下：坐在方臺上的地藏菩薩、跪著的一行六人、兩個長著角的鬼卒抓住兩個人的頭髮在捆綁捶打、兩個鬼卒正在拉著鋸把一個人的頭鋸成兩半……

閻文儒先生在《新疆天山以南的石窟》一文中曾說：「17窟（柏孜克里克石窟）左右壁畫有十方佛像，券腹上畫有『西方淨土變』與可能是『地獄變』的圖像。關於『地獄變』的畫像，張彥遠曾記東、西都寺院中，有五幅『地獄變』，一幅『閻王變』。」「但今天全國的石窟，除莫高窟有『十王』圖像，大足寶頂有『地獄變』浮雕外，還沒有看到其他石窟有地獄的變相，如果確是『地獄變』壁畫，這應是全國石窟中唯一的一處。」由於「地獄變」壁畫在全中國石窟中絕少發現，物以稀為貴，故而庫木吐喇石窟79窟這幅尚算完整的「地獄變」壁畫，在中國佛教藝術史上就占有了重要的地位。

總的來說，庫木吐喇石窟從規模上來說，不如克孜爾石窟；從時間上來說，晚於克孜爾石窟，但是它保存了比較多的具有中原藝術風格的石窟，集中地反映了古代龜茲與中原地區密切的文化交往，使它成為龜茲石窟中的一處極為重要的遺址。

庫木吐喇城堡遺址

位於庫車縣城西北，在安西大都護故址——玉曲吐爾遺址南約3公里處。城垣部分為版築，上部為土坯，厚9～10公分，是唐代建築中常見的土坯厚度。在此曾拾得建中錢及剪邊錢（鵝眼錢）各1枚，還出土了草綠釉盂、棗紅色陶片、黃釉紅陶

片、無釉紅陶片等，大都是細泥紅胎陶、質地細膩、緊湊結實，均輪製，上釉的技術很高，釉薄如紙且勻，有草綠、淺黃、棗紅3種顏色，有盂、罐、盆、甕、缸等種類，這些都是唐代龜茲使用比較普遍的陶器皿，並且受漢文化的影響，花紋簡單而粗糙。

此城堡遺址似為當年安西大都護府的外圍軍事要塞。

庫木吐喇石窟 49 窟漢文題記

甬道北壁有許多後人刻畫的字，其中清楚的有「法□」「得興」「惠□」「惠明」等題名。

內室南壁有「惠增」，東壁也有「惠增」，北壁有「相國」「國太」等僧人的題名。

庫木吐喇石窟 51 窟漢文題記

後壁頂上有墨書：

囲□碞取經來

庫木吐喇石窟 69 窟漢文題記

窟的北壁上刻有「向明」「赳□」以及「□來□│□間□│」等字；又有「沙門日□」的題字。

東壁小禪窟門上有「惠親」「惠增」「法□」等題名；門南有方形類似回文刻辭的刻字，左邊一方，能看出四角刻有「法輪常轉」四個字，以及小圓圈中的一個「佛」字。

南壁刻有「成（戒）香，定詮」的題名。這些題名，以字體來看，應該是唐代遊僧所刻畫出的。

庫木吐喇石窟 20 窟坐佛塑像

這是一個方形平面穹窿頂支提窟，出口的兩壁有龕，右龕保存完好，塑有一軀坐佛，尚完整無損。

坐佛通高約87公分，比例準確，長臉捲髮，頭略前傾，兩臂自然下垂，交於腹前，以右掌壓左掌，仰置足上當臍前，作「禪定印」，佛的眼瞼下垂，嘴角內收，微露笑意。

這軀坐佛的衣紋不用陰刻，而用「貼泥條式」塑成條棱狀的突起，整個衣服的皺褶比較稀疏，衣褶的線條比較柔和。但是總的看來，這軀坐佛塑像姿態生動，線條簡潔，衣紋質感強，從他所穿服裝以及凸起式的厚重衣紋的特徵，似乎可以找到某些犍陀羅藝術的形式和風格。（圖113）

図113　庫木吐喇石窟20窟——坐佛塑像

沙依拉姆石窟

在烏什縣英阿瓦提鄉八大隊的山川河谷裡有一處石窟，總數為12個洞窟，但都已殘破不全。洞窟都不大，內部壁畫全毀。其中的一個像是僧房窟，它的形制是一個走廊連著一個方形穹窿頂窟。這種僧房窟的形制與克孜爾石窟中的僧房窟相仿。有的洞窟的壁面上塗抹著草泥，過去似曾在上面作畫，但現在都看不清楚了。

這些石窟在廢棄後曾居住過人或做過羊圈，所以洞內汙穢不堪，有的甚至被煙燻黑。

沙依拉姆石窟位於山川的東岸，對面山坡上長滿著雜草樹木。順著河往前走可到另外一個大隊。這裡是一個放牧的好地方。附近有一處小水庫，可灌溉英阿瓦提鄉的水田和農一師四團的大部分土地，水利資源豐富。附近有幾條小河彙集成的一條大河，河水由天山上的冰雪融化而成。它是塔里木河的源頭。

由於英阿瓦提鄉八大隊的小水庫被當地維吾爾族農民叫做「沙依拉姆」，所以這個石窟就以此為名。

沙彌均提因緣故事畫

這幅畫繪在克孜爾石窟224窟券腹的菱形格內。故事出自佛經《賢愚經》。故事的內容如下：古時，有許多商人欲往鄰國經商，他們共同帶了一隻狗。到了途中，眾商人都休息了。狗乘眾人不見之際，偷食了商人們攜帶的肉。眾商人醒來後，見肉被吃，知道是狗偷食了。怒惱之下，眾商人共同打狗，把狗的腿打斷了，並把狗丟棄在曠野中。狗於是處在饑餓之中。這時有舍利弗用乞來之食餵牠，並為牠宣說佛法。狗便死去，投生於舍衛國一個婆羅門家，取名均提。當均提七歲時，舍利弗又度之出家，成了沙彌，並為之說種種妙法，終於修得阿羅漢果。佛為之說了這段因緣：過去有許多比丘在一起，當中有一個少年比丘，聲音清越，善於贊唱佛經。當中也有一個老年比丘，聲音鈍濁，不能贊唱經咒，但仍是哼哼而自娛。少年比丘聽了後，覺得厭煩，便罵道：「你這個長老，聲音如狗叫一樣。」罵了後，老比丘就問少年比丘：「你認識我嗎？」少年比

丘回答說:「我太認識你了,你是迦葉,佛在世時的比丘上座。」迦葉就對少年比丘說:「我今已得阿羅漢道,有關沙門的各種儀式都已通曉。」少年比丘聞聽之下,心驚毛豎,惶怖自責,並向迦葉表示懺悔。迦葉接受了少年比丘的懺悔。就是由於他的一句惡言,在五百世中常常變成狗身。

這幅因緣故事畫的畫面是這樣的:佛赤雙足坐方座上,袒右臂,頭上有團形花樹做寶蓋,周圍畫出掌形樹,樹叢中畫出一朵朵含有雙葉的小花;佛的身旁畫出一隻狗。這是佛說此狗因緣時的情景。

沙彌勤誦經本生故事畫

這幅畫繪在克孜爾石窟 171 窟券腹的菱形格內。故事出自佛經《賢愚經》。故事的內容如下:很古以前,有一比丘,養著一個沙彌。比丘常常以嚴厲的命令,讓沙彌誦讀佛經,按規定每天要讀完應學的課程。讀完了佛經,比丘就高興,如果讀不完,沙彌就要受到譴責。如此,沙彌非常煩惱。沙彌儘管這樣誦經,但沒有吃的喝的,只有到外邊乞討,如果乞討順利,就能很快完成誦讀任務。如果乞討不順利,則完成不了誦讀任務,又要受到責怪。有一天,沙彌在乞討中,無限愁悶,邊走邊哭。當時,有一位年老的人,發現他啼哭,忙前來呼問道:「你為何煩惱?」沙彌回答說:「老人不知,我的老師對我非常厲害,讓我讀經文,每天有繁重的課程,若完成了,他就高興,若完成不了,就狠狠到責怪我,因為這個緣故,我才發愁的呀!」老人聽罷,即安慰沙彌說:「從今天開始,請你常到我家,供你吃喝,使你再不憂愁,就可以專心誦讀佛經了。」沙彌聽了老人的話後,一心攻讀佛經,課程雖然還是那麼多,沒有減少一點,但每天都能保證完成。從此,師徒間關係融洽,和和睦睦,高高興興,再不為誦讀佛經而產生矛盾了。

克孜爾石窟 171 窟壁畫中所繪的這幅本生故事畫,表現為一棵大樹下,坐著一個比丘,一手執一卷經書,一手做手勢,正在進行教導,旁邊雙腿跪著一個小沙彌,臉向著比丘,雙手作拜謝的姿態,正在聽著比丘的教誨。這幅畫構圖簡潔,內容清晰,人物畫得栩栩如生,令人欽佩。

沙彌守戒自殺因緣故事畫

這幅畫繪在克孜爾石窟 69、178 窟中,畫面一:樹前立一少年比丘,左手舉過頂,右手執刀刎頸,兩側各立荳蔻年華的少女,皆作驚恐之狀;畫面二:樹下坐一執刀刎頸比丘,其前立一裸女。

故事描繪佛涅槃後,安陀國有一長者之子,跟隨一比丘出家為沙彌。沙彌住優婆塞家取食,逢其女獨自在家。此女擺肩顧影,妖媚可掬,欲為沙彌之婦。沙彌為保清白,遂關門戶,得有剃刀,刎頸自殺。

《宋朝事實類苑》

宋江少虞撰。其卷 19 中記載了龜茲的一些情況,文如下:「余嘗觀唐人西域

記云：『龜茲國王與臣庶知樂者，於大山間聽風水之聲，均節成音，後翻入中國，如伊州、涼州、甘州，皆自龜茲至也。』此說近之……」

宋宮廷教坊的龜茲部

據《宋史·樂志》記載，宋代宮廷教坊設有四部樂：《法曲部》《龜茲部》《鼓笛部》和《雲韶部》。《龜茲部》有樂器篳、笛、羯鼓、腰鼓、揩鼓、雞婁鼓、鼗和拍板。

初一寺

據《大慈恩寺三藏法師傳》卷2中的記載，唐玄奘離開焉耆後，「前渡二大河，西履平川，行數百里，入屈支國界。將近王都，王與群臣及大德僧木叉多等來迎。自外諸僧數千，皆於城東門外，張浮幔，安行像，作樂而住。法師至，諸德起來相慰訖，各還就座。使一僧擎鮮花一盤來授法師。法師受已，將至佛前散花，禮拜訖，就木叉多下坐。坐已，復行華。行華已，行蒲桃漿。於初一寺受華，受漿已，次受余寺亦爾，如是展轉日晏方訖，僧徒始散。」

可知唐玄奘到龜茲時，龜茲王都有一所名叫初一寺的廟宇。

初轉法輪佛傳故事畫

這幅畫繪在克孜爾石窟69、98、110、189、192、193、198、205、207、224窟中，畫面中坐佛左右有五比丘合掌聽法，上有諸天侍衛，佛座前臥兩鹿，座中有三寶標及輪寶。說的是釋迦牟尼在菩提樹下經過49天的冥思苦想，終於悟出真諦，創立佛教教義，開始其傳教生涯。釋迦牟尼成道後，首次在波羅奈斯的鹿野苑宣說四諦妙法，度陳如等五比丘，此謂鹿野苑初轉法輪。（見圖114）

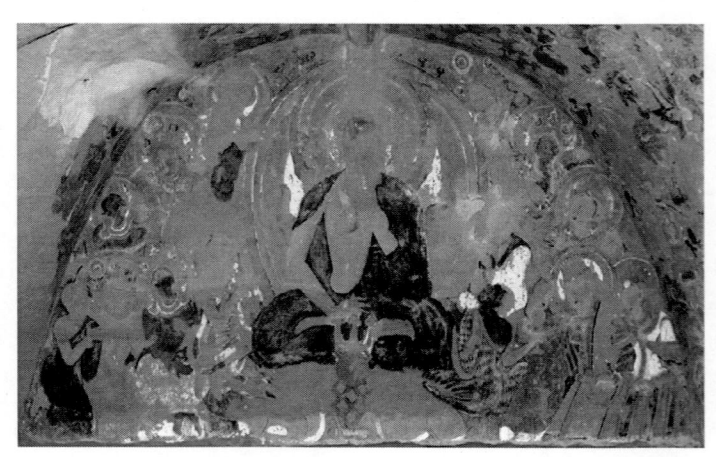

圖114　克孜爾石窟69窟——鹿野苑說法

弟史

漢太初年間（西元前 104～西元前 101 年），冊封楚王劉戊的孫女為解憂公主，嫁烏孫昆彌軍須靡岑陬。依烏孫本地風俗，軍須靡死後，又續嫁其弟翁歸靡，生三男二女，長子元貴靡，後為烏孫大昆彌；次子萬年，莎車國王；三子大樂，烏孫左將軍；長女弟史、小女素光都名垂史冊。

弟史嫁龜茲國王絳賓為夫人，數次偕絳賓往長安朝賀，受漢宣帝隆重接待，弟史被冊封為公主，絳賓被賜予紫綬金印。因此，弟史在中國的民族發展史上是名垂史冊的。

弟子舉哀圖

此畫出在克孜爾石窟 47 窟後室右壁上，說的是釋迦牟尼涅槃時，弟子們悲哀悼念的情景。畫面上有兩個比丘，一個站立著，雙手高舉過頭，作仰面呼天大哭的姿勢。他的身體成 45°的角，似乎正搖搖欲倒；一個則雙手俯地，雙膝跪地，頭觸著地面，正在悲痛欲絕地飲泣。他們的身後飄舞著的巾帶成錐角狀，非常僵硬滯重。他們的身體雖做初步的暈染，但顯得十分呆板平直，無絲毫柔和之感，可是他們的悲哀與虔誠被充分地表達出來了，一個站著悼念，一個跪著哀傷，很有動感。這幅畫以風格來論比較粗糙，都是用極粗的線條畫出輪廓，在輪廓線內用簡單的平塗法，表現身體的細部。整幅畫顯得笨拙古樸，人物的姿態顯得有點做作，直線、稜角、方形又是那樣突出，缺乏柔和感。但這一切不僅沒有減弱反而增強了上述運動、力量、氣勢的美，「古樸」反而構成了這氣勢美的不可分割的必要因素。就是說，如果沒有這種種「笨拙」，也就很難展示出那種種外在動作姿態的運動、力量、氣勢感來。

這是一幅龜茲石窟壁畫中最早期的作品。據閻文儒教授考證，此窟開鑿於 2 世紀末至 3 世紀初；據宿白教授考證，此窟開鑿於 310±80～350±60 年。（圖 115）

圖 115　克孜爾石窟 47 窟後室內景

訶黎布失畢

龜茲國王蘇伐疊死，其弟訶黎布失畢繼位，唐貞觀二十一年（647 年）曾兩次遣使朝貢。但是不久，訶黎布失畢就對唐王朝不忠，因而引發了一場大戰。《舊唐書·西戎傳》說：「伐疊死，其弟訶黎布失畢代立，漸失藩臣禮。……太宗遣左驍衛大將軍阿史那社爾為崑山道行軍大總管，

龜茲文化詞典
七畫

與安西都護郭孝恪、司農卿楊弘禮率五將軍，又發鐵勒十三部兵十餘萬騎，以伐龜茲。社爾既破西蕃處月、處密，乃進師趨其北境，出其不意，西突厥所署焉耆王棄城而遁，社爾遣輕騎追擒之。龜茲大震，守將多棄城而走。社爾進屯磧石，去其都城三百里，遣伊州刺史韓威率千餘騎為前鋒、右驍衛將軍曹繼叔次之。西至多褐城，與龜茲王相遇，及其相那利、將羯獵顛等，有眾五萬，逆拒王師。威乃偽遁而引之，其王俟利發見威兵少，悉眾而至。威退行三十里，與繼叔軍會，合擊大破之。其王退保都城，社爾進軍逼之，王乃輕騎而走，遂下其城，令孝恪守之，遣沙州刺史蘇海政、尚輦奉御薛萬備以精騎逼之，行六百里，其王窘急，退保於撥換城，社爾等進軍圍之，擒其王及大將羯獵顛等。……前後破其大城五所，虜男女數萬口。社爾因立其王之弟葉護為王，勒石紀功而旋。俘其王訶黎布失畢及那利、羯獵顛等獻於社廟。尋以訶黎布失畢為左武翊衛中郎將，那利以下授官各有差。太宗之葬昭陵，乃刻石像其形，列於玄闕之前。（唐高宗）永徽元年（650 年），又以訶黎布失畢為右驍衛大將軍，尋放還蕃，撫其餘眾，依舊為龜茲王，賜物一千段。」可見，雖然在唐太宗時，訶黎布失畢因失禮於朝廷，而與唐政府軍發生戰鬥，結果失敗被俘至長安，失去了王位，但至唐高宗時特赦免其罪，放歸故里，仍為龜茲國王。

窮協海爾古城遺址

位於庫車縣南部、哈尼克塔木鄉吾依庫都克村南約 2000 公尺處，這是一座連環城，城之西北有一座 10 公尺的高墩，是這一古城最為顯著的地理標誌。東城呈橢圓形，周長 1100 公尺，城內直徑約 360 公尺，在上古已是規模不小的城堡。高墩的西南面有斗圓形城環繞。城牆皆鹼蝕而坍廢，開有闕口，是其城門。考古發掘在此出土了龜茲小銅錢、料珠、絲綢片、彩釉陶片以及銅鐵器殘片等，都屬漢晉遺物。

汪水大蟲因緣故事畫

這幅畫繪在森木塞姆石窟 26 窟、克孜爾石窟 163 窟、托乎拉克艾肯石窟 18 窟券腹的菱形格內。畫面為水中浮一人頭魚身怪，體側各有二物。故事出自佛經《賢愚經》卷 13。故事的內容如下：羅閱祇國城邊有一池髒水，水裡布滿了各種汙泥渾濁，以及糞便，並時時散發出惡臭。池中生活著一條形狀似蛇、長著四隻腳的大蟲。牠經常在汙水中東西奔走，或隱或現，飽受汙穢之苦。就在這時，世尊帶著眾僧來到汙池邊上，大家圍坐在池邊聽世尊說法。世尊說：「曾經有一座山，山中有十萬僧人在此修行；是時，有五百商客入海尋寶，他們途經山中，見到僧眾勤修苦練，心中充滿了敬意。於是，眾商客決定即日起供養眾僧，他們逐一請宴、日日不斷。後來，商客在尋寶中收穫豐滿，得到了很多的寶藏。他們選取了其中最貴重的寶物施捨給

眾僧，作為僧人們的飲食之資。僧人們接受了商客饋送的寶物，並交給了摩摩帝代為保管。過了一段時間後，僧眾們食物即將吃完，須要用寶物換取食物。於是，他們向摩摩帝索要他們的寶物，但是摩摩帝反問道：『這是商人們送給我的寶藏，你們憑什麼問我要？』其中上座維那回道：『這是僧人們的，你只是替我們保管而已。現在眾僧食物已經吃完，你應拿出來供他們買食物用。』摩摩帝罵道：『你們這群吃屎的東西，此寶唯我所有，憑什麼給你們。』眾僧見摩摩帝惡念已生，隨即散去。摩摩帝由於欺騙、辱罵了僧人，最終墜入阿鼻地獄，他的身體在滾沸的屎尿中煎熬。」（見圖116）

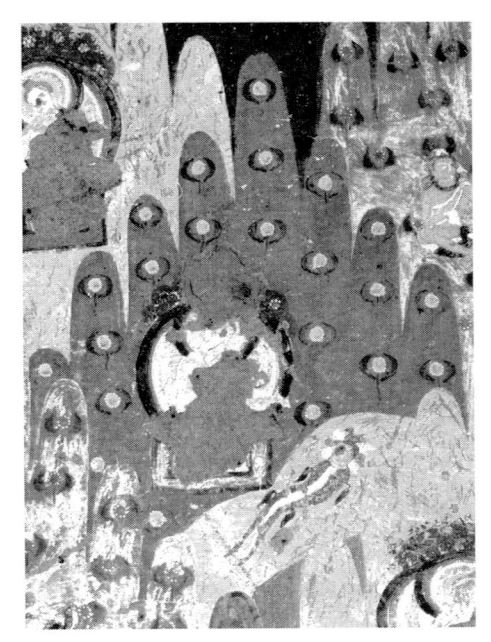

圖116　克孜爾石窟163窟──汪水大蟲

快目王施眼本生故事畫

這幅畫繪在克孜爾石窟17窟券腹的菱形格內。故事出自佛經《賢愚經》。故事的內容如下：往昔有一個國家，名富迦羅拔，國王名叫須提羅，意即快目。他的眼非常明亮，能看透牆壁。快目王崇信佛道，樂善好施。他下令拿出國庫中的金銀寶物、衣服被褥、飲用食品等等人們所需要的東西，放在各個城門口及街道中，任憑人們自由拿取。人們依仗快目王的恩德，生活得無憂無慮，十分幸福。相反，鄰國的國王波羅陀拔彌，卻荒淫殘暴，作惡多端，使他的子民生活在水深火熱之中，人們怨聲載道。快目王聞知鄰國百姓受苦受難，遂生慈悲憐憫之心，決意出兵征討，去解鄰國百姓倒懸之苦。波羅陀拔彌王聽到這個消息後，十分驚恐，連忙召集群臣商量對策。有一個大臣說：「我聽說快目王曾經發願，實行布施，除了父母以外，一切都可以布施，從不違背人們的要求。如今在我們國家中，有一個婆羅門瞎子，我們讓他去乞求快目王的眼睛。如果目的達到的話，快目王的軍隊就會不戰自退。」波羅陀拔彌王聽了這個大臣的話後，十分高興，就派人找到了這個婆羅門瞎子，許以重金，要他去取快目王的眼睛。婆羅門瞎子為利所誘，表示願意去執行這項陰謀。於是婆羅門瞎子就來到快目王國都城，在王宮前高聲喝道：「我在他國早聞國王名德，一切布施，從不違人心意，故遠道而來，希望能得我願望。」快目王聽後，忙拱手施禮，趕來問訊，並表示：「不管乞

龜茲文化詞典

七畫

求什麼，凡國土珍寶，車馬輦輿，衣被飲食，有病與醫，一切都可以滿足。」婆羅門瞎子回答說：「財物布施沒有什麼。布施身上的東西，功德最大。我長久失去了視力，整天處在黑暗之中，久聞大王盛名，才遠道來投，我想得到大王的眼睛。」快目王聽了後，高興地說：「你想得到我的眼睛，我一定給你！」婆羅門瞎子又問道：「何時給我？」快目王爽快地回答道：「七天以後，就可以給你，請放心。」過了七天，婆羅門瞎子來要眼，快目王即命人先剜出一隻眼睛，放在自己手掌中，發誓說：「我用這個眼以為布施，誓求佛道。」說罷，把眼睛安在婆羅門瞎子的眼眶中。婆羅門瞎子說：「我得到大王一隻眼，就可以看見了，願大王留下另一隻眼，請大王自用！」快目王回答道：「我早已講過，許與你兩隻眼。我絕不能違背諾言。」遂又命剜出另一隻眼睛，放在手掌中。快目王又一次發誓：「我用眼睛相施，用求佛道，至誠不渝！」這時，天上地下一齊震動，天神帝釋感動之餘，遂令快目王雙眼平復如常。波羅陀拔彌王聞快目王剜眼復明，陰謀失敗，氣絕身亡。

克孜爾石窟17窟壁畫中的這幅本生故事畫，表現的是快目王前坐著婆羅門瞎子，旁邊有一個人用左手扶住快目王的下顎，右手執刀剜眼。而快目王的手中正托著從他眼中剜出的另一隻眼。儘管有人在剜眼，但快目王的臉上毫無痛苦之神色，而是安詳慈悲，微露笑容。整幅畫明快簡潔，線條洗練有力，畫面布局適當，自然清新，確是龜茲石窟繪畫藝術中的上乘之作。（見圖117）

圖117 克孜爾石窟17窟——快目王施眼

《初過隴山途中呈宇文判官》

唐代詩人岑參所作，其詩如下：一驛過一驛，驛騎如星流。平明發咸陽，暮及隴山頭。隴水不可聽，嗚咽令人愁。沙塵撲馬汗，霧露凝貂裘。西來誰家子，自道新封侯。前月發安西，路上無停留。都護猶未到，來時在西州。十日過沙磧，終朝風不休。馬走碎石中，四蹄皆血流。萬里奉王事，一身無所求。也知塞垣苦，豈為妻子謀。山口月欲出，先照關城樓。溪流與松風，靜夜相颼飀。別家賴歸夢，山塞多離憂。與子且攜手，不愁前路修。

《評向達的「新疆考古概況」》

馮家升先生撰寫，刊登於《文物參考資料》1958年第六期上。這是一篇批評文章，馮家升先生對向達先生《新疆考古概況》一文中的史料和觀點提出了20點不同的看法，並運用了比較尖銳的語言。

[ㄅ]

阿爾蘇

舊溫肅（宿）地，今名阿克蘇。

清代詩人褚廷璋曾作同名詩，其詩如下：天邊冰雪鬱嵯峨，木素峰高朔氣多。壕上射生城落雁，軍前饗士帳鳴鼉。東縈姑墨千年磧，南走于闐一線河。待把方言垂竹筆，阿克溫宿護承訛。

阿主兒

古代龜茲國王。據唐段成式撰《酉陽雜俎·諾皋記上》記載：「古龜茲國王阿主兒者，有神異，力能降伏毒龍。時有賈人買市人金銀寶貨，至夜中，錢並化為炭，境內數百家皆失金寶。王有男先出家，成阿羅漢果。王問之，羅漢曰：『此龍所為。龍居北山，其頭若虎，今在某處眠耳。』王乃易衣持劍默出，至龍所，見龍臥，將欲斬之，因曰：『吾斬眛龍，誰知吾有神力！』遂叱龍，龍驚起，化為獅子。王即乘其上，龍怒，作雷聲，騰空至城北二十里。王謂龍曰：『爾不降，當斷爾頭。』龍懼王神力，乃作人語曰：『勿殺我，我當與王乘，欲有所向，隨心即至。』王許之，後常乘龍而行。」

而唐玄奘《大唐西域記》卷1也記載著一個龜茲國王與龍的故事：「（龜茲）國東境城北天祠前，有大龍池。諸龍易形，交合牝馬，遂生龍駒，戾難馭。龍駒之子，方乃馴駕，所以此國多出善馬。聞諸先志曰：近代有王，號曰金花，政教明察，感龍馭乘，王欲終沒，鞭觸其耳，因即潛隱以至於今。城中無井，取汲池水。龍變為人，與諸婦會，生子驍勇，走及奔馬。如是漸染，人皆龍種，恃力作威，不恭王命。王乃引構突厥，殺此城人，少長俱戮，略無噍類。城今荒蕪，人煙斷絕。」

這兩個龜茲國王御龍的故事，都為唐人所記，疑為同一個故事的兩種說法。因此阿主兒與金花王可能是同一個龜茲國王。如果這個假設能夠成立的話，那麼阿主兒或金花王就是《唐書》中所記的龜茲國王蘇伐勃。

阿克蘇河

《四夷道里記》稱拔換河，《新唐書·地理志》作播蜜川，《大慈恩寺三藏法師傳》作波謎羅川。

阿悉言城

《新唐書·地理志》有此城的名字，據黃文弼先生在《塔里木盆地考古記》中說：「在賽里木村邊有土墩一座，高約三

公尺，此處有小道，通裕勒都司巴克，現已無人行走。」從賽里木南方的山溝口西行約百二十里，「又六十里至阿悉言城」。

周連寬先生在《大唐西域記史地研究叢稿》中說：「此城似應位於今鹽水溝（托和拉旦譯）附近」，而馮承鈞先生原編之《西域地名》中認為此城即今新疆拜城縣。

阿羯田山

《新唐書·西域傳》稱龜茲王「居伊邏盧城，北倚阿羯田山，亦曰白山，常有火。」《新疆圖志》及《西域水道記》稱阿羯田山為額什克巴什山。

阿羯田山突厥語稱白山，即今新疆庫車縣治北之白山，有時又泛指天山而言。

阿艾 1 號石窟

這是庫車地區於 1999 年 4 月發現的一處新石窟遺址，位於庫車縣境北 70 餘公里處的阿格鄉附近、獨山子—庫車公路 1.3 公里處的克孜力亞大峽谷中。（圖 118）

圖 118　阿艾 1 號石窟

阿艾 1 號石窟所在的峽谷深而險。其狹窄處，人們只能從巨石縫隙鑽行。峽谷兩側山崖矗立，高約百餘公尺，只見白雲在高處飄蕩。人們在峽谷穿行時，只聽見遠方有泉水叮咚聲和瀑布嘩嘩聲，近處可見溪水蜿蜒流過，猶如進入人間仙境。但是，走著走著，溪水無影，水聲消失。再往前走，又傳來了流水聲，又見到了溪水潺潺而流。這一溪水時隱時現的奇妙景觀，人們給它一個雅緻的名字，叫做「含羞水」。克孜力亞大峽谷經過上千年雨水的沖刷，才形成今天這神奇壯觀的山嶺構造。

阿艾 1 號石窟處在距谷底 40 餘公尺高處，需攀山拾階而上，洞口很小，人必須低頭弓身才能入內。石窟很小，只能容納 10 人。

該窟方形平面，券形頂，東西長 4.6 公尺，南北寬 3.4 公尺。中心有壇基，塑像已不見。從三面壁上的壁畫來看，石窟在廢棄後，曾遭到人為破壞，三分之二的壁畫被毀，部分菩薩的眼睛被挖掉。

該窟的正壁繪經變畫，左右兩側條幅繪「十六觀」，畫面形成一幅中堂式畫卷。經變畫中心保存完好，中間為阿彌陀佛、觀世音、大勢至菩薩「西方三聖」，下方有欄臺，上方有朵雲、飛天和箜篌、琴、琵琶、阮、箏、大鼓幾種樂器。欄臺下有寶池、玉橋，其左側為一組樂隊，尚可辨的有腰鼓和排簫，其左側為三身菩薩。這幅「西方淨土變」，線條嚴謹柔美，類似

敦煌莫高窟盛唐或中唐時期的作品,而佛和菩薩的手指圓潤柔滑,手勢優美動人,表達的內心情感卻比敦煌莫高窟類似的作品還要美。(見圖119)

圖119　阿艾1號石窟——西方淨土變

該窟券頂所畫的千佛已基本脫落,只剩約1平方公尺尚清晰,每個佛像旁有榜題,漢文書寫造窟者的名字。窟的左右壁畫立佛、菩薩、琉璃光佛、盧舍那佛。(見圖120)

圖120　阿艾1號石窟——盧舍那佛

319

龜茲文化詞典
七畫

右壁畫一身文殊菩薩，像的右側題寫漢文榜題，為「文殊師利菩薩似光蘭為合家大小敬造」，另兩身立佛漢文榜題為「清信佛弟子寇庭俊敬造盧舍那佛」「清信佛弟子寇庭俊敬造藥師琉璃光佛」。（見圖121）

圖121 阿艾1號石窟——文殊菩薩

從這個石窟的地理位置上看，克孜力亞峽谷應是古代的運輸通道。穿出峽谷向西北行十幾公里就是現今的庫車鋼鐵廠、採礦廠和鋼鐵廠煤礦。順著銅廠河的217國道往北行是庫車縣東風煤礦。再北行可達大小龍池，過鐵力買提冰達阪就是巴音布魯克大草原，古代這裡構成了南北疆的通道。

庫車的礦產資源豐富，兩千多年前阿艾附近的煤礦和鐵礦就已被人們開採利用，一直延續至今，從未間斷。據《水經注·河水篇》引《釋氏西域記》的記載：「屈茨（龜茲）北二百里有山，夜則火光，晝日但煙，人取此山石炭，冶此山鐵，恆充三十六國用。」可見這裡是古代龜茲的冶煉中心。在這個山區發現了不少冶鐵遺址。其中最著名的是阿艾冶鐵遺址。新石窟被命名為阿艾1號石窟就是由此而來。所以說，阿艾1號石窟所處的位置，與這些礦場、關隘有著密切的聯繫。邊卡守兵和採礦、冶煉工人辛苦操勞，有的還攜帶家眷在此共同生活。為了尋找精神寄託，眾人捐款修窟造像，祈求佛法保佑平安。何況，此時的中原地區正是佛教大流行時期，淨土宗、密宗等教派相繼產生。唐朝中央政府把安西都護府所在地設在龜茲，促進了大量漢兵、漢僧、漢人流入龜茲，也推動了龜茲佛教的發展，使龜茲佛教進入了繁盛時期。阿艾1號石窟也就是在這個大背景下產生的。從壁畫榜題姓氏可知，有不同階層共同捐資修建，如「清信佛弟子行官□□□五月十五日禮拜記」、千佛像旁有榜題「妻白二娘造七佛一心供養」「申令光敬造十方佛一心供養」「梁信敬造十方佛一心供養」「寇俊男善愛造七佛供養」「李光暈造十方佛一心供養」等等，題名顯然為漢人，「白二娘」很可能是一個嫁給漢民族人的龜茲婦女，因為白姓是龜茲的大姓，龜茲的白氏王朝延續了幾百年，從漢朝起與中原來往就沒有間斷過。唐朝

中央政府在龜茲設立都督府，關係更為密切，漢族人與龜茲人互通婚嫁也在情理之中。在阿艾1號石窟的牆壁上有遊人題寫的「己巳年」字樣，「己巳年」在唐朝安西都護府駐在龜茲的時期中，共有兩次，一次是唐開元十七年（729年），一次是唐貞元五年（789年）。阿艾1號石窟的「己巳年」以後的一次的可能性較大，因為在克孜爾石窟222號窟中就發現過「貞元十年」的漢文題記。阿艾1號石窟建於8世紀，該窟右壁的盧舍那佛是密教的本尊，可見在這個石窟中已存在著密教文化的成分了。

阿艾1號石窟與庫木吐喇石窟中的漢僧石窟為同一種風格，都是龜茲佛教文化興盛時期的產物，也是中原佛教文化向龜茲傳播、與龜茲佛教文化交融的結晶。它的發現對研究龜茲地區的佛教文化以及中國歷史上民族的密切交往，有著極珍貴的價值和意義。並且再次證明了這塊土地自古以來就是漢民族與西域民族繁衍生息、共同開發起來的。

阿奢理貳伽藍

唐玄奘《大唐西域記》卷1說：「會場西北，渡河至阿奢理貳伽藍。庭宇顯敞，佛像工飾。僧徒肅穆，精勤匪怠，並是耆艾宿德，博學高才。遠方俊彥，慕義至止。」

法人伯希和在《吐火羅語與庫車語》一文中，曾對阿奢理貳伽藍故址提出過如下假定：若唐時龜茲都城在庫車河西，其故址或應是夏合吐爾；若唐時龜茲都城在庫車河東，其故址或是庫車河西之庫特魯克歐爾達。

而王炳華先生在《唐安西柘厥關故址並有關問題研究》一文中指出，夏合吐爾與隔河相峙的玉曲吐爾各為唐時安西都護府屬下的一處重要軍事關隘——柘厥關的一部分，並說關城中有寺。

據此，很多學者認為今之庫車城西木扎提河對岸的夏合吐爾遺址即為古阿奢理貳伽藍故址。

但姚士宏先生在《對阿奢理貳伽藍幾點鉤沉》一文中認為阿奢理貳伽藍的故址在今庫車老城北邊與克孜爾尕哈石窟之間的一帶地方。

阿克墩古城遺址

位於今新疆輪台縣野雲溝之東9公里處，是唐代龜茲都督府轄下六大守捉之一榆林守捉所在地。參見榆林守捉條。

阿艾漢代冶鐵遺址

庫車是漢代龜茲都城的所在地。城北120公里的阿艾山發現了古代煉鐵的小坩堝、鐵渣、礦石、陶範等，並在距地面約20公分深處，發現了一件灰陶三耳罐，從陶罐看來，是漢代的遺物。陶罐長26公分，內徑4.5公分，與傳世的漢代的「霸陵過氏罐」形制相同，因而推測這是一處漢代的煉鐵遺址。（圖122）

龜茲文化詞典
七畫

圖122 漢代冶鐵遺址

北魏酈道元《水經注·河水》引《釋氏西域記》說：「屈茨（龜茲）北二百里有山，夜則火光，晝日但煙，人取此山石炭，冶此山鐵，恆充三十六國用。」從這段記載可知當時龜茲已用石炭（煤）冶鐵，而且冶鐵和採煤的規模都相當大。現在這裡冶鐵也是用煤，以其地理推測知《水經注》所指的就是這裡。不過漢代冶鐵的燃料，也許還是木炭，但到北魏就大量用石炭了，這是生產技術上的大進步。至於這處遺址在什麼時候荒廢，仍有待於繼續研究。

《漢書·西域傳》說：「自宛以西至安息國……不知鑄鐵器，及漢使亡卒降，教鑄作它兵器。」漢代中原地區冶鐵技術的向西傳布，是漢族人民對西域人民的具體友好表現，是促進西域各族人民經濟發展的一件大事。

《阿克蘇守歲呈朗公》

清代詩人施補華所作，其詩如下：
四十六年風電走，一昔勾留亦何有。坐憑越酒發朱顏，起對胡天搔白首。小時空作英物期，老去誰憐賤士醜。命宮磨蠍如韓蘇，閃閃箕星壓牛斗。議論猶堪千載前，功名竟落萬夫後。長勞弔客慰虞翻，那復封侯詢許負。咄哉投筆老西陲，已矣扶隱南畝。知已公偏愛惜深，歸期我為抵徊久。虎符龍節更臨邊，甌脫華離還設守，扣囊願出策二三，不獲報君終報友。崑崙插漢青鉬巉，銘功大字書蝌蚪。迎年簫鼓獨愁聽，送喜兒童聊笑受。我家老同知我心，自洗癭瓢重酌酒。鬧紅丙夜簇華鐙，生翠辛盤薦春韭。志業不逮文章工，造化依然在君手。試攜長笛譜新詩，吹綠天涯萬楊柳。

阿闍世王題材壁畫

阿闍世，又稱阿闍多設咄路，古代印度摩揭陀國頻婆娑羅王之子，佛的同時代人。據佛經記載，他前世為一修道人，被頻婆娑羅王所殺，為報此仇，投生為太子。當王妃韋希提懷胎時，相師預言，此兒生必有害。王與妃謀商在他出生那天，把他從樓上摔下，結束他的生命，以絕後患。然而阿闍世僅損指未死，由於此，他對父母的怨仇很深。阿闍世長大後，結交惡友提婆達多，幽禁父母，奪取王位，與佛為敵。後因害父之罪，招致遍體生瘡，至佛所懺悔，才得以平癒，從此發願向佛。佛滅後，五百羅漢於王舍城七葉窟結集佛說三藏，阿闍世王伺食供養，是一位有利於佛教之興的人物。

宣揚這樣一個人物，既可說明佛的神通教化，又闡述了佛教因果報應的基本教

義。因此，阿闍世王不僅在佛經不乏記載，而且也是佛教藝術中比較多見的題材。

在龜茲石窟壁畫中比較多見的是阿闍世王聞佛涅槃圖和阿闍世王靈夢圖兩個題材。佛經《根本說一切有部毗奈耶雜事》中說：「爾時世尊，才涅槃後，大地震動，流星畫現，諸方熾然，於虛空中，諸天擊鼓。時具壽大迦攝波，在王舍城羯蘭鐸迦池竹林園中，見大地動，即便斂念，觀察何事，便見如來大圓寂……復作是念：此未生怨王（阿闍世王），勝身之子，信根初發，彼若聞佛入涅槃者，必嘔熱血而死。我今宜可預設方便，作是念已，即命城中行雨大臣：仁今知不，佛已涅槃，未生怨王信根初發，彼若聞佛入涅槃者，必嘔血而死，我今宜可預設方便，即依次第而為陳說：仁今疾可詣一園中，於妙堂殿，如法圖畫佛本因緣。菩薩昔在睹史天宮將欲下生，觀其五事，欲界天子，三淨母身，作象子形，托生母腹，即誕之後，逾城出家，苦行六年，坐金剛座，菩提樹下成等正覺。次至婆羅斯國，為五比丘三轉十二行四諦法輪。次於室羅伐城，為人天眾現大神通。次往三十三天，為母摩耶廣宣法要，寶階三道下贍部洲，於僧羯奢城，人天渴仰。於諸方國，在處化生，利益既周，將趣圓寂，遂至拘屍那城娑羅雙樹，北首而臥，入大涅槃。如來一代所有化跡既圖盡已，次作八函，與人等量，置於堂側。前七函內，滿置生酥，第八函中，安牛頭栴檀香水。若因駕出，可白王言，暫遷神躬，詣其園所，觀其圖畫。時王見已，問行雨言：比述何事？彼即次第為王陳說，一如圖畫，始從睹史降身母胎，終至雙林，北首而臥。王聞是語，即便悶絕，宛轉於地，可速移入第一函中，如是一、二、三、四，乃至第七，後置香水，王便蘇息。是時，尊者次第教已，往拘屍那城。行雨大臣一如尊者所教之事，次第作已。時王因出，大臣白言：願王暫遷神駕，遊觀園中。王至園所，見彼堂中，圖畫新異。始從初誕，乃至倚臥雙林。王問臣曰：豈可世尊入涅槃耶？是時行雨默然無對。王見是已，知佛涅槃，即便號啕悶絕，宛轉於地。臣即移舉置蘇函中。如是至七，方投香水。從此以後，王漸蘇息。」

拿克孜爾石窟所繪的有關阿闍世王的壁畫與上引的經文對照，二者甚為契合。

如克孜爾石窟178窟右甬道內側壁的左方繪出城垣宮室，開有城門，門內滾落一傘蓋，門兩邊為馬面。宮室內繪有三人，王妃架腿坐於王身後，王交腿坐於方高座上，左手攔著王妃的肩，身子向前微傾，右手支頤，若有所思。行雨大臣面朝王坐，打著與王講話的手勢。右上方行雨大臣手執佛跡帛畫跪於王前，王蹲立澡罐內，左手上揚，作甦醒狀，下方為頹倒的須彌山。

如克孜爾石窟205窟右甬道內側壁左方繪出城垣宮室，王與妃交腳坐於束帛座上，向行雨大臣詢問什麼。行雨大臣膚色黝黑，披一塊白色的布，蹺腳坐於王前，比畫著手勢。右上方行雨大臣手執佛跡帛畫站立王前。王蹲立澡罐內，雙目注視著

龜茲文化詞典
七畫

畫面，並揚起雙手，下方為頹倒的須彌山和滾落的傘蓋。佛跡帛畫以白描手法畫了佛傳四相，以左下、右上、右下、左上的次序排列，內容分別為樹下誕生、降魔成道、初轉法輪和涅槃，構圖緊湊，運線穩準，造型正確。（圖123）

龜茲石窟中的阿闍世王題材壁畫另一種就是阿闍世王靈夢圖。

阿闍世王靈夢圖的故事見於《大般涅槃經後分》，說的是阿闍世王於釋迦牟尼涅槃之當夜，「夢見月落，日從地出，星宿雲雨，繽紛而隕。復有煙氣，從地而出，見七彗星，現於天上。復夢天上有大火聚，遍空熾然，一時墮地。夢已尋覺，心大驚戰，即召諸臣，具陳斯夢，此何詳耶？臣答王言：是佛涅槃，不祥之相」。

此故事在克孜爾石窟4窟右甬道內側壁是這樣表現的：在一個大圓圈內畫出重疊的山，一輪彎月掉在山下，太陽從地上升起，同時有七顆彗星散見天空，到處有火光、煙氣。

阿私陀占相佛傳故事畫

這幅畫繪在克孜爾石窟175窟中，畫面中相師頂太子足，為阿私陀占相的故事。說的是太子初生時，淨飯王請相師阿私陀占相。阿私陀仔細地觀看了太子的身體和容貌後，得出結論說：太子若在家者，當做金輪聖王；若出家者，當成等正覺廣濟天人。

圖123　克孜爾石窟205窟——阿闍世王聞佛涅槃

阿蘭伽蘭苦修本生故事畫

　　這幅畫繪在克孜爾石窟 17 窟券腹的菱形格內。故事出自《僧伽羅剎所集經》。故事的內容如下：很久很久以前，有一個叫阿蘭伽蘭的人，為了追求佛道，志於苦修，就向南長途跋涉，選擇了一個空閒無人之處，做種種苦行。餓了，以野果野菜野草充饑；渴了，用泉水解渴。每天在一棵大樹下，跏趺而坐。他有時臥於草叢，有時臥於土丘，有時臥於雪地。如此苦修，能夠三天三夜，紋絲不動；九天之中，跪在熊熊烈火前烘烤，不動聲色；有時，則仰面朝天禪修，呆若木雞。就這樣，他一天天苦修。為了求佛，他常常不吃不喝，滴水不進。天長日久，他的臉漸漸消瘦下來，眼睛也漸漸深陷下去，整個身體瘦得皮骨相連，甚至兩肩的骨頭都露出在外，筋骨脊骨都變成各種奇形怪狀的樣子。有時翹起一隻腳，身體傴曲不堪，目不忍睹；面色萎黃，沒有一絲血色，猶如筌箋，內空無實。年輕時期的一派少壯風貌已不復返，永遠消失，呈現出一副老態龍鍾的樣子。嘴不能言語，耳不能聞，目視而不見，舉止行動，虛弱無力。正是氣息奄奄，命在旦夕了。當時，有一個天使來到他的處所，用各種手法和變化引誘他，但他若無其事，為了求佛，始終不失志節，堅持不懈，不顧生命，從不偷懶，擺脫一切干擾，進行各種苦修，並以此為無上的歡樂。

　　克孜爾石窟 17 窟壁畫中所繪的這幅本生故事畫，表現為一個面目枯槁的婆羅門，正在閉目靜坐，他骨瘦如柴，渾身看不到一點肌肉，見的只是一副骨骼支架。（圖 124）

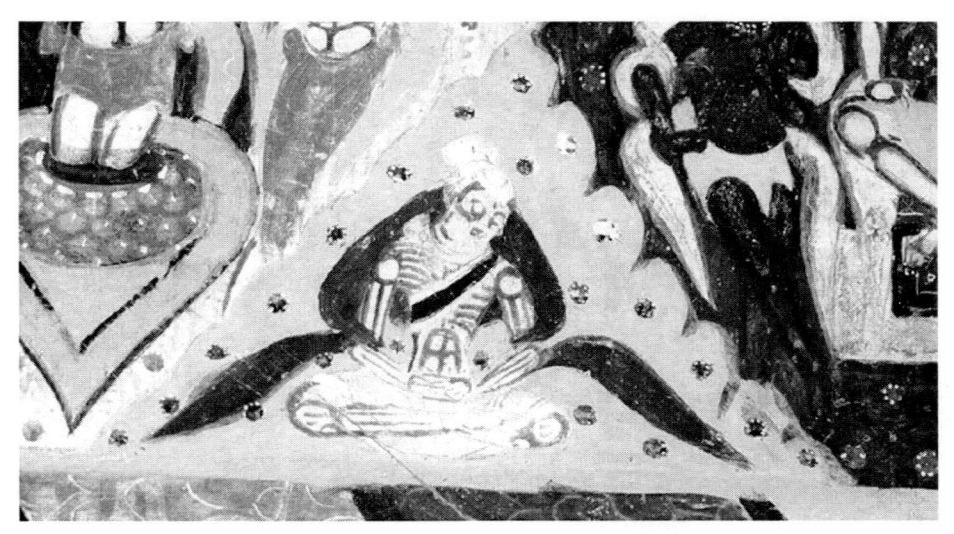

圖 124　克孜爾石窟 17 窟——阿蘭伽蘭苦修

阿闍世王靈夢佛傳故事畫

這幅畫繪在克孜爾石窟4、98、101、178、193、205、219窟中，其中以205窟的一幅最精彩。在上方的行雨大臣手執一幅繪有佛陀一生化跡的帛畫，向阿闍世王展示講說。在側畫中阿闍世王正在罐內，雙臂上舉，以示得知佛涅槃悶絕而被置於生蘇澡罐中。右上角一澡罐旁，有牛頭和缽，以示牛頭旃檀香水罐。左側為阿闍世王坐於宮內，旁有夫人、侍者；其前坐行雨大臣，正在向王講說。下部和右下方，分別畫出傘桿摧折、寶蓋墜地和須彌山崩毀的景象，以示佛涅槃之夜，阿闍世王感五種之噩夢。行雨大臣所執之帛畫，描述樹下誕生、鹿野苑初轉法輪、降魔成道和佛倚臥雙林4個畫面，以象徵佛的一生化跡。構圖完整，主題突出。僅此，堪稱一件藝術珍品。阿闍世，古代印度摩揭陀國王舍城主，父名頻婆娑羅，釋迦牟尼同代人。16歲弒父繼位，兼併四鄰諸國，建統一印度之基。初反對佛教，寵任釋迦牟尼之敵提婆達多為臣，肆行暴戾；爾後皈依佛教。據佛教傳說，其母韋提希懷胎時，相師占之謂此兒生後必害其父，因之名曰未生怨。後因殺父囚母之罪而遍體生瘡，至佛所懺悔，即平癒，遂皈依佛法。傳說，佛涅槃之夜，王感噩夢，見月落而日由地出，星隕如雨，煙氣自地出，七彗星視天上，又有大火聚天上，遍復虛空而墜地。問之臣下，知釋迦牟尼已於雙林寂滅。

阿闍世王入花園佛傳故事畫

這幅畫繪在克孜爾石窟224窟中，畫面為阿闍世王與行雨大臣共遊花園，見堂中掛著繪有釋迦牟尼一生化跡的圖畫，知佛已涅槃，即悶絕於地。行雨大臣按大迦葉陳說，把阿闍世王移置生蘇澡罐中，遂漸甦醒。說的是阿闍世王靈夢的一個片段，即阿闍世王與行雨大臣騎馬入花園的情節。阿闍世王夢見宮殿摧毀，傘蓋倒地。大迦葉恐阿闍世王聞佛寂滅憂惱而死，即教說行雨大臣在花園中妙堂殿如法圖繪佛本因緣，阿闍世王便甦醒。

《阿毗斯陀經中的魔鬼及其與中亞佛教造像的關係》

德人格倫威德爾著，於1924年出版。該書把古代波斯辛德阿毗斯陀經有關係的摩羅斯獅子碑銘和劍碑銘的形式內容與佛教，尤其是西藏的密教和時輪派密咒有關係的地方推定出來，使我們看到龜茲石窟中所發現的佛像和佛畫有些好像受了伊朗文化的影響。

雞婁鼓

龜茲石窟壁畫中的一種樂器。兩頭較小，中間較粗，狀似球形，都配合鼗鼓，由一人兼奏。左手搖鼗，右手擊鼓。從敦煌、吐魯番等處見到的圖像，演奏者是將雞婁鼓抱於左臂上，既有用右手握杖敲之，也有以右手指擊者。而這裡繪出的，演奏者不論立或跪，皆是將雞婁鼓用帶繫之於

左腋下，用右手指敲擊。鼗的形制都是一根直柄上串著二小鼓，兩側雙耳式小槌沒有繪出。圖見克孜爾石窟 8 窟、184 窟和 186 窟的壁畫中。

妖魔窟 A

德文為 Teufels Höhle mit Annexen A，這是德國人對克孜爾石窟 199 窟的稱呼。

妖魔窟 C、B

德文為 Teufels Höhle mit Annexen C、B，這是德國人對克孜爾石窟 198 窟的稱呼。

紡輪

1989 年 5 月出土。出自克孜爾石窟 89-6 窟（1989 年編號），為泥質紅陶，輪製，圓形，底平有弦紋 4 道。面弧無紋飾，直徑約 4 公分、厚約 0.3 公分，中心穿孔約 0.6 公分。

張玄表

唐景雲元年至先天元年（710～712 年）的安西大都護。據《資治通鑑》卷 210，唐景雲元年十二月「安西都護張玄表侵掠吐蕃北境，吐蕃怨而未絕和親」。《舊唐書·吐蕃傳上》載：「睿宗即位……時張玄表為安西都護，又與吐蕃比境，互相攻掠，吐蕃內雖怨怒，外敦和好。」這裡的安西都護應為安西大都護，因在前的郭元振是大都護，這時西域形勢並無多大變化，所以張玄表自也為大都護。

張孝嵩

唐開元八年至十二年（720～724 年）。《舊唐書·郭虔瓘傳》載：「嵩身長七尺，偉姿儀。初進士舉，常以邊任自許。及在安西，務農重戰，安西府庫，遂為充實。」說明張孝嵩任安西副大都護、四鎮節度使後，很重視屯田積穀和軍事訓練，所以在他主政安西時，能遏制吐蕃勢力的擴張。

張星烺

生於 1888 年，死於 1951 年。近代史學家。字亮塵，江蘇泗陽人。早年赴美、德留學。歸國後曾在北京大學、輔仁大學等校任教授。多年從事研究中西交通史，撰有《中西交通史料匯篇》，並曾翻譯《馬可波羅遊記》裕爾（Henry Yure）校注本的一部分和拜內戴拖（Benetetto）本等。

孜力克溝

在維吾爾語中，「孜力克」意為「酸葡萄」，位於明屋依塔格山的蘇格特溝之東，呈南北走向，口寬約 20 公尺。

孜力克溝為整個克孜爾石窟群的東界。由於溝內溪水的流量較小，溝旁兩側的土地上沒有高大的喬木，只有一些灌木叢和一片碧綠的草地。

在孜力克溝西側的山間岩壁上也開鑿了20餘個石窟,被稱為後山區,包括從202窟到231窟。

八畫

[一]

耶婆瑟雞

　　唐代流行中原的著名羯鼓曲，來源於龜茲。贊寧《宋高僧傳》卷3《唐丘慈國蓮華寺蓮華精進傳》中說：「安西境內有前踐山，山下有伽藍。其水滴溜，成音可愛。彼人每歲一時，采綴其聲，以成曲調。故耶婆瑟雞，開元中用為羯鼓曲名，樂工最難其杖撩之術，進寺近其滴水也。」《十力經》序中說：「安西境內有前踐山，前踐寺。復有耶婆瑟雞山，此山有水，滴溜成音。每歲一時，采以為曲。」

耶婆瑟雞寺

　　《十力經》序中說：「安西境內有前踐山，前踐寺。復有耶婆瑟雞山，此山有水，滴溜成音。每歲一時，采以為曲。故有耶婆瑟雞寺，東西拓厥寺，阿遮理貳寺。」

　　文獻記錄中既有耶婆瑟雞寺之名，想必它是龜茲佛寺中一大名寺，所在之處又是山地，想必擁有一定的規模，也一定會有故址遺存。現在我們來看看這方面的情況。龜茲佛寺故址遺存至今的不少，除克孜爾石窟外，尚有溫巴什、台台爾、克孜爾尕哈、庫木吐喇、森木塞姆、瑪扎巴哈、托乎拉克艾肯石窟和蘇巴什佛寺遺址等。當然，這些石窟和佛寺遺址並不能包羅龜茲全部佛寺，但卻是今天我們所能見到的龜茲佛寺故址。熟悉情況的人都知道，這些石窟和寺址雖多是依山而建，有的規模也不小，但概無「滴溜成音」的水。而克孜爾石窟卻有著這方面的有利條件。

　　克孜爾石窟位於庫車、拜城之間的明屋依塔格山下，目前已編號的有236個窟，蜿蜒長達幾公里，是現存龜茲佛寺中保存窟室最多、規模最大的一處故址，這與一所名寺的地位應該說是相稱的。不僅如此，在明屋依塔格山中間有一條南北走向的蘇格特溝，一股泉水從蘇格特溝內流出，灌溉著窟前一塊呈扇狀的小綠洲。沿著這股泉水上行不遠，迎面矗立著一道略呈弧形的石壁，從石壁裂隙中滲出百多條大小粗細不等的水柱，晝夜不停地滴入壁下潭內，發出一片沙沙的落水聲，然後流向溝外，真可謂「進寺近其滴水也」。當地民間傳說的「千淚泉」，即指此而言。就目前情景看，這裡談不上有什麼明顯的音樂效果，但從石壁兩旁堆積的大量沙石估計，原先石壁的弧面要比現在大，滲出的水柱和壁

下潭內積水也要比現在多得多，也就是說這裡在石壁崩圮之前，頗有點像一座天然的音樂演奏廳，美妙的樂聲自然會受到「俗善歌舞」的龜茲人的重視和青睞。

耶輸陀羅入夢圖

在克孜爾石窟壁畫表現佛成道前「看破紅塵」的段落中，《耶輸陀羅入夢》也是其中之一。故事大意是，當悉達多太子產生出家的念頭之後，某晚，他看到宮女和妻子耶輸陀羅沉睡以後失態的身體，更堅定了出走的決心，於是當夜便偷出宮門，讓馬夫車匿牽來名叫犍陟的良馬，由四位天神捧起的馬足，逾城而去。克孜爾石窟110窟的同名壁畫卻著重表現耶輸陀羅和宮女熟睡以後袒身露體的醜態，用以反襯一旁冷靜觀察的托腮沉思的太子的深邃的思想，所以在這裡出現了裸體畫，這是因故事內容而有意安排的。

耶舍出家佛傳故事畫

這幅畫繪在克孜爾石窟163、224窟中，畫面為佛俯下，一小兒立於水中。說的是佛入波羅奈斯，毗舍離城長者之子耶舍，乃渡波羅奈河，河水變淺，煩惱諸苦皆除。來到佛所，聽聞正法，耶舍出家後，還家淫故婦，佛大斥，遂制淫戒，是為佛最初的制戒。

拉伊蘇溝古墓

在今新疆輪台縣群巴克鄉的拉伊蘇河溝西岸，於1971年曾發現一座唐朝古墓，墓室高3公尺，邊長4公尺，呈正方形，四壁和墓頂平整光滑。墓室擺著兩副棺木，分別裝著大小屍體七具。衣服早已風化，無以辨別身分。但是其中一棺材的側板外側有大寫陰刻漢字：「安西大都護府」，並有小字「東至烏壘五里，西至手（守）捉六十里」。這很可能是在安西大都護府失陷以後，倉促間即以安西大都護府牌匾作為棺板，收殮了犧牲的重要官員，移葬於此。

拉伊蘇城堡遺址

位於今新疆輪台縣闊那協海爾古城西北約25公里的拉伊蘇河東岸，是唐龜茲都督府轄下六大守捉之一西夷僻守捉所在地。參見「西夷僻守捉」條。

拍板

在庫木吐喇石窟68窟壁畫上有描繪。同時在吐魯番柏孜克里克壁畫中也有描繪。說明這種來自中原的漢族樂器傳入西域後，曾普遍流行在天山南路各地。拍板顯然是受漢族音樂影響的產物。北宋陳《樂書》卷132稱：「拍板，長闊如手，掌大者九板，小者六板，以韋編之。胡部以為樂節蓋所以代也。」這種拍板是把木片或鐵片排在一起，一頭用皮條穿連起來、兩手合著拍打的一種樂器。在龜茲石窟壁畫中的拍板早期是由6塊板組成，後期減少為兩塊板。（圖125）

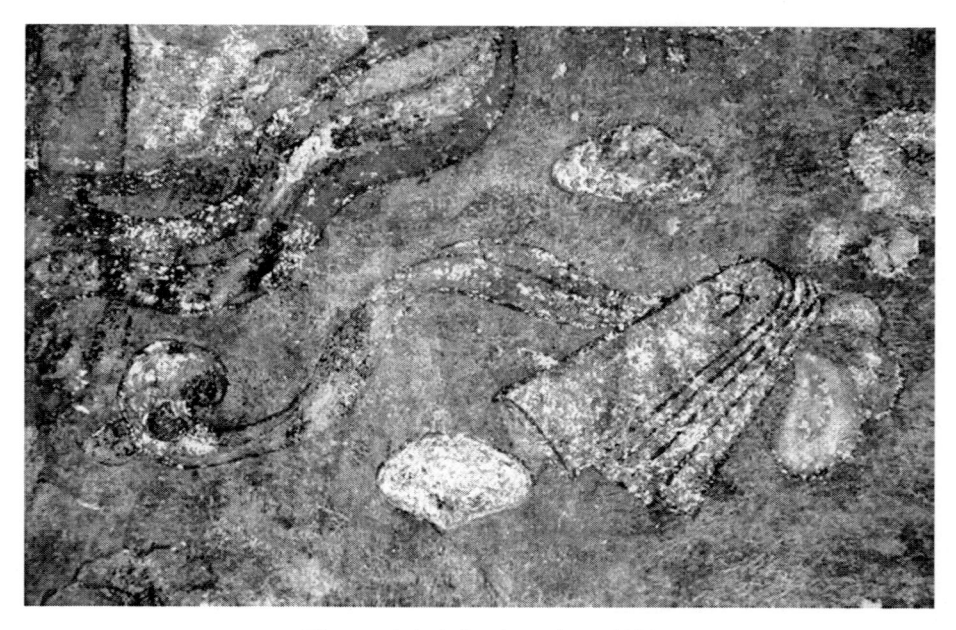

圖 125　庫木吐喇石窟 68 窟——拍板

輪台舞

　　日本《樂家錄》引《笛說》稱：「輪台曲，唐大樂也……寫其地土俗之歌舞者。」而在《大日本史》卷 348 指出，藝人奏「輪台舞曲」常用般涉調，而般涉調原為龜茲音樂家蘇祇婆所創。又說，日本流傳的「輪台舞」為中曲、四貼，各 16 拍，本曲為序，青海波為破，本曲與青海波共入平調。根據漢文典籍及日文資料，可以看到輪台舞有演員 40 名，穿武士服，氣勢磅礴，規模宏大、悲壯，深為戰士將領所喜愛。因輪台自古以來就是東西通道上的策略要地，是從羅布泊西進和從鐵門關南下的必經之道，因而是四戰之地，產生這種傳誦千古的悲壯的武士舞蹈是符合史實的。所以李商隱詩稱：「文吏何曾重刀筆？將軍猶自舞輪台。」牛嶠詩也說：「星漸稀，漏頻傳，何處輪台聲怨？」

鬱頭州

　　據賈耽《四夷道里記》指出：「自撥換、碎葉，西南渡渾河，百八十里濟濁館，故和平鋪也。又經故達干城，百二十里至謁者館。又六十里至據史德城，龜茲境也，一曰鬱頭州，在赤河北岸孤石山。渡赤河、經岐山，三百四十里至葭蘆館。」據此可知龜茲西南界至據史德城。而據史德城也即龜茲都督府所屬鬱頭州所在地。文中的赤河即為喀什噶爾河；岐山、孤石山即為遺址附近的圖木休克山、麻扎塔格山。近代中外考古學家考察鬱頭州遺址後，均稱其為托庫孜薩來，漢人則呼為唐王城，因

龜茲文化詞典
八畫

樵者在內掘得開元通寶錢。黃文弼先生考察托庫孜薩來遺址後說：「此城正在舊河床北岸山上，與唐地志所述鬱頭州城形勢完全相合。則此地亦即唐代內屬諸胡州之鬱頭州也。又為古龜茲國西境據史德城。」

在圖木休克山口兩旁，圍繞著托庫孜薩來城堡，散布著一大片烽燧、寺院、房屋的遺蹟，占地約數平方公里。單言托庫孜薩來城堡就有內城、外城和大外城三重，周長約1600公尺，城牆用泥土和石頭構築而成。現存殘牆寬3～5公尺不等，在遺址地表，陶片、絲綢殘片俯拾即是，有的地方古代文化層堆積厚達7～8公尺。曾先後出土龜茲文、漢文、粟特文、盧文、古婆羅迷文文書、錢幣、錢範、陶器、銅器及大量棉、麻、絲、毛織物、裝飾品、農作物種子和其他生活用品，還有精美的壁畫、塑像、木雕等各種佛教藝術品。充分顯示鬱頭州在唐代絲綢大道上是一個要站，商賈雲集，絲綢塞道，寺塔遍地，鐘鼓和鳴。東西方商人、僧侶、藝人、軍士，穿著各種服飾，講著各種語言，帶著色彩迥異的各種文化，在這裡交匯、融合，產生了鬱頭州的重要文明。

鬱多為大勝王釋偈本生故事畫

這幅畫繪在克孜爾石窟38窟券腹的菱形格內。故事出自佛經《佛說義足經》。故事的內容如下：過去，有一個國王，名叫大勝，他貪婪好戰，幾乎攻占了附近的所有國家，掠奪了這些國家的財寶。天神帝釋見此情況，決定親自查看，考驗大勝王到底知足不知足。他扮成一個婆羅門，頭披長髮，一手柱金杖，一手拿金瓶，緩步來到宮門前，欲求見大勝王。守門人見有人來，忙回宮中報告國王。大勝王高興地說：「好，便請前來！」見面後，相勞問畢，婆羅門對大勝王說：「我遠從海邊來，曾見到有個大的國家，國富民強，安樂無比，國中珍寶堆成山，令人羨慕。憑著大勝王的無比威力，完全可以征服那個國家。」大勝王聽了高興地說：「看來我可以達到更大的願望了！」婆羅門並告訴大勝王：「要裝配好船隻，組織好兵將，過七天以後，我帶你去。」說罷，婆羅門即無影無蹤，不知去向何方。第七天到了，國王已準備好強兵利船，但久不見婆羅門到來，因而憂愁不樂，生氣地拍著胸脯說：「真是掃興！我今天就要滅亡那個大國了，如今，婆羅門偏偏不來。」為此，國王左右群臣和百姓，都為之擔憂。國王見眾人沉默不語，便向大家說：「不知你們聽說過這樣的話沒有？人們貪圖是由慾望決定的，只要有那個慾望，目的就會容易達到。」大勝王為眾人說了這句話，接著又說：「有誰能解破它的意義，我將賞賜金錢一千。」當時，國內有一少年，名叫鬱多。鬱多即向大勝王表示：「我能解破它的意義。」並說定七天以後來解說。到了第七天，鬱多對母親請求說：「今天，我要到王宮去，為大勝王解除憂愁。」母親勸阻兒子說：「你千萬不要去。帝王的難事如燃眉之急，他的命令就像利刃一樣厲害，難以親近。」鬱多說：「母親請勿憂愁，

不要為我擔心。我憑自己的力量能解破國王的憂愁，而且還會得到重賞，可以讓您老人家盡享晚年之樂。」最後，終於說服了母親。他告別了母親，來到大勝王面前，對國王說道：「不錯，人們之所以貪，是由個人慾望決定的。但光想多得，不加控制，猶如渴了喝湯一樣，總覺得不解渴。人要是貪了，就是把全世界所有的金銀財寶、車馬牛羊都得到了，也是不能滿足的，這叫做貪得無厭。只有有智慧的人，才能行正道。如頭上長角一樣，一天天增長。人生也是如此，不知不覺，慾望越來越大，總是得不到滿足，如饑渴無盡，人天天都離不開吃飯喝水，即便把須彌山那樣高的、能頂到天的金山給你，也是滿足不了的，這叫做貪得無厭。只有有智慧的人，才能行正道。實際上，慾望這個東西是害人的，他可以使你感到身體痛、眼睛瞎，看不到一切，可以置你於死路。大概，你從來沒有聽說過這樣的話吧！希望你把慾望拋得遠遠的，沒有私慾的人，才真正是聰明人，是高貴的人。人只要沒有慾望，就沒有一切憂愁了。明白人把慾望看成苦惱，對慾望視如糞土，毫不愛惜。人們只要去掉了慾望，心緒也就安寧了。你要想走正道，必須從現在起，捨棄所有的慾望！」大勝王聽罷，完全懂得了鬱多所說的意思，深知自己把四周鄰國都霸為己有，還貪求海外諸國，這正是貪得無厭的表現。大勝王又對鬱多說：「你的話如果是好意，我將照你的辦。你把慾望這個東西，講得非常深刻透徹，才真正是解破我的憂愁的錦囊妙計，應該重重地賞你，希望你能得到大德。」說時，更加悔恨自己的過去。鬱多回答大勝王道：「我說的並沒有什麼了不起，人人都是可以辦到的，只要把慾望拋得遠遠的，自然就沒有愁憂，就會永遠歡樂。現在，我家中尚有老母，年高多病，還需要我回去照顧，只好告辭了！」大勝王為感謝鬱多，賞賜金錢一千，以令其供養老母。

克孜爾石窟38窟壁畫中所繪的這幅本生故事畫，表現為一棵大樹下，大勝王側坐在寶座上，雙手合十，精神沮喪。在大勝王的前面席地坐著鬱多，上舉右手，以食指與大拇指作環形，餘三指微伸，作講說狀。

臥裸女圖

克孜爾石窟壁畫中的《說法圖》相當普通，比較常見的有兩種：一種以連續方格的形式出現，幅面小，場面也小；另一種以通壁壁畫的形式出現，場面大，氣氛也較連續方格為莊重。但一壁之中多分成三組或五組，各成單元。每單元內容大體相同：佛居中，左右聽法諸菩薩、比丘、婆羅門、伎樂。值得注意的是，在佛腳下常橫臥一全裸女子，閉目鎖眉，似不勝痛苦狀。德國學者把它稱之為「死去的女優」。8窟、38窟、98窟、163窟都有這種圖像。

龜茲文化詞典
八畫

畫師窟

德文為 Höhle der Maler，這是德國人對克孜爾石窟 207 窟的稱呼。

撥換城

據《資治通鑑》卷 199 中說：「龜茲王布失畢既敗，走保都城，阿史那社爾進軍逼之，布失畢輕騎西走。社爾拔其城，使安西都護郭孝恪守之。沙州刺史蘇海政，尚輦奉御薛萬備帥精騎追布失畢，行六百里，布失畢窘急，保撥換城（註：自安西府西出柘厥關，渡白馬河四百餘里至撥換城）。」

唐之撥換城，即漢之姑墨國，今之溫宿縣。賈耽《四夷道里記》中說：「撥換城，一日威戎城，日姑墨州。」

頃希阿爾古城

位於庫車東南約 60 公里草湖的戈壁中。城垣遺址已被風化，與沙梁無異，無法辨認。當地群眾說，原有三重城。中有一大臺基，高約 10 公尺，東西 32 公尺，南北 55 公尺，可能是建築遺址，但地面磚瓦片不多。

直的經濟構造

也可以稱為「南北向經濟構造」。龜茲各大綠洲的北部都有高山，山之深處盛產木材、黃金以及其他礦產；山之中部有零星草地，可以放牧牛羊馬和駱駝；山麓處則為大片草地，既可畜養牛、羊、驢，也可開墾種地。而由山中南向流入沙漠的一股股溪水或小河，在其尾稍近處構成了一個扇形的溝洫地帶，組成了一個個小綠洲。在這種經濟構造中產生了一種「直的經濟活動」：山地居民從事遊牧經濟，山麓居民從事半農半牧經濟，綠洲居民則從事農業或手工業經濟，由於他們之間所從事的經濟不同，生產的產品不同，需要互相之間進行交換，這樣就產生了綠洲—山麓與山地之間「直的商品交換」，即南方居於低處的綠洲的農民和手工業者和北方居於高處的山地遊牧民或畜牧者之間的商品交換活動，這就是古代龜茲經濟的「直的構造」或「南北向構造」。所以，「直的經濟構造」形成了龜茲社會內部之間的經濟活動。

蛤天人聞法因緣故事畫

這幅畫繪在克孜爾石窟 8、80、163、186 窟中，畫面為佛旁一人雙手胸前拄一杖，杖下壓著一隻蟾蜍。此畫說的是：佛在一個水池旁為當地人說法。池中有一蟾蜍爬上岸到草叢中恭聽，恰巧有一放牛人經過，見眾人圍聽佛說法，於是也跟著來聽，不小心用趕牛杖將蟾蜍杵死。蟾蜍死後當即升天。（見圖 126）

圖 126　克孜爾石窟 8 窟——蛤天人聞法

英格邁利羊達克希阿爾古城

位於沙雅縣西北約 40 公里。城作方形，殘存有高約 2 公尺的牆基，東西 85 公尺，南北 98 公尺。附近曾掘得橋紐鋼質圖章、刻字木板等。

頂生王由貪喪身本生故事畫

這幅畫繪在克孜爾石窟 186 窟左壁上的長條形框內。故事出自佛經《賢愚經》。故事的內容如下：很古以前，有一個國王，名叫瞿薩離。他統領著天下八萬四千個小國。當時，國王的頭頂上突然生了一個膿包瘡，形狀如繭、淨潔、清澈、透明，但不疼痛，後來越長越大，以致長得像瓠一樣，開刀一看，得一童子。童子相貌端正，頭髮紺青，身紫金色。對此，國王很感驚異，遂招來相師占卜吉凶。相師占後，高興地對國王說，這小兒相貌奇特，將來必為聖王。於是給他取了名字，叫父陀竭，意即頂生。後來，國王因病去世，父陀竭成了國王，被叫做頂生王。頂生王福德隆盛，擁有四國、七寶、千子，又享壽億年，並且天從其願，雨金銀錢，七日七夜。而頂生王仍不滿足，飛凌忉利天宮，欲奪天神帝釋位。於是就領兵來攻忉利天宮，天神帝釋趕忙出迎，與頂生王相見，並請入宮中，共坐天下。於是，頂生王在天上享盡了一切歡樂。頂生王在想：「我的力量如此巨大，沒有哪個天王能與我相比，今與帝釋，為何共坐天下？不如把他幹掉，獨霸為快。」誰知，頂生王惡念一生，當即墜落下來，摔在大殿前，垂危致死。若問頂生王為何命終？他曾統領四城、享壽四十億歲，並且七日雨寶，後上得二天，仍沒有滿足，貪得無厭，故而墜落致死。凡唯利是圖之輩，都將有大的災禍來臨。只有遠離一切私慾，探求真正之道，才能達到佛的涅槃之樂。

克孜爾石窟 186 窟壁畫中所繪的這幅本生故事畫，著重表現頂生王求天雨錢。左側畫出頂生王夫婦宮中並坐，王伸手接承天雨的錢；右側畫出頂生王夫婦跪於婆羅門前，徵詢求天雨錢之事。這種用多幅壁畫表達一個本生故事畫的做法，在克孜爾石窟壁畫中很少見到，而在敦煌莫高窟壁畫中卻比比皆是。這是否說明，克孜爾石窟 186 窟中的本生故事畫，從風格到形

式上已經受到了中原文化的影響，是中原、特別是敦煌莫高窟佛教藝術風格與形式向西域傳播的反映（此畫於1906年被德國勒庫克等人盜走）。

《武威送劉單判官赴安西行營使呈高開府》

唐代詩人岑參所作，其詩如下：熱海亙鐵門，火山赫金方。白草磨天涯，湖沙莽茫茫。夫子佐戎幕，其鋒利如霜。中歲學兵符，不能守文章。功業須及時，立身有行藏。男兒感忠義，萬里忘越鄉。孟夏邊候遲，胡國草木長。馬疾過飛鳥，天窮超夕陽。都護新出師，五月發軍裝。甲兵二百萬，錯落黃金光。揚旗拂崑崙，伐鼓震蒲昌。太白引官軍，天威臨大荒。西望雲似蛇，戎夷知喪亡。渾驅大宛馬，繫取樓蘭王。曾到交河城，風土斷人腸。寒驛遠如點，邊烽互相望。赤亭多飄風，鼓怒不可當。有時無人行，沙石亂飄揚。夜靜天蕭條，鬼哭夾道傍。地上多髑髏，皆是古戰場。置酒高館夕，邊城月蒼蒼。軍中宰肥牛，堂上羅羽觴。紅淚金燭盤，嬌歌豔新裝。望君仰青冥，短翮難可翔。蒼然西郊道，握手何慷慨。

[ㄇ]

曇景

劉宋時之僧人。《通典·邊防七·西戎三·西戎總序》作「曇勇」，《梁高僧傳》卷3和《歷代三寶紀》卷10作「曇無竭」。他於劉宋永初元年（420年）召集同志沙門僧猛、曇朗等25人，發跡北上，遠適西方。初至河南國，乃出海西郡，進入流沙，到高昌郡，經歷龜茲。從龜茲至沙勒諸國，登蔥嶺過雪山，進至罽賓、月氏。然後停檀特山南石留寺，受大戒，以天竺禪師佛多羅為和尚，漢沙門志定為阿闍梨。停三月，復去中天竺。其歸國於南天竺隨舶泛海到廣州。據《歷代三寶紀》載：曇無竭「遊西域二十餘年，自外並化，唯竭只還。於罽賓國寫得別件梵本經來。（南朝宋）元嘉末年達於江左。」則曇無竭自南天竺返國，當在劉宋元嘉二十年（443年）左右。

曇摩鉗聞法投火坑本生故事畫

這幅畫繪在克孜爾石窟17、114窟券腹的菱形格內。故事出自佛經《賢愚經》。故事的內容如下：很古的時候，有一個國王名梵天王，太子名曇摩鉗。太子喜好和推崇法道，為此，專門派出使臣，訪求法道，但走遍四面八方，都未能得到。太子因未獲法，所以憂愁煩惱。天神帝釋知道曇摩鉗心懷赤誠，志在求法，遂化成一個婆羅門，來到宮門說：「我素知法，誰想得到，我當為講說。」太子聽後，即走出奉迎，先為施禮，領至大殿，鋪好床位，請婆羅門就座，雙手合掌，對婆羅門說：「唯願大師，垂憫宣說。」婆羅門道：「學法甚為難事，我是向老師求教長久後，才得到的。你既想得到法，不知給我何等酬報？」太子回答說：「大師所需，願能相

告,我個人的一切,包括妻兒老小,在所不惜。」婆羅門道:「你若能挖一個十丈深的大坑,坑中熾火熊熊,你自己將身投進去,用以對我供養,我即為宣法說道。」國王、王后、群臣與宮女,聽見婆羅門所說的話後,都坐不住了,紛紛趕到太子宮中,以種種言詞,諫喻太子,並請求婆羅門:「發慈善之心,為了我們大家的未來,千萬不要讓太子投入火坑。只要你需要的,凡國城、妻子,以及我們大家,什麼都可以給你,供你使喚。」婆羅門說:「對此,我並不勉強,只是隨太子意願,只要他能達到要求,我才為他說法,否則,我就不說。」大家看到太子意志堅定不移,各自默默不語。太子即派遣使者,到各地進行宣告:「曇摩鉗太子為了求法,在此後七日,身投火坑。如想觀者,請早來會。」當時,鄰國國王,四方士民,強弱相扶,都趕來太子處所,向太子長跪,合掌施禮,異口同聲地對太子說:「我等群臣屬下,全仰仗太子恩德,太子於我們猶如父母。今若太子投入火坑,天下喪父,永無所怙,願太子可憐我們,莫為一人而棄一切眾生。」太子對眾人說:「我於生死之中,曾喪身無數。人世間為了貪慾,常相殘害,憂苦不堪地獄中,火燒湯煮,斧鋸刀戳。灰河劍林,一日之中,喪身難計,痛至心髓,不可一一陳述。餓鬼之中,百毒鑽軀。畜生中苦,身供眾口,負重吃草,苦不堪言,空荷眾苦,隨時皆可喪生失命。總之,這些都因為未曾以善心求法。我今天,以此臭穢之身,為法求道,你們怎麼能阻擋我的無上道心!我捨此身,為求佛道,待成佛時,我當度脫你們眾生。」眾人聽罷,默默悲嘆。當時,太子又對婆羅門說:「唯願大師,為我說法,我命倘若死去,聽不到法,那將是最大的不幸。」婆羅門聽後,當即向他唱道:「人須有慈心,除去害人想;慈悲憐眾生,悲傷如雨淚;修行大善心,聞後可得法;救護以法道,乃為菩薩行。」當時,天神帝釋和梵天王,各抓住太子一隻手,再次考驗太子,勸太子說:「人世間一切眾生,全賴太子恩德,今你若投火坑,猶如天下喪父,為何自己毀滅自己,拋棄一切呢?」太子報謝天王與眾臣民,堅定地表示:「你們再不要阻攔我的無上道心!」天神帝釋、梵天王及眾人遂各默然,都不再阻攔太子。於是,太子即如所願,毅然投入熊熊火坑之中。於是,天地大動,虛空諸天人,一同號哭,淚如雨下,即時火坑變成了一個美麗的花池。只是太子身坐蓮花臺,天上雨下眾花,撒在太子的膝蓋上。

克孜爾石窟17、114窟壁畫中所繪的這幅本生故事畫,表現為曇摩鉗太子立於蓮池中,身後為升騰的火焰,天神帝釋與梵天王侍衛左右,各捉其一手。這些畫面都是根據上述故事內的情節設計構圖的。(見圖127)

龜茲文化詞典
八畫

圖 127　克孜爾石窟 17 窟——曇摩鉗聞法投火坑

明屋依塔格山

在維吾爾語中,「明」意為千的約數;「屋依」意為房子。所以明屋依就是一千間房子,即我們經常所說的千佛洞。

明屋依塔格山山勢東北西南走向,山體地質砂質沉積岩,結構疏鬆,呈黃灰色。北接荒漠臺地,南麓呈弓背形斷崖,峰巒穿空,嵯峨險峻。最高點距地平面 200 餘公尺。

克孜爾石窟就坐落在明屋依塔格山的南麓斷崖上,而明屋依塔格山的名字就來源於克孜爾石窟,即克孜爾千佛洞。

羅漢窟

「羅漢」,梵文作 Arhat,譯為「阿羅漢」,略稱「羅漢」,是小乘佛教修行的最高果位。按照佛經的說法,獲得阿羅漢果位的僧人可以達到三種境界:

1. 排除了一切世俗的煩惱,獲得了絕對的「清淨」;

2. 獲得了無窮的法力,受到了天人的供養;

3. 永遠進入涅槃,不再生死輪迴。

據《四十二章經》的說法,小乘佛教徒的修習分為四個層次:一曰須陀洹,指透過思悟四諦之理而斷滅三界見惑達到的最初修行果位,稱達到此位仍需七死七生,才可最後解脫;二曰斯陀含,指透過思悟四諦之理而斷滅與生俱來的煩惱所達到的

呼木阿里克

今阿克蘇河上游之名。《水經注》為姑墨川,賈耽《四夷路程》為撥換河。

圖木休克山

維吾爾語稱代熱瓦孜塔格,意即大門山,位於今新疆巴楚縣城東北 60 公里處,即為唐尉頭州城所在地。參見「唐尉頭州屯田」條。

明田阿達古城

位於今新疆庫車縣城東北 7 公里處,為唐龜茲鎮的所在地。參見「龜茲鎮」條。

果位，稱達到此位仍需一次生天上，一次生人間，才能最後解脫；三曰阿那含，指透過修行完全斷除欲界的誘惑而達到的果位，達到此位不再生還欲界，壽終靈魂上十九天；四曰阿羅漢，指已斷盡三界見、修二惑所達到的果位，能飛行變化，住壽命，動天地。

湯用彤先生《漢魏兩晉南北朝佛教史》卷上中說：「阿羅漢者，蓋人之神魂修行得道，已脫生死苦海，故能飛行變化，住壽命，動天地，漢魏之所謂佛……」佛教徒修煉成阿羅漢，也就是成了佛。

那麼，透過哪些途徑才能修成阿羅漢呢？《四十二章經》中說：「首在屏除愛慾，宅心仁慈，故定戒律，行禪法，禁凶生，貴施與，修持積久，則可得道，成阿羅漢。」

所以，後來把一些得道的高僧稱之為羅漢，而羅漢窟就是埋葬得道高僧屍骨的石窟。

在龜茲石窟中，只有庫木吐喇石窟發現有羅漢窟，而且都為埋葬漢僧屍骨的石窟，尚未發現有埋葬其他民族僧人或外國僧人屍骨的羅漢窟。

閻文儒先生在《龜茲境內漢人開鑿、漢僧主持最多的一處石窟——庫木吐拉（喇）》一文中說：「從東干溝北轉約一里，偏向東北，入一狹長的山谷中，谷極狹，寬不及丈，峭壁天成，再轉入開闊地帶東崖的半山腰中，有兩個門向正北的石窟。窟內沒有壁畫，從許多題記中知道是埋葬羅漢骨的兩個窟，在西邊的一個題記最多。今天能看到的，西壁門內由北而南，有：

惠增留名之記 智道 空秀 惠□巡法師 惠燈共大德囟進法興｜禮拜羅漢回施功德茲（慈）母離苦解脫」

東壁由南而北，有：

大唐東京 大師彥壽 禮羅漢骨惠初巡禮功德為……堅行 普滿 □事道智

丁卯年十一月比丘惠燈記 法秀新戒 空日 道秀 沙彌戒初 智淨 比丘法成苾芻法兄 堅行

羅漢窟的開鑿顯然是和中原文化對龜茲石窟的影響密切相關的。唐顯慶三年（658年）移安西都護府於龜茲，武周長壽元年（692年）以兵三萬鎮守。隨著龜茲與中原王朝的政治關係的改善，大批漢僧來龜茲地區開石窟、修佛寺，在此修持和傳播佛教，甚至於死在這裡，於是就在庫木吐喇石窟中留下了不少羅漢窟。

羅漢窟的形制與小型禪窟十分相似，所以只能從漢文題記中才得以分辨與區分。而羅漢窟在庫木吐喇石窟中的存在本身，說明古代龜茲與中原地區有著十分密切的政治上與文化上的聯繫。

羅雲洗佛足因緣故事畫

這幅畫繪在克孜爾石窟34、38、80、205窟中，畫面為佛側身坐於方形高

座上，側旁有一圓拱形茅廬，內置瓶罐等物多件。

佛前有一人，作伏跪狀，手執水瓶為佛洗足。佛令其子羅雲洗足。

《經律異相》卷7中說：佛令其子羅雲洗足。洗畢，佛對羅雲說：「此水可食用飲澡漱以不？」羅雲說：「此水本實清潔，今已洗足受於塵垢，不可復用。」佛語羅雲：「汝亦如是。」

羅雲洗佛足譬喻故事畫

畫面為佛座旁跪一手執細頸水壺的比丘，佛座前翻轉一澡盆。講的是羅雲（佛在俗時所生之子）七歲出家做小沙彌不久，因為年幼，染上了說謊的毛病，為使羅雲戒說妄語（口業四條戒律中的第一條），佛特意來到羅雲住處，進行了一次譬喻性的教育。父子相見，佛讓羅雲用澡盆取水為自己洗足，佛便以洗足水可否飲用，洗足之器能否用以盛食，還值不值得愛惜等問題反問羅雲，逐步啟發、引導羅雲認識說謊的危害，使羅雲從小養成信用與誠實的品行。事見《法句譬喻經》卷3：昔羅雲未得道時，心性粗獷，言少誠信。佛敕羅雲，汝到賢提精舍中住，守口攝意，勤修經戒。羅雲奉教，作禮而去。住九十日，慚愧自悔，晝夜不息。佛往見之，羅雲歡喜，趣前禮佛，安施繩床，攝受震越。佛踞繩床，告羅雲曰：澡盆取水，為吾洗足。羅雲受教，為佛洗足。洗足已訖，佛語羅云：此水可用食飲盥漱以不？羅雲白言：不可復用。所以者何？此水本實清淨，今以洗足，受於塵垢，是以之故，不可復用。佛語羅雲：汝亦如是。雖為吾子，國王之孫，捨世榮祿，得為沙門，不念精進，攝身護口。三毒垢穢，充滿胸懷，亦如此水，不可復用。佛語羅雲：棄澡盤中水。羅雲即棄。佛語羅雲：澡盤雖空，可用盛飲食不耶？白佛言：不可用。所以然者？用有澡盤之名，曾受不淨故。佛語羅雲：汝亦如是。雖是沙門，口無誠信，心性剛強，不念精進，曾受惡名，亦如澡盤，不中盛食。佛以足指，撥卻澡盤，澡盤應時輪轉而走，自跳自墮，數返乃止。佛語羅雲：汝寧惜澡盤恐破不？羅雲曰佛：洗足之器，賤價之物，意中雖惜，不大殷勤。佛語羅雲：汝亦如是。雖為沙門，不攝身口，粗言惡說，多所中傷，眾所不受，智者不惜，身死神去，輪轉三塗，自生自死，苦惱無量，諸佛聖賢，所不愛惜，亦如汝言，不惜澡盤。羅雲聞之，慚愧怖悸。

此譬喻故事畫出現在克孜爾石窟8窟，34窟、163窟和205窟的拱券頂菱形格中。

羅怙羅認父佛傳故事畫

這幅畫繪在克孜爾石窟110窟中，畫面為主佛身後有一人置於水中，父王坐於一側，耶輸陀羅夫人作悲痛狀，為釋迦牟尼以水驗羅怙羅的故事。說的是釋迦牟尼成道六年，始回迦毗羅衛城，拜見父王。此時羅怙羅六歲，耶輸陀羅給羅怙羅一喜歡丸，於大眾中尋父奉之。釋迦牟尼懷疑

羅怙羅非親生之子，乃將他置於石上投於水中，結果入水不沉，淨飯王（釋迦牟尼之父）加倍愛之。

羅怙羅命名佛傳故事畫

這幅畫繪在克孜爾石窟 8、17、163、192、206、207、224 窟中，畫面為羅怙羅坐於佛前，空中張設日月星辰。傳說羅怙羅為佛之嫡子。在胎六年，生於佛成道之夜。此時正是阿修羅王障蝕月時，故名羅怙羅，意為障月。

國王置幡請佛供養故事畫

這幅畫繪在克孜爾石窟 188 窟券腹的菱形格內。故事出自佛經《撰集百緣經》。故事的內容如下：那時，在那羅村落有許多疫鬼作祟，殺害民眾，荼毒一方。國王為了平治道路，除去瓦石汙穢不淨之物。在道路上豎立幢幡，在幢幡更掛起寶鈴，並以香水灑地，還在地上撒滿了諸種美妙鮮花。國王在做這些布置以後，又準備了美味佳餚，於是前去見佛，請佛及眾僧前來赴宴。

佛告訴諸比丘說：過去時，波羅奈國有一佛出世，名叫月光。月光佛帶領諸比丘來到梵摩王國。他們在接受了國王的供養以後，國王長跪在地向佛說：希望佛能夠大慈大悲，把我國民眾從疾病災疫中拯救出來。這時，佛立即把穿在身上的袈裟授予國王，叫國王把袈裟繫於幢頭，流動到全國各地作供養。就這樣，該國的疫病馬上被消除了，老百姓又重新過上了安居樂業的生活。

這個供養故事在畫面上是這樣表現的：佛坐方座上，頭上有塔式寶蓋。佛的身旁站著一個人，雙手捧著一桿幡。

叔伯殺龍濟國本生故事畫

這幅畫繪在克孜爾石窟 17 窟券腹的菱形格內。故事出自佛經《六度集經》，故事的內容如下：很古很古以前，有一個國家，人民安居樂業，生活得好好的。突然，來了一條蛟龍，在這個國家內興風作浪，吞食黎民百姓，使得百姓慘遭屠戮，人人生活得提心吊膽，不知如何是好。正在這個危機時刻，有叔伯兩人挺身而出，手執刀杖，表示要與蛟龍做殊死的抗爭，以除掉這個人民心腹中的大患，還黎民百姓一個和平安樂的生活。於是，叔伯兩人長途遠涉，找到了蛟龍的住處，欲置蛟龍於死地。蛟龍見叔伯兩人前來，先用巨大的身體把兩人盤捲起來，然後扭動龍頭，張開血盆大口，欲把兩人吞入腹中。正在這時，叔伯兩人搖身一變，化作了一頭象與一頭獅，也張開大口，死死地咬住了蛟龍的頭，雙方互相搏鬥，各不相讓。這樣，經過長期的搏鬥，雙方不分輸贏，最後都力竭而死。叔伯兩人雖然犧牲，但咬死了蛟龍，使得這個國家的黎民百姓，重新獲得了安全，於是人們紛紛歌頌叔伯兩人的英勇事跡，並立祠永久紀念他們。

克孜爾石窟 17 窟壁畫中所繪的這幅本生故事畫，表現為一條雙頭龍，正盤身為一圓圈狀，口內正在吞食一個人，另有三人，一人舉起雙手托住龍身，另兩人正驚慌失措，作無可奈何的樣子。圖中描繪的是蛟龍毒害黎民百姓時的景象，並沒有繪出叔伯與龍做爭鬥時的場面。（見圖128）

圖 128　克孜爾石窟 17 窟——叔伯殺龍濟國

[丿]

金光寺

據法國人伯希和在《吐火羅語考》中說，有一種佛經（《南條目錄》402 號）曾在龜茲金光寺中從梵文譯為龜茲語，後於 394 年又從龜茲語譯為漢文。

至於金光寺的故址在何處，已無從稽考。

金華寺

《名僧傳抄》卷 25《齊高昌仙窟寺法惠傳》中說：「法惠……德索既高，尼眾依止，稟其往誠訓。唯都郎中寺馮尼每謂惠曰：『阿梨未好，可往龜茲國金華寺帳下直月間，當得勝法。』惠信尼語，往至龜茲。」《比丘尼傳》卷 4《偽高昌都郎中寺馮尼傳》中說：「時有法惠法師，精進邁群，為高昌一國尼依止師。馮後忽謂法惠言：『阿梨未好，馮是梨善知識，梨可往龜茲國金花帳下直月間，當得勝法。』法惠聞而從之，往至彼寺見直月。」

可見金華寺亦稱金花寺，為 4 世紀在位的金花王所建，此寺便以此得名，這顯然是一所王寺。

有人認為金花王即龜茲歷史上著名的國王白純，因此這所佛寺即為王新僧伽藍（王新寺、新寺、王寺）。

金花王

唐玄奘《大唐西域記》卷 1 記載：「（龜茲）國東境城北天祠前，有大龍池。諸龍易形，交合牝馬，遂生龍駒，戾難馭，龍駒之子，方乃馴駕，所以此國多出善馬。聞諸先志曰：近代有王，號曰金花，政教

明察，感龍馭乘，王欲終沒，鞭觸其耳，因即潛隱以至於今。」

據季羨林先生在《吐火羅的發現與考釋及其在中印文化交流中的作用》一文中之考證認為，金花王就是《舊唐書·龜茲傳》中所說的龜茲國王蘇伐疊，今引原文如下：「伯希和曾在庫車找到大量木簡，其中之一上面寫著一個國王的名字 Swarnatepi。假如能從其他文獻中找出這個名字，那麼就可以確定這木簡的年代以及使用這種語言的地區。考《舊唐書》卷148《龜茲傳》有一個國王名蘇伐疊，和唐太宗同時。蘇伐疊顯然就是 Swarnatepi 的音譯。Swarnatepi 相當梵文的 Suvarnadeva，意譯『金天』。『金華（花）』的梵文就是 Suvarnapuspa。兩個名字裡都有 Suvarna（金）這個字，可見是有血緣關係。這都證明這個木簡上寫的國王就是龜茲（庫車）的國王」。

在庫木吐喇石窟附近，古時還存在一所名為「金砂寺」的漢人佛寺。

金砂寺

在庫木吐喇石窟的遺物、遺蹟中，「金砂寺」之名凡三見。其一是，日本人野村榮三郎於1903年在庫木吐喇發掘出的一件木盂內，見有「金砂寺」三字墨書題字；其二是，在庫木吐喇石窟溝口7窟的東壁上有一則土紅色漢文題記，其南側還有土紅色書寫的回鶻文題記3行。漢文題字豎行書寫，字體為長方形，約寬6公分、長7公分，大者為寬7公分、長10公分，字楷書，結構嚴謹，運筆嫻熟，當係有相當造詣的手書所寫。其文右起是：

……題記之耳廿一日畫金砂寺新□□□

……大德法藏都□那□□□□□

……月廿四日畫□□□□□□□□

題記中明確提到「畫金砂寺」一事。其三是，在庫木吐喇石窟49窟屋室北壁上，刻有「金砂寺」三字。

書有「金砂寺」的木盂，當是金砂寺的器物。庫木吐喇石窟溝口7號窟題記中「畫金砂寺」一事，據題記內容推斷，書寫者當是畫金砂寺的畫師，他用土紅色題字即是一個佐證。這種土紅色在回鶻期的壁畫中常常用來勾稿或描線。另外，畫師作畫完畢，在其附近題字以記其事的情況，在敦煌莫高窟就有好幾例。如此看來，回鶻龜茲時期，庫木吐喇附近確實存在著一座金砂寺。

金剛杵圖

它原為印度的一種兵器，用金、銀、銅、鐵或硬木製成，長把指到十二指、十六指、二十指不等，中間有把手，兩端有獨股、三股、五股、九股等刃頭。《陀羅尼門諸部要目》說：「杵、金、銀、銅、鐵、石、水精、陀羅木等，無量種各不同。杵，五股、三股、一股，長十六指為上，十二指為中，八指以為下，乃至一指節為

下。此經中說，不持金剛杵念誦，無由得成就。金剛杵者，菩提心義，能壞斷常二邊，契中道。中有十六菩薩位，亦表十六空為中道。兩邊得有五股佛五智義，亦表十波羅蜜，能摧十種煩惱，成十種真如，便證十地。」故而佛教密宗用作表示堅利之智，斷煩惱、伏惡魔的武器。因此，在佛教繪畫中出現了金剛杵的形象。

在龜茲石窟壁畫中，金剛杵被畫成多種形象，最常見的為兩端成兩個三角形的刀頭，中間是一個把手，把手上繞著一圈綵帶，如克孜爾石窟47窟後室左壁的金剛杵像就是這樣的。（見圖129）

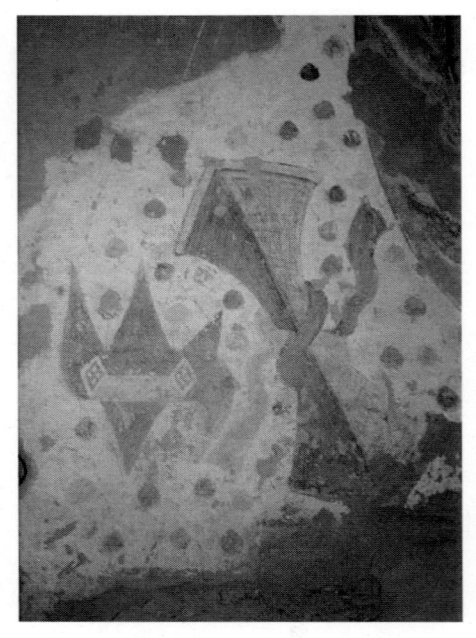

圖129 克孜爾石窟47窟——金剛杵

金剛神像

出自克孜爾石窟77窟主室右壁，縱57公分，橫40公分。

此圖位於主室右壁的佛遊行講經圖的左下角。圖的左端可見佛的右腿和臺座。圖中的人物坐在竹蓆上，看著佛舉著右腕握著拂塵，左手在胸前握著金剛杵。頭上戴有似鳥的雙翼展開的冠，長長的頭髮將它捲住，畫著光頭。此為聽法的金剛神。金剛神的眼前畫有兩隻鷹，一隻臥地，一隻飛下。

此件現藏德國柏林亞洲藝術博物館。

金翅鳥圖

金翅鳥，為天龍八部中的一神。《華嚴經探玄記》卷2中說：「迦留羅新名揭路荼，此云妙翅鳥，鳥翅有種種寶色莊嚴，非但金色。依《海龍王經》，其鳥兩翅相去三百三十六萬里，閻浮提止容一足。依《涅槃經》，此鳥能食消龍魚七寶等。」唐慧苑《新譯大方廣佛華嚴經音義》卷1中說：「迦樓羅，或曰揭路荼……舊云金翅、妙翅者，且就狀而名……然其翅有種種寶色，非唯金耳。」

根據上述佛經的記載，金翅鳥為一種動物的形象，是一隻翅膀具有金色或種種寶色的大鳥，其兩翅竟相距「三百三十六萬里」，一洲竟只能容納牠的一隻腳，與中國古代傳說中的大鵬鳥相似。

但是在龜茲石窟的早期壁畫中，金翅鳥卻被描繪成人面鳥身的形象，這顯然是受到希臘文化影響的結果。在古代希臘的神話中，就有一個人面鳥身的女神叫Harpy。常任俠先生在《印度和東南亞美術發展史》一書中談到印度也有這種女神的形象。他說：「在西元後初年秣菟羅附近康迦黎（Kankāli）的帶狀雕飾上，有希臘神話中女面鳥身（Harpy）形的金翅鳥。」可見，龜茲石窟壁畫中這種人面鳥身的金翅鳥形象最早出現在希臘，然後傳入印度，最後來到了龜茲。如庫木吐喇石窟 46 號窟的券腹中脊，就有一幅人面鳥身的金翅鳥的圖畫。

但是，金翅鳥的形象在龜茲石窟壁畫中不是一成不變的，除了人面鳥身的金翅鳥外，還有一種是純粹的鳥的形象，牠有時是一頭一身，有時是雙頭一身，嘴上正吞食著「龍」。如克孜爾石窟 38 窟券腹中脊，就繪有一幅雙頭一身的金翅鳥圖像。

金翅鳥神

克孜爾石窟 8、171 窟券腹繪有一身雙頭金翅鳥神，鳥神兩頭相背，各自在吞食蛇，雙翅欲展。（見圖 130）

圖 130　克孜爾石窟 8 窟——金翅鳥神

克孜爾石窟 80 窟券腹中券繪有一身金翅鳥神，僅存下身。

金華寺遺址

又名王新寺，遺址在庫車縣西南約 30 公里渭干河出山口之東岸。近鄰庫木吐喇石窟，330 年前後興建，約毀於 13 世紀伊斯蘭庫車教團的占領。

金剛力士像

金剛力士，又名執金剛神或金剛手，為執金剛杵護持佛法的神祇。《妙法蓮華經‧觀世音菩薩普門品》說：「應以執金剛身得度者，即現執金剛身而為說法。」

345

所謂密跡，指因常親近佛，聞佛祕密事跡之故。《寶積經·密跡金剛力士會》說：「法意太子曰：吾自要誓，諸人成得佛時，當作金剛力士，常親近佛，在外威儀省諸如來，一切祕密要常委託依，普聞一切諸佛祕要密跡之事，信樂受喜，不懷疑結……其法意太子則今金剛力士密跡是也。」

在龜茲石窟壁畫中，金剛力士有三種不同的形象，一種是以菩薩的面目出現，如克孜爾石窟69號窟左壁畫有兩軀金剛力士像。一軀金剛力士束髮戴冠，頭部兩側飄著巾帶，上身著短衣，下身著裙，衣帶在身旁飄揚。他的頭部後面畫出項光，手上托著一支金剛杵。這支金剛杵被畫成兩頭成兩個三角形的錐體。中間細腰處繫以綵帶。還有一軀金剛力士也是束髮戴寶冠，頭部兩側也飄著巾帶，只是上身赤裸，下身著裙。他的頭部後面也畫出項光，一手上舉，一手拿著一支金剛杵。這支金剛杵與前一個形狀不同，它是一個雞心狀的東西，上部有可以執手之孔。

另一種是以武力的面目出現的，如克孜爾石窟175號窟中心柱正面佛龕旁的壁間畫有一軀金剛力士像，他戴著戰帽，穿著盔甲，一身武士打扮。他挺胸凸肚，顯出威武有力的樣子。他的手上握著一支金剛杵。（見圖131）

圖131 克孜爾石窟175窟——金剛力士像

金天供養故事畫

這幅畫繪在庫木吐喇石窟50號窟的壁上方格內。故事出自佛經《賢愚經》。故事的內容如下：舍衛國有一個長者，財寶無數，生有一子，身體金色，名曰金天。當這個兒子出生的時候，長者家中自然而然地湧出一口井，只要向井開口，要衣服，井水中就會湧出衣服；要飲食，井水中就會湧出各種食品；要金銀財寶，井水中就會湧出無數金銀財寶。後來，金天年齡漸大，長者就四處尋找絕色少女，以聘為媳婦。這時，閻波國有一少女，出生時也是身體金色，美麗豔絕，於是就聘為金天的妻子。但是，當兩人結婚以後，不是生男育女，而是雙雙出家修行，成為羅漢。佛

為之說了一段因緣：過去，毗婆屍佛與眾僧遊化到一個村莊，有錢的人競作供養。當時有一對夫妻，兩人窮不得食，見富人對佛及眾僧作供養，兩人於故居內覓得一錢，以錢置瓶水中，以鏡蓋之，用以布施佛與眾僧。因為這對貧窮夫妻能以微薄之力，對佛及眾僧作供養，故死了以後轉生為金天夫妻，享盡榮華富貴。

這個供養故事在畫面上是這樣表現的：佛坐蓮座上，袒右臂，結跏趺坐。佛的身旁有一個著民族服飾的人，雙手捧著一只瓶，正在向佛作供養。這裡畫的是窮夫妻用瓶裝一錢向佛作供養的情景。

供養圖

在龜茲石窟壁畫中繪著這樣一些圖，圖的中間是一尊莊嚴慈祥的佛像，佛坐方臺上，佛的頭頂畫出寶蓋，佛的左側或右側畫著一個人；人的手上托著一隻盤，盤上放著珍玉財寶。此人側身上仰，作奉獻的姿態。這就是供養圖。

在龜茲石窟壁畫中作供養的不僅有人，還有猴子、鹿等動物。比如有一幅壁畫，畫中有一隻猴子，托著一隻缽，正在向佛作供養。而且供養的不僅有金銀、珠寶、食品、鮮花，還有用娛樂來向佛作供養的。比如有一幅壁畫，畫中有一個人，頭上頂著一根木棒，棒上又頂著一只盤子，盤子中放著碗、碟等器皿，與今天的耍雜技相似，此人的旁邊則畫出一尊高大肅穆的佛像。這是以雜耍來向佛作供養。再如有一幅壁畫，畫中的人兩手撐地，雙腳朝天，作倒立的姿勢。旁邊也畫出一尊佛像。這是以遊戲來向佛作供養。

在佛教中，供養的名目繁多，有香花供養、燈明供養、飲食供養、錢財供養、衣服供養等等。《妙法蓮華經法師品》中說：「華、香、瓔珞、末香、塗香、燒香、繒蓋、幢幡、衣服、肴饌、作諸伎樂，人中上供，而供養之。」

大乘佛教根據其教義，把供養提高到修成正果的一條必經之路，故而大力宣揚，鼓吹供養的作用與好處，所以佛教壁畫中就出現了供養圖。

供養人像

供養人，即出資修造佛教石窟、宣揚佛法的人。

佛教經典經常宣揚修造佛像的功德和福報，如《佛說造立形象福報經》中說：「佛至拘羅懼國……時國王名優填，年始十四，聞佛當來，王即敕傍臣左右皆悉嚴駕。王行迎佛，遙見世尊，心中踴躍……佛告王曰：若有作佛形像，所得福佑，我今悉當為汝說之。王言諾受恩。佛言天下人民能作佛形像者，其後世世所生之處，眼目淨潔，面貌端政，身體手足常好柔濡……後世常生勢尊貴家，受其氣力，與世絕異。在所生處，不墮貧家，作佛形象，其福如是。……作佛形象，後世得作帝王，特尊勝諸國王，當為諸王之所歸仰，信佛形象，其福如是。……作佛形象，死後不

龜茲文化詞典
八畫

復入於地獄、畜生、餓鬼諸惡道中。」這裡詳細敘說了造立佛像所得的種種福佑，一是來生面貌端正美好，二是生於有權勢有錢財的富貴家，三是來生能做尊勝於諸國的帝王，四是死後不入地獄、畜生、餓鬼諸惡道。

修造佛像既然能得到如此大的果報，於是帝王貴族、富商巨賈、平民百姓紛紛出資修造石窟、繪製佛像，並且把自己及其家屬的形象畫在石窟裡，他們就成了這個石窟的供養人。

在龜茲石窟中，有很多石窟是龜茲白氏王朝的國王出資修造的。20世紀初，德國人格倫威德爾等在克孜爾石窟67窟（他們定名為「紅穹窿洞」）中發現了一束龜茲文文書，從中找出一紙給石窟寺施捨錢財和處理這些錢財的帳單，並找到了六個龜茲國王的名字，其中的兩個在漢文文獻中有記載，一個是《新唐書‧龜茲傳》中的蘇伐勃駃。他於618年遣使唐朝後不久就死了；另一個是《舊唐書‧西戎傳》中的蘇伐疊，即蘇伐勃之子，死於646年。他死後，「其弟訶黎布失畢代立，漸失藩臣禮」，終於與唐朝中央政府發生了一場大戰。在六個龜茲國王的名單中，在蘇伐勃之前有一個國王叫托提卡，他的王后叫司瓦雅普拉普哈。這個國王在漢文文獻中並無記載。可是，格倫威德爾等人在克孜爾石窟205窟（他們定名為「洗腳洞」）發現了這兩個人作為供養人的畫像，因為上面用龜茲文題著王后司瓦雅普拉普哈之像這樣的字。可見克孜爾石窟205窟是龜茲國王托提卡出資修造的。石窟修成以後，他就把自己及妻子的像繪在石窟裡，作為供養人，以取得佛的恩惠和果報。

此外，龜茲石窟本身也不是完全由龜茲人修建起來的，而是由來自各個不同地方的人共同修建起來的，這中間存在著東西方文化交流的影子。

如克孜爾石窟205窟（德國人定名「航海洞」），20世紀初，德國人曾在這個窟左側壁上部發現有一幅億耳因緣故事畫，並在這幅畫內發現一行用龜茲文書寫的題記。據德國人解讀，題記的大意是：畫家魯瑪卡瑪來自敘利亞，他作完這幅畫後，畫了彩色圓圈，作為這幅畫的標誌。從譯文的語氣看，題記並非是畫家本人的手筆，而是由一位熟悉情況的後人追記的，以此來表達對畫家的追念。這件事本身雖然不能說明這個石窟是這個敘利亞人建造的，但是至少能說明敘利亞人在古代也參與了龜茲石窟的創造工作。

此外，中原地區的漢人也曾經在龜茲地區建造過石窟，儘管至今尚未發現有漢族供養人的畫像，但是有大量的證據表明有很多石窟確實是由漢人或漢僧開鑿的。一是有些支提窟的壁畫題材與風格，和中原漢民族完全相似。如庫木吐喇石窟14窟的正壁畫「彌勒變」、右壁畫「法華經變」；16窟的左壁畫西方「淨土變」、右壁畫東方「藥師變」、邊側畫「十二大願圖」。這些壁畫題材與款式是與敦煌莫高窟的唐

窟壁畫相似的。在這兩個窟的券腹上又畫有與敦煌莫高窟盛唐以後同一題材、風格的千佛像以及朵雲紋式。而庫木吐喇石窟12、15窟內東西甬道壁上所畫的菩薩像，頭戴小型花冠、高髮髻，胸前有複雜的細瓔珞，帔下垂，橫於胸腹之間兩道；用筆上，又是郭若虛所描寫中原畫家吳道子的人物畫「其勢圓轉，而衣服飄舉。」這樣的風格是中原各地石窟、盛唐以後菩薩造像標準形態。二是存在著大量的漢文題記。

再是，庫木吐喇石窟中還有兩個由回鶻人開鑿或畫像的石窟。如庫木吐喇石窟79窟窟中築有一個壇基，壇基前壁畫有一行七人，六個大人，一個小女孩。六個大人都站著，雙手合十，其中四個著袈裟，兩個著回鶻服裝，腳穿黑靴，係一男一女。小女孩也著回鶻服裝，雙手合十，跪在地上。在這六個人的頭旁或上方，寫有龜茲文、回鶻文和漢文的題記。漢文題記從左到右的內容是「頡里阿斯□施城中識智□羅和上」「法行律師」「□悟」。這顯然是回鶻供養人的圖像。如庫木吐喇石窟75窟左、右壁下部畫出幾軀回鶻供養人的形象，他們都被畫得很小，身長只有20公分左右。供養人的頭旁有漢文的榜題，尚能看清的有兩處：一處為「骨祿□□」，另一處為「□□思力」等，顯然也是回鶻人的名字。這兩個石窟為回鶻人所開鑿或畫像似無多大疑義了。

當然，龜茲石窟壁畫中的供養人像主要是由龜茲人構成的。

如克孜爾石窟104窟左甬道左壁和右甬道右壁俱畫龜茲供養人像，他們身穿翻領、折襟、窄袖長袍，腰束衣帶，都披髮垂項，有的手上托著一隻盛滿食物的碗，有的手持一支長莖花，臉形有扁圓、長圓、圓形三種，眉毛高挑，眼睛渾圓，嘴微微張開。克孜爾石窟新1窟左甬道左壁也殘留有一軀龜茲供養人像，他身穿翻領、折襟、鑲邊、窄袖的長袍，頭髮用錦巾包紮，頸後飄著頭巾，腰束衣帶，腰間左右各掛一寶劍和匕首。他一手按住寶劍，一手托著一盞燃著的燈，身後是天雨花圖案。

據《晉書四夷傳》記載：「龜茲國……男女皆剪髮垂項。」《北史·西域傳》記載：「龜茲國……其王頭繫綵帶，垂之於後，坐金獅子床。」《舊唐書西戎傳》記載：「龜茲國……男女皆剪髮，垂與項齊，唯王不剪髮。」《新唐書西域傳》記載：「龜茲……王以錦冒頂，錦袍、寶帶。」

從上述古文獻的記載來看，克孜爾石窟104窟左右甬道壁上所畫的龜茲供養人雖然著著十分考究的長袍，但是他們都披髮垂項，與文獻中「男女皆斷髮，垂與項齊」「俗斷髮齊項」的記載相一致，他們顯然都是當時龜茲國裡的王公貴族或將軍武士；而克孜爾石窟新1號窟左甬道左臂殘留的一軀龜茲供養人像則用錦巾包紮頭髮，頸後飄帶頭巾，這與文獻中「其王頭繫綵帶，垂之於後」「唯王不斷髮」，「王以錦冒頂、錦袍、寶帶」的記載相一致，他顯然是一個龜茲國的國王。

如庫木吐喇石窟46窟左甬道左壁、右甬道右壁俱畫龜茲供養人像，他們著翻領、折襟、窄袖的長袍，腰束衣帶。衣料的質地有厚重感，顏色有的為純黑，但多數為白色格子底或其他顏色底，再在衣服領、衣襟上鑲以各色的邊，看起來十分華麗。他們大多一手按著腰間的寶劍，一手舉起一隻燃著的燈。在克孜爾石窟189窟左壁上也畫著三軀龜茲供養人，他們著翻領折襟窄袖的長袍，腰束衣帶。有的長袍為斜方格子花紋，有的長袍的領口、衣襟處鑲以各色花邊，有的長袍則有點花花紋，十分富麗華貴。他們的腰間左右各掛有寶劍和匕首，雙腳著靴。他們雙手合十，捧一支長莖花。

在龜茲石窟壁畫中，供養人都畫得比較大，特別是那些畫在甬道壁上的供養人，其高度幾乎都在1.5公尺以上，有的與現在成年人的身高基本相等。因此，在這些壁畫上，佛、菩薩和比丘的身材與供養人處於同一個高度上，這與中原地區大多數石窟中，供養人畫在壁面的底部，尺寸都小於佛和菩薩畫像這一情況不同。如敦煌莫高窟398窟的南北壁畫出大型說法圖，在其底層則畫出供養人。419窟四壁的底層也畫著供養人。當然，這不是說龜茲石窟壁畫中全是大型供養人，也有一些供養人被畫於壁面的底部，其尺寸遠遠比不上周圍的佛與菩薩像。如克孜爾石窟69窟主室左壁下部畫出兩個龜茲供養人，高度在60公分，穿著翻領、折襟、窄袖的長袍，腰束衣帶，手中都持有一支長莖花。

從龜茲供養人像中，我們看到了古代龜茲各階層的人物形象，其中有「頭繫綵帶，錦袍寶帶」的國王，也有「剪髮垂項，服飾錦」的王公貴族、將軍武士，他們是出資修造這些石窟的人。為了得到福佑善報，他們把自己及其家屬的形象畫在石窟中，今天為我們留下了一份研究古代龜茲社會的風俗習慣、民族特性以及服飾衣著等方面的珍貴資料。

供養者列像

出自克孜爾石窟8窟，縱150.5公分，橫208公分。此為畫在右廊內側壁後部的整個壁畫。

四個供養者中，最左的一人腳下跪著一個兩手捧花盤的僕人（已脫落）。四個人都分開兩腳，以腳尖站立，頭略低，皮膚的顏色都是白的。除靠左邊第二個人的頭髮為白色外，其餘三人的頭髮都是紅色。前瀏海剪短，從中間分開梳。其他部分的頭髮梳成長的，繞到後面結起來。四人的手勢都不同，臉有圓有稍長的，眼的位置接近鼻和嘴，雙眼皮，鼻梁高挺，留著小而跳躍的「八」字鬍鬚。四人均穿右前長過膝的上衣，襟大大地翻折。上衣鑲著有花樣的邊。內衣是齊髮際的圓領，中央可見到針腳。褲子的下擺越下越窄，腳穿皮鞋。四人的左腹部均佩長劍，左腰上斜吊著中型的刀。四個供養者均無頭光。

此件現藏德國柏林亞洲藝術博物館。

供養舍利圖

佛陀涅槃火化後，圍繞著佛骨舍利的保存問題展開了一場爭戰，於是發生了八國爭舍利和八王分舍利之事。諸國在分得舍利以後，都回國起塔供養。據《釋迦氏譜序》說：「諸王得分，便起八塔。瓶、灰及髮為十一。」

在龜茲石窟的涅槃畫中，供養舍利的內容是以舍利塔的形式表現的。由於各個佛經記載的舍利塔的數量不同，如《佛說長阿含經》說：「爾時如來舍利起於八塔，第九瓶塔，第十炭塔，第十一生時髮塔。」《根本說一切有部毗奈耶雜事》卷39說：「時瞻部洲世尊舍利乃有八塔，第九瓶塔，第十炭塔。如來舍利總有一碩六斗，分為八分，七分在瞻部洲，其第四分阿羅摩處所得之者在龍宮供養。又佛有四牙舍利，一在天帝釋處，一在犍陀羅國，一去羯陵伽國，一在阿羅摩邑海龍王宮，各起塔供養。時波吒離邑無憂王便開七塔，取其舍利，於瞻部洲廣興靈塔八萬四千，周遍供養。」

因此，龜茲石窟涅槃畫中的舍利塔無一定的數量。如以克孜爾石窟為例，7窟畫有舍利塔18座，38窟畫有舍利塔14座，80窟畫有舍利塔12座，171窟畫有舍利塔16座，168窟畫有舍利塔遍布整個後室壁面。

龜茲石窟涅槃畫中的舍利塔大多數為雙幡覆缽式。塔中畫出佛坐像，但也有畫舍利盒的。

供養故事畫

「供養」是佛教徒進行宗教實踐的一種形式。佛教稱以香花、燈明、飲食等資養三寶為「供養」，並分財供養、法供養兩種。香花、飲食等叫財供養；修行、利益眾生等叫法供養。

佛教大力號召世人向佛門作供養，並說只有供養佛門，才能成菩薩。《妙法蓮華經·法師品》中說：「是人，一切世間，所應瞻養，應以如來供養。而供養之，當知此人是大菩薩，成就阿耨多羅三藐三菩提。」佛教經典中還說：世上的乞丐窮人都是因為生性吝嗇，不肯供養佛門才得此惡報的。《無量壽經》捲上中說：「貧窮乞人，底極廝下，衣不蔽形，食趣支命，饑寒困苦，人理殆盡，皆坐前世，不殖德本。積財不施，富有益慳，但欲貪得，貪求無厭，不信修善，犯惡山積。如是壽終，財寶消散，苦身聚積，為之憂惱，於己無益，徒為他有。無善可怙，無德可恃，是故死墮惡趣，受此長苦。罪畢得出，生為下賤。」

可見，佛教宣傳供養不遺餘力，目的顯然是為了養活數量眾多的僧尼，否則佛教徒就難以在世上存在下去。因此，佛教經典中講了許多因供養佛及眾僧而得了福

報，因不供養佛及眾僧而得到惡果的故事，這類故事就稱之為「供養故事」。

從佛教義理上來說，供養故事就是因緣故事，只是供養故事是因緣故事中特別強調供養、布施的那一類故事。所以，在龜茲石窟中，供養故事畫大多數是與因緣故事畫繪在一起的。

但是，自從大乘佛教產生以後，佛教教義中突出強調了供養、布施的內容。如大乘經典《決罪福經》說：「大福皆用貨財，乃得成耳。夫布施者，今現在世有十倍報，後世受時有億倍報，不可計數，復倍億萬。我常但說萬倍報者，略少說耳。恐人不信，少說。」這樣，供養佛門，布施僧尼，不僅能得十倍報、萬倍報，甚至億倍報，而且還能成佛。

大乘佛教產生以後，供養和布施的教義被提到空前的高度，於是出現了全部畫供養故事的石窟，庫木吐喇石窟50窟就是這類石窟的典型。

庫木吐喇石窟50窟是一個中心柱形支提窟。窟門上壁畫一佛說法兩菩薩，周圍為供養故事畫。左、右壁為供養故事畫，拱形券腹也為供養故事畫。此外，窟門兩側、後室左右壁、左右甬道，全部為供養故事畫。以主室左、右壁為例，每壁用線劃成8行，每行用不同顏色分成10個方格，每個方格中畫一個供養故事。白色線條中尚留有龜茲文題記，大概是用來說明供養故事內容的。供養故事畫中的佛坐蓮座上，頭上高髻，袒右臂，衣服上有用細線勾勒出的皺襞。佛做出各種不同的手勢，佛的身旁都有一人作供養，有供養衣服、帽子、水果、米飯、麵餅、珍寶、鮮花、壺罐的，種類繁多，甚至有一個婦女把自己的孩子也供養給佛陀。

龜茲石窟壁畫中的供養故事可以分為兩類：一類是人物供養故事，一類是動物供養故事。

人物供養故事中所說的供養種類繁多，擇其要者，有金錢供養、石子供養、鮮花供養、樂舞供養、飲食供養、造塔供養、幢幡供養、沐浴供養等；動物供養故事畫種類較少，常見的有鸚鵡作供養、獼猴作供養、大雁作供養等。

任繼愈先生在《中國佛教史》第一卷中說：「佛教的修習方法很多，大乘佛教歸結為布施、持戒、忍辱、精進、禪定、般若等六波羅蜜，即六種教人得到解脫的方法。」所以龜茲石窟中供養故事畫的出現，是和大乘佛教在龜茲的傳布有關。

供養菩薩像

供養、亦作供施、供給等，一般指以香花、燈明、飲食、衣服等供佛、菩薩及僧尼。《增一阿含經》卷13中說：「國土人民，四事供養：衣被、飲食、床臥具、疾瘦醫藥，無所渴乏。」妙法蓮華經·法師品》中說：「華、香、瓔珞、末香、塗香、燒香、繒蓋、幢幡、衣服、肴饌、作諸伎樂，人中上供，而供養之。」

供養並不僅是指眾生對佛、菩薩及僧尼而言，菩薩也要對佛作供養。《無量壽經》卷上中說：「設我得佛，國中菩薩，在諸佛前，現其德本，諸所欲求供養之具，若不如意者，不取正覺。」《華嚴經·世主妙嚴品》中說：「諸菩薩各興種種供養云。」

對佛作供養的菩薩，我們就稱之為供養菩薩。而根據其對佛所作的不同供養，供養菩薩中又分為樂音菩薩、獻花菩薩、獻香菩薩等。

庫木吐喇石窟谷口 23 窟的穹窿頂條幅中畫有供養菩薩，他們頭戴寶冠，赤裸上身，頸部、胸前和腕處飾以瓔珞、珠串、項鏈、寶繩、釧、環等，十分富麗華貴。他們的下身著裙，裙的下端攏起成圓形，用細線勾出皺褶。他們的臉扁而圓，眼、鼻、嘴似乎集中在一起，眼細而長，微睨，作昏然欲睡的姿態。他們的唇間蓄有鬍鬚，腰部肌肉用色暈染，有豐滿柔軟的感覺，特別是其手指細長潤滑，整個身材剛健婀娜。克孜爾石窟 69 窟右甬道右壁佛像旁畫出四軀供養菩薩，他們的頭髮用巾帶紮束，有兩條巾帶在頭部兩側飄舉，髮上再戴以珠冠。他們的臉扁而圓，眉毛高挑，眼睛較大，眼珠烏黑，唇上有鬚。他們赤裸上身，有的手中托花盤，有的手中持寶環，有的手中執花繩，有的則側著臉仰望佛。克孜爾石窟 207 號窟右壁也畫有幾軀供養菩薩像，十分綺麗雅緻：菩薩束髮戴珠冠，頸部掛項鏈，項鏈上墜有珠片。胸前也掛滿珠片，手腕則佩帶釧、環，手上執拂塵。

菩薩的臉扁而圓，唇有鬚，眼、鼻、嘴集中於顏面一點。菩薩的背後有一棵樹，枝椏節生，上有片片綠葉，還畫出一個倒垂著的果子。

帛延

為白延的同名異譯。《出三藏記集》卷 7，說歸慈（龜茲）王世子帛延於曹魏甘露三年（258 年）於洛陽白馬寺譯出《首楞嚴經》2 卷、《須賴經》1 卷、《上金剛首經》，並指出他「善晉胡音，延博解群籍，內外兼綜。受者常侍」。

參見「白延」條。

帛元信

龜茲人，據《出三藏記集》卷 7 指出，沙門法護於晉武帝太康五年（284 年）十月十四日所譯的《阿維越致遮經》，其梵本係得自前去敦煌的龜茲副使美子侯。在《出三藏記集》卷 8 中還說，法護於晉武帝太康七年（286 年）八月十日譯《正法華經》，有天竺沙門竺力與帛元信共同參校。此帛元信即為龜茲居士。

帛法矩

龜茲人，晉惠帝時（290～306 年）與法立共譯經典 4 部 12 卷。此 4 部 12 卷中有大乘等部的經典《大方等如來藏經》1 卷，其他 3 部皆小乘教經典。當時寫成法矩，而在《出三藏記集》卷 9 所記《漸備經十住胡名並書敘》中則說為帛法巨所譯，

353

可知法矩與法巨為同一人。另外帛法矩還自譯了大乘等部中的經典《優填王經》《前世三轉經》《阿世王受決經》《灌洗佛形象經》各1卷。唯他所譯最多的則為阿含部之小乘經典。

帛法祖

原名白遠。僧《出三藏記集》雖不載其籍貫，但以白、帛為姓者一般都係龜茲人，雖有記載說他是河南懷慶府河內縣儒者萬民之子，恐不確。法祖通梵語、漢語，於晉惠帝時（290～306年）在中原曾譯出大乘等部的經典《佛說菩薩逝經》1卷、《菩薩修行經》1卷、《嚴淨佛土經》1卷、《大乘如來藏經》1卷、《郁伽羅越問菩薩經》1卷、《等集三昧經》1卷、《唯逮菩薩經》1卷、《如來興顯》1卷等。屬於祕密部的則譯有《破魔陀羅尼經》1卷、《檀特陀尼經》1卷，再加上其他阿含部經典共16部18卷。

帛屍梨密多羅

《梁高僧傳·帛屍梨密多羅傳》稱他是龜茲王之子，本當承繼王位，後讓位於其弟，出家為僧，於晉永嘉年間（307～313年）到中原，棲居建初寺，傳譯密教經典。唯因其係龜茲王子，政治與宗教地位均較高，所以一入中原，便得到西晉封建上層各級權貴、豪族、將軍的青睞，過從甚密。當時中原尚無咒法，帛屍梨密多羅長於咒術，據稱甚為靈驗，即於晉元帝時（318～322年）在建初寺譯出《大灌頂經》13卷、《大孔雀王神咒經》1卷、《孔雀王雜神咒經》1卷。可知4世紀以前龜茲已流行密教，並產生了自己的高僧。而經過帛屍梨密多羅的譯經及宣講，從此密教也傳入了中原。

貧女施燈因緣故事畫

這幅畫繪在克孜爾石窟38、188窟中，畫面為佛坐側跪一人，長髮，雙手持一燈供佛。

《阿世王授決經》《賢愚經》中說：有一貧女難陀，一心供養，見阿世王燃燈供佛，作此功德。乃行乞得兩錢，買油膏至佛前燃之供養。（見圖132）

圖132 克孜爾石窟188窟——貧女施燈

貧女請佛因緣故事畫

這幅畫繪在克孜爾石窟 34 窟中，畫面為一女子持鮮花跪佛左側，一華蓋飄向佛頭上向。說的是，一位貧女敬重佛法，敬愛沙門，但她無錢買食物、衣服奉獻與佛，於是採摘種種鮮花，來向佛作供養。

貧人以身布施本生故事畫

這幅畫繪在克孜爾石窟 63 窟券腹的菱形格內，故事出自佛經《佛說菩薩本行經》。故事的內容如下：很古遠的時候，有五百長者子，設立大壇，豎起大幡，擊鼓宣令，實行布施。他們紛紛拿出家藏珍寶、象馬車乘、衣被飲食等財物，對於沙門、婆羅門、貧窮乞討者，都給予施捨，人們缺啥給啥，各取所需。有一個貧苦人，周遊諸國，來到這個地方，見五百長者子設壇濟貧，慷慨無私地施捨一切，便向他們問道：「你們如此布施，作這樣的功德，究竟是為了達到什麼目的？」五百長者子異口同聲地回答說：「作此功德，以求佛道。」貧苦人進一步追問：「何謂佛道？其德又如何？」諸長者子回答說：「論說佛道，它是至高無上，大慈大悲，超過一切的東西。它對待天下眾生，最為愛惜。它教導人們改惡從善，可斷絕人生的一切煩惱，於生死之海中，普度一切眾生，使其達到永久的安樂。所謂佛，諸惡永盡，諸善永行，無有任何汙垢，無有一切私慾。它具有十種神力，有四種無所畏懼，十八種奇特之法，它具有的道德，無極無限。佛身紫金顏色，有三十二個相貌，八十種好，前知無窮，目睹無極，當今之事，無所不知，總之，有舉不勝舉的功德。」貧人聽說佛有如此功德，心裡想道：「我今天決心學習佛道，普度一切眾生。但自己一貧如洗，無有任何財寶，該用什麼東西實行布施呢？我只有用自己的身體來實行布施。」想罷，他便以自己的身體臥於墳墓間，決定以身體施與眾生，需肉者給肉，需頭者給頭，需眼者給眼，需腦髓者給腦髓，總之，需啥給啥，一一滿足。用這樣的功德，以求佛道，廣度一切眾生。貧人這樣的功德，使得天搖地動。天神帝釋即以天眼觀看凡世，看見貧者在墓旁以身布施，即從天上降下來考驗他，變成了眾狗和飛禽走獸，一齊跑來吃他。貧人見了，心裡非常高興，毫無動搖悔恨之心。後來，天神帝釋很快恢復了原形，放聲讚嘆道：「善哉！善哉！這樣的功德，實在難以達到，你這樣做，想達到什麼願望呢？是想做天帝，做梵王，還是做轉輪聖王？」貧人回答說：「我此功德，目的不是想做天帝，做梵王，做轉輪聖王，我的最高心願是為了求得佛道。只因我貧窮，無有財寶可用布施，唯有以身布施，以求佛道，普度一切眾生。」

克孜爾石窟 63 窟壁畫中所繪的這幅本生故事畫，表現為貧人側臥樹下，有一隻鳥正在啄食其身肉，樹枝上尚棲著另一隻鳥，旁邊則畫出一隻狗。畫面生動有趣，人物和動物的形態自然逼真，極富有寫實的味道。

貧家子請佛沐浴供養故事畫

這幅畫繪在克孜爾石窟38窟券腹的菱形格內，故事出自佛經《賢愚經》。故事的內容如下：有一天，天神首陀會請佛及眾僧前往天神居所，以香湯沐浴作供養。那麼，首陀會為什麼會成為天神？又為什麼要以香湯沐浴向佛及眾僧作供養呢？佛為之說了一段因緣：這位天神在前生原是一個貧家子，他經常到富人家去幫傭，賺一些少得可憐的錢，用來餬口，以養活自己，所以他往往無隔宿之糧，也無多餘的錢。有一次，他聽到毗婆屍佛說起浴佛的功德是如何如何之大，不僅惠及今生，而且澤及後世。於是，這個貧家子就產生了一個強烈的心願，他也要以香湯沐浴供養佛及眾僧。可是他沒有錢實現自己的心願，就決意日夜勞作，幫人作傭，終於積下了少許錢穀。他就用這些錢穀去購買沐浴用具，還準備了種種飲食，把佛及眾僧請來，大作供養。由於這些功德，這個貧家子在壽終以後得以升往天上，成為天神首陀會。

這個供養故事在畫面上這樣表現的：佛坐方座上，袒右臂，以花樹為寶蓋。佛的身旁半跪著一個人，肩上扛著一隻雙耳長頸水罐，正在對佛作供養。

牧女奉糜佛傳故事畫

這幅畫繪在克孜爾石窟110、114窟中，畫面佛側為一持缽牧女，旁立持劍淨居天，另一側為陳如等五侍臣。說的是太子修行時，由於營養不良和體力消耗過甚，終於在某一夜裡突然暈倒。醒後，他在尼連禪河洗淨了身上多年的積垢，吃了牧女善生施捨的乳粥以後，身體才恢復健康。

牧牛女出家佛傳故事畫

這幅畫繪在克孜爾石窟110窟中，畫面為佛的身旁，有兩女向佛合掌敬禮。說的是釋迦牟尼在修行時，吃了牧女奉送的乳粥和酥蜜後才得以恢復健康。這次佛乃往其家，說法度化。

制底窟

即支提窟，為梵文的同名異譯。詳見「支提窟」條。

製陶圖

此畫出在克孜爾石窟175窟中，畫面是這樣的：兩個陶匠席地而坐，一個正在燒製一隻陶罐，旁邊放著幾個已經製成的同類的陶罐。這類陶罐有三個耳朵、高頸、鼓腰。另一個陶匠則正在製作泥坯。

至於這個石窟開鑿的年代，有兩種不同的說法：德國人認為開鑿於600～650年；閻文儒教授則認為開鑿於兩晉時期（3世紀中葉到5世紀初）。

魚尾飛馬窟

德文為Hippokampen Höhle，這是德國人對克孜爾石窟118窟的稱呼。

《往五天竺國傳》

書名。3卷，慧超撰。唐慧琳《一切經音義》卷100載有其音義。原書久佚，唯存唐人節錄的一卷本，記慧超赴印度各地的巡遊，為研究當時中西交通及亞洲歷史的重要資料。惜已多殘缺，其記海行部分則全缺。有羅振玉《札記》本與藤田豐八《箋釋》本。

《往五天竺國傳》中關於龜茲的記載如下：「又從疏勒東行一月至龜茲國，即是安西大都護府，漢國兵馬大都集處。此龜茲國足寺足僧，行小乘法，吃肉及蔥韭等也。漢僧行大乘法……（唐）開元十五年（727年）十一月上旬，至安西，於時節度大使趙君，且於安西有兩所漢僧住持，行大乘法，不食肉也。大雲寺主秀行，善能講說，先是京中七寶臺寺僧。大雲寺都維那，名義超，善解律藏，舊是京中莊嚴寺僧也。大雲寺上座，名明惲，大有行業，亦是京中僧。此等僧大好住持，甚有道心，樂崇功德。龍興寺主，名法海，雖是漢兒，生安西，學識人風，不殊華夏。」

甕中影譬喻故事畫

這幅畫繪在克孜爾石窟205、224窟券腹下沿部分，畫面為一濕婆裝飾人甕中觀影。濕婆為婆羅門教和印度教主神之一，即毀滅之神、苦行之神、舞蹈之神。其形象被描繪有五個頭、三隻眼、四隻手，手中分別拿著三股叉、神螺、水罐、鼓等，穿著獸皮衣，渾身塗灰，頭上有一彎新月作為裝飾，頸上繞著一條蛇，坐騎是頭大白牛。甕中影這個故事出自佛經《雜譬喻經》。故事的內容如下：過去有一個長者子，剛剛討了新婦，兩人十分敬愛。有一天，丈夫對妻子說：「你到廚房中去，取葡萄酒來，我們共飲。」妻子即去廚房開甕取葡萄酒，在酒甕中看到了自己的身影，以為其丈夫另有女人，十分氣憤，回來後對丈夫說：「你已有妻子，藏在甕中，還娶我幹什麼？」丈夫聽了後，自己到廚房揭開酒甕蓋，見到了自己的身影，回來以後即責罵其妻子藏有男人。兩個人互相怒罵，都認為自己看到的是真的。……有道人亦往視之，知道是身影，喟然嘆曰：「世人愚惑，以空為實也。」他就招呼夫妻兩人共入廚房，並對他們說：「我當為汝出甕中人。」說罷，取一大石打破甕，酒漏完了，裡面什麼都沒有。夫妻兩人至此才懂得，此為自身的影子，雙方都覺得十分慚愧。

貪慾索取本生故事畫

這幅畫繪在克孜爾尕哈石窟31窟後室後壁上。畫面為一人舉長圓物，後跪一合十婦女，右上方為屋宇、踏道等。故事講的是貪慾豪商索取財物的事。見巴利文《本生經》卷2等。

受出家衣佛傳故事畫

這幅畫繪在克孜爾石窟110窟中，畫面為立佛身後有一人執衣，面向佛，作贈

衣狀。說的是帝釋天作獵師狀，將一素布衣奉給太子，為出家衣。

受毒蛇身因緣故事畫

這幅畫繪在克孜爾石窟8窟中，畫面為一個水池，池中伸出一個蛇頭。說的是賢面長者這個人一生慳吝，不願對窮人和沙門作施捨，故死後變成了毒蛇身。

捨身飼虎圖

此畫出在克孜爾石窟8、17、38窟右券腹，描繪了《菩薩本生論》卷1的一段故事：摩訶薩埵太子出外觀景，看見山谷下有一隻餓虎與幾隻仔虎。餓虎即將死去，仔虎嗷嗷待哺，此情此景，令人悲憫。摩訶薩埵太子於是大發慈悲心，縱身跳入山谷，以自己的血肉軀體餵予餓虎及仔虎，使得牠們免於死去。畫面上出現的是一個穿著錦衣繡服卻袒露出胸部和腿部的人，仰臥在地上，一手撐著腰，一手伸過頭頂，作出竭力掙扎的樣子。一隻老虎正在咬齧他的胸部。他的嘴緊閉著，雙眼睜開，露出痛苦的神色，似乎正在忍受與克制著老虎撕咬他肉體時的極度疼痛。這幅畫繪得極其精美。中間是一棵圓形的菩提樹，綠色的樹叢中畫出點點白花。摩訶薩埵太子就躺在樹下，他周圍的土地上還畫出朵朵草花。作者用這種美好的景色來襯托正在發生的壯舉，以顯示出摩訶薩埵太子的心靈之美。而摩訶薩埵太子犧牲自己時的比較誇張的動作以及這幾隻筆直背腹相貼的餓虎在大口大口吞食的形象，加上四周的山林花樹，顯示了一種震撼人心的悲壯美。儘管這個故事內容豐富，而這幅畫又似乎繪得過於簡單，但作者卻抓住了藝術的基本特徵：形象大於思想，想像重於概念；大巧若拙，畫不盡意；用志不紛，乃凝於神。作者留給人們的是更多更深刻的思考。（見圖133）

圖133 克孜爾石窟17窟——舍熊飼虎

舍衛城神變佛傳故事畫

這幅畫繪在克孜爾石窟14、123、189窟中，畫面中立佛足下流水，身後項光，背光處有梵王及帝釋天，左右有鬼子母抱子及密跡金剛等。此為佛在舍衛城顯示種種神通，調伏外道的故事。傳說佛有三種神變：一是如來知眾生之善惡業因及善惡果報，應之而為說法，稱說法神變；

二是如來對諸弟子的教化，稱教誡神變；三是如來為調伏驕慢之眾生現示種種神通，稱神通神變。畫面上佛立於水中，即是佛降伏迦葉現示神變的一種。說的是洹水猝至，迦葉恐佛溺水，遣弟子往見。佛以神變加持，水不沒足，在水上行。畫面中有一女抱子場面，為鬼子母訶利帝天，初為食子惡神，後歸於佛，為佛的護法神。

舍熊飼惡虎本生故事畫

這幅畫繪在克孜爾石窟 63 窟券腹的菱形格內。故事出自《大智度論》《根本說一切有部毗奈耶破僧事》《方廣大莊嚴論》《經律異相》等佛教經典，又名「大熊本生」。故事的內容是：往昔婆羅尼斯城中有一貧人，全家靠他打柴度日。一天，樵夫上山打柴，遇一猛虎。虎向他撲來，他倉皇爬上了一棵大樹。到樹上，才發現有一巨熊，欲下不敢，欲留不能，恐慌萬分。熊見他害怕，便對樵夫說：「不要怕，我來救你。」說著就把樵夫抱在懷裡保護起來。虎在樹下對熊說：「此乃無義之人，你不能保護他，還是快讓我吃了吧！」熊答道：「我信佛法，素不傷害投我之人，怎能違背信義呢？」過了一會兒，熊覺瞌睡，對樵夫說：「我先睡一覺，你保護我，我醒後再守護你歇息。」說罷，頭枕樵人而睡。虎見熊睡著了，進一步施詭計挑撥說：「樵夫啊，請你想想，你這樣在樹上能待多久呢？你難道不想回家去嗎？唯一的辦法就是你快把熊扔下樹來，解了我的饑餓，我就離開。」樵夫聽虎的話後，惡念產生。為保全自己性命，就把睡熟了的熊推下樹來，讓虎吞食了。樵夫如此忘恩負義，連天神都容不了他。後來他得到了應有的報應，變成了一個瘋子。

克孜爾石窟 63 窟壁畫中所繪的這幅本生故事畫，表現的是猛虎與大熊對話這個情節。畫面上繪著一棵大樹，樹上有一隻大熊，大熊懷裡緊緊地抱著樵夫；而樹下畫出一隻猛虎，正抬著頭，虎視眈眈地望著樹上。（圖 134）

圖 134　克孜爾石窟 63 窟──舍熊飼惡虎

舍利摩提施塔因緣故事畫

這幅畫繪在克孜爾石窟34、38窟中，畫面為佛右側跪一人，佛的頭頂起有塔頂。故事說的是，舍衛城有一長者，名舍利摩提，他雖然十分貧困，但卻信仰佛法，敬重如來。他以天天微薄的所得，日積月累，終於積存了一筆錢。他把自己積下的全部錢財，為佛起了一座塔，以此來作供養。由於這些功德，他命終以後即生天上。

兔王護法殉身本生故事畫

這幅畫繪在克孜爾石窟8、14窟等券腹的菱形格內，故事出自《撰集百緣經》《一切智光明仙人經》等佛教經典，又稱「兔王本生」。故事的內容如下：古老的山林中住著一群野兔，兔王常常為群兔說法，教群兔行善守戒。有一婆羅門，厭世出家，也住在這個山林中。兔王說法時，他也在遠處靜聽，得到啟發。他想，我雖為人，卻愚昧無智，比不上兔。頓時心生悔恨，找兔王為他說法洗愚。兔王見婆羅門求法真誠，便答應了他的請求，並把婆羅門留在自己的住所，日日供給食物。日子久了，婆羅門總覺得生活不習慣，又吃不到人間的食品，饑腸轆轆，日子實在不好過。於是他告知兔王要離去。兔王問他原因，他開始不肯說，追問再三，不得已才直言相告。兔王聽後，心情沉重，對婆羅門說：「因我無德，故留不下你。那麼，我願你再住一夜，明日啟程。」婆羅門答應下來。是夜，兔王讓群兔廣聚薪柴，點燃起來。兔王為群兔和婆羅門徹夜說法。最後，兔王對婆羅門說：「智人集財乃為布施，施於眾人是積身德。我今無甚物濟你之難，心中感到痛苦不堪。唯願以身奉獻，解你饑餓之苦，盡我修法之道。」說罷，縱身投火。婆羅門上前挽救已來不及。兔王被燒得身焦而死。婆羅門被兔王的仁義之心深深打動，同時也覺得自己枉修數年之法，慚愧至極。為報兔王之恩，遂也抱著焦兔，跳進了火中。天神見兔王和婆羅門修法至誠，便下凡界為他們收拾殘骨起塔裝殮。

克孜爾石窟14窟壁畫中所繪的這幅本生故事畫，畫面上表現的是「兔王自焚」的場面：一個長鬚的婆羅門坐在一邊的高座上，另一邊有一堆熊熊燃燒的火焰，火焰中有一隻潔白如玉的兔子，正在痛苦地忍受著烈火的烤燒，婆羅門正伸出雙手作著救援的姿態，但因為時已晚，兔王已被燒死。這的確是一幅驚心動魄的畫面。（見圖135）

图 135　克孜尔石窟 14 窟——兔王护法殉身

佛教对社会人生得出完全悲观的结论，它们感叹于诸行无常，人生短促，惶惶然于死的恐怖之中，把彻底的死当作自己的最高理想，故道教曾攻击佛教为「修死」之学。因此，佛教把宣扬捨生求死、追求解脱作为感化其信徒的一个重要方法。这幅本生故事画正体现了佛教思想的上述主题。

《使交河郡郡在火山脚其地苦热无雨雪献封大夫》

唐代诗人岑参所作，其诗如下：奉使按胡俗，平明发轮台。暮投交河城，火山赤崔巍。九月尚流汗，炎风吹沙埃。何事阴阳工，不遣雨雪来。吾君方忧边，分阃资大才。昨者新破胡，安西兵马回。铁关控天涯，万里何辽哉。烟尘不敢飞，白草空皑皑。军中日无事，醉舞倾金。汉代李将军，微功今可。

[、]

法显

俗姓龚，平阳郡武阳（今山西省襄邱县）人。兄弟四人，其中三人都于幼年死亡，父母担心他也会夭折，3 岁时便把他度为沙弥。嗣因他在家患重病，送到寺院里住就好了，从此他便不大回家。父母死后，便决心出家，20 岁时受比丘戒。他常慨叹律藏传译未全，立志前往印度寻求。晋隆安三年（399 年），他约了慧景、道整、慧应、慧嵬四人，一同从长安出发。

当时河西走廊一带，有许多民族割据建国，各自为政，行旅很受影响。法显等经过了乞伏乾归割据的范川（今甘肃省榆中县东北）后，晋隆安四年（400 年）的夏天在张掖和另一批西行的僧人宝行、智严、慧简、僧绍、僧景五人相遇。秋间到达敦煌，得到敦煌太守李浩的供给，法显等五人先行，沿著以死人枯骨为标志的沙碛地带走了 17 天，到达鄯善国。大概因为前途阻梗难行，他们便转向西北往乌夷，又遇著宝云等。时乌夷诸寺都奉行小乘教，规则严肃，汉僧到此不得共processing。法显等（此时智严、慧简、慧嵬三人返高昌，只馀七人同行）得到符公孙供给，又折向西南行，再度在荒漠上走了 1 个月零 5 天，约于东

361

晉隆安五年（401年）初達到于闐國。慧景、道整隨慧達先走，法顯等留在那裡等著看四月一日至十四日的行像盛會。會後，僧紹去賓，法顯等經子合國南行入蔥嶺，在於麾國過夏。山行25日，到了和印度接境的竭叉國與慧景等會合，在那裡參加了國王舉行的五年大施會。

晉元興元年（402年），法顯等越過蔥嶺，進入北印度境，到了陀歷國。又西南行，過新頭河，到達烏萇國，即在該地過夏。其後南下經宿呵多、竺剎屍羅、健陀衛到弗樓沙；寶雲、僧景隨慧達回國，慧應在此國覆缽寺病故，慧景、道整和法顯三人，先後往那竭國小住。晉元興二年（403年）初，南度小雪山，慧景凍死，法顯等到羅夷國過夏。後經過西印跋那國，再渡新頭河到毗荼國。從此進入中印度摩頭羅國，過蒱那河東南行，於晉元興三年（404年）到達僧伽施國，在龍精舍過夏。又東南行經罽饒夷等6國，到達毗舍離，渡恆河，南下到摩揭陀國巴連弗邑。又順恆河西行，經迦屍國波羅㮈城，再西北行達到拘睒彌國，他在這些國家，瞻禮了佛陀遺蹟，並聽到了關於南印度達嚫國的情況和大石山五層伽藍的傳說。晉義熙元年（405年），他再回到巴連弗邑，在這裡住了3年（405～407年），搜求到經律論6部，並學習印度語文，抄寫律本，達到他求法的夙願。這時他唯一的同伴道整，樂居印度，法顯便獨自準備東還流通經律，東下經瞻波國，於晉義熙四年（408年）達到東印度多摩梨帝國，在此為了寫經和畫像，又住兩年（408～409年）。

晉義熙五年（409年）冬，法顯從多摩梨帝國海口搭商人大船西南行，離印度往獅子國（今斯里蘭卡）。晉義熙六年（410年），他在獅子國都城觀看了三月出佛牙的盛會，並為繼續搜求經律在此住了兩年（401～411年），抄得4部，乃準備歸國，途遇大風，在海上漂流了90天，到了南海的耶提婆，在此住了5個月。晉義熙八年（412年）夏初，他再搭乘大商船，預計50天航達廣州，即在船上安居。不料航行1個多月，又遇暴風雨，船上諸婆羅門認為載沙門不利，商量將法顯留在海島邊上，幸虧法顯從前的施主仗義反對，得免於難。經過了兩個多月的漂流，終於航抵青州長廣郡牢山（今山東省即墨縣境）南岸。法顯前從長安出發，途經6年，才到印度的中部，在那裡逗留了6年，歸程經獅子國等地，又3年才回到青州。他前後經過了15年，遊歷所經將近三十國，這是以往求法僧人所沒有過的經歷。法顯到達青州的消息，被太守李嶷聽到了，便迎法顯到郡城住了一冬一夏。晉義熙九年（413年）秋間，法顯南下赴晉都建康（今江蘇省南京市）。他在道場寺會同佛馱跋陀羅及寶雲等從事翻譯。從前和法顯一同西行求法的，先後有10人，或半途折回，或病死異國，或久留不還，只有法顯一人，孜孜不倦，終於完滿得以實現夙願，求得經律，又冒了海行的危險回到祖國，翻譯流通，這種勇猛精進為法忘身的精神，真足為後

人所取法。他在建康約住了四五年，於譯事告一段落之後，又轉往荊州辛寺，後在那裡逝世。

法顯還譯述西行求法的經歷，留下了《佛國記》（又名《歷遊天竺記傳》）1卷。此書成於晉義熙十二年（416年），為中國古代以親身經歷介紹印度和斯里蘭卡等國情況的第一部旅行記。它對於後來去印度求法的人，起了很大的指導作用。同時在他的記載裡，還保存了有關西域諸國的許多可貴的古代史地資料。因此，近代有英、法文等譯本，極為各國歷史學者和考古學者所重視。

法螺

龜茲石窟壁畫中的一種樂器。本是一種海洋動物，殼尖長圓錐形，最大的全長40餘公分。螺層高，殼口大，殼面淡褐色，有斑點。肉體淡赤色。生於礁岩間，以海藻為食。臺灣和南海各島嶼均產。肉供食用。殼頂穿孔，吹之鳴鳴作聲，自古為佛事和軍用的樂器，也通稱「梵貝」。

克孜爾石窟198窟壁畫中有一個法螺演奏者的形象，他雙手緊握螺提，鼓腮而吹。

法豐寺

據唐代僧人僧詳的《法華經傳記》稱：5世紀上半葉時，出生於敦煌的一位姓竺的百姓，出家後被名為法豐，因其信佛教，所以一般也稱其為釋法豐。有一年，他前往龜茲遊化，適遇當地人民正在重修一舊寺，他即前往幫忙。因其出力較多，寺成後，眾僧即推舉為該寺僧正，並以其法名為寺名，是為法豐寺。

法輪窟

德文為 Höhle mit der Gebetmuhle，這是德國人對克孜爾石窟114窟的稱呼。

法輪常轉

庫木吐喇石窟69窟為一個大型的毗訶羅窟，東壁有一小禪窟，小禪窟門南有方形類似回文刻辭的刻字，左邊一方，能看出四角刻有「法輪常轉」四個字，以及小圓圈中的一個「佛」字。

註：法輪是對佛法的喻稱。「法輪常轉」是指佛的說法如車輪一樣旋轉不停。

法護王造塔供養故事畫

這幅畫繪在克孜爾石窟171號窟券腹的菱形格內，故事出自佛經《撰集百緣經》。故事的內容如下：過去時，波羅奈國有一佛出世，號曰檀香。有一次，此佛帶領諸比丘去見法護王。當時法護王統治的國家正值天旱，幾個月都不下雨，弄得苗稼不收，老百姓都快要餓死了。法護王聽說佛要來，就帶領群臣前來迎接，並要求佛接受他三個月的四事供養。佛答應了。於是在法護王的布置下，城內造起了浴池，用來供佛及眾比丘前來洗澡。法護王還發

出了大誓願，表示要持此功德祈求帝釋天降大雨遍淋全國，滋潤苗稼，讓老百姓不致餓死。法護王發了這個大誓願後，天於是降起雨來，全國各地都得到了滋潤。為此事，法護王又下令造八萬四千個塔，每塔各放一個金瓶，金瓶內盛滿供養佛洗澡的水。

這個供養故事在畫面上是這樣表現的：佛坐方座上，袒右臂，頭上有團形花樹做寶蓋。佛的身旁跪著一個人，此人雙手捧著一座塔，正在向佛作供養。

法護王請佛洗浴供養故事畫

這幅畫繪在克孜爾石窟58窟券腹的菱形格內，畫面為佛坐方座上，袒右臂，以花樹為寶蓋。佛身旁半跪一人，肩扛一隻雙耳長頸水罐，正向佛作供養。故事出自佛經《撰集百緣經》。故事的內容如下：過去波羅奈國有佛出世，號曰檀香，將諸比丘詣法護王。此國值天亢旱，苗稼不收。王聞佛來，將諸臣奉迎世尊，受我三月四事供養。佛即然可。於其城內復造浴池，洗澡佛僧，發大誓願。持此功德，願帝釋天降大甘雨遍潤全國，潤益苗稼，給濟眾生。發是願已，天尋降雨，莫不蒙賴。即造八萬四千金瓶，盛佛浴水……

寶藏窟 A

德文為 Schötz Höhle A，這是德國人對克孜爾石窟85窟的稱呼。

寶藏窟 B

德文為 Schötz Höhle B，這是德國人對克孜爾石窟84窟的稱呼。

寶藏窟 C

德文為 Schötz Höhle C，這是德國人對克孜爾石窟83窟的稱呼。

寶藏窟 D、E

德文為 Schötz Höhe D、E，這是德國人對克孜爾石窟82窟的稱呼。

寶天因緣故事畫

這幅畫繪在托乎拉克艾肯石窟15窟主室的壁上，故事出自佛經《賢愚經》。故事的內容如下：舍衛國有一富翁，生了一個兒子。兒子出生時，天上下了七寶（《妙法蓮華經》以金、銀、琉璃、硨磲、瑪瑙、珍珠、玫瑰為七寶；《無量壽經》以金、銀、琉璃、玻璃、珊瑚、瑪瑙、硨磲為七寶；《阿彌陀經》以赤金、銀、琉璃、玻璃、硨磲、珠、瑪瑙為七寶；《般若經》以金、銀、琉璃、硨磲、瑪瑙、琥珀、珊瑚為七寶），以致其家內充滿了寶物，所以就名這個兒子為勒那提婆（意為寶天）。這個兒子長大後，出家成了道。佛說這件事的因緣道：原來有一次，毗婆屍佛與眾僧出遊，諸富人競作供養，有一個貧人無錢作供養，便以一把白石圓珠，供養與毗婆屍佛，因為這個緣故，使他得以生在富人之家，而且出生時得以天下七寶。

在托乎拉克艾肯石窟 15 窟的壁畫上，畫面表現為佛坐獅子座上，旁邊站立一人，手中托著一盤，盤中放著白石圓珠，正在奉獻與佛。這裡說的是貧人向佛供養白石圓珠的情節。

寶天供養故事畫

這幅畫繪在庫木吐喇石窟 50 窟的壁上方格內。參見「寶天因緣故事畫」條。

這個供養故事在庫木吐喇石窟 50 窟的畫面上是這樣表現的：佛結跏趺坐蓮座上，袒右臂。佛的身旁有一個著民族服飾的人，雙手托著一隻裝著白石圓珠的盤，正在向佛作供養。這裡畫的是貧人向佛供養白石圓珠的情景。

河灘地

明屋依塔格山和渭干河中間為扇狀河灘地，東西稍長，南北較短，自北向南略成緩慢坡降地勢，系渭干河水淤積而成，面積約 2 平方公里。沙攘，土質肥沃，遍地長滿長大的楊、榆、柳、桑和桃、杏、李、蘋果等果木以及低矮的柽柳、蘆葦等植物，鬱鬱蒼蒼，成為一處人間仙境。

河灘地的存在是克孜爾石窟產生、存在、繁榮、發展成為龜茲地區最早、最大的佛教石窟群的自然因素。

河西龜茲

東漢時期，龜茲與中原王朝繼續保持姻親關係，龜茲人遷居河西、隴右和關中者更多。他們大多從事農業，與氐人和羌人雜居，由貴族充當首領，自成一股勢力，其中以遷居涼州（今甘肅武威市）的人為最多，也有少數龜茲移民匈奴和鮮卑處，從事畜牧業生產的。據《三國志·蜀志·後主傳》記載：「（蜀漢延熙）十年，涼州胡王白虎文、治無戴等率眾降，衛將軍姜維迎逆安撫，居之於繁縣。」

蜀漢延熙十年為 247 年，龜茲王族姓「白」，東漢時，龜茲國有王名白霸、白英等，東遷的龜茲國人也因此姓「白」。「涼州胡王白虎文」無疑是遷居涼州的龜茲移民的大首領。

河南龜茲

南北朝時，四川仍有龜茲人活躍在政治舞台上。《宋書·劉粹傳（附道濟傳）》記載：「初，道濟以五城人帛氏奴、梁顯為參軍督護，費謙固執不與……氐奴既懷恚忿，因聚黨為賊盜。」「五城」在今四川中江縣境內，離新繁縣（龜茲移民在四川的聚居地）不遠。「帛」為「白」的異譯，帛氏奴必是遺留於蜀中的龜茲移民後裔的首領，因才能出眾而被益州刺史劉道濟所賞識，準備選用為參軍，卻被益州長史費謙所抑制，憤而暴亂，曾經橫行蜀中多年。暴動被平定後，帛氏奴不知去向。《宋書·吳喜傳》記載：「（劉宗泰始）五年（469 年），轉驍騎將軍，假號太守，兼率如故。其年，虜寇豫州，喜統諸軍出討，大破虜於荊亭，偽長社公遁走，戍主帛乞奴歸降。」劉宋泰始五年為 469 年，

「豫州」在今河南東南、安徽西北。「虜」指「索虜」，即北魏。「帛乞奴」或為帛氏奴的兄弟。吳喜大敗北魏入侵軍，北魏戍主帛乞奴歸降於宋，則帛乞奴於蜀中亂事被平定後，又曾率領部分龜茲移民投歸北魏，遷居於今河南省東南部。

泥俑頭像

出自克孜爾石窟新1窟，共1件，約為5～6世紀的作品。

波斯薩珊朝銀幣

中國和伊朗兩國人民自西元前2世紀（西漢中葉）以來就有了頻繁的友好往來；經濟貿易方面，互通有無；文化方面，兩國文明互相影響。薩珊朝時代（226～651年），聯繫兩國的交通大道「絲綢之路」暢通無阻。中國的絲綢和其他貨物，沿著這條「絲綢之路」源源不斷地西運，而由波斯等西方國家輸入中國的貨品，除玻璃器、香料、寶石、銀器、毛織物等以外，還有一定數量的薩珊銀幣。多年來在中國出土的薩珊銀幣，便是這方面的實物證據。

1928年在庫車的蘇巴什佛寺遺址上曾出土過一枚波斯薩珊朝的銀幣，其埋藏時間約在8世紀。該銀幣為庫思老二世式樣，直徑2.3公分，重1.8克，正面是臉向右側的王者半身像。王冠的樣式，作半圓球形。冠側和冠後部，都有兩級的雉堞形飾物各一，冠的底部有聯珠二列。冠頂有兩翅膀（翅膀是祆教中屠龍之神末累什拉加那的象徵）。兩翅間夾著一個新月和六角星。王冠前有一抱星的新月，冠後有一六角星。頸後有髻。耳璫由三顆珠子組成。頸部和胸部有瓔珞。胸前的中央有二珠。兩肩各有新月一個，又由兩肩各上飄一條紐結形帶。缽羅婆文的銘文，便在這兩條紐帶的上方，排列法都是由上而下。

這枚銀幣是庫思老二世的或阿拉伯翁米亞王朝時波斯舊壤各地所仿製的「庫思老二世樣式」的，其直徑較普通的薩珊朝銀幣為小。細加審察，周圍剪邊的痕跡很顯明。重量僅為薩珊朝「德拉克麥」銀幣的一半（「德拉克麥」平均重量約為3.906克）但在翁米亞王朝時，太伯里斯坦仍保持獨立，它在711～761年間所鑄銀幣為「半德拉克麥」，花紋仿庫思老二世的，重量減半，直徑也縮小。阿拔斯王朝滅了它之後，仍繼續鑄造這種輕幣，直到812年。舊鑄的「德拉克麥」剪邊作為「半德拉克麥」，以便流行於這地區。這枚銀幣，似即一例。可能是原來剪邊後在太伯里斯坦流行，然後輾轉傳入新疆庫車。太伯里斯坦在裡海的南岸，即《新唐書·西域傳》的「陀拔斯單」。波斯被滅後，這地區不肯臣大食，唐天寶年間曾數次遣使入朝，後為黑衣大食所滅。黑衣大食即阿拔斯王朝，於749年滅翁米亞王朝而繼興，761年滅太伯里斯坦。

這銀幣的正面花紋如上所述，和庫思老二世銀幣，基本上是相同的。因為剪邊的緣故，周圍邊緣的花紋已稍為殘損。邊

緣的右下方，似另有文字。翁米亞朝時仿製的「庫思老二世樣式」的銀幣，這右下方常有阿拉伯文，偶亦有缽羅婆文。但這枚銀幣因剪邊的關係，這點已經無法確定，更談不上認識銘文的含義。

　　庫思老二世在位 38 年。他的紀年 29 年，應該是 618 年（唐武德元年）。但是另有一種可能，它是翁米亞朝駐波斯的總督在 651～702 年間所鑄的所謂「庫思老二世樣式」的銀幣。後者的紀年，普通是用所謂「伊嗣侯紀元」，便是仍用伊嗣侯的紀元，繼續至第 50 年或甚至可能至第 63 年。29 年即等於回曆 40 年，亦 660 年（唐顯慶五年）。因為下列理由，剪邊作為「半德拉克麥」，當在太伯里斯坦開始鑄造輕幣（約 711 年）以後。當時普通多用波斯亡國後所仿鑄的「庫思老二世樣式」的銀幣，因鑄造時代相近，流行也較多。

波婆梨因緣故事畫

　　這幅畫繪在庫木吐喇石窟 43 窟券腹的菱形格內，故事出在佛經《賢愚經》。故事的內容如下：過去時，波羅奈國輔王生一子，身紫金，眾相備，取名彌勒。國王聞其子異，恐長大後為患，欲除之。輔王十分驚恐，把子送到其舅波婆梨處。波婆梨為波梨富羅國國師，有五百弟子，聰明高博。彌勒受其教育，進步很快。波婆梨欲為作會顯揚其美，派一弟子向輔王索取金銀為費用。這弟子於道中聞佛法，欲見佛，中道為虎所啖，生於天上。波婆梨只得自竭所有，供養婆羅門，各給五百金。有一叫勞度差的婆羅門最後來到，波婆梨已經無錢布施。勞度差惱怒地說：若不布施於我，七日後你的頭就要破成七段。波婆梨很憂愁，這時那個被虎吃掉的弟子從天上來，告訴說：見佛就可以解危。於是即派彌勒等十六弟子去見佛，都聽了佛說的妙法，得以成道。內一弟子向波婆梨告以詳情，波婆梨即祈請佛光臨宅所。果然，佛臨舍，並為之說法。後來，彌勒入波羅奈城說法，有一穿珠師因聽法而忘了工作，損失了十萬錢。珠師妻怪其聽法之事，穿珠師的心也發生了動搖。彌勒即請其到精舍，為之說了一段因緣：過去，波羅奈國中有一薩薄，家庭巨富，生有兩子，長子名淚吒，次子名阿淚吒。薩薄臨死時，囑咐兩個兒子不要分家。後來因為阿淚吒之妻唆使丈夫，堅持分家，終於把家產分成兩份。阿淚吒花錢如流水，把錢花光後向長兄要錢，先後給了他六十萬錢。後來，淚吒不再給錢，而阿淚吒又漸富，淚吒卻敗落變窮，往其阿淚吒處要錢，被其婦辱罵，便覺人心可惡，就出家為辟支佛。當時正值天旱，人遭饑荒，阿淚吒又漸漸貧困下來，靠打柴為生。一次，見一辟支佛無有供養，便帶入家中，用打柴所得的錢換成糧食，對辟支佛作供養。之後有一天，他出外打柴，見一兔，一擊化為一個死人。他十分恐懼，趁黑暗時，把死人背回家中，卻又化為金子。國王聞此奇事，即拜阿淚吒為大臣。這些都是因為阿淚吒打柴供養辟支佛這一功德所結的因緣。

這幅因緣故事畫在畫面上表現為：佛祖右臂，雙足相交坐蓮座上，頭上有紅色白點的華麗寶蓋。佛的身旁站著一個僧人，穿著袈裟，袒著右臂。這是彌勒聽了佛說法後，皈依佛門，得以成道的情景。

波塞奇王畫佛因緣故事畫

這幅畫繪在克孜爾石窟 34、38 窟中，畫面為佛一手持缽，另一手執筆，在比丘所持的布帛上畫像。表現的是波塞奇王畫佛的故事。

《賢愚經》卷 3 中說，波塞奇王崇信佛法，「就當圖畫佛之形象，布與諸國，咸令供養」。「即召畫師，敕使圖畫。時諸畫師來至佛邊，看佛相好欲得畫之。適畫一處，忘失餘處。重更觀看，複次下手，忘一畫一，不能使成。時弗沙佛，調和眾彩手自為畫，以為模法，畫一立像。於是畫師，乃能圖畫。」（見圖 136）

圖 136　克孜爾石窟 38 窟——波塞奇王畫佛

波斯匿王女善光因緣故事畫

這幅畫繪在克孜爾石窟 34、38 窟中，畫面為一盛裝女子跪於佛前，雙手高舉一盤，內置王后冠。說的是波斯匿王女善光，「聰明端正，父母憐愍，舉宮敬愛」。有一次，波斯匿王對女兒說：汝因我力，舉宮敬愛。女兒答曰：我有業力，不因父王。於是，波斯匿王把她嫁給貧窮乞人。不到一個月，宮室的財產驟增，不少於從前。波斯匿王去問佛，佛揭示了善光的業力，說過去九十劫，她曾為一王第一夫人，以天冠指飾供養毗婆屍佛，並發誓願，以致世世尊貴。

鄭吉

西元前？～西元前49年。漢會稽人，卒伍從軍為郎，數至西域。漢宣帝時，任侍郎，屯田渠犁。破車師，降日逐，累官衛司馬。漢神爵二年（西元前60年），被漢中央政府任命為西域地方最高行政長官，稱西域都護，設都護府於烏壘（今輪台一帶）。從此龜茲正式歸屬於漢朝的統一管轄之內。後，鄭吉以功封安遠侯，《漢書》卷70有傳。

房舍圖

此圖出現在庫木吐喇石窟16窟右壁東頭的壁畫中，整個房舍「向背分明」「深遠透空」，具有立體感。房舍中坐著一個人，博帶寬衣，似為唐朝漢人的服飾。看來此窟無疑為漢僧所建造。

夜半逾城佛傳故事畫

這幅畫繪在克孜爾石窟110窟中，畫面中太子騎馬出宮門，四天王捧持馬足，帝釋尾隨，車匿前導。說的是太子決定出家後，為防父王發覺，就在一個深夜裡，叫馭者車匿備馬，悄悄地離開王宮。當他行走到城門時，深夜城門緊閉，無法出去。正在無奈之際，四天王從天而降，托起太子所騎馬的四足，臨空而起，終於出了城門。（見圖137）

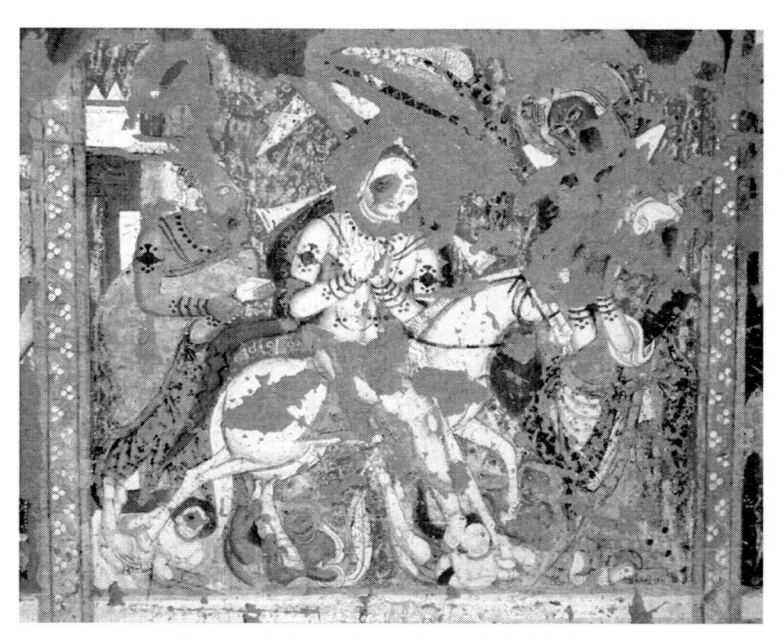

圖137　克孜爾石窟110窟——夜半逾城出家

龜茲文化詞典
八畫

淨飯王及王后聽法圖

出自克孜爾石窟 206 窟主室右側壁，縱 100 公分，橫 100 公分。

釋迦牟尼成道後四年，其父年已九十年有餘，暮年淨飯王十分想念兒子，於是派人送信，要釋迦牟尼回鄉。釋迦牟尼多年未曾回家，於是就匆匆帶領徒眾回故里迦毗羅衛。釋迦牟尼在家鄉為父王說法，使父王安心立命；又強使沉迷於酒色的（異母）弟弟難陀出家為僧。此畫描繪與此相關的情景。

圖畫中佛前坐著淨飯王及王后波波提，他們前面親吻佛足的是釋迦族人，身後是持劍的衛士和撐傘的侍從，上端是彈琵琶和吹排簫的樂神。畫圖中右側為淨飯王將象徵王位的王冠交給一個跪著的人，表示王位將傳授給他。其身後是佛的早期弟子舍利弗和大目犍連，最後為三眼帝釋天和天人。

此件現藏德國柏林（何館不明）。

盲龜鑽浮木孔譬喻故事畫

畫面中佛座旁跪一雙手合十的比丘，佛座前為一河或池，其上漂浮一木板，枷著一龜頭。講的是佛告知比丘，一個愚痴的人（無智、不明佛理者），在生死輪迴中，或可從極苦的地獄中脫身，轉生為畜生，但要再得一個人生並值千佛出世或教法住世，卻不容易，好比大海裡一隻瞎了眼的烏龜，要將頭鑽進海面上隨風漂浮的木板孔中一樣難得，應倍加珍惜，努力修習四聖諦法，在人生的短暫時間，完成正覺解脫。事見《中阿含經》卷 53《痴慧地經》：「猶如此地，滿其中水，有一瞎龜，壽命無量，百千之歲。彼水上有小輕木板，唯有一孔，為風所吹。比丘，於意云何？彼瞎龜頭，寧得入此小輕木板一孔中耶？比丘答曰：或可得入，但久久甚難。世尊告曰：比丘，或時瞎龜過百年也，從東方來，而一舉頭，彼小木板唯有一孔，為東風吹移至南方。或時瞎龜過百年也，從南方來，而一舉頭，彼一孔板為南風吹移至西方。或時瞎龜過百年也，從西方來，而一舉頭，彼一孔板為西風吹移至北方。或時瞎龜從北方來，而一舉頭，彼一孔板為北方吹隨至諸方。比丘，於意云何？彼瞎龜寧得入此一孔板耶？比丘答曰：世尊，或可得入，但久久甚難。比丘，如是彼愚痴人，從畜生出，還生為人，亦復甚難。」

此譬喻故事畫與因緣故事畫在表現形式上無甚區別，畫中都是繪出一身坐佛，佛座旁為有關人物（多為比丘）、動物和器物，但內容卻不同，因緣故事畫主要是描繪信徒對佛所作各種供養而得到種種好處，宣揚因果報應之事，而譬喻故事畫則是將佛在傳教中的譬喻說法內容，用具體可感的畫面展示出來，使抽象玄奧的教義形象化、淺顯化，從而更易於為信徒們領會和接受。

此譬喻故事畫在克孜爾石窟 8、34、63、163、171 窟的拱券頂菱形格畫中都出

現過。但此畫在龜茲石窟的其他石窟中似很少見到。（見圖138）

圖138　克孜爾石窟163窟——盲龜鑽浮木孔

[7]

建

漢永平時（58～75年），龜茲國為匈奴所控制。匈奴奴隸主貴族立龜茲人建為其國王。建恃仗匈奴人的勢力橫行西域北道，攻破疏勒國，殺其國王忠。《通鑑紀事本末·西域歸附》記載：「（漢永平）十七年(74年)。初，龜茲王建為匈奴所立，倚恃虜威，據有北道，攻殺疏勒王，立其臣兜題為疏勒王。」

建中錢

1958年，黃文弼先生在發掘庫車哈拉敦遺址時，在其晚期文化層中曾出土有「建中錢」。「建中」為唐德宗的年號，「建中錢」應該是唐德宗在位時鑄造的錢幣了。

姑墨

今新疆之拜城，漢為姑墨國，《北史》作姑默，唐為姑墨州，一曰亟墨，《大唐西域記》稱為跋祿迦，《大方等大集經》稱為婆樓迦。

姑墨之名出於突厥語之「Kum」，是「沙」的意思。「姑墨」是「Kum」的對音。

姑墨州

龜茲都督府轄下九州之一。姑墨州究竟在今何地，有許多不同的說法。

唐賈耽《四夷道里記》稱：「安西西出柘厥關，渡白馬河，百八十里西入俱毗羅磧，經苦井，百二十里至俱毗羅城，又六十里至阿悉言城，又六十里至撥換城，一曰威戎城，曰姑墨州，南臨思渾河。」由此可知唐朝撥換城內設立了姑墨州政府。《西域地名》中說：「唐之撥換，即漢之姑墨國，今之溫宿縣。」這是說，姑墨州在今新疆溫宿縣。

而《欽定皇輿西域圖志》卷16將姑墨國、撥換城及姑墨州府均放在「雅哈阿里克左右」。「雅哈阿里克」即今新疆拜

城縣的「雅哈阿里克」鎮，漢語稱為「察爾齊」鎮。這是說，姑墨州在今新疆拜城縣境內。

徐松《西域水道記》卷2則說：「（阿克蘇河）經哈喇裕勒袞軍臺西（維吾爾裕勒袞謂垂柳，柳且深黑，故名。軍臺在阿克蘇城東80公里），其地古姑墨國也。哈喇裕勒袞之東百二十里為滴水崖，皆沙磧。《唐書西域傳》自龜茲逾小沙磧，謂此也。」哈喇裕勒袞屬阿克蘇管轄，這就是說姑墨州在今新疆阿克蘇境內了。

降魔圖

釋迦牟尼在成道後，魔王波旬十分害怕，就派出魔軍來威脅他、誘惑他，企圖使他放棄自己的信仰。但是佛以堅定的毅力粉碎了魔軍的進攻，捍衛了自己的信仰。於是就在佛教藝術中出現了降魔圖。

在龜茲石窟中的庫木吐喇石窟14窟主室右側壁就畫有一幅降魔圖，它的布局是這樣的：佛居中作結跏趺坐式，坐在方形疊澀高座上，身著右袒袈裟，右臂前伸。佛的四周，繞以妖風魔霧，雲霧中各具怪相的魔軍向他作進攻狀，畫面表現的是魔王率眾魔威脅、恐嚇佛的情景。「其諸軍眾，忽然來至，充滿虛空，形貌各異。或執戟操劍，頭戴大樹，手執金杵，種種戰具，皆悉備足。或豬、魚、驢、馬、獅子、龍頭、熊、羆、虎、兕及諸獸頭。或一身多頭，或面各一目，或眾多目。或大腹長身，或羸瘦無腹。或長腳大膝，或大腳肥，或長爪利牙，或頭在胸前，或兩足多身，或大面傍面，或色如灰土，或身放煙焰。或象身擔山，或披髮裸形。或復面色半赤半白，或唇垂至地。或上寨覆面，或身著虎皮。或獅子蛇皮，或蛇遍纏身。或瞤瞤頭上火燃，或目努臂。或傍行跳擲，或空中旋轉，或馳步吼嚇。有如是等諸惡類行，不可稱數。圍繞菩薩，或復有欲裂菩薩身，或四方煙起，焱焰沖天。或狂音奮發，震動山谷。風火煙塵，暗無所見。四大海水，一時湧沸。」以上是《過去現在因果經》中描寫的魔軍進攻佛時的窮凶極惡的情景。

與上述殺氣騰騰的圖畫相反，在龜茲石窟壁畫中還出現其他一些降魔圖，如佛結跏趺坐在方座上，他的兩旁有三個妖冶的美女，正在佛的邊上搔首弄姿，想盡一切辦法用美色誘惑的方法來使佛放棄自己堅定的信念。這三個妖冶美人正是魔王波旬的三個女兒，是魔王派遣她們前來擾亂正在進入成道階段的釋迦牟尼。這些壁畫在克孜爾石窟110窟的正壁及98窟都有著很好的描繪。（見圖139）

圖 139 克孜爾石窟 98 窟——降魔圖

降魔成道

這是佛傳故事中的一個題材，它描繪釋迦牟尼出家後，遊跡野林，六年苦行，無所收穫，便來到菩提樹下入禪思維，求解脫之道。在釋迦牟尼將成正覺時，魔王波旬前來阻壞，欲斷其法道，調集魔軍殺向釋迦牟尼。克孜爾石窟 110 窟正壁上方和 76 窟西壁有這一內容的圖畫。畫面上，魔軍們劍拔弩張、刀砍斧劈，齊向趺坐冥想著的釋迦牟尼發起了強大的攻勢。

但是，當釋迦牟尼用神通力粉碎了魔王波旬的千軍萬馬後，波旬又遣其「善解女人幻惑之法」的三魔女向釋迦牟尼進行誘惑。克孜爾石窟 76 窟左壁方格裡，有這一內容的生動描繪。圖中釋迦牟尼結跏趺坐，其骨瘦如柴，表現忍饑苦行的情景。

左側立有三個秀麗的少女，立於前面者，赤身露體，左手指向釋迦牟尼，右手叉腰，雙腳蹉步，是一個優美的舞姿。但是，儘管三魔女做出各種妖冶淫亂的動作，但釋迦牟尼安坐如鐘，絲毫不為所動。

這幅畫的藝術效果十分強烈，枯形瘦體的釋迦牟尼與臀部肥碩、肌體豐腴、形態妖冶的魔女形成鮮明的對比。此圖是克孜爾石窟壁畫這一題材中之佳作，堪稱西域佛教美術的精品。

降三魔女圖

克孜爾石窟壁畫《降三魔女圖》中出現了裸體像，被描繪得最無掩飾。傳說佛在修道的時候，魔王波旬嫉懼佛法威力，曾派遣他的三個女兒前往引誘，妄以姿容

美色「亂其淨行」。《釋迦譜》卷3中載：「女詣菩薩，綺語作姿，三十有二姿，上下脣口，婪娛細視，現其髀腳，露其手臂，作鳧雁鴛鴦哀鸞之聲。魔女善學女幻迷惑之業，而自言曰：『我等年在盛時，天女端正，莫逾我者，願得晨起夜寐，供事左右。』菩薩答曰：『汝有宿福，受得天身，形體雖好，而心不端，革囊盛臭。而來何為？去！吾不用。』其魔女化成老母，不能自復。」

《降三魔女圖》的畫面即表現三女變成三個「老母」的情節。當年德國人曾在「孔雀洞」（今克孜爾石窟76窟）剝走一幅，發表在《古代庫車》一書上，尚較清晰：佛居中結跏趺坐，作苦修狀，其右側為體態豐腴而神情輕佻的三魔女，其左側則為三個醜婆，「頭白面皺，齒落垂涎，肉銷骨立，腹大如鼓」，當是三魔女所變。此處的魔女一絲不掛，繪成了一幅裸女圖。

降伏迦葉佛傳故事畫

這幅畫繪在克孜爾石窟4、8、98、110、175、192、193、196、205、207、224窟中，畫面為佛結跏趺坐，其一側迦葉三兄弟作頭部重疊狀；佛前有一披衣掃墓的大迦葉，頂禮佛足；坐佛身側一龍，火神堂左立一婆羅門持瓶倒水；右一婆羅門肩瓶登梯，下池旁一婆羅門執瓶汲水。此為降伏迦葉的故事。說的是優婁頻螺村婆羅門迦葉三兄弟，修習苦行，奉司水大事，門徒甚眾。佛以神通降伏，並在迦葉石室入禪，戰勝火神。（圖140）

圖140　克孜爾石窟224窟——降伏迦葉

降魔成道佛傳故事畫

這幅畫繪在克孜爾石窟 76、98、110、163、171、175 窟中，畫面一為魔女誘惑的場面，一為佛降伏眾魔的情景。98 號窟，佛居中坐，右手指地。佛右側上方，一魔以箭射佛；右側立了魔女作誘惑狀。佛座右下方是三魔女變為的老嫗。佛左側上方為二骷髏，左側為一牛頭怪物。靠近佛座下方為一綠色怪物，以矛刺向佛，矛頭已折斷。說的是釋迦牟尼受施草座，跏趺而坐菩提樹下將成正覺時，魔王波旬率魔軍前來逼試，或以溫言誑之，或以魔女誘之，或以暴威逼之。但釋迦牟尼始終不為所動，並施行神力，降伏魔軍，得正覺果。

迦葉窟

德文為 Kasyapa Höhle，這是德國人對克孜爾石窟 63 窟的稱呼。

迦膩色迦

約 79～120 年（一說 144～170 年）。大月氏貴霜王國國王。以北起阿姆河，南至印度河上游的國土為基地，進而征服北印度恆河流域，把東至貝拿勒斯，南至納巴達河的整個北印度地區都納入了貴霜版圖。把首都從中亞遷到古印度西北犍陀羅地區的富樓沙城（今巴基斯坦的白沙瓦）。據《大唐西域記》卷2，原「不信罪福，輕毀佛法」，後於野間受牧童建塔啟示，遂皈依佛法。其卷3載，王常讀佛經，日請一僧人入宮說法。因佛教各部派爭論激烈，聽脅尊者建議，舉行佛教第四次結集，世友為「上座」，主持編著《阿毗達摩大毗婆沙論》等，使他成為佛教史上著名的扶法者之一。

迦膩色迦大力扶持佛教，在中國各地建寺塔很多。他對境內各種成分的文化，採取兼容保護政策，使著名的犍陀羅藝術達到全盛階段。他還派遣大批僧人去國外傳教。由於他可能跨過帕米爾高原，征服過于闐、疏勒和莎車等地，他與中國人在中亞的接觸促進了印度佛教向中國的傳播，因此有的學者把迦膩色迦時代作為佛教傳入龜茲的開始。

迦蘭太子本生故事畫

這幅畫繪在克孜爾尕哈石窟 21 窟甬道外壁下部。畫面為一人立於水中，一人騎在龜背上。故事講的是迦蘭太子兄弟在海中的遭遇。見《六度集經》卷2。

迦利龍王與王后聽法圖

出自克孜爾石窟 206 窟主室右側壁，縱 100 公分，橫 112 公分。佛座前置十六條腿的小供桌，上面擺滿鮮花。佛前聽法的是龍王及王后，頭光後的三條蛇及雲氣表明其身分。他們坐在圓形的綠色水池中，池中冒出一條大蛇，蛇頭上長出一棵樹。龍王夫婦身後是姬妾捧盤供奉鮮花，再後是天人。其中一人正彈奏琵琶。佛的另一側坐著一個大鬍子金剛，一手握金剛杵，

一手執拂塵牛尾，他身後是三個僧人，其中一僧，一手上揚。最上面為三眼帝釋天。

此件現藏柏林（何館不明）。

《經行記》

唐杜環撰。原書已佚，唯《通典》曾選載數則，所記當時中亞、西域情況，為研究亞洲歷史和中西交通史的重要資料。近人丁謙、王國維等曾加考訂。

杜環曾隨唐大將高仙芝出使西域，把其所親身經歷的一切撰寫成《經行記》，故《經行記》所言皆實。如《通典·邊防七》謂龜茲「王理延城，今名伊邏盧城，都白山之南二百里」；又謂「今安西都府所理則龜茲城也」。《通典》是唐杜佑作於8世紀後期，其中西域部分的條目都來自杜環的《經行記》，今透過考古發掘證實龜茲漢時都城延城就是唐時都城伊邏盧城，說明了杜環在《經行記》的記述是真實可信的。

經變畫

這是將佛經中闡述的故事變為圖畫。如根據《阿彌陀經》的內容繪製的極樂世界的情況叫做極樂淨土變；根據《無量壽經》的內容繪製的極樂世界的情況叫做「西方淨土變」；根據《藥師本願經》的內容繪製的極樂世界的情況叫做「東方藥師變」；根據《彌勒下生經》的內容繪製的極樂世界的情況叫做「彌勒淨土變」；根據《妙法蓮花經》的內容繪製的極樂世界的情況叫做「靈山淨土變」；根據《大乘密嚴經》的內容繪製的極樂世界的情況叫做「密嚴淨土變」。

本生故事畫和佛傳故事畫也是依據佛經所說的故事內容而繪製的，本來也是屬於經變畫的，但是因為它們的內容是專門表現佛陀過去世和現在世中的事跡的，而經變畫則是專門描繪某個佛經中一段或全部所說的內容，特別是關於極樂世界部分的內容，因而把它們加以區分開來。

經變畫的出現似乎跟佛教淨土學說的流行有關。大乘佛教把佛所居住的地方稱作「淨土」「淨刹」「淨界」「淨國」和「佛國」等等，以與世俗凡人所居住的地方「穢土」相對。因此，「淨土」實際上就等於「天堂」。

「淨土」學說主要源於《無量壽經》《阿彌陀經》和《觀無量壽經》這三部經典，所以這三部經又稱「淨土」三部經。根據這三部經的描寫，大乘佛教就確立了對「淨土」的信仰和崇拜。

根據《無量壽經》的說法，西方無量壽佛淨土的地是由金、銀、琉璃、玻璃、珊瑚、硨磲、瑪瑙等七寶鋪成。這裡既沒有山海河谷，也沒有四季交替，永遠不寒不熱，溫度適宜。到處有七寶製成的樹林，發出各種美妙的聲音。住在這裡的人都具有非凡的容貌和智慧，他們住在用七寶建成的宮殿樓閣裡，周圍有七寶蓮花池，池邊有七寶樹環繞，風景優美。這裡的人不愁吃穿。想吃飯時，面前就會出現百味飲

食。吃完以後，就會自動消失，想穿衣時，各種衣服會應念而至，隨意選擇。而且人與人之間互敬互愛，沒有爭吵，也不再存在人世間的種種邪惡、痛苦和煩惱。當然，更不用受輪迴之苦了。在這裡，可以億萬歲享受歡樂。用《阿彌陀經》卷下的話說：「無有諸痛癢，亦無復有諸惡臭處，亦無復有勤苦，亦無淫佚嗔怒愚痴，亦無有憂思愁毒。生於阿彌陀佛國，欲壽一劫、十劫、百劫、千劫、萬劫、億劫，自恣意欲住正壽無失數劫，不可復計數劫，恣汝隨意皆可得之。」

大乘佛教以《無量壽經》《阿彌陀經》和《觀無量壽經》等為內容，大力提倡淨土信仰。隨著淨土信仰的深入人心，在中國佛教史上就出現了淨土宗的教派。

淨土宗產生以後，迅速擴散開來，信徒越來越多。淨土宗的信徒就在各處石窟、寺廟繪製了大量介紹佛國淨土的圖畫。就這樣，經變畫適應宗教上的需要而大大地傳布開了。

龜茲石窟中的經變畫主要集中於庫木吐喇石窟，這和庫木吐喇石窟接受過較多的中原文化影響有關。

庫木吐喇石窟16窟為一長方形平面縱券頂支提窟，窟的左壁畫西方淨土變，表現在畫面上是阿彌陀佛端坐在中間的蓮座上，左右是觀音、大勢至兩大菩薩，圍繞著他們的是無數眷屬聖眾，包括羅漢、護法的天王神將、夜叉力士和許許多多的供養菩薩。佛的座前是一部伎樂，舞者在中央，或獨舞，或對舞，兩旁是樂隊，多至數十人，樂器各異。再前面則是寶池蓮花，有種種奇妙雜色的鳥。佛的身後則是菩提雙樹，樓臺殿閣，虛欄相連。上面彩雲繚繞，飛天飄舞，並有遠山雜樹。整個畫面以阿彌陀佛為中心，構成一個極樂天國。這幅畫氣魄宏大，色彩綺麗，筆觸細膩，線條暢達。可與敦煌莫高窟的西方淨土變壁畫相媲美。

庫木吐喇石窟16窟的右壁畫「東方藥師變」，它的構圖和「西方淨土變」基本相同，所不同的只是以藥師如來為中心，日光、月光兩大菩薩為脅侍，另外增加十二員藥叉大將，分列藥師如來前，兩側附加「十二大願」，每一願中俱有題記。

庫木吐喇石窟14窟亦為一長方形平面縱券頂支提窟，正中設有高約50公分的壇基。這個窟的正壁畫出彌勒淨土變，它是根據《彌勒下生經》繪製的。《彌勒下生經》講的是彌勒菩薩從兜率天降生人間，在龍華樹下成佛，向天人說法。經變的下方畫出轉輪聖王穰把七寶臺奉獻給彌勒，彌勒把它施捨給婆羅門，婆羅門眾毀而分之。彌勒看到七寶臺須臾無常，悟到一切終歸磨滅，就剃度出家了。我們所見到的彌勒形象與阿彌陀是一樣的，只是手勢不同而已。

庫木吐喇石窟14窟右壁畫出「法華經變」，它是根據《妙法蓮華經》的內容繪製的。《妙法蓮華經》共有二十八品，其中半數皆宜於繪畫。在庫木吐喇石窟14

窟右壁的「法華經變」中，我們僅能見到《妙法蓮華經》二十八品中第三品——《譬喻品》的大宅失火圖，表現的是「火宅之喻」，即是把人間世界比喻為一個火宅，眾生為貪求塵世之快樂，雖身在火宅不覺其險。只有佛陀運用其智慧，才能普救眾生於火宅之中。這幅圖的畫面表現為：一所「向背分明」「深遠透空」、富有立體感的住宅，中間畫出人物。

龜茲石窟壁畫中的經變畫數量很少，而且都出現在晚期的石窟中，如庫木吐喇石窟券腹畫著千佛和朵雲的唐代石窟。在占龜茲石窟數量最多的中心柱形支提窟中，基本上就沒有經變畫。

陝西龜茲

漢武帝時，漢朝與烏孫聯姻，先後將細君公主和解憂公主分別嫁給烏孫王獵驕靡和岑陬、翁歸靡為妻。解憂公主與翁歸靡生有一女，名叫弟史，後來成了龜茲王絳賓的夫人，絳賓成了漢朝皇家的外甥女婿，龜茲國王與漢朝的關係因而十分密切。《漢書·西域傳》記載：「宣帝時……烏孫公主遣女來至京師學鼓琴，漢遣侍郎樂奉送主女，過龜茲。龜茲前遣人至烏孫求公主女，未還。會女過龜茲，龜茲王留不遣，復使使報公主，主許之。後公主上書，願令女比宗室入朝，而龜茲王絳賓亦愛其夫人，上書言得尚漢外孫為昆弟，願與公主女俱入朝。（漢）元康元年（西元前 65 年），遂來朝賀。王及夫人皆賜印綬。夫人號稱公主，賜以車騎旗鼓，歌吹數十人，綺繡雜繒琦珍凡數千萬，留且一年，厚贈送之。後數來朝賀，樂漢衣服制度，歸其國，治宮室，作徼道周衛，出入傳呼，撞鐘鼓，如漢家儀。外國胡人皆曰：『驢非驢，馬非馬，若龜茲王，所謂騾也。』絳賓死，其子丞德自謂漢外孫，成、哀帝時往來尤數，漢遇之亦甚親密。」以上記載明確地說：解憂公主的女兒「比宗室入朝」；龜茲王絳賓為宣帝「昆弟，願與公主俱入朝」。按漢朝制度，每年正月，宗室王侯或親自進京朝賀，或遣使為代表朝賀。自漢元康元年起，龜茲王絳賓和夫人弟史首次入朝京都長安。「後又數來朝賀」，絳賓之子丞德「成、哀帝時往來尤數」。可見兩代龜茲王入關朝賀是常事。國王朝賀，伴送和護衛的官吏、侍從和將士，少則數百，多則上千，其中「樂漢衣服制度」，喜歡內地水土，或因故不能返回，被漢朝政府安置在內地的，人數一定不少。個別龜茲移民聚居的地區，甚至設置了以龜茲國命名的縣。《漢書·地理志》「上郡」條下有：「龜茲，屬國都尉治，有鹽官。」可知龜茲縣是西漢上郡所屬二十三縣之一，而且是屬國都尉的治所，人口必然眾多，城邑也一定有相當規模。其下的注文有：「應劭曰：『音丘慈。』師古曰：『龜茲國人來降附者，處之於此，故以名云。』」可知龜茲縣的設置，是因為安置在這裡的龜茲國移民較多的緣故。西漢的龜茲縣，地在今陝西省米脂縣境內。該地靠近西漢的甘泉宮。或許因為此地水

土與西域的龜茲國相似，因而成了東遷龜茲人集中居住的樂土。

彌勒兜率天說法圖

龜茲石窟中的中心柱型禮拜窟的主室正壁對面的弓形部分多見此圖。其畫面布局大體相同，即中心部位是交腳坐姿的彌勒菩薩，左右和後方是諸聽法菩薩和天人。（圖141）

據佛教傳說，彌勒是繼承釋迦佛位為未來佛的菩薩。《彌勒上生經》和《彌勒下生經》記載，彌勒原出生於婆羅門家庭，後為佛弟子，先佛入滅，上生於兜率天內院，經四千歲（據稱相當於人間五十六億七千萬歲）當下生人間，於華林園龍華樹下成佛，廣傳佛法。

佛經說，兜率天有內、外兩院，內院是彌勒寄居於欲界的「淨土」，故產生了彌勒在兜率天說法的傳說。

參詣天祠佛傳故事畫

這幅畫繪在克孜爾石窟14、189、224窟中，畫面中佛左右各有一天王，一天王手托日月，還有畫為騎孔雀或牛的自在天和毗摩天女的，為太子參詣天祠的故事。說的是迦毗羅衛城外，有釋迦增長天神祠，太子入祠參詣，諸天均來敬禮。

圖141　克孜爾石窟38窟——彌勒兜率天說法圖

九畫

[一]

春鶯囀

據《教坊記》載：「春鶯囀——（唐）高宗曉聲律，晨坐聞鶯聲，命樂工白明達寫之，遂有此曲。」《春鶯囀》演出後，在社會上不脛而走。於是《春鶯囀》成為龜茲樂風靡中原的代表作品。大詩人元稹在《新題樂府》的《法曲》詩中指出：「自從胡騎起煙塵，毛毳腥羶滿咸洛，女為胡婦學胡裝，伎進胡音務胡樂。火鳳聲沉多咽絕，春鶯囀罷長蕭索。」

春鶯囀舞

《進饌儀軌》中記載《春鶯囀》的舞姿為「春鶯囀，設單席，舞伎一人，立於席上，進退旋轉，不離席上而舞」。說明舞伎是在一張毯子上表演舞蹈。另張祜《春鶯囀》中說：「內人已唱春鶯囀，花下傞傞軟舞來。」可見《春鶯囀》是一種頗為盛行的女子單人舞，因其舞蹈結構有序一、颯踏二、入破四、鳥聲二、急節二，各十六拍，即曲首為散板，然後進入「颯踏」，即中序，引出快板（即入破），由此越來越快，進入樂舞高潮（稱急節）。這種多層次的抒情軟舞，受到中原各族人民的喜愛。

城上河

位於庫車城之東北，即《水經注》中所說的西川水。

威戎城

唐賈耽《四夷道里記》中說：「撥換城，一曰威戎城，曰姑墨州。」這是撥換城或姑墨州的另一個稱呼，其地在今之新疆溫宿縣，新城即今阿克蘇市。

勃達嶺

《大唐西域記》作凌山。《四夷道里記》稱拔達嶺，即今天山之拔達嶺。據科學家考察，即為今天山之木扎提冰川。

封常清

唐天寶十一年至十四年（752～755年）的安西副大都護。據《資治通鑑》卷216載：唐天寶十一年十二月丁酉「以安西行軍司馬封常清為安西四鎮節度使」。《舊唐書封常清傳》載：唐天寶「十一載……以常清為安西副大都護，攝御史中丞，持

節充安西四鎮節度、經略、支度、營田副大使,知節度事。」

趙頤貞

唐開元十四年至十七年(726～729年)的安西副大都護。據《資治通鑑》卷213載:唐開元十四年,「會遲入朝,趙頤貞代為安西都護,嬰城自守,四鎮人畜儲積,皆為蘇祿所掠。安西僅存」。《新唐書本紀第五》載:唐開元十五年(727年)閏九月「寇安西,副大都護趙頤貞敗之」。

柘厥關

據《資治通鑑》卷199中說:「龜茲王布失畢既敗,走保都城,阿史那社爾進軍逼之,布失畢輕騎西走。社爾拔其城,使安西都護郭守恪守之。沙州刺史蘇海政,尚輦奉御薛萬備帥精騎追布失畢,行六百里,布失畢窘急,保撥換城(註:自安西府西出柘厥關,渡白馬河四百餘里至撥換城)。」

據《新唐書·地理志》引賈耽《四夷道里記》所載:「安西(屈支)西出柘厥關,渡白馬河,百八十里西入俱毗羅磧,經苦井,百二十里至俱毗羅城,又六十里至阿悉言城,又六十里至撥換城,一曰威戎城,曰姑墨州,南臨思渾河。」

周連寬先生在《大唐西域記史地研究叢稿》中說:「此安西西出之柘厥關(候望臺)應位於庫木土喇千佛洞之南,木扎提河東岸。」而據黃文弼先生在《塔里木盆地考古記》中的考查,謂在庫木吐喇千佛洞之南有舊城遺址名色乃當,城北里許有一土堡,本地人稱之為「炮臺」,為古時守戍官兵望之所。此地發現唐代陶片數枚,其中一片且畫有模糊不易辨認的漢字。是知此處在唐代設有檢查渡河行客的關卡,應是賈耽所提的柘厥關,而白馬渡即是指木扎提河東岸的渡頭。

擠奶裸女圖

此圖出在克孜爾石窟118窟正壁,畫面中共有20個人物,中間為一高大主像,左右人物分兩排或三排成隊列排開。主像左側均為女像,著緊身胸衣、袒臂、吹簫笛、逗鳥、彈箜篌,姿態嫵媚。靠近主像為一全裸女子,右手握擠乳房,上身前傾逼近主像,有明顯的引誘之意。主像右側基本為男像,各示手印,與《說法圖》中的樣子相同。這樣的構圖形式與象徵性的內容是一般「娛樂太子」或「宮中嬉戲」所沒有的。

南戈壁墓地遺址

位於庫車城南的庫車河岸,遺址為一個豎穴土坑墓,出土有龜茲的早期陶器,上有刻畫的幾何形、波浪形,貼塑的人物形紋和彩繪圖案等。主要有單耳帶流的陶罐、單耳雙流壺、三耳罐、雙耳罐及火葬用的骨灰罐等,其中一帶流陶罐的腹部燒製有人面塑像,五官俱全,毛髮豐茂,男性特徵明顯,是龜茲先人的原始美術作品。

九畫

樹下觀耕佛傳故事畫

這幅畫繪在克孜爾石窟110、227窟中，畫面中太子坐於樹下，前有一農夫執杖驅牛犁地。110窟西壁中欄左側，太子坐於樹下，以手支頤，若有所思，其前站跪各一人；右側一人揚臂驅牛，作犁地狀。說的是太子逐年長大，與隨臣行至村落，觀農夫犁地耕作，蟲隨土出，群鳥爭食，心生憂慮，復於樹下，靜坐思慮。

樹下誕生佛傳故事畫

這幅畫繪於克孜爾石窟76、99、175窟中，畫面為摩耶夫人舉右手應於無憂樹下，身後有一女扶持，太子右脅出，前跪帝釋天，以天繒接取，為釋迦樹下誕生的故事。說的是善慧儒童投胎迦毗羅衛國淨飯王摩耶夫人腹中，十月滿胎，入蘭毗尼花園，手扶無憂樹枝，太子從右脅降生。（見圖142、圖143）

圖142 克孜爾石窟175窟——樹下誕生局部

圖143 克孜爾石窟175窟——樹下誕生

[I]

貴霜王朝

1世紀上半葉興起於中亞的奴隸制國家。為大月氏的貴霜翕侯（部落首領）丘就卻所建。經閻膏珍至迦膩色迦，不斷對外擴張，國勢日益強盛，疆域北自花剌子模，南達文迪亞山，西起鹹海，東至蔥嶺，成為橫跨中亞和印度半島西北部的大國，首都富樓沙（即布路沙布羅，今巴基斯坦的白沙瓦）。國家商業經濟發達，為「絲綢之路」所必經之地，西與安息、羅馬，東與漢朝均有頻繁的貿易往來。

貴霜王朝的三代國王中有兩代國王（丘就卻與迦膩色迦）都崇信佛教，且都支持佛教中小乘思想的「說一切有部」。貴霜王朝的中心是橫貫中亞「絲綢之路」的樞紐，在頻繁的交流中，佛教透過貴霜的勢力不斷傳到西域，「說一切有部」學說在塔里木盆地各地廣為流行。龜茲就是在這時接受了「說一切有部」的小乘佛教思想。

此外，在貴霜王朝大力弘揚佛教的基礎上，犍陀羅和秣菟羅兩大佛教藝術也得到了很大的發展，極大地促進了龜茲佛教文化的繁榮。

貴霜藝術

貴霜王朝（1世紀後期至3世紀）的藝術。貴霜人是從印度東北侵入的遊牧民族，講伊朗語，穿伊朗傳統服裝，具有一種混合的文化，例如其錢幣鑄有希臘羅馬的、伊朗的和印度的神像。當時的藝術品至少有兩種主要的類型：一種源自伊朗皇家藝術，一種是希臘羅馬和印度傳統混合的佛教藝術。前者有在阿富汗發現的7個貴霜王發行的金幣，鑄著貴霜王族的肖像。後者則形成具有地方色彩的犍陀羅和秣菟羅佛教藝術，它又極大地影響龜茲佛教藝術的發展。

毗訶羅窟

又稱鼻訶羅、訶羅、尾賀羅，梵文作Vihāra，意為住處、寺、僧坊。唐玄應《一切經音義》卷6中說：「毗訶羅，此云遊行處，謂僧所遊履處也，今以寺代之。」《大日經疏》卷3說：「僧坊，梵音毗訶羅，譯為經處，即是長福住處也。白衣為長福故，為諸比丘造房，令持戒禪慧者得庇御風寒暑濕種種不饒益事，安心行道。」同書卷11又說：「寺者毗訶羅，此方譯為住處。」唐義淨《大唐西域求法高僧傳》卷上說：「毗訶羅，是住處義，此云寺者，不是正翻。」

毗訶羅窟是居住僧尼的一種石窟。漢文文獻有稱之為僧房或精舍的，實際上就是佛寺的原始形式。《簡明不列顛百科全書》「毗訶羅」條說：「早期佛教寺院，即在庭院周圍建敞開式小室，有走廊相通。印度的毗訶羅原是為僧人度雨季而建的居所，後來庭院中建起堵波，遂成為神聖處所。印度西部的毗訶羅可作為典型，往往鑿於峭壁上。」

龜茲文化詞典
九畫

印度最早的毗訶羅窟出現於奧里薩邦東部克塔克縣的烏德耶吉里山的蘭尼卡努。據沃喬普在《印度的佛教石窟寺》中說：毗訶羅「是佛教比丘的居室，或是托缽僧的群居處。毗訶羅或僧窟的最早形式似乎是前面帶有走廊或柱廊的許多小房間，克塔克的烏德耶吉里山的蘭尼卡努的毗訶羅就是這種模式」。沃喬普還說：「在多數情況下，這種小房間的面積極小，而在另外一處叫朱納爾的地方的某些毗訶羅窟中，這種小房間包括了兩個分間，裡面的一間有一個石床。這個石床是所有較早的小房間的一個經常性特徵，但是2世紀以後開鑿的毗訶羅窟中，石床不見了。」

印度的毗訶羅窟的形制大致是這樣的：以一間方廳為核心，周圍一圈柱子，三面鑿出幾間方形的小房間。但是據沃喬普的說法，印度的毗訶羅窟也有一個發展的過程。他認為：「最初較小的廳是沒有支持券腹的柱子的，岩石的韌性被認為不需要任何支柱。然而，後來石窟的規模變大了，發現這樣做不安全……柱子被採用了。」

因此，最早的印度毗訶羅窟是一個以方廳為核心，周圍三面鑿出幾間小房間。小房間一分為二，裡面鑿出一個石床的石窟。

從現存的印度毗訶羅窟來看，它們都開鑿在泉水或溪水之上或之旁，沒有這個條件的，就在窟前或窟旁的岩石上鑿一個蓄水池或水塘。這當然是為了保證生活上最需要的水的供應。

在中國玉門關以東的石窟群中，多數是供養佛像做禮拜的支提窟，很少有僧尼居住的毗訶羅窟。閻文儒先生在《新疆天山以南的石窟》一文中認為「這是這一地區（指龜茲地區）石窟的特點，也應當說是較早的一種形式」。閻文儒先生既指出了在龜茲石窟群中有許多毗訶羅窟這一特點，又把存在數量眾多的毗訶羅窟作為衡量該石窟存在時間較早的證據，這是有一定道理的。

原來，初期的佛教講究苦修，並不強調對佛像的崇拜。任繼愈先生在《中國佛教史》第1卷中說：西元前2世紀「印度佛教還處於部派佛教時期，社會上既沒有成文佛經，也沒有製造佛像……」查爾斯·埃利奧特在《印度教與佛教史綱》中也說：「阿育王時代的浮雕中從未出現過佛陀的偶像，這和最早的基督教藝術一樣，雕刻家的意圖是說明有訓導意義的記述，而不是提供崇拜對象。」因此，初期的佛教建築多為僧尼居住的毗訶羅窟和僧尼修行的禪窟，而供養佛像的支提窟出現晚於前兩類窟。這種情況是和釋迦牟尼傳布的教義相一致的。呂先生在《印度佛學源流略講》一書中引用了一個材料：「傳說佛滅不久，在王舍城外的七葉窟，有一次五百人的集結。這次集結各派的律中都有記載，儘管記載有出入，基本部分是相同的。參加的是佛的大弟子，主持人是迦葉，方式是會

誦，即指定一人背誦佛說，大家審定後，公認是佛說的就把它固定下來。」這就是有名的印度史上的佛教第一次經典集結，時間是在釋迦牟尼逝世的當年，即西元前486年。當時連最起碼的佛教藝術都沒有，那麼，舉行第一次佛教集結的七葉窟，很可能就是一個毗訶羅窟。

到了西元前3世紀，阿育王大興佛法，在印度各地興建石柱，以紀念釋迦牟尼。柱頂有獅子、象、牛、馬、寶輪等雕刻，其中以鹿野苑的獅子柱頭最著名。在阿育王以後，巽迦王朝（西元前187～西元前75年）時期，在印度的巴雅、貝德薩、巴爾胡特、桑志等地舉建了許多佛教建築物，都沒有佛的形象，而是用塔、娑羅聖樹、佛座、法輪等形象來代替。如以象表示佛的誕生，馬表示佛的出家，佛座表示佛的降魔，菩提樹表示佛的成道，法輪表示佛的說法，塔表示佛的涅槃等。所以，有佛像的支提窟是後來才有的事。

任繼愈先生在《中國佛教史》第一卷中說：「直到1～2世紀，隨著佛教徒對佛陀的不斷神化和大乘佛教的逐步形成，印度佛教在吸收希臘和波斯的宗教文化的基礎上，才逐漸有佛像的製作和崇拜。」常任俠先生在《印度和東南亞美術發展史》中也說：「至大乘佛教，許民眾禮拜佛像，於是開始了佛像的雕塑，這些遺存的藝術品，帶有希臘羅馬的雕塑風味，又因創始於犍陀羅，所以一般稱之為犍陀羅藝術。」「不過犍陀羅藝術的最重要變革，是將佛陀和佛教中聖者的本像在雕塑中表現出來，打破以往佛教藝術的禁忌，它並且雕塑了單獨的佛像以及諸天、金剛力士等，也為過去所無。」

這樣，我們就得出了一個結論：沒有佛像的毗訶羅窟是佛教建築的早期形式。而塑有或畫有佛像的支提窟則是晚於毗訶羅窟的。

龜茲的毗訶羅窟與印度的毗訶羅窟相比較，有以下幾個不同之處。1. 龜茲毗訶羅窟只有一個小房間，印度毗訶羅窟則有幾個小房間。2. 龜茲毗訶羅窟一般都開有甬道，而沒有方廳和柱子，印度毗訶羅窟則沒有甬道，而有方廳和柱子。3. 龜茲毗訶羅窟之下或之旁沒有蓄水池和水塘，而是處於河流和小溪附近。印度毗訶羅窟之下或之旁，都開有蓄水池和水塘。4. 龜茲毗訶羅窟都開有明窗，印度毗訶羅窟都不開明窗。

龜茲毗訶羅窟的共同點是：不直接向外開窟門，而是先開出甬道，然後在甬道的中間或頂端再開門入窟內。這種建築結構的優點是能夠避免風沙的直接侵襲和保持窟內的溫度。龜茲毗訶羅窟的這種結構是根據新疆夏多風沙冬多嚴寒的氣候特點而設計的。窟壁一般都開有明窗，用以採光；窟內都有壁爐，用以炊食和取暖；有的還築有土炕，用於睡覺。

在這些共同點的基礎上，龜茲毗訶羅窟又各有許多不同的特點，大致可以分成以下三種類型：

385

1. 開有耳室的毗訶羅窟。在這類窟的甬道頂端，開有一個方形平頂的耳室，作為儲藏食品的地方。這種耳室和本窟有門相通，但與本窟不是在一個構造平面內，而是形成了不同的空間。

克孜爾石窟第57窟是這類毗訶羅窟中的一種例子，它的甬道不是開成一條直巷，而是開成有兩個拐彎的曲巷。耳室不是開在甬道的頂端，而是開在甬道的中間。這種毗訶羅窟開鑿起來比較費力，但從避風沙、保溫度的角度來看，在同類毗訶羅窟中是更勝一籌的。

2. 帶有睡炕的毗訶羅窟。這類窟也都開有甬道，窟中有壁爐，窟壁開明窗，還有一個用土坯砌起或就地鑿出的睡炕。據沃喬普在《印度佛教石窟寺》一書中所說：印度朱納爾地區有一種毗訶羅窟，它包含著幾個小房間，而每個小房間又分為兩間，裡面的一間築有一個石床。這個石床是所有較早的小房間的一個經常性特徵，因為2世紀以後開鑿的毗訶羅窟中就不見石床了。這樣，龜茲地區的毗訶羅窟中，這種帶有睡炕，特別是鑿出石床的毗訶羅窟，在時間上應該是最早的。

3. 開有前室的毗訶羅窟。在龜茲石窟中，這類毗訶羅窟的數量極少，其形制是這樣的：正面為前室，前室後壁靠左開甬道，甬道頂端向右開門入窟。窟內有壁爐，券腹呈橫券狀，但也有一些是穹窿頂，少數為覆斗頂、套斗頂、縱券頂或平頂。在券腹與窟壁的連接處，有的還鑿出一層或兩層疊澀線，有的在疊澀線中還雜有混梟線。

毗摩天女像

這幅畫繪在克孜爾尕哈石窟13窟主室壁上。毗摩天女為大自在天之婦，故與大自在天像同時出現在這個壁面上。據《大唐西域記》卷2中說：「跋虜沙城東北五十餘里，至崇山，山有青石大自在天婦像，毗摩天女也。聞之土俗，日：此天像者，自然有也。靈異既多，祈禱亦眾。」

毗摩天女著菩薩裝，安詳妙殊，自然動人。

毗舍佉出家佛傳故事畫

這幅畫繪在克孜爾石窟14、17、77、99、163、219、224窟中，畫面為坐佛前毗舍佉捉法與的手臂。說的是時有二長者，名曰天與鹿子，兩家指腹為婚。後來，天生一女，名法與；鹿子生一子，名毗舍佉。到年長時，兩人要談論婚嫁。但是，法與早已皈依佛門，成為比丘尼，斬斷三界惑事。毗舍來佛處所，欲與法與成婚，捉法與之臂，但為佛阻止，與之說佛法之道，終於使毗舍佉覺悟，也出家為比丘。

毗楞竭梨聞法身釘千釘本生故事畫

這幅畫繪在克孜爾石窟17、38窟券腹的菱形格內，故事出自佛經《賢愚經》。

故事的內容如下：過去，有一大國王名叫毗楞竭梨，他心好法正，以法度治理國家。他派出群臣，到全國各地廣泛宣令：「誰能為我宣講經法，一定隨著他的心願，滿足他的一切要求，他想要什麼，就給什麼。」有個婆羅門，名叫勞度差，趕到宮門前，聲言他掌大法，誰如果想知道，就向他宣講。國王聽了，不勝歡喜，親自出宮迎接。施禮問安後，把勞度差帶到大殿，布置高座，請他就座，雙手合掌畢恭畢敬地對他說：「懇望大師，不吝指教，為我說法。」勞度差回答道：「凡我所知道的經法，都是經過多年勞苦，從四面八方學來的。大王既想知道，得用什麼樣的代價啊？」國王又手回答說：「只要你為我說法，你所需要的一切，我都會下令奉送於你，沒有什麼可以吝惜的。」大師對國王說道：「如果能在你身上，釘上千支鐵釘，我則給你講法。」國王立即滿口答應下來，並決定在七天之後，按照大師的要求去辦。此後，國王分別派出使臣，到各地宣告：「毗楞竭梨大王，在七天以後，於身上釘千支鐵釘，以求妙法！」臣民百姓聽後，紛紛趕來王宮，齊向國王求情道：「我們各地的臣民，都蒙受國王的恩德，過著安樂的生活。希望大王為了我們大家，千萬不要在身上釘千支鐵釘。」當時宮中的夫人宮女，各位王子與大臣，都向國王求情說：「希望大王為了我們大家，莫為一人捐棄自己寶貴的生命，拋下天下眾百姓！」國王堅定地回答道：「我在過去，或為貪慾，或為嗔恚愚痴，曾經生死殺身無數。

如果要計算的話，可以說白骨成堆，比須彌山還高；斬首流血，超過了五條江河；啼哭之淚，比四海之水還多。而這種生死，都不是為了正法。今天，我身釘千釘，是為了求得佛道，待以後成佛時，我一定以智慧的利劍，斷除你們的各種疾病、禍根與煩惱。你們為什麼還阻擋我的求道之心呢？」眾臣民百姓聽罷，默默無語。當時國王又對婆羅門說：「唯願大師，快快宣說，然後我釘千釘。不然的話，我死了，還聽不到法，那將是最大的憾事。」勞度差聽後，便說唱道：「世間一切都不是常在的，生者皆有苦，一切都是空的，無生無滅，生死無常，一成不變的東西是不存在的。」勞度差說罷，國王即在自己身上釘上千支鐵釘。當時，群臣百姓，一切在場的人，像大山崩倒一樣，以身投地，宛然啼哭，哭得東歪西倒，頭昏目眩，不省人事。只聽天地間六種震動，各位天神十分驚疑，紛紛下來，見到國王為了求法，傷壞了身體，也都啼哭起來，淚如大雨，又撒下無數天花，以表示對國王的無限崇敬。

克孜爾石窟38窟壁畫中所繪的這幅本生故事畫，表現為毗楞竭梨王跪在一棵樹下，赤裸著上身，雙手合十，在他的前後站著一個人，一手執頭，一手執鐵釘，作著頭敲釘，往毗楞竭梨王身上釘千釘的樣子。毗楞竭梨王的身後也跪著一個人，手裡托著一隻盤子，似乎是在扶衛著毗楞竭梨王。在龜茲石窟壁畫的本生故事畫中，這種以自我犧牲求得聞聽佛道的內容很

多，故事都千篇一律，無甚新意。（見圖144）

圖144　克孜爾石窟38窟——毗楞竭梨聞法身釘千釘

哈拉墩遺址

哈拉墩是龜茲古城中若干土墩之一，在庫車縣東約3公里。在龜茲古城的中間，烏恰河東岸烏庫公路的北面約240公尺，北臨百材艾力克村，是一個殘破不完整的土墩。南北長約25公尺，東西寬約15公尺，高出地面3.2公尺。在墩子的南、北、西三面，發現4個大灰坑，灰土堆積相當的厚，層次也很分明，在附近散布各種各樣的陶片和獸骨。在墩北以西一灰坑中，還有陶缸33個及遺物許多。

陶缸均為夾砂粗紅陶，面塗青色陶衣，面不光平，口部呈橢圓形，底呈尖狀向外突出，身高90公分，壁厚1.5公分，外表有耳形柄4個，每缸都由40～60公分厚的浮沙包圍著。不過缸的造型微有差別。至於缸中原盛何物，根據缸中積土及破損的情形，知此地經過長時間的荒廢和堆積，由於缸中積土有石子及草根樹根摻雜，與缸外土層相同，故缸中原盛何物，現已無法知曉了。

在埋缸的遺址中，曾發現「開元通寶」「大曆元寶」「建中通寶」以及「中」字錢和五銖錢等錢幣，同時還出土石器、骨器、陶片、銅片、鐵片、象牙等器，而以石器、骨器、彩陶片較多。

石器中以石鐮刀為較多，大部分是斷殘的，有完整的，一部分均作扁豆形，中寬，背稍厚略曲，長17公分、中高6公分不等，刃口有的磨製，很鋒利，有的略加打製，無特置柄部，背也不鑽孔，當時或係作為裁割之用。除石鐮刀外，另有磨石、石錘、石杵、石鑽、石紡輪等，還有些裝飾品，例如耳墜、耳環等，有一耳墜係取一直徑32公釐、寬20公釐橢圓形天然石子做成，在石的上端鑿一徑4公釐的孔為穿線之用，還有中間鑿3公釐寬之槽為繫線之用。這些都是小型的器物，大型石缽、石斧尚未發現。

骨器中有骨錐、骨針、骨簪、骨箭頭、骨玩具、骨裝飾品等，以骨錐為最多數。骨錐係取家禽脛骨一部分，一端磨尖，長

短不一，有長 9 公分、寬 0.15 公分的，有長 2 公分、寬 0.9 公分、厚 0.1 公分。骨針大部分取魚鰭骨來做，頭磨尖，但不鑽孔。有的骨鏃作扁葉形，兩端鋒利，長 0.28 公分、寬 0.7 公分、厚 0.6 公分。有作三棱形，長 0.22 公分、寬 0.18 公分、厚 0.8 公分。有的玩具，取動物距骨，兩面磨平，有的上刻樅樹葉紋飾，現新疆本地人仍用作玩具，稱為「畢洗」。其他骨器有作筒狀的，中空，疑作手把之用。有作柱狀的，一端磨製很光，是長期使用的痕跡。有作管狀的，疑是刻畫陶器上環圈花紋的工具。

陶片中以彩陶片數量最多，大部分都是與骨器、石器同出。有的是器口部分，有的是器壁，但其共同點都是在粗砂紅陶上塗一層白粉面，用紫色筆塗畫簡單紋飾，或作三角紋，或作平行條紋，很少為渦紋或方格紋。與仰韶彩陶不同，可能是另一系統；一種粗紅陶片中含砂子，而塗一層朱紅陶衣，或面隆起旋紋，或三角紋，或刻環圈紋。與此同出的也有骨器、石器等。另有一種細泥紅陶片，厚約 1 公分，皆是輪製，上刻以點紋為中心紋飾，或以三角紋與環紋合組紋飾，或作水波紋，或為素面紅陶。

上述遺物明顯有早晚的分別。分別出土的銅錢為「開元通寶」「大曆元寶」「建中通寶」等，其時代應相當於唐代中後期，也就是在 8 世紀中後期。至於石器、骨器、彩陶片的時代問題，可以推斷為西元前 3 世紀至 1 世紀。

哈拉玉爾滾石窟

在距離溫宿縣農一師五團民族二隊 500 公尺的一個小山溝的山坡上有一處石窟，它位於阿克蘇市東 50 餘公里處，這就是哈拉玉爾滾石窟。

整個石窟由六個洞窟組成，窟形都很完整。其中四個是方形窟，窟內已無壁畫。一個為中心柱形窟，前室坍塌，主室和後室也快被埋沒，窟的頂部殘存有幾行漢文題記，這是一份很珍貴的資料。一個主室呈縱長方形，後室尚未鑿通，但已開始塗抹草泥，並在其上作畫，畫的是蓮花圖案，但也沒有畫完就放棄了。

哈天人因緣故事畫

這幅畫繪在克孜爾石窟多個洞窟中，畫面為一坐佛面右側，伸臂作說法狀。其右一躬身立人，半裸，雙手於胸前拄杖，杖下端有一物。描繪一牧牛人聽佛說法，以杖刨地，誤著聽法的哈頭，哈即命終生忉利天。

豎箜篌

在龜茲石窟的樂舞形象中所見豎箜篌，其數量及出現次數均不如五弦、阮咸多，然而《隋書》《唐書》《新唐書》《通典》《唐六典》等書的「音樂志」「禮樂志」等都把豎箜篌列在龜茲樂之首，其原因是豎箜篌出在龜茲。如《隋書·音樂志》說：「今曲項琵琶、豎頭箜篌之徒，並出自西域，非華夏舊器」。《舊唐書·音樂志》也

龜茲文化詞典
九畫

說：「豎箜篌，胡樂也，漢靈帝好之。體曲而長，二十有二弦，豎抱於懷，用兩手齊奏，俗謂之擘箜篌。」《通典》中也肯定豎箜篌是胡樂。至今在克孜爾石窟 63、80 窟，庫木吐喇石窟 58 窟，克孜爾尕哈石窟 30 窟的壁畫中均可見到。（見圖 145、圖 146）

圖 145　克孜爾尕哈石窟 30 窟——豎箜篌

圖 146　豎箜篌（1906 年德國勒庫克等人從龜茲盜走的文物）

戰地濕羅

漢譯意為「真月」，又名利言，龜茲人。8世紀初，東天竺國名僧法月（又名達摩戰涅羅）至龜茲弘揚佛教，眾多聽眾中，獨見戰地濕羅聰明多才，頗有培養前途，即收他為徒弟。然後有計劃地教他學習梵本大乘《月燈三摩地經》《歷帝記》《瑜伽真言》等，成績優良，於726年，法月為他剃度受戒。法月為了進一步培養他，又令他學習小乘、律論、梵書、漢書、四鎮語、突厥語、護密語、吐火羅語，都有所收穫。從而於732年隨其師法月至長安，然後師徒在長安共譯《普遍智藏般若波羅蜜多心經》，由戰地濕羅擔任漢文筆譯。

昭怙厘大寺

唐玄奘《大唐西域記》卷1中記載：「荒城北四十餘里，接山阿，隔一河水，有二伽藍，同名昭怙厘，而東西相稱。佛像莊飾，殆越人工，僧徒清肅，誠為勤勵。東昭怙厘佛堂中有玉石，面廣二尺餘，色帶黃白，狀如海蛤，其上有佛足履之跡，長尺有八寸，廣餘六寸矣，或有齋日，照燭光明。」由於玄奘的這段文字，昭怙厘大寺已成為龜茲諸佛寺中最為著名的一座寺院，中外研究者對於此大寺在今之方位，說法甚多。

向達先生在《龜茲國之東西昭怙厘》一文中說：「玄奘所記的東西昭怙厘，我以為遺址在今庫車西南，書上稱為渭干河口，今名庫木吐喇的地方。」向達先生又說：「關於這一遺址的比定，首先得確定古龜茲都城的所在。我疑心漢唐間古龜茲的都城，即是《西域記》所說的『荒城』。此城荒廢，玄奘說是由於金花王『引構』突厥所致。金花王在古龜茲文中作Swarnate，梵文還原作Suvarnapuspa，亦即《新唐書·龜茲傳》中之蘇伐勃，其人死於高祖初年。故《西域記》云『近代有王，號曰金花』也。則此城之廢，亦不過在隋唐之際，距玄奘之至龜茲，為時不久。其遺址可能在今日庫車以南的新和。從新和北行微偏東至渭干河口，與《西域記》所記里程、方向，也大致符合。」

武伯綸先生在《新疆天山南路的文物調查》一文中說：「於此應附帶提及的，即在今庫車附近有甚多古塔，證明古代龜茲國佛寺之多。而在千佛洞附近也大抵都有一處或數處寺院遺址，有的位置在千佛洞的前面，有的建築在千佛洞背後的山上，有的原來建築形成還大部存在，有的僅存一個孤塔，但周圍散存很多瓦片，證明當初還另外有建築。這些遺址建築的形式，一般都是一連數個院落，每一院落中心有一個高塔，塔周圍有許多房屋，房屋以外是高厚的圍牆。規模最大的是庫木吐喇和森木塞姆兩個千佛洞附近的，遠遠望去像是一片廢城。在前者的遺址中曾撿得有方孔的小銅錢和開元錢等。這兩處遺址都位置在接山隔河的兩岸，以位置推斷，可能有一處即是玄奘所謂的『隔河接山阿』的東西昭怙厘寺。」此為森木塞姆石窟說。

英國人斯坦因測得今庫車河東岸的皮朗古城遺址周長為 8～9 公里，與玄奘所說龜茲國大都城規模相當；又以蘇巴什佛寺遺址南端至皮朗古城遺址的距離約 13 公里，恰與昭怙厘大寺位於城北 20 公里的記載相當，從而斷言蘇巴什佛寺遺址即昭怙厘大寺。法國人伯希和也認為昭怙厘大寺即今蘇巴什佛寺遺址。他認為，蘇巴什佛寺遺址至皮朗古城的距離恰好為 20 公里，不但與玄奘所記道里數合，也與《水經注》所引《釋氏西域記》將屈茨（庫車）雀離大清淨位在都城北 20 公里相符合，從而斷言，二昭怙厘位於龜茲故都城北約 20 公里，即在今蘇巴什佛寺遺址處。此為蘇巴什佛寺遺址說。

蘇巴什佛寺遺址在今庫車西北偏東 23 公里處，位於雀爾塔格山南麓、銅廠河（又名庫車河）出山口處。古建築遺址都分布於河的兩岸，尤其是河東、河西的幾座高塔，特別引人注目。因此很多考古學者都斷定此處是一個古代寺廟的遺址。（見圖 147）

圖 147　庫車縣境──蘇巴什佛寺遺址

目前，中國考古學界持昭怙厘大寺即蘇巴什佛寺遺址的說法最多。

思唯日神窟

德文為 Höhle mit dem Meditierenden Sonnengott，這是德國人對克孜爾石窟 34 窟的稱呼。

啞瞽因緣故事畫

這幅畫繪在森木塞姆石窟 1 窟的主室券腹中。畫面為佛旁地上一蛇盤曲。故事講佛為毒蛇拔牙，令其不動。見巴利文《本生經》卷 10。

[丿]

須摩提女請佛因緣故事畫

這幅畫繪在克孜爾石窟 178、198、205、224 窟中，畫面為一列乘騎各獸的比丘形象，佛諸弟子依次赴須摩提女所請在天空中出現，乘孔雀的為羅雲、乘龍的為伏毗迦葉、乘白鵠飛過的為大迦旃延、乘獅子的為阿那律、乘白象飛過的為目連……

《增一阿含經》卷 22 中說，「是時（阿那別邸）長者女沐浴身體，手執香爐，上高樓上，叉手向如來而作是說……是時眾僧使人名曰乾荼，明日清旦躬負大釜飛在天空」，「均頭沙彌化作五百華樹」，「尊者般特化作五百頭牛」，「羅雲復化作五百孔雀」，「尊者迦匹那化作五百金翅鳥」，「優毗迦葉化作五百龍」，「須菩提化作琉璃山」，「大迦旃延復化作五百

鵒」,「離越化作五百虎」,「尊者阿那律化作五百師子」,「尊者大迦葉化作五百匹馬」,「尊者大目犍連化作五百白象」;諸眾各在其化佛上,結跏趺坐。「是時世尊以知時到,披僧伽梨,在虛空中,去地七仞……」(見圖148)

圖148　克孜爾石窟224窟——須摩提女請佛

須大拏樂善好施本生故事畫

這幅畫分別繪在克孜爾石窟8窟券腹的菱形格內和81、198窟的連環畫裡。故事出自佛經《太子須大拏經》。故事的內容如下:葉波國濕波王之子須大拏,自幼喜好布施,慷慨大度。濕波王有一白象,為鎮國之寶,敵國便派人來乞白象,須大拏竟然把這頭國寶白象施給了敵國。為此事,濕波王大怒,把須大拏及其妻子兒女逐出了國門。即便如此,須大拏仍不改樂善好施的本性。當須大拏駕著馬車、載著妻子兒女在流浪途中時,有一個婆羅門前來乞馬,須大拏便把馬卸下來給了那位婆羅門,自己駕轅拉著車,妻子在後推,繼續前進。走了一程路,又遇見了一個婆羅門前來乞車,須大拏又把車施給了婆羅門,自己背起行李,帶著妻子兒女步行前進。走了一程路,又遇見一個婆羅門來乞求。須大拏告訴他說:「我的東西都可以布施,但如今,我的財物已盡了。」婆羅門說:「沒有財物,可以把你身上的衣服給我。」太子即解下寶衣給了婆羅門,自己穿上一件舊衣服。又走了一段路,碰見另一個婆羅門來乞,須大拏遂把妻子的衣服給了他。繼續前行,又有一個婆羅門來乞,須大拏又把兒子的衣服布施了。這時,須大拏的車馬錢財衣服布施已盡,但沒有一點兒後悔之心。須大拏自己背上兒子,妻子

龜茲文化詞典
九畫

背上女兒，高高興興地向檀特山進發。檀特山離葉波國六千餘里，須大拏離國後走了很遠，走到一個空曠的沼澤地區，又饑又渴，十分困苦和疲勞。終於，須大拏經過長途跋涉，到達了檀特山，安居下來。但是仍有一個婆羅門聞名遠道趕來，乞求布施。須大拏說道：「我已沒有任何東西可以給你了，因為我所有財寶均已布施光了。」婆羅門回答說：「沒有財寶不要緊，可以把你的兩個小兒給我，作為我的僕人，供我養老。」須大拏回答說：「你既然遠道而來，想要我的兩個小兒，我怎能讓你失望，空手而歸呢！」當時，兩個小兒正在一邊遊戲，太子對他們說：「婆羅門遠道來乞求你們，我已答應，你們快跟他走吧！」小兒一聽，都跪在父親跟前，流著眼淚說：「我們曾多少次見過婆羅門，但從未見過這樣的婆羅門。他不是婆羅門，他純粹是鬼！今天，我母親外出採集野果，至今未歸，而父親把我們交給鬼，他一定會吃掉我們，這是毫無疑問的。當我們母親回來時，看不到我們，一定會像母牛找牠的犢子一樣，啼哭號泣，愁憂不止的。」須大拏說：「我已許了他，你們怎麼能不去呢？他不是鬼，是婆羅門，他不會吃你們，你們快跟他走吧！」須大拏以水洗了婆羅門的手，把兩個小兒領著，交給了婆羅門。

克孜爾石窟8號窟壁畫中所繪的這幅本生故事畫，表現的為須大拏正牽兩個小兒的手，把他們施捨給婆羅門，而婆羅門正躬身伸手，前去捉拿須大拏的兩個兒女。這個本生故事內容繁複，但在壁畫上卻極為簡潔，多繪出須大拏施子為奴的情節。不過，在內地的一些石窟壁畫，須大拿樂善好施本生故事往往採用連環畫的形式，把須大拏從施馬、施車、施衣服直至施兒女、施妻子的情節，都一一描繪出來，從更深的角度和視野來淋漓盡致地反映這個本生故事的內容和含義。（見圖149）

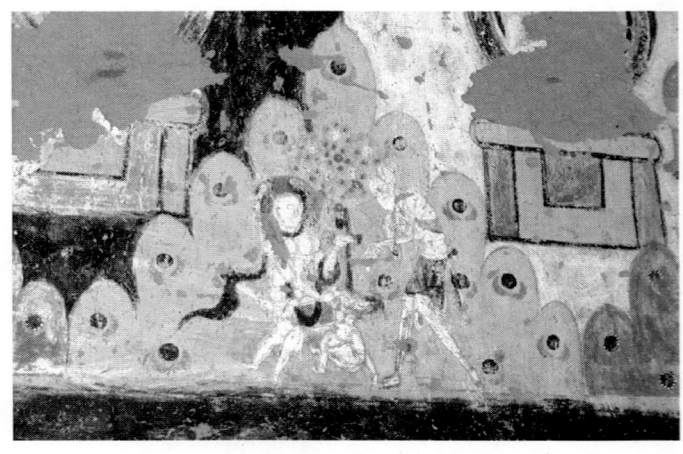

圖149　克孜爾石窟8窟——須大拏樂善好施

須陀素彌王不妄語本生故事畫

這幅畫繪在克孜爾石窟17、38窟券腹的菱形格內。故事出自佛經《賢愚經》。故事的內容如下：古時候有一飛行羅剎，名叫駁足，他到處飛行捕人，以人為食。其他的羅剎鬼，也都充當他的羽翼，為非作歹。由於他的徒眾很多，為害越來越大。一次，羅剎鬼們對駁足飛行羅剎說：「我們對你殷勤效力，忠心做你的僕眾，你應當為我們舉辦一個大的宴會，請一請我們。」駁足飛行羅剎遂答應下來，決定用各個小國國王的頭，充當宴會飲食。此後，他就一一抓捕各個小國王，很快抓來了九百九十九個小國王，還差一個，不足一千，把他們關押在深山中。當時，各小國國王思念道：「如今，我們已是等死之人了，該怎麼辦啊！如能有機會找到須陀素彌，他一定能解救我們！」小國王們做好這個打算，就向羅剎王說：「你欲做盛大宴會，理應辦得更好一些，光我們的頭不足為奇，須陀素彌王很有高德，如能把他抓來，宴會就更加增色了。」羅剎王聽了後，即起而飛騰天空，去取須陀素彌頭。這時，須陀素彌王正攜帶幾個宮女，一早出城野遊洗浴。在半路上，遇到一個婆羅門向他乞求。國王對婆羅門說：「等我洗浴歸來，一定給你施捨！」說後，即進入園中洗浴。不料，羅剎王從空中下來劫取，把須陀素彌王捉到山中。須陀素彌王整天憂愁悲泣不止。羅剎王說：「聽說你名德不一般，數為第一，大丈夫志，雄心遠大，如何還這般憂愁，好像小兒一樣啼哭？」須陀素彌王回答道：「我不是愛惜自己的性命，但念有生以來，還沒有說過假話，今天早晨我出宮後，在半路上遇到一個婆羅門，擋住我的車馬，他向我乞求，我答應他待我洗浴後給他施捨東西，但我現在已被大王抓到深山，再不能回去施捨，違背了誠信，故而憂愁不樂，我並非愛惜自己，望大王降恩，給我七天假期，以向婆羅門布施，然後一定回來赴死！」羅剎王聽後說：「聽了你講的，可以放你回去，但你還能回來就死嗎？就讓我來看看你的名德到底如何？」於是就放須陀素彌王回國。須陀素彌王回國後，見婆羅門尚在，心中無比高興，他耐心地侍奉婆羅門，對之進行種種施捨。施捨完後，須陀素彌王心事已了，就立太子為王，與眾大臣、人民做最後告別，表示要守信就死。眾臣民都力勸須陀素彌王留下來，不必向羅剎王屈服，大家都會保護他的。可須陀素彌王說：「人生在世，誠信為本，以假話說謊以苟活，情理難容。寧可為信死，不為妄語活。」然後又進一步說明了誠信的意義以及說假話的罪過。說後就離開本國去羅剎王的山裡。這時間，羅剎王一直在想：「如今，時間已到，須陀素彌王該回來了吧！」他坐在山頂等待著。不久，果然見到須陀素彌王遠道歸來，心中異常喜悅。他們一起交談，歡喜之情超過了過去。羅剎王問：「人生在世，誰不愛惜個人的壽命，你如今快要死了，還這樣高興，是不是你回國後，得到了什麼好處？」須陀素彌王把回答道：「承蒙大王對我寬大，

給了我七天假期實行布施。回去後，又聽了妙法，心中更加開解。今天一想，一切願望都已滿足，雖然將死，情若猶生，所以我才高興的！」羅剎王說：「你既然聽了妙法，希望能為我好好講說。」須陀素彌王遂把聽到的妙法，詳細進行了宣說，分別講了殺人的罪過以及將受的惡報，還說了人們修行慈善，將來必有福報，等等。羅剎王聽了，如夢初醒，對過去所做過的惡事感到罪孽深重。在須陀素彌王的教育與感召下，再無害人之心，即把各小國王釋放，自己則表示今後再不以吃人為生。

克孜爾石窟17、38窟壁畫中所繪的這幅本生故事畫，表現得極為簡單，畫面上是一處池塘，池內畫出兩個出浴的宮女，可以看出胸前的雙乳高聳，下半身則浸在池水中，雙手向上舉出，作極度驚恐的形態。而在她們頭頂的天空中，長出翅膀在虛空中飛行的羅剎王，正用雙手捉住須陀素彌王的頭頸，雙腳夾住須陀素彌王的下身，挾持著向高處飛去。這幅畫只是攝取這個冗長的本生故事中最容易表達的一個情節描繪出來，充分地顯示出古代的龜茲藝術家們在選取題材方面的高超才能。

須闍提割肉奉雙親本生故事畫

這幅畫繪在克孜爾石窟8窟券腹的菱形格內。故事出自佛經《賢愚經》。故事的內容如下：很久以前，特叉屍利國有個國王，名叫提婆。他有十個兒子，各領諸小國。最小的兒子名叫善住。當時，國王手下有一大臣，名叫羅睺，常懷二心，欲叛殺國，篡奪王位，並派遣兵眾，征討諸小國，殘殺各位王子。國王最小的兒子，素為鬼神所敬。有一次，他進入花園，發現一個夜叉鬼，從平地而出，長跪著說道：「大臣羅睺已叛殺國王，現又派遣眾兵，正欲殺害你的各位兄長，而今，又派來人，想把你殺掉，你要設法逃避這一災難。」善住王子聽後，心懷恐懼，到了夜晚，想方設法，企圖外逃。善住王子有一個兒子，名叫須闍提，時年七歲，容貌端正，聰明伶俐，甚為可愛。善住外出歸來，抱起兒子，不禁連聲悲泣嘆息。夫人見善住王子出現驚恐之狀，即便詢問：「夫王為何這樣驚恐？」善住回答說：「你不知道。」夫人又拉著善住的手說：「我今與你，身命患難與共，誰也不能拋棄誰，你有何事，當相告知。」於是，善住王子便將夜叉鬼告訴自己的話說給了夫人聽，並說：「我唯恐敵兵馬上打來，所以急著要離開這個地方。」夫人聽了，跪著哭訴道：「我願與夫王隨侍，萬萬不能將我丟掉。」善住聽後，即帶上妻子，抱著小兒，疾速投奔他國而去。他們去的道路有兩條，一條道七天可達，另一條道則需要十四天。當時，他們起程惶恐，只帶了七天的糧食，實際上只夠一個人吃。剛剛出城，心神慌亂，又走上了需十四天的那條路。經過幾天後，糧食已經吃完，饑餓迷荒，無計可施。善住痛愛自己的兒子，想把妻子殺掉，用以保全自己和兒子的生命。在路上，善住讓妻子抱著兒子，走在前頭，而以手拔劍，欲砍殺夫人。兒子回頭一看，見父親拔劍

要殺他的母親,便前去制止。他勸父王道:「唯願大王寧殺我,不可害我生母!」他殷勤勸諫父王,請求保全慈母生命。兒子對父親說:「請你殺我,但不要把我一下殺死,要一點一點把我割食,這樣可供你們數日之用。若一下斷我身命,肉即刻臭爛,不能經久保存。」父母聽後,即割兒肉,啼哭懊惱,日日割而食之,最後,肉已割盡,只剩骨頭,還沒有趕到要去的地方,饑餓不堪,命在旦夕。善住王子又提劍解其肢節,這樣,又一點點割取少量的肉。當父母正要走開時,小兒心中考慮:「現我命尚在,唯願把肉留下少許,以為我將來施捨之用。」父母不違兒願,即把肉分作三份,父母食用兩份,餘下一份併殘肉、眼舌等,作為施捨之用。然後,父母與兒子離別而去。小兒即便發願:「我今以身肉,供養孝敬父母,用此功德,以求佛道,廣濟世間眾生,使其脫離眾苦,達到涅槃之樂。」當時,天地宮殿極大震動,天神即以天眼觀看,並從天而降,側塞虛空,悲泣墜淚,猶如盛雨一般。天神帝釋站在小兒面前說:「你這般慈孝,能以身肉供養雙親,如此功德,用求何等願望?是想成為天帝、魔王,還是梵天王嗎?」須闍提即答道:「我不願求此等之樂,持此功德,用以求佛,度脫一切眾生。」天神帝釋又說:「你以身供養父母,如今,有無悔恨之心?」須闍提答道:「今我至誠,毫無悔恨之意。」天神帝釋又說:「今天我看見你身肉均盡,說不悔恨,使人難以相信。」須闍提立誓:「如我確無

悔恨,那麼我的身體即會恢復原形。」誓言說已,身體即刻恢復了原形。後來,善住王子前往國家的國王,親帶兵馬,將善住王子夫婦及須闍提送還本國,並進而誅滅了大臣羅睺,立善住為國王,須闍提為太子,父子相繼王位,國家豐樂,永享太平。

克孜爾石窟8窟壁畫中所繪的這幅本生故事畫,表現為善住王子夫人背負著兒子須闍提,後面跟著善住王子,他正在手拔寶劍,欲斬殺自己的夫人,以其夫人的身肉來救活正在逃難中的自己及兒子,正在這個緊要的關頭,兒子須闍提從母親的身上往後望去,見自己的父親正拔劍欲斬殺自己的母親,連忙向自己的父親搖手,阻止他這樣做。畫面就是描述了上面所記本生故事中這一個情節。龜茲石窟壁畫中的本生故事畫與中原地區諸石窟(如敦煌莫高窟)壁畫中的本生故事畫不同的地方,就在於前者只描述整個本生故事中的一個情節、一個最精彩的情節,而後者則把整個本生故事中的重要情節一幅接著一幅、如連環畫似的描述出來了。(見圖150)

圖 150　克孜爾石窟 8 窟——須闍提割肉奉雙親

獨角仙人像

　　這幅像繪在克孜爾石窟 123 窟右壁的立佛身旁。形象出自佛經《大智度論》卷 17 和《經律異相》卷 39，其內容如下：有一頭鹿因為舔了一個男人溺的尿，因而懷孕，終於從鹿腹中產下一怪物，其形狀如人，但頭上長著一隻角。因其長大後堅持修習禪定，而致獲得了神通力。所以名之為獨角仙人。

　　在克孜爾石窟 123 窟壁畫中，獨角仙人形象如下：有一個人，頭上長著一隻角。他腰粗體胖，手臂長而有力，正捉著一隻猛獸在這裡，獨角仙人起著佛法扶持者的作用。

獨角仙人破戒失神通本生故事畫

　　這幅畫繪在克孜爾石窟 17 窟券腹的菱形格內。故事出自佛經《根本說一切有部毗奈耶破僧事》。故事的內容如下：波羅尼斯國有一獨角仙人，學得了五神通，他用咒術，使該國遭遇大旱，井渠枯乾，人民饑饉，逃亡他鄉。國王為此十分憂慮不安。當時，國王的大女兒寂靜對父王講：「請你不要憂惱，我想方設法，一定使那個仙人敗修戒行。」她還說：「請父王為我準備一條大船，船上安上木板，木板上放好土，土上栽樹，並種諸花果，把船裝飾得像仙人住的地方一樣，我與宮女二十人坐在上面，裝著學婆羅門咒法的樣子。我們乘船到仙人處所，就可以把仙人引誘到我們船上來，破敗仙人的戒行。」國王聽後十分高興，就派人依照女兒說的去做，製船安板裝上，栽種樹木花果，並且在果

子裡，偷偷放入藥酒，其他吃的東西，也加了藥。寂靜和其他宮女，穿上樹皮衣，披頭散髮，打扮得和仙人完全一模一樣。她們從船上下來，口中唸著婆羅門咒法，慢慢走向仙人處所。仙人弟子遠看有二十幾個仙客走來，急忙向仙師稟報，獨角仙人聽後，忙趕來迎接，一邊口念善來，善來，一邊請她們入室就座。諸位仙客隨即入室，獨角仙人仔細端詳諸仙客面容，見她們說是遠處而來，卻不見她們臉上風塵疲勞之色，而且面上不生鬍，胸前有高下。當時，獨角仙人雖多有疑慮，但還是請她們一一就座，並且擺出瓜果給她們吃。寂靜首先說道：「大仙，你住的地方，生長的多是又苦又澀的果子，而我們住處，都是好果，香甜可口，非常好吃。我們願請大仙人到我們住處。」獨角仙人一聽，更加高興，馬上來到眾仙客船上，跟仙客一起，乘船泛水，在船中樹上，自由摘取椰子等美果。因為果實中都加進了媚藥，獨角仙人吃了，淫慾大發便與眾假仙客共行非法之事。獨角仙人因犯淫慾，破除了仙人戒行，因而，馬上咒術也不靈了，失去了神通。轉眼間，浮雲四起，山雨欲來。獨角仙人見此情景，仰面罵天。寂靜對他說：「你已經幹了非法的事情，你還不自覺，還怨天怨地。」獨角仙人已纏淫慾，也就不得不住下來。寂靜把獨角仙人領到國王跟前，對父王說：「你所說的咒雨仙，就是他！」國王見到咒雨仙，喜不自勝。這時，烏雲遍天，便降甘雨。此後，百姓豐樂，五穀滋榮。

克孜爾石窟17窟壁畫中所繪的這幅本生故事畫，表現為一個人肩背著一個女人，正在行走中。畫面上的構圖似乎與故事內的任何情節毫無關聯，但是男人被女人肩騎的這種創意，卻完全表露了獨角仙人因受不住女人的誘惑而喪失神通這件事的實質含義，因此儘管情節與畫面不符，但卻能從根本上來表示這個故事的內容，這不能不說是龜茲藝術家們的匠心獨創。

泉幣

在龜茲地區共出土兩種泉幣：一是在庫車縣額濟勒克舊城出土一枚泉幣，上鎸有「大泉五十」字樣，幣為紅銅質，圓徑2.8公分，孔徑1公分，面背內外有周廓，而鎸篆文「大泉五十」四字，上下左右聯續。《漢書·食貨志》載：「王莽居攝，變漢制，以周錢有子母相權，於是更造大錢，徑寸二分，重十二銖，文曰『大錢五十』。」二是在庫車還發現王莽時的另一種泉幣，上鎸「貨泉」二字，文頗淺。《漢書·食貨志》稱：「（新莽）天鳳元年（14年）……罷大小錢，改作貨幣……重二十五銖，直貨泉二十五。貨泉徑一寸，重五銖，文右曰『貨』，左曰『泉』，枚直一，與貨幣二品並行。」

拜城

漢之姑墨國。《漢書西域傳》載：「姑墨國，王治南城，去長安八千一百五十里。……東通龜茲六百七十里。」《魏書·西域傳》中作姑默，稱「姑默國，居南城，

在龜茲西,去代一萬五百里。役屬龜茲」。《新唐書·地理志》稱阿悉言城,其地即今之新疆拜城縣。

段成式

唐文學家。字柯古,臨淄(今屬山東淄博市)人。家於荆州,以父(文昌)蔭為祕書省校書郎,官至太常少卿。家中藏書甚多,博聞強記。詩多華豔。清人輯有《段成式詩》。另撰有《酉陽雜俎》,內中記有龜茲之事。參見「酉陽雜俎」條。

敘利亞畫家

克孜爾石窟212窟是縱券頂長方形窟,長10.4公尺,寬3.1公尺,高2.15公尺,是克孜爾現存石窟中進深最長的一個窟,目前窟內保存的壁畫已很少。但據德國人於上世紀初所做記錄看,當時在此窟左側壁上部還存有一幅億耳因緣故事畫,長6.92公尺,寬0.7公尺,在右側壁上部亦有一幅慈者本生故事畫。這兩幅長卷故事畫雖局部有損,但始末完整,內容可辨。有趣的是在左側壁億耳因緣故事畫內發現一行用龜茲文書寫的題記。據德國人解讀,題記的大意是畫家魯瑪卡瑪來自敘利亞。他作完這幅畫後,畫了彩色圓圈,作為這幅畫的標誌。從譯文的語氣看,題記並非是畫家本人的手筆,而是由一位熟識情況的後人題寫,以此表達對畫家的垂念。如若解讀無誤,那麼這幅億耳因緣故事畫為敘利亞人魯瑪卡瑪所作,似無可疑。

在克孜爾石窟,故事畫的構圖形式大量是單幅的,以菱格式居多,只有少數幾幅採用連續性構圖形式,猶如連環畫一般,將故事內容從頭到尾鋪陳出來,並且都分布在方形窟。而以長卷的形式,以人物為主,具體描繪故事內容,僅見於212窟這兩幅。這可能與方形窟的功能有關,但也不能排除是接受了中原地區佛教故事畫表現方式的影響,間接地繼承了漢代石窟畫像的構圖形式和以人物為主的故事畫傳統。從龜茲與中原地區佛教關係看,這種影響漸啟於7世紀初,盛行於此後的一兩百年間,但這幾個窟又都未曾出現唐代安西都護府遷居龜茲後大量繪千佛形象的情況,所繪的仍然是小乘有部特有的故事畫題材,可知212窟這兩幅故事畫繪出時間晚不過7世紀以後。

綜上所述,大致可以推定,這位敘利亞畫家在克孜爾石窟繪畫的時間約在6～7世紀之際。這一階段,正是中西往來最為頻繁、克孜爾石窟佛教藝術最為繁榮的時期。雖然在文獻上看不到在敘利亞流傳佛教的記載,但極有可能隨著東西文化交流的盛行,敘利亞畫家前來龜茲進行佛教藝術的創作,從而在克孜爾石窟留下了中敘人民友好交往的歷史篇章。

《皇華四達記》

唐賈耽撰,《新唐書》記錄其部分內容,今引該書描述從焉耆都督府至龜茲都督府之間的六個守捉城的情況如下:「自焉耆西五十里過鐵門關,又二十里至於術

守捉，又二百里至榆林守捉，又五十里至龍泉守捉又六十里至東夷僻守捉，又七十里至西夷僻守捉，又六十里至赤岸守捉，又百二十里至安西都護府。」

劍相師本生故事畫

這幅畫繪在森木塞姆石窟 11 窟後室左甬道外壁的菱形格中。畫面為廬中坐一人，前一人兩手扶地，旁立兩人。故事講劍相師救厄於人。見巴利文《本生經》卷2。

鬼子母失子因緣故事畫

這幅畫繪在克孜爾石窟 34、171 窟中，畫面為佛一側跪一女人，佛座前缽中有一小兒。鬼子母暴虐，常食人子。佛將鬼子母之子藏於缽底。鬼子母遍尋不得，問佛所在。佛使鬼子母見缽下之子，「盡其神力，不能得取」。鬼子母如所佛敕教，「受持已訖，即還其子」。（見圖151）

圖151　克孜爾石窟171窟——鬼子母失子

《雜寶藏經》卷9中說：鬼子母暴虐，常食人子。佛將鬼子母子盛於缽底。鬼子母遍尋不得，問佛所在。佛使鬼子母見缽下之子，盡其神力，不能得取。鬼子母受佛救教，受持已訖，即還其子。

獅象捨身殺蟒救商客本生故事畫

　　這幅畫繪在克孜爾石窟14、17、38窟等券腹的菱形格內，故事出自佛經《雜寶藏經》。故事的內容如下：過去，有一群商人入海採寶，在歸來的路上，經過一處大曠野，遇一條大蟒蛇，其身有六層樓之高，且很長很長，用身體緊緊把眾商人圍住，使商人們無出逃之處。當時，商人們惶恐不安，一起祈禱：「天神、地神、日神、月神、天下諸神，快發慈悲，救救我們，我們將永生不忘！」正在這時，有一頭白象與獅子結伴而遊。獅子見蟒蛇圍著商人不放，企圖吞食他們，覺得自己應該站出來與惡蟒抗爭，以拯救眾商人，於是牠奮不顧身，躍上象背，張開大嘴，狠狠地咬住毒蟒的頭，使眾商人得以擺脫大難。蟒蛇見眾商人逃脫，更加仇恨，就以口裡的毒氣，毒害獅子和白象。當時，獅子和白象都受了重傷。眾商人對獅子和白象說：「你們捨身拯救我們的生命。現在，你們有何要求與願望？」獅子和白象回答道：「別無他求，唯願為佛，度脫天下眾生。」眾商人又說：「你們若將來成佛，願你們首先給我們說法，使我們得道。」說罷，獅子與白象即便死去。眾商人把牠們火化，把骨灰埋葬好，並在上面建起高塔，以為永遠的紀念。

　　克孜爾石窟38窟壁畫中所繪的這幅本生故事畫，表現為一條雙頭的大蟒纏繞著三個身著龜茲服裝的商人，獅子登在象背上，張口狠狠地咬住蟒頭。大蟒口吐毒氣。畫面上充滿了緊張的、強烈的戰鬥氣氛，這是龜茲石窟壁畫中以動物為主體的動物畫中最為傑出的一幅。

修樓婆王聞法舍妻兒本生故事畫

　　這幅畫繪在克孜爾石窟17窟券腹的菱形格內。故事出自佛經《賢愚經》。故事的內容如下：在很古的時候，有一個國王，名叫修樓婆。他法力無邊，國富民強，百姓安居樂業。修樓婆心想：「應以財富，布施一切眾生，像我這樣的人，不講法道，而安心坐天下，深感十分內疚和苦惱。當今，應推求掌法道之賢才。」當即宣告全國，誰掌有道法，與我述說，任何需求，我都可以儘量滿足。宣令雖傳到四面八方，但是沒有一個人前來應召。為此，國王更感憂愁苦惱。毗沙門王見到這種情況，欲前往應召，當即變成一個夜叉鬼。此夜叉，色貌青黑，眼赤如血，嘴生狗牙，頭髮豎立，口中噴火，一副兇殘形象。它來到宮門口說：「誰想聽法，我可以為其說教。」國王聽後，喜出望外，心中十分高興，遂親自出門相迎，先作恭施禮，然後請入高座，並招來左右群臣和大小官員，坐於夜叉四周，專心靜聽說法。這時，夜叉對國王說道：「學法是個難事，要想得道，該

給我什麼酬報?」國王叉著手回答說:「你需要什麼,我給予什麼。我言而有信,絕不違背!」夜叉接著說:「我要給你們說法,首先我得吃飽吃好。我所吃,不在魚肉飯菜,只想吃你的妻子和兒子。」國王聽了,就把自己最愛的妻子與兒子交給夜叉。夜叉得到國王的妻子兒子,便於大庭廣眾之下,取而食之。諸王百官群臣眾人,目睹如此慘狀,無不懊惱啼哭,宛轉在地,不能自制。紛紛敬勸國王說:「大王陛下,請快快停止這件事吧!」但是,國王求法心切,執意不變,心堅不回。轉瞬間,夜叉已把國王妻子和兒子吃光。它用一些花言巧語安慰勸導國王,國王更加歡喜,沒有絲毫悔恨;同時,國王把得到的法傳抄下來,頒布全國,令全國上下都來誦習。

克孜爾石窟17窟壁畫中所繪的這幅本生故事畫,表現為一個凶神惡煞的夜叉坐於高座上,雙手抓著一個孩子,他正張開血盆大口,把孩子的頭往口裡送。這是故事中修樓婆王為了聞法,把自己的妻子和兒子送給夜叉吃這個情節的描繪,夜叉手中所捏的孩子正是修樓婆王的兒子。在龜茲石窟壁畫的本生故事畫中,畫面上一般都以正面人物為中心,而這幅本生故事畫的畫面中卻以反面人物為中心,這種構圖方法,在龜茲石窟壁畫中是很少見的。

[、] 說法圖

說法,在佛教用語中稱為「轉法輪」。《妙法蓮華經方便品》中說:「恭敬合掌禮,請我轉法輪。」《妙法蓮華經文句》卷5說:「轉佛中心化他之法,度人他心,名轉法輪。」

佛陀在貝拿勒斯為五比丘第一次說法時,他選用了如下的話題。首先說的是關於避免自我放縱和自我虐待兩種極端的引言。這對於聽法的人來說,特別適當,因為他們是苦行者,傾向於過高地估計苦行的價值。他再解釋中道即八正道的意義。然後他逐一說明痛苦的性質,痛苦的起源,痛苦的消滅和消滅痛苦的方法這四個真理(即「四諦」:苦、集、滅、道)。於是聽法的人明白了凡有始者必有終。這種知識被描寫為清淨無垢的真理之眼。

「四諦」是佛教基本教義之一。按佛經解釋,「諦」是真理的意思。因被認為是神聖的「真理」,故亦名「四聖諦」。而「涅槃」則是佛教全部修習所要達到的最高理想。

那麼,一個佛教徒在認識「四諦」的真理,虔誠地皈依佛教以後,又如何去追求與獲得「涅槃」的最高理想呢?這就要求進行「八正道」的實踐。所謂八正道,就是八種通向涅槃境界的正確方法或途徑。據《中阿含經》等記載,佛陀在鹿野苑初轉法輪時向五比丘說:

1. 正見，對佛教真理「四諦」的正確見解；

2. 正思維，「四諦」等佛教教義的正確思維；

3. 正語，修口業，不作一切非佛理之語；

4. 正業，位於清淨之身業；

5. 正命，符合佛教戒律規定的正當合法的生活；

6. 正精進，勤修涅槃之道法；

7. 正念，明記「四諦」等佛教理念；

8. 正定，修習佛教禪定，心專注於一境，觀察「四諦」之理。

佛教認為，按此修行可由「凡」入「聖」，從迷界的此岸達到悟界的彼岸，進入涅槃之境。

根據佛陀向弟子、大眾宣說「四諦」「八正道」和「涅槃」妙法這一事跡，佛教藝術中就出現了說法圖。按說法圖所表達的內容來看，它應該是佛傳故事畫中的一個組成部分，因為它表達的是佛陀現世中發生的事跡。然而，由於說法圖在龜茲石窟壁畫中占有很大的比重，絕大多數中心柱形支提窟的主室兩壁都畫著說法圖。正是因為說法圖在龜茲石窟壁畫中占有重要的地位，所以列為專題加以介紹。

龜茲石窟中的說法圖粗略地看，似乎雷同，區別很少。一般都是：中間一尊說法佛，兩旁兩個聞法菩薩，或四個以至更多個的聞法四眾（比丘、比丘尼、優婆塞、優婆夷）和菩薩的形象。但如果仔細地觀察，就會發現龜茲石窟說法圖可以分為五種類型。

第一種，每幅說法圖之間界線清楚，佛及其左右人物態度嚴肅刻板，排列整齊劃一。整幅畫規矩端正，有嚴格的章法。這種說法圖有的畫成方格，每格一幅說法圖。有的則不畫方格。這類說法圖中，佛的姿態及手勢都呆板地規定在「畫像度量」的規範中。當時的藝術家尚拘守於佛教從印度傳入時的框架，不敢隨意去打破它。這樣，使得佛的形象顯出凜然不可侵犯的模樣。佛左右人物的形象也顯得十分拘謹。

第二種，每幅說法圖之間界線已經不清，往往一幅圖的人物與另一幅圖的人物互相混雜交錯。佛及其左右人物沒有以前那樣拘束，相互之間比較自由。整幅圖出現了生動活潑的氣氛。在這類說法圖中，藝術家已經擺脫了早期外來的佛教文化的窠臼，開始了具有本民族特色的創造，他們把佛和人、宗教和世俗的關係繪得比以前自由輕鬆了。佛的結跏趺坐變為各種自由的姿態，甚至在圖中可以看到佛像凡人一樣，指手畫腳地在和他四旁的人物說話。

第三種，每幅說法圖出現了背景，有山水、樹木、動物等。佛的頭上兩側出現了飛天。佛及其左右人物的關係更加隨便了，似乎彼此之間不存在什麼師徒的界限了。在這類說法圖中，佛與聞法四眾被置於生動的鳥獸、鮮豔的花木和奇特的山水

之間,配以綠、藍、白、黑為主的色彩,宗教氣氛更為淡薄了。特別是佛和左右人物的關係更為融洽。有些圖中,佛伸過手去似乎要撫摸站在其周圍的菩薩和比丘;而在另一些圖中,菩薩和比丘甚至放肆地把手伸到佛的頭頂上。在這裡,我們看到了一個天上和人間、宗教和世俗合而為一的世界。

第四種,每幅說法圖都畫在一個方格內。佛左右的人物減少了,有的一邊只有一個人。佛的腳下還出現了一個被踐踏著的人,這是記載著釋迦牟尼未成佛前的一件事跡。查爾斯·埃利奧特在《印度教與佛教史綱》第一卷中說:「……追溯喬達摩過去的菩薩生涯。他的這種生涯開始於無量劫以前、二十五佛中的第一佛即燃燈佛的時期。那時喬達摩是一名隱士,名叫須彌陀,他看見燃燈佛將要經過的道路汙穢不堪,他就睡在泥濘之中,讓燃燈佛從他身上踏過,以不致弄髒他的腳。同時他下定決心要成佛。燃燈佛就保證他在許多劫以後可以滿足願望。這一事件稱為發願成佛,在中亞、西亞發現的壁畫中常見有此故事的描繪。」這一種說法圖的內容是突出了發願成佛這一情節。

第五種,鹿野苑說法圖,佛坐在有鹿的形象的臺座上,形象端正,面無表情,左右人物都側身面向佛像。在鹿野苑說法圖中,佛的形象、鹿形臺座以及菩薩、比丘等似乎都缺少內在的精神,顯得刻板、呆滯,在藝術上缺乏生氣和活力。

以上介紹的都是釋迦牟尼說法圖。在龜茲石窟中還有另一種說法圖,這就是彌勒說法圖。按照佛教傳說,彌勒原本為佛弟子,先佛入滅,上生於兜率天內院,從佛受記將繼承釋迦牟尼佛位為未來佛(當佛)。彌勒說法圖是根據《彌勒上生經》的內容繪製的,講的是彌勒菩薩在兜率天宮說法的場面。因此,在龜茲石窟的彌勒說法圖中,彌勒是以菩薩的打扮出現的,他頭戴寶冠,身掛瓔珞、綵帶、珠串,披著天衣。它多數布置在中心柱形支提窟主室窟門上壁,正與主室佛龕中的釋迦牟尼佛相對,從而突出了他作為釋迦牟尼佛的繼承人的地位。

根據唐朝高僧道世在《法苑珠林》中的解說,造支提窟須在紀念佛的四種地方:「一生處,二得道處,三轉法輪處,四涅槃處。」又說菩薩有四法,終不退轉無上菩提道,其中第二項是:「若於四衢道中,多人觀處,起塔造像,可作念佛善福之緣。塔中畫作,若『轉法輪』及『出家』相,乃至『雙樹入涅槃』相。」

可見,說法圖是佛教繪畫中重要內容和主要題材。

說一切有部

梵文 Sarvastivāda 的意譯,簡稱「有部」,亦名「說因部」,音譯「薩婆多部」「薩婆帝婆部」等,佛教部派之一。釋迦牟尼逝世後三百年初,從上座部(釋迦牟尼逝世後一百年,佛教發生最初的分裂,

形成大眾部和上座部）分出，主要分布在古印度西北克什米爾、犍陀羅等地，曾盛極一時。上座部各派一般以經、律為主要依據，此派主要以阿毗達摩論書為依據。西元前後的迦多衍尼子為此派著多論師，所著《發智論》為此派主要論書；此外還有稱為《六足論》的六部著作，即《阿毗達摩集異門足論》《阿毗達摩法蘊足論》《阿毗達摩施設足論》《阿毗達摩識身足論》《阿毗達摩界身足論》和《阿毗達摩品類足論》。《阿毗達摩大毗婆沙論》是論述本派理論的綜合性著作，而世親《阿毗達摩大毗俱舍論》為其概要性書。在這些論書中包含本派「四大論師」世友、法救、妙音、覺天的觀點，也包含一些其他部派的學說。據《異部宗輪論》和《異部宗輪論述記》等，宗旨「說一切有」主要有兩個方面。其一，「法」一切有。把世界一切事物和現象歸納為色法、心法、心所法、不相應行法，謂此皆屬有生滅變化的「有為法」；而擇滅無為（涅槃）、非擇滅無為和虛空無為是超時空、無生滅變化的「無為法」。有為法和無為法均有實體，此稱「法體恆有」。其二，「時」一切有。過去、未來與現在一樣，皆有實體，「過去未來，體亦實有」，「三世皆定實有」。另外，此部所論均指原因其所以，故又得「說因」之名。

「說一切有部」為古代龜茲佛教文化中的主要成分，在龜茲佛教歷史中占有重要的地位。唐玄奘在《大唐西域記》卷1中說：「屈支（龜茲）國……伽藍百餘所，僧徒五千餘人，習學小乘教說一切有部。」

說一切有部在佛教藝術上的表現是突出佛及未來佛彌勒。如龜茲石窟中的中心柱形禮拜窟把釋迦牟尼抬到主尊地位。「本生故事」畫用釋迦牟尼生前的種種行菩薩道的事跡來宣揚其得以成佛的偉大業績。「因緣故事」畫著力渲染釋迦牟尼成佛後的業力與神奇。「佛傳故事」畫則竭力描繪佛一生的偉大與成功。在這樣狂熱的「唯佛獨有」「唯佛獨尊」的觀念指導下，小乘佛教的說一切有部思想得到了淋漓盡致的發揮。

宮殿圖

在龜茲石窟壁畫中，對於佛所處的環境有兩種不同的畫法：一種是把佛所處的環境畫在深山或野林間，大多數壁畫都是這樣畫的；另一種是把佛所處的環境畫在宮殿或建築中，似乎佛是在富麗堂皇的宮殿之中從事宗教活動的。因此，在庫木吐喇石窟中出現了一幅宮殿圖。如該石窟溝口21號窟的左壁畫出一根根裝飾著圖案花紋的柱子，上面畫出斗拱、額枋和梁桁，畫著鱗形、捲葉形和三角曲線形圖案。整個畫面極富立體感，使人在這幅壁畫面前有處於真實的宮殿之中的感覺。

宮殿圖的出現也是和大乘佛教的流行有關，屬於大乘佛教的藝術範疇。

小乘佛教認為，要實現成佛的理想，非出家過禁慾生活、進行嚴格的苦修不可，

故而小乘佛教徒的修行處都在深山、林間。大乘佛教徒唾棄這種做法，認為這是脫離眾生，並不能真正達到解脫的目的。《道行經·遠離品》舉「弊魔」所言：「遠離法正當爾，怛薩阿竭阿羅訶三耶三佛所稱譽。」佛立即駁斥說：「我不作是說遠離！」表示他並沒有「教菩薩摩訶薩於獨處止，於樹間止，於閒處止」這種「遠離」的方法。相反，「若當於獨處止，若於樹止，若於閒處止，當作是行，是菩薩隨魔教，便七遠離法」。可見，大乘佛教對小乘佛教關於修行必須遠離城鎮鬧市的主張是大肆攻擊的。他們主張以居家的信徒為主，不提倡出家。他們認為佛教徒的修行，關鍵不在於居處本身，而在於用什麼「心」相處，只要具有般若（即智慧）之「心」，即使在鬧市中住，也還是「遠離」的；反之，按照小乘佛教那一套，即使在絕無人跡的地方，也還是「憒鬧行者」。《小品般若波羅蜜經》中曾說：「若菩薩遠離聲聞、辟支佛心，如是遠離，若近聚落亦名遠離……若惡魔所行贊遠離，陳練若處，空閒處，山間樹下曠絕之處，是菩薩雖有如是遠離，而不遠離聲聞、辟支佛心，不修般若波羅蜜，不為具足一切智慧，是則名為雜糅行者。」他們甚至還主張「一意趣可行淫」，就是說，出家人在信仰和願行一致的條件下，可以結為夫婦。到《維摩詰經》流行時，這種思想更發展到在家高於出家的程度。《維摩詰經·弟子品》中有一段話，「我聞佛言，父母不聽，不得出家」，「然，汝等便發阿耨多羅三藐三菩提心是即出家，是即具足」。這就表示，作為佛教信徒的標準，已經不在於「出家」或「在家」這類形式，只要有了求取佛智的願望，「在家」同樣可以成為得道的佛徒。

在家得道的佛教徒被稱為菩薩。大乘佛教的著名菩薩有觀音、大勢至、文殊、普賢等，他們在佛教繪畫中都作在家時的打扮，頭上有髮，衣服則著裙帶、絡膊、領巾等俗裝，全身都有華麗的裝飾品，頭飾用寶冠，胸飾用瓔珞，手足則有環、釧、鐲等飾物。他們與小乘佛教信徒的打扮大相異趣，後者隻身著一襲袈裟，袒露右臂；手中一只托缽，用作乞食之用。身上無點滴裝飾物。同時，大乘佛教信徒不是住在遠離鬧市的深山、林間，而是居住在深宅大院的高屋裡，所以隨著大乘佛教的流行，佛教藝術中就出現了宮殿圖。

宮中娛樂佛傳故事畫

這幅畫繪在克孜爾石窟76、110、118窟中，畫面上太子坐於床榻上，周圍的宮女翩翩起舞，以取悅於太子。傳說釋迦牟尼的父王早已看出太子有棄世的跡象。為防範太子出家，為之娶耶輸陀羅為妻，後宮內充滿著美人舞伎，用極盡人間之樂來打消太子出家修行的念頭。

度善愛乾闥婆王緣

這是龜茲石窟壁畫中十分多見的題材，分布在多個洞窟內，其故事的內容是：

龜茲文化詞典
九畫

帝釋天多次告知樂神善愛乾闥婆王要其去為佛服務，善愛乾闥婆王只知彈琴不知敬佛。佛行將寂滅時，覺得應化者已度化，唯此樂神尚未調伏，於是佛亦變為乾闥婆與善愛乾闥婆王比試彈箜篌，終於降伏善愛，使其皈依佛法。

克孜爾石窟196窟有佛度善愛乾闥婆王的壁畫。畫面上善愛乾闥婆王坐於佛左側作彈箜篌狀，佛金剛座前置一無弦箜篌，正是佛總斷之箜篌。佛右側坐一人，左手抱金剛杵，象徵以金剛杵摧善愛乾闥婆王的煩惱邪念，使其「閉惡趣門，開涅槃路」皈依佛法。

度曠野夜叉佛傳故事畫

這幅畫繪在克孜爾石窟14、163窟中，畫面中夜叉手抓一兒，站於坐佛前。說的是王舍城與毗耶離間大曠野處，有五百群賊，殺害商旅。由斯二界人行路絕。時有一曠野夜叉，多殺人眾，後捉得一長者子，欲食之。佛以神通，降伏曠野夜叉，救出小兒，並度化為佛的弟子。

度摩尼曼陀因緣故事畫

這幅畫繪在森木塞姆石窟44窟券腹的菱形格內。畫面為佛旁水池一人牽小兒，一比丘合十跪。故事講的是佛度化摩尼曼陀之事。見巴利文《本生經》卷10。

度化善愛乾闥婆王佛傳故事畫

這幅畫繪在克孜爾石窟4、13、80、98、163、172、178、179、224窟中，畫面為兩身並列的立像，右側為女裝打扮，夾持一箜篌作彈奏狀；左側為裸上身男裝，將右臂依於女裝肩旁。說的是善愛乾闥婆王善奏音樂，不樂聞法供養。佛即化身樂神，手持琉璃箜篌，至三十三天乾闥婆王宮，共奏音樂，並以神力取勝，使善愛乾闥婆王俯首聽法。（見圖152）

圖152　克孜爾石窟163窟──度化善愛乾闥婆王

度舍利弗、目犍連佛傳故事畫

這幅畫繪在克孜爾石窟14窟中，畫面為坐佛兩側，各有一披袈裟的比丘坐於

小座上。此為佛左右弟子舍利弗和目犍連。傳說目犍連與舍利弗初同為六師外道，雖領一百徒弟，然心中有不安之念，因而互約，先得解脫者必以先，故共行修煉。一日，舍利弗至王舍城，途見馬勝比丘，始見佛陀出現，有一偈之法門，開悟解脫。次於竹林精舍，聞佛陀親說，得法眼淨之悟，因告之目犍連，共為佛弟子，侍衛佛左右。

突厥

中國古代民族。先世源出於丁零、鐵勒。南北朝時鐵勒原住在葉尼塞河上游，後南遷高昌的北山（今新疆博格多山）。突厥是鐵勒的一部，以狼為圖騰。5世紀中葉被柔然征服，徙於金山南麓（今阿爾泰山）。因金山形似戰盔「兜鍪」，俗稱突厥，因以名其部落。以善鍛鐵被柔然稱為「鍛奴」。6世紀時突厥首領阿史那土門遣使向西魏獻方物。546年合併鐵勒部五萬餘落（戶），勢力逐漸強盛。552年又大敗柔然，以漠北為中心在鄂爾渾河流域建立突厥奴隸制政權。最盛時疆域東至遼海（遼河上游），西瀕西海（今裡海），北至北海（今貝加爾湖），南臨阿姆河南。這時，龜茲處在突厥的奴役下。突厥統治者對這些被征服者的統治和剝削方法有三：一是派吐屯去統領；二是徵收賦稅；三是徵調兵馬和軍用物資。

隋初，由於突厥統治階級與人民的矛盾尖銳，被征服的各族人民「銜悲積恨」，不斷起來反抗，使龜茲終於擺脫了突厥的控制。但是到唐初，龜茲又失去了自由，處於西突厥統治之下，《舊唐書突厥傳》說：「西突厥本與北突厥同祖。初，木桿與沙缽略可汗有隙，因分為二。其國即烏孫之故地，東至突厥國，西至雷翥海，南至疏勒，北至瀚海，在長安北七千里。自焉耆國西北七日行，至其南庭；又正北八日行，至其北庭。鐵勒、龜茲及西域諸胡國，皆歸附之。」

638年、659年東西突厥先後統一於唐，龜茲也與唐王朝建立了親密的關係。

突厥文題記

中國古代文獻中曾談到6世紀左右就產生了突厥文。如《周書·突厥傳》說：「其書字類胡」。《北齊書·斛律羌舉傳》的一段記載也表明當時突厥人似已使用文字：「代人劉世清……通四夷語，為當時第一。後主命世清作突厥語翻涅槃經以遺突厥可汗。」

但是，突厥文到底是一種什麼文字，其結構如何，我們在19世紀末以前仍毫無所知。

1889年，俄國考古學會東西伯利亞分會的雅德林采夫等人在今蒙古人民共和國的鄂爾渾河流域發現了《闕特勤碑》和《毗伽可汗碑》，碑上刻有漢文、盧尼體突厥文和粟特文三種文字。

事實上，此兩碑在中國古文獻中早有記載。關於《闕特勤碑》，《舊唐書》卷194中說：「闕特勤死，（唐玄宗）詔

龜茲文化詞典
九畫

金吾將軍張去逸、都官郎中呂向，齎璽書入蕃弔祭，並為立碑，上自為碑文……」中國 13 世紀時的詩人耶律鑄在其《雙溪醉隱集》（《取和林》一詩下的自注）中寫道：「和林城，毗伽可汗之故地也。歲乙未，聖朝太宗皇帝城此，起萬安宮，城西北七十里有毗伽可汗宮城遺址。東北七十里有唐明皇開元壬申御製御書闕特勤碑。」

《闕特勤碑》建於 732 年，《毗伽可汗碑》建於 735 年。前者主要是強調闕特勤的武功，後者則著重讚美毗伽可汗的功績。兩碑都各有唐玄宗所寫的漢文部分，但與突厥語內容無關。但是根據這些漢文碑文，人們才知道這些碑是屬於突厥汗國的，碑文中謎一樣的盧尼文（在西伯利亞其他地方也曾發現過）就是古代突厥文。於是各國學者就進行了古代突厥文的研究和解讀工作。

除了在古代石碑中發現古代突厥文以外，還在新疆、甘肅等地發現一些古代突厥文的寫本，其中重要的有斯坦因在甘肅敦煌莫高窟發現的一個完整的《占卜書》和新疆米蘭出土的軍事文書。此外尚有其他一些用古代突厥文寫成的寫本和刻文在新疆發現。

古代突厥文是一種音素、音節混合型文字。它由 38～40 個符號組成，一般從右到左橫寫，也有從左到右書寫的，個別也見有所謂「牛耕式」的，即前一行從右到左，下一行則從左到右書寫。詞與詞一般用「:」分開，個別文獻中尚見有用「～」作為分離詞的符號。

所謂古代突厥文因其在外形上與古代日耳曼民族使用的盧尼文相似，所以一般多稱之為盧尼突厥文。又因這種文字的主要碑文在蒙古鄂爾渾河流域發現，所以也有人稱之為鄂爾渾文。

那麼，古代突厥文是如何產生的呢？據湯姆森的研究，古代突厥文的 38 個字母中有 23 個來自阿拉美文，因此認為是透過中亞伊蘭系民族傳入突厥，使之適應突厥語的特點。有的人認為七河一帶曾有許多粟特人（說一種中亞伊蘭語）的居留地，同時 6～7 世紀那裡又是西突厥的統治中心，所以很可能是首先在那裡進行使用阿拉美文字母來適應突厥語的嘗試；另外有人根據中國史書中關於突厥阿史那氏先祖的傳說，提出突厥人採用阿拉美文起源的文字是在高昌一帶。建國於河西地區的北涼為北魏滅亡後，沮渠氏殘黨西走吐魯番盆地，建立高昌國，阿史那氏的先祖也跟隨之遷居吐魯番。因為高昌及新疆其他綠洲城市早就有許多粟特人居住，所以突厥人是在那裡認識阿拉美文並使之適應突厥語的；日本人山田信夫則認為可能是在 6 世紀下半期木杆可汗在位時對中亞進行征服時接觸阿拉美文的；根據漢文史料的記載，當第一突厥汗國佗缽可汗統治時（572～581 年在位）曾有北齊僧人惠琳被俘到突厥那裡。由於惠琳的宣傳，佗缽於是皈依佛教，並下令讓人在國內建立一

座佛教寺院，同時派人向北齊要《淨名經》《涅槃經》《華嚴經》和《十誦律》等佛經。北齊皇帝就命人把《涅槃經》翻譯成突厥語，送給佗缽可汗。這是使用突厥文的最早記載。

在龜茲石窟中保存有少量的古代突厥文題記，如克孜爾石窟220窟的壁上有用硬器刻出的古代突厥文題記，旁邊並有「大曆□□四月」的漢文題記，由於年代久遠，這個石窟基本坍坏，窟形不清，壁上的文字題記也都殘缺不全，模糊難辨了。

那麼，龜茲石窟中為什麼會出現古代突厥文題記呢？這是與突厥的強大及其占領塔里木盆地北緣諸國有關。

突厥原來是柔然的屬部，發源地在阿爾泰山以南一帶。《周書·突厥傳》說：「突厥之先，出於索國，在匈奴之北。」大約到6世紀中葉，突厥開始強大起來。《隋書·突厥傳》稱突厥「至大葉護，種類漸強」。這裡所說的大葉護，係指土門可汗之父。因為中國史料中說土門可汗為大葉護之子。6世紀40年代，突厥於每年冬季河水結冰後，寇掠綏州。545年，西魏宇文泰曾遣酒泉胡人安諾磐陀通使於突厥。此時的突厥，儼然已成為一個國家。土門則於552年發兵進攻柔然，大破之。柔然汗國崩潰，土門開始自稱伊利可汗。

突厥強大起來後，首先滅掉了柔然，這使它與嚈噠直接為鄰。滅掉嚈噠，就成為突厥稱雄中亞的必要步驟。而擊敗嚈噠殺其王的是突厥可汗室點密。《舊唐書·突厥傳》說：「室點密從單于統領十大首領，有兵十萬眾，往平西域諸胡國，自為可汗，號十姓部落，世統其眾。」於時突厥西破嚈噠，東走契丹，北併契骨，威服塞外諸國。其地東自遼海以西，西至西海萬里，南自沙漠以北，北至北海二三千米，皆為其屬國焉。這時，西突厥統治中心在今庫車北、中部天山山脈的交通要地和水草豐美的大裕勒都斯谷地。也就在這時，突厥勢力進入龜茲地區，故而在龜茲石窟中留下了古突厥文的題記。

舉哀圖

據《四童子三昧經》的記載，佛陀涅槃後，諸天、弟子、眾人「皆悉號咷，流血灑地，面淚滿目，心皆迷毒，叫喚舉聲，哀慟大吼，駭動天地，憂箭所射，心無情賴，惋嘆感傷，嚅呬咨嗟，諸根悲塞，頓悶斷絕，宛轉於地，舉身顫慄，手足垂，受大苦惱。其間或有相視而哭；或以手拳自拍頭頂、摑裂軀面而大號哭；或有轉眼或復轉膝而大號哭；或按兩髀如燒腳足而大號哭；或復唱言『嗚呼佛陀，嗚呼佛陀』而大號哭；或手拭眼，或手捫面而大號哭；若箭入心，號咷哽絕，哀痛悲惱，不能自定而大號哭。如是無量千億眾生淚墮如雨，長歔嘆息，絕而復甦……」

畫在龜茲石窟中心柱形支提窟的後室後壁、中心柱後壁、後室左右壁的舉哀圖生動地描繪出諸天、弟子、眾人在佛陀涅槃後的悲痛欲絕的神態，如上述佛經中所說的那種情況。

克孜爾石窟 47 窟畫有一幅著名的弟子舉哀圖，圖中畫出四個舉哀弟子，他們都圍繞著涅槃佛，第一個全身匍匐，額頭觸地，悲不自勝；第二個雙手合十，兩眼緊閉，誠心祈禱；第三個目光黯淡，惘然若失，不知所措；第四個雙眼圓睜，驚惶錯亂，哀痛欲絕。他們的表情都被畫得極其生動，充分顯現了佛陀涅槃後眾弟子悲痛萬分時的情況，不愧是一幅精美卓絕的藝術作品。

洗腳窟

德文為 Höhle mit der Fusswaschung，這是德國人對克孜爾石窟 206 窟的稱呼。

誘惑窟

德文為 Versuchungs Höhle，這是德國人對克孜爾石窟 175 窟的稱呼。

帝釋天

音譯「釋迦提桓因陀羅」，佛教護法神之一。稱其為忉利天（即三十三天）之主，居須彌山頂之善見城。龜茲石窟壁畫中繪有帝釋天的形象。

克孜爾石窟 13、17、38、69、100、114、175、186 窟，各繪有一幅曇摩鉗太子求法焚身的本生故事畫，描繪釋迦牟尼佛前生為曇摩鉗太子時，深樂正法，遣使求索。為試其誠，帝釋天化作婆羅門宣稱知法，要曇摩鉗太子焚身供養，方能說法。曇摩鉗令人做一大火坑。帝釋天、梵天，各捉曇摩鉗一手，曉以種種利害，竭力勸阻，而曇摩鉗毅然投入火坑。火坑隨即變成蓮池，太子坐蓮臺上。除 175 窟的一幅是橫列多幅組合構圖，繪於右甬道外側壁底部，並多已剝落外，其餘七幅均繪於主室券頂或正壁佛龕上方，以龜茲地區特有的菱形格單幅構圖，清晰而穩定：中間為立於蓮池，雙臂上舉的曇摩鉗太子，背後為升騰的火焰，左右分立著帝釋天與梵天，各捉曇摩鉗太子一臂。他們的頭部都有光環，帝釋天被繪出三隻眼睛，全戴冠，上身袒露，下身著裙褲，與壁畫上所見菩薩的穿著無甚區別。

前踐寺

《十力經》序中說：「安西境內有前踐山，前踐寺。」《宋高僧傳》卷3《唐丘慈國蓮華寺蓮華精進傳》中說：「安西境內有前踐山，山下有伽藍，其水滴溜，成音可愛。彼人每歲一時采綴其聲以成曲調。故耶婆瑟雞，開元中用為羯鼓曲名，樂工最難其杖撩之術。進寺近其滴水也。」

據姚士宏先生的考證，「前踐寺可能為耶婆瑟雞寺的漢譯名」，即是說前踐寺與耶婆瑟雞寺為同一所佛寺，其故址為今之克孜爾石窟。

聞法菩薩像

聞法，即聞教法也。《妙法蓮華經·安樂行品》中說：「合掌贊佛，聞法歡喜。」

在佛教經典中屢次提出，聞法是很難的，被列為四難（一值佛難、二說法難、三聞法難、四信受難）之一。《賢愚因緣經·雜譬喻品》第一曾講了聞法難的六個故事：修樓婆王為聞正法，獻出了自己的愛妻；虔尼婆梨王位聞正法，於自己身上剜然千燈；毗楞竭梨王為聞正法，於自己身上釘入千釘；梵天王為聞正法，自己投身於十丈深的火坑中；郁多羅王為聞正法，被剝皮當紙、折骨為筆、和血為墨；屍毗王為聞正法，割自身的肉以換鴿的命，等等。正因為聞法是如此之難，如此之可貴，故而在佛教繪畫中出現了許多聞法菩薩。

克孜爾石窟 205 窟左、右壁畫有釋迦牟尼佛說法圖，圖中畫出聞法菩薩像。他們圓臉豐頤，眼睛似笑非笑，嫵媚動人。嘴小微張，嘴角也掛著笑意，似為表達聞法後的歡喜之情。他們的身上掛珍寶珠飾，手腕處佩帶四重環鐲，整個形象用流暢的細線勾勒，肌肉部分做深淺適度的暈染，看起來有一種豐潤柔美的女性般的魅力。

音樂家合唱洞

這是德國人格倫威爾對克孜爾石窟 38 窟的命名，原因是該窟保存著兩幅畫面較為完整、內容非常豐富的「天宮伎樂圖」。日本人據此譯為「樂天洞」。

克孜爾石窟 38 窟為中心柱型窟，兩幅「天宮伎樂圖」繪在主室的左、右兩壁上端、券頂下方，每幅各長 3.6 公尺，高 0.56 公尺，每壁由 7 組畫連續組成，每組內繪兩身伎樂天人，兩壁合計 28 人。

「天宮伎樂圖」的內容是，右壁：第一組，一人吹橫笛，一人彈一種叫里拉的絃樂器；第二組，一人舞瓔珞，一人托花盤；第三組，一人彈阮咸，一人吹橫笛；第四組，一人彈弓形箜篌，一人托花盤；第五組，一人舞瓔珞，一人托花盤；第六組，一人彈五弦琵琶，一人吹篳篥；第七組，一人擊銅鈸，一人吹排簫。左壁：第八組，一人彈五弦琵琶，一人吹橫笛；第九組，一人舞瓔珞，一人擊掌；第十組，一人彈阮咸，一人吹排簫；第十一組，一人彈弓形箜篌，一人托花盤；第十二組，一人吹橫笛，一人擊打答臘鼓；第十三組，一人吹篳篥，一人彈五弦琵琶；第十四組，一人舞瓔珞，一人舉手鼓。

每組兩人均是一男一女，男女皆袒臂露胸，男者頭戴寶冠，髮佩披帶，女者高髻花鬘或珠帽冠項，男女均項掛珠環，臂著環釧，有的佩帶大環耳。每組兩人膚色為一白一棕。這些伎樂天人頭後都繪有「圓光」。這些伎樂天人的裝束是菩薩形，故通常稱作「伎樂菩薩」。（見圖 153）

龜茲文化詞典
九畫

圖 153　克孜爾石窟 38 窟主室左壁——天宮伎樂全景圖

恰庫木排來克遺址

位於今新疆輪台縣陽霞鄉西南約 30 公里處，是唐龜茲都督府轄下六大守捉之一東夷僻守捉所在地。參見「東夷僻守捉」條。

[7]

柔然

中國古代的少數民族。北朝稱為蠕蠕，南朝稱為芮芮，原是鮮卑的一個部落，受拓跋部的統治。4 世紀末，首領社崙稱可汗時，柔然的地域東到朝鮮，西包焉耆以北地區，而以敦煌、張掖之北為中心。社崙的堂兄弟大檀稱可汗時，柔然在西域的統治區域又進一步擴大，西與占據了伊犁河流域的悅般相接，南面控制了伊吾、高昌、車師、焉耆、龜茲、姑墨等地。《宋書索虜傳》記載：「芮芮一號大檀，又號檀檀，亦匈奴別種。自西路通京師，三萬餘里。僭稱大號，部眾殷強，歲時遣使詣京師，

與中國亢禮，西域諸國焉耆、鄯善、龜茲、姑墨東道諸國，並役屬之。」

北魏太平真君九年（448 年），悅般遣使到北魏，要求共同攻打柔然，北魏皇帝拓跋燾立即同意了悅般的要求，攜帶皇太子親率大軍北伐。柔然敗退。北魏太平真君十年（449 年），北魏派成周公萬度歸率兵攻打龜茲，大敗之。當年年底，龜茲擺脫了柔然的控制，歸服北魏，並遣使朝貢。

6 世紀中葉，原來役屬於柔然的突厥逐漸強盛起來。突厥首領土門在降伏了敕勒五萬餘落之後就開始進行反抗柔然奴隸主貴族奴役的爭戰。正在日益衰弱的柔然政權，終於在 552 年為新興的突厥所消滅。

絳賓王

中國古代典籍中記載的第一位龜茲國王。

《漢書·西域傳》說：「（漢宣帝）時烏孫公主遣女來至京師學鼓琴，漢遣侍

郎樂奉送主女，過龜茲。龜茲前遣人至烏孫求公主女，未還。會女過龜茲，龜茲王留不遣，復使使報公主，主許之。後公主上書，願令女比宗室入朝，而龜茲王絳賓亦愛其夫人，上書言得尚漢外孫為昆弟，願與公主女俱入朝。（漢）元康元年（西元前65年），遂來朝賀。王及夫人皆賜印綬。夫人號稱公主，賜以車騎旗鼓，歌吹數十人，綺繡雜繒琦珍凡數千萬，留且一年，厚贈送之。後數來朝賀，樂漢衣服制度，歸其國，治宮室，作徼道周衛，出入傳呼，撞鐘鼓，如漢家儀。外國胡人皆曰：『驢非驢，馬非馬，若龜茲王，所謂騾也。』絳賓死，其子丞德自謂漢外孫，成、哀帝時往來尤數，漢遇之亦甚親密。」

　　絳賓王熱愛中原文化，並努力學習中原文化，是中國歷史上第一個把中原文化傳入龜茲的西域國王。他的行動為中原王朝與龜茲間的長期親密友好關係奠定了基礎，而且他熱愛與學習中原文化的事跡已經成為中國民族關係史上的一段佳話。

結跏趺坐

　　這是龜茲石窟壁畫中大多數佛像的坐式，略稱「跏趺」，原是釋迦牟尼的坐法，俗謂「盤腿打坐」。據慧琳《一切經音義》卷8載，結跏趺坐有兩種：一種是兩足交叉置於左右股上，即先把右腳腳心朝上壓在左大腿上，再把左腳如法壓在右大腿上，這種坐法名為「降魔坐」，又稱「降伏坐」，禪宗僧人多採用這種坐法；反之，若先以左腳腳心朝上壓在右大腿上，再把右腳如法壓在左大腿上，這種坐法稱為「吉祥坐」，密宗也叫做「蓮花坐」。另一種是單以右腳心朝上壓在左大腿上，或單以左腳心朝上壓在右大腿上，這種坐法叫「半跏坐」，俗稱「單盤」，而密宗稱此為「吉祥坐」。《大智度論》卷7說：「諸坐法中，結跏趺坐最安穩，不疲極，此是坐禪人坐法。」

十畫

[一]

班勇

　　字宜僚，班超與疏勒王室女所生的兒子，出生在疏勒（今喀什），通漢文及西域諸國語言。長大後，隨父在都護府歷練，後隨父返洛陽。漢永元六年（94年）敦煌太守曹宗率先重開西域，派長史索班率千餘人出屯伊吾，但數月後，索班就被北匈奴挾同車師後部王攻殺。鄯善王向曹宗求救。曹宗上表朝廷，廷議時班勇力排眾議，痛陳失西域對漢朝邊防的利害得失，主張設西域副校尉駐敦煌，派西域長史率兵五百屯樓蘭，終被朝廷採納。漢延光二年（123年），漢朝委班勇為西域長史，率兵出屯柳中。次年，又有白英率領姑墨王、溫宿王附於漢，遣兵萬餘人助班勇破匈奴伊蠡王，攻奪伊和谷。又隨班勇大敗呼衍王。這是龜茲與班勇聯合舉行的一次軍事行動，重創了匈奴的軍事力量，為樹立東漢中央政府在西域的權威做出了重大的貢獻。

　　班勇著有《西域風土記》，內敘自漢建武元年（25年）至延光四年（125年）百年間的西域諸國變化，《後漢書·藝文志》有著錄（今佚），范曄《後漢書·西域傳》也主要取材於該書。

班超

　　東漢名將，生於32年，死於102年，字仲升，扶風安陵（今陝西咸陽東北）人。父親在其年幼時亡故，家境貧寒，曾為官府抄書以侍養母親。有一天，他投筆嘆曰：「大丈夫無他志略，當效傅介子、張騫以功異域以取封侯，安能久事筆硯間乎！」漢永平十六年（73年），他率領三十六人出使西域，攻殺匈奴派往鄯善、于闐的人員，又廢去親附匈奴的疏勒王，鞏固了漢在西域的統治。

　　東漢章帝初，北匈奴貴族在西域反撲，他在疏勒等地堅守，後得東漢政府援軍，聯合當地力量，開始反擊。從漢章和元年（87年）到漢永元六年（94年），陸續平定莎車、龜茲、焉耆等地貴族的變亂，並擊退月氏的入侵，保護了西域各族的安全，保障了絲綢之路的暢通。漢永元三年（91年）被東漢和帝任命為西域都護，後封定遠侯。他在西域活動達三十一年，曾遣甘英出使大秦（羅馬帝國），至條支的西海（近波斯灣）而還。

《後漢書·班超傳》記載班超在西域的活動情況，傳中說：「（漢永平）十八年（75年），帝（漢明帝）崩。焉耆以中國大喪，遂攻沒都護陳睦。超（班超）孤立無援，而龜茲、姑墨數發兵攻疏勒。超守盤橐城，與忠為首尾，士吏單少，拒守歲餘。肅宗初即位，以陳睦新沒，恐超單危不能自立，下詔征超。超發還，疏勒舉國憂恐。其都尉黎曰：『漢使棄我，我必復為龜茲所滅耳。誠不忍見漢使去。』因以刀自剄。超還至于闐，王侯以下皆號泣曰：『依漢使如父母，誠不可去。』互抱超馬腳，不得行。超恐于闐終不聽其東，又欲遂本志，乃更還疏勒。疏勒兩城自超去後，復降龜茲，而與尉頭連兵。超捕斬反者，擊破尉頭，殺六百餘人，疏勒復安。（漢）建初三年（78年），超率疏勒、康居、于闐、拘彌兵一萬人攻姑墨石城，破之，斬首七百級。」可見班超在西域各國中既恩信有加，又威披全域。

後來，班超年邁，其妹班昭向東漢和帝上書，請求下詔書讓班超還歸家鄉。和帝答應了。班超於102年回洛陽，拜射聲校尉。也就在這一年，這位在西域屢建功業的偉人，病逝於洛陽。

秦漢伎

一種龜茲樂舞。據《隋書》卷15《音樂志》下的記載，前秦呂光和沮渠蒙遜等據有涼州時，曾對龜茲音樂舞蹈稍作改變，組成「秦漢伎」。

秦州龜茲

蜀國為曹魏所滅後，原居住在四川境內的龜茲人又被北遷至秦嶺以北。晉朝代替曹魏，於晉太始四年（268年）設置秦州，以名將胡烈為秦州刺史，龜茲移民即在胡烈的管轄之下。晉太始四年至六年（268～270年），西北災荒連年，百姓饑苦不堪，群起騷亂，龜茲首領白虎文也率眾暴動，給晉朝統治者以沉重打擊，其事見於《宗書·五行志》「水不潤下」條：「晉武帝太始四年……一日昔歲及此年，蔡蘭泥、白虎文秦涼殺刺史胡烈，牽弘遣田璋討泥……西州饑亂，百姓愁怨，陰氣盛也。」白虎文曾率眾降於姜維。蜀國滅亡，姜維降於曹魏統帥鍾會，頗受信用。鍾會叛魏，姜維建議利用所降蜀軍襲殺魏軍，反被以胡烈為首的魏軍將士攻殺，叛亂被平定。白虎文所率的精壯為蜀軍一部，因為是鍾會和姜維用來謀殺魏軍將士的主力，事後被曹魏北遷至秦州一帶，交由胡烈管束。晉太始四年至六年，西北連年水災，百姓饑苦不堪，鮮卑、氐、羌等族群起暴動，白虎文也率領龜茲移民響應，攻殺了秦州刺史胡烈。涼州刺史牽弘派部將田璋率精兵討伐，白虎文、蔡蘭尼等暴動民眾終於被鎮壓下去了。從上述記載可知，又有部分龜茲人被遷徙到秦州（今甘肅天水市）一帶。

龜茲文化詞典
十畫

耕作圖

此畫出在克孜爾石窟 175 窟中，共有兩幅。一幅的畫面是這樣的：一個農民，上身赤裸，手裡拿著一根棒子，正在驅趕著二牛抬槓，耕犁著土地。犁鏵著石綠色，表示為一種鐵器，土地則繪成畦形方塊。

另一幅的畫面是這樣的：兩個頭戴氈帽、赤裸上身的農民，正揮舞著一種寬刃的鐵鋤在刨地，鐵鋤與現今新疆農民正在使用的坎土曼同型，土地也被繪成畦形方塊。（圖 154）

圖 154　克孜爾石窟 175 窟——耕作圖

至於這個石窟開鑿的年代，有兩種不同的說法：德國人認為開鑿於 600～650 年；閻文儒教授則認為開鑿於兩晉時期（3 世紀中葉到 5 世紀初）。

鹽水關

自庫車綠洲通向拜城盆地的雀爾塔格山中有一條寬不過 20 多公尺的鹽水溝。由此進入拜城盆地後，北越天山即可到伊犁河谷的特克斯或昭蘇，西行可到阿克蘇綠洲，直達中亞。所以鹽水溝是古代軍事和商旅要道，現在於鹽水溝內仍可見到古代堡塞遺址數處，高尚存三四公尺，均聳立於鹽水溝西岸石壁上。1907 年法國伯希和曾在鹽水溝峽谷口古堡中掘得一批龜茲文木簡，簡為長方形，長 8～16 公分，寬 4～10 公分，其上書婆羅迷字母，惜大多已殘損，完整者不多，但在好幾種簡文中提到「鹽關」的名稱，可證「鹽關」是溝口古堡的名稱。法國烈維指出都是 7 世紀的文

物。其中有一完整的簡文稱：「Guarttas 書於……在鹽關。汝自適用此符，現自……來，偕行者共十人，馬共五匹、牛一頭、放行勿詰，汝亦不得有所留存。Ksum 二十年七月十四，yo（署名）。」由此可證，唐代曾在鹽水溝設關戍守，嚴格審查過往商旅行人。

鹽水溝堡塞遺址

位於庫車通向拜城的雀爾塔格山鹽水溝西岸石壁上，是拱衛唐安西大都護府四大關之一鹽水關所在地。參見「鹽水關」條。（圖155）

图155　古龜茲庫車——拜城鹽水溝堡塞遺址

礪石

出自克孜爾石窟89—4窟（1989年編號），共有兩塊：

1. 長條形，一面平整細膩，色青灰，質細膩堅硬，尺寸約為10公分×5公分×1.6公分；

2. 扁圓形，色青灰，質細膩堅硬，尺寸約為13.5公分×12公分×3.5公分，

兩面均光滑，似為打磨壁面塗層或研磨顏料的工具。1989年5月出土。

賈耽

生於730年，死於805年。唐宰相，地理學家。字敦詩，滄州南皮（今屬河北）人。曾任鴻臚卿，主持與各族的往來朝貢貿易，熟悉邊疆山川風土，勤於蒐集有關資料。官至右僕射同中書門下平章事，封魏國公。用裴秀製圖法，繪撰成《海內華夷圖》《古今郡國縣道四夷述》《隴右山南圖》《貞元十道錄》《皇華四達記》《吐蕃黃河錄》等，其中，《四夷道裡記》記載了龜茲至其四周地區的詳細里程及地理環境，為研究龜茲地理不可缺少的資料。不過此書已佚，只在《新唐書·地理志》中尚能見到其部分內容。

耆婆

龜茲高僧鳩摩羅什的母親。史稱，鳩摩羅什的父親鳩摩羅炎，屬印度婆羅門族，世襲高位，後棄相位出家，東渡蔥嶺，遠投龜茲，被龜茲王迎為國師，並以王妹耆婆嫁之，生鳩摩羅什和弗沙提婆兄弟二人。

鳩摩羅什七歲時，耆婆帶他一同出家，師從佛圖舌彌誦習阿毗曇；九歲時，耆婆又帶他前往賓，師從當地著名大德槃頭達多，從受《雜藏》《中》《長》兩部阿含；十二歲時，隨耆婆回到龜茲；二十歲時，他在龜茲王宮受戒，從賓律師卑摩羅叉習《十誦律》。不久，耆婆前往印度，

臨行時特勉勵他到中國弘傳方等深教,他毅然引為己任,表示當忍受諸苦來弘法。

所以,耆婆對鳩摩羅什的一生發展實具有極其重大的作用,不僅引領他進入佛教之門,又不斷帶他外出,接受各地佛學大師的深造,特別是勉勵他要到中原弘法,這對鳩摩羅什能成為中國佛教史上的一代宗師,起著引領、指導的作用。

熱海道

唐玄奘自高昌出發西行,經過今焉耆、庫車。由庫車至今拜城的察爾齊,然後折向西北,踰越唐名凌山(今名木蘇爾嶺)的天山隘口。自此山行四百餘里,過大清池,一名熱海。這就是今天地圖上屬於吉爾吉斯共和國的伊塞克庫爾。「伊塞克」意為熱、溫暖,「庫爾」意為湖泊。這是常見於烏茲別克和吉爾吉斯語言中的名詞,可能源出於古突厥語。伊塞克庫爾湖水微鹹,嚴冬不凍,故有熱海之名。湖西有布阿姆峽口,出峽口不遠即為楚河,玄奘稱為素葉水。渡素葉水,玄奘遵循著今吉爾吉斯山脈和塔拉斯山脈北麓西行,經過千泉、怛羅斯城(今塔拉斯城附近)等地,進入今費爾干納盆地,這一帶是古代有名的大宛諸國所在地。

透過伊塞克湖的這一條路,是古代中西交通上一條最有名、最頻繁的大道,今姑稱之為熱海道。熱海東西長182公里,南北寬50公里以上,古代又有闐池之稱。《漢書》卷70《陳湯傳》,記陳湯於漢建昭三年(西元前36年)遠征康居,襲殺郅支單于。陳湯與甘延壽引軍分行,別為六校,三校從南道逾蔥嶺,徑往大宛。三校都護自將,發拜城,從北道入赤谷,過烏孫,涉康居界,至闐池西。其中取北道的一支兵,就是走的熱海道。唐天寶十年(751年),高仙芝在怛羅斯為大食所敗。據杜環《經行記》所記,高仙芝進兵,也是取的熱海道。其後元代成吉思汗西征,丘處機西遊見成吉思汗,往返都走的這一條路。自漢歷唐至元,中西交通上的大事,大都經過這一條路,其重要性可想而知。

晉龜茲都城

《晉書·四夷傳》之「龜茲國」條稱:「俗有城郭,其城三重,中有佛塔廟千所。」

晉龜茲都城究在何處?據黃文弼先生在《塔里木盆地考古記》一書中的考證,稱今沙雅城西北方近渭干河右岸有一古城遺址名羊達克沁,城作三重,規模頗大,與《晉書》中所說的暗合,為3世紀中期的舊城。如果此說不誤,則晉時龜茲國都已從漢時延城遷到羊達克沁,北魏時又遷回延城故址,因《魏書》仍稱龜茲國都延城。

惡牛因緣故事畫

這幅畫繪於克孜爾石窟及森木塞姆石窟多窟的主室券腹中。畫面為佛旁一牛,

怒目作衝撞狀。故事講佛度化惡牛的因緣。見《撰集百緣經》卷6等。（圖156）

圖156 克孜爾石窟163窟——佛度惡牛

壺中人譬喻故事畫

這幅畫繪在克孜爾石窟110窟券腹下端，畫面為一梵志仰臥樹下，旁置一壺，樹後一人，作觀望狀。故事出自佛經《舊雜譬喻經》。故事的內容如下：太子入山中遊觀。時道邊有樹，下有好泉水……逢見梵志獨行，來入水池浴，出飯食，作起法術來，只見他口吐一壺，壺中有一婦人，與於屏處作家室，梵志遂得臥。這時，婦人也作起了法術，口中吐出一壺，壺中有年少男子，復與其臥，已便吞壺。過了一會，梵志起身，就把婦人置於壺中，吞壺入肚，拄杖而去。太子歸國後，請一大臣與所見梵志共食。梵志來了後說：「我獨自一人。」太子說：「你應當與你的婦人共食。」梵志不得已，只得吐出婦人。太子稱好，並說：「當出男子共食。」婦人不得已，只得吐出少年男子。於是，大家吃了後，便共離去。國王問太子：「你怎麼知道這麼一件奇怪的事？」太子回答說：「我母欲國中，我為御車，母出乎令人見之。我念女人能多欲，便詐腹痛還入山，見是道人藏婦腹中，當有奸。如是婦人，奸不可絕，願大王赦宮中自在行來。」國王聽了太子的話，即赦後宮婦女，願意離開的，都遂從本人的志願。「師曰：天下不可信女人也！」

捕鳥師譬喻故事畫

這幅畫繪在克孜爾石窟224窟券腹的菱形格內，畫面為一人抬頭作逐鳥狀，上有兩隻鳥。故事出自佛經《雜譬喻經》。故事的內容如下：過去有一個捕鳥師，張網於澤上，把鳥喜歡吃的東西置於其上。眾鳥看見有好東西吃，就呼朋引侶，競來爭食，捕鳥師一收網，所有在網上吃東西的鳥盡被捕獲。這時候，有一隻鳥，身軀高大，力氣很大，一身舉起整個鳥網，與眾鳥都一起飛走了。這時，捕鳥師看著鳥網飛去的影子，飛跑著去追逐。這時，有人對捕鳥師說：「鳥飛在空中，而你在陸地步行追逐，你為何如此愚蠢呢？」捕鳥師回答說：「你的話不對。這些鳥當夜幕降臨，都要去棲宿，各鳥要去的方向不對，這樣一來，鳥網會墜下來。」他仍舊緊追不捨，漸漸地天色黑了，仰視眾鳥，翻飛競爭，有的要往東飛，有的要往西飛，有的要飛向山林，有的要飛向水淵，

如是不已，一會兒鳥網便墜地了。捕鳥師把捕得的鳥都殺了。「捕鳥師者，如波旬也。張羅網者，如結使也。負網而飛，如人未離結使，欲求出要也。日暮而止，如人懈怠心生，不復進也，求棲不同者，如起六十二見，恆相反也。鳥墜地者，如人受邪報菏地獄也。此明結使塵垢是魔羅網也。」

格倫威德爾分期法

對於克孜爾石窟的分期，格倫威德爾認為從壁畫風格上看，存在著兩種畫風：一是犍陀羅畫風，二是武臣畫風。有第一種畫風的洞窟共有 8 個，即 76、77、83、84、117、118、207、212 窟，都有犍陀羅式壁畫，也有印度壁畫的影響。這些洞窟大都是方形窟，少數是中心柱形窟。有第二種畫風的洞窟較多，共 25 個，即 3、4、7、8、13、38、58、63、67、110、114、123、129、175、178、181、184、185、188、198、199、205、206、219、224 窟，這些窟絕大多數是中心柱形窟，少數是方形窟。

關於克孜爾石窟的具體建造年代，格倫威德爾認為第一種畫風存在於 400 年前後；第二種畫風可細分為三期，第一期在 500 年前後，第二期在 600 年前後，第三期在 650 年以後。至於克孜爾的最晚洞窟，格倫威德爾認為是建於 8 世紀。

原始時期龜茲服飾

服飾是古代龜茲物質文明的重要標誌之一。根據在庫車地區的考古發掘，至少從新石器時代起，就有人類在龜茲繁衍生息。考古學家黃文弼曾在庫車新老城之間的哈拉墩遺址出土了一批屬於西元前 3 世紀至 1 世紀的石器製品。說明西元前 3 世紀，甚至更早的時候，龜茲居民已開始利用石製品裝飾自己，美化生活。同時還出土了石紡輪和骨錐、骨針、骨簪等石器、骨器。這些表明龜茲在原始社會時期已產生紡織品，並能用骨針縫製衣服。這些考古實物充分說明龜茲先民在和嚴酷的自然環境鬥爭中，也用自己的雙手改造著生活。每個民族在其文化發展的早期階段，總是先從裝飾自己的形體開始，尤其是衣著和髮式成為主要的審美形式，因而耳墜、耳環、骨簪、石紡輪等成為原始工匠首先創造的物質文明。其中有一直徑 32 公釐、寬 20 公釐石子做成的耳墜，在其上端鑿一徑 4 公釐的孔作為穿線之用，中間則鑿有 3 公釐的槽作為繫線之用。

原始時期的龜茲服飾，反映了龜茲先民高度發展的文明。

夏渴蘭旦古城遺址

位於今新疆庫爾勒城南約 3 公里處，是唐代龜茲都督府轄下六大守捉之一於術守捉所在地。參見「於術守捉」條。

唆羅迷國

《元史》中的一個西域城國的名稱，唐賈耽《四夷道里記》稱俱毗羅城，地在今新疆拜城縣治東面的賽里木鎮。

圓筒形鼓

龜茲石窟壁畫中的一種樂器。鼓框粗大，中部隆起，有兩個鼓面，用跳繩交錯穿連以繃緊兩頭鼓面，演奏者將鼓斜掛於胸前，用兩手擊奏。這種鼓形在阿富汗巴揚羊石窟中亦可見到。

在克孜爾石窟 76 窟、77 窟和 118 窟的壁畫中均可以見到此類樂器的圖像。

鴦崛鬘遇佛因緣故事畫

這幅畫繪在森木塞姆石窟 1 窟主室券腹中。畫面為佛旁一人執劍盾砍佛。故事講鴦崛鬘傷佛，後又被佛度化，見《經律異相》卷 17 等。

賊臨被殺遙見佛歡喜升天因緣故事畫

這幅畫繪在克孜爾石窟 186 窟中，畫面中佛左為一比丘，合十敬禮；佛右為一戴王冠者交腳而坐，腿上置一羯鼓，雙手作擊打狀。此故事描繪的是，舍衛城為波斯匿王擊鼓唱頒法令，若為賊者捉住即殺。有一賊被捉，王令殺之。於往城外途中，與佛相逢，賊心生歡喜，由此之故被殺後升天。為感佛恩，自天而來向佛供養，佛為其解因緣。

虔闍尼婆梨王聞法身燃千燈本生故事畫

這幅畫繪在克孜爾石窟 38 窟券腹的菱形格內。故事出自佛經《賢愚經》。故事的內容如下：很久很久以前，有一個國王，名叫虔闍尼婆梨，他心懷慈悲，憐憫一切眾生。他的國家風調雨順，糧食豐收，人民生活富足，無不感念王恩，視國王猶如慈父。國王心裡想：「我身為一國之尊，人民靠著我享受安樂，但是這還不夠。我應當推求妙法。」他的主意已定，就派遣群臣到各地宣告：「誰能向我貢獻妙法，隨其所求，盡力滿足，絕不違背諾言。」這時，有一個婆羅門，名叫勞度差，來到宮門前應召說：「我有妙法！」國王聽後很高興，立即趕出奉迎，拱手向勞度差施禮，並且鋪好床褥，請他就座。國王與左右群臣鼓掌歡迎說：「唯願大師給我們闡說妙法，開導我們的思想，以增加我們的智慧。」勞度差回答道：「我的智慧，求之於遠方，得來不易。你們想學，得付什麼酬報？」國王回答道：「你需要任何東西，都請告訴我，我都一一供給。」勞度差說：「大王今日能在自己身上剜燃千燈，為我照明，我就可以說法。」國王聞這個話後，異常歡喜。於是立刻派人通告全國：「虔闍尼婆梨國王，在此後七日，為了求法，自剜其身，以燃千燈。」當廣大人民聽到這個消息後，無不愁苦連天，

423

紛紛來到王宮，拜見大王，向國王施禮後，都異口同聲地說：「我們這個世界上，一切有生命的東西，全憑大王恩惠，好像盲人依靠扶導，孩兒仰賴母親一樣。若大王剜身燃千燈，身命必危，一旦大王離開我們，我們依靠何人？奉勸大王不要為一個婆羅門而忍心拋棄世上一切眾生！」是時，王后、太子、大臣都竭力勸說國王罷去此事。國王對大家說：「你們這些人，都不要阻止我。我為了誓求做佛的無上道心，才這樣做的。當我成佛之時，必先普度你們。」眾人見國王意堅不改，都不禁啼哭懊惱，自投於地。國王對勞度差說：「現在可以剜我身而燃千燈了。」霎時間，國王身被剜燃成脂燭。眾人見此悲慘之狀，像山崩地裂一般，撲倒在地，氣絕而死，久而復甦。此時，國王向勞度差說道：「唯願大師先為說法，然後燃燈，否則我命若斷絕，就聽不到妙法了！」勞度差便唱道：「常者皆盡，高者必墮，合會有離，生者皆死。」說罷，便燃起火來。這時，國王甚為歡喜，心中毫無悔恨，自立誓言：「我今求法，為成佛道。待得佛時，當以智慧光明照悟眾生，使其走出黑暗。」此後，只見天地大動，諸天宮殿動搖，諸天人都向下觀視，看到國王為了求法，不顧生命，毀壞身體，側塞虛空，啼哭之淚猶如大雨，接著又撒下無數鮮花，表示對國王的崇敬。

克孜爾石窟38窟壁畫中所繪的這幅本生故事畫，表現為虔闍尼婆梨王赤身露體，僅下身有一條短褲，雙手合十，立於熊熊燃燒著的大火中間，赤著足，立在一個圓墩上，臂上已有幾處被剜掉，上面燃著燈。旁邊坐著一個人，一隻手正在點燃國王身上的火，另一隻手則拿著一個火種。這是一幅感動天地的畫，藝術家們細膩地刻畫了虔闍尼婆梨王在剜身點燈這般痛苦的情況下而臉上安詳仁慈的姿態，說明了他內心為追求佛道所表示的無比堅強的決心。畫面清晰明快，線條剛勁有力，確是龜茲佛教藝術中的傑作。

[ㄊ]

鐵矢

出自克孜爾石窟89—8窟（1989年編號），模鑄製，通長6.2公分，鏃長5.3公分，翼寬3.1公分，鋌斷失，斷面圓。鏽蝕較嚴重，通體有縱向裂紋。1989年5月出土。

鐵釜

出自克孜爾石窟89—7窟（1989年編號），模鑄，無紋飾。圓形、斂口、鼓腹、圓底。

雙圓耳相對橫置於腹上部，三柱足立於釜底，其形如鼎。通高約25公分，柱足高約14公分，徑約4公分，口徑約26公分，腹深約15公分。釜底有煙炱。碎塊鏽結，難於復原。1989年5月出土。

鐵鑿

出自克孜爾石窟 89—10 窟（1989 年編號），鍛製，圓柱形，殘長約 10.5 公分，粗約 2.5 公分。尖部斷失，尾部有銎，銎孔徑約 1.7 公分。鏽渣填塞，深不可測。1989 年 5 月出土。

徐松

清代學者，字星伯，中國最早把龜茲石窟介紹給世人的幾個人中之一。直隸大興（今屬北京市）人，生於 1781 年，死於 1848 年。嘉慶進士，授編修。坐事戍伊犁。致力於史地研究，成績卓著。有《西域水道記》《新斠注地理志集釋》《漢書西域傳補注》《唐兩京城坊考》等著述，為清代研究西北歷史地理的先驅者之一。

1816 年，徐松自喀什噶爾（今喀什）經烏魯木齊回伊犁時，既記錄了克孜爾千佛洞，又記錄了庫木吐喇千佛洞。其在《西域水道記》卷 2 中云：「赫色勒（即克孜爾）河，又南流三十餘里，經千佛洞西，緣山法像，尚存金壁，壁有題字曰惠勤，蓋僧名也。河流經岩下，雅爾干河來匯，是為渭干河。渭干河東流折而南，凡四十餘里，經丁谷山西，山勢斗絕，上有石室五所，高丈餘，深二丈許，就壁鑿佛像數十鋪，瓔珞香花，丹青斑駁……隸書梵字鏤刻回環……又有一區是沙門題名。西岸有故城……」

徐欽識

唐開元十九年至二十一年（731～733 年）的安西副大都護。據《全唐文》卷 343 載：「安西都護、高平縣公（徐）欽識子女。」

透索

唐段成式在其所撰《酉陽雜俎·境異》中說：「婆羅遮，並服狗頭猴面，男女無晝夜歌舞，八月十五日，行像及透索為戲。」

段成式所說的「透索為戲」的「透索」，似乎為古代龜茲地區流行的一種以賭博為內容的遊戲。《北史·韓鳳傳》曾有如下一段記載：「壽陽陷沒，鳳與穆提婆聞告敗，握槊不輟曰：『他家物，從他去。』後帝使於黎陽臨河築城戍，曰：『急時且守此作龜茲國子，更可憐人生如寄，唯當行樂，何用愁為！』君臣應和若此。」從此段記載看，握槊的遊戲來自龜茲，而且當時已為中原地區上層階段所耽愛。因此我們認為，「透索」即「握槊」。按《魏書·術藝傳》記載：「此（指握槊）蓋胡戲，近入中國。云胡王有弟一人，遇罪將殺之，弟從獄中為此戲以上之，意言孤則易死也。世宗以後，大盛於時。」「握槊」後來演變成「雙陸」。據宋洪遵《譜雙》所記：雙陸之局如棋盤，左右各有六路。馬作椎形，黑白各十五枚，兩人相搏，骰子擲採行馬，白馬從右到坐，黑馬反之，先出完者獲勝。因此，「透索」實際上也是一種

賭博性的遊戲。但是，有的書中說「透索」即跳索或跳繩，此說尚待考證。

航海窟

德文為 Höhle der Seereise，這是德國人對克孜爾石窟 212 窟的稱呼。

餓鬼窟

德文為 Preta Höhle，這是德國人對克孜爾石窟 227 窟的稱呼。

俱毗羅城

周連寬先生在《大唐西域記史地研究叢稿》中說：「經苦井百二十里至俱毗邏城，此城可能位於鄂依斯堂附近，因其西邊有吉克地理克山溝，山溝西岸有佛洞六七處，溝中又有土阜，為古廟遺址，看來此處在唐代是居民及僧徒聚居之所。」

俱毗邏城之名出於賈耽的《四夷道里記》，《元史》稱唆里迷國，《西域圖志》稱賽里木，地在今新疆拜城縣治東，仍稱賽里木。

俱毗羅磧

在庫車、阿克蘇之間，這是從龜茲通向疏勒直趨中亞及印度的要道。磧是在今拜城縣以賽里木鎮為中心，東通克孜爾鎮、西通托克遜鎮的一片沙漠。

倒數 2 窟

德文為 Zweitletzte Höhle，這是德國人對克孜爾石窟 176 窟的稱呼。

倒數 3 窟

德文為 Drittletzte Höhle，這是德國人對克孜爾石窟 184 窟的稱呼。

[、]

郭昕

《新唐書·郭昕傳》：「昕，肅宗末為四鎮留後。關隴陷，不得歸，朝廷但命官謠領其使。（唐）建中二年（781 年），昕始與伊西、北庭節度使曹令忠遣使入朝。德宗詔曰：『四鎮、二庭，統西夏五十七蕃十姓部落，國朝以來，相與率職。自關隴失守，王命阻絕，忠義之徒，泣血固守，奉遵朝法，此皆侯伯守將交修共治之效，朕甚嘉之。令忠可北庭大都護、四鎮節度留後，賜氏李，更名元忠。昕可安西大都護、四鎮節度使。諸將吏超七資敘官。」《資治通鑑》卷 227，唐建中二年（781 年）六月：「北庭、安西自吐蕃陷河隴，隔絕不通，伊西、北庭節度使李元忠、四鎮留後郭昕帥將士閉境拒守，數遣使奉表，皆不達，聲問絕者十餘年，至是，遣使間道歷諸胡自回紇中來，上嘉之。秋七月戊年午朔，加元忠北庭大都護，賜爵寧塞郡王；以昕為安西大都護、四鎮節度使，賜爵武威郡王，將士皆遷七資。」

安史之亂後，安西一地，萬里孤懸，中原阻絕，南有吐蕃，西有大食，北有遊牧各族，紛紛擾攘。安西境內，番漢雜處，糧斷餉絕，軍疲民貧，首尾難於相顧。英雄郭昕，受命於危難之際，置生命於度外，以少有的謀略和智慧，團結西域各族，克服難以想像的困難，團結奮戰三十餘年，為中國史和世界史譜寫了一曲光彩照人的英雄史詩。

郭昕於唐建中二年秋七月被唐中央政府由四鎮節度留後擢升安西副大都護、四鎮節度副大使後，更加英勇地和吐蕃貴族進行了戰鬥。直至9世紀初，吐蕃貴族仍未牢固地占領安西都護府。因為據《回鶻毗伽可汗聖文神武碑》中說：「北庭半守半圍之次，天可汗（指保義可汗）親統大軍，討滅元兇，卻復城邑……復吐蕃大軍攻圍龜茲，天可汗領兵救援，吐蕃□□，奔入於術，四面合圍，一時撲滅。……天可汗躬師旅，大拜賊，奔逐至真珠河（今那林河）。」保義可汗在位時間為808～821年。總觀上述碑文，在保義可汗進攻龜茲的吐蕃軍時，所以很快就把吐蕃占領軍擊潰，至少表明吐蕃軍隊在龜茲還立足未穩，或者說郭昕統領的唐軍仍未退出龜茲境內，因而在回鶻軍隊進攻龜茲時，與唐軍相配合，很快贏得了勝利。這就可見郭昕指揮下的唐軍，對西域的保衛戰竟長達三十多年，確實是世界史上少見的，是一曲以少勝多、以弱勝強、艱苦卓絕、光照後世的戰歌。誠如由常袞為德宗皇帝起草的《諭安西北庭諸將制》中所說的「……

戰事致命，出於萬死賴天之靈，以戰則克，不動中國，不勞濟師，橫制數千里，有輔車首尾之應，以威以懷，張我右掖，棱振於絕域，烈切於昔賢。……每念戰守之士，十年不得解甲，白首戎陣，忠勞未報，心之惻怛，難忘終身。要當侯大旆所指，窮荒蕩定。懸爵位以相待，傾府庫之所有，以答西州賢士大夫忘身報國之誠」。實際上，保衛西域的各族戰士何止是十年不解甲，他們為後代邊疆兒女樹立了熱愛疆土、保衛國家、維護統一的光輝榜樣。

郭元振

唐神龍元年至景龍四年（705～710年）的安西大都護。據《舊唐書·郭元振傳》載：「神龍中，遷左驍衛將軍，兼檢校安西大都護。」《文苑英華》卷972《兵部尚書代國公贈少保郭公行狀》載：「景龍中（707～710年）……授公（郭元振）驍騎大將軍兼安西大都護，四鎮經略使，金山道大總管。」

郭虔瓘

唐開元三年至五年（715～717年）的安西大都護。據《資治通鑑》卷211，唐玄宗開元三年十一月丁酉「以左羽林大將軍郭虔兼安西大都護、四鎮經略大使」。至唐開元四年（716年）正月十九李琮遙領安西大都護以後，郭虔瓘即降至安西副大都護。《舊唐書·郭虔傳》載：「俄轉安西副大都護，攝御史大夫，四鎮經略安撫使，進封潞國公。」

高仙芝

唐天寶六年至十年（747～751年）的安西副大都護。據《舊唐書·高仙芝傳》載，「開元末，為安西副都護，四鎮都知兵馬使」。

高位窟

德文為 Hochliegende Höhle der 2 Schlucht，這是德國人對克孜爾石窟181窟的稱呼。

高昌縣上安西都護府牒

1966年在吐魯番阿斯塔那的一座有唐咸亨四年（673年）墓誌和唐麟德二年（665年）文書的墓葬中出土了紙鞋。其中有《高昌縣上安西都護府牒》的殘紙，殘紙中有這樣的文句：

上缺「在弓月城舉取二百七十五匹絹向龜」

上缺「兩頭牛四頭驢一頭百匹絹價□」

上缺「□□另有百匹絹價財物及□鞍衣裳」

上缺「調度其李三兩個相共從弓月城向□茲」

上缺「不達到□茲」

殘文中所記的弓月城，其地在今伊犁河北伊寧附近。根據殘文的記載，唐高宗時，在弓月城與安西都護府所在地龜茲之間確實存在著一條繁榮暢達的絲路，商人們一次可以提取二百七十五匹絹運向龜茲。弓月城當時必然是一個很大的絲織品集散地。同時據《新唐書地理志四》的記載：「……又經黃草泊、大漠、小磧，渡石漆河，逾車嶺，至弓月城。過思渾川、蟄失蜜城，渡伊麗河、一名帝帝河，至碎葉界。又西行千里至碎葉城，水皆北流入磧及入夷播海。」也就是說，從弓月城再向西去，道路一直通到碎葉城。

可見，從碎葉經弓月到龜茲，再從龜茲到長安，這裡確實存在著一條繁忙的絲綢之路。

高昌回鶻時期的龜茲佛教

龜茲地區是西域北道的佛教中心，佛教遺址甚多，延續時間很長。其中屬於高昌回鶻時期的佛教遺蹟，據閻文儒先生的研究，主要有拜城克孜爾石窟第四期、森木塞姆石窟第四期，克孜爾尕哈石窟第四期。位於庫車城西南約30公里的庫木吐喇石窟，閻文儒先生認為「在盛唐以前並不繁榮，因而一、二期的窟較少，到安西都護府轉到龜茲以後，直到回鶻高昌時代，是最繁的時期」。此外，近年在庫木吐喇石窟地區又新發現有回鶻時期的洞窟。總之，上述情況表明，龜茲仍為回鶻時期一個佛教中心地區（另外一個中心地區是高昌）。

唐王城

位於庫車東南約 80 公里的草湖中心，距哈里哈塘東南約 40 公里。城作圓形，已全部坍毀，但遺址猶高出地面約 3 公尺。圓形直徑 180 公尺，中間有臺基數個，靠城垣周圍似曾有許多建築，稍一翻動，沙土內即出現甎片、獸骨、木材等物。群眾反映說過去曾發現錢幣、文書、金飾等物。

唐烏壘屯田

烏壘原是兩漢西域都護府所在地，在今新疆輪台縣策大雅鄉。唐朝把安西都護府移設龜茲後，烏壘就成為安西都護府的一個州。658 年 1 月，楊冑率唐軍平定龜茲大將羯獵顛的叛亂後，即開始派軍在烏壘州境內屯田戍守。唐玄宗開元時，烏壘屯田戍軍增加到千人以上，開墾土地一萬多畝，成為唐政府從東面保衛安西都護府的重要屏障。

現在於輪台縣境內仍可找到屯田遺址，在輪台縣城東南方約 20 公里的硝鹼灘上，維吾爾人民稱為闊納協海爾，即古城之意，黃文弼的《塔里木盆地考古記》中稱之為黑太沁，即漢人的古城堡，是一座邊長 200 公尺的正方形城堡，方圓 337 公尺，殘存牆址高 4 公尺，城內出土了唐代錢幣、陶片和絲履帽纓等物。這座屯城就在漢朝校尉卓爾蓋特古城北面 2 公里處，說明是在漢朝屯田的基地上又重開了唐代的屯田。在這座屯城不遠處，還有一座煉鐵爐遺址，顯然是唐代屯軍冶煉生產工具和打製兵器的地方。

唐龜茲屯田

唐龜茲屯田有十餘處，地在今庫車、沙雅、新和三縣綠洲。迄今在庫、沙、新綠洲所見唐代屯城星羅棋布，氣勢宏偉，如托普古城、通古斯巴什古城、布特巴什古城、羊達克沁古城、克孜爾古城、克塔依古城、桑塔木糧倉城等古城遺址，廢堡殘垣、古墓墳丘散布各處。各種儲糧遺蹟，如糧倉、大陶罐、圓形儲糧坑，比比皆是，成為唐代西域最大的軍墾基地。因為安西四鎮駐軍多時達 3 萬人，常駐在龜茲境內的也有 1100 多人，不僅這些常規軍隊的糧食供應需保證，還得保證突發軍事行動的急需。因而平時還應有所儲備。所以唐政府和安西大都護都十分重視屯田軍的組織和管理。《新唐書·郭虔瓘傳》說：張孝嵩在安西「勸田訓士，府庫盈饒」。這樣就給保衛西域、鞏固統治奠定了雄厚的物質基礎。《資治通鑑》卷 223 指出在西域屯田的強大生命力說：「玄宗繼收黃河磧石、宛秀等軍，中國無斥候警者凡四十年。輪台、伊吾屯田，禾菽彌望。」

唐龜茲都城

《新唐書·西域傳》「龜茲國」條稱：「姓白氏，居伊邏盧城，北倚阿羯田山。」由於這一記載，我們才知道唐代龜茲都城的名稱，玄奘經過屈支國時，其都城就是這個伊邏盧城。

那麼伊邏盧城究竟在今之何地呢？眾說紛紜。

《西域圖志》說，此城與漢代的延城均位於額什克巴什郭勒之東。

法國人沙畹說，今之庫車，即658年安西都護所徒治之龜茲城，亦即《舊唐書》之伊邏盧城。

斯坦因說：玄奘指出二昭怙厘於都城北四十里，核以蘇巴什廢寺南端至今庫車城之距離13公里，大致相合。但就實際言，今庫車城在蘇巴什之西南，不在正南。此外在河西今庫車城位置處，未見有古城遺蹟。斯坦因曾至河東岸較古之廢城遊歷測量，此城確在蘇巴什之南，距蘇巴什較近，周圍大致有十七八里，與玄奘之說合。此城應是唐代之屈支或龜茲都城。

伯希和認為，從《大唐西域記》原文來看，二昭怙厘不是在唐代龜茲都城之北四十里，乃在「荒城」之北四十餘里。他在辯論有關「荒城」問題之後說：「無論如何，二昭怙厘在城北約四十里，其城或是唐代與晉代龜茲之同一都城，位於庫車河東岸，抑晉代之龜茲古都，而在唐代業已遷都西岸。」

黃文弼先生認為，蘇巴什佛寺遺址的河西有一小城，既有塔廟，也有住宅，可能是國王來此受經聽法時所居之地，但是否即是伊邏盧城，尚無確切之證明。

周連寬先生認為《大唐西域記》所說荒城北四十餘里有二伽藍，隔河相對，同名昭怙厘，此二伽藍應位於今蘇巴什佛寺遺址，那麼，其南四十餘里之荒城，應是今庫車城東3公里的皮郎古城遺址。玄奘時代此城業已荒廢，則當時龜茲國都伊邏盧城，根據《舊唐書》所謂北倚阿羯田山及《隋書》所謂白山南百七十里，應位於今庫車城或庫車河西岸庫車城附近的地方。

唐草文圖案

出自克孜爾石窟212窟主室右壁，高56公分。側壁的壁畫橫著排成帶狀，中列本生、比喻圖，其下面一排是寬幅的裝飾花紋，以人頭像為中心可分幾個畫區。此圖為其中一個畫區。

圖案中心部是頭蓋骨，樹葉從那裡向左右伸出，細枝彎曲分開。葉子有可見正面的，也有可見側面的。葉脈與葉柄分開。這是原產於地中海北岸的一種亞熱帶植物，經常用於希臘的柱頭裝飾。

此件現藏德國柏林亞洲藝術博物館。

唐尉頭州屯田

尉頭州是龜茲都督府下12個內屬諸胡州的一個州。尉頭州又寫作尉頭、鬱頭，當地古稱據史德或握瑟德。位於今巴楚縣城東北60公里處有一座圖木休克山，當地維吾爾人民稱為代熱瓦孜塔格，意即大門山。因為出山口往東北即至阿克蘇綠洲，向西南則為葉爾羌河下游平原。《新唐書·地理志》稱：「自撥換、碎葉，西南渡渾

河……又六十里至據史德城，龜茲西境也。一曰尉頭州，在赤河北岸孤石山。」黃文弼先生在《塔里木盆地考古記》一書中談到其考察托庫孜薩來遺址時說：「此城正在舊河床北岸山上，與唐地址所述鬱頭州城形勢完全相合。則此地亦即唐代內屬諸胡州之鬱頭州也，又為古龜茲國西境據史德城。」唐貞元五年（789年）和尚悟空自天竺返回西域，路過托庫孜薩來時尚見據史德城還在抵抗吐蕃。

在今巴楚與柯坪的交界處，有一片東西長70多公里，南北寬20多公里，占地2000餘平方公里的沙漠，可是唐代這裡卻是河渠交錯、阡陌縱橫的屯墾區，現在從托庫孜沙來古城向北依次排列著澤梯木、科西梯木、玉木拉克梯木、瓊梯木，並連著今柯坪縣境內的亞依德梯木、阿克先爾、都埃梯木、老齊朗古城等遺址。在各遺址區內發現了古代灌溉渠系、村舍道路和田陌。可證唐代在此屯田灌溉十分發達。當時在龜茲境內有20屯，在尉頭州內有3屯。就在這個屯田區內，現在不僅可發現多處大小屯城和烽燧遺址，還在遺址內採集到「開元通寶」「乾元通寶」及龜茲大錢、小錢等錢幣，並散布著許多不同器形的陶片，主要器形有罐、甕、碗、盤、缽、杯、壺、紅陶大缸。

《唐丘慈國蓮華寺蓮花精進傳》

載於宋贊寧撰的《宋高僧傳》卷3中，記載了龜茲國蓮華寺的情況，其文如下：「安西境內有前踐山，山下有伽藍，其水滴溜，成音可愛。彼人每歲一時采綴其聲以成曲調。故耶婆瑟雞。開元中用為羯鼓曲名，樂工最難其杖撩之術。」

唐漢人屯田戍卒間借米糧契

近代在新疆新和縣城南唐通古斯巴什古城中出土「唐漢人屯田戍卒間借米糧契」古文書一紙，紙長27.7公分，寬17公分，上書：

大曆十五年四月十二日李明達為無糧用

遂於蔡明義邊便青麥一石七斗

粟一石六斗其麥限至八月內□□□

付其粟限至十月……

□麥一取上好……

……如取麥已……

如為限不

原來唐大曆只有十四年（779年結束），此處書十五年，是因安史之亂後，吐蕃陷隴右，位於西域的安西與中原間聲聞斷絕者十餘年，所以780年起已改為建中年號後仍不知。

涅槃畫

這是佛傳故事畫的一個組成部分，講的是佛涅槃時與涅槃後的故事。由於龜茲石窟壁畫將佛涅槃時與涅槃後焚棺、八王分舍利等情節做了充分表現，其比重之大，居中國石窟首位，而有些題材是這裡僅有

的。為此，把涅槃畫從佛傳故事畫中分離出來做單獨介紹是必要的。

　　佛傳故事講到佛涅槃時和涅槃後的情況是這樣的：佛陀在拘屍那城外娑羅雙樹間逝世後，據說發生了地震和雷鳴。佛陀的葬禮準備了六天之久，到了第七天，他們決定將屍體抬往城南火化。但是當他們使勁抬動屍體時，發覺屍體不能移動。阿耨樓陀解釋說，觀看葬禮的天神們不願意屍體從城外抬走，而要穿過城中。他說完此話以後，屍體就容易搬動了，而且天灑雨花。

　　後來，當他們要焚化屍體的時候，火葬柴堆又點不著火。阿耨樓陀解釋說，這也是因為天神們的干擾，他們希望要等待摩訶迦葉到達以後，再舉行火葬。摩訶迦葉是佛陀的大弟子，當時正在途中行走，前來向佛陀表示最後的敬意。他帶領五百僧人到達以後，火葬柴堆就自行著火，屍體也焚化乾淨，只剩下一堆骨灰。拘屍那城的摩羅族人將骨灰取往他們的會議廳中。他們在廳中以矛圍成籬，以弓為欄杆，圍繞骨灰，唱歌舞蹈，奉獻花環與香料，以表示尊敬。

　　有七個國家派人要求分得一份遺骨，說他們要建塔供養遺骨，並且要舉行慶典。他們提出要求的根據是，他們像佛陀一樣，也是屬於武士種族。最初，拘屍那城的摩羅族人拒絕他們的要求，於是發生了爭舍利之事。

　　這時，一個香姓婆羅門叫他們不要為一個曾經教人容忍的人的遺骨發生爭執。因此他將遺骨分為八份，一份給予拘屍那，其他七個要求遺骨的國家，各給一份。這時候毗波利伐那的摩利耶那人也來要求分得一份，但是遺骨業已分配完畢，只好分得一些火葬柴堆的炭灰。於是在上述各國中建造了八座塔，埋葬遺骨。有一塔埋葬頭髮，再有一塔埋葬分遺骨用的寶瓶。

　　上述事跡在佛經中描寫得尤為複雜，如《大般涅槃經後分》中所記：「爾時世尊三反入諸禪定，三反示悔眾已，於七寶床右脅而臥，頭枕北方，足指南方，面向西方，後背東方。其七寶床微妙瓔珞以為莊嚴。娑羅樹林四雙八隻……南方一雙在佛之足。爾時世尊婆娑羅林下寢臥寶床，於其中夜，入第四禪，寂然無聲。於是時頃，便般涅槃。」佛涅槃後，「於是時頃，十方世界，一切諸天，遍滿虛空，哀號悲嘆，震動三千大千世界；雨無數百千種種上妙天香天華，遍滿三千大千世界，積高須彌，供養如來。於上空中，復雨無數天幢、天幡、天瓔珞、天軒蓋、天寶珠，遍滿虛空。」「於上空中，復奏無數微妙天樂，鼓吹絃歌出種種音。」「爾時阿難聞是語已，悶絕地，猶如死人，寂無聲息，冥冥不曉。」「其中或有隨佛滅者，或失心者，或身心戰掉者，或互相執手哽咽流淚者，或常搥胸大叫者，或舉手拍頭自拔髮者，或有唱言：痛哉痛哉！荼毒苦哉！……中有遍體血現流灑地者。」「爾時阿難悶絕漸醒，舉手拍頭，搥胸哽咽，

悲泣流淚，哀不自勝，長跪佛前……爾時無數億恆河沙菩薩、一切世間天人大眾，互相執手，悲泣流淚，哀不自勝，各相裁抑，即皆自辦無數微妙香華，曼陀羅華、摩訶曼陀羅華、曼殊沙華、摩訶曼殊沙華，無數天上人間海岸栴檀沉水百千萬種和香。無數香泥、香水、寶蓋、寶幢、寶幡、真珠、瓔珞遍滿虛空，投如來前，悲哀供養。」「爾時拘屍城內一切人民及諸大眾，重複悲哀，哽咽流淚，復持無量香華、幡蓋，一切供具，如雲遍滿空中，互相執手搥胸哽咽，涕泣盈目，哀震大千，投如來前，悲哀供養。爾時大眾悲哽喑咽，深重敬心，各以細沙、白氎障手，扶於如來入金棺中，注滿香油，棺門即閉。」「如來舍利至城內已，置四衢道中。爾時拘屍城人即嚴四兵，無數軍眾，身著甲鎧，各執戰具。繞拘屍城四面周匝，無數重兵，儼然而住，擬防外人來抄掠故。」「復有五百大咒術師，守城四門，為遮難故。復見無數寶幢幡蓋，微妙莊嚴大雉毛𪅏，於城四維，儼然供養，為標式故。」而阿闍世王「遣使臣，同詣拘屍，再求舍利。城人報曰：世尊慈父既於我界而般涅槃，全身舍利，應留永劫，於此供養，終不分與外邑諸人。諸國答曰：若分者善。若不與者，我等當以強力奪取。城人告曰：徒事鬥爭，終不可得。闍王復使雨行大臣馳兵請分，告城有曰：若與者善。若不見分，我加兵力，強奪將去。答言：任意。爾時拘屍城中所有壯士男女，並聞弓射，即便總出，嚴整四兵，欲與諸邑交兵合戰。爾時，毗離國諸梨車種遂集四兵，往拘屍城，在一面住；阿勒國諸剎帝利亦集四兵在一面住；毗耨國諸婆羅門亦集四兵在一面住；遮羅伽羅國諸釋子亦集四兵在一面住；師伽國拘樓羅亦集四兵在一面住；波肩羅國力士亦集四兵往拘屍城，在一面住。爾時，拘屍那城七軍圍繞，為舍利故，各欲奪取。」

涅槃畫就是根據上述傳記和佛經中的內容而繪製的，主要有：佛陀入娑羅雙樹間右脅而臥，為眾弟子說《大般涅槃經》；諸天眾人聞佛將涅槃，從各處紛紛前來作供養；佛陀涅槃，諸天、弟子、眾人舉哀；諸天眾人用細氎裹佛陀遺體，放入金棺，棺內注以香油；舉行火焚金棺的「荼毗」儀式，諸天、弟子、眾人悲哀追悼；收拾舍利，裝之金瓶，諸天、弟子、眾人重作供養；七王嚴四兵前來爭奪舍利，拘屍那城外劍拔弩張；香姓婆羅門曉諭眾人，為八王平分舍利；八王分得舍利後，紛紛歸國起塔供養舍利。

在龜茲石窟中，涅槃畫主要集中在中心柱形支提窟，安排在從這類窟的兩個甬道開始的壁面上，包括後室的左、右壁，後室的券腹以及中心柱的左、右壁與後壁、甬道頂；少量則出現在方形平面穹窿頂支提窟券腹的下沿部分。

龜茲石窟壁畫中的涅槃畫不僅內容豐富、數量眾多，為中外佛教石窟所未見，而且其繪畫水平極為高超，實為中國佛教藝術史中罕見的珍品。

涅槃佛圖

在龜茲石窟中，涅槃佛圖大多數畫在中心柱形支提窟的後室後壁上，少數出現在方形平面穹窿頂支提窟的券腹下沿部分，都被畫成「右脅而臥，足足相累」的形象，有很多還畫出「四疊鬱多羅僧（比丘三衣之一，此名『上著衣』，既七衣）以敷床上」「和襞僧伽黎（比丘三衣之一，此名『合』，即大衣）作枕」等具體細節。這與佛經中的記載十分吻合。如《佛說長阿含經》說：「一時佛在拘屍那竭力士生地娑羅林中，爾時如來涅槃時到，告阿難曰：汝可為我於雙樹間北首敷座。⋯⋯爾時世尊即從座起，往趣雙林，敷上北首，右脅而臥，足足相累。」《中阿含經》說：「阿難受如來，即詣雙樹，於雙樹間而為如來北首敷床。敷床訖，還詣佛所⋯⋯於是世尊將尊者阿難至雙樹間，四疊鬱多羅僧以敷床上，襞僧伽黎作枕，右脅而臥，足足相累。」再如《根本說一切有部毗奈耶雜事》說：「於是世尊自疊僧伽胝枕頭，右脅而臥，兩足相累。」克孜爾石窟7號窟後室後壁的涅槃佛就是這樣畫的。

涅槃入滅佛傳故事畫

這幅畫繪在克孜爾石窟4、7、8、13、17、27、34、38、58、69、76、77、80、97、98、99、110、161、163、172、175、178、179、189、192、193、196、198、205、207、219、224、227窟中，凡後室後壁鑿出涅槃臺的中心柱型窟，採取畫塑結合的形式，涅槃像多為塑像，均已無存，僅留殘跡。佛涅槃圖中，均作「北首右脅臥，枕手累雙足」的橫臥入涅槃之相。克孜爾石窟的涅槃構圖，繁簡不一。最簡的7窟，僅臥一佛，在佛的雙足下跪一舉哀比丘。一般的構圖，多在臥佛右上方畫出諸天、菩薩、弟子多身；較複雜的畫面中，又加入須跋陀羅身主入滅初出金臂為阿難現入胎，迦葉後至佛現雙足、摩耶夫人自忉利天下降視佛涅槃等，表現佛三從金棺出的內容。179窟後甬道後壁的涅槃圖中，佛頭左上方站立阿難，佛雙足下為迦葉，佛床下為須跋陀羅先佛入滅。這些構圖，與佛經記載中的涅槃十分相似。釋迦牟尼逝世之事，按歷史傳說，在他長約40年的傳教生活中，足跡遍及古印度北部。西元前486年，在他80歲由王舍城向拘屍那揭羅城出發，準備繼續傳教時，終於因中途染病，死於跋提河畔的娑羅雙樹間。

悟空

唐京兆西安府涇陽縣人。俗姓車，名法界。後魏拓跋氏的後裔。唐天寶九年（750年），賓首領薩波達干與僧人舍利越魔來求知，朝廷派出中使張韜光等40餘人。當時悟空任左衛之職，遂參與同行。他們經河西走廊，由伊吾（今哈密）、高昌（今吐魯番），循天山北道西行，過銀山到烏耆尼（今焉耆），赴安西都護設治之龜茲，再由此經疏勒越蔥嶺至賓東都城乾陀羅國。張韜光等在完成了使命後，都

東行歸國。當時悟空因病不能隨之同行東歸,不得不留在乾陀羅,後來逐漸痊癒,於是就拜賓高僧舍利越魔為師,落髮成了和尚,賜名達摩馱都(譯為法界)。唐德宗貞元五年(789年),悟空在印度求法譯經30餘年後,終於隨唐中使段明秀歸國,向唐進獻佛舍利及其所譯佛經。唐德宗十分高興,奉正度,賜名悟空,並勅使譯經3部11卷,編入《貞元錄》。僧圓照記錄悟空在西域、印度的行跡,撰《悟空行記》,載於《大唐貞元新譯十地等經記》。後來,悟空不知所終,《宋高僧傳》中記載了他的事跡。

《悟空行記》

唐僧人圓照撰,記載了悟空在西域、印度的行蹤與事跡。書中記載:唐天寶九年(750年),悟空等人出長安,經河西走廊,由伊吾(今哈密)、高昌(今吐魯番),循天山北道西行,過銀山(今庫米什山)到烏耆尼(今焉耆),赴安西都護設治的龜茲,再由此經疏勒越蔥嶺至印度。後來又從中印度取道疏勒、于闐、龜茲、烏耆尼、以歸長安,時為唐貞元五年(789年)。悟空西行,去時走的是天山北道,回時本來想走天山南道,故而先走疏勒、于闐,可能是由於南道不通,遂渡塔克拉瑪干大沙漠,從于闐北上龜茲,再經烏耆尼折向北庭都護府(今吉木薩爾),東行回長安。

諸天供養圖

據佛經的記載,佛陀涅槃時,眾多天神紛紛從天宮下來,以音樂、香花向佛陀作供養。如《佛說方等泥洹經》卷下說:「當此之時,地大震動,諸天龍神,側塞空中,散華如雨,莫不嘆慕,而來供養。」

因此,在龜茲石窟的中心柱支提窟的甬道頂或後室頂上畫有伎樂天的形象,她們手托花盤或懷抱樂器,在天空中飛翔,一面以美妙音樂向佛作供養,一面又向佛散種種香花。

克孜爾石窟77窟後室券腹的諸天供養圖最為典型。這個石窟的後室頂呈形,在排列有序的三排方格內,畫有數十軀單一舞蹈造型的伎樂天,她們正在翩翩起舞,有的手持花繩,有的揮舞綵帶,有的托著花盤,有的持著蓮花,有的吹著排簫,有的彈著箜篌,有的雙手拍鼓……她們在佛涅槃的悲哀時刻,紛紛從天宮中下來,飛臨涅槃佛的上空,以種種美妙舞蹈、音樂和散滿鮮花的具體行動,向佛作供養,以寄託她們的哀思。

諸天朝賀佛傳故事畫

這幅畫繪在克孜爾石窟224窟中,畫面中諸天神執善揚幡,前來朝賀釋迦牟尼。說的是釋迦牟尼成佛後,消息傳向四方,天上諸神覺得這是一個重大事件,於是紛紛來到釋迦牟尼之前,祝賀他得道成佛。

凌山

《大唐西域記》中有記載，《西域經行記》及《新唐書·石國傳》作勃達嶺，《四夷道里記》作拔達嶺，即今天山之拔達嶺，據科學家考察就是今天山的木扎提冰川。

袒右式

在龜茲石窟壁畫中，佛的服飾大致有四種樣式：通肩式、袒右式、雙領下垂式、偏衫式。袒右式就是這四種樣式中之一。

所謂袒右式就是佛身上的袈裟斜披著，袒露出右臂的一種樣式。據佛經記載：袒右者，恭敬之相。這說明佛的服飾是根據佛教義理而設計的。在中原地區諸石窟中，袒右式的佛裝多出現在魏晉南北朝早期。

海生動物圖

在龜茲石窟中，中心柱正壁佛龕上方多塑有須彌山浮雕（許多佛教造像和繪畫以此山為題材，用以表達天上的景觀），拱形券腹中畫出天相圖，兩側則畫出以山林為背景的佛像或以雲氣為背景的千佛。這些浮雕和繪畫都表示著佛是住在天上的。但是，整個宇宙並不僅僅包括天空，還有廣袤無垠的海洋。為了表達這樣一個事實，即石窟本身就是一個微觀的宇宙，於是在拱形頂的基部或穹窿頂的突角拱平面上就出現了水生動物圖，畫出了有甲殼的軟體動物，如螺、蚶等，也畫出了海馬、水鳥、水蛇等形象。西莫尼·格里爾在《阿富汗和中亞的佛教》一書中說：「在庫車地區，在拱形券腹的底部和支持穹窿頂的突角拱平面上，水的題材經常地被用到，或許是去表達這樣一個事實，即佛殿本身是一個微觀宇宙。在『音樂家合唱洞』（克孜爾石窟 38 窟）裡，我們發現一條畫著有甲殼的軟體動物和海生動物的長條。但是，這個題材在『騎士洞』（克孜爾石窟 118 窟）得到了最好的表達。」（見圖 157）

圖 157 克孜爾石窟 38 窟——海生動物

如庫木吐喇石窟34窟券腹底部就畫出了海馬、猴頭螺螄、海鳥等海生動物，是一幅典型的海生動物圖。

海神問難船人因緣故事畫

這幅畫繪在托乎拉克艾肯石窟15窟的主室壁上。故事出自佛經《賢愚經》。故事的內容如下：舍衛國有五百名商人入海採珠，便請一五戒優婆塞共入大海。既到海中，海神變一夜叉，前來問難，優婆塞一一對答，海神放之而去。過了一會兒，海神變作瘦骨相連，又來問難，優婆塞又一一對答，海神又放之而行。再過一會兒，海神變作端正莊嚴，再來問難，優婆塞再次一一對答，海神歡喜，即以珍寶贈予優婆塞，並告訴他們把最好的珍寶送與佛及眾僧。商人們採珠已足，還歸本國，都去到佛的住所，各自拿出寶物，送給佛及眾僧，並表示願意成為佛的弟子。他們表示了這種心願後，鬚髮自然脫落，僧衣自然加身，正式成了沙門。

在托乎拉克艾肯石窟15窟的壁畫上，畫面表現為佛坐獅子座上，兩旁各站立著一個人。左邊的一個人手托一盤，盤中放著珍寶，正向佛奉獻；右邊的一個人為身披袈裟的僧人。這裡說的是商人在向佛奉獻珍寶後就成了僧人的情節。

旃闍女謗佛有孕因緣故事畫

這幅畫繪在森木塞姆石窟1窟，克孜爾石窟80、163窟的主室券腹中。畫面為佛旁坐一女，雙手舉胸，面向外，右坐一比丘。故事講一婆羅門女對佛誹謗。見《大唐西域記》卷6，巴利文《本生經》卷7等。（見圖158、圖159）

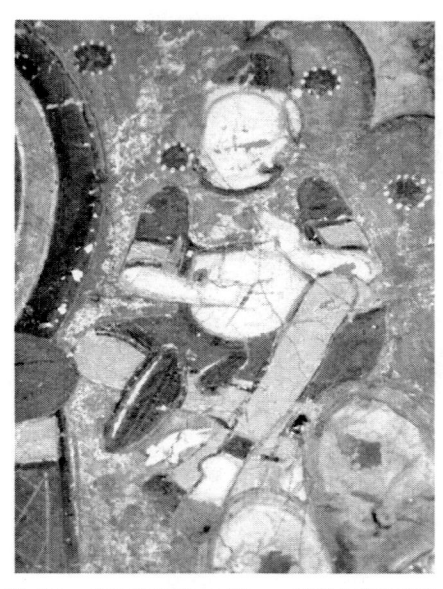

圖158 克孜爾石窟80窟——旃闍女謗佛有孕局部

龜茲文化詞典
十畫

圖 159　克孜爾石窟 80 窟──旃闍女謗佛有孕

圖 160　克孜爾石窟 34 窟──調伏醉象

調伏醉象因緣故事畫

　　這幅畫繪在森木塞姆石窟 44 窟，克孜爾石窟 8、34、163、192 券腹的菱形格內，畫面為佛旁坐一比丘，臥一象。故事講提婆達多欲使醉象傷佛，佛以神力馴服。見巴利文《本生經》卷 10 等。（見圖 160）

《調查新疆佛教遺蹟應予注意的幾個問題》

　　宿白先生撰寫，刊登於《新疆史學》1980 年第一期上。從 1979 年 9 月到 11 月，以宿白先生為首的石窟寺考古實習組在拜城、庫車兩地工作了八十多天，參加的有研究生馬世長、丁明夷、晁華山、許宛音四人。工作完畢後，宿白先生在 1979 年 11 月 26 日於烏魯木齊召開的新疆絲綢之路學術討論會上做了以上題目的發言，由張平先生錄音整理成文。

　　宿白先生在文章中強調，首先要盡可能弄清新疆地區的歷史特點，他說：「新疆與內地不同，佛教在新疆流傳的時期，新疆各地在政治上各自獨立的情況很嚴

重。庫車、拜城這一帶是古龜茲地區。古龜茲民族既不同於中原的漢民族，也和今天在那裡的維吾爾族有別。這個民族使用的語言、文字，不必諱言它和蔥嶺以西的中亞關係更密切些。他們什麼時候在這裡居住，目前還不清楚，但從班固《漢書》的記載，西元前龜茲的經濟、文化就發展到一定的水平了。」

宿白先生還認為，調查了解庫車、拜城一帶的佛教遺蹟，是進一步研究這個地區的歷史，也就是進一步研究古龜茲歷史的重要環節。他說：「庫車、拜城的佛教遺蹟……和新疆以東的佛教遺蹟不同，也和吐魯番一帶的佛教遺蹟不完全相同，它反映了接近原始佛教所主張的深山苦修目的，為了自身解脫（涅槃）的小乘教派的某些情況。這和文獻記載龜茲流行小乘教說一切有部的情況相符合。因此，我們一方面不能拿中原地區的佛教遺蹟來和它做簡單對比，另一方面也可以從流行小乘佛教這一點來進一步探索龜茲歷史。」「庫車、拜城地區的佛教遺蹟很多處都表現了它本身歷史悠久的跡象。工程艱巨，規模龐大是這種跡象中重要的一項，歷年出土的遺物也有助於說明這一問題……這些歷史悠久的佛教遺蹟，目前在石窟方面，大體上都能看到有這樣的共同點：許多石窟群的洞窟數量很多，但重層繪塑的情況卻很少，而且從畫塑的內容和技法上觀察，分期界線又不甚鮮明。這顯然和新疆以東石窟，特別和敦煌莫高窟比較很不相同，後者一個洞窟內重層繪塑的現象比較常見，畫塑內容和技法的變化發展跡象清楚，幾乎每次重要的政治上和宗教上的變動，都有所反映。庫車、拜城石窟之所以不同於新疆以東的石窟，我們想應該和這個地區在一個相當長的時期內政治上宗教上變動不大聯繫起來……」

宿白先生在強調了拜城、庫車地區石窟的特殊性與重要性後，他指出，拜城、庫車地區的佛教遺蹟是「新疆歷史研究、考古研究的重要問題……這個工作，我們認為首先是考古工作，這不僅因為它本身有許多發掘清理任務，更重要的是，解決它們的年代順序。因為石窟本身很少有直接的紀年，如何安排先後，主要要應用考古類型學的方法進行排比，不然大家就無法較正確地使用石窟中的各種豐富的形象資料……佛教遺蹟是新疆歷史、考古的重要項目，以龜茲地區而言，其經濟、文化盛期即佛教流行的時期，新疆許多地方也是如此，吐魯番地區如此，樓蘭、若羌地區也不例外。因此，我們覺得新疆歷史、考古學界重視新疆佛教史、佛教考古的工作，就為寫好新疆歷史創造了有利條件」。

[7]

陶甕

出自克孜爾石窟89—10窟（1989年編號），為泥質紅陶，輪製，素面敷陶衣。直口、平沿、短頸溜肩，鼓腹，平底。通高約42公分，口徑約24公分，腹徑約41

龜茲文化詞典
十畫

公分，底徑約 18 公分，胎厚約 1.2 公分。掘於灶邊，半埋土中，當為儲水器具。1989 年 5 月出土。

陶壺

出自克孜爾石窟 89—10 窟（1989 年編號），殘存腹及底部分，泥質紅陶，輪製，外敷淡青色陶衣，無紋飾。鼓腹、平底。腹徑約 12.5 公分、底徑約 6 公分，胎厚約 0.7 公分。1989 年 5 月出土。

陶盞

出自克孜爾石窟 89—8 窟（1989 年編號），殘，泥質紅陶，手製，拙笨不規則，無紋飾，敞口圓唇，淺腹圜底。口徑約 14 公分，胎厚約 1.2 公分。口沿內側有煙炱，似為燈具。1989 年 5 月出土。

陶甑（手製）

出自克孜爾石窟 60 窟，為泥質紅陶，手製，盤為敞口折沿，淺腹，外壁口沿部如齒狀凹凸，次為模印二方連續陽紋捲草圖案，再次為模印水波紋。甑頸為圓柱形，無紋飾。甑座為高圈足寬邊底，底上部為模印陽紋蓮瓣紋飾，下部為手捏的圓坑，邊沿微捲。通高約 16 公分，口徑約 17 公分，底徑 11 公分，沿厚約 0.9 公分。1989 年 5 月出土。（圖 161、圖 162）

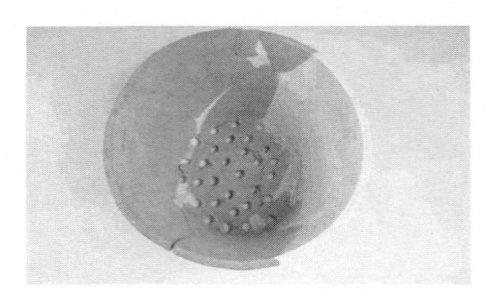

圖 161　克孜爾石窟出土——陶甑

圖 162　克孜爾石窟出土——陶甑底面

陶甑（輪製）

出自克孜爾石窟 89—10 窟（1989 年編號），殘，為泥質紅陶，輪製，敷陶衣，無紋飾，圓形，直口平沿，直腹平底，底有標孔。高約 21 公分、口徑約 37 公分、底徑約 24 公分、胎厚約 1.3 公分，標孔徑約 2 公分，排列不甚規則。1989 年 5 月出土。

陶範半身佛像

1928 年在庫車蘇巴什佛寺遺址中出土。佛像殘缺，僅存頭部和胸部少許，長 31.7 公分，下寬 38.4 公分，厚 14.5 公分，

440

深 10.5 公分。佛像眉目細長，口小鼻隆，胸項有衣紋，頭頂有髮飾，雕刻精美。

通肩式

在龜茲石窟壁畫中，佛的服飾大致有四種樣式：通肩式、袒右式、雙領下垂式、偏衫式。通肩式就是這四種樣式之一。（見圖163~166）

圖163　克孜爾石窟189窟——偏衫袈裟佛

圖164　克孜爾石窟189窟——雙領下垂袈裟佛

圖165　克孜爾石窟189窟——通肩袈裟佛

龜茲文化詞典
十畫

圖166　克孜爾石窟189窟——袒右袈裟佛

所謂通肩式就是佛身上的袈裟緊裹著全身，肌體不外露的一種樣式。據佛經記載：通肩者，福田之相。這說明佛的服飾是根據佛教義理而設計的。在中原地區諸石窟中，通肩式的佛裝多出現在魏晉南北朝早期。

通古斯巴什古城

位於新疆新和縣城西南約25公里，已靠近沙雅縣轄境，為一座唐代的屯戍之城。正方形，城周長825公尺，占地72畝。今殘存城垣寬約10公尺，平均高3公尺以上，東北一隅城堆現今仍高6公尺以上，氣勢雄偉。城牆夯土基，土塊砌成，有南北兩座城門。城門兩側有箭樓。城垣每50公尺有一箭樓。城內雖已開墾種植苜蓿，但其起伏不平之狀，可能為當時建築物的遺痕。

娛樂太子圖

這是佛傳故事的一個組成部分，說的是釋迦牟尼出家前，身為迦毗羅衛國的王太子，名叫悉達多，由於他看到了人世間有生、老、病、死諸般苦痛，於是就產生了捨棄人間富貴，出家修行的念頭。此事被國王淨飯王知道了，心裡很是焦急，決心用一種有效的辦法，去打消太子出家修行的念頭，以便能很好地繼承王位，使王統延續下去。淨飯王想到了用聲色犬馬去拉攏太子，派出最美麗年輕的宮女，天天在太子身邊彈唱歌舞，使太子盡情享受到人世間的歡樂與美滿，墮入美色之中而不能自拔，從而使其永遠拋掉棄世修行的念頭。這就是娛樂太子圖產生的背景。

《佛本行集經》卷16中說：「……向於太子，示現種種巧媚幻惑，令生增上勝妙欲心，或有婇女出現舞形，或有婇女出微妙聲，唱頌歌讚，或作音樂……或於口中吹指造作種種鳥聲……又復彼等諸婇女輩，多種示現歌舞音聲，或復種種諸妙欲事……」

在克孜爾石窟76、99、110、118窟都繪有娛樂太子圖的壁畫。如在118窟正壁上有一幅畫，畫正中是悉達多太子，畫兩側繪出眾宮女作種種誘惑的情態，右下方繪伎樂，但畫面嚴重漫漶，僅見有彈弓形箜篌、吹排簫、吹橫笛的伎樂人，還有

一位像是吹口哨的。而在110窟中則是以連續方格式畫出佛傳故事，其中有一幅畫也是娛樂太子圖，不過構圖簡單得多，只見太子及三伎樂，一是彈弓形箜篌，一是彈琵琶，另一舞女在太子前裸體獻舞。

桑達姆遺址

位於庫車東南約70公里草湖的戈壁中。是一座廢屋的遺址，長約38公尺，寬18公尺。當地農民稱為糧食倉庫，可能是古代的糧站。

十一畫

[一]

梵天

亦稱大梵天，婆羅門教、印度教的創造之神，與濕婆、毗濕奴並稱為婆羅門教和印度教的三大神。佛教產生後，被吸收為護法神，為釋迦牟尼的右脅侍，又為色界初禪天之王，稱「大梵天王」，在龜茲石窟壁畫中有他的形象。

在克孜爾石窟99窟主室正壁，採用塑繪結合的手法，描繪以樂神五髻乾闥婆鼓琴為前導，帝釋天率領忉利天（三十三天）眾前往摩揭陀國鞞陀提山因陀羅石窟，以四十二事問佛。佛一一演釋，斷疑解惑，使帝釋天及忉利天眾服膺佛法。就在這次佛會行將結束時，梵天顯身，分別向佛和帝釋天說了幾句讚美的話。在這一場景中，壁畫中繪出了梵天，他身披白底赭色雙線條紋或石綠袒右橫巾，佩瓔珞，雙手合十。

梵天在婆羅門教、印度教繪畫中的形象十分怪異，為四個頭，面向四方；有四隻手，分別拿著「吠陀」經典、蓮花、匙子、念珠或缽。通常坐在蓮花座上；坐騎是一隻天鵝或由七隻鵝拉的一輛車。但是，龜茲石窟壁畫中的梵天已不再是那種怪誕模樣，而均塑造成俊美的男子，出現的位置，除個別立於虛空天眾之上，作說偈姿態外，一般均與帝釋天相對，立於佛右，作敬禮狀。但不論是何種情況，其頭上螺髻或五小髻，身披白底帶紋樣、鑲黑邊或石綠袒右橫巾，佩瓔珞等少量飾物，下著灰色裙褲，跣足，既不同於壁畫上的佛和菩薩，也有別於其他宗教和世俗人物，甚為特殊。

梵天勸請佛傳故事畫

這幅畫繪在克孜爾石窟14、98窟中，畫面中佛左右各三天王，前一天王頂禮膜拜。此為梵天，他在勸請佛下天界說法。據傳說佛成道後，在菩提樹下結跏趺坐，默默不語，梵天諸天勸請佛說法。大梵天為初禪天之王，深信正法，每佛出世，必先來請轉法輪。

梵豫王施谷因緣故事畫

這幅畫繪在克孜爾石窟8窟中，畫面為坐佛左側，立一婆羅門老者，左手拄杖，右手上舉作乞食狀。故事說的是，有一國王名叫梵豫，因治國有方，五穀豐登。但他見到國內仍有窮人缺衣少食，到處求乞，內心很是不安。他就去見佛，尋求妙法。佛說梵豫王要崇信佛道，愛護子民，不使

有凍餓之人，積此功德，死後即可上忉利天。梵豫王聞聽之下，十分歡喜，即開倉施穀，務使國內窮人不致凍餓。

菩薩像

在龜茲石窟壁畫中有很多菩薩像，但克孜爾石窟 179 窟主室入口左壁的一幅菩薩像具有典型的意義。她束髮戴珠冠，雙耳墜珠環，胸前掛珠串、瓔珞，臂部和腕部以釧、鐲作為裝飾，打扮得珠光寶氣，極為尊貴；她圓臉、細眉、高鼻、小嘴，額頭、眼眶、下顎處用紅色略做深淺不同的暈染，給人一種豐滿、柔潤的感覺；她的手指細長圓滑，自然地略作彎曲，姿態柔美，似為美人的一雙纖纖素手；她身體頎長，腰肢柔細，臀部突出，顯得嬌柔婀娜，特別是她的眼珠點在微睜著的眼眶上部，似在斜睨著人，極為嫵媚多姿；她的身後有一圈用四種色彩組成的項光，從肩部斜掛下來的披帶在腰部繞過手腕，然後在身旁飄舉，產生出一種吳帶當風的氣勢；她的全身輪廓用一氣呵成的線條畫出，然後再用細線勾勒出全身的細部和衣褶，塗以色彩。全部線條飄逸流暢，無澀滯之處。整個形象神采奕奕，妍麗動人。她似乎不是一尊神聖的菩薩，而是一位俗世的婦女，使人產生出一種可親可敬的情感來。

根據閻文儒教授的考證，此窟大致開鑿於 5 世紀初至 7 世紀初。

菩薩頂窟

德文為 Höhle mit dem Bodhisattvagewölbe，這是德國人對克孜爾石窟 17 窟的稱呼。

菩薩塑像殘塊

出自克孜爾石窟 47 窟，共兩件，為燒陶菩薩殘塊。

菩薩行善不怖眾生本生故事畫

這幅畫繪在克孜爾石窟 8 窟券腹的菱形格內，故事出自佛經《僧伽羅剎所集經》。故事的內容如下：菩薩對親友及其他眾生，常懷無限慈悲之心。當時，他在山林中修禪，沒有果菜可食，生活極為艱苦，就以忍法解脫自己。在長夜中，他還常常想：「該用什麼辦法，自己怎樣做，才能解除眾生和人民的煩擾和憂慮？」苦修中，他能在一個地方端坐，只顧自身思維，而身體無絲毫移動。由於菩薩長年累月修禪，身體端坐不動，如一棵樹樁。有一鳥飛來，在菩薩頭上做巢。鳥在巢中產卵，菩薩怕鳥卵掉下，身子一動不動。鳥孵卵期間，菩薩一動不動；等孵出了雛，菩薩害怕雛不會飛，一動會傷害牠，因而更是靜坐不移身。一切為了眾生的安寧，他都能一直不動。他如此行善，以至於達到不恐怖眾生的高尚境界，實在值得稱讚。

克孜爾石窟 8 號窟壁畫中所繪的這幅本生故事畫，表現為樹下結跏趺坐著一個瘦骨嶙峋、肋骨畢露的坐禪者，頭上畫出

龜茲文化詞典

十一畫

一鳥巢，巢內有三隻小鳥。除此窟之外，還見於17、38窟。

它乾城

東漢時，龜茲曾一度以它乾城為其國都。《後漢書·班超傳》稱漢永元三年（91年），龜茲降，以班超為西域都護，拜白霸為龜茲王。班超居龜茲它乾城。

但是對它乾城，各史書稱謂不同。

《通鑑紀事本末》卷6《西域歸附》稱它乾城：「（漢永元）三年冬十月，龜茲、姑墨、溫宿諸國皆降。十二月，復置西域都護、騎都尉、戊己校尉官。以班超為都護，徐幹為長史，拜龜茲侍子白霸為龜茲王，遣司馬姚光送之。超與光共脅龜茲，廢其王尤利多而立白霸，使光將尤利多還詣京師。超居龜茲它乾城……」

《冊府元龜》卷983《外臣部征討二》稱乾城：「後永元三年，（班）超為西域都護，徐幹為長史，拜白霸為龜茲王，遣司馬姚光送之。超與光共脅龜茲，廢其王尤利多而立白霸，使光將尤利多還詣京師。超居龜茲，屯乾城……」

黃文弼先生在《塔里木盆地考古記》中考證：今庫車渭干河以西有一小裕勒都司渠，渠岸有一舊城遺址，名三道城（土名「於什加提」「於什格提」「玉奇喀特」）。其西偏南有伯勒克斯村，村西南沙窩中有大望庫木一帶遺址，曾在此出土五銖錢和小五銖，認為可能是後漢時它乾城故址。

乾闥婆

龜茲石窟群中有相當數量的中心柱型窟和少量的方形窟，保存著乾闥婆故事的壁畫。

乾闥婆是佛教藝術裡浪漫色彩最濃、美感最豐富、形象變化最大的一個佛國人物。

乾闥婆原是印度神話中的天神，梵文意譯「尋香」「香神」「香陰」等。

佛教宣揚「佛法廣大，無所不包」，將印度神話中的神眾完全納入佛教之中，並根據佛教精神進行改造，乾闥婆成為佛國世界專司音樂職能的小神，並列入護法神之中，與天眾、龍眾、夜叉、阿修羅、迦樓羅、緊那羅、摩睺羅迦一起成為「八部護法神」。乾闥婆屬欲界天人，歸帝釋天管轄，故又是帝釋天統領的忉利天（三十三天）中的一位天神。

在龜茲石窟壁畫中，乾闥婆的形象是這樣的：頭披捲髮，挽髻，上身袒露，肩著披帛，臂飾釧項環等，身掛瓔珞，下穿裙褲，坐於束帛座或臺座上，雙足呈交腳式等。腳上放一弓形箜篌，一手彈撥琴弦，一手高揚，為撥弦後的姿勢。整體造型極富舞蹈動律，是一個邊歌頌邊舞蹈的優美形象。

乾陟舐足佛傳故事畫

這幅畫繪在克孜爾石窟 110 窟中，畫面中白馬跪吻太子之足，是乾陟吻足的故事。

傳說太子出城後，乾陟不忍與太子別離，悲泣嗚咽，舐太子足告別。

乾闥婆作樂供養故事畫

這幅畫繪在克孜爾石窟多個洞內的券腹菱形格內，畫面為佛坐方座上，頭上有團形花樹做寶蓋。佛身旁有一人作舞蹈姿勢，正向佛作供養。故事出自佛經《撰集百緣經》。故事的內容如下：佛在舍衛國樹給孤獨園，時彼城中有五百乾闥婆善巧彈琴，作樂歌舞，供養如來。

教化兵將佛傳故事畫

這幅畫繪在克孜爾石窟中 188 窟中，畫面為佛左側立一螺髻梵志，雙手左執瓶右擎杖；其左有一女，合掌面向佛。說的是佛至尼連禪河畔優樓頻螺村，度化婆羅門兵將及二女，帝釋天化作梵志侍衛。

教化五百苦行仙人佛傳故事畫

這幅畫繪在克孜爾石窟 92、175 窟中，畫面為諸仙人斜身飛向佛。說的是王舍城有個仙人草庵，居住著五百個苦行仙人，他們雖經多年苦修，仍不能得道。於是佛前往草庵，為眾仙人宣說佛教大法，使他們頓時覺悟，皆教化成道。

黃文弼在庫車的考古發掘

1957 年 11 月間，黃文弼先生率領的考古組到達庫車，直到 1958 年 4 月底止，離開庫車返回烏魯木齊，四個月的時間，均集中在庫車工作。以發掘為主，兼做調查。

其主要工作是：蘇巴什佛寺遺址的發掘，龜茲古城的調查，哈拉墩遺址的發掘。

黃文弼一九二八年龜茲之行

黃文弼由北京大學派出參加西北科學考察團，於 1927 年 4 月間由北平出發，於 1928 年 8 月底至庫車，在此工作五十餘日後，由庫車山路至拜城的克孜爾石窟，在此工作兩星期，乃由拜城至阿克蘇，時已到 12 月底。

在庫車時，經托克蘇至沙雅之北而南，抵塔里木河。復由沙雅之東而北，至托和肅山中，而西返庫車，行程七十餘日。計掘得銅鐵諸器及泥塑像石型壁畫等類，共十餘箱。

在克孜爾石窟時，工作十餘日，計得木板經紙若干，皆印度系文書，收穫甚豐。

此外，還在輪台，庫工廠戈壁中踏勘，發現古城遺址。這些遺址都是外國考古學家所沒有發現的，共有數十處。同時還考察了此地山川河流的方位移徙。

接著由沙雅至于闐，西進至喀什，東返至迪化。

黃文弼又於1929年冬由迪化回阿克蘇，再返庫車。由沙雅越塔克拉瑪干大沙漠，於此年五月初抵于闐。由沙雅至于闐計行一個月零三天，一路上辛苦備至。

排簫

龜茲石窟壁畫中常出現的一種樂器。它是壁畫上見到最多的一種管樂器，由10至13個音管組成，比較小型。多數是將長短不等的音管依次直排而成，上有二束，形成一頭高，一頭漸低，宛如鳳翼的形狀，與河南淅川春秋楚墓出土的石排簫和湖北隨縣（今隨州市）戰國曾侯乙墓出土的竹排簫式樣相同。少數是將長短相等的音管排成矩形，用蠟或其他東西充塞管端來調定聲音的高低。演奏者用雙手持器吹奏，並多和其他樂器相配合。

光在克孜爾石窟20個洞窟的壁畫中就出現了31具排簫的形象。

菱格畫

龜茲石窟的本生故事和因緣故事，普遍以單幅菱格形式構圖，具有鮮明的地方特色，故被稱之曰菱格畫。由於這些故事畫，題材種類豐富，表現形式新穎，在佛教藝術領域獨樹一幟，大放異彩，因而引人矚目。

龜茲石窟菱格畫，主要繪於中心柱窟和方形窟主室縱券頂、正壁佛龕上方和甬道內。其布局，主室縱券頂部分，多在中脊繪一條由日天、月天、火天、風神和金翅鳥組成的天相圖，或繪含有天象之意的須摩提女焚香請佛和飛鳥行列，兩邊券腹部則先用若干等距離的左右交叉平行直線，將壁畫劃分成許多尺餘見方的菱形網絡，少者幾十，多者成百，而後就在這些被界定的小小區域內，繪製一幅幅本生故事和因緣故事畫。早期窟全繪本生，畫面均選取最具代表性的情節來表現，通常只繪幾身人物或動物，很少有襯景，比較簡潔。中期窟本生故事畫漸漸減少，多被因緣故事畫占據，僅在兩邊券腹部四周或上下沿繪出。數量雖少了，但畫面中襯景相應增多。這些裝飾景物一律繪於菱格下部，即填補空白，又穩定了畫面。而因緣故事畫，多為中間一坐佛，背後為樹冠或寶塔，兩則為因緣人物或動物。晚期窟本身故事和因緣故事畫已不再出現，逐漸由千佛代替。正壁佛龕上方和甬道內部分，其繪製情況和題材內容與主室縱券頂相同。如果說正壁佛龕上方布局，與主室縱券頂有差別的話，那麼，甬道內的，可說是主室縱券頂的縮影。在低狹的拱頂正中亦繪天相圖或一列飛鳥，兩側壁為多層排列有序的菱格故事畫，只不過規模小些而已。看來，縱券頂模擬蒼穹的意識極為強烈。

不論菱格畫繪於窟內何處，無不是在具象之後，又將每一菱格上部兩側邊線勾成曲線，完成整個造型。這種曲線，就一個窟或一組窟來說，雖較規則，但其間卻各有不同，形式多樣，富於變化，綜其主要，大體可分為以下幾種：

[一]

一是每側勾成 8～12 道大小均勻的鱗甲狀曲線，由於曲線較密，頂點較圓，看上去起伏不大，致使每側曲線幾乎接近直線。

二是每側勾成 4～6 道鱗甲狀曲線，頂點如前，曲線起伏增大。因此，已多少突破原先菱格的框架，菱格之間呈現交錯之狀。

三是每側勾成 3～4 道鱗甲狀曲線，曲線起伏更大，正中曲線更加聳起，曲線中間不再畫橫短線，多裝點兩朵以上小花。

四是每側勾成 7～9 道鱗甲狀曲線，頂點變尖，曲線兀立其上，但往往只是簡單地勾一個輪廓線，這是克孜爾石窟中比較多見的一種形式。

五是每側勾成 3～4 道城堞狀曲線，曲線之間由一直線段相連，整個形狀猶如一個齒輪，比較特殊。

正因為充分發揮了曲線造型的功能，加之又依次以石青、石綠、土紅、褐、白諸色，不僅打破了原先直線劃分的平板性，而且使畫面產生了一種豐富多彩、重疊向上、直指蒼穹的動感藝術效果。

應當承認，在世界古文化遺存中，雖不乏以菱格形式構圖的藝術品，但鮮見在菱格內繪故事畫，並又將菱格上部邊線勾成鱗甲或城堞狀曲線的。這是龜茲石窟菱格畫最富異彩之處。

要弄清楚菱格形式的象徵意義及其源流，必須與已得到確認的壁畫題材做對照，並結合故事內容考察，便可獲得解決。

如克孜爾石窟 77 窟甬道，92、118 窟主室券頂繪有僧人習禪圖，描繪僧人在荒山野林間禪修的情形。63、80、99、175、186、206 窟主室正壁採用塑繪結合的手法，描繪帝釋天以樂神五髻乾闥婆為前導，前往摩揭陀國陀提山因陀羅石窟，以四十二事問佛，佛為之演說的場面。兩者畫面背景皆為各色相間的菱格，內繪樹木、鳥獸和苦修的婆羅門。一望而知，這些菱格是分別用來表示僧人習禪的山林環境和佛為帝釋天演說正法的摩揭陀國陀提山。

顯然，菱格是山的一種造型。因為從佛經上看，本生故事和因緣故事多與山林有聯繫。而這些菱格所表示的不是別的，而是作為故事畫的一部分而繪出，以示事件發生的場景，使畫面更具有真實感，達到「觀者信、聽者悟」的目的。可見這些菱格不僅起一種裝飾性、圖案化的作用，且寓有自身的含義。（圖167）

449

龜茲文化詞典
十一畫

圖 167　克孜爾石窟 17 窟──菱格畫

據史德城

即今托庫孜薩來城堡，為唐龜茲都督府轄下九州之一鬱頭州故址。參見「鬱頭州」條。

《焉耆—龜茲文及其文獻》

李鐵撰寫，刊登於《中國史研究動態》1981 年第四期上。文章共分三個部分：第一，焉耆—龜茲文的發現與定名；第二，焉耆—龜茲文文獻；第三，研究現狀。

關於第一部分，作者說：「1934 年，伯希和發表《論吐火羅與庫車語》，認為吐火羅語當是《大唐西域記》所謂吐火羅故國的晚期語言，而苦先語即龜茲語。同年夏天，英國學者貝利撰文主張甲方言應是喀喇沙爾（即焉耆）語，與吐火羅國毫不相關，而乙種方言則是龜茲語。」「1980 年 10 月在北京舉辦的中國民族古文字展覽會上也正式把舊稱『吐火羅文』改稱『焉耆—龜茲文』。」

關於第二部分，作者舉出了一批焉耆—龜茲文文獻：其一，文學作品，劇本有《彌勒會見記》，故事有《六牙象本生》《癡賢者》《阿念離長者》《俱視童子喻》《須大拏太子》《福力太子》《木匠與畫師》《畫家的傳說》等，詩歌有《箴言詩集》《摩尼讚美詩》；其二，宗教文獻，有《法句經》《佛所行讚》《一百五十讚頌》《福力太子因緣經》《十二因緣經》《十誦比丘波羅提木叉戒本》《托胎經》《雜阿含經》《辨業經》《餓鬼經》《入阿毗達摩論》等。

關於第三部分，作者介紹了焉耆—龜茲文的主要研究者，有法國的列維，德國的西格、西格林、舒爾茨、厄爾芬貝因、克勞斯、托馬斯，丹麥的裴德森，比利時的溫德金斯、顧沃勒，義大利的依萬杰里斯特，美國的萊恩，蘇聯的梅爾楚克、米羅諾夫，捷克的普恰，英國的布郎，等等。

擲象出城佛傳故事畫

這幅畫繪在克孜爾石窟 110 窟中，畫面中太子舉起一象，擲出城外。說的是釋迦牟尼少年時即武藝超群，臂力過人。有一次，他與同族子弟比武時，奮發神勇，一下子舉起一隻大象，擲出城牆外，使大家嘆服不止。

勒柯克分期法

對於克孜爾石窟的分期，勒柯克認為從壁畫風格上看，存在著兩種畫風，一是犍陀羅畫風，二是武臣畫風。有第一種畫風的洞窟共為 7 個，即 76、83、84、110、118、207、212 窟；有第二種畫風的洞窟共為 20 個，即 8、67、175、190、205 等窟。

關於克孜爾石窟的具體建造年代，勒柯克認為第一種畫風可以分為二期，第一期在 500 年前後，第二期在 600 年前後。第二種畫風存在於 700 年前後。他認為，克孜爾石窟的廢棄年代是 8 世紀中葉。

勒那闍耶殺身濟眾本生故事畫

這幅畫繪在克孜爾石窟 114 窟券腹的菱形格內，故事出自佛經《賢愚經》。故事的內容如下：很久很久以前，波羅奈國有一個大善人，名叫勒那闍耶。有一天，他外出野遊時，在樹林裡見一個人涕泣，並用繩索繫樹，準備上吊。勒那闍耶急忙上前問道：「你這般年紀，為何自尋短見？人生在世，實為不易，身體最為寶貴，而生命脆危。一個人，一生中要經過多少磨難，衰危變化，理當珍重人生。」用種種言詞，予以勸解，望他解下繩索，生活下去。那個人回答道：「我有生以來命薄，貧窮不堪，外加負債纍纍，實在難以活命。那些債主們競相盤剝，天天催債，故而憂心不解。天地雖寬，但無容我之處。今天，就想結束這無限的災難。儘管你好心勸諫，但活下去還不如死了為好。」這時，勒那闍耶答應他說：「請你快快解下繩索。負債多少，我代你償還。」說罷，那個人遂解下繩索。於是，他悲喜交集，對恩人表示感激不盡。並跟著勒那闍耶一起，在街上公開宣稱：「我現在可以還債了！」一時間，各個債主競相雲集，都跑來向他討債。討債者越來越多，所以勒那闍耶的財物很快被弄光了，但仍不夠償還，以致妻兒老小挨餓受凍，難以自活。這時，國中眾商趕來勸解勒那闍耶，邀請他同入大海採寶。勒那闍耶雖表示答應，但他說：「如欲入海，當準備船隻糧食物品。我今已一貧如洗，再拿不出一點財物，如何跟你們同去？」眾商人回答說：「我等眾人共有

五百之多，大家集資出錢，治辦船具。」勒那闍耶聽後，才算放下心來，表示要一同入海。眾商人紛紛相助，有錢出錢，無錢出物，勒那闍耶大獲金寶，計得三千兩之多。其中以一千兩買船，一千兩買糧，一千兩購置船上所需之物。還剩下少許，留給妻子過生活。於是勒那闍耶和眾商人即擇吉日乘船出海，入海採寶。但是不幸的是，船航行到中途，遭遇暴風惡浪，致使船隻破裂。眾商人眼見險情，同聲呼救，但沒有任何依靠。有的抓住船板，有的浮著皮囊，以求自救。不少人墜入水中，被活活地淹死。最後，剩下了五個人。他們同向勒那闍耶說：「我們這些人，全靠你來入大海，才有幸沒有死掉，危險至極，希望你能給予救護。」勒那闍耶回答說：「我過去聽說，大海之中，不讓死屍停留。今天，你們都來抓住我，我為了你們生命，不怕捨身之禍，願拯救你們脫險，誓求來日成佛。待我成佛之時，一定以無上正法之船，超度你們脫離生死大海之苦。」說完，便刀自割身體，命斷之後，海神呼起大風，把他們一齊吹到岸邊，終於使他們度過大海危難，獲得平安。

克孜爾石窟114窟壁畫中所繪的這幅本生故事畫，表現為一處風高浪急的大海中，有四個人抱住勒那闍耶的身體，而勒那闍耶為了拯救眾人，正在大義凜然地做出自我犧牲，他手上握著一把刀，正向自己的頸上抹去，企圖藉死後的屍體被海神拋送上岸，以此來解脫眾商人之難。畫中還繪有一個商人，依靠著一塊船板，正在大海怒濤中做垂死的掙扎。整幅畫構圖嚴謹，主題鮮明，把本生故事中的最主要情節，充分突顯出來了。

[丨]

《略論鳩摩羅什》

殷鼎先生撰寫，刊登於《新疆大學學報》1980年第二期上。文章共分三個部分。第一部分介紹了鳩摩羅什在龜茲時的活動情況。文章特別指出，「有必要指出一點過去我們研究鳩摩羅什時所沒有注意到的地方：鳩摩羅什是龜茲國大乘佛教的最初傳播者」。文章說：「鳩摩羅什從莎車回到龜茲國後，立即開始在國內大力宣揚他剛剛接受的大乘空宗思想，貶低小乘。他對當時的佛教經典爛熟於心，又有國內無人可望其項背的雄辯口才，『時龜茲僧眾一萬餘人，疑非凡夫』，對鳩摩羅什是『咸推而敬之，莫敢居上』。」但是，自鳩摩羅什離開龜茲後，小乘佛教又東山再起，重新占據了龜茲國佛教的統治地位；第二部分介紹了鳩摩羅什的佛學思想，高度評價了鳩摩羅什在中國佛教思想史上的地位。文章說：「鳩摩羅什的思想內容很豐富，在當時，確實造成了中國佛學的理論奠基人的作用。在他所處時代的中國佛學思想，以及後來幾乎所有中國佛教各宗派的思想中，都可或多或少地見到鳩摩羅什思想的痕跡。」第三部分介紹了鳩摩羅什在中國從事的譯經活動及其對中國佛教史的影響。文章說：「鳩摩羅什在中國佛教

史上的地位之所以重要顯赫，首先就在於隨著他大量準確地譯出佛教的經典，終於結束了中國佛學幾百年來一直用中國思想的義理和名詞去附會佛學的時代，在中國歷史上第一次較為系統全面地介紹了印度佛學的思想體系，為中國佛教最終能自立於中國思想界，留下了豐富的思想資料。」鳩摩羅什的譯著及他本人的宗教活動，對當時的中國社會產生了巨大的影響，後秦皇帝姚興，親自率領諸沙門於澄言堂聽鳩摩羅什演說佛理，自己還親自動手，和鳩摩羅什一起譯經，還把鳩摩羅什寫給他的《實相論》奉若神明。文章最後說：「鳩摩羅什的譯著對他以後的中國佛學思想影響極大，特別是隋唐時期勢力強大的成實宗和天台宗，都是本於他所譯的經論而創立。」「漢魏以後的中國思想潮流，一直受到佛教的衝擊和滲透。因此，弄清中國佛教的思想演變發展，對於我們今天研究全部中國社會思想的發展變化，有著重要價值。而研究鳩摩羅什，又是搞清中國佛教的不可缺少的一環。」

《略述龜茲都城問題》

黃文弼教授撰寫，刊登於1962年第七、八期的《文物》上。文章對漢代龜茲國都延城、唐代龜茲國都伊邏盧城做了深入細膩的考證，透過地理學、文化學和考古學上所做的研討，得出延城即今庫車皮郎舊城、伊邏盧城亦為今庫車皮郎舊城的結論。文章經過深入分析，還認為今沙雅縣北英爾默里北10公里的羊達克沁大城即為《晉書》《魏書》《周書》和《隋書》中的龜茲國都城。

《略論高昌回鶻的佛教》

孟凡人先生撰寫，刊登在《新疆社會科學》1982年第一期上。文章共分七大部分：漠北時期回鶻與佛教的關係；高昌回鶻信奉佛教的起止時間；高昌回鶻主要佛教遺蹟概況；回鶻文佛經殘卷的發現與研究概況；高昌回鶻佛教信仰述略；略論高昌回鶻佛教與外界佛教的關係；結束語。

高昌回鶻的轄境東到河西走廊、西至拜城，領土包括整個龜茲地區，所以有時我們又把高昌回鶻稱作龜茲回鶻。

在談到「高昌回鶻主要佛教遺蹟概況」時，孟凡人先生專門列了「庫車地區」一節，內容如下：「庫車地區是西域北道的佛教中心，佛教遺蹟甚多，延續時間很長。其中屬於高昌回鶻時期的佛教遺蹟，據閻文儒先生研究，主要有拜城克孜爾石窟寺第四期、森木塞姆石窟寺第四期、克孜爾尕哈石窟第四期。位於庫車城西南約30公里的庫木吐喇石窟寺（殘存72窟），閻文儒先生認為『在盛唐以前並不繁榮，因而一、二期的窟較少，到安西都護府移到龜茲以後，直到回鶻高昌時期』。此外，近年在庫木吐喇又新發現有回鶻時期的洞窟。總之，上述情況表明，庫車當為回鶻時期另一個佛教中心地區。」

孟凡人先生還認為，高昌回鶻的佛教有四個特點：信仰大乘佛教；具有濃厚的

密教色彩；帶有摩尼教的烙印；有小乘的影響。根據上述四個特點，孟凡人先生又分析了龜茲的佛教說：「庫車地區曾發現過回鶻文《八陽經》殘卷，1985年在距庫車不遠的明田阿達古城曾發現一面寫漢文佛經一面寫回鶻文的殘紙二頁，同時還發現塑像和壁畫殘件。在庫車地區最有影響的拜城克孜爾石窟，其相當於回鶻時期的第四期，與前三期相比變化較大，窟形新出現了與柏孜克里克石窟相近的成長方穹窿頂的形式。」「在壁畫用色上也出現了與高昌地區相似的以土紅、大綠為主的色調。在庫車城西南約30公里的庫木吐喇石窟，相當於回鶻時期的第三期，與前二期相比亦發生重大變化。在壁畫題材上新出現了西方淨土變、藥師變、彌勒變等經變畫，以及觀世音大勢至二菩薩等大乘系統的壁畫，這些壁畫的風格與高昌地區基本相同。此外，勒柯克在他編號的庫木吐喇14窟內還發現有回鶻式的涅槃像，壁畫的線描法和佛像的背光與柏孜克里克石窟相近，同時亦發現著回鶻衣的供養人像，以及用回鶻文、漢文書寫題記的殘牆。」

雀梨大寺

北魏酈道元所著《水經注》一書引東晉釋道安所作《西域記》（原書已佚）中說：「（龜茲）國北四十里，山上有寺，名雀離大清淨。」慧皎著《梁高僧傳·鳩摩羅什傳》中記載：「什在胎時，其母慧解倍常，聞雀梨大寺名德既多，又有得道之僧，即與王族貴女德行諸尼，彌日設供，請齋聽法。」所以雀梨大寺也作雀離大寺。

法人伯希和在《吐火羅語與庫車語》一文中，稱雀梨大寺即昭怙厘大寺，其主要依據是：「顧前此引證之《釋氏西域記》，5世紀之撰述也，或者可以上溯至4世紀末年，曾將屈茨（庫車）雀離大清淨位在都城北四十里。」他的意思是指，雀離大清淨和昭怙厘大寺都位於城北四十里，因而是同一座寺院；且兩者讀音相近，所以是同名異譯。因此，伯希和認為：「勢須取認哇特斯創於先，海爾曼繼於後的結論：《西域記》之昭怙厘，即是《鳩摩羅什傳》的雀梨，同《釋氏西域記》的雀離之同名異譯。」此說在學術界影響頗大，似乎已成為定論。

雀爾塔格山

維吾爾語，「雀爾」意為乾燥，荒涼；「塔格」意為山；雀爾塔格山即乾山、禿山。山勢東北西南走向，主峰海拔2131米。山體地質為晚第三紀灰白色粉砂岩岩石結構，呈紫紅色。山區乾旱少雨，無植被。

在歷史上，雀爾塔格山與龜茲文化有著密切的關係，甚至可以說是龜茲文化的發源地。在龜茲石窟中占有重要地位的庫木吐喇石窟，其絕大多數洞窟就集中在雀爾塔格山山口以內西北方向的約5公里的河谷東岸上，南北蜿蜒750餘公尺，稱谷內區。而在龜茲文化中占有關鍵地位的克孜爾石窟也與雀爾塔格山有重大的關係。

因為克孜爾石窟位於明屋依塔格山的山崖上，隔一條大河——木扎提河與雀爾塔格山相對。因為雀爾塔格山的山體呈紫紅色，經木扎提河的沖刷，河水呈一片紅色，在陽光的照耀下，河水的紅色反射到克孜爾石窟的岩體上，使岩體也顯示出一片紅色，這就成了克孜爾石窟名稱的來由，因為在維吾爾語裡，「克孜爾」是紅色的意思。

此外，在龜茲6個主要石窟中最小的一個石窟——托乎拉克艾肯石窟也位於雀爾塔格山的南麓。

雀爾塔格山石林

沿獨山子—庫車公路進入雀爾達格山脈的淺山地帶，就能看到古龜茲境內另一處讓人意動神馳的奇景——偉岸雄奇的雀爾塔格山石林。在這個怪石林立的世界裡，到處散落著形態各異、千奇百怪的巨大石塊，有的形若禽獸，有的狀如花樹。這些巨石，由於千百年的風侵雨蝕，許多已變成石錐石柱，其中有的石錐石柱由於受地層水平擠壓的作用，不得不向北傾斜。它們整齊有序地排列著斜插向天空，既像一把把利劍，又像是奔湧的怒濤，觸目驚心，攝人心魄。人們都說雲南石林是天下奇觀，其實這具有雄渾氣魄、展現著陽剛之美的雀爾塔格山石林，比之毫不遜色。

虛空夜叉

虛空夜叉的形象僅出現在台台爾石窟17窟後室甬道的券頂上，其形狀是一個尖耳有翼的人物。

據後秦僧肇所撰的《注維摩詰經》卷1中所說：「夜叉，什曰：秦言貴人，變言輕捷，有三種：一在地，二地虛空，三天夜叉也。地夜叉但以財施，故不能飛空；天夜叉以車馬施，故能飛行。佛轉法輪時，地夜叉唱空夜叉聞，空夜叉唱四天王聞，如是乃至梵天也。肇曰：夜叉，秦言輕捷，有三種：一在地，二在虛空，三天夜叉，居下二天，守天城池門閣。」

趺坐佛塑像

高21.1公分，寬18.3公分。兩手做定印，交置於臍下；兩足盤坐，左腿稍殘，足掌尚可辨認。有綠色巾帶纏繞兩膀，下垂於前。面部及軀體均以白粉為底，並用紅色勾描，筆法粗略，剛健有力；再用淺紅色暈染，顯示肢體的凹凸。

此件由黃文弼先生於1928年在克孜爾石窟地區發掘所得。

野干因緣故事畫

這幅畫繪在托乎拉克艾肯石窟15窟主室的壁上，故事出自佛經《賢愚經》。故事的內容如下：毗摩大國徙陀山中有一野干，為獅子王追逐欲食，惶恐奔走，墜入井中，不能得出，自以為必死。當時野

干心想：形殘之命，本非所愛，於是也就心安理得，聽任死去了。佛為其說因緣道：過去有一個貧家子，名阿逸多，聰明好學，追隨名師，在於深山，研精習學，經50年。當時波羅奈國王崩亡，群臣集議，宣令國內諸名學士登臺講論，得勝者為國王。阿逸多應召，與500多學士辯論，無有勝者。群臣喜歡，即拜阿逸多為國王。阿逸多當上國王後，即遣寶車，迎師還國供養，別立宮舍，自己與臣民日日從師受十善法，經100年。後來邊境有兩小國，共相誅伐，多年不息。有一國王持重寶與美女貢獻給阿逸多王，求出兵相助。阿逸多王允其所請，即出兵攻滅了另一個國家，得到了大量珍寶美女，從此忘失本志，驕奢淫逸，不理國政，造成全國饑荒，終於國亡身滅。降生於地獄之中，身被楚毒；地獄命盡，生餓鬼中；餓鬼命終，生畜生中，成此野干之身。

在托乎拉克艾肯石窟15窟的壁畫中，畫面表現為佛坐獅子座上，旁有一野干。這裡說的是佛說野干因緣的情節。

[丿]

笙

關於龜茲笙的起源，一般認為是中原傳入西域。因為漢文古籍中已有不少關於笙的記載。殷代卜辭中有「龢」，就是笙。《禮記》說：「女媧之笙簧。」《毛詩》說：「我有嘉賓，鼓瑟吹笙。」《史記·三皇本紀》也有相似的記述。這些記載說笙是女媧所造，雖不一定準確，至少反映了笙是中原地區十分古老的樂器，早就流行於民間，受到人民的喜愛。隨著西漢與西域經濟文化交流的密切，笙也傳入了龜茲，成為龜茲人民喜愛的樂器之一，所以龜茲壁畫中，如庫木吐喇石窟23、63、68窟的壁畫中就繪有這種樂器的圖形。唯中原的笙傳入龜茲後，龜茲人民進行了改造，所以陳《樂書》中指出：「聖朝大樂，諸工以竽巢合併為一器，率取胡部十七管笙為之。所異者特以宮管移之，左右而不在中爾。雖為雅樂，實胡音也。」可見經龜茲人民改造後的笙，又推動了中原笙音樂的發展，並豐富了笙文化。而笙的具體形制，漢文古籍也有記載。《釋名》說：「笙……以匏為之，其中空，以受簧也。」《樂書》中提到笙有十七簧、十九簧、二十三簧等多種形制，一般將多簧的笙稱為「竽」，又把大笙稱為「巢」，小笙稱為「和」。（見圖168）

圖 168　庫木吐喇石窟 68 窟——笙

銅匕

出自克孜爾石窟 89—7 窟（1989 年編號）中。青銅質，模鑄製，柄上一面隱約有花紋。共兩件，形制與規格相同。一端為勺，一端為鏟。通長約 20 公分。勺長約 7 公分，面寬約 5 公分，鏟長約 6.5 公分，鏟口寬約 4.5 公分，柄長約 7.5 公分，寬約 1.5 公分，厚約 0.5 公分。1989 年 5 月出土。

銅角

德國勒柯克和日本「大谷光端探險隊」各從中國龜茲地區帶走的舍利盒樂舞圖上都繪有銅角形象。《舊唐書·音樂志》載：「西戎有吹金者，銅角是也。長二尺，形如牛角。」樂舞圖中銅角與此記載相似。

銅角是西域很古老的樂器，《晉書》稱：「胡角者，本以應胡笳之聲，後漸用之橫吹。有雙角即胡樂也。張博望入西域，傳其法於西京。」可知在漢代就已使用角。而晉徐廣《車服儀制》中更指出：「角，前世書記所不載，或云本出羌胡。」後來銅角發展成為直筒形，如敦煌壁畫歸義軍節度張儀潮夫妻出行圖中所繪的一隊騎馬鼓角已是直筒角。後來這個樂器還廣泛用於元朝軍隊中，到明朝被稱為「號筒」。清朝則稱其為「大銅角」。

考銅角，原先應為羌人、匈奴所用。《晉書》和崔豹《古今注》中所稱的胡角，與銅角實為同一種樂器。足證銅角為龜茲樂器，早在西元前 2 世紀羌人入龜茲和匈奴統治龜茲時就已為龜茲人的樂器。

銅鈸

龜茲石窟壁畫中的一種樂器。圓形，中間隆起如半球形，其徑約當全徑的二分之一，以兩片為一副，相擊發聲。初流行於西域，南北朝時傳至中原。唐代十部樂中有七部用鈸，成為一種常用的打擊樂器。

出現於克孜爾石窟 38 窟、100 窟、117 窟和 171 窟壁畫中的銅鈸亦為兩圓形銅片，中部隆起如半球狀，球端穿有皮繩，演奏者正兩手分執相擊而發聲。

銅釜

出自克孜爾石窟 89—7 窟（1989 年編號）中。青銅質，模鑄製，無紋飾，圓

形，斂口垂腹，圓底，平沿略加厚，帶流口，於流口右側有鋬可安柄。釜底有煙炱。通高約 12 公分，徑約 17 公分，沿厚約 0.5 公分，底厚約 0.3 公分，流口長約 2 公分、寬約 2.5 公分，鋬長約 11.5 公分、孔徑約 3.5 公分。1989 年 5 月出土。

銅廠河

又稱庫車河，發源於庫車北山，南流經克孜爾塔格之東，出雀爾塔格山口，即為著名的蘇巴什佛寺遺址。從此，銅廠河分為三支南流：一為伊蘇巴什河，在東，水流不大，灌溉蘇巴什及附近農田即無餘水；一為烏恰河，西流於庫車城東郊，南流入沁河。沁河流於烏恰河之西，入庫車巴札，南流與烏恰河合。烏恰河河水不大，南流灌溉胡木利克村農田即止。沁河流量較大，可能沁河為新河，烏恰河為舊河。伊蘇巴什河現雖為乾河，但在古時河流較大，中游河床寬達 1 公里。如以《水經注》東川水的主流是伊蘇巴什河，則烏恰河亦即東川水之「枝水右出者」。因此，烏恰河所行經之古城，即《水經注》中的龜茲都城「故延城矣」。

銅手鐲

出自克孜爾石窟 89—10 窟（1989 年編號），銅製，為扁銅條彎成，徑約 5.5 公分，寬約 0.6 公分，厚約 0.4 公分。戴於屍骨之左腕上。通體綠鏽，無紋飾。1989 年 5 月出土。

獼猴奉蜜供養故事畫

這幅畫繪在克孜爾石窟 38 窟券腹的菱形格內。故事出自佛經《賢愚經》。故事的內容如下：一次，佛與眾比丘在路途中休息。眾比丘都去一水池中洗缽。此時，有一獼猴前來借缽。阿難就把自己的缽借給了獼猴。獼猴在借得缽以後，就進入森林中。回來時，獼猴雙手捧著採集得來的一滿缽蜜，恭敬地向佛作供養。佛見蜜中雜有小蟲，就對獼猴說：「蜜中有蟲，無法進食。」獼猴聞聽後，即採得一根樹枝，用樹枝把蜜中的蟲輕輕撥出缽外。做完這件事後，獼猴又恭敬地用雙手捧著蜜向佛作供養。佛見蜜十分稠，又對獼猴說：「此蜜稠得令人不能吃，務必用清水調稀後方能食用。」獼猴聞聽後，即持缽前去水池，以清水調蜜使稀。做完這件事後，獼猴又恭敬地用雙手捧著蜜向佛作供養。於是，佛與眾比丘就共同食用了這缽蜜。獼猴見佛及眾比丘接受了牠的供養，歡喜跳躍，墜入大坑中，隨即死去，投生到富翁師質家中，成了一個富家子，一生享盡了榮華富貴。這是獼猴奉蜜供養佛及眾比丘所得到的善報。

這個供養故事在畫面上是這樣表現的：佛坐方座上，袒右臂，結跏趺坐。佛的身旁有一隻獼猴，牠一腿跪著，一腿蹲著，雙手捧著一隻缽，正在向佛作供養。（見圖169）

圖169　克孜爾石窟38窟——獼猴奉蜜供養

獼猴以身作橋本生故事畫

　　這幅畫繪在克孜爾石窟17窟券腹的菱形格內，故事出自《六度集經》《根本說一切有部毗奈耶藥事》等佛教經典。故事的內容如下：在遙遠的過去，樹林中有一猴王，常領猴眾在山中覓食、草地遊戲，生活得自由自在。一年大旱，山中樹木枯死，群猴無食挨餓，猴王焦慮不安。離山林不遠處僅一水相隔的王城內，有一皇家果園，水果纍纍，碩大甘美。猴王便率眾猴進果園偷果。園丁發現，立即報告了國王，國王令獵手速去捕捉。猴王發現情況不妙，要眾猴迅速越牆而逃。眾猴倉皇逃走，不料到河邊時，河水暴漲，無法渡過，獵手又緊追而來，情況十分危急。恰好河兩邊各有一棵大樹，猴王急中生智，以足攀住此岸樹幹，用藤纏手縛在彼岸樹杈之上，以身作橋，讓群猴安全脫險。而猴王由於負載過重，兩肢撕裂腰折，昏厥在岸邊，被獵手們捕獲。獼猴王甦醒後，發現自己已被捆綁在王宮裡，國王正站在面前。猴王立即叩頭不止，口說人言：「山林遇旱，野果不生，為救群小性命，竟冒犯了王法，其罪孽在我。願大王開恩，赦免眾小。我將以區區身肉奉獻於王。」國王聽後，感慨萬端，遂對猴王說道：「林獸之長，猶能捨身救眾，確是古聖賢之德，我作為人間君王卻不如你！」便讓官人為猴王鬆綁，放牠歸林，並布告全國不許再傷害獼猴。

　　克孜爾石窟17窟壁畫中所繪的這幅本生故事畫，正是表現猴王以身作橋渡眾猴，獵手於後窮追不捨，張弓欲射的一個場面。整個畫面構圖概括，著墨不多，形象生動，藝術家以剛勁有力的線條和濃淡相宜的色彩，集中描繪猴王負重彎曲的身體和群猴頻頻回首驚恐的神態，使畫面呈現一種生死存亡關頭的緊張氣氛，充分體現出高度的創作技巧和豐富的想像力。這幅壁畫在中國現存的動物本生繪畫中是較有代表性的作品之一。（見圖170）

龜茲文化詞典

十一畫

圖 170　克孜爾石窟 17 窟──獼猴以身作橋

盤舞

又稱花盤舞。在森木塞姆石窟 26 窟壁畫中的 30 個伎樂天中，竟有三分之一托花盤而舞，可知花盤舞在龜茲舞蹈中的重要地位。而這種舞蹈大都出現在天宮伎樂圖或飛天的形象中，由此推斷花盤舞與佛教有一定聯繫。據佛典上的記載，佛在說法、涅槃時，都有伎樂天在天空中托花盤散花，用來禮讚和頌揚佛陀。而在《大慈恩寺三藏法師傳》中又有如下的記載：當玄奘來到龜茲東門時，受到龜茲僧俗的隆重迎接，進入城內，「諸德起來慰問訖，各還就座，使一僧擎鮮花一盤，來授法師，法師受已，至佛前撒花禮佛拜訖……坐已，復行花」。可見行花是必不可少的敬佛活動。花盤舞就是由此發展而成的。

盤達龍王相本生故事畫

這幅畫繪在森木塞姆石窟 32 窟券腹的菱形格內。畫面作一人捉蛇狀，故事講一婆羅門捉蛇相驗之事。見巴利文《本生經》卷 11 等。

彩塑佛頭

出自克孜爾石窟新 1 窟，共 1 件。1973 年出土。（圖 171）

圖 171　克孜爾石窟新 1 窟──彩塑佛頭

彩繪地坪窟

德文為 Höhle mit dem Freskoboden，這是德國人對克孜爾石窟 7 窟的稱呼。

象王不恃強凌弱本生故事畫

這幅畫繪在克孜爾石窟 179 窟券腹的菱形格內。故事出自《佛本生故事選》「鵪

鵪本生」。故事的內容如下：古時候，當梵授王在波羅奈治理國家的時候，菩薩轉生為象。這頭象長大成年後，身軀魁偉，性情溫和，成為群象首領，與八萬頭象一起住在喜馬拉雅山區。那時，一隻鵪鶉在大象出沒的地方生了一窩蛋。經過孵化，小鵪鶉啄開蛋殼，鑽了出來。牠們的羽毛尚未豐滿，還不會飛。這時，象王帶了八萬頭象四處覓食，來到這個地方。鵪鶉看到大象，心想：「這位象王會踩死我的小鳥的，哎，讓我求求牠行行好，保護這些小鳥吧。」牠合攏雙翅，停在象王前面，念了一道偈頌：

　　六十高齡大象，

　　林中群獸之王。

　　雙翅合十行禮，

　　勿使小鳥命喪。

象王說道：「鵪鶉，別擔心，我會保護你的小鳥的。」牠走上前，用身軀護住小鳥，使小鳥安全無恙。

克孜爾石窟 179 窟壁畫所繪的這幅本生故事畫，表現為一頭碩大的象，在象的肚下畫出三隻小鵪鶉，另外在象的前頭畫著一隻大鵪鶉，正張開翅膀，仰起頭，似在向象傾訴著什麼。這幅畫看起來完全是一幅動物寫生圖，看不出絲毫宗教的氣息，畫面生動有趣，構圖簡潔明快，特別是四周繪出朵朵盛開的鮮花，似在為這個故事而歌頌。（見圖172）

圖172　克孜爾石窟 179 窟——象王不恃強凌弱

象、獼猴、鷓自分長幼本生故事畫

這幅畫繪在克孜爾石窟58、80窟券腹的菱形格內，故事出自《四分律》。故事的內容如下：很久以前，象、獼猴、鷓鳥被稱為三個親友，牠們共同生活在一棵尼拘律樹旁。有一天，牠們一起議論道：「我們三個生活一起，相互間應該和睦恭敬，不能互相輕慢。我們應當以年齡大小，分別次第尊卑。年紀小者，應對年長者尊重、恭敬與供養照顧，這樣，我們在一起生活就更好了。」獼猴與鷓鳥首先問象道：「你能回憶過去嗎？」象回答說：「我記得，小時候，這棵尼拘律樹，我走起來，與我一樣高。」鷓鳥又問獼猴道：「你還記得過去的事嗎？」獼猴回答說：「我回憶，小時候，這棵尼拘律樹，我舉起手來，能搆上它的樹梢。」牠們說後，象對獼猴說：「你的年齡比我大。」最後象又與獼猴一起問鷓鳥道：「你能想起過去嗎？」鷓鳥回答說：「我記得在一座大雪山的右面，我曾到那兒食果子，後來才生下這棵尼拘律樹。」象與獼猴聽了，都認為鷓鳥的年齡比牠們倆都要大。次第既分，象就把獼猴放在自己的背上，獼猴又把鷓鳥放在自己的頭上。牠們共遊人間，從這個村到那個村，從這個城市到那個城市，到處說法宣教，告訴人們，長幼相敬。這樣，今世既得好的名譽，來世也會得到善報。

克孜爾石窟58窟畫中所繪的這幅本生故事畫，表現得十分有趣，鷓鳥立在獼猴的頭上，獼猴則蹲在象的背上，這與故事中的情節完全一致。畫面上的象憨厚可愛，正跨步在行走中，而獼猴則顯得調皮，牠一手按膝上，一手上舉做著動作。鷓鳥小巧玲瓏，安靜地立在獼猴的頭頂上。

啣環飛鴿窟

德文為 Höhle mit dem ringtragenden Tauben，這是德國人對克孜爾石窟123窟的稱呼。（圖173）

圖173　克孜爾石窟123窟——托鉢佛與鴿子銜環

第一次結集佛傳故事畫

這幅畫繪在克孜爾石窟114、178、224窟中，以178窟的壁畫為例，它由南北並列的兩幅畫面組成。北壁圖中為一老比丘居中坐，其左下為二比丘，合十而面朝比丘坐；其右上方為袒右肩的老比丘，左肩擔一長竿，右手提一物；其後下側也為面向坐佛的二合十比丘。坐像上方，有二身橫置空中比丘，如作飛天狀飛來。此圖以老比丘為中心，說的是迦葉集眾以集結法藏的場面。南壁圖中，以端坐於座上作說法狀的年輕比丘為中心，周圍為四個比丘，面向坐佛，合十聽講。釋迦牟尼逝世後，為防止異見邪說，在阿闍世王的支持下，大弟子大迦葉主持召開了第一次佛教會議，即佛陀言教結集大會。在會上，佛所說的法先由阿難背誦，因為他是佛的隨從弟子，聽到的比任何人都多。大迦葉向他提出關於經中對話等問題，他回憶，然後大會批准他的轉述正確無誤。這樣編輯起來的佛所說法即成為經藏，即佛所說經的總集。戒律以相似的方法由這方面的專家優婆離背誦，定為律藏。

梨耆彌七子因緣故事畫

這幅畫繪在克孜爾石窟224窟券腹的菱形格內。故事出在佛經《賢愚經》。故事的內容如下：舍衛國波斯匿王有一個大臣名叫梨耆彌，他是一個大富翁，生有七個兒子，六個已經結婚，所以他為了第七個兒子，就請一個婆羅門到處尋找合適的對象。這個婆羅門有一次在特叉屍國看見五百童女遊戲，她們都赤足渡水，唯有一個童女不赤足；其餘童女都塞衣渡水，唯有一個童女不塞衣，而是帶著衣服入水；其餘童女都上樹採花，唯有一個童女不上樹。婆羅門感到奇怪，就問這個童女為什麼跟其他童女不一樣？這個童女回答道：鞋是用以保護腳的，陸地上眼可見到，水底裡眼見不到毒物、尖石，容易傷腳，所以不脫鞋；問她為什麼不塞衣？她回答道：女人的身體有好有惡，塞衣就讓人看見了，如果體相很好，那就沒有什麼，如果體相不好，以後成了取笑的把柄，所以我不塞衣；問她為什麼不上樹？她回答道：樹枝危害人身，故而不上樹。婆羅門見此童女聰明過人，就報告給梨耆彌，遂聘她為七子之婦。於是梨耆彌設車往迎，途中至一客舍，女言不可住，大家就露宿在外。後來，一隻大象觸房柱，客舍倒坍，大家倖免於難。接著，他們又行到一條大澗，眾人都想在澗邊歇一歇，女言不可，速渡水上岸。大家聽從了她的話。不久，一場大雷雨來臨，澗水暴漲，大家又一次倖免於難。梨耆彌幾次脫險，更敬重此女。

這時，特叉屍、舍衛兩國不和，特叉屍王欲試舍衛國內有否賢智之士，故意遣使送來兩匹馬，為母與子，形狀毛色一類無異，要求識別出母與子。舍衛王與群臣都不能識別。梨耆彌回家說起此事，女言：拿好草餵兩匹馬，如果是母馬，就把食推給子馬；如果是子馬，就會搏而食之。回去一試，果然如此。於是特叉屍王又遣使

送來兩條蛇，一為雌，一為雄，粗細都一樣，要求分出雌雄。舍衛王和群臣都不能識別。梨耆彌回家說起這件事，女言：拿一條細氈鋪地，置兩條蛇於其上。因雌蛇愛細滑，就會靜止不動；而雄蛇性剛烈，會轉側不安。回去一試，果真如此。特叉屍王又遣使送來一根木頭，兩頭一樣，上下粗細一致，要求分別出頭和尾。舍衛王和群臣都無能為力。梨耆彌又回家說起此事，女言：取木頭放入水中，根自沉沒，頭浮其上。回去一試，果真如此。

舍衛國王聞聽此女有如此才能，十分欽佩，就拜之為王妹。後來此女懷孕，生三十二個卵，卵化成三十二個兒子。此三十二個子長成後，都勇健無雙。但是，有一輔相陷害他們，向國王誣告他們有異志，將來必為國家之心腹大患。於是舍衛國王就派兵捉拿三十二子，並殺了他們的頭。這時女（毗舍離）請佛及眾僧於住舍作供養。佛為她說了此段因緣：過去此三十二個人共為親友，一起盜來一頭牛，到一老婦的住舍，欲殺牛食之。牛跪乞命，此三十二人不顧仍殺之，吃了牠的肉，老婦也一道吃了牛肉。這頭被殺的牛，就是今天的舍衛國王；這盜牛的人就是今天的三十二子；這個一同吃牛肉的老婦，就是今天的毗舍離。他們前世有這段因緣，今世才得了如此的果報。

這個因緣故事畫的畫面是這樣的：佛赤雙足坐方座上，頭上有團形花樹為寶蓋。佛的身旁有一個人，手持一碗正在冒著熱氣的食物，對佛作供養。這是毗舍離在其三十二子被殺後向佛作供養時的情景。

鴿焚身施農人本生故事畫

這幅畫繪在克孜爾石窟171窟券腹的菱形格內，故事出自《大智度論》，又名「鴿王身肉本生」。故事的內容如下：在若干年前的一個大雪山中，住著一隻美麗的小鴿，喜行善道。一天，有一農人過雪山，遇大風雪迷路，身陷深谷，饑寒交加，氣息奄奄，處境非常危險。鴿見此景，同情之心油然而生，遂去他處尋找火種，積聚雜草，點燃起來，為迷路人取暖。迷路人漸漸甦醒過來。可是，冰天雪地中無法找到食物，仍饑餓難忍。鴿思來想去別無辦法。為救農人一條性命，鴿思忖自己得做出犧牲。有此念頭後，鴿遂以身投火，以自己的身肉施予迷路人充饑。迷路人因而得救，而鴿則焚死在火堆中。

克孜爾石窟171窟壁畫中所繪的這幅本生故事畫，畫面的中間繪著一個坐著的人，身後是一棵大樹，樹上有一隻嘴上銜著火種的鴿子，而人的身邊有一堆燃著的火，鴿子正在向火堆撲來。這是一個感人肺腑的故事。這種故事是中國佛教藝術家極為喜愛的繪畫題材之一，目前保留下的作品尚有十餘幅。這幅畫構圖簡潔，手法寫實，重彩平塗，略加暈染。在一片青綠色調中，由於火的出現，使整幅壁畫增加了熱烈成分，十分顯目動人。（圖174）

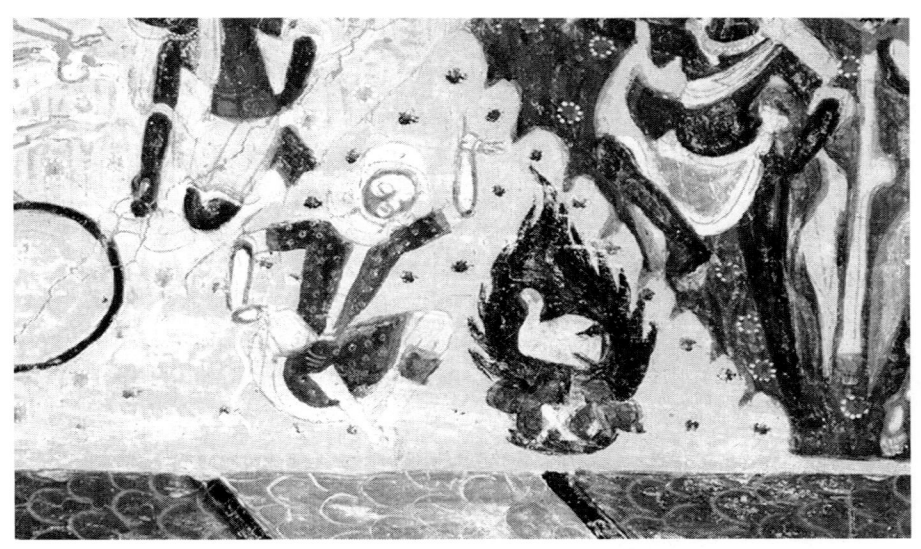

圖 174　克孜爾石窟 171 窟——鴿焚身施農人

[丶]

婆伽兒

　　龜茲樂中的一種器樂曲。《隋書·音樂志》載：龜茲樂「歌曲有善善摩尼，解曲有婆伽兒，舞曲有小天，又有疏勒鹽」。

　　所謂「解曲」，《太平御覽》卷 568 稱：「凡樂，以聲徐者為本，聲疾者為解。」《樂書》卷 164 也稱：「以聲徐者為本，聲疾者為解。自古奏樂，曲終更無他變。隋煬帝以《清曲》雅淡，每曲終多有解曲。」可知「解」是快速的樂曲，常用作歌曲的結束。

婆羅遮

　　唐段成式《酉陽雜俎境異》中說：「龜茲國，元日鬥牛馬駝，為戲七日，觀勝負，以占一年羊馬減耗繁息也。婆羅遮，並服狗頭猴面，男女無晝夜歌舞。」

　　婆羅遮是古代龜茲人民歡慶節日的一種歌舞晚會，從其「並服狗頭猴面」的說法，似乎是戴上了假面具，類似於今日西方歡慶節日時舉行的帶點狂歡性質的面具舞會。

　　21 世紀初，曾經在庫車蘇巴什佛寺遺址發現過一只舍利盒，上面刻有戴著鬼怪或動物面具的舞蹈者們舞蹈的場面，就是對龜茲地區流行過「婆羅遮」舞的最好的物證。

婆世躓因緣故事畫

　　這幅畫繪在克孜爾石窟 187 窟和庫木吐喇石窟 43 窟券腹的菱形格內，故事出自佛經《賢愚經》。故事的內容如下：羅閱

祇國有一個長者，名叫屍利躓，生子名叫婆世躓。長大後，見那羅拔家一女色美，欲求為婚姻，但因對方低級種姓，而自己出身貴族，父母不同意這椿婚事。後來經他再三哀求，父母才同意。但是對方父母要婆世躓共同學雜技，才同意此婚事。婆世躓為了女色，只得入女家學雜技。有一次去王宮表演，他接受國王的命令，表演走繩索。他越走越高，越高越危險，到中間氣力不夠，搖搖欲墜。正在危急關頭，目蓮尊者凌空，對婆世躓說：「你是願意保全性命而出家學道呢，還是願意為了女色而墜地而死呢？」婆世躓回答說：「我願意保存性命，不再愛戀女色了。」這時，目蓮尊者即把空中變成平地。婆世躓不再恐懼，就緣索安全下地，隨目蓮尊者去見佛，終於修成阿羅漢果。於是，佛為之說了這段因緣：過去波羅奈國有一個大長者，生了一個兒子。家中有人從海中取一鳥卵，卵生了一鳥，大長者十分歡喜，便使鳥陪著兒子玩。鳥漸漸地長得十分高大，兒子常常騎在鳥背上到處去玩。有一次，其兒子聽說王宮十分熱鬧，就騎著鳥前往觀看。到了王宮後院，鳥停在樹上，他隻身下地來到王宮內，見國王的女兒長得十分可愛，便和她發生性關係，但因做事不密，此事為國王知道，十分惱怒，便派人捕捉住他，下令殺頭處死。這時，他對國王說：你們花了那麼多的勞力要來殺我，還不如讓我爬上樹頂，自己墜地而死來得簡單。國王及眾大臣聽了後，覺得這樣做也沒有什麼不可，就同意了他的請求。於是他攀著樹枝爬到樹上，乘鳥凌空飛走，逃脫了一次殺頭之災。因為有此鳥，他才得以活命。佛告訴眾比丘，這個長者子，就是今世的婆世躓；這個國王的女兒，就是今世的技家女；這隻鳥就是今世的目蓮尊者。佛還說：過去世時，因貪戀女色，得了殺頭之罪，由於鳥而得逃脫；今世復貪戀女色，垂當死亡，由於目蓮尊者的幫助，得以安穩。

這個故事敘述了婆世躓兩世貪色愛戀，兩世幾遭厄運，在佛的幫助下得以解脫的因緣。這幅因緣故事畫在畫面上是這樣表現的：佛坐蓮座上，袒右臂，頭上有華麗的寶蓋，身旁站著一個穿著短衣、短褲，赤著雙足的人。這是婆世躓詣佛，在佛的教導下皈依佛門，修成阿羅漢果的情景。

婆那樹本生故事畫

這幅畫繪在克孜爾石窟13窟和克孜爾尕哈石窟21窟甬道外壁下部，畫面為一人立於樹上，正在向前窺望。故事講的是一個人入園竊果之事。見巴利文《本生經》卷2。

婆羅門和金剛神像

出自克孜爾石窟224窟主室左壁，縱75公分，橫261公分。此圖脫落屬害，主題不明。前排左側長白鬚的老婆羅門的鬍鬚與其他的不同，眼睛有神采。左邊有兩

個藍髮年輕的婆羅門，右邊只留下臉的為金剛神。後排的幾個則是婆羅門和天部。

此件現藏德國柏林亞洲藝術博物館。

婆羅門飲食供養故事畫

這幅畫繪在克孜爾石窟 38 窟券腹的菱形格內，故事出自佛經《撰集百緣經》。故事的內容如下：一個城中有一愚人，名叫如願。此人愛好殺生，偷盜邪淫，無惡不作。有人告到國王處，國王派兵將如願捕獲，押往鬧市處，準備殺頭示眾。將要行刑的時候，佛走過來了。此人即向佛作禮，具說自己的罪狀，並說自己今當就死，唯願佛發大慈悲心，替我在國王面前說情，讓我出家為僧來贖我的罪。佛到國王面前說了此事後，國王即下令放人，並把他送到佛的住所。就這樣，如願出了家，並且精勤修習，不久以後，得阿羅漢果。佛為之說了一段因緣：過去時，波羅奈國有佛出世，號曰帝幢，帶領眾比丘遊化到一個村莊，恰巧遇見一個婆羅門。婆羅門見佛來，心懷歡喜，前禮佛足，請命就座，設種種飲食，供養佛及眾僧。佛告諸比丘，欲知彼時婆羅門者，即是我也。因我過去用飲食供養佛的緣故，現在出言無不信受，救了這個罪人，得以免去死刑，從而獲得道果。

這個供養故事在畫面上是這樣表現的：佛坐方座上，頭上是一個團形花樹的寶蓋。佛的身旁半跪著一個束髮、滿臉長鬚的婆羅門，雙手高舉一盤，盤中放著各種食品，正在向佛作供養。

婆羅門捧珠因緣故事畫

這幅畫繪在克孜爾石窟 101 窟中，畫面為佛側一世俗裝男子，雙手捧寶珠供佛，以求出家。故事說的是，舍衛城有一婆羅門，家資百萬，珍寶無數，但是命運多舛，娶妻妻死，生子子亡。他就去問相師，以求好運。相師回答說：「你只有散盡錢財，皈依佛門，才能得到終身的快樂。」

婆提利迦繼位佛傳故事畫

這幅畫繪在克孜爾石窟 38、171、188、207 窟中，畫面為佛座前有一婆羅門雙手舉冠，佛旁有一童子仰首合十示敬。說的是悉達多太子出家後，淨飯王召集宗族會議，討論由誰來繼承王位問題。這時，有一童子名婆提利迦，自告奮勇，願繼承淨飯王王位。

婆羅門聞法捨身本生故事畫

這幅畫繪在克孜爾石窟 38 窟券腹的菱形格內，故事出自佛經《大般涅槃經》。故事的內容如下：過去，有一個婆羅門，常年居住在雪山中。他獨自一人，以野果為食，食罷，則靜心修道坐禪，作菩薩行，去掉一切貪慾，拋棄一切憤怒，堅持常樂清靜之法，任何外界的干擾，都不能動搖他的決心和意志。天神釋提桓因見婆羅門如此修苦難行，心裡十分驚異，決定去考驗他一下。於是天神釋提桓因把自己變成

龜茲文化詞典
十一畫

羅剎鬼，形象十分醜惡，令人畏懼。他勇健難當，辯才非凡，言聲清雅。他下至雪山，走了不遠就下來，走到婆羅門跟前說：「或生或死，生死無常。」婆羅門聽了後十分歡喜，覺得好像一個久渴的人，忽然找到了清泉一樣。當時，婆羅門從座位上站起，用手撫摸自己的頭髮，四處顧視後說道：「剛才聽到的這些話，不知道是誰說的？」到處尋找，沒有發現任何人，唯見羅剎在跟前。婆羅門心想：「我智慧有限，根本不理解這句話，而羅剎或許見過過去的佛，從佛那兒學到的，我應當詢問清楚。」他問羅剎道：「大士，你在何處聽佛說的那句話？」羅剎回答說：「那句話是佛所主張的真正之道，一切眾生，常常為種種羅網所覆，都是因為不懂得佛道。」接著，羅剎又說：「大婆羅門，你今天不應當問我。因為我已多日未食，到處找吃的，都沒有找到，饑餓苦惱，心亂胡說，信口開河說出來的，並不是我本心所知道的。」婆羅門聽了羅剎的話，又說道：「大士，你如能為我說完那句話，我當終身做你的弟子！剛才你說的話，沒有說完，意義也沒有說盡，為何不講了？我只聽了半句話，心裡遲疑不安，盼望你為解除疑慮，把那句話說完，我一定終身做你的學生。」羅剎回答說：「你的智力雖已很高，但只知道考慮自己，你不知道我因饑苦所逼，已不能再說話了。」婆羅門問道：「你所要吃的，是什麼東西？」羅剎回答說：「我所要吃的，唯有人身上的暖肉；我所要喝的，唯有人身上的熱血。因我沒有福氣，只有吃這些東西，才能活命，但到處都找不到，世上的人雖多，但都有福德，都有上天保佑，我沒有辦法，不能殺世上的人。」婆羅門回答道：「只要你把那句話說完，我就把個人身體獻給你。我深深懂得，我死了，我的身體沒有任何用處，還不是被那些虎豹豺狼吃掉嗎，然而卻得不到半點好處。我今天，為了求佛，願捨棄不堅牢的身體，以換來堅牢的金剛身。」羅剎回答說：「你說的倒很好聽，但誰能相信？我不信你為了八個字，能捨棄心愛的身體！」婆羅門又說：「你不理解，我把死當作捨棄瓦罐而得七寶器，捨去不堅身而得到金剛身一樣。你如不信，有各位大天神可以作證！」羅剎又說：「你如果真能捨身的話，請你仔細諦聽，我給你說下半句話。」婆羅門聽後，心裡異常歡喜，即解下穿的鹿皮衣服，並請羅剎入座，又著手長跪而說道：「請大士快快講吧！」羅剎即道：「生與滅啊，寂滅為樂！」婆羅門深深懂得，既心身向佛，必能為了眾生，捨棄自己。然後，他在石頭上，在牆壁上，在樹上，在道路上，處處書寫上這句話。他又唯恐死後露出來身體，又綁緊了身上的衣服，即上到大樹上。當時，樹神問：「善哉，仁者，你想幹什麼？」婆羅門回答說：「我已決定捨身，以抵美辭之價。」樹神又問：「如此言辭，有何意義？」婆羅門回答說：「這句美辭是過去、未來、現在佛所行的法道，我甘心為它棄捨身命，不為名，不圖利，不貪財寶，不為做轉輪聖王、四大天王、釋提桓因和

大梵天王，完全是為了一切眾生的利益！我想讓一切慳吝的人，讓那些貪得無厭的人都來看一看，我為了一句利益眾生的話，寧捨身命，把它看成像捨棄草木一樣，毫不悔恨。」婆羅門說罷，當即投身於樹下。在他還沒有落地時，虛空中發出種種聲音，傳至天上地下，傳至四面八方。當時，羅刹復原為釋提桓因，並從空中接住婆羅門，把他安放在地上。釋提桓因及諸位天神，都低頭施禮，並跪拜於婆羅門腳下，他們齊聲讚嘆：「善哉，善哉！這才真正是大菩薩啊！為了眾生，像在茫茫黑夜，點燃起火炬，指示著人們的航程。」

克孜爾石窟 38 窟壁畫中所繪的這幅本生故事畫，表現為婆羅門為了聞法，正從樹上跳下捨身，而天神釋提桓因則凌空飛起，把下墜的婆羅門緊緊抱住。畫面的內容與上述故事中描寫的情節是完全一致的，是擷取了上述冗長故事中最精彩的一節而創作的，這正是龜茲石窟壁畫中本生故事畫的一個特色。此畫見於 114 窟。

這幅畫繪在克孜爾石窟 34 窟中，畫面為一婆羅門將物倒入水中，頓時起火。婆羅門見佛乞食，心生厭惡。後奉食於佛，佛不食，令著水中。《法苑珠林》卷 54 中說，婆羅門「持食著無蟲水中，水即大沸，煙火俱出」。

婆羅門傾食著火因緣故事畫

這幅畫繪在克孜爾石窟 186 窟中，畫面為佛右側老婆羅門拉著一亭亭玉立的美女，女子羞答答，半退半進地來到佛前。佛左側站一比丘，左手執一物。說的是婆門摩醯提利有一女，名意愛，顏貌殊妙，玉女中最為第一。婆羅門欲將其女與佛。佛拒絕接受，並講了「吾正離家不復習欲」之道理。長老比丘卻說：「若如來不須者，給我察使令。」佛即為比丘講了女人的九「惡」法。

婆羅門以美貌玉女施佛因緣故事畫

這幅圖多見之於龜茲石窟中的中心柱型禮拜窟的主室左右兩壁或正壁對面的弓形部分。畫面布局大體是這樣的：中心部位是結跏趺坐的釋迦牟尼，兩旁是兩隻俯伏著的鹿，有時前面還畫出法輪，左右和後方則是諸聽法菩薩和天人。

鹿野苑說法圖

鹿野苑為佛教聖地，屬中印度波羅奈國，在今瓦拉納西城西北的 10 公里處。釋迦在尼連禪河（Nairañjana，今法爾古河）畔苦行六年，不得「解脫」，後在菩提伽耶覺悟成道，即來到此地，對阿若陳如、額鞞、跋提、十力迦葉、俱利太子五個侍者說法，使他們成為第一批佛教信徒。

說法又稱轉法輪，講的是釋迦成道後說法普度眾生的事。釋迦三十五歲成道，八十歲入滅。轉法輪的時間是四十五年，一般常算成整數，就說五十年。

龜茲文化詞典
十一畫

　　釋迦為阿若陳如等五人說法，五人心悅誠服，表示「皈依」。從此佛教具有佛、法、僧三寶，佛教開始建立。

　　所以鹿野苑說法在佛教歷史上十分重要，被稱為「初轉法輪」。從此，「法輪常轉」，佛法得以發揚光大。因此在佛教繪畫中，鹿野苑說法圖占有十分重要的位置。（見圖175）

圖175　克孜爾石窟171窟──鹿野苑說法

鹿王代孕鹿烹本生故事畫

這幅畫繪在克孜爾石窟38窟券腹的菱形格內，故事出自《六度集經》《大莊嚴論》《道略雜喻》《雜譬喻經》《大智度論》等佛教經典。故事的內容如下：在若干年前，有一隻鹿，名尼哥羅達，軀體高大，毛具五色，頭角奇異，能喚伏群鹿，被五百鹿推舉為王。有一次，鹿王和群鹿外出吃草，正遇國王打獵前來，群鹿緊張，四處躲藏，落崖墜澗，死傷許多。鹿王看見，十分難過，心想：這樣下去，我的夥伴將難以生存下去，不如與國王商量，以救大夥危亡之災。次日，他獨自進宮去見國王，走到國王面前，跪下哭泣著說：「大王仁慈，容我啟稟，我輩畜生，生你國土，為活命計，常到草場尋食，遇你打獵，我的夥伴驚恐亂跑，死傷無數。願大王開恩，放棄圍獵，你每日需要幾鹿，我定遵命奉送。」國王非常驚奇鹿王的行為，對他說：「我每日只需一隻就夠了。你若有信，每日送我一隻，我就再不出獵，傷害你們眾多的性命了。」鹿王回到草地，將與國王的相約告知了群鹿。此後，每日選送一鹿，送給國王的御廚房，殺了後供國王食用，從不失信。幾個月後，輪到一隻母鹿進宮獻王，母鹿跪到鹿王前哭泣著說：「我今身上有孕，願能讓我分娩幼兒託人照料後再去受烹。請王開恩，准我的請求。」鹿王聽罷，悲傷不已，欲命其他雄鹿代替，但這些鹿說我們還不到死期，能苟且多活一天算一天，都不願意。鹿王深感與國王之信約不可不遵守，遂決定自己去替代母鹿。鹿王到了王宮廚房，讓廚師宰殺。但廚師認出這是五百鹿王，不肯開刀，並把事情告訴了國王。國王聽後，非常感動，想道：畜生猶有這般仁愛之心。我作為人王竟如此殘忍，實在是太不仁道了。遂下令放了鹿王，並布告全國不准再捕鹿，還免去了一天殺一鹿的相約。從此五百群鹿得以解救，過著美滿的生活。

克孜爾石窟38窟壁畫中所繪的這幅本生故事畫，生動地體現了鹿王的沉靜神態和國王由於自漸而表露的略帶悔恨的表情。畫面上，國王坐在寶座上，前面跪著鹿王，旁邊放著一隻烹鹿的鼎。

鹿王本生故事，是佛教繪畫中經常描繪的題材之一，現存的敦煌和新疆各石窟有關鹿王本生的畫不下數種幾十幅，其中，五百鹿王本生畫是較有代表性的作品。

鹿王捨身救兔本生故事畫

這幅畫繪在克孜爾石窟114窟券腹的菱形格內，故事出自佛經《根本說一切有部毗奈耶雜事》。故事的內容如下：古時候，在一片深山老林處，有一隻鹿王，帶著一千多隻小鹿，依林而住。這隻鹿王非常聰明，有過人的智慧，能夠果斷地處理發生的事和預見未來的事。有一天，一個獵手手持弓箭來到深山，發現了鹿王和群鹿，心中暗自高興，便很快回去報告給國王，國王迅速派來許多兵將，把鹿王和群鹿團團包圍了起來。當時，鹿王思慮：「眼下我若不能拯救眾鹿，牠們必將被兵將和

獵者殺害。」鹿王四顧環望，盤算著該用什麼辦法，讓眾鹿免受災難。這時，牠見深山下邊有澗水流出山谷，水深流急，波濤翻滾。但眾鹿身體羸弱不堪，不能浮游渡水。鹿王毅然跳入山澗，挺立在急流中，發出巨大的吼聲，牠向群鹿呼喊道：「你們快快來，跳到我的脊背上，我把你們一個個渡到岸邊。這樣，就免受災難，得以活命。否則，我們都會遭到殺害。」眾鹿聽罷，一個接一個地跳到鹿王背上，鹿王排除一切困難，把牠們平安地渡過了急流。這時，有一隻小兔，因身體瘦小，虛弱無力，沒有跳到鹿背上，而落入水中。鹿王因救眾鹿，身體倍感痛苦，但懷著慈母般的心腸，不顧自身性命危險，從深水中把小兔置於自己的脊背上，終於把牠渡到了岸邊。最後，鹿王因疲勞過度，精力衰竭，不幸溺水而死。

克孜爾石窟114窟壁畫中所繪的這幅本生故事畫，表現為鹿王身跨急流，背負一隻小兔，正在奮力騰越。這幅畫只繪出兩隻動物，即鹿與兔。在中國，作為藝術形象的動物最早出現在新石器時期的半坡遺址中，這就是陶器上的魚、蛙等飾畫。到了奴隸社會，中國的青銅手工業十分發達，動物的形象也愈趨精彩，如商朝的方簋，口下作龍紋，腹作饕餮紋，腹下作鳥紋，兩耳作怪鳥形。進入封建社會以後，動物的形象更加百花紛呈，散見於各個藝術領域裡。到西漢末年，佛教傳入中國以後，佛教藝術繼承和發展了這一優良傳統，不論是雕刻和壁畫，都出現了不少優美活潑的動物形象，在敦煌、麥積山等石窟中都有這類傑出的作品。但是，其中尤數新疆龜茲石窟壁畫中的動物形象最為豐富多彩、絢麗奪目。鹿王捨身救兔本生故事畫中的鹿和兔，就是其中的例子。

閻文儒的克孜爾石窟分期

1961年4月，閻文儒考察了新疆各地石窟後，把克孜爾石窟分為四期。

第一期約為東漢末，這一期的洞窟有17、47、48、69四個窟。

第二期約相當於兩晉，洞窟有7、13、14、38、85、106、114、173、175、178、180、195十二個窟。

第三期約在南北朝至隋朝，洞窟有8、27、32、34、58、64、80、92、97、98、99、100、101、104、110、126、163、171、179、185、192、193、196、198、199、205、206、207、219、224三十個窟。

第四期應在唐至宋，洞窟有33、43、67、76、81、107、116、117、118、123、129、132、135、160、161、165、166、167、176、184、186、188、212、227、229二十五個窟。

閻文儒的瑪扎伯哈石窟分期

1961年4月，閻文儒考察了新疆各地的石窟後，把瑪扎伯哈殘留的石窟分為二期。

第一期約相當於兩晉時期，這一期的洞窟有西特 2 號窟一個。

第二期約相當於唐至宋，這一期的洞窟有 1、9、26 三個窟。

閻文儒的庫木吐喇石窟分期

1961 年 4 月，閻文儒考察了新疆各地的石窟後，把庫木吐喇拉石窟分為三期。

第一期約在兩晉時期。這一期的洞窟有 2、46、63 三個窟。

第二期約在南北朝到隋朝時期。這一期的洞窟有 26、28、29、31、33、34、54、58 八個窟。

第三期為唐到高昌回鶻時代。這一期的洞窟有 4、9、10、11、12、13、14、15、16、36、37、38、42、43、45、60、61、62、65、71 二十個窟。

閻文儒的森木塞姆石窟分期

1961 年 4 月，閻文儒考察了新疆各地石窟後，把森木撒姆石窟分為四期。

第一期約為東漢末，這一期的洞窟有 11、43 兩個窟。

第二期約相當於兩晉時期，這一期的洞窟有 26、30 兩個窟。

第三期約在南北朝至隋朝時期，這一期的洞窟有 24、35、41、42、45、48 六個窟。

第四期應在唐朝至宋朝時期，這一期的洞窟有 1、4、5、20、28、39、40、44、46 九個窟。

梁宰

唐天寶十四年（755 年）的安西副大都護。據《新唐書·段顏傳》載：「肅宗在靈武，詔嗣業以安西兵五千走行在，節度使梁宰欲逗留觀變，嗣業陰然可。秀實責謂曰：『天子方急，臣下乃欲晏然，公常自稱大丈夫，今誠兒女耳。』嗣業因固請宰，遂東師，以秀實為副。」其任職上限應為唐天寶十四年，下限應在唐天寶十五年（756 年）七月，即肅宗即位改元之時。在史籍中都只說安西節度使梁宰，未說安西副大都護，實際梁宰任安西節度使時，也行安西副大都護之權。因為安西副大都護一職，自高仙芝起已成虛懸，節度使實已控制安西軍政之權。

常惠

漢宣帝時人，以功封長羅侯。據《漢書》卷 70 中記載：「（常）惠因奏請龜茲國嘗殺校尉賴丹，未伏誅，請便道擊之，宣帝不許。大將軍霍光風惠以便宜從事。惠與吏士五百人俱至烏孫，還過，發西國兵二萬人，令副使發龜茲東國二萬人，烏孫兵七千人，從三面攻龜茲，兵未合，先遣人責其王以前殺漢使狀。王謝曰：『乃我先王時為貴人姑翼所誤耳，我無罪。』惠曰：『即如此，縛姑翼來，吾置王。』王執姑翼詣惠，惠斬之而還。」

這是歷史上龜茲第一次與中原王朝發生糾紛，但結果以和解而歸，避免了一場戰爭。

商旅圖

在龜茲石窟壁畫中出現了一些反映商業活動的繪畫。克孜爾石窟13窟主室的拱形頂上畫著一幅商旅圖，畫面上是一頭毛驢馱著一捆貨物，一個商人正在後面驅趕著毛驢；克孜爾尕哈石窟21窟右壁下部畫著一幅龍舟圖，畫面上是一隻雕刻出龍頭的船，船中有一匹馬，馬背上滿馱著貨物，一個商人站在馬的旁邊。在龜茲的其他石窟中，商旅圖多處出現，有的只畫著一隻滿馱貨物的駱駝、毛驢或馬，有的則同時畫出駱駝、毛驢和馬，以及旁邊和後面站著的一個或兩個商人。有的商人頭戴尖頂氈帽，身著翻領、折襟、窄袖的長袍，束著腰，腳上穿著靴子，完全是古代龜茲人民的服飾和打扮。這些商旅圖形象地反映了古代絲綢之路上繁忙的景象和龜茲商人在商業活動中的真實情況。

密教畫

密教是佛教與婆羅門教相結合的產物，因此，密教中的許多藝術形象都是仿照婆羅門教的諸神形象創造的。

婆羅門教的三大主神為梵天、毗濕奴和濕婆，分別代表宇宙的「創造」「護持」和「毀滅」。在塑像和繪畫中，梵天的形象為四頭四臂，坐七鵝車；毗濕奴的形象為一頭四臂，躺在巨蟒身上；濕婆形象為五頭三眼四臂，騎大白牛。

婆羅門教藝術中不僅出現多頭多肢的奇怪形象，而且還出現一些人獸結合的形象。比如，毗濕奴有時以半人半魚的形象出現，以幫助人類逃脫洪水的災害；有時以半人半龜的形象出現，以幫助人類從洪水中重新找到財產；有時以半人半豬的形象出現，以挽救被大海所侵蝕的土地；有時以半人半獅的形象出現，以毀滅世上的一切邪惡。

密教畫吸收了婆羅門教藝術的成分，也創造了一些多頭多肢或半人半獸的諸神形象，如在龜茲石窟壁畫中的摩利支天像被繪成豬面人身的形象；那羅延天像被繪成三頭六臂、騎一大鳥的形象。

蓋嘉運

唐開元二十六年至二十八年（738～740年）的安西副大都護。據《舊唐書·西突厥傳》載：唐開元二十六年夏「……莫賀達干遣使告安西都護蓋嘉運。嘉運率兵討之，大敗都摩度之眾，臨陣擒咄火仙……」

麻扎甫塘遺址

位於今新疆庫車縣城皮朗古城遺址外，曾出土了一個橢圓形陶盆，敞口，底平。口長徑49公分、短徑34.2公分，底長徑42.2公分、短徑25.2公分，壁厚1.2

公分。在其口徑下面有一周突出的連續的三角紋形成子口。

在麻扎甫塘東城牆腳下還採集到橢圓形陶蓋兩件，泥質紅陶，手製，面凸出，以龜背，裡凹入，可能為陶盆的蓋，蓋上兩頭附加有對稱的龜頭形鈕，寬3公分。其中一件中脊刻畫方格紋帶，兩旁刻人字紋，正反交錯，似羽毛狀，邊沿刻畫三角紋帶，寬1.2公分。蓋長38.9公分、寬27.3公分、厚1.5公分；另一件中脊刻畫人字紋及蛇紋。兩旁及邊沿均刻三角紋帶。

宿白的克孜爾石窟分期

1979～1981年，宿白率領考古實習小組，對克孜爾石窟進行考古調查，根據石窟形制和壁畫風格，結合碳14測定，得出三個階段的時期劃分：

第一階段接近於310±80～350±60年（3～5世紀），修造的洞窟主要分布在克孜爾石窟的谷西區，其類型以中心柱形窟、大像窟和僧房窟為主。

第二階段接近於395±60～465±65年（4～6世紀前期），建造的洞窟分布在克孜爾石窟所屬各區，其類型除了與第一階段情況相似外，方形窟發展很快，不同類型窟形呈較明顯的組合關係。

第三階段接近於545±75～685±65年（5～8世紀及以後）。這階段新開鑿和改建的洞窟，多分布在克孜爾石窟的谷東區，石窟形制和雕塑內容都有簡化的趨勢，但也有少量較大的石窟，總的來說，顯示出衰落的趨勢。

清信士捨身奉戒本生故事畫

這幅畫繪在克孜爾石窟178窟券腹的菱形格內。故事出自佛經《六度集經》。故事的內容如下：過去，有一位清信士。他國家的國王推崇正道，勸導臣民奉正道教化，並規定：「凡持戒奉齋的人，可以免除所有的捐賦勞役。」在這種形勢下，大小臣民見國王崇尚賢德，多偽裝行善而暗地裡幹一些非法的勾當。國王以佛規作為觀察人們道德情操的標準，發現不少人表面行善而心地汙穢，違背佛的教化，就想了一個巧妙的辦法，向全國下了一道命令：「有敢奉佛道者，以棄市論處。」命令一下，那些表面信佛的偽君子，沒有一個不放棄佛道，從而，個個恢復了原形。清信士德高望重，心懷佛道之明，聽了這個命令非常震驚地說：「這是何等王法？即使放棄了佛道，讓我當上帝王，能夠獲得一切榮華富貴，隨心所欲，我也是堅絕不幹的；雖一夕之命，但能得到佛的教化，我也心甘情願地去做；儘管讀過世俗的萬卷之書，身處天宮，有齊天之壽，而不知道佛經，我也是不心滿意足的。遵照和宣揚佛的教導，即使有殺身之禍，我視死如歸，在所不辭。我素來崇尚佛道，見到佛經，就獲得了世間三寶（指佛、法、僧），縱然遭受刀割肉漿之酷刑、赴湯蹈火之苦難，我始終不會放棄佛道，而從妖邪！」這時，國王指示官員，檢察違抗命令的人，

殺之於市。廉察使見清信士奉事佛道，志堅如鋼，毫無動搖之心，就把他捉來拷問。國王下令說：「殺之於市。」一方面，又偷偷派人觀察他的態度，知道清信士確實不屈不撓，視死如歸。清信士還對自己的兒子說：「當今世界，自有生民以來，人們以六情亂行，猶如狂醉一樣，只有佛才能教導人們行善。你已知道佛法，千萬不能放棄它。如果一個國家，拋棄佛道，而實行鬼蜮之行，國家的滅亡是注定的。父寧捨身而不背棄佛法，國王今天這樣的做法是非常錯誤的，你千萬不要相信那一套啊！」廉察使把清信士的表現一一稟告了國王，國王深知只有清信士才是真正奉事佛法，非常高興，並把清信士請到宮殿，對眾臣屬稱讚說：「這個人才是佛家忠實弟子啊！」並拜為丞相，委任執政，而對於那些背棄了佛道的人，又重新恢復了對他們的徵賦勞役。從此以後，這個國家舉國上下，莫不奉行佛道，修好行善。

克孜爾石窟 178 窟壁畫中所繪的這幅本生故事畫，表現為橋上正行走著一個雙手被反縛起來的人，後邊跟隨著一個手執著刀的婆羅門。這個畫面繪出了清信士由於堅信佛法，被國王下令綁赴刑場殺頭這一故事情節，而這一情節正是這個本生故事中最感人、最精彩的場面。龜茲藝術家選中了這場面作為表現整個故事的中心，是藝術修養高超的顯示。此畫見於 8 窟。

盜賊身刺三百矛譬喻故事畫

畫面為佛身旁跪一袒露上身的人，反縛雙手，胸前插著一把三股叉，有的畫面作胸前插三把叉。講的是有位比丘問佛地獄之苦情況，佛以盜賊身刺三百矛作譬喻，說有個盜賊被官府拘捕後，王敕令治罪，一日之內，身刺三百矛，遍體創傷，雖然還活命，卻是痛苦無比，而這遠不能與地獄之苦相比，地獄中的痛苦要百千萬倍於此。事見《中阿含經》卷 53《痴慧地經》：「爾時有一比丘，即從坐起，偏袒著衣，叉手向佛白曰：世尊，地獄苦云何？世尊答言：比丘，地獄不可盡說，所謂地獄苦。比丘，但地獄苦唯有苦。比丘復問曰：世尊，可得以喻現其義也？世尊答曰：亦可以喻現其義也。比丘，猶如王人收賊，送詣剎利頂生王所白曰：天王，此賊人有罪，願天王治。剎利頂生王告曰：汝等將去，治此人罪，朝以百矛刺。王人受教，便將去治。朝以百矛刺，彼人故活。剎利頂生王問曰：彼人云何？王人答曰：天王，彼人故活。剎利頂生王復告曰：汝等去，日中復以百矛刺。王人受教，日中復以百矛刺，彼人故活。剎利頂生王復問曰：彼人云何？王人答曰：天王，彼人故活。剎利頂生王復告曰：汝等去，日西復以百矛刺。王人受教，日西復以百矛刺，彼人故活。然彼身，一切穿決，破碎壞盡，無一處完，至如錢孔。剎利頂生王復問曰：彼人云何？王人答曰：天王，此人故活，然彼身，一切穿決，破碎壞盡，無一處完，至如錢孔。比丘，於意云何？若彼人一日，被三百矛

刺,彼人因是,身心受惱,極憂苦耶?比丘答曰:世尊,彼一矛刺,尚受極苦,況復一日受三百矛刺,彼人身心豈不受惱,極憂苦也……如是比丘,若此人一日,被三百矛刺,彼因緣此,身心受惱,極重憂苦,比地獄苦,百倍千倍,百千萬倍,終不相及,不可數,不可算,不可譬喻。」

譬喻故事畫看起來與因緣故事畫無甚區別,但內容卻不是因緣故事畫所能包涵。因緣故事畫主要是描繪信徒對佛所作各種供養而得到種種好處,宣揚因果報應之事,而譬喻故事畫則是將佛在傳教中的譬喻說法內容,用具體可感的畫面展示出來,使抽象玄奧的教義形象化、淺顯化,從而更易於被信徒們領會和接受。

此譬喻故事畫存在於克孜爾石窟 171 窟和 206 窟的拱券頂菱格中。

唯樓勒王率兵誅釋種佛傳故事畫

這幅畫繪在克孜爾石窟 80、193 窟中,畫面中一王引弓射箭,城上一人中箭倒下。說的是舍衛國王子,夜宿迦毗羅衛城一殿內,遭釋迦族諸子辱罵。王子即位為國王後,不忘舊辱,親率兵將,攻打釋迦族。(見圖 176)

圖 176　克孜爾石窟 80 窟——唯樓勒王率兵誅釋種

[7]

繩舞

又稱花繩舞。森木塞姆石窟 26 窟天宮伎樂圖中繪出幾身舞花繩的伎樂形象。繩舞所用道具——花繩,一般有兩種:一種是比舞蹈者身長稍短,綴有各種花飾的花繩,舞者以食指拇指各持繩兩端而舞;一種則為繩上無飾物的環形花繩,舞者雙手套入繩環中舞蹈。一般舞者頭戴花冠,胸前佩飾,雙手持花繩兩端,舞姿飄逸,神情嫵媚。由於繩舞道具簡單,易造成熱烈氣氛,所以很受群眾歡迎。現今庫車縣

維吾爾族的麥西熱普中仍保留有繩舞的遺蹟。

《綜述中國出土的波斯薩珊朝銀幣》

夏鼐先生撰寫，刊登於 1974 年第一期《考古學報》上。文章中記錄了庫車出土的薩珊朝銀幣：出土地點在庫車蘇巴什佛寺遺址，埋藏時間約 8 世紀，出土銀幣數量為 1 枚，屬庫思老二世式樣（太伯里斯坦）。

[一]

十二畫

[一]

斯坦因

（1862年11月26日～1943年10月26日），匈牙利裔英國考古學家及地理學家。1888～1899年在印度旁遮普省任拉合爾（現屬巴基斯坦）東方學院院長。1892年刊印度文版《王河》，該書是唯一流傳下來的印度歷史著作，著者是12世紀的迦爾訶那。斯坦因的英譯本題名《克什米爾諸王編年史》，於1900年出版。同年開始首次中亞之行，經過中國西部邊地和闐，取道古代中西商隊來往路線，收集文獻資料及手工品甚多。在敦煌附近發現千佛洞，所藏繪畫、寺廟旗幡和文件極富，都是11世紀時封存的文物。考察結果寫成《古代和闐》2卷（1907年出版）、《塞林迪亞》5卷（1921年出版）和《亞洲腹地》4卷（1928年出版）等書。1910～1929年任印度古物局局長時期，又對希臘－佛教遺物和亞歷山大大帝東征路線發生興趣。1926年在印度河畔皮爾薩賴伊發現亞歷山大東征古戰場奧爾納斯岩故址。1904年入英國籍，1912年受封為爵士。

對於龜茲文化來說，斯坦因的著作也是重要的，如《中國的戈壁廢墟》《中國土耳其斯坦和甘肅部分的地圖》《一次橫越帕米爾和興都庫什的中國探險》《西域考古記》等。

斯文赫定

（1865年2月19日～1952年11月26日），瑞典著名的探險家。曾多次穿越亞洲中部探險，在考古和地理方面有重要的發現。20歲時到高加索、波斯和美索不達米亞旅行，1890年任瑞典和挪威向伊朗派遣使團的翻譯，1891年訪問了呼羅珊（波斯東北部）和俄國的土耳其斯坦。1893～1898年，經烏拉爾山、帕米爾和中國西部的羅布泊，最後到達北京。1899～1902年沿著塔里木河，到戈壁沙漠探險。是最早到外喜馬拉雅山脈探險並繪製了詳細地圖（1905～1908年）的人。他設法發起並主持了中國和瑞典1927～1933年重要的聯合考察，在東北和新疆之間找到了327個考古地點，發現了廣泛的石器時代文化，表明當時人們以漁獵為生。在中蒙邊界發現了家具。1928年揭開了羅布泊之謎，認為與塔里木河下游不斷改道有關。他發表了許多著作，其中包括《瑞

典波斯使節記》《呼羅珊及土耳其斯坦遊記》《穿越亞洲》《羅布泊地域志》《中亞及西藏記》《中亞旅行的科學結果》《印度陸行記》《西藏南部》《我的探險生涯》等。

《斯文赫定穿行亞洲述要》

聶崇岐先生撰寫，刊登於1928年第一、二期的《地學雜誌》上。文章共分七大段：自斯德哥爾摩至瑪爾噶朗；自瑪爾噶朗至帕米爾砦；穆茲塔格阿塔之踏查；塔克拉瑪干涉沙漠之穿行；帕米爾南部之旅行；由和田至羅布淖爾（泊）；由北吐伯特（青海）至北京及自北京返國。

1894年5月1日，斯文赫定越帕米爾高原至喀什噶爾，就此進入中國新疆境內。當時，他以喀什噶爾為基地，往返於帕米爾、阿克蘇及戈壁西部之間，進行各種科學考察。1895年冬天，他離開喀什噶爾西南行，經葉爾羌至和田；由和田東北行，傍克里雅河，繼貫塔克拉瑪干大沙漠，至沙雅、庫爾勒、焉耆等處。繼由焉耆南返，泛舟羅布泊，繞視一匝，循南道還抵和田，這時已是1896年5月下旬了。6月初，復由和田東進，越托古茲達坂，至青海省境內。

博斯坦村龍泉遺址

位於今新疆輪台縣陽霞鄉西博斯坦村，是唐代龜茲都督府轄下六大守捉之一龍泉守捉所在地。參見「龍泉守捉」條。

博斯坦托克拉克石窟

位於庫車縣森木塞姆石窟東北天山前山區的博斯坦托克拉克村。維吾爾語博斯坦托克拉克意為綠洲胡楊。從博斯坦托克拉克烽燧沿博斯坦托克拉克溝北上10公里，即至此村。石窟開鑿於村西北800公尺處的山腰上，其南80公尺處還有佛寺遺址，僅一窟，東甬道頂部保存有4行千佛畫，每行2～4個，每佛10公分見方，色彩與克孜爾石窟197窟的千佛相似，屬大乘佛教，可能開鑿於唐代。

焚化佛遺體圖

出自克孜爾石窟205窟後室前壁，縱148公分，橫200公分。此幅壁畫位於佛涅槃畫對面，即中心柱後壁上，描繪焚化佛遺體的情況。畫面描繪佛遺體置於龕棺內，棺面刻滿了花紋，棺下堆放了數十個牛頭，火焰已經燃起。棺頭站立著佛的弟子阿難，雙手托起棺蓋，端詳著佛肅穆的面容。其他僧徒與天人，有的合掌敬禮默哀，有的跪地號啕大哭，有的向佛體撒放香花，整個畫面顯示出肅穆悲壯的氣氛。（見圖177）

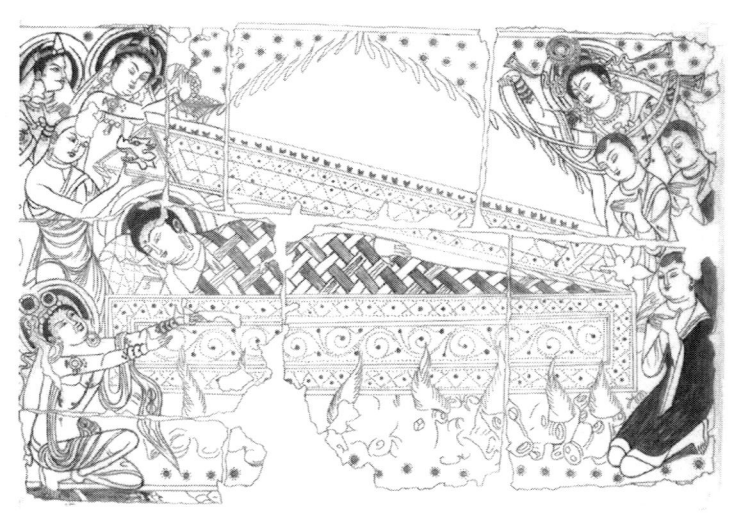

圖177　克孜爾石窟205窟──焚化佛遺體圖（王建林線描）

此件現藏德國柏林藝術館。

焚棺佛傳故事畫

這幅畫繪在克孜爾石窟4、7、8、114、224等窟中，畫面簡繁懸殊。簡者如7窟，僅繪出一緊閉棺蓋的長方形棺，棺下火焰升騰；一般畫面多繪成棺蓋微啟，顯露佛軀，棺周圍繪二三弟子跪於棺旁，悲痛欲絕。114窟還繪出一弟子手執一棒，前捆一罐，於棺上灑乳香滅火，棺之上方，繪出一列8～10座舍利塔。構圖複雜的畫面，8號窟在棺之上方繪出多身舉哀弟子，作種種哀傷之狀。224窟的焚棺圖，則最為複雜，棺蓋半啟，臥佛顯露，四周為舉哀弟子、天人多身。圖之上方還繪出一列世俗信徒舉哀的場面，計十一身，作各種哀號、哭泣、裂裳、拔髮、拍額、搥胸及「革面截耳」等痛不欲生之狀，以顯示佛經中所載的「諸男女長幼，懷悲毒狂亂，或挈裂衣裳，痛哭流涕，或自拔頭髮，抓壞面目」，「懊惱自投擲，搥胸向天嚎」等大眾悲泣哀傷的情景。傳說佛涅槃後，以轉輪王荼毗，或移入金棺，眾信徒奉金棺七匝拘屍那城至荼毗所。時過七日，積旃檀投香燭，欲燒而火不燃。更經七日，迦葉至荼毗所致禮拜之後，如來自金棺示現雙足，於是諸眾投以七寶火炬，才盡殄滅。

塔什頓古城

位於沙雅縣西北約35公里，城為方形，牆垣尚存在，南北69公尺，東西74公尺，無建築遺蹟。

龜茲文化詞典
十二畫

塔里木盆地

龜茲是古代塔里木盆地諸國中的一個大國，位於天山南麓，當漢通西域的北道線上。魏晉以後兼有漢時塔里木盆地的姑墨、溫宿、尉頭三國之地。領地以今庫車為中心，包括輪台、沙雅、新和、拜城、阿克蘇、烏什等縣。而這幾個縣都處在塔里木盆地周圍。

古代塔里木盆地曾孕育了光輝燦爛的文化，它對龜茲的形成和發展有著不可估量的地理上的影響。

塔里木盆地在維吾爾語意為「無韁之馬」。它位於新疆維吾爾自治區南部，天山和崑崙山、阿爾金山之間。西起帕米爾高原，東止甘、新邊境，東西長約1400公里，南北寬約550公里，面積約53萬平方公里，為中國最大的內陸盆地。整個盆地呈菱形，海拔1000米左右，東部羅布泊降到780米。盆地四周高山環繞，海拔在4000～6000米之間。盆地東低西高，中心形成塔克拉瑪干沙漠。

因為塔里木盆地位於亞洲大陸中心，氣候乾燥，自然景色成環形分布。山麓邊緣為礫石帶及綠洲帶（如阿克蘇、庫車等），中部為廣大沙漠及鹽湖。沙漠外圍的沖積平原（綠洲）水草豐美，農產富饒，從而成為古代西域綠洲國家產生的搖籃，使塔里木盆地在古代龜茲的產生與發展中造成了極其重要的作用。

《塔里木盆地考古記》

係黃文弼教授1928～1929年在塔里木盆地考古調查的報告。該書對龜茲地區的古石窟遺址敘述甚詳，它記錄了焉耆錫科沁明屋、庫車庫木吐喇千佛洞、克內什（森木塞姆）佛洞、蘇巴什古城（雀梨大寺）佛洞、拜城特特爾（台台爾）佛洞和克孜爾明屋（克孜爾）石窟、吉克地里克溝佛洞等。其中以克孜爾石窟的調查較為細膩，共計工作16天，對克孜爾洞窟進行了分區編號，並測繪一部分洞窟立面、平面圖和繪製了全部洞窟的分布簡圖。同時還清理了一批洞窟的積沙，發現不少重要遺蹟，在18窟發現的被推測為唐開元年間（713～741年）書寫的有「磧（西）行軍押官楊思禮請取……（於）闐鎮軍庫訖被問依……」字樣的殘文書，105窟發現的有「（唐）貞元七年（791年）西行牛二十一頭」字樣的殘紙，49窟發現的一枚「大曆元寶」（769年）鑄錢和220窟發現的「（唐）天寶十三載（754年）」題記等，都是研討龜茲文化的珍貴資料。

韓樂然

（1898～1947年），吉林延吉縣人，中國著名的畫家，瀋陽美術學校的創立者。1946年，受常書鴻的邀請，前往敦煌考察，後獲知克孜爾存在千佛洞，便乘車入疆，在克孜爾石窟進行了14天的考察，臨摹了一批壁畫，拍攝了一批照片。回到蘭州後舉辦了一次克孜爾千佛洞畫展。畫展成功

後，韓樂然又籌集資金，率青年畫家趙寶麒、陳天、樊國強、孫必棟四人再次入疆，在克孜爾進行了兩個月的工作，逐一為洞窟編號，並拍攝了大批照片。6月中旬告一段落，東返甘肅。在從嘉峪關飛往西安時，飛機失事，韓樂然殉難，所帶資料盡失，僅克孜爾石窟10窟中留有他的長篇題記。

韓樂然題記

韓樂然曾於1946年、1947年兩度來克孜爾石窟考察，並於克孜爾石窟10窟主室後壁遺留下著名的「韓樂然題記」。「題記」內容如下：

余讀德·勒庫克著之新疆文化寶庫及英·斯坦因著之西域考古記，知新疆蘊藏古代藝術品甚富，遂有入新之念。故於一九四六年六月五日，隻身來此。觀其壁畫琳瑯滿目，並均有高尚藝術價值，為中國各地洞窟所不及。可惜大部牆皮被外國考古隊剝走，實為文化上一大損失。余在此試臨油畫數幅，留居十四天即晉關作充實準備。翌年四月十九日攜趙寶麒、陳天、樊國強、孫必棟二次來此。首先編號，計正附號洞七十五座，而後分別臨摹、研究、記錄、攝影、挖掘，於六月十九日暫告段落。為使古代文化發揚光大，敬希參觀諸君特別愛護保管！韓樂然六·十。

最後於十三號洞下，挖出一完整洞，計六天六十工。壁畫新奇，編為特一號。六·十六。

雅丹地貌

「雅丹」又稱「雅爾當」，是維吾爾語對險峻土丘的稱呼。19世紀末21世紀初，瑞典人斯文赫定和英國人斯坦因赴羅布泊考察時，在所撰文章中採用了這個詞，此後便被地理學家和考古學家相沿通用，專指乾旱地區的一種特殊地貌形態。

在古龜茲境內，就有眾多連綿不斷、千姿百態的雅丹地貌。這些二三十公尺高的淡黃色、黃紅色相間的土丘，有的其形如龍，或蜿蜒起伏，或屈曲盤踞；有的其形如古代埃及金字塔，巍然聳立；有的又像是東方古老的廟宇，透露著神祕靜謐；還有的則像城堡宮殿，像亭臺樓閣，像烽燧，像怪獸……每當日出東方之時，或於落日餘暉之中，在自然光與影的交替變幻中，你盡可以任由自己的想像馳騁，任自己的思緒飛揚，直至物我兩忘。

雅丹地貌的成因，除了風蝕的作用之外，暴雨和洪水的沖刷在塑造雅丹地貌中也起了重要作用。

雅哈阿里克城

《西域圖志》中記載有此城，過去曾誤以為其地為漢之姑墨國，其地在喀拉玉爾滾之東60公里，今屬新疆拜城縣，為城西的一個大市鎮，今名察爾其。

龜茲文化詞典
十二畫

琵琶

又名「曲頸琵琶」，是曲頸四弦琵琶的簡稱。在龜茲石窟壁畫上經常出現琵琶，次數略少於五弦、阮咸，為龜茲人民喜愛的主要樂器之一。在克孜爾石窟8、14、38窟，庫木吐喇石窟23、34、68窟中都有。漢文典籍中最早記載琵琶的是後漢劉熙《釋名》：「批把，出於胡中，馬上所鼓也。推手前曰批，引手後曰把。像其鼓時，因以為名也。」《隋書·音樂志》指出：「今曲項琵琶、豎頭箜篌之徒，並出自西域。」《通典》也有類似記載。根據考古發掘，遠在西元前2000年前後的美索不達米亞及西元前8世紀前後伊朗高原的文化遺存中已發現了琵琶。儘管其共鳴體很大，已接近圓形；在龜茲石窟壁畫中所見琵琶的共鳴體沒有那樣大，而是向修長方向發展。這就可知琵琶早可能產生於西亞及伊朗，然後傳入龜茲，經過龜茲人民的改造，後又傳入中原。

散花飛天

克孜爾石窟新1窟後室頂繪有一組散花飛天。她們束髮戴冠，頭上有項光，上身裸露，下身穿裙，胸掛珠串、瓔珞，腕佩金釧、玉環，飄動的頭巾、腰帶和天帶，顯示著飛行之態；她們一手托花盤，一手作散花狀。

瓊梯木遺址

又稱梯木先爾，維吾爾語是烽燧城的意思，地在今新疆巴楚縣境內。該遺址為近似方形的小城堡，建築在高出四周約8～10公尺的高臺上。遺址東西長約60平方公尺，南北寬約64公尺，占地總面積為384平方公尺，城垣係土坯砌成。遺址東南約500公尺，有小型建築，已成土阜，唯在其四周圍散布著不少煉銅銅渣，還採集到多枚龜茲小錢。由此向西和向南200～300公尺處有多處陶窯，這裡還並列多個大口陶缸，作為儲水和儲存食物之用。遺址西約2000公尺處，有被焚燒的小型佛教寺院一座。在遺址裡的沙丘堆中收集到許多輪製陶片，殘存器形有罐、碗、盤、壺、缽等，多為素面或橫印變體樹枝、樹葉紋飾。還出土有麥、粟、桃、杏和核桃等子實，陶質（少量為石質）紡輪和很多馬、牛、羊骨和鹿角。在整個遺址中還採集到多枚「剪輪五銖」、開元通寶、大曆元寶、乾元重寶等錢幣。

從情況分析，瓊梯木遺址可能是撥換城至據史德城之間的一個軍營和屯田重地，所以有烽火臺、各種手工業、商場、各族使者的驛站等，曾一度有過的繁榮景象，依然映現在殘留的各種遺蹟中。

森木塞姆石窟

關於森木塞姆石窟的地理位置，閻文儒先生在《新疆天山以南的石窟》一文中是這樣說的：「森木塞姆，在庫車城東北

約40公里。從庫車東，沿著去烏魯木齊的公路，約20公里，轉向正北，10多公里，到達克內什村。克內什是牙合公社的一個管理區的所在地，是這一地區最大的一個村。從這轉向西北約5公里，入戈壁中，繼續前進，再5公里，入庫魯克達（塔）格山口，中有小溪流出，在溪水東西兩崖的山腰上，就是森木塞姆的石窟群。」武伯綸先生在《新疆天山南路的文物調查》一文中是這樣說的：「森木塞姆千佛洞在瑪扎伯赫（哈）千佛洞之西北，中間僅隔一名庫蘭米之村莊。洞窟開鑿於啟微爾山的溝內崖上。」閻文儒先生和武伯綸先生關於森木塞姆石窟在今庫車縣中所處的方位的描述是正確的，但閻文儒先生稱森木塞姆石窟與瑪扎伯哈石窟之間的村莊為「克內什」，而武伯綸先生稱之為「庫蘭米」，按現在當地維吾爾人之稱呼，為「克爾希」。再是，閻文儒先生稱森木塞姆石窟開鑿於庫魯克塔格山的崖壁上，武伯綸先生稱森木塞姆石窟開鑿於啟微爾山的崖壁上。馮承鈞原編、陸峻嶺增訂的《西域地名》一書認為，庫魯克塔格山是在「今新疆維吾爾自治區東部巴格喇赤湖與羅布泊之間的大山」。查地圖出版社1974年10月出版的《中華人民共和國分省地圖集》上，也把庫魯塔格山標在新疆的巴音郭楞蒙古族自治州境內博斯騰湖之東，羅布泊之北的位置上。而「白山」，《水經注》中稱「北大山」，《唐書》中稱「阿羯田山」，即今之哈爾克山，位於新疆維吾爾自治區庫車縣的北面、天山山脈的中段，是庫車河（又稱銅廠河）的發源地。因此，按現在的說法，森木塞姆石窟應該在哈爾克山的崖壁上。

森木塞姆石窟在窟形上可以分為以下幾種。一是大像窟。大像窟本是中心柱形支提窟中的一種窟形，由於其前室高大，一般都超過10公尺，原曾塑有巨大的佛像，故以之為名。二是中心柱形支提窟，有的為長方形平面，縱券頂，中心柱正面開大龕，左右開甬道入後室；有的為方形平面，橫券頂，中心柱四壁開龕，左右開甬道入後室，後室後壁開明窗。三是小穹窿藻井帶弧面八角形頂支提窟。此種窟為方形平面，無中心柱，券腹十分特殊，為整個龜茲地區其他石窟中所無。四是帶甬道的講經窟。這種窟的特點是規模很大，面積達30平方公尺左右，橫券頂，窟內四周鑿出臺階，開有壁爐和明窗。五是毗訶羅窟，多數是長方形平面，橫券頂。窟內鑿出石臺，開有壁爐和明窗。

從建築上看，森木塞姆石窟群氣勢雄偉，規模巨大，遠處望去，如一幢幢大廈在深山峻嶺中拔地而起，蔚為壯觀。

森木塞姆石窟壁畫的風格大致可以分為前後兩期。

前期壁畫都是用粗線條畫出輪廓，然後在輪廓內用平塗法來表現細部。樹木大都作帆形、蝶形和掌形。前期壁畫的題材多取佛本生故事和因緣故事。而佛本生故事中又以獼猴的題材居多。森木塞姆的前期石窟以11窟、43窟和22窟為代表。

485

龜茲文化詞典
十二畫

　　森木塞姆石窟 11 窟為一大像窟，高大的前室正壁原塑有大立佛，左右兩壁各開 5 道凹槽，槽間壁畫上開有木橛孔，現在尚留有殘木。左甬道頂畫出坐在雙馬拉車上的日天和月天，畫出金翅鳥、風神、火天等形象，還畫出大雁、飛天等。左甬道左壁畫有須大拏太子本生和獼猴王本生等故事。獼猴王本生故事畫在龜茲各石窟中是最常見的。這個故事宣揚了小乘佛教「漸次修行、善惡因果」的教義。

　　森木塞姆石窟 43 窟也是一個大像窟，縱券頂兩側各有 3 個長條，第一、第二長條畫本生故事，第三條畫三寶標、天雨花、摩尼珠等。券腹到下壁鑿出大、小凹槽與臺階。中心柱後壁下部開有一龕，龕上有一軀淺浮雕的涅槃佛，上面畫出火色，兩側畫出兩比丘，似為「荼毗圖」（火化圖）。後室後壁鑿出涅槃臺，上面鑿出斗拱、額枋。後室兩壁下部鑿出臺階。後室頂畫有伎樂天。伎樂天之下畫出禪定佛十餘軀。窟門兩側畫禮佛圖。幾個穿著龜茲服裝，頭上有項光的王公貴族，在一個比丘的引領下，虔誠地前去禮佛。

　　森木塞姆石窟 22 窟為一中心柱形支提窟。主室左右壁畫釋迦說法圖。中心柱後壁的壁畫內容十分豐富，上部畫出山林動物：一棵帆形樹下的對鴿，一棵帆形樹下的對雉，一棵帆樹下的對鷹，一棵帆形樹下的一鷺一魚，兩樹交枝作連理狀下的對鳥，一猴攀帆形樹，一棵帆形樹下的對鳥，一棵芽形樹下的對猴。這些動物畫都繪得生動簡練，有的可能是本生故事畫，如鳥本生、蒼鷺本生、鷹本生、獼猴本生等。下部畫出涅槃圖：中間是一軀涅槃佛，四旁是舉哀諸天。後室後壁畫有八王分舍利圖。八王頭戴寶冠，服飾華麗，手捧著舍利盒。右甬道左壁也畫有山林動物：有一虎爬樹，樹上一鳥，樹下一獅。樹下對雉，樹下一鹿，樹下對鴿，樹上雙鳥，猴子抱樹。右甬道右壁也畫有山林動物：有樹下一鹿，樹上一鷹，樹下一猴，樹下一對鸚鵡……這些動物畫很多屬於本生故事的內容，如獅子王本生、虎本生、二鸚鵡聞四諦品本生、鹿本生等。

　　佛本生故事可以概括為兩大類：一為人物本生故事，它以各種人物所做的種種自我犧牲的難行苦行，來弘揚佛教教義；二為動物本生故事，它以人格化的動物為比喻，揭示「萬物皆有佛性」的佛教教義，說明佛曾經作為動物而修習難行苦行的種種事跡。兩者比較起來，動物本生故事更接近於原來的民間傳說。因為，佛本生故事絕大部分是由流傳在民間的寓言、童話等等的小故事構成的，這些小故事在佛教產生以前就被印度人民創造出來。在這些小故事中，講動物的比講人的更為原始一些。所以一般說來，動物本生故事是早於人物本生故事的。

　　森木塞姆石窟的後期壁畫用「屈鐵盤絲」式的細線條畫出人物的輪廓線，然後用色暈染。樹木的形狀除了帆形、蝶形外，

出現三五花瓣式的樹頂。間有圓滑而較粗的細線條，較前期更為剛勁而挺秀。

森木塞姆石窟 5、41、42 窟是後期石窟的代表。

森木塞姆石窟 5 窟為一中心柱形支提窟。縱券頂畫出因緣故事。左甬道頂畫有法輪。左甬道左壁畫立佛，立佛的項光用回形花紋做裝飾，立佛的背光畫出曲線形的光環。右甬道頂也畫有法輪，右甬道右壁也畫立佛。後室後壁畫有四軀立佛。中心柱後壁有一涅槃佛。

森木塞姆石窟 41 窟亦為中心柱形支提窟。左券腹的上部畫出因緣故事，下部畫一行本生故事。右券腹跟左券腹的壁畫完全一樣。左甬道左壁畫出立佛與供養比丘，右壁也畫出立佛與供養比丘。中心柱後壁畫「爭舍利圖」，圖上畫出拘屍那城的城牆。

森木塞姆石窟 42 窟為一方形平面穹窿頂支提窟。券腹畫出 7 個條幅，條幅內畫有一軀立佛。券腹突角平面部分畫有伎樂天。正壁與左右兩壁各劃分為 4 個長條，每個長條內各畫出 4 幅說法圖：釋迦牟尼坐正中，旁有聞法四眾。窟門左右壁畫出護法天王像。

總結森木塞姆石窟，其可統計窟形的石窟 39 個：大像窟 4 個、中心柱形支提窟 18 個、方形窟 15 個（其中套斗頂窟 10 個，穹窿頂窟 5 個）、毗訶羅窟 1 個、講經窟 1 個。其早期石窟形成繪畫主體的本生、因緣壁畫格局，大體上是在主室券腹均繪菱格因緣故事壁畫，最下一排繪菱格本生故事壁畫。中心柱左、右、後三壁及左、右甬道側壁，則或於上部繪菱格因緣故事壁畫，坐禪弟子，下部繪菱格本生故事壁畫，或全部或部分菱格本生故事壁畫。這種情況，接近於克孜爾石窟一期後段：菱格本生故事畫已轉入主室券腹下部及後室部分。其晚期石窟，情況有所變化，中心柱正壁塑立佛，三壁三龕塑坐佛。左、右甬道外壁及後室後壁繪方格中千佛，著雙領下垂及通肩袈裟，下部則繪一橫幅式本生故事壁畫，每幅以山相間隔。這時期，壁畫的題材簡化，主要為禪定比丘、伎樂天、立佛及供養菩薩等，如森木塞姆石窟 44 窟主室券腹全繪菱格因緣故事壁畫，已不見本生故事題材。這時壁畫的主要題材已是立佛和千佛了。

聯珠鴿紋圖案

出自克孜爾石窟 60 窟主室左壁下部，縱 52 公分，橫 110 公分。

畫中聯珠的環中都繪著一隻頭扭向一邊而站的鴿子，相鄰的一對聯珠環中的鴿子相互看著。現存的五隻鴿從胸部到腹部所畫的圖案為橫格、豎格、魚鱗等各不相同。頸的上部結著絲帶，下部配以聯珠紋，而垂珠從嘴裡叼著的聯珠紋的絲帶環中掛上。每個大聯珠環與環之間由小聯珠環連接著。大聯珠環的上下兩處有小的半圓形連接珠，大聯珠環的外側空間配以三朵花的圖案。（圖 178）

圖178　克孜爾石窟60窟——聯珠鴿紋圖案（1906年德國勒庫克等人盜走）

此件現藏德國柏林亞洲藝術博物館。

落崖人殺猴本生故事畫

這幅畫繪在克孜爾石窟17、104券腹的菱形格內。故事出自《六度集經》《根本說一切有部毗奈耶破僧事》等佛教經典。故事的內容如下：在久遠的過去，有一獼猴，才力過人，道行崇高，常懷慈悲普救眾生之心。一天，牠進深山採果，遠見有一人墜落懸崖峽谷之中，正掙扎攀越，哀號呼救。獼猴迅速下山，找到入谷之路，縱身躍入崖下，使盡平生氣力，把落崖人背至草地上，並告訴他出山之路，願他平安回家。但這是一個惡人，他稍息之後，身體氣力恢復過來，心想：我在山中已挨餓許久，這樣出去，也得餓死。要自己活命，殺死獼猴燒肉吃，豈不是再好不過的嗎？於是他拿起石塊，趁獼猴不注意時，向獼猴頭上猛砸過去，頓時把獼猴打得血流遍地，昏死過去。惡徒遂剝皮吃肉，然後揚長而去。由於他忘恩負義的罪惡行徑，後被打入十八層地獄受苦。

克孜爾石窟17窟壁畫中的這幅本生故事畫，畫面上表現的是落崖人舉起石塊，惡狠狠地向仁慈的獼猴砸去的場面。畫中的獼猴想不到落崖人如此忘恩負義，不覺驚恐地跌倒在地，而落崖人那邪惡的面目、舉起石塊時的凶毒情景都被刻畫得淋漓盡致。（見圖179）

圖179　克孜爾石窟17窟——落崖人殺猴

雄獅奮身救猿本生故事畫

這幅畫繪在克孜爾石窟8、17、163、224窟券腹的菱形格內，故事出自《大智度論》《大方等大集經》等佛教經典，又名「雄獅本生」「獅與鷲鬥本生」。故事內容如下：在很久很久以前，有一片森林四季常青，果實纍纍，林中清溪潺潺，美如仙境，這裡住著許多珍禽異獸。獸中雄獅為王，百鳥以大鷲為首，一霸地下，一占天空，彼此爭吵不休，互不相讓。因鷲力大無窮，極為凶悍，經常抓獲幼獸吃，搞得百獸惶惶不可終日，怨聲載道。當時，獅王的鄰居大猿剛產一子，鷲王得知後常來騷擾，猿凡外出，總得託付於獅看護。一天，大猿外出尋食，讓獅子代牠照料小猿。獅子極為喜愛這個活潑伶俐的小傢伙，一邊逗弄牠，一邊給牠餵食。時間一久，獅子累了，把小猿放在身邊便睡著了。這情景被空中的鷲看見，鷲乘獅不備，一頭扎下來攫走了小猿。大猿回來，見獅子仍在熟睡，而小猿卻不見，心生疑懼，立即喚醒獅子問詢事由。獅子頓然醒悟，知是鷲幹的壞事，沉痛地對大猿說：「好友啊，這是我對不起您！但請放心，我將以全身的氣力和膽識，去救回小猿。否則，我情願以死償命。」獅子找鷲去說理，怒吼著斥責鷲：「你身為鳥王，素行下義，傷害無辜生命，我早就要找你算帳了。今天你若交出猿子，保證從此不再傷害小獸，雙方將友好相處，化敵為友；不然，我將率領群獸摧毀你的老巢，捕殺盡林中飛鳥，以懲罰你的罪惡。」鷲聽了獅子的話，覺得有幾分道理，見獅子的憤慨表情又生幾分懼怕，不得已，只得放出小猿交獅子帶回，同時表示要痛改前非。獅王的義舉，深得百獸敬仰，自此，更加尊敬牠。而鷲在獅王的正義斥責下，也再不敢來傷害幼獸。

克孜爾石窟壁畫中所繪的這幅本生故事畫，由鷲抓走小猿、雄獅與大猿對話兩個情節組成。畫面上有一棵大樹，樹上鷲抓著小猿正在展翅高飛。樹下的一邊畫出雄獅，正憤怒地望著樹上所發生的一切。樹下的另一邊畫出大猿，似正在與雄獅對話。畫面生動有趣，充滿人間意識。此畫以擬人化手法，重點刻畫了對話一節，把

龜茲文化詞典
十二畫

雄獅的憤怒和大猿丟子的焦慮，描繪得唯妙唯肖。

提克買克漢礦冶遺址

在與庫車縣東北可可沙相距10餘公里的提克買克，曾發現漢代煉銅遺址一處，範圍約2平方公里。遺址內有瓦片、鼓風嘴、煉爐底，碎礦用的石碾、馬槽等物及漢五銖錢兩枚，遍地都是銅礦石和煉渣，煉渣內鐵含量不少。

提婆達多投石傷佛因緣故事畫

這幅畫繪在森木塞姆石窟41窟，克孜爾石窟32、171窟券腹的菱形格內。畫面為佛旁一人站立，正舉起巨石砸佛的頭部。故事講提婆達多以石傷佛，佛巍坐不動。見巴利文《本生經》卷10等。在龜茲石窟中見於多個石窟均有此畫。（見圖180）

圖180　克孜爾石窟32窟——提婆達多投石傷佛

散檀寧施辟支佛食本生故事畫

這幅畫繪在克孜爾石窟17、34券腹的菱形格內，故事出自佛經《賢愚經》。故事的內容如下：過去，在波羅奈國有一座大山，名叫利師，就是仙山的意思。據說，古時候，很多佛都在這裡居住。若沒有佛時，還有辟支佛（獨立修行成的佛）或精習五道學仙的人住在這兒，總之，這裡從來沒有空閒過。當時，山中住著兩千多個辟支佛。一天，這個國家突然有火星出現，按照那時人們的信仰，認為這是災禍即將來臨的象徵。此後的十二年中，國家果然一直遭受乾旱，沒有下過一場透雨，所以地上莊稼、花草和樹木都乾枯而死，國家面臨著滅亡的危險。這時，國中有位

[一]

長者，名叫散檀寧，他家財萬貫，糧穀滿倉，常常悉心供養各位道士與大仙。住在山中的一千個辟支佛，為求活命，趕到他家，請求索取供養。他們訴說道：「我等諸人，住在山中，國家正遇乾旱，我們乞食不得，長者如能可憐我們，供給我們吃住，我們就求之不得了。如果不能供養，我們只好再到別處去尋求活路。」長者散檀寧聽明來由，趕快詢問看守倉庫的人：「我家倉中所存糧穀，能不能供這些大士們吃？如果足夠，我想對他們施捨救濟。」管庫人回答說：「你的心意很好，倉庫中糧食還很多，足夠供他們吃的。」散檀寧聽罷，高興極了，即請這一千個辟支佛住下，供給他們吃喝。另一千個辟支佛聽說此事，也同樣來到長者家裡，請求施捨。長者再次向管庫人問道：「你查看下庫藏，還有多少糧食？還有一千人遠道來求，我們能不能答應？」管庫人照樣回答說：「庫中糧穀也夠他們吃的。如想供養他們，就請辦吧！」於是長者又把這一千辟支佛供養起來。同時，還派了五百個人，專門為辟支佛供設飯食。就這樣，這五百人從早到晚伺候辟支佛，經過了一年時間，心中不免產生了厭煩情緒，經常背後發牢騷說：「我們這些人，整天這樣勞累辛苦，都是因為這些要飯的可憐蟲！」每天天亮，長者專門派人前去請辟支佛就食。這人養了一條小狗，每到去請時，小狗必從，天天如此。有一天，這人忘了這事，而小狗卻和往常一樣，獨自去請。牠向各位大士高聲吠叫，辟支佛聽見狗的叫聲，知道是請吃飯來了，便一起跟著小狗來到長者家中吃飯。這一天，他們高興地對長者說：「告訴你一件好消息，今天天要下雨，你可以種植莊稼了。」長者聽罷，高興得合不攏嘴，當即命令所有幹活的人，拿上勞動工具，都到田裡去勤力耕作播種，很快，一切五穀雜糧都一一種上了。春種秋收。幾個月後，所種的莊稼十分壯實。長者見後，十分高興，同時也有些疑慮。大士們忙對長者說：「現在你不要怕苦，勤加耕耘，及時灌溉除草。」長者聽了，照著大士們說的去做。後來莊稼越長越好，長得非常繁茂。他劈開果實一看，真是又大又好又乾淨，粒大籽滿，長者無限歡喜，收穫到家中，所有倉庫都盛滿了，還裝不下。最後，只好分給諸親好友，以及全國的人。這時，五百人都在深思：「長者所獲果實之報，都是由於大士們的恩典。我們為什麼以惡言對待人家？」想到這裡，他們都感到非常悔恨，忙到大士們跟前，賠禮道歉，請求大士們原諒他們的過錯，並且盼望有朝一日，能遇到聖賢之人，使他們得到解脫。

　　克孜爾石窟34窟壁畫中所繪的這幅本生故事畫，表現得十分簡練，畫面作一人凌空飛來，一手托缽，一手執物，下蹲一狗，旁為一圓形物。

龜茲文化詞典
十二畫

[丨]

喻空

作者鳩摩羅什，古代龜茲高僧。詩文內容如下：

十喻以喻空，空必待此喻。借言以會意，意盡無會處。既得出長羅，住此無所住。若能映斯照，萬象無來去。

最大窟

德文為 Grosste Höhle，這是德國人對克孜爾石窟 60 窟的稱呼。

黑太沁古城

唐龜茲都督府轄下九州之一烏壘州城的故址，地在今新疆輪台縣境內。參見「烏壘州」條。

喀拉亞烽火臺

位於今新疆輪台縣群巴克鄉政府西北 10 公里的迪那河渠首工程南側卵石沙灘中，殘址高 5.5 公尺，直徑 7 公尺，係漢唐時期烽火臺。特別在唐代時期，龜茲境內所設軍營、屯城關堡、必與烽火臺相通。

喀拉玉爾滾遺址

位於新疆阿克蘇市城東約 60 公里的農一師五團勝利九場，原地名喀拉玉爾滾，意為「黑色的紅柳」。遺址所在地現為勝利九場的打穀場，距場部東約 1 公里。遺址本身繫一小臺地，海拔 1312 米，原係一片沙丘，雜生紅柳，其西 1 公里場部左右，係一片戈壁，卵石纍纍。整個地勢東高西低。遺址範圍東西、南北各約 100 公尺，整個面積在 1 萬平方公尺左右。

文化遺物主要為陶器，但皆為碎片。質地有夾砂粗紅陶、夾砂粗灰陶、泥質灰褐陶等，均係手製。夾砂粗紅陶中，所含石英砂粒顆粒粗大，火候較低，陶片極厚重。器形方面有把罐、盆、缽、壺、圓底小杯等，缽類最多。基本以素面為主，相當部分陶片外表有一層煙炱，顯係作為炊具使用。罐類多把手，盆缽類口沿部分多穿小孔，腹部或有豎直畫紋。

石器共兩件，皆殘，似錛、斧狀物，磨製。此外，有多量的碎石塊，雖無明顯的加工和使用痕跡，但從遺址現象觀察，它們明顯與當時遺址主人們發生過關係，或係捋作石料，或係加工後的廢料。

骨錐 1 件。小青銅環 1 件，殘，鏽蝕嚴重。還有相當多的獸骨，從牙齒觀察，有馬、羊等，其骨骼多經打擊，破碎嚴重，部分獸骨並經火燒。

關於遺址的年代。由於遺址中已見青銅，其時代當較晚，可能為漢代以前阿克蘇地區的一種土著文化。

跋祿迦

《大唐西域記》「跋祿迦國」條原注云：「舊謂姑墨，又曰亟墨。」《悟空行記》云：「威戎城，亦名缽浣國，正云怖汗國。」《新唐書·西域傳》云：「自龜茲贏六百里，

逾小沙磧，有跋祿迦，小國也。一日亞墨，即漢姑墨國。」又同書引賈耽《四夷道里記》云：「又六十里至撥城，一日威戎城，日姑墨州，南臨思渾河。」《漢書·西域傳》有姑墨國，徐松《補注》謂王莽改稱積善（見袁宏《後漢紀》），《魏書》作姑默。所有姑墨、積善、姑默、亞墨、威戎、缽浣、怖汗、撥換、跋祿迦等名，指的都是同一個地方。

那麼跋祿迦這個名稱是如何來的呢？瓦特斯說：「玄奘似乎是第一個採用跋祿迦這個名稱，只有《西域記》和《法師傳》知道這個名稱，而《唐書》的材料，顯然是直接來自《西域記》的。玄奘之所以採用這個名稱，理由簡單，歷史上姑墨一名是出自突厥字 Kum（或 Num），義為沙或沙漠，在中亞地名中常見。從印度來的僧徒用梵名代替 Kum，於是寫作 Bāukā，玄奘則譯為跋祿迦。」（見《關於玄奘在印度的旅行》第一卷）而周連寬先生稱：「瓦特斯謂玄奘似乎是第一個採用跋祿迦這個名稱，此說也不確。因為6世紀下半葉那連提黎耶舍所譯《月藏經》，有西域諸國名錄，其中有婆樓迦國，此名與跋祿迦同是 Bāukā 的音譯。」（見《大唐西域記史地研究叢稿》）

跋祿迦國究竟相當於今之何地呢？過去學者的說法很不一致，概括起來，其說有五：

有的說相當於今之拜城，如丁謙及《中國古今地名大辭典》；

有的說相當於今之雅哈阿里克，即拜城的察爾其鎮，如《西域圖志》；

有的說相當於今之喀拉玉爾滾，如《西域水道記》（見卷2「阿克蘇河」條）、《清嘉慶重修一統志》；

有的說相當於今之阿克蘇，如聖·馬丁、格勒那爾、斯坦因、伯希和、張星烺、馮承鈞等；

有的說相當於今之木扎提河岸柯爾塘附近的喀拉馬克沁舊城，如黃文弼。

跋提施樵木因緣故事畫

這幅畫繪在克孜爾石窟205窟中，畫面為佛左側站立一人，雙手扶一紅褐色木棒。說的是貧人跋提肩擔樵木入城出賣，路中遇見了佛，心生歡喜，便把樵木奉施與佛。

《撰集百緣經》卷3中說：貧人跋提肩擔樵木入城出賣，遇見佛相好，「心生歡喜，前禮佛足，即以樵木，奉施世尊」。

跋彌化魚醫瘡本生故事畫

這幅畫繪在克孜爾石窟17窟券腹的菱形格內，故事出自《撰集百緣經》《菩薩本行集》《大智度論》等佛教經典，又名「跋彌王本生」「蓮花王本生」「赤魚本生」等。故事的內容如下：在若干世紀前，有一位跋彌國王，為政清明，國內人民都很愛戴他。一年，國中遭災，瘟疫流行，人們遍身生瘡，慘狀不忍目睹。國王

493

龜茲文化詞典
十二畫

仔細察訪，知是吃了毒樹上的樹葉所致，便令衛士拔掉所有的毒樹，並放火燒掉。這時，長毒瘡的人大多痊癒。但還是剩下一小部分人仍不見效。國王又去求醫，醫師告訴他，這種毒瘡非常頑固，非赤魚肉血不能根治。可在重災之年，河澤乾枯，魚兒死光，又去哪裡找赤魚呢？國王跋彌思前想後，覺得只有一個辦法，那就是自己化作赤魚，供人們取肉和血。於是，跋彌王爬上一棵高樹，對著天神許願，然後縱身躍入水中，化成了一條大赤魚。病人見了大赤魚，紛紛來剁肉吃血，幾天後果然毒瘡消除，身體康復，又有力氣勤奮耕作。但國王跋彌卻從此再不能回到人間。人民感念他的功德，專門建造了一座魚王塔紀念他。

克孜爾石窟 17 窟壁畫中所繪的這幅本生故事畫，表現的是跋彌王化作巨魚，供饑民們剝食魚肉、醫治毒瘡的一個場面。畫面的下部繪著一條巨魚，有幾個人拿著刀斧等利器，站在魚身上，正在砍剁肉魚。大魚的眼睛睜開著，顯出正在忍受著極大痛苦的神態。整幅畫構圖明快，形象生動，線條剛勁有力，是本生故事畫優秀之作。

跋摩竭提施乳本生故事畫

這幅畫繪在克孜爾石窟 114 窟券腹的菱形格內，故事出自佛經《佛說菩薩本行經》。故事的內容如下：過去，有一個國王名叫婆檀寧，夫人名叫跋摩竭提。有一次，國王不幸染病，夫人外出為其祈禱天神。走到街頭，看見有一人家，丈夫出行在外，婦人孕滿產下一個小孩，跟前既沒有任何吃的東西，又無僕使照顧，因而產後身體極度虛弱，幾乎快要餓死了。婦人想：「今天死日降臨，已無任何辦法，唯有吃自己的嬰兒，以保全自己的性命。」隨即用手取刀，準備殺死剛剛降生的兒子，但心裡又不忍下手，所以無限悲傷，放聲大哭。國王夫人正要回歸宮中，聽見婦人悲聲淒切，感到非常可憐，便前往觀看。只見婦人舉刀要殺自己的兒子，但又下不了手，故而哭泣不止，令人感傷。夫人進入房門，向婦人問道：「你為何啼哭，想幹什麼？」婦人傷心地回答說：「我因產後身體虛弱，家中沒吃沒喝的，因此想把小兒殺掉用以充饑，以保全自己的性命。但想到小兒無辜，何忍施以毒手，想來想去，萬般無奈，心中悲苦，是以哭泣，不想驚動了夫人。」國王夫人聽罷，流下了同情的眼淚，當即對婦人說：「你千萬不可殺掉自己可愛的兒子，待我回到宮中，一定派人給你送些吃的東西。」婦人回答說：「國王夫人是尊貴之人，豈敢煩勞於你，或者你來遲了，或者你遺忘了，而我現在命在呼吸之間，實在容不得延遲了，不如吃掉嬰兒，以求保命。」夫人又問：「給你另外的肉吃行不行？」婦人回答說：「只要能活命，不管是什麼東西，只要能吃就行！」這時，夫人毅然取刀割自己的乳房，邊割邊說：「我今天以乳房用以布施，使人脫離苦海，免遭危難，不是想做轉輪聖王、天帝、魔王或梵王，而是用此功德，以求達到真正之道。」說完，即把剛割下

494

的一個乳房交給婦人，又舉刀準備割另一個乳房。

克孜爾石窟114窟壁畫中所繪的這幅本生故事畫，表現為跋摩竭提夫人裸露上身，執刀割乳房，前為一懷抱小兒的婦人。畫面是這個本生故事中最動人心魄的一節，即跋摩竭提夫人自割乳房救婦人性命的情景，儘管畫中人物不多，但情與景深深交融，產生了一股吸引人的力量。（見圖181）

圖181　克孜爾石窟114窟——跋摩竭提施乳

［ノ］

猴舞

唐段成式《酉陽雜俎・境異》載：「婆羅遮，並服狗頭猴面，男女無晝夜歌舞。」說明猴舞普遍流行於龜茲。傳入中原後，同樣受到城鄉各種人士的喜好。《北齊書》載：「收既輕疾，好聲樂，善胡舞。文宣末，數於東山，與諸優為獼猴與狗舞。」

猴子禪定圖

這幅畫繪在克孜爾多個石窟中，其中110窟的左壁上，畫面是一隻猴子正結跏趺坐在一個蓮座上，在靜心默想地進行修禪，旁邊還畫出樹木花草。

佛教特別重視以集中精神、屏除私慾而獲得悟解或功德的一種思維修習活動，這就是禪定。禪定按修習層次，共分四種，這就是「四禪」。

禪定為佛教僧侶修煉成道所必須進行的課程之一，因此在佛教繪畫中的「佛禪定圖」或「比丘禪定圖」在中國國內各石窟壁畫中比比皆是，然而一隻動物進行禪定這樣的繪畫則絕少見到，因此顯得尤其珍貴。

那麼龜茲石窟中為什麼會出現「猴子禪定圖」這樣一幅圖畫呢？這是因為在佛教的思想領域中，對鳥獸蟲魚和人是同等看待的。佛經中有「捨身飼虎」「割肉貿鴿」等故事。佛教經義認為鳥獸蟲魚和人

龜茲文化詞典
十二畫

具有同樣的智慧和靈性,都有入道的權利,所以佛教藝術中就出現了許多動物模仿人類進行宗教活動的圖畫。(見圖182、圖183)

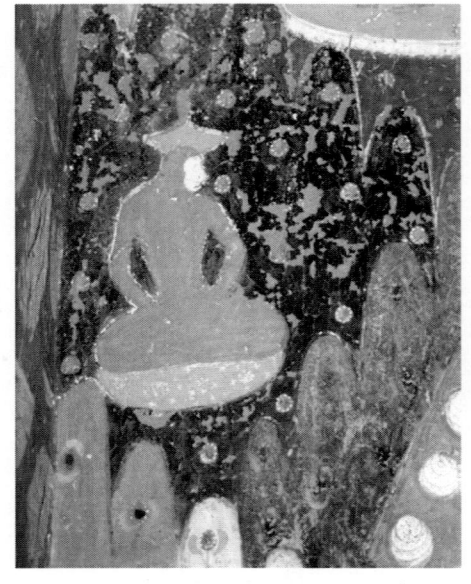

圖182　克孜爾石窟14窟——猴子禪定圖

圖183　克孜爾石窟179窟——猴子禪定圖

猴王智鬥水妖本生故事畫

這幅畫繪在克孜爾石窟17窟券腹的菱形格內。故事出自《佛本生故事選》。故事的內容如下:相傳,過去有座大森林,森林裡有個蓮花池,池裡有一個水妖,專吃進入池子的生物。那時,菩薩是隻長得像小紅鹿一般的猴王,率領八萬隻猴子,住在森林裡。牠保護這群猴子,告誡牠們道:「孩子們,這個森林有些樹是有毒的,有些蓮花池是水妖霸占的,你們凡是想吃過去沒有吃過的果子,想喝過去沒有喝過的水,都要先來問問我。」群猴答應道:「遵命!」一天,牠們來到一個過去沒有來過的地方,遊蕩了大半天,想找點水喝。牠們看見一個蓮花池,但都沒有下去,坐

496

著等待菩薩到來。菩薩來後，說道：「孩子們，為什麼不喝水？」猴子們回答說：「我們等著你來。」菩薩又說：「孩子們，你們做得對！」菩薩沿著蓮花池走了一圈，仔細察看腳印，發現只有下去的腳印，沒有上來的腳印。牠思忖道：「毫無疑問，這個蓮花池是水妖霸占的。」接著又說道：「孩子們，你們沒有喝水，這事做得對。這個池子裡有水妖。」水妖見牠們沒有下來，就躍出水面，露出黑肚皮、白嘴巴、紅手腳的可憎模樣，說道：「你們幹麼坐在這裡？下來喝水吧！」菩薩問道：「你是這裡的水妖吧？」水妖回答說：「我是！」菩薩又問：「你捕捉進入蓮花池的生物吧？」水妖回答道：「是的，我捕捉。只要進入這個池子，哪怕一隻小鳥我都不會放過。我也要把你們全部吃掉。」群猴回答道：「我們不會讓你吃掉的。」水妖又說：「可是，你們總得要喝水吧。」群猴回答道：「是的，我們要喝水，但我們不會讓你抓住！」水妖又問：「那你們怎麼喝呢？」群猴回答說：「你以為我們必須進入池子裡才能喝到水嗎？你想錯了。我們不用進入池子，八萬隻猴子各拿一根蘆葦稈，就像用蓮花梗吮水那樣，吮你這蓮花池裡的水。這樣，你就不能吃掉我們了。」於是，菩薩吩咐一隻猴子取來一根蘆葦稈，心念波羅蜜經，莊嚴宣誓，然後用嘴吹蘆葦稈，蘆葦稈裡每個節結都被吹出窟窿，用這種方法，菩薩吩咐一隻又一隻猴子取來蘆葦稈，吹之後又給牠們。但是，八萬根蘆葦稈，怎麼吹得完呢？因此，這個辦法不行。於是，菩薩環繞蓮花池走了一圈，命令道：「這裡所有的蘆葦稈都自己穿孔吧！」由於菩薩益世濟眾的偉大德行，這個命令得以生效。從此以後，這個蓮花池周圍的所有蘆葦都長成了空心。菩薩這樣命令後，拿了一根蘆葦稈圍著蓮花池坐下。菩薩用蘆葦稈吸水，坐在池邊的猴子們也用蘆葦吸水。牠們用這種方法喝水，水妖抓不到一隻猴子，只得垂頭喪氣地回到自己住處，菩薩也帶領眾猴回到森林。

克孜爾石窟 17 窟壁畫中所繪的這幅本生故事畫，表現為一個大水池中，露出水妖的一個頭，面目十分猙獰。在水池的周圍站著三隻憨態可掬的猴子，牠們雙手執蘆葦稈，正在從池中吸水。而在龜茲石窟的有些石窟壁畫中，這個本生故事畫則表現為水妖立於大水池中間，手托物，局身探視。有一隻猴子手執蘆葦稈，在池邊吸水。此畫的內容雖然是險惡的，但是，透過龜茲藝術家的筆，卻把這幅畫繪得生動有趣，很具魅力。（圖184）

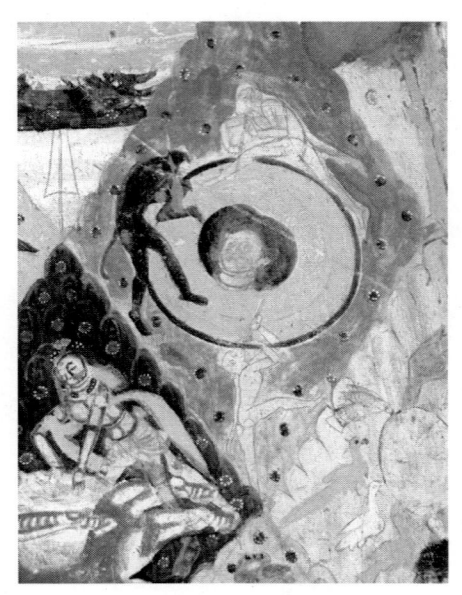

圖184　克孜爾石窟17窟——猴王智鬥水妖

智猛

十六國時期的僧人，於姚秦弘始六年（晉元興三年，404年），召集志同道合的沙門十五人，從長安出發，出陽關，西入流沙，歷鄯善、龜茲、于闐諸國，渡蔥嶺，有九人遇困難而退出朝拜隊伍。其餘人繼續前進，至波倫國，同伴中一人病死，一人退出，僅餘四人，共涉雪山，渡辛頭河，至賓國、奇沙國。於是西南行到迦維羅衛國。後至華氏國阿育王舊都，得《大泥洹經》梵文本及《僧律》諸梵本。乃於劉宋元嘉元年（424年）返國。同行兩人又病死，唯智猛及曇纂得還。自出發至印度，前後留二十一年而歸。歸途仍循舊道。至高昌小住。過涼州出《泥洹經》一部。宋元嘉十四年至建業，同年入蜀。十六年復返建業，七月七日於鐘山定林寺撰《遊行外國傳》一卷，今佚。《隋書·經籍志》有著錄，雖全書不傳，但《初學記》卷二十七銀二引、僧《出三藏記集》中卻有寥寥數條的記載，其中記智猛過龜茲時，謂「龜茲國高樓層閣，金銀雕飾」。此條記載對龜茲史的研究彌足珍貴。

智馬捨身救王命本生故事畫

這幅畫繪在克孜爾石窟14窟券腹的菱形格內。故事出自佛經《根本說一切有部毗奈耶雜事》。故事的內容如下：過去，有個婆羅尼斯國，國王名叫梵授，他以經法治理國政。國王有一匹智馬，智慧過人，能預見未來之事，因而，左右鄰國都十分敬畏他，紛紛向他朝貢。在梵授王獲得智馬之前，諸鄰國曾派遣使臣，命令梵授王道：「你要向我們交稅，如不交稅，不得出城。否則，我們這些國家一起來滅亡婆羅尼斯國。」梵授王對各國使臣說：「我既不交稅，也不出城。」同時，在國內訪求智馬，後來，終於在一個地方獲得了智馬。當時，正值春暖花開季節，草木繁茂，百鳥爭鳴，處處充滿生機。梵授王乘著智馬，帶著宮女，遊覽花園，觀賞美景，心裡無比高興。這時，諸鄰國國王聽說梵授王與臣屬、宮女出外遊戲，感到無所畏懼，他們一起謀劃，各率兵馬來到城門口。婆羅尼斯國的大臣忙向梵授王稟告說：「現在諸鄰國國王不奉朝命，興兵作亂，已經來到城門口了，應嚴戒備。」梵授王聽後，命令臣下牽來智馬，集合各個兵種，親自

前往迎擊。當時，梵授王乘智馬，率兵眾，宣誓要與諸鄰國決一雌雄。梵授王威力無比，身先士卒，獨當先鋒，其智馬不幸中敵箭矢，腸胃皆出，毒苦難堪，生命危險。當時，智馬仍在思念：「今天，國王遭遇危困，我若不能相救，是為不仁，應該強忍痛楚，使王化險為夷。」於是，智馬馱著國王，很快疾馳至城門的安全之地。牠環顧四周，沒有一條入城之路，只見城外有一池塘，名字叫妙梵，正靠近國王的宮殿。在這個池塘中，生有四株蓮花，盛開著青、黃、赤、白四種不同顏色的花。此時，智馬不顧生命危險，騰躍池中，踏著蓮花上，馱王渡難，直奔入宮中。待國王剛剛下馬，智馬因傷勞過度，不幸死去。諸鄰國國王深入園林，到處尋找梵授王，但沒有抓到，於是大肆搶掠一番，率兵還國。梵授王由於智馬，免遭危險，保住了性命。

克孜爾石窟 14 窟壁畫中所繪的這幅本生故事畫，表現為全身戎裝的梵授王乘著智馬騰越在池中的蓮花上。梵授王腰挎箭囊，神情焦急，而智馬雖身負重傷，猶英武矯健，奔馳如飛。在這裡，龜茲藝術家是在用畫筆表現智馬臨死猶生的大智大勇精神，所以整個畫面充滿了一種能感動人心的激情。克孜爾石窟 17 窟也有此類壁畫。（見圖 185、圖 186）

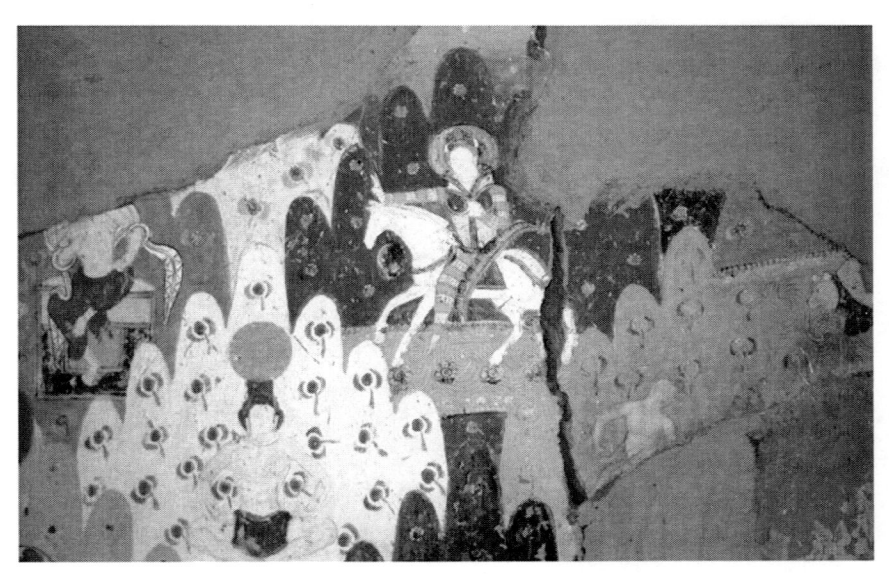

圖 185　克孜爾石窟 14 窟——智馬捨身救王命

圖 186　克孜爾石窟 17 窟——智馬捨身救王命

篳（觱）篥

龜茲石窟壁畫中的一種樂器。篳篥又稱悲栗或觱篥，管身短粗，上開七個音孔，管口插有哨子。另外，在克孜爾石窟壁畫上還發現兩例口部呈喇叭形的。按畫面比例推算，其器身長 27 公分、喇叭口徑約 10 公分。

按《辭海》「觱篥」條的記載：觱篥為簧管樂器。以竹為管，上開八孔（前七後一），管口插有蘆制的哨子。漢代起源於西域龜茲城國（今新疆庫車一帶），後為隋唐燕樂及唐宋教坊音樂的重要樂器。今民間流行者稱「管子」或「管」。可見，觱篥是一種道道地地的龜茲樂器。

據文獻的記載，於田人尉遲青以善吹篳篥而著名。《樂府雜錄》中說：「德宗朝有尉遲青官至將軍。大曆中，幽州有王麻奴者，善此伎，河北推為第一手；恃其技倨傲自負……」後經尋訪尉遲青與之比試，自愧不如。「麻奴泣涕愧謝，曰：邊鄙之人，偶學此藝，實謂無敵；今日幸聞天樂，方悟前非。」表示了對尉遲青非凡的演奏技巧的敬佩。後來這件事成為中國音樂史上的一段佳話。

觱篥及其在中原地區的傳播，為民族文化的交流做出了貢獻。

在克孜爾石窟 38 窟、100 窟、114 窟的壁畫中都繪出了觱篥的圖像。

在隋唐時，燕樂管弦合奏上，觱篥是主要樂器。唐李頎《聽安萬然吹篳篥歌》中有「南山截竹為篳篥，此樂本是龜茲出」之句，可見一斑。

答臘鼓

龜茲石窟壁畫中常見的一種樂器。據《通典》：「答臘鼓制，廣羯鼓而短，以指揩之，其聲甚震，俗謂之揩鼓。」壁畫上見有三例，其上兩例的器形、演奏方法與文獻記載完全相符：鼓框扁圓，兩面蒙皮，用條繩相互緊縛，演奏者將樂器懸之於頸，垂之於胸，用兩手上下揩擦。另一例是鼓框稍長，外形略異，但就其演奏方法而論，也為一種答臘鼓。

上述三例的答臘鼓就出現在克孜爾石窟 39 窟、98 窟和 135 窟的壁畫中。

《答門人問漢書西域形勢》

塗儒翯先生撰寫，載於《地學雜誌》1914 年第三卷第七、八期上。文章分析了西漢時期的西域地理概況，進行了集中性的論述。在談到龜茲的地理位置時，文章說：「南路自吐魯番西南行，至喀喇沙爾，開都河經其城南，即漢渠犁官田地。又西南布古爾回城，即漢輪台地。又西庫車，為古龜茲，唐安西都護治焉。又西拜城，即漢姑墨國。又西阿克蘇，為溫宿國。又西烏什，即漢尉頭。今以喀喇沙爾、庫車、阿克蘇、烏什四城，為南路東西城，而阿克蘇為之鍵。阿城東距嘉峪關五千里。」「漢時南北道，皆在今南路。考唐裴矩《西域圖記》云：自敦煌至西海凡三道。南道

自鄯善（今瑪海戈壁）、于闐（今和闐）、朱俱波（今英吉沙爾）、喝盤陀（今色勒庫爾），渡蔥嶺，達西海，即漢時期南道。中道從高昌（今吐魯番）、焉者（今喀喇沙爾）、龜茲（今庫車）、疏勒（今喀什噶爾），渡蔥嶺，達西海，即漢時北道而今之南路也。北道從伊吾（今哈密），經蒲類海（今巴裡坤）、鐵勒部、突厥可汗庭（今烏魯木齊），度北流河，至拂菻國（今伊斯坦堡），達西海，即今之北路也。

魯義姑圖

出土於庫木吐喇石窟的一塊板畫上。畫中主角是一位唐裝平民女子，線條流暢，衣紋飛動，形象極為生動。畫面下方一角繪一海龜，周圍的裝飾圖案都是中原地區流行的紋樣。

《犍陀羅‧庫車‧吐魯番》

瓦爾德施密特著，1925年萊比錫出版。瓦爾德施密特在本書中發表了他對新疆石窟壁畫分期的見解，認為新疆石窟壁畫從總體上分為兩期，前期是以庫車為中心的龜茲時期；後期是以吐魯番為中心、並在中國中原文化影響下的回鶻時期。

釋迦牟尼佛趺坐塑像

黃文弼先生於1928年發現於克孜爾石窟中，高21.1公分，寬18.3公分。兩手做禪定印，交置於臍下；兩足盤坐，左腿稍殘，足掌尚可辨認。有綠色巾帶纏繞兩膀，下垂於前。面部及軀體均以白粉為底，並用紅色勾描，筆法粗略，剛健有力；再用淺紅色暈染，顯示肢體的凹凸面。5世紀前後作品。

[丶]

禪窟

「禪」，梵文作 Dhyana，譯作「禪那」。「禪」為「禪那」的略稱，是「安靜、思慮、去惡」的意思。《出三藏記集》卷11《比丘大戒序》第十一中說：「世尊立教法有三焉，一者戒律也，二者禪定也，三者智慧也。斯三道至道之由戶，泥洹之關要也。戒者斷三惡之干將也，禪者絕分散之利器也，慧者齊藥病之妙醫也。」《瑜伽師地論》卷33中說：「言靜慮者，於一所緣，繫念寂靜，正審思慮，故名靜慮。」

按修習的層次講，「禪」共分四等，稱「四禪」或「四靜慮」。「一禪」指「數息」達到的要求，即「繫意著息，數一至十；十數不誤，意在定之」。就是把意識全部集中到數自一至十的呼吸總次數上來，使意識完全鎖定在十個數上，以至「寂無他念，泊然若死」。「二禪」指「相隨」達到的要求，即「已獲數定，轉念著隨，蠲除其八，正有二意，意定在隨。由在數矣，垢濁消滅，心稍清淨」。要求意識從數數轉向隨順呼吸的氣息，使注意力集中到一呼一吸的運行上。「三禪」指「止」，即「又除其一，注意鼻頭，謂之止也。得『止』之行，三毒四趣五陰六冥諸穢滅矣」。也

就是說，一切注意力從呼吸轉向鼻頭，使意識停止於一點不動，就可以排除心裡一切雜念。「四禪」指「觀」，即「還觀其身，自頭至足，反覆微察，內體汗露，森楚毛豎，猶睹膿涕。於斯，具照天地人物，其盛若衰，無存不亡，信佛三寶，眾冥皆明」。

所以，修禪的目的在於「靜心」「求解脫」。所謂「靜心」，就是要把世俗的欲念從自己的意識上去掉，透過「靜心」以達到「無物，無我」的境界。

為了使修禪者能夠擺脫客觀世界對自己思想上的影響，真正做到「靜心」，佛教經典對修禪的環境提出了嚴格的要求。《禪祕要法經》卷下中說：「佛告阿難，佛滅度後，佛四部弟子，若修禪定求解脫者……當於靜處，若壙間、若樹林下、若阿練若（梵文 àrinaya 的音譯，意譯為寂靜處）處，修行甚深，諸聖賢道。」《坐禪三昧經》卷上中說：「閒靜修寂志，結跏坐林間。」《付法藏因緣傳》卷2更說：「山岩空谷間，坐禪而念定，風寒諸勤苦，悉能忍受之。」

這就是說，修禪者必須遠離鬧市，在深山荒野、樹林墳場，甚至在山洞壁龕中進行修禪的鍛鍊。禪窟就是由於僧徒修禪的需要而開鑿的。

那麼，龜茲的禪窟開鑿於什麼時候呢？這又和禪法在龜茲地區的流行情況密切相關。

慧皎《梁高僧傳》初集中就說到鳩摩羅什的母親「樂欲出家，夫未之許……誓至落髮，不咽飲食，至六日夜，氣力綿乏，疑不達旦，夫乃懼而許焉。以未剃髮故，猶不嘗進，即敕人為除髮，乃下飲食。次旦受戒，乃業禪法，專精匪懈，學得初果。」這是關於龜茲地區流行禪法的最早記載。

而鳩摩羅什本人也精於禪法，曾於姚秦弘始年間（399～416年），在長安逍遙園中譯出《禪法要解》《坐禪三昧經》《禪祕要經》《思唯略要法》等。鳩摩羅什生於龜茲，他的母親又是龜茲國王的妹妹，因此在鳩摩羅什的時代（343～385年），龜茲地區流行著禪法這一點是毫無疑問的了。

問題在於，鳩摩羅什時代以前，龜茲地區是否流行過禪法。

日本的羽溪了諦氏在《西域之佛教》一書中說：「羅什以前，龜茲是否有禪經流行，因不得而知，雖至羅什時，關於禪之紀事，絕無傳聞。境野哲氏曾研究支那所謂達摩禪師之淵源，雖以羅什所譯《坐禪三昧經》為嚆矢，然關於羅什學係在龜茲發展之過程，則無所論及，僅謂其法與後世達摩禪師似相通。」

當然，我們現在尚未見到龜茲地區有關鳩摩羅什以前時代流行禪法的直接材料。但是，鳩摩羅什既精於禪法，他不可能無師自通，那麼，他師承何處呢？352年，鳩摩羅什偕其母親耆婆曾赴迦濕彌羅

學習佛教經義，顯然，迦濕彌羅在鳩摩羅什到來之前已有禪法似無疑的了。

再是，西域和尚安世高於漢建和二年（148年）來到洛陽，從事佛經翻譯工作，到漢建寧四年（171年）的二十餘年間，譯出佛經95部、115卷。安世高的譯籍範圍始終不出聲聞乘，而又有目的地從大部《阿含經》中選擇一些經典，且都是和止觀法門有聯繫的。他重點地譯傳了定慧兩方面的學說，聯繫到實際便是止觀法門。定學即禪法，慧學即數法。他所譯的也是對於禪、數最為完備的學說。

關於禪法，安世高是依禪師僧伽羅剎的傳承，用四念住貫穿五門而修習。他從僧伽羅剎大本《修行道地經》抄譯37章，著重在身念住，破除人我執。念息一門另譯大小《安般守意經》，其中說十六特勝也和四念住相聯繫。

總之，安世高的漢譯佛經中，有許多都是禪經，如大小《道地經》《五十校計經》等，講的都是宣揚數息、止觀的修禪方法。

安世高是安息國的王太子，父死，讓位與叔父，出家當了和尚。他精通禪法，說明在2世紀初時，安息地方就盛行禪法了。

這樣，我們能否推斷：在2世紀，西域的一些國家已經盛行禪法，並且已經達到了能把禪法傳播到中原的程度。而在禪法從西域向中原傳播的過程中，地處西域地區交通樞紐的龜茲當然會首先受到這種傳播的影響。因此，我們認為，在鳩摩羅什時代以前，甚至在2世紀時，龜茲地區可能已經有禪法流行，何況龜茲地區大量禪窟的存在也可以作為這方面的一個直接佐證。

在龜茲地區，禪窟大致可以分成三種類型：

1. 小型禪窟。這類窟的面積極小，「僅容膝頭」。有的券腹呈拱形，有的則為平頂；有的不開明窗，前壁中間開門；有的開有明窗，左壁中間開門。

2. 長條形禪窟。這類窟寬1公尺多，長則達10公尺，是一長條鑿在崖壁上的長長的巷道，盡頭處的正面壁上有一個淺淺凹入的龕，未發現有雕塑佛像的痕跡。窟內無窗、無壁爐、無壁畫、無塑像、無睡炕。由於入口處已經崩塌，不知在開門處是否曾開有明窗。

3. 壁龕禪窟。這類窟開鑿在半山腰或懸崖上的險要處，面積比小型禪窟還小，幾乎等於一個壁龕，故又稱之為壁龕窟。

禪宗窟

龜茲石窟中存在著一些禪宗窟。

禪宗為中國的佛教宗派，因主張用禪定概括佛教的全部修習而得名。據說，它興於6世紀初。梁武帝時，南天竺僧人菩提達摩從海道東來傳法，大乘禪法遂逐漸傳遍中國。他的禪法強調「直接人心，見

性成佛，不立文字」。唐宗密《禪源諸詮集都序》卷2載：「達摩以壁觀教人安心，外止諸緣，內心無喘，心如牆壁，可以入道，豈不正是坐禪之法。」所以，達摩首先教人要靜心，即達到所謂「身是菩提樹，心如明鏡臺」的地步。靜心的方法是修「壁觀」，要人心安定得像牆壁那樣堅定不移。達摩的禪法在中國後來發展成禪宗。禪宗的經典《壇經》教人「一時端坐，但無動地靜，無生無滅，無去無來，無是無非，無住無往，坦然寂靜，即是大道」。克孜爾石窟有一個窟，正方形，2.5平方公尺左右的面積，平頂，窟內四壁無塑像無壁畫，只在正壁上用漢字寫著「寂然而靜」四個大字。這大概是禪宗西傳時留下來的遺蹟。

禪定佛像

這是指正在修禪中的佛的圖像。在龜茲石窟壁畫中，根據其所處環境的不同，可以把其分成兩類：一類是在山林中修禪的佛，一類是在塔中修禪的佛。

庫木吐喇石窟63窟券腹兩側畫有禪定佛。佛披紅色袈裟，袒露右臂，坐方座上，雙手做禪定印。佛身後有用雙線條畫出的頂光、背光。背景是由掌形樹構成的山林，間雜以花草；克孜爾石窟110窟券腹兩側也畫出禪定佛：在以掌形樹為背景的菱形格中，佛以花樹為寶蓋，坐方座上，雙手做禪定印。掌形樹之間還畫出帆形樹和點點繁花。在以掌形樹構成的山林中還穿插地畫著許多動物，有猴子、大角鹿、貓頭鷹和小鳥等。這些都畫的是山林中修禪的佛。

庫木吐喇石窟58窟還畫出另一類禪定佛。在這個窟券腹的菱形格中畫著一座寶塔，塔身成方形，正中開龕，佛坐龕中。塔身下面是方形的塔基，塔身上面成覆缽狀，再上去是一個尖頂。整個寶塔處在山林之中，以掌形樹和芽形樹為背景，並有飛禽走獸點綴其間。托乎拉克艾肯石窟3窟也有類似的寶塔禪定佛。這個窟的正壁畫出寶塔，寶塔兩側各畫出兩根方柱，方柱由一塊紅、一塊白的長方塊疊起，塔前還畫出臺階。塔頂成覆缽狀，有一個尖頂。塔中開一拱形龕。佛坐在龕中的蓮座上，有的穿通肩大衣，有的穿雙領一垂式大衣，雙手做禪定印。塔的背後是掌形樹，中間還畫出鹿、兔等動物，整個畫面構成一個菱形格。

禪定印之叉手式

兩大拇指相對（或抵），餘指交叉。見克孜爾石窟80、180窟壁畫。

禪定印之對指式

兩大拇指相抵，掌部相疊，所謂「三昧」狀態。見克孜爾石窟189、205、224窟壁畫。

禪定印之抱元式

雙手掌心對下腹，作抱元狀。見克孜爾石窟188、207窟壁畫。

禪定印之握固式

雙手相握，左右拇指互無名指內側根部。見克孜爾石窟176、189、205窟壁畫。

禪定印之疊掌式

右手掌疊放在左手掌之上，掌心向上，置於下腹丹田處。這是一種典型的佛家禪修動作，壁畫上亦多有表現。見克孜爾石窟107、180、198窟的壁畫。

善善摩尼

龜茲樂樂曲。《隋書·音樂志》載：龜茲樂「歌曲有善善摩尼，解曲有婆伽兒，舞曲有小天，又有疏勒鹽」。周吉先生在《龜茲樂藝術特色初探》一文中指出：「龜茲歌曲《善善摩尼》，實為突厥語的音譯，原意是『你啊，你把我』……至今維吾爾等突厥語族尚有用唱詞的第一句或歌曲中的重要襯詞作為曲名的習慣。……現在全疆各地還都流行著一首民歌，其名稱即第一句唱詞開頭音譯為『善善米尼善』（你啊，你把我）。它和《隋書》記載的曲名完全一致，是否可以說它是隋唐時期傳入中原的『善善摩尼』是一首情歌。」

善愛作樂供養故事畫

這幅畫繪在克孜爾石窟38窟券腹的菱形格內，故事出自佛經《撰集百緣經》。故事的內容如下：當佛在舍衛國祇樹給孤獨園時，城中有五百乾闥婆善巧彈琴，作樂歌舞，向佛作供養。而在南城中，有乾闥婆王名叫善愛，也巧於彈琴，在當地無人能及，因此驕慢自大，十分狂妄。佛知道了此事後，於是將自己變作乾闥婆王，帶領天上的樂神般遮屍棄，共有七千之多，各個執玻璃之琴，侍衛左右。當時，善愛自取一弦之琴而彈鼓之，能夠彈出七種音，聲聲有二十一解，彈鼓合節，十分動聽，使聽樂的人歡娛舞戲，昏迷放逸，不能自持。這時佛從樂神般遮屍棄處取來玻璃之琴，彈鼓一弦，便能出數千萬種音，且其音婉妙，清澈可愛，聞者舞笑，歡娛愛樂，喜不自勝。善愛聽了佛所彈的琴聲後，感到聞所未聞，自愧弗如，惶恐慚愧，即設宴供養佛及眾僧。佛為之說了一段因緣：過去，波羅奈國有佛出世，號曰正覺，帶領眾僧遊化到梵摩王國，在一樹下結跏趺坐，入火光三昧，照於天地。當時，該國國王帶領群眾數千出城遊戲，作倡伎樂，歌舞嬉笑，遙見彼佛，心懷歡喜，帶領諸伎女徑到佛所，前禮佛足，作樂供養，長跪請佛。

這個供養故事在畫面上是這樣表現的：佛坐方座上，頭上有團形花樹做寶蓋。佛的身旁有一個人，作舞蹈的姿態，正在向佛作供養。

善愛乾闥婆王歸佛像

出自克孜爾石窟13窟後室左壁。縱210公分，橫130公分。此壁畫描繪男女兩人，衣服、裝飾品均細微描繪。向前左側是天神，重心在右腳，傾斜身體，臉朝著身旁彈箜篌的女子，左肘放在其肩上做

著手勢在講話。女的靠著男的雙腳交叉而立,向著男方把箜篌夾在腋下用雙手彈奏。兩人背後畫有大的樹冠。樹葉以散落花瓣和珠寶表示。

此件現藏德國柏林亞洲藝術博物館。

善人燃臂引路本生故事畫

這幅畫繪在克孜爾石窟 17 窟券腹的菱形格內,故事出自佛經《賢愚經》。故事的內容如下:很久很久以前,有五百商人走在曠野上,經過許多艱難困苦,來到一個大山谷。山谷暗如黑夜,伸手不見五指。當時,五百商人迷悶憂慮,擔驚害怕。因為此山谷素多盜賊,都怕自己的財物被搶劫,越想越畏懼。於是眾人同心協力,一起向各位天神朝拜,啼哭哀求。在商人中,善人深深理解大家的迷悶之苦,便告訴和安慰人們說:「你們不要恐懼,都請放心,我要設法為你們照明引路。」說罷,善人即以白布,自纏兩臂,灌上酥油,點燃以為火炬,照明引路。就這樣,他帶領五百商人,經過七天的行程,終於走出了這天昏地暗的地方。五百商人對善人的行為,極為崇敬,感念不已,大家為平安度過艱難險阻,不勝歡喜。

克孜爾石窟 17 號窟壁畫中所繪的這幅本生故事畫,表現為善人高舉燃燒著的兩臂在前引路,後面跟隨著穿著龜茲服裝的商人及載物的駱駝。這個本生故事畫情節比較簡單,在龜茲石窟壁畫中多處出現,構圖也大致相同,商人都穿著龜茲裝,有的載物的牲畜不是駱駝而是毛驢。

善人燃燈供養因緣故事畫

這幅畫繪在克孜爾石窟 38、101、196 窟中,畫面為佛左繪比丘一人,作頭頂、雙肩和兩手各置一燈的姿態,晝夜供養。圖右側下方菱形格中,佛側一世俗裝男子,雙手捧寶珠供養。說的是有一婆羅門善於識別如意珠。他持一珠,走遍諸國,無一人識別,而只有佛知道。於是,婆羅門即以此珠,供奉於佛,以求出家。

善事被弟刺眼不懷恨本生故事畫

這幅畫繪在克孜爾石窟 178 窟券腹的菱形格內,故事出自佛經《賢愚經》。故事的內容如下:勒那跋彌王之子善事與諸商客入海取寶,其弟惡事隨行。船至寶渚,惡事與諸商取寶,善事隻身前往七寶城求取如意珠。善事來到七寶城,見城下有五百天女,各持寶珠,緩步向他走來,向之作供養。最前邊的天女,手上的珠為紺色,知是如意珠。他就從眾天女處一一接收寶珠,分別裝在衣角,便回來了。這時,惡事及眾商客在取寶時由於貪心太重,取得過多,把船裝得滿滿的,不料船一啟程,即沉於海中。眾商客有的沉入海中,有的在海水中掙扎。善事因身帶如意珠,故入水不沉。其弟惡事呼喚道:「哥哥,快來救我,千萬不要把我拋棄!」善事聽後,忙去搶救,以力相挽,使其終於渡過海難。事後,惡事對善事講,我們兄弟倆辭別父

龜茲文化詞典
十二畫

母，同入大海，希望不空手回去。但我命運不好，財寶喪失，空手回家，實在可憐。哥哥善事秉性忠厚，老實地對弟弟惡事說：「我已經得寶！」惡事聽後十分吃驚，忙對哥哥說：「請給我看一看吧！」善事即解開衣服，把寶珠拿給弟弟看。惡事一見寶珠，心中便產生了惡念：「我父王素來疏我近兄，偏愛哥哥。如今兩人同來入海，哥哥得到寶珠，我卻空手而歸，以後，父王會更看不起我，對我更不好，那我就更糟糕了！」他當即決定，趁哥哥睡覺時，把其殺死，取其寶珠，回家到父王處請功。於是，當善事睡熟時，惡事從林中取回各長一尺五寸的利刺，狠心地用力刺入善事的雙眼中，頓使善事血流滿面，眼前漆黑一片，連忙高呼：「惡事，惡事，這裡有賊！」但善事再也聽不到什麼回答了。惡事就用這種卑鄙的手段從哥哥手中奪取了寶珠，回到國內，向父王請功。而善事瞎著雙眼，歷盡千辛萬苦回到國內。當勒那跋彌王知道了事情的經過後，就將惡事逮捕入獄問罪，而善事則以寬大慈悲的心，竭力勸諫父王釋放惡事。在善事的堅持下，勒那跋彌王終於釋放了惡事，於是兄弟親愛如前。

克孜爾石窟 178 號窟壁畫中所繪的這幅本生故事畫，表現為善事仰臥於地，惡事跪於旁，正手執荊棘狠刺善事的雙眼。令人感興趣的是畫面上還繪出一隻猴和幾隻鳥。猴似乎不願意看到這樁邪惡的事，正轉身作離去狀，但又驚恐地回首審視惡事正在從事的歹毒行為，而幾隻小鳥則正驚恐地飛起，似乎亦為惡事的歹毒行為所震動。這些畫中的插圖，正是龜茲藝術家的神來之筆。

富那奇因緣故事畫

這幅畫繪在克孜爾石窟 38 窟券腹右側的菱形格內，故事出自佛經《賢愚經》。故事的內容如下：放缽國長者曇摩羨生有二子，長子名羨那，次子名比耆陀羨那。另外，有一婢也生了兒子，名富那奇。長者臨死時，囑兩個兒子不要分家。後來，次子受人挑撥，欲殺富那奇。長兄羨那出面保護，收留了富那奇。有一次，富那奇用五錢買了一擔柴，柴中有牛頭檀香木，剛好國王夫人生熱病，急需牛頭檀香木，使富那奇賣得黃金萬兩，發了財。他又入海採寶，得到了許多珍寶和摩尼珠等。他的財富足以讓七世子孫吃喝不盡。可是他把這些財富全都送給了長兄羨那，自己則出家當了和尚，經過種種磨難，得以成道。其時，長兄羨那出海採寶，遇到毒龍，生命危險，於是羨那一心念稱富那奇，富那奇即變身為金翅鳥王，嚇得毒龍趕快潛入海底，使羨那得了救。羨那回家以後，為佛及眾弟子大作供養，佛為之說了一段因緣：過去，有一個長者造了一所佛寺，供養眾生。他死後，他的兒子出了家，佛寺無人管理，逐漸敗落下來，眾僧因無人供養也都散去。後來，這個做和尚的兒子回來了，見此情況，遂重復舊業，出資修理佛寺，重新招來眾僧。一次，一道人在中庭不時掃除草土，他噁心喝斥。由於這個

因果，如今這個比丘和奴婢無異。今之富那奇就是這個比丘，因說了惡語，故淪而為奴。

這個因緣故事畫在畫面上是這樣表現的：佛赤雙足坐方座上，袒右臂，頭上有圓形花樹做寶蓋。佛的身旁坐著一個人，頭戴錦帽，雙手捧著一碗飯，而佛的右手也托一隻缽。這是羨那入海得寶後為佛及眾弟子大作供養的情景。

富樓那出家佛傳故事畫

這幅畫繪在克孜爾石窟 38、224 窟中，畫面為一人跪於佛前，捧佛足而吻，此為富樓那出家。說的是薩羅聚落有一婆羅門，為淨飯王國師。他有一子，名富樓那，與悉達多太子同日生。此人厭離世間，志求解脫，出家後是釋迦牟尼十大弟子中說法第一的阿羅漢。

祿勝

1001 年時的龜茲回鶻王。據《宋史》記載，宋咸平四年（1001 年）龜茲回鶻王祿勝遣樞密使曹萬通出使汴京（今河南省開封市），向宋朝進貢駿馬、獨峰駝、無峰駝、寶刀、鑌鐵劍甲、琉璃器、石瓶等，請征討西夏。祿勝自稱大回鶻龜茲安西州大都督府單于軍克韓王。

渭干河

源出天山汗騰格里峰東麓冰達坂。上游為木扎提河，全長 241 公里。渭干河自克孜爾水庫由西向南流經克孜爾石窟地區約 3 公里，從孜力克溝口之東出境。渭干河係常年性流水河，水量豐富。年流量達 21.97 億立方公尺。

渭干河離開克孜爾石窟所在地之後，分為三支，一支在派東東南流於庫車縣境之南；一支南流於沙雅縣之西，入塔里木河；一支折東流於沙雅縣北，東流入輪台草湖。

在渭干河兩岸，古代遺址甚多，除著名的克孜爾石窟、庫木吐喇石窟外，還有許多古城遺蹟。

遊牧圖

出在克孜爾石窟 95 窟中。正壁存牆皮約 5 平方公尺，其上可辨認岩畫 94 幅，基本以馬、鹿、羊、牧人騎馬和射箭等形象為主。此窟岩畫的內容突出安寧的遊牧生活，構圖飽滿，刻畫生動，又稱之為「岩刻畫」。

謝濟世

中國最早把龜茲石窟介紹給世人的幾個人中之一。

謝濟世（1689～1755 年），清廣西全州人，字石霖，號梅莊，清康熙五十一年（1712 年）進士，授檢討。雍正間官御史，以劾田文鏡遣戍，又注《大學》，因不宗程顥、程頤與朱熹「坐怨望論」，得死罪，特旨寬免。乾隆間官湖南驛鹽道，

著有《以學居業集》《史評》《纂言內外篇》等書。

謝濟世於1726～1736年間謫居烏里雅蘇臺（今蒙古人民共和國扎布汗省會）期間，曾奉大將軍平郡王福彭之命，巡視庫車地區。其《戎幕隨筆》有云：「丁谷山千佛洞（即庫木吐喇石窟）白衣洞，即《唐書》所謂阿羯田山。山勢自西北迤邐趨東南，天山所分一大幹也。白衣洞有奇像十餘，剝落不可識。洞高廣如夏屋，屋隅有泉流出，洞中石壁上鐫白衣大士像，相好端正，衣帶當風，如吳道子筆。洞左復有一洞，如曲室，深窈不可窮，前臨斷崖，見西南諸峰，無名而秀異者甚眾，西日照之，雪光耀晃，不能久視。上下山谷，佛洞以百數，皆無人所營，佛像亦喇嘛所為，醜怪百出，不堪寓目，壁鐫楷書《輪迴經》一部，字甚拙，亦元時物，或指唐人刻者，謬也。……自石浮屠至千佛洞可五六十里，東南塹崖一帶，橫亙如城。城山復疊兩重城，漸隘至頂，下層望上層呼之可應，然陡絕不可登，須繞出山背，盤道行迴幾十里乃得到。有潭水畝許，不涸不盈。唐時有關隘以防禦突騎施。塔下舊有兩截碑，文字可辨者三之一，（唐）開元三年（715年）安西都護呂休為監察御史張孝嵩平阿了達干紀功碑也。孝嵩以奉使至，憤吐蕃之跋扈，念拔汗那之式微，以便宜徵兵戎落，出安西數千里，身當矢石，俘斬凶夷，故碑碣多以常惠、陳湯比之，今僕以大將軍之命，奉使至此，其有於古人多矣。」

溫肅州

龜茲都督府轄下九州之一。

《漢書·西域傳》指出：「溫宿國王，治溫宿城，去長安八千三百五十里，戶二千二百，口八千四百，勝兵千五百人。……東至都護治所二千三百八十里，西至尉頭三百里，北至烏孫赤谷六百一十里。土地物類所有與鄯善諸國同，東通姑墨二百七十里。」唐賈耽《四夷道里記》對溫肅州的具體位置說得很清楚，指明「自姑墨州西北渡撥換河、中河，距思渾河百二十里，至小石城。又二十里至于闐境內之葫蘆河（此處于闐為於祝之誤）。又六十里至大石城，一曰於祝、曰溫肅州」。據此，溫肅州的位置實際已清楚，即在漢代姑墨國、唐代撥換城所在地向西再行二百多里即為溫肅州，其地在今阿克蘇地以西二百餘里的烏什縣境內。《西域地名》中也說：「漢溫宿國，唐之溫肅州，一曰於祝，今新疆烏什縣治。」

事實上從原始社會起，今烏什縣境內就有人類在活動，到秦漢之時發展成為城郭之國——溫宿國，唐代於此更設溫肅州，說明耕牧更有所發展。而古城遺址和佛教石窟在今烏什縣境內屢有發現，即為明證。

但是另有一說。《欽定皇輿西域圖志》卷16中說：「按漢溫宿國在姑墨西二百七十里，今阿克蘇東距雅哈里克二百八十五里，道里相合，則今阿克蘇城疑即溫宿故城也。」

溫宿國

《漢書·西域傳》載：「溫宿國，王治溫宿城，去長安八千三百五十里。」《魏書·西域傳》載：「溫宿國，居溫宿城⋯⋯役屬龜茲。」

此漢之溫宿國，在唐為溫肅州，一日於祝，其地即今新疆烏什縣。

溫廷寬先生斷代法

對龜茲石窟的年代，溫廷寬先生在《美術史論》1984年第一期上刊登的《中國石窟寺雕塑藝術概述》一文中曾做如下的論述：

「克孜爾（舊稱『赫色爾』）千佛洞」，在拜城東約10公里，東漢末至唐代（190～907年）開鑿；

「克孜爾尕哈千佛洞」，在庫車城西北約10公里，晉代（265～420年）開鑿；

「瑪扎伯哈千佛洞」，在庫車城東北約30公里，隋至唐代（581～907年）開鑿；

「森木塞姆千佛洞」，在庫車東北約40公里，東漢末期（90～147年）開鑿；

「吐火拉克埃艮（托乎拉克艾肯）千佛洞」，在新和西約70公里，現存只有唐代初期遺物（600～700年）；

「庫木吐喇千佛洞」，在庫車西南約30公里，東漢末至晚唐（201～907年）時開鑿。

《遊行外國傳》

1卷，釋智猛撰，《隋書·經籍志》著錄，今佚。《梁高僧傳》卷3有智猛的傳記，稱智猛以姚秦弘始六年（晉元興三年，404年）甲辰之歲，招結同志沙門15人，從長安出發，出陽關，西入流沙，歷鄯善、龜茲、于闐諸國，渡蔥嶺，至印度。傳中詳記其事。

普爾熱瓦爾斯基

生於1839年4月6日，死於1888年11月1日。俄國軍官，為俄人於中亞地理調查最早及最廣者之一，先後在旅程中歷9年又4個月，周行30577多公里。他年少時即有志於探險，習勤耐苦，為從事遠行做準備。入軍籍以後，自請往西伯利亞東部，居於烏蘇里省草萊未辟的森林中達2年，從事於各種觀察及採集的練習。以後即進行去蒙古、西藏之「探險」，其遠征計有4次。

第一次自1871年至1873年，由西伯利亞入恰克圖，經庫倫，越沙漠至張家口，折而向西至甘肅。復入青海至柴達木，意欲由此入西藏而至拉薩。行至長江源頭處，以所帶供給品不足，當地藏人對其行動又有仇視之意，乃不得已停止前進，距其目的地拉薩尚有804餘公里。歷程為27天。歸途經阿拉善沙漠，由定遠營（又名駙馬府）而至庫倫。阿拉善為戈壁沙漠南北最廣之處，歐洲人能橫渡此沙漠者，他為第一人。此行沿途測有略圖，所經多沙漠旱

瘠之地，唯黃河上游以上的南山（即祁連山）脈，水量豐富。

第二次「探險」在1876年。當時新疆發生內亂，俄軍乘機強占伊犁，意欲占為己有。普爾熱瓦爾斯基即自伊犁東向越天山，循裕勒都斯河谷入塔里木盆地，至羅布泊。他測定羅布泊的地理位置，謂較中國通行地圖所繪相差達緯度一度之多。考其原因，實乃古今河流變遷及氣候不同之故。自羅布泊復南向至阿爾丁塔格山。此山邊貫於南山與崑崙山之間，而為西藏北面之屏障。歐洲人於此，以前尚無所知。這次發現引起俄國人的重視，以欲藉此探尋入藏的道路。

1879年，普爾熱瓦爾斯基進行第三次「探險」，由齋桑溯烏倫古河而東，地在今新疆的準噶爾。由烏倫古南望可見天山東部之博格達峰聳峙天際，實相距遠在257餘公里以外。由此經巴里坤，渡天山，而至哈密。復由哈密至敦煌。他們在敦煌稍駐後，即渡南山入柴達木，擬由此入西藏，過唐古拉山口，而至怒江上游地域。然而當地的土人阻止他們前進，只得於當年夏折而探察黃河及長江發源之處。初拉薩藏人聞他們將至，甚為驚慌，即派兵北上以迎阻之。普爾熱瓦爾斯基不敢強進。當時他們所在的地方距拉薩273餘公里。雖然進藏的願望沒有實現，但對於青海西藏間的地形，頗多觀察，親見巴顏喀拉山、崑崙山及唐古拉山為東亞大河的分水嶺，證明中國史書上的記載十分正確。

第四次「探險」在1883年至1885年，由庫倫起程。第二年三月，復由阿拉善至西寧，入青海至柴達木。他們探查黃河河源，進而探查長江之源頭，時在1884年的夏季。但是當地土人集合三百餘騎前來攻擊，隨即折而西行，沿崑崙山脈而西，復經羅布泊、卡牆、克里雅而抵和闐。自克里雅復西行，至玉龍哈什河，其間高山終年積雪，經夏不化。

普爾熱瓦爾斯基數次「探險」，皆不離崑崙山脈，其目的在於尋找可容大隊人馬行進的由新疆入西藏的通路。只有1879年冬行進最遠僅至怒江上流之那布楚。遠征數次，其所求的最後目的，終未實現。

普爾熱瓦爾斯基四次「探險」之後，曾有著作問世，最重要的為《蒙古》一書，全用俄文，有英文節譯本。其中用英文發表的，有《從伊犁渡天山至羅布淖爾（泊）》以及在英國《地學會雜誌》中所載的數封通信。

普魯士皇家吐魯番「考察隊」

該「考察」隊曾先後兩次到庫車地區活動，第一次為1906年，第二次1913年。該隊主要成員是格倫威德爾和勒庫克。在總計約3個半月的時間裡，他們根據壁畫特徵，給許多洞窟擬了名字，並對81個洞窟做了工作。德國人所繪之洞窟平面圖較日本人的要精確細膩得多，但仍存在不少錯訛，特別是在主室外壁的連接處以及主龕和龕臺等地方。洞窟的縱剖面圖也幾乎

完全被忽視了。德國人雖然畫了幾組洞窟的平面圖，但從文字記錄看，他們這樣做並非已自覺地認識了洞窟的組合，而只是因為這些洞窟的位置彼此毗鄰罷了。其最大的疏忽之處，是未注意石窟寺考古中至關重要的洞窟之間的打破關係與塑畫重層問題。他們對克孜爾石窟所做的分期，是基於壁畫的藝術風格和題記的早晚。列入分期序列的有33個窟，多為一般中心柱窟，其餘是有壁畫的少量方型窟；未包括大像窟，僧房窟也被排除在外。他們雖然做了一些工作，但是他們割取了大量精美的壁畫和塑像，盜掘了大批重要的龜茲文文書，劫往柏林，致使克孜爾石窟這一珍貴的文化寶庫遭到了無法彌補的損失。

德國人根據其在龜茲石窟中之所得，寫成了一批著作和文章，如格倫威德爾根據其庫車之行的成果，於1912年發表了他的研究報告，題目為《中國突厥故地的古代佛寺》，1920年又出版了一大冊壁畫圖集，以《古代庫車》為標題。1924年，他又把更龐大的著作《阿毗斯陀經中的魔鬼及其與中亞佛教造像的關係》刊行於世。如勒庫克於從1922年到1926年的5年間，陸續刊行了五卷本的《中亞晚期的佛教》，其他還有《東突厥斯坦的地下室藏》《中亞藝術史與文化史圖說》等。

童子道人以身飼虎本生故事畫

這幅畫繪在克孜爾石窟8、38窟券腹的菱形格。故事出自佛經《經律異相》。故事的內容如下：很久很久以前，有一個婆羅門童子，為求得仙道，入山修行。經過苦修，後來得到了五神通的本領。一天，他與兩個與他一同修行的道人結伴外出覓食，突然見到山谷中有一隻母虎即將產子，但當時母虎已經餓得皮包骨頭，擔心母虎產子後會把仔虎吃掉充饑，因此，當時三個人發了慈悲，都說要把自己的身體餵給餓虎吃。待三個道人覓食歸來時，母虎已經產下了仔虎，正在張嘴露齒，表現出吃人的凶相。這時，兩個道人背棄剛剛發過的要捨身飼虎的誓願，倉皇地轉身逃走，而相反，婆羅門童子則馬上刺臂出血，讓餓虎舔食。在餓虎有了力氣後，復脫下衣服，投身於餓虎的嘴邊，任憑餓虎一口一口地咬食自己的身體，忍受著極大的痛苦，直至死去。就這樣，餓虎在吞食了婆羅門童子的血肉後，被救活了。

克孜爾石窟38窟壁畫中的這幅本生故事畫，表現的是樹下仰臥著身穿袈裟、露出胸部的婆羅門童子，旁邊是一隻瘦骨嶙峋的餓虎，正低著頭在咬食婆羅門童子的軀體。整幅畫簡潔明朗，無多餘之筆，而形象則刻畫得栩栩如生，很有意趣。（見圖187）

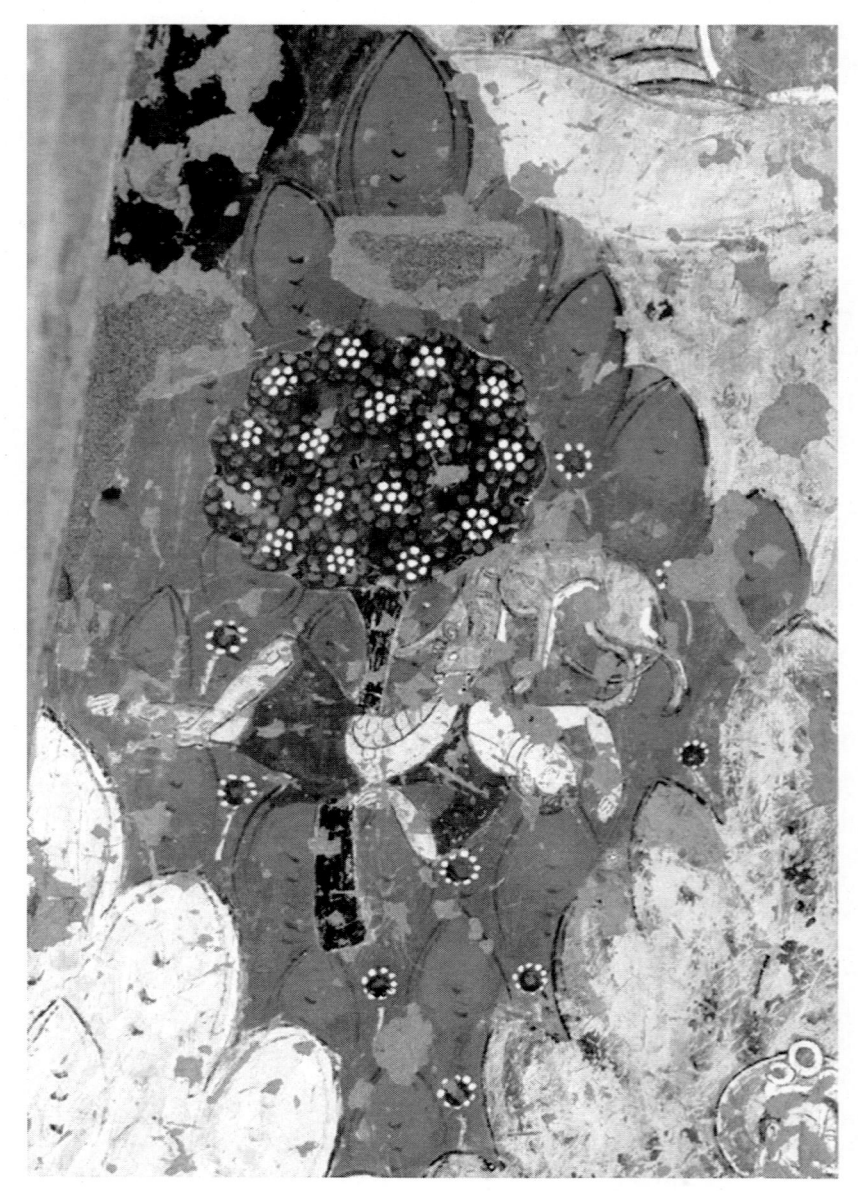

圖 187　克孜爾石窟 38 窟——童子道人以身飼虎

[7]

疏勒鹽

龜茲樂曲的重要組成部分。《隋書·音樂志》載：龜茲樂「歌曲有善善摩尼，解曲有婆伽兒，舞曲有小天，又有疏勒鹽」。疏勒即今喀什噶爾地區。對「鹽」一字長期存在多種不同解釋，據張《朝野僉載》說，「鹽」是快拍的意思，常用於曲終部分。《隋書》把疏勒鹽作為舞曲記載下來，用在樂曲末尾，顯然不是慢曲。南卓《羯鼓錄》載「夫曲有不盡者，須以他曲解之，可盡其聲也。夫《耶婆色雞》，當用《屈柘急遍》解之」。張德瀛《詩》還說：「樂府有昔昔鹽，傳自戎部，蓋疏勒曲也。」《朝野僉載》稱「龍朔以來人唱歌，名突厥」。《羯鼓錄》太簇宮內的《要殺鹽》，「要殺」一名也係譯自胡語；《唐會要》中指出的《舞鶴鹽》，原係道調《急火鳳》，而《火鳳》曲為疏勒音樂家裴神符所創，可知《舞鶴鹽》也係疏勒樂曲。這些「鹽曲」是西域音樂中特有的一種音樂曲體，而上述的《疏勒鹽》《昔昔鹽》《突厥鹽》《舞鶴鹽》《要殺鹽》等都是龜茲樂中的「鹽曲」，而所有的「鹽曲」都是一種快節奏的樂曲。

羼提婆羅忍辱截肢本生故事畫

這幅畫繪在克孜爾石窟38窟券腹的菱形格內，故事出自佛經《賢愚經》。故事的內容如下：在很久以前，波羅奈國有一個大仙人，名叫羼提婆羅，常與五百弟子住於山林，修行忍辱。有一次，國王與諸位大臣、夫人與宮女，入山遊玩。國王感到有些疲倦，便躺下休息，眾宮女等人乘機遠去遊玩，觀賞花木，看見仙人羼提波羅端坐靜思，便拿眾花，撒在仙人身上，並且坐在他跟前，恭恭敬敬聽其說法。不一會兒，國王醒來，四周觀望，不見宮女等人，急與四位大臣到處尋找，發現宮女等聽仙人說法，便問仙人道：「關於佛家所謂的四空定（為滅除一切對外境感受和行為的四種精神境界）、四無量心（慈、悲、喜、捨）、四禪事（指觀禪、練禪、熏禪、修禪）等，你都達到沒有？」仙人一一回答：「都沒有達到。」國王發怒說：「對於此等功德，都沒有達到，說明你是凡夫。你獨與這些女人在此相處，怎能讓人相信？」接著又問道：「你常在此，你是何人？修行何事？」仙人回答說：「修行忍辱。」國王當即拔劍，嚴肅地對他說：「如果你修行忍辱，我倒要試一試你，看你能否忍辱。」隨即割其兩手。並問仙人，仙人說是能忍。遂又截斷他的兩隻腳。再次問仙人，仙人仍說能忍。又割其耳鼻。仙人臉色絲毫未變，還是說能忍。這時，天地大震，仙人五百弟子飛於空中，問仙師道：「受如此苦，忍辱之心有沒有變化？」仙師回答說：「忍辱之心，從未變易！」諸天神驚異，向他說：「你說忍辱，用何為證？」仙人回答說：「我如果真是忍辱，至誠不虛，血當變成乳，身體恢復原狀。」話剛說過，血變成乳，身體完好

如初，恢復得和過去一樣。國王見此，倍感恐懼，心想：「我出於無知無道，毀辱仙師，唯請仙師垂哀，多加諒解，接受我的懺悔。」仙人回答說：「你誤以為我有女色之禍，刀截我身體，吾忍辱如此。我以後成佛，當先以智慧之刀，斬斷你身上的毒苦。」當時，山中各種見國王屈枉仙人，極為憤怒，遂興起雲霧、雷電霹靂，想把國王及其臣屬、宮女等予以懲罰。仙人忙怏告道：「若為了我，千萬不要傷害他們！」國王懺悔以後，奉請仙人，入宮供養。

克孜爾石窟38窟壁畫中所繪的這幅本生故事畫，表現為羼提婆羅跪在地上，雙手交叉，一邊站著國王，手執寶劍割羼提婆羅的雙手。在羼提婆羅前面的地上畫出兩隻斷腕，這正是國王用劍從羼提婆羅身上斬下來的。羼提婆羅的另一旁，畫出一尊天神，坐在寶座上，正在目睹著所發生的一切。這幅畫切中主題，形象生動，把題材中所要求的一切反映得淋漓盡致。（圖188）

圖188　克孜爾石窟38窟——羼提婆羅忍辱截肢

十三畫

[一]

鼓舞

以羯鼓為首的各類鼓是龜茲樂中的主要樂器，鼓手除參與伴奏外，還創造了各種鼓舞。如克孜爾石窟135、224窟壁畫及其他壁畫中有帶著不同的鼓表演的鼓舞，演員所穿服飾也不相同，在龜茲民間頗為盛行。

鼓聲因緣故事畫

這幅畫繪在克孜爾石窟80、101、103、171、186、224窟中，畫面為佛側或坐或站立一人，身掛鼓，正在擊打。故事說的是，過去菩薩轉生為鼓手，一天帶領兒子喜慶擊鼓助興，賺了很多錢。回去路上，兒子不聽勸告，不停地敲響鼓聲，被盜賊發現。父子被打翻在地，錢財被搶劫一空。儘管如此，當他們途遇如來時，還是為佛擊鼓以相娛。

碗舞

克孜爾石窟196窟的壁畫中繪一天人，頭戴錦帽，背有光環，上身赤裸，下身穿及膝長褲，雙臂處有飄帶掛落，赤足，右手托碗，左手虛拈碗沿，徐徐而舞，稱為碗舞。這種舞蹈取材於釋迦未成道前，曾接受過一個少女一碗乳糜的布施，使他的生命得以延續下去，終於得道成佛，是以碗舞主要頌揚少女的善良、天真、美麗，這種舞蹈在龜茲壁畫中常見，也可知當時龜茲地區流行碗舞。

碗舞傳入中原後，也為中原人民所好。唐代詩人張祜《悖拿兒舞》詩中說：「春風南內百花樹，道唱梁州急遍吹。揭手便拈金碗舞，上皇驚笑悖拿兒。」詩中描寫的是一個舞蹈人雙手各拈一個碗反手高舉的姿態，這就是唐代著名的碗舞。詩中的悖拿兒應是進入中原的西域藝人。現在庫車縣維吾爾族中流行的沙瑪瓦爾舞等都是從唐代悖拿兒舞演變發展而成。

榆林守捉

唐龜茲都督府轄下六大守捉之一。據《新唐書‧地理志》稱：「又二百里到榆林守捉。」從現在庫爾勒市的夏渴蘭旦古城遺址（於術守捉所在地）西行，沿著烏魯木齊至庫車公路，全在天山南麓的山坡戈壁中行走，沿途只見搖曳著的少量芨芨草、駱駝刺等荒漠乾旱植物，直至輪台野雲溝區域始見樹木、村落和綠洲。自庫爾勒至

龜茲文化詞典
十三畫

此公路里程為 95 公里，與古代所說二百里大致相當。就在村委會野雲溝駐地之東 9 公里，地處烏庫公路北側約百米處有一座較完整的阿克墩古城遺址。這個古城由內外兩重圍牆組成。外圍城平面呈長方形，南北長約 120 公尺，東西寬約 67 公尺，南牆垣適中有豁口。內圍城的位置西偏南，有一面利用的是外城西牆。內圍城也呈長方形，南北長約 62 公尺，東西寬約 35 公尺，南門寬約 6 公尺。內城牆東北隅有一座圓形土坯建築，直徑約 11 公尺，殘高約 3～4 公尺，其西北角尚存枯井一口。在居址內採集有唐代「開元通寶」「乾元重寶」等錢幣多枚、小銅像、各種銅扣、銅飾件、鐵殘件等。這裡出土的各種文物，經鑑定均屬唐代。在古城西南 1 公里左右，仍殘存高約 2.5 公尺的烽火臺一座。考古學家黃文弼指出，有兩個紅泥質的陶罐，出土於野雲溝東北 10 公里阿克墩東北的一座古塚中，據說當時掘出屍骨甚多，有陶罐數十。根據這些實物判斷，阿克墩古城很可能是唐代的榆林守捉城。當時在這裡經常會發生戰爭，所以拋撒在野的屍骨很多，更足以證明這是一處古戰場重地。

《蒙新考古報告》

黃文弼教授撰寫，刊登於 1930 年第三期的《地學雜誌》上。作者在文章中說：「庫車古龜茲國地，疆域甚大，包今之庫車、沙雅、托克蘇、拜城。余循序先考查庫車之西面，經托克蘇至沙雅之北而南，抵塔里木河。復由沙雅之東而北，至托和蕭山中，而西返庫車，行程七十餘日。計掘拾銅鐵諸器及泥塑像石型壁畫等類，共十餘箱。」「和色爾千佛洞（克孜爾石窟），當庫車之北山，渭子河（渭干河）西源，經行其間。在河出入山口處，依崖鑿洞，石室林立。出口處，為庫木吐喇之千佛洞，入口處為和色爾之千佛洞。和色爾佛洞較庫木吐喇為多，唯上下二層，均被土人及東西遊歷人士剝掘盡淨，唯上層尚未經前人到過。乃繫繩凌空而上，工作十餘日，計得木板經紙若干，皆印度系文書，此舉為在焉耆、庫車工作之大者。此外在侖臺（輪臺）、庫工廠戈壁中踏查，發現古城古址，為外人所未至者，無慮數十，以及山川河流之方位移徙，詳具余著考查記中，茲不備述。」

《磧西頭送李判官入京》

唐代詩人岑參所作，其詩如下：一身從遠使，萬里向安西。漢月垂鄉淚，胡沙費馬蹄。尋河愁地盡，過磧覺天低。送子軍中飲，家書醉裡題。

[ㄧ]

骰子

出自克孜爾石窟 89—5 窟（1989 年編號），畜骨磨製，規整光滑，尺寸為 1 公分 ×0.8 公分 ×0.8 公分。面陰刻圓圈，圈中心刻點。六面各刻有點，1 對 6、2 對 5、3 對 4。1989 年 5 月出土。（圖 189）

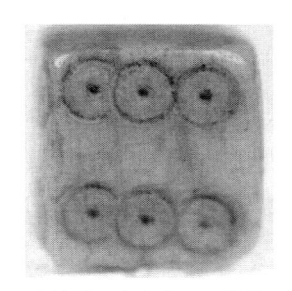

圖189　克孜爾石窟出土——骰子（六圓面）

督使者

又稱「都吏」。漢政府為了督察各地的屯田情況，還派督使者去西域督察軍政及屯田的實際情況。從《漢書·文帝紀》文帝元年「二千石遣都吏循行，不稱者督之」，可知漢政府設有監察制度，以監督西域各地屯田並考察其效果。

睒摩迦至孝被射本生故事畫

這幅畫繪在克孜爾石窟17窟券腹的菱形格內。故事出自佛經《雜寶藏經》。故事的內容如下：古時候，迦屍國中有一座大山，山中有一位仙人，名叫睒摩迦。仙人父母都很老了，又雙目失明，生活不能自理。睒摩迦自幼知孝，常常以好吃的果子、鮮豔的香花和甜美的水，供養父母，並把雙親安置於安靜又安全的地方，讓他們盡享晚年之樂。他不管幹什麼，到何處去，一切舉止行動，事先都要向父母報告，然後才去做。有一次，他向父母報告外出取水，得到父母應允後，便提著缽子出去了。當時，梵摩達王正在野外遊獵，發現一群鹿在河邊喝水，挽弓射之，不幸，藥箭誤中睒摩迦身上。睒摩迦身中毒箭，高聲呼喊道：「一箭射三人，此痛何酷！」梵摩達王聞聲，忙把弓箭投到地上，跑去觀看，他心想：「這到底是誰呼喊？我過去聽說此山中有仙人睒摩迦，仁慈孝順，敬養盲父母，舉世稱讚，這個人莫非就是睒摩迦嗎？」睒摩迦當即回答道：「我就是睒摩迦。今天，我身中毒箭，個人苦痛無所惜，唯擔憂家中二老，年邁多病，雙目失明，從此以後，他們將更加饑困，再沒有人照顧供養了！」國王追問道：「你的盲父母，現居何處？」睒摩迦用手指點方向，告訴國王說：「他們就在那間茅草屋中。」國王遂趕到盲父母處所。這一天，睒摩迦父親曾對其妻說：「今天，事有奇怪，我的眼眶不斷跳動，莫非我們的兒子遭遇了什麼災難？」他妻子回答說：「確實也怪，我的奶頭也不斷跳動，莫非真的，我們的兒子有什麼不祥之兆？」當盲父母聽到國王走路的聲音很大，已知這不是自己的兒子，心裡更加恐懼擔憂。他們想：「這又是誰呢？」國王走到他們跟前，先向他們問候施禮。盲父母說：「我們雙眼早已看不見東西了，你到底是誰呀？」國王回答說：「我是迦屍國王！」盲父母聽了，忙請國王入座，並恭敬地說：「今天很抱歉，我們兒子不在家。如他在家，當以好花香果奉上於大王。我們兒子外出擔水，好長時間了，如今還沒有回來。」國王悲痛地告訴他們說：「你們的兒子已被我毒箭射中。今後，我願捨棄王位，做你們的兒子，來服侍你們。」盲父母聽了後

519

說：「我們兒子的孝順天下無雙。不敢煩擾大王，只望大王告訴射我們兒子的地方，我們只要見一見愛子，就心滿意足了。」於是，國王帶領盲父母，迅速趕到睒摩迦身邊。盲父母撫摸著兒子，號啕大哭。他們傷心地說：「我們愛兒，慈悲仁義，孝敬雙親，世人莫能相比。」他們高聲呼喚各位天神，向他們祈禱，向他們求救。這時，天宮大震，眾天神耳聞盲父母悲痛喊聲，即從天而降，來到他們居處，對睒摩迦問道：「今天國王害了你，你對國王是否產生厭惡之心？」睒摩迦爽朗地回答說：「我雖受害，但對國王無絲毫厭惡之心。」天神又說：「誰能相信你的話！」睒摩迦回答道：「我若對國王有厭惡之心，毒會走遍全身，我馬上會死；如果沒有厭惡之心，毒箭會出來，瘡口會痊癒。」說完，果然毒箭自己從身而出，瘡口癒合，身體恢復得和過去完全一模一樣。國王見此，非常高興，便出示告令，普告國內上下，所有人民都要以睒摩迦為榜樣，一心修慈仁，孝敬父母親。

頻婆娑羅王歸佛佛傳故事畫

克孜爾石窟 17 窟壁畫中所繪的這幅本生故事畫，表現為睒摩迦執壺在池塘中汲水，國王騎在馬上彎弓向睒摩迦身上射箭，而在上端的一間茅廬內則畫出睒摩迦的盲父母，正盤腿席地而坐。這幅畫的構圖簡單，但主題突出，形象鮮明，人物的動作自然得體，不失為一幅出色的藝術作品。

這幅畫繪在克孜爾石窟 110、207 窟中，畫面中頻婆娑羅王及其眷屬坐於佛側，地上置洗盛器，為頻婆娑羅王為佛最初施主的故事。傳說摩揭陀國頻婆娑羅王至王舍城中迎佛，佛為國王說法。國王設種種供養，一心敬佛。頻婆娑羅王深信佛法，積善德很多。

[ノ]

腰鼓

龜茲石窟壁畫中的一種樂器。據《通典》記載：腰鼓「皆廣首而纖腹」，可知這是一種兩頭粗中間細的打擊樂器。其演奏方法是用手拍打。

據陳暘《樂書》記載，腰鼓「大者瓦，小者木，皆廣首纖腹」。隋唐時，用於西涼、龜茲、疏勒、高麗、高昌諸樂。奏時掛在腰間，用兩手掌拍擊。今之腰鼓，框用木製，長形，兩端小而中腰較粗，雙面蒙皮，用於民間腰鼓舞，奏時用綢帶繫鼓，縛在舞者腰間，雙手各執鼓槌，交替擊奏，並伴有舞蹈動作。可見，古今的腰鼓不僅形狀各異，且演奏的方法也不同。

龜茲石窟壁畫中的古代腰鼓僅見於克孜爾石窟 224 窟的菱形格因緣故事畫內。（圖190）

圖 190　克孜爾石窟 224 窟——伎樂手持腰鼓

解縛本生故事畫

這幅畫繪在克孜爾尕哈石窟 11 窟中心柱後壁上部的菱形格內，畫面中交足坐一人，前立一人，外揚兩手，坐者伸手至其身後。故事講的是長者為人解除綁縛的事。見巴利文《本生經》卷 2。

猿猴被膠譬喻故事

畫面中佛座前或座旁為一方象徵性草地，內有一猿或猴俯身用前肢作撥弄狀，有的同時又繪出一人肩頭扛一棍，棍端懸掛著一隻四肢被捆紮的猴。講的是佛在王舍城迦蘭陀竹園告誡比丘們，如果在入村乞食時，不善護身，不守根門，眼見色，耳聞聲，鼻嗅香，舌嘗味，身覺觸，即起心動念，便會被五欲所縛，給自己帶來莫大的煩惱和痛苦，就像愚蠢的猿猴，被獵師塗在草地的膠黏住，招致自身煩惱和痛苦一樣，因此，出家弟子，當念身、念受、念心、念法，依止四念處而住。事見《雜阿含經》卷 24：「如是我聞。一時佛住王舍城迦蘭陀竹園。爾時世尊告諸比丘：大雪山中，寒冰峻處，尚無猿猴，況復有人。或復有山，猿猴所居，而無有人。或復有山，人獸共居，於猿猴行處，獵師以黍膠塗草上。有黠猿猴，遠避而去。愚癡猿猴，不能遠避。以手小觸，即膠其手。復以二手，欲解求脫，即膠二手。以足求解，復膠其足。以口齧草，輒復膠口。五處同膠，聯捲臥地。獵師既至，既以杖貫，擔負而去。比丘當知，愚癡猿猴，捨自境界，父母居處，遊他境界，致斯苦惱。如是比丘，愚癡凡夫，依聚落居，晨朝著衣持缽，入村乞食，不善護身，不守根門，眼見色也，則生染著，耳聲鼻香舌味身觸，皆生染著。愚癡比丘，內根外境，被五縛也，隨魔所欲。是故比丘，當如是學，於自所行處，父母境界，依止而住，莫隨他處他境界行。云何比丘，自所行處，父母境界，謂四念處，身心觀念住，受心法觀念住。佛說此經也，諸比丘聞佛所說，歡喜奉行。」

在克孜爾石窟 8 窟、34 窟、104 窟、224 窟的拱券頂菱形格中都存在著此譬喻故事畫。

521

鋸陀獸剝皮救獵師本生故事畫

這幅畫繪在克孜爾石窟38窟券腹的菱形格內，故事出自佛經《賢愚經》。故事的內容如下：很久很久以前，波羅奈城住著國王梵摩達，他兇殘無慈，奢淫好樂，常懷惡毒之心，傷害平民百姓。有一次，國王在睡夢中，見一怪獸，身毛金色，毛髮根處，放出金光，照在旁邊，顯出金色。他醒後思念道：「像我夢見的獸，世上可能有，應當命令獵師覓求其皮。」於是，他決定召見各位獵師，對獵師們說道：「我夢見到一種獸，身毛金色，毛頭出光，特別明亮好看。在我廣大國土中，必有此物，今派你們廣為尋捕，誰能得到這種獸皮，我一定加重賞賜，可使你們子孫後代，食用不盡；如不用心求覓，找不到這種獸皮，要把你們家族誅滅無遺。」各位獵師聽到國王命令，憂愁煩惱，都苦於沒有辦法。於是，他們聚會一起，共同商議這件事該如何辦。他們想：「國王夢中之獸，世所罕見，該何處尋覓呢？如果找尋不得，王法難容，我等徒類，定沒有活命。」越議論越增憂愁。有的插嘴說：「山野中，毒蟲惡獸，非常之多，遠行在外，困苦較多，鬧不好有喪身之險，死於林野。我們不如僱募一人，令其尋捕。」眾獵師聽了，一致表示贊同，他們終於僱到一人。大家告訴他：「你盡力廣行求覓，如能順利找到，我們將獻出家藏寶物，重賞於你。你如在山澤中，遭到不幸，也當以財物給予你的家人老小，不必有後顧之憂。」被僱人聽罷，心裡思念：「我為眾人，應當在所不辭，哪怕是丟棄生命。」他下定決心後，準備好了路上吃的、用的東西，告別家人，涉險而去。他走著走著，已走了很長時間，越走越感身累力疲，加上天值盛暑，酷熱難忍，唇乾渴乏，幾乎熱死在沙道上。他倍感窮酸苦深，悲愁而言：「誰有慈悲之心，憐憫我呀！快快來拯救我的生命！」正在這時，山澤中有一野獸，名為鋸陀，身毛金色，頭髮光明，遠遠聽見人的哀求聲音，非常憐憫，以身投入冷泉，然後來到沙道上，用身體把被僱人抱起來，放入冷泉水中，為他洗浴，又從地上拾來瓜果，供他食用。因此，被僱人的身體才漸漸恢復過來。當他睜眼看這獸時，甚感驚異，心想：「眼前，此等奇獸，毛色光明，正是國王所尋求的獸啊！在我生命垂危之時，正是牠救護了我的生命，感念其恩德，尚未酬報，又怎能生害牠之心呢？但是，若不能獲得牠，那些獵人及其宗黨族類，都將被殺戮。想到這些，正是忐忑不安，悲嘆不已。」鋸陀問被僱人道：「你為什麼不高興？」被僱人不得不哭泣著訴說了他的心事。鋸陀獸安慰他道：「對這件事，不要憂愁煩惱，我的皮很容易得到。說到我的前世，曾經捨身無數，未曾獲福。如能捨我的壽命，以身皮濟眾獵師，我心中感到無比高興。如果你想得到，儘管隨意剝取我身上的皮吧，今天，我已施捨給你，永遠不會悔恨！」被僱人聽罷，即行剝皮。鋸陀獸再次立誓發願：「今天，我用身皮施捨於人，以救眾獵人之生命，用此功德，以求成佛，達到無上正覺之道，普度眾生

生死之苦，使其安然享受涅槃之樂。」一時間，三千國土，六種震動，諸天宮殿動搖不停。眾天人各以驚愕之情，推尋其相，見到鋸陀獸剝皮布施，即從天上下到地上，為其散花供養，涕淚如雨。鋸陀獸剝皮之後，身肉都赤裸裸地露著，血出流離，目不忍睹。又有八萬蟲蟻之類，集聚其身上，同時吮食，吃後再去洞穴。當時，鋸陀獸害怕傷害蟲蟻，強忍疼痛，身體毫不移動。獵師們擔皮到國，奉於國王。國王見了，高興萬分，驚奇異常。這個皮子又細又軟，常用敷臥，心中感到無比安穩快樂。

克孜爾石窟38窟壁畫中所繪的這幅本生故事畫，表現的是鋸陀獸大義獻身，讓被僱人剝去自己身皮的情景，旁邊蹲著一獸，似正在觀看這令人可歌可泣的悲壯時刻。畫面為菱形結構，勾線重彩，構圖簡練，人物和動物形態生動。色彩以青綠為主，格調冷峻，與內容和諧一致。這幅本生故事畫在整個龜茲石窟壁畫中絕無僅有，唯此一幅。只是在印度阿旃陀石窟中有一幅與此相同的本生故事畫。

[、]

《新疆識略》

原為清徐松撰。因由伊犁將軍松筠奏上，故署松筠之名。12卷，另有卷首1卷。首列新疆總圖和南北兩路、伊犁各圖，附有敘說。次為官制、兵額、屯務、營務、庫儲、財賦、廠務、邊衛、外裔等。凡地理險要、政治措施，均有記載。

《新疆圖志》

清末王樹楠等纂。清宣統三年（1911年）成書。160卷，計建置、國界等29類。博引古今，加以考證，為新疆建省後第一部比較完備的志書。唯非出一人之手，體例先後未能一致，記事亦有分歧。

《新疆遊記》

謝曉鐘撰於1922年，書中談及在古龜茲地區的經歷云：「民國六年（1917年）六月六日，住庫車。上午七時，偕（林）烈夫、（陳）綺園、（楊）慶明策馬赴丁谷山，訪千佛洞佛跡……托和拉旦達坂西南麓，俗呼丁谷山，亦名千佛洞，沿河上下前後鑿洞四五百處，極其壯麗，皆以五彩金粉繪西方佛像，高不盈寸，牆壁皆滿，惜多為遊歷外人刨挖攜去，莫窺全貌。最西石室五楹，高皆丈餘，深二丈許，就壁鑿佛，工頗細緻，年久剝蝕，無有完佛。中間一室，就壁刻隸書梵文五方，螺旋斜行，莫說其義。余乃拓之，備質專家。聞有壁鑿白衣大士像及漢楷輪迴經，徧索未見，或在最高洞中……由此向西北行，逾山約三四十里，拜城轄境亦有佛地多處與漢字碑刻，視間為完好。冬令河水凍結，可踏而赴，方令凍解，不能飛渡，須繞大道至拜城和色爾（即克孜爾），折南前往。又城東二十里有小佛洞，六十里蘇巴什有

大佛洞，皆有鑿穴畫佛，惜無時間，未獲逐一瞻仰。」

《新疆古佛寺》

為德國第三次考察隊的考古報告，德文書名為《A tbuddhistische Kutstistaetten in Chinesisch Turkistan》，1912年於柏林出版，作者為考察隊隊長格倫威德爾。書中論述了有關克孜爾石窟的洞窟分類和石窟的組成。

《新疆考古概況》

向達先生撰寫。這是他於1953年9月在第二屆考古訓練班上的講話，由劉慧達先生筆記，復經講者予以修正，刊登在《文物參考資料》1953年第十二期上。文章分四個部分：新疆的歷史與地理；北疆略記；南疆考古行記；總結。

向達先生在「南疆考古行記」一文中把古代新疆文化分為四個中心：吐魯番—高昌文化中心；庫車—龜茲文化中心；和闐（古代稱謂）—于闐（現代稱謂）文化中心；羅布淖爾（泊）—樓蘭文化中心。他說：「這四個文化各有不同，高昌在新疆最東邊，靠近河西走廊，為中、印、伊三種文化融合之處，所出遺物可以證明。龜茲為印、伊文化較盛之區，發現有古印度文石刻，其地為豐富之綠洲，為古時西域的大國，晉時龜茲王宮，煥若神殿，其地人喜樂舞，與中國音樂關係甚大，一直到今天庫車之『偎郎』仍很有名。于闐近印度，漢文化未到新疆時，為印度文化之區，公文用古印度文（盧字），佛教經典中亦時提及此國。樓蘭近河西，由所出遺物可看到中國勢力在此地之進退消長。總之，古代南疆是幾個國家在此互相爭雄的地區。西元前2世紀以前的南疆，印度、伊蘭（摩尼教、景教）文化頗盛。西元前2世紀以後，漢文化向西發展，特別表現在高昌，7世紀（唐）時，中國勢力更瀰漫南疆，8世紀為阿剌（拉）伯所擊取，一直到14世紀左右，新疆遂逐漸成為回教文化區域。」

關於在龜茲的考察，向達先生在文中說：「更西為庫車，古龜茲國都，在縣南六十里沙雅縣，多石窟寺遺址。庫車西南六十里為三道橋，三道橋北為渭干河，河抵三道橋分支。河東岸綿延數十里，石窟錯落如蜂房，直抵拜城縣界。東西兩岸俱有寺院遺址。河西遺址堵波尚聳立。河東岸為丁谷山，河口山巔亦有遺址與西岸相對峙，殘破更甚。自六朝以至唐代，西行僧人皆曾經過此地，如智猛、玄奘等人著書中俱提及此二寺院。沿河東岸略偏西北行最後有大石窟六，最大的如六間屋，畫已殘破，僅存大石像殘軀。另外一窟有許多婆羅米文及漢文大中年號的銘刻。殘存壁畫中也有漢字題記。從丁谷山沿渭干河上行抵拜城境赫色爾鎮南六十里，靠渭干河上游，有一排石窟，也遭到英、德、日帝國主義分子的盜掠，但石落沙封，內容比較完整之窟尚多，新中國成立前韓樂然先生寓此甚久，描摹壁畫。造像已不見，

文字中有吐火羅文（古龜茲文）屬伊蘭語系（即印歐語系）。壁畫上之人物由體格上看，不似東方人種，而近於伊蘭人。」

尚達先生這篇文章中提出的觀點，後來引起了學者們的爭議。

《新疆之文化寶庫》

勒柯克著，1926 年萊比錫出版，原名為《東突厥斯坦的希臘式遺蹟考察記》，敘述德國第二次與第三次考察隊的工作經過。

本書當年有英譯本，20 世紀 30 年代還出版了鄭寶善漢文譯本，名為《新疆之文化寶庫》。

《新疆考古的發現》

黃文弼教授撰寫，刊登於 1959 年第二期《考古》上。文章介紹了對龜茲古城的調查發掘及對庫車哈拉墩遺址進行發掘的詳細經過和結果。文章認為他所發現的龜茲古城就是《漢書·西域傳》記載的龜茲國都延城；而庫車哈拉墩遺址分為早晚兩期，早期可能為西元前 3 世紀至 1 世紀，晚期可能為唐代。

《新疆的佛教藝術》

辛文先生撰寫，刊登於《美術研究》1979 年第二期上。文章共分五個部分：于闐的佛教美術遺物；鄯善的佛教寺院；龜茲的佛教石窟；疏勒的佛寺遺址；高昌的佛教遺址。

「龜茲的佛教石窟」是全文中份量最重、闡述最詳細的部分。

作者認為「龜茲克孜爾石窟等地的佛教美術，則比較全面地揭示了佛教美術在新疆形成獨特的民族面貌的情況。這正像不少在新疆集、譯的佛教經典一樣，它已經滲透著當地民俗的與文字的特點。不單純是梵文原本機械的直譯了。不少古語言學家的研究，就證實了漢譯某些佛典中有龜茲等地方因素。」「龜茲型窟……的特色，更重要的是在建築、壁畫、雕塑三者間的有機結合。龜茲藝術家們創造出這種形式，顯然是注意到了宗教各種題材的不同性質，以及當地人民的經驗，長期摸索而成功的。這類石窟在長期發展過程中，雖然不斷地有局部的改變，但是，石窟中建築、雕塑、壁畫等的配置，都貫穿著有機結合的原則。一般都是在明亮、高敞的前殿，畫著釋迦牟尼的生前與在世時的故事與形象，而在陰暗、低窄的後室，則是釋迦牟尼死時和死後的情景，利用建築的前後、高低、明暗、曲折等部位以及造型上的特點，安置適合於表現的雕塑或壁畫，使雕塑或壁畫的主題內容與建築本身所體現的藝術效果有機結合，這樣在相互的影響下，往往增加了主題內容所要求的氣氛。這在設計上是一種創造，這使相互組合在一起的幾種不同的藝術，不是各自獨立的拼湊在一起，而是因為有機的組合，相互加強了藝術效果。」作者對龜茲石窟的這種分析，無疑是精闢的、細膩入微的。

辛文先生還說：「兩壁的佛傳圖，卻以釋迦傳道與說法為中心，只依靠佛或其他人物的變化，來區別各自不同的內容。這種故事性壁畫作為建築裝飾來看也是一種創造，它使整個洞窟達到極為統一的裝飾效果。這種形式也為內地石窟寺院所吸取，並進一步有所發展。如敦煌早期某些佛傳圖就是這種形式的直接繼承。而以後敦煌及中原的各種經變採取對稱的相近似的形式，也實際上是這種創造的影響。」這裡，作者闡明了龜茲石窟藝術對敦煌莫高窟及中原其他佛教藝術的影響，以及兩者之間的源與流的關係，對中國佛教藝術史來說，是十分重要的。

《新疆出土古紙研究》

潘吉星先生撰寫，刊登於1973年第十期的《文物》上。文章中論及在庫車地區出土的四種古紙：一為佛經殘片，一為《妙法蓮華經》，二為殘字紙片。這些古紙的製造時間都在唐代，相當於618〜907年。

《新疆天山以南的石窟》

閻文儒教授撰寫，刊登於1962年第七、八期《文物》上。這是一篇中國學者研究龜茲石窟最早、最有權威性的文章。文章在論述了龜茲的歷史、地理、文化背景以後，首先分析了拜城克孜爾石窟。他把克孜爾石窟的創造年代，根據74個較完整的石窟的不同情況，分為四期，並從窟形、壁畫上的不同特點，詳盡地論述了各期的區別；其次分析了庫車森木塞姆與瑪扎伯哈石窟，從石窟的形制、壁畫的題材和風格，把森木塞姆石窟的創造年代分為四期，把瑪扎伯哈石窟的創造年代分為二期；再次分析了庫車克孜爾尕哈石窟，從尚保存著殘餘壁畫的11個石窟中，根據壁畫的內容與風格，把克孜爾尕哈石窟的創造年代分為四期；最後分析了庫車庫木吐喇石窟，把其尚保存有比較完整壁畫的31個石窟，根據其窟形、壁畫題材與風格，與克孜爾石窟相比較，定出其創造年代為四期。

這篇文章除了重點分析研究龜茲石窟地區各石窟外，還分析研究了焉耆七格星明屋與石窟、吐魯番的柏孜克里克石窟、勝金口的寺院遺址、吐峪溝石窟、雅爾湖石窟等。整篇文章氣勢恢宏，結構嚴整，內容豐富，分析精闢，其對各石窟的分期法，仍為今天中外學者研究龜茲與高昌石窟的主要依據。

《新疆拜城赫色爾石窟》

王子雲先生撰寫，刊登於1955年第二期的《文物參考資料》上。文章的開頭是對拜城赫色爾石窟（即克孜爾石窟）的歷史、地理概況做一個簡單的介紹，然後提出了個人對克孜爾石窟的理解與探討，很值得今人注意。他說：「赫色爾石窟，是印度佛教藝術傳入中國的橋樑。由於地域與民族的關係，它的造型是另成為一個體系，也就是說，它是介於中國與印度的佛教藝術形成之間的一種獨特的藝術形

式。」他還說:「就赫色爾壁畫的一般造型和技法說,它是屬於犍陀羅的藝術樣式,即希臘—波斯—印度式。這種樣式的特點,主要是表現在衣褶的緊窄和人體肌肉的暈染,以及部分裸體的形象,但在赫色爾,它又結合了地方成分,並吸取了中原民族的藝術樣式,而形成一種多民族傳統的具有新鮮氣質的藝術。它與中原文化、新疆地方文化、中印度笈多文化、北印度犍陀羅文化、波斯薩珊朝文化,以及希臘羅馬的文化成分,都有著直接間接的關係。所以它的成分複雜,內容多式多樣,造型體裁都具有風格,尤其是在東方民族特有的線描方面,它蘊含著嶄新的形式,這樣就更值得我們在研究遺產和中西文化交流的問題上對它特別加以珍視。」

這是一篇中國學者最早單獨研究克孜爾石窟的文章,而它的新穎觀點、獨特分析,對以後的克孜爾石窟的研究工作起著啟示和指導的作用。

《新疆天山南路的文物調查》

武伯綸先生撰寫,刊登於《文物參考資料》1954年第十期上。1953年9月到12月,由當時西北文物局組織了新疆文物調查組,武伯綸先生為調查組負責人,對新疆南疆地區的文物進行了普查。這篇文章就是這次文物普查的一個總結報告。

關於龜茲地區的石窟,他們共調查了以下幾處:托乎拉克艾肯千佛洞(在新和縣西稍偏北約70公里之戈壁中)、庫木吐喇千佛洞(在庫車西南25公里渭干河龍口附近的丁谷山溝內)、克孜爾尕哈千佛洞(在庫車正北6公里公路旁之溝內)、森木塞姆千佛洞(在瑪扎伯哈千佛洞之西北,中間僅隔一名庫蘭米之村莊)、瑪扎伯哈千佛洞(在庫車東北30公里,屬該縣五區三鄉)、克孜爾千佛洞(在庫車西北約70公里。距公路線上的克孜爾鎮南約6公里,屬拜城縣三區一鄉)、台台爾千佛洞(在克孜爾鎮西北約5公里)、托呼拉克店千佛洞(在拜城縣西約五六十公里的公路旁)。

關於龜茲地區的古城遺址,他們共調查了以下幾處:托浦古城(在新和縣西稍北約30公里,屬該縣四區一鄉)、烏什哈特古城(在新和縣西約35公里,屬該縣四區二鄉)、頃希阿爾古城(在庫車東南約60公里,位於該縣七區草湖的戈壁中)、唐王城(在庫車東南約80公里七區的草湖中心。距區政府哈里哈塘東南約40公里)、桑達姆古城(在庫車東南約70公里七區草湖的戈壁中)、博斯坦托克拉克古城(在沙雅縣東南約60公里的戈壁中)、塔什頓古城(在沙雅縣西北約35公里,屬該縣四區三鄉)、英格邁利羊達克希阿爾(在沙雅縣西北約40公里,屬該縣四區一鄉)、烏什哈古城(與塔什頓古城距離很近)。

武伯綸先生在結束語中說:「天山南路的文物雖歷經帝國主義的破壞盜劫,但殘存在地面地下的還有很多,而且有許多還是精美的有重要價值的。如一千多年前

的人手寫的殘紙片，在關內很難看到，在新疆則不是難事。這次我們僅做了一些表面的調查工作和收集宣傳的工作。關於新疆文物古蹟的如何深入勘察，如何保護，如何收集研究，有待於我們文物工作者進一步的努力。」

《新疆古希臘式遺蹟考察記》

是德國第二次和第三次考察隊的通俗考察報告，德文書名為《Auf Hel as Spuren in Osttru kisttan》，作者勒柯克。本書記載與論述了克孜爾石窟的有關情況。

《新疆赫色爾千佛洞的動物畫》

王子雲先生撰寫，刊登於1955年第六期的《文物參考資料》上。這是中國學者研究赫色爾（克孜爾）石窟動物畫的第一篇專題文章。他認為：「在中國古代美術中，鳥獸動物的形象被藝術家們描寫在作品中的很多，占的比重相當大。」「本來在佛教思想領域中，鳥獸蟲魚和人是受同等看待的，所以在佛經故事中有釋迦飼虎、割肉易鴿，修道說法是人獸並度。當佛在未成道以前常與鳥獸共同生活，並受到牠們的幫助很多，因此認為牠們是和人具有同樣的智慧和靈性，在壁畫描繪中常是鳥獸與人共處，並將牠們表現得特別活躍和突出。」作者就這樣精闢地分析了克孜爾石窟壁畫中之所以出現動物畫的原因。

在文章中，作者詳細地描述了克孜爾石窟17窟、80窟、63窟、69窟、206窟和224窟壁畫中的動物形象，對之做出了高度的評價。他說：「以上這些優秀的作品，在赫色爾佛窟的壁畫中只不過是千百分之一。但就僅僅只這一點，也充分說明新疆人民遠在一千多年前，在造型美術上已有很大的成就。」可見他對克孜爾石窟壁畫中的動物畫是讚嘆備至，溢於言表。

《新疆與中亞古代晚期的佛教文物》

這是一本圖錄集，並有長篇論文與圖版說明，德文書名為《Die Buddhistische Spae tantike in Mitte asien》，有奧地利格拉茲1973～1975年的縮印本。本書共七卷，前五卷的作者是勒柯克，第六、七卷由勒柯克和瓦爾德施密特合著。

《新疆佛教由盛轉衰和伊斯蘭教興起的歷史根源》

李泰玉先生撰寫，刊登於《新疆社會科學》1983年第一期上。文章在涉及龜茲的佛教時，說龜茲佛教「長時期地盛行不衰，直到14世紀以後」，「是歷史上有名的佛教聖地。3世紀中葉，佛教在龜茲已很隆盛，4世紀成了北道的佛教中心，大乘小乘都很流行，蔥嶺以東的王族婦女，都遠道至龜茲的尼寺內修行。」「當時的龜茲，不僅佛寺很多，而且建築規模宏大，裝飾甚是華麗，僧徒達到萬人。」

至於龜茲佛教的衰落，李泰玉先生認為與吐蕃的侵略掠奪有關，「從7世紀後半期起，吐蕃又打了進來，陷落安西四鎮（于闐、疏勒、龜茲、焉耆），前後與唐爭奪新疆一百二十年，長期統治由且末直至今和田、喀什、阿克蘇等地區。直到9世紀中葉才退了出去。吐蕃的統治又是很殘酷的，被占地區的人民或變為農奴或罰做奴隸，賦稅、差役都很重。所以，到10世紀，終唐之世的近三百年間」，這個地區衰落下來了。

對伊斯蘭教傳入龜茲的過程，李泰玉先生是這樣說的，「到13世紀後半期，伊斯蘭教已向東傳播到庫車、焉耆、吐魯番等地」，「在進入14世紀中葉，直到16世紀末這二百五六十年內，伊斯蘭教卻以異軍突起的姿態，向東大發展，完全壓倒了有悠久歷史的佛教，取得統治地位」。所以，根據李泰玉先生的觀點，龜茲地區的佛教是直到16世紀末才最終地被伊斯蘭教所取代的。

裸女圖

克孜爾石窟118窟正壁畫著一個全裸的女人，雙乳高聳，右手正握著乳房，作誘人之相。克孜爾石窟175窟主室左甬道右側壁亦畫著一個全身裸露，正在跳著舞的女人。格倫威德爾在《古代庫車》一書中刊出了被其掠走的克孜爾石窟76號窟中的一幅畫，畫上也有身上一絲不掛的女人像。馬里奧·布塞格里在《中亞繪畫》一書中曾談到過龜茲石窟壁畫出現裸體女人像的原因，他認為這是古代龜茲社會生活中的一個重要特點，是龜茲人那種「愛虛榮、喜歡典雅的風度，對於性慾享樂和財富有強烈的追求」的生活態度的反映。《北史·西域傳》曾有如此的記載：龜茲「俗性多淫，置女市，收男子錢以入官。」《新唐書·西域傳》也有同樣的記載：「蔥嶺以東俗喜淫，龜茲、于闐置女肆，徵其錢。」這些記載說明了這樣一個事實：古代龜茲社會已經存在著公娼制度，已經公開、合法地存在著一種適應於商人和市民需要的風尚習俗。同樣的原因，這時的龜茲文化為了迎合於龜茲商人和市民階層的欣賞趣味的需要，而在石窟壁畫中出現了裸女圖。

裸男圖

在龜茲石窟壁畫中有一些全身赤裸、一絲不掛的裸體男性形象，他們都被安排在佛的身旁。這些裸體男性是些什麼人呢？他們是印度耆那教中的天衣派教徒。天衣派亦稱裸體派，因為他們認為耆那教徒不應該有私產，連衣服也不能有，只能以天為衣。佛教徒稱他們作「尼犍」。佛經中記載著許多耆那教天衣派教徒皈依佛門的故事。《觀佛三昧海經》「觀馬王藏品第七」中記載：「佛告阿難，我昔初成道時，伽耶城邊，住熙連河側。有五尼犍，第一尼犍名薩闍多，五百徒眾。餘四，各有二百五十弟子。時諸尼犍自稱得道，來至我所。」後來在佛的教化下，這些裸體的耆那教天衣派教徒都成了佛教信徒。龜茲石窟壁畫中的裸體男性形象幾乎都是為

了描繪佛經中的這個內容，以強調佛及佛教的強大感召力。

裸體人像

在龜茲石窟壁畫中存在著許多裸體人像，這是龜茲石窟壁畫的一個重要特點。

佛教藝術中出現裸體人像由來已久，印度桑志大塔的東門［桑志大塔的周圍築有玉垣（Rais），即石欄。玉垣四方設有石門，稱之為天門（Torana），譯曰陀蘭那］的石柱頭部兩側雕刻著女性裸體像，兩腕攀於樹枝之間，足取交叉的姿勢，全身斜側，如凌空際，頭作俯視狀，姿勢極其自然而活潑。那高聳的乳峰，纖細的腰身，襯以胸飾及腰帶，充滿著誘人的魅力。在桑志大塔的北門，也有類似的藥叉女神雕像。

據《簡明不列顛百科全書》的說明，印度的桑志大塔建於西元前1世紀。可見在西元前的印度早期佛教藝術中就出現了裸體人的形象，以後這種情況一直延續下來。如印度秣菟羅博物館藏有藥叉女神玉垣殘石，它是秣菟羅式雕刻代表作之一。這軀藥叉女神雕像，臉龐豐滿，乳房高聳，腰部寬大，臀部肥大，大腿粗健，極富肉感。而手提著上腰帶，兩腳作交叉的樣子，縱觀其相貌及姿勢，均能充分地表現出印度女性特有的一種健美來。

秣菟羅藝術流行於西元前2世紀到1、2世紀。《簡明不列顛百科全書》「秣菟羅藝術」條中說：「秣菟羅的婦女雕像刻在佛寺和耆那教紀念性建築的廊柱和門廊上，富有感染力。這些愉快的全裸和半裸神像，或者在梳妝打扮，或者攀折樹枝，繼承了巴盧特和山奇（即桑志）等佛教流行地區的自然女神的形態的傳統。這種雕刻作為繁育和豐裕的吉祥象徵，受到人們的喜愛。」

龜茲石窟壁畫中的裸體人像，其數量之多在全中國石窟寺中是首屈一指的，特別是男裸體人像幾乎隨處可見。現在我們把這些裸體人像的內容分類做一說明。

1. 外道皈依佛門

這一題材在龜茲石窟的裸體人像畫中占據主要地位。我們要說明的是，這裡所說的裸體人指的全裸體，半裸體——上身裸露的不在其內。因為在龜茲石窟壁畫中，赤裸上身的畫像太多了，伎樂天上有，護法天王中有，供養菩薩中有，金剛力士中有。這是因為佛教藝術是從印度傳入的，印度是一個熱帶和亞熱帶的國家，佛教藝術不能不帶有這個熱帶和亞熱帶國家的特徵，即出現許多衣服單薄，著短裙和赤裸上身的人物形象。這樣，正像我們在日常生活中不把天熱赤膊的視為「裸體」一樣，我們也不能稱這些赤裸上身的人為「裸體」人。

根據這個限制，我們初步統計，在目前龜茲石窟壁畫中尚保存得比較清晰和完整的裸體人像中，有80%是男裸體人像。如克孜爾石窟188窟券腹中就畫有三個男性裸體人像：一個坐在佛的身旁，一手向

上舉起,下身露出男性生殖器;一個站在佛的身旁,一手遮住自己的生殖器,一手似在搖著;另一個也站在佛的身旁,全身赤裸,雙手正在向佛托著的缽中放著什麼東西。可是在這個石窟的壁畫中沒有發現女性裸體人像。

那麼,龜茲石窟壁畫中(主要集中在克孜爾石窟壁畫中)為什麼出現如此眾多的男性裸體畫呢?他們又為何總是出現在佛的身旁呢?這跟佛教產生時的印度宗教發展情況有關。

印度的佛教產生於西元前5世紀。當佛教產生的時候,印度社會中已經存在著婆羅門教和耆那教。

婆羅門教產生於西元前7世紀,主張善惡有因果,人生有輪迴之說。認為人和一切有生命的東西都有靈魂,軀體死後靈魂還可以在另一個軀體中復活。一個人轉世的形態取決於他本人在現世的行為,即取決於奉行婆羅門教虔誠的程度。如嚴格執行教法規定,來生可以變神;差一些的可以變為婆羅門、剎帝利、吠舍等;如不執行教法規定,即變為「賤民」、畜生乃至入於地獄。因此婆羅門教中出現了苦行者,他們認為只有過著極端禁慾的苦行生活,才是表現對婆羅門教的最高虔誠。由此,在婆羅門教徒中產生了一批「露形之徒」,他們赤裸著身體,過著極端的苦行生活。

耆那教在印度是與佛教基本上同時興起的一種宗教,但是耆那教創始人大雄是早於佛陀的同時代的人。耆那教的基本教義是業報輪迴、靈魂解脫、非暴力和苦行主義等。

大雄生於一個剎帝利家族,他31歲時,就出家修行,開始在西孟加拉裸體漫遊,忍受一切迫害以及自我處罪。如此生活13年以後,他自信已經得道,以耆那(意為完成修行的人)的身分出現於世,成為叫做尼乾(意為解脫或不受束縛)的宗教教派的首領。耆那教徒是萬物有靈論者,他們認為靈魂和肉體是連接在一起的,不僅天神和人類有靈魂,而且各種動物、植物和無生物,也都有靈魂。靈魂的住所由它所獲的功德或罪過來決定,功德使人生為天神或善人,罪過則使靈魂至卑下生處,甚至成為沒有生命的物質。那麼,如何去擺脫這種輪迴,使靈魂達到圓滿知識的快樂境界呢?其方法為正信、正知和正行。其中正行以五項誓願為基礎,即不殺生、不妄語、不取人未取之物、保持貞潔,放棄一切外在事物的享樂。

耆那教主張極端苦行主義,並且主張餓死。這種苦行主義有內在的,也有外在的:前者採取懺悔、謙恭、打坐和抑制情慾這些形式,後者則包括有各種形式的自我克制,達到頂點就是絕食而死。

大雄去世以後,耆那教即發生分裂,一派稱底甘婆羅派,以虛空為衣,主張絕對裸體是成道的必需條件;另一派稱屍吠但婆羅派,穿著白衣,承認大雄實行裸體,但是認為使用衣服並不妨礙最高聖境。所

以，前者又稱為「天衣派」，後者又稱「白衣派」。裸露身體作為苦行主義的一部分，是大部分時代好幾個教派所實行的。

綜上所述，我們可以看到在佛教產生的時候，印度社會上存在著一批裸露著身體、過苦行生活的異教徒。佛陀是反對這種做法的，認為裸露身體是野蠻的和不道德的行為。佛教在鹿野苑為五比丘第一次說法，就是針對苦行者的上述弊端而發的，因為這五個後來成為他的第一批皈依者的比丘正是苦行者。佛陀當時所說的經題名為「轉法輪經」，亦名「波羅奈斯說法經」。他首先說，願意過宗教生活的人，應當避免自我放縱和自我虐待這兩種極端，而遵行中道。他說，自我放縱是卑鄙的，自我禁慾則是瘋狂的，二者皆是無益之舉，都不是宗教生活。宗教生活在於遵行中道，或稱為八正道。這五個苦行者接受了佛陀的教導，皈依了佛門。佛教經典中有許多關於這方面的記載。如《佛觀三昧海經》說：「佛告阿難，我昔初成道時，伽耶城邊，住熙連河側。有五尼犍（即尼乾，以大雄為首的耆那教，主張裸體修行），第一尼犍名薩多，五百徒眾，餘四，各有二百五十弟子。時諸尼犍自稱得道，來至我所，以其身根（這裡指的是男性生殖器），繞身七匝。來至我所，鋪草為座，即作是言：『瞿曇（稱呼佛陀）：我無法欲故，梵行相成，我之身根，乃能如此，如自在天。我今神道，過逾沙門百千萬倍。』等等。」後來佛陀制伏了這些露形的尼犍，使他們皈依了佛門。

這樣就在龜茲石窟壁畫中出現了許多「露形的異教徒」——裸體人，他們恭恭敬敬地站在或跪在佛陀的身旁，表現了皈依佛門的虔誠願望，這就是龜茲石窟壁畫中出現大量男性裸體人像的主要原因。

2. 淫女皈依佛門

閻文儒先生在《就斯坦因在我國新疆丹丹烏里克、麞郎遺址所發現幾塊壁畫問題的新評述》一文中說：「從我們調查天山南麓的各石窟藝術中，還沒有發現一種佛教以外的故事畫。」這句話十分準確。龜茲石窟壁畫中的每一幅畫都是和佛教有關係的，都是為宣揚佛教的教義服務的。如同上面所說的男裸體畫是為宣揚佛法無邊這個主題服務一樣，龜茲石窟壁畫中的女裸體人像也離不開這樣的主題。

克孜爾石窟8窟券腹畫有一幅女裸體人像，她全身赤裸，一絲不掛，雙乳高聳，正在佛的身旁妖冶地跳著舞。克孜爾石窟193窟券腹也畫有一幅女裸體人像，她赤裸身體，高聳起乳房，正在向佛行跪拜之禮。

上面的兩幅女性裸體人像正好說明了一個佛經故事中的兩個情節。這個佛經故事出於《撰集百緣經》，名叫「舞師女作比丘尼緣」，其故事內容如下：佛在王舍城迦蘭陀竹林，時彼城中豪富長者各相師，合設大節會，作諸妓樂而自娛樂。時有舞師夫婦二人從南方來，將一美女，字青蓮華，端正殊妙，世所稀有，聰明智慧，難可酬對，婦女所有六十四藝皆悉備知，善

解舞法,迴轉俯仰,曲得節解,作是唱言:「今此城中頗有能舞如我者不?明解經論能回答不?時人答曰:有佛世尊在迦蘭陀竹林,善能回答,使汝無疑。舞女聞也,尋將諸人共相隨逐,且歌且舞到竹林中,見佛世尊,猶故驕慢,放逸嬉笑,不敬如來……」克孜爾石窟8窟券腹上的女性裸體人就是這個放蕩淫逸、以歌舞挑逗佛的舞師女青蓮華。後來,在佛的神通展示下,在佛法的感召下,舞師女青蓮華終於覺悟,皈依佛門。克孜爾石窟193窟券腹上跪著的女性裸體人就是覺悟以後皈依佛門時的舞師女青蓮華。

「舞師女作比丘尼緣」故事是龜茲石窟壁畫中女性裸體人像的主要來源。

3. 太子厭世出家

佛教強調人生是苦的,因為人生中有老、病、死這些人類無法擺脫的弱點,還有和我們憎恨的事物連接在一起的厭煩,以及和我們所喜愛的事物離別的悲痛。有時候,我們不能獲得我們所要求的事物,或者不能完成我們的志願,這一切都給人帶來痛苦。痛苦的原因則是貪心,即對於生存、快樂或成功的貪求和渴望。解決的辦法就是要消除貪心。要消除貪心,就要決心捨棄享樂,消除感情,剪斷一切纏繞欲樂的捲鬚。這樣,只有出家為僧,斬斷塵緣,拋棄一切人世慾望,在山林深野處苦修,追求解脫之道與涅槃之樂。於是佛教藝術中就出現了「厭世出家」的內容。

克孜爾石窟110窟正壁畫有幾個女性裸體人像,她們作出在熟睡的樣子,旁邊站著一個男人,正在觀看這些熟睡著的裸體女人。這幅畫已經漫漶,難以拍攝了。

再是,20世紀初,德國人勒柯克從克孜爾石窟中剝走了一幅壁畫,也是有關女性裸體人像的內容。畫的中間坐著一個男人,四周環繞著裸體的女人,正在跳著舞。

這兩幅畫都屬於佛傳故事畫,說的是釋迦牟尼為淨飯王太子時的情況。據說悉達多太子在青年的時候就受到了婆羅門教思想的影響,產生過捨棄家室、過無家生活的理想。他的父母對於他這種思想甚為憂慮,曾經試圖改變他的意向,使他注意世間興趣和享樂,這就是《佛本行集經》中說的「復教宮內,嚴加約敕。諸綵女等,晝夜莫停,奏諸音樂,顯現一切娛樂之事,所有女人幻惑之能,悉皆顯現」。勒柯克從克孜爾石窟中剝走的那幅女性裸體人像說的就是這一段事跡。然而,悉達多太子偶爾知道人生有衰老、疾病和死亡的存在。他想:「我要衰老,我也不能擺脫衰老、疾病和死亡的威脅。我看見別人處在這種悲慘狀況之中,就覺得可怕、不快和厭惡。」於是他對富裕和舒適的生活產生了厭惡,認識到自己美麗的妻子和周圍宮女將來都會變得衰老醜陋,都會因死亡因腐爛變成臭皮囊,從而堅定了他出家的決心。克孜爾石窟110窟正壁的女性裸體人像前的悉達多太子正在沉思著這個問題。

龜茲文化詞典
十三畫

　　龜茲石窟壁畫中的裸體人像，從大的內容上來分，大致就是上面所說的三大類。現在有一個問題需要搞清楚，這就是為什麼在龜茲石窟壁畫中出現如此眾多的裸體人像？

　　裸體人像在中國其他石窟中也有出現，如敦煌莫高窟229窟中的一幅北周時期畫的伎樂天，筆法粗獷，人物大半袒裸。但是她們的數量很少。這是因佛教傳入中原以後，開始時在社會中並不流行，故而保存了印度佛教的本色，所以在早期的中原石窟中也出現了一些裸體人像。但是隨著佛教的傳布、佛教思想在社會中的滲透，慢慢地，佛教思想就與中國傳統的儒家思想相融合，從而產生了一種新的佛教，即中國式的佛教，它顯然是排斥裸體人像的。

　　在龜茲，情況就不一樣了。龜茲是一個盛行小乘佛教的地區，它容許僧人「食肉及蔥韭」，戒律是比較鬆的。甚至鬆到容許僧人結婚的地步。如龜茲高僧鳩摩羅什的父親本是天竺的貴族，出家來到龜茲，被龜茲國王尊為國師，並把王妹許配給他做妻室。

　　龜茲的小乘教戒律比較鬆，有兩個主要原因：一是龜茲沒有中原地區類似的儒家思想的束縛；二是龜茲處於東西方文化交流的中樞要道上，由於受外來文化影響較多，社會比較開放，人們思想上的緊箍圈比較少，這樣，對隨著印度佛教傳過來的裸體人像就不會排斥，而是採取了吸收、容納的態度。

　　關於漢文文獻中記載的「龜茲俗性多淫，置女市，收男子錢入官」，「蔥嶺以東俗喜淫，龜茲、于闐置女肆，徵其錢」，據此是否可以認為龜茲的民俗、民風「多淫」，故而使佛教藝術也變得色情和庸俗，龜茲石窟壁畫中也就出現了裸體畫。

　　我們認為，這樣的推論是不妥當的。一是《二十四史》中關於邊疆少數民族的記載，多少反映了封建社會的史官出於民族和階級的偏見，有歧視和汙蔑少數民族的言辭；二是不僅龜茲在古代存在著公娼制度，中國中原地區公娼制度在春秋戰國時就出現了；三是佛經中存在著有關裸體人的記載；四是龜茲石窟壁畫包括裸體畫都是宗教畫，都是為一定的宗教內容服務的。（見圖191）

圖191　克孜爾石窟188窟——裸體小兒

慈力王施血本生故事畫

　　這幅畫繪在克孜爾石窟 38 窟券腹的菱形格內，故事出自佛經《賢愚經》。故事的內容如下：很久很久以前，有一個強大的國家，國王名叫彌怯羅拔羅，意思是慈力。他管轄有八萬四千個小國，由於他治理有方，國力強盛，百姓安居樂業，一片興旺景象。慈力王崇信佛道，常懷無限慈悲之心，憐憫一切眾生，從來沒懈怠過。他經常以十善事，即不殺生、不偷盜、不邪淫、不妄語、不兩舌、不惡口、不綺語、不貪慾、不嗔恚、不邪見，教育民眾，因而四方人民欽慕，都願意服從他的教化。當時，妖魔鬼怪橫行無忌，常常吃人血氣，以血為生。國中百姓身體力行他的教化，遵從十善，弘揚佛道，眾邪惡疫不敢侵犯，致使那些邪魔惡鬼饑羸困乏，瘦弱無力。有一次，五個夜叉鬼來到王宮，對慈力王說：「我等徒類，全憑人的血氣生活，由於你教導世人，都行十善之道，使得我們到處找不著吃的，陷於饑渴困頓、求活無路的境地。大王既然有懷慈之心，難道不可憐我們悲慘的處境嗎？」慈力王聞聽此言，甚感哀傷，即自己動手放血，一下子刺破了身上五個地方，血流不止。五夜叉鬼各自拿著盛血的器具，承收慈力王的血。它們飽喝一頓，對國王的恩典十分感激，心裡無比欣喜。最後，慈力王忠告他們說：「你們如感到滿意，今後請修習十善之道。我今以身血，救濟你們饑渴之苦，使你們獲得溫飽，將來我成佛後，當從佛身中獻出最好的血，以除去你們三毒諸慾饑渴之苦，安置你們到達涅槃的安樂之處。」

　　克孜爾石窟 38 窟壁畫中所繪的這幅本生故事畫，表現的為慈力王裸露上身，手腿張開，拇指蹺起，端坐放血，兩側為五身執器承血的夜叉。有的僅畫兩身或四身夜叉，作張口合掌吸氣狀。

慈心龍王授命本生故事畫

　　這幅畫繪在克孜爾石窟 17 窟的券腹菱形格內，故事出自《菩薩本生鬘》《菩薩本緣經》等佛教經典，又稱「龍王本生」「大力毒龍本生」。故事內容如下：遙遠的古代，有一個慈心龍王，與龍男龍女化作人身住在毗陀山的幽邃山林中。這裡花果豐碩，清泉甘甜。龍男龍女們彈唱歌舞，相親相愛，生活得非常快樂。有一金翅鳥王，能呼風喚雨，摧毀山石，乾枯江河，力大藝強。牠飛到龍所，欲捕眾龍為食。龍男龍女個個驚恐萬分，亂作一團。龍王暗暗思忖：眾龍遇難之際，我若不挺身而出，豈不是負眾所望。於是，牠隻身去見金翅鳥王，嚴詞相告：「大王啊，你乃天上神鳥，我輩只是地下區區龍蛇。你我素無結怨，為何要傷害於我們？若大王執迷不悟，我也只得召集龍眾與你決一死戰。到那時，勝負歸誰尚難預卜哩。」金翅鳥王被龍王的誠心所感動，遂與龍王結為好友。龍王智勝鳥王，救了千百小龍的性命，越加得到眾龍的擁戴。不久，龍王獨自在山邊修身，山中來了一群惡徒，見龍王身生異彩，光澤奪目，便起邪念，想剝取龍

皮獻給國王領賞。龍王心想，我若召集眾龍與惡徒搏鬥，可活我性命；但這樣做，一則要傷害他人，暴露龍眾，於心不忍，再則也毀我多年善行，還不如獻我皮肉給他們吧！於是，牠伏身在地，讓惡徒們剝了皮。一時，龍王血肉模糊，疼痛得翻滾打轉。蚊蟲嗅到腥味，一齊撲到龍身上拚命吮吸，更使龍王痛苦倍增。天上眾神見龍王善行昭著，遂讓牠體復如初。

克孜爾石窟17窟壁畫中所繪的這幅本生故事畫，表現的是龍王遭受惡徒棒打和被剝皮的情節片段。畫面構圖對稱，中間是弱小的龍體，兩邊站立著身生斑瘡、手持棍棒抽打龍王的惡人。作者運用高低強弱的誇張造型，顯示了龍王的仁慈、惡徒的兇殘，隱喻出人們對善惡是非的評鑑標準。這種以局部帶動整體，以直觀畫面滲透感情色彩的表現手法，正是本生繪畫的鮮明藝術特色之一。

慈者不孝頭戴鐵輪本生故事畫

這幅畫繪在克孜爾石窟17窟券腹的菱形格內，故事出自佛經《佛本行集經》。故事的內容如下：商主慈者欲與五百商人入海取寶，當一切準備工作就緒後，慈者前來向父母親辭別。這時，他的母親正在樓閣上齋戒，淨心求法。慈者向父親說了自己與五百商人入海取寶的想法。他母親說：「現在家中已經非常富饒，財物具足，應有盡有，世世代代都足夠了。同時，還可以設壇行施，作諸功德，何必入海採寶？況且，我已年老，已經活不長了，你如果一走，再要見到你就非常困難了。你別看我現在還活著，但是，死日已經為期不遠了！」母親對慈者進行耐心勸導，反覆說服。可是慈者聽不進去，他想：「母親不同意我入海取寶，我必須打破她的這一計劃。」他對母親的阻擋十分不滿，一下子撲向母親，並把她摔倒在地，還用拳頭狠狠地擊打母親的頭，把母親打昏過去。於是，慈者就離開家門，與眾商人乘船入海。但是，海中風大浪急，船一入海，很快就被沖壞了，五百商人相繼被水淹死，唯有商主慈者一人活了下來。當時，他見船壞，急忙抓住一塊船板，依仗這塊板子，運手動足，竭盡全身之力，順著風勢和海浪，被沖到一個孤島，名叫毗屍波提婆。在這個島上，他見到了銀城、金城、琉璃城、玻璃城。他在這些城中都住了一些時間，最後來到鐵城，此城四面，面面有門。慈者即走入鐵城中，不料入得城門，四門馬上關閉了。慈者心懷恐懼，毛髮皆豎。他心想：「今天我可糟了，就要完了！」並見有一人，頭戴鐵輪，輪呈紅色，狀如猛火，火焰熾熱，異常可怕。慈者連忙趕上前詢問道：「仁者，你是誰？你頭上的鐵輪，又是誰給你戴的，為何火焰熾熱可怕，好似一團火！」這時，那個人回答說：「仁者，你不知道嗎？我是頻主，名瞿頻陀。」慈者又問：「你過去犯了什麼罪，受到這般處罰？」這人回答道：「我過去因為憤怒，打壞了母親的頭，犯了大罪，所以，受到這樣的懲罰。」慈者聽後，悲啼號哭，悔過自責，回憶自己所作所為，自言自語

地說：「今天，我被囚禁於此，如鹿入檻，想出去也出不去了，這是罪有應得！」當時，城中有一夜叉，專門擔任守衛，名叫婆流迦，便把瞿頻陀頭上的熾熱火輪取下來，轉戴到商主慈者的頭上。慈者頭戴鐵輪，火焰赫赫，越燒越旺，苦痛難忍，正是因為打壞母首，受到頭戴鐵輪之報。

克孜爾石窟17窟壁畫中所繪的這幅本生故事畫，表現為慈者頭戴鐵輪的場面，旁邊畫出面目猙獰的守城夜叉。在其他個別石窟壁畫的這幅本生故事圖有採用多幅連續的繪畫形式，如慈者腳踩母頭、入海船破、各城婦女來迎和共相歡娛的情節。

《塞上行》

唐代詩人曹松所作，其詩如下：上將擁黃須，安西逐指呼。離鄉俱少壯，到磧減肌膚。風雪夜防塞，腥羶朝繫胡。為君樂戰死，誰喜作征夫。

塑像群窟

德文為 Höhle der Statuen，這是德國人對克孜爾石窟77窟的稱呼。

靖德太子李琮

唐開元四年至十五年（西元716～727年）的安西大都護。據《舊唐書》卷107《玄宗諸子傳》載：「琮，玄宗長子也，本名嗣直。……（唐）開元四年正月，遙領安西大都護，仍充安撫河東、關內、隴右諸蕃大使。」

溺水比丘捨身持戒因緣故事畫

這幅畫繪在克孜爾石窟69窟中，畫面中為八角形水池，池水中浮游二比丘。一少年比丘抱持木板，且游且回首顧望；右側一老年比丘緊追不捨。故事說的是，比丘隨商賈入海，遇惡風船被摧毀，眾人落水，各自逃命。少年下座道人得一木板，年老上座道人令將木板給予他，以敬上座。少年下座道人以持戒為重，「即以木板就上座，下座便沒海水中。水神見道人持戒如是不違佛的教導，將此道人置於岸上。因此道人至誠持戒故，一船商客皆得不死。」

[7]

群巴克古墓葬遺址

在龜茲東境越哈拉蘇河進入輪台縣境內的群巴克原始社會古墓葬群中出土有陶器，其花紋主要是內填平行斜線的正、倒三角紋，也有少量的網格紋。器形以帶流罐和單耳罐為最多，另外還有雙耳罐、單耳杯、缽、碟和紡輪等。這片古墓群據碳14測定大約在西元前955～西元前680年間，相當於中原地區的西周中期至春秋中期，那時西域還未進入階級社會，仍為原始社會時期。

十四畫

[一]

赫色爾

又稱赫色勒、和色爾，都是克孜爾的同名異稱。如清朝徐松在其所著《西域水道記》卷2中說：「赫色爾河，又南流三十餘里，經千佛洞西，緣山法像尚存金壁，壁有題字曰惠勤，蓋僧名也。」又如民國謝曉鐘的《新疆遊記》中說：「拜城轄境亦有佛地多處與漢字碑刻，視此間為完好。冬令河水凍結，可踏而赴，方今解凍，不能飛渡，須繞大道至拜城和色爾，折南前往。」

赫·海爾特

聯邦德國著名印度學家，曾跟隨瓦爾德施密特學習梵文。他是西柏林印度藝術博物館的創建人和首任館長，是西柏林自由大學印度學系的兼職教授。他關於龜茲石窟壁畫和出土寫本曾有不少論文發表，主要著作有《吐魯番與犍陀羅》（1964年柏林出版）、《印度與東南亞》（1971年柏林出版），它們都是論述龜茲石窟早期壁畫與印度和犍陀羅佛教藝術的關係的專著。

1985年，赫·海爾特在館長任內退休。

慕魄不言被埋本生故事畫

這幅畫繪在克孜爾石窟17窟券腹的菱形格內，故事出自佛經《六度集經》。故事的內容如下：過去，波羅奈國有個太子，名曰慕魄。他生來天賦聰慧，能知道過去、現在和未來的事情。其相貌端莊，如星空中的月亮，光彩照人。因為他是國王唯一的兒子，所以，國中上下人人都寵愛他。慕魄年至十三，一句話也不說，好像啞巴一樣，國王與王后，都為此而憂愁，並且請來婆羅門，詢問這是什麼原因。婆羅門回答說：「這確是不祥的事情，容貌雖然端莊好看，但不會說話，對大王有什麼好處！國王無繼承之人，還不是他害的嗎？依照常規和講究，應當把他活埋了，這樣，以後才會有高貴的繼承人。」國王聽後，感到很懊悔，並與王后共同商議。活埋太子的消息一傳開，全國人民都非常愁苦，一時間，哀痛的人們堵塞了道路，人們像遇到大喪事一樣，都穿起了喪服。喪夫們也穿起了專門治喪的衣服，並為太子挖了墳墓。這時，慕魄心想：「國王及國中的人，都以為我真是啞巴。」他默默地脫下衣服，下到水中淨浴，然後，又以

[一]

香塗身，並換上了寶服，站到墓邊呼喊道：「你們都是胡作非為！」眾人回答說：「太子又聾又啞，使得國無後繼，國王命令把你活埋，以期望將來有個賢良的繼承人。」太子回答說：「我就是慕魄！」喪夫們看到喪車上空空蕩蕩，沒有人影，但觀其容貌，躍躍有光，草野遠近，好像被太陽照的一樣光明，這正是太子顯靈顯聖了！喪夫等若干人沒有不驚憷的，彼此面面相覷，害怕得面色青黃，聽見了太子說話的聲音，個個心驚膽顫，大家仰天而嘆道：「太子的靈德就在這裡呀！」並且叩頭陳述道：「我們將稟報國王，請不要再讓眾人驚怕了！」當時，慕魄說：「你們快去報告大王，就說我能說話了。」人們當即報告了國王。國王、王后和眾臣民，對此都感到十分奇怪，認為這是件好事，沒有不高興的。因而，前來圍觀的人們和車輛，絡繹不絕，充滿了大街小巷。慕魄說：「我志為沙門，專習清靜之行，自認為這是最大的善事。」當時，天神帝釋即變成奇特的苑池樹木，與平常人們所見的完全不一樣。太子脫去眾寶衣，換成袈裟。國王趕到後，撲倒在地。太子五體投地，叩頭施禮。國王即就座，聽見了太子說話的聲音，看到太子顯靈的情況，非常高興地說：「我自從有你以來，全國人民都敬愛你，你本當繼承王位，為民父母。」太子回答說：「唯願大王聽我好言相勸。我過去名叫須念，曾為一國之主，臨朝執政二十五年，身奉十善，常以慈悲教化人民，鞭杖兵眾均息而不用，致使監牢中沒有一個囚犯，道路上無有怨嗟之聲，廣行布施，達到了所有的地方。如果我外出遊，跟隨我的人也很多，我的車駕隊伍龐大而又急速，令民眾惶恐不安。由於經常的擾民，若干年後，我魂歸泰山地獄，受到燒煮割裂之刑，經過六萬餘年，求死不得，呼救不成。當時，內有九親，外有臣民，資財無數，眾樂無極，怎麼能知道我死後會入泰山地獄，遭受無極之苦啊！生存之榮，妻子臣民，誰願意離開而去受苦啊！像這樣的毒苦，是無數無量的，每每想起來，我心裡就非常憂傷，甚至連骨頭都發抖，身上直冒虛汗，害怕得毛髮也豎起來。在當時只要話一出口，就會引來禍患，所謂妖追影尋。雖然想說話，但又怕引來罪責。泰山地獄之苦，是難以變更的，誰也擺脫不了的，所以才縮著舌頭，一直閉口不言，就這樣，經過了十三年時間。而妖導師出主意，讓大王把我活埋，我擔心大王受泰山之苦，才不得不說話。今我為沙門，堅守無慾之行，我親眼看到了眾禍之門，所以，不願再為王，望大王不要責怪我呀！」國王說：「你為賢君，行高德尊，以道德教育人民，過失猶如絲髮一樣微不足道。而我犯有大罪，就是把我酷裂，也是罪有應得的。我為一國之主，而隨心所欲，不奉行正法，將來該如何呀！」此後，國王依舊治理國家，即聽學道，奉行正法，改邪歸正，遂使國泰民安。而慕魄即自棄情絕欲，志於佛法，終於成佛，並且廣泛宣傳佛法，拯濟眾生民，使人們達到涅槃之樂。

539

克孜爾石窟 17 號窟壁畫中所繪的這幅本生故事畫，表現為一個人仰臥在棺內，棺上的繩索作自行解開狀，旁邊站著兩個婆羅門，驚愕地俯視棺內。這是對慕魄十三年不言被活埋而突然說話這一故事情節的描寫。

[丨]

裴秀

生於 224 年，死於 271 年。魏晉時期地圖學家。字季彥，河東聞喜（今屬山西）人。武帝時官至司空。曾總結前人製圖經驗，在《禹貢地域圖序》中提出「製圖六體」：分率、準望、道里、高下、方邪、迂直，即地圖繪製上的比例尺、方位、距離等原則。自此至明末，為中國製圖者所遵循，在世界地圖史上也有重要地位。繪有《禹貢地域圖》《地形方丈圖》，前者為歷史地圖，後者為簡縮的晉地圖。

雌猴窟

德文為 Höhle mit der Affin，這是德國人對克孜爾石窟 92 窟的稱呼。

[丿]

簫

龜茲石窟壁畫中的一種樂器。從畫面上看，簫為單管直吹，管身細長，從演奏者按指情況看，似開有五音孔，多用於獨奏。

相傳此種樂器本出於羌人地區，漢朝時稱為「（笛）」或「羌笛」，最初只有四音孔，約西元前 1 世紀傳至黃河流域，並增加一孔。可見，此種樂器是從中原地區傳入龜茲的。

僧房窟

毗訶羅窟的另一種稱呼。由於毗訶羅窟是一種供遊方僧尼居住的石窟，因此又被叫做僧房窟。詳細參見「毗訶羅窟」條。

篋盛四毒蛇譬喻故事畫

畫面中佛座旁坐一雙手合十的比丘，座前放置一開啟的篋，篋內伸出四個蛇頭。講的是佛在拘彌國瞿師羅園告知諸比丘，有位士夫，在一篋內資養著四條毒蛇。有人提醒士夫，若牠們惱怒起來，可要咬死他，需做防護。士夫聽後，開始感到害怕，棄篋逃走。忽然又有五怨，拔刀追逐前來。士夫越加恐懼，急馳而逃。又有人告訴士夫，內有六賊，緊隨著他，伺機要殺他。士夫趕忙躲進一座空村中，但宅內的一切，皆是腐朽不堅之物。這時又有人對士夫說，這裡是賊窩，必定會傷害他。士夫繼續奔走，被一條水流湍急的大河擋住去路。士夫即拾草木做筏，用手腳努力划水渡河，終於逃離此岸種種恐怖，抵達安全快樂的彼岸。佛解釋說，篋好比人身，四毒蛇是地、水、風、火四種基本元素，五拔刀怨

是色、受、想、行、識五蘊,內六賊是六根的愛喜,空村是內六入(眼、耳、鼻、舌、身、意六根),空村群賊是外六入(色、聲、香、味、觸、法六境),水流是欲、有、見、無明四流,河是欲、色、無色三愛,此岸種種恐怖是有身,彼岸安全快樂是無餘涅槃,筏是八正道,手腳努力划水渡河是勇猛精進地到達彼岸極樂世界,猶如阿羅漢斷了煩惱根源,像如來證得無上菩提。最後佛勉勵諸比丘說:如來已以慈悲之心向大家指出解脫的道路,應依靠自己的努力來修持證悟,切莫放逸,以免日後悔恨。畫面未全部繪出佛說的內容,僅以篋盛四毒蛇譬喻人身只不過是由地、水、火、風四種元素的暫時聚合體,四大不調就生病,四大散離就死亡,以此說明人生無常、不實、受苦,引發人們的出世智慧。

事見《雜阿含經》卷43:「如是我聞。一時佛住拘彌國瞿師羅園。爾時世尊告諸比丘:譬如有四蛇,兇殘毒虐,盛一篋中。時有士夫,聰明不愚有智慧,求樂厭苦,求生厭死。時有一士夫,語向士夫言:『汝今取此篋盛毒蛇,摩拭洗浴,恩親養食,出內以時,若四毒蛇,脫有惱者,或能殺汝,或令近死,汝當防護。』爾時士夫,恐怖馳走。忽有五怨,拔刀隨逐,要求欲殺,汝當防護。爾時士夫,畏四毒蛇及五拔刀怨,驅馳而走。人復語言:『士夫,內有六賊,隨逐伺汝,得便當殺,汝當防護。』爾時士夫畏四毒蛇、五拔刀怨及內六賊,恐怖馳走,還入空村。見彼空舍,危朽腐毀,有諸惡物,捉皆危脆,無有堅固。人復語言:『士夫,是空聚落,當有群賊來,必奄害汝。』爾時士夫畏四毒蛇、五拔刀怨、內六惡賊、空村群賊,而復馳走。忽爾道路,臨一大河,其水浚急。但見此岸,有諸怖畏。而見彼岸,安穩快樂,清涼無畏,無橋船可渡得至彼岸。作是思維:我取諸草木,縛束成筏,手足方便,渡至彼岸。作是念已,即拾草木,依於岸傍,縛束成筏,手足方便,截流橫渡。如是士夫免四毒蛇、五拔刀怨、六內惡賊,復得脫於空村群賊,渡於浚流,離於此岸種種怖畏,得至彼岸安穩快樂。我說此譬,當解其義。比丘,篋者,譬此身色粗四大,四大所造,精血之體,穢食長養,沐浴衣服,無常變壞,危脆之法。毒蛇者,譬四大:地界、水界、火界、風界。地界若諍,能令身死,及以近死。水火風諍,亦復如是。五拔刀怨者,譬五受陰。六內賊者,譬六喜愛。空村者,譬六內入。善男子,觀察眼入處,是無常變壞,執持眼者,亦是無常虛偽之法。耳、鼻、舌、身、意入處,亦復如是。空村群賊者,譬外六入處。眼為可意、不可意色所害,耳聲,鼻香,舌味,身觸,意為可意、不可意法所害。浚流者,譬四流:欲流、有流、見流、無明流。河者,譬三愛:欲愛、色愛、無色愛。此岸多恐怖者,譬有身。彼岸清涼安樂者,譬無餘涅槃。筏者,譬八正道。手足方便,截流渡者,譬精進勇猛到彼岸婆羅門住處者,譬如來、應、等正覺。如是比丘,大師慈悲安慰弟子,為其所作,我今已作,汝今亦當作其所作,於空閒樹下,房舍清

淨，敷草為座，露地塚間，遠離邊坐，精勤禪思，慎莫放逸，令後悔恨。此則是我教授之法。佛說此經已，諸比丘聞佛所說，歡喜奉行。」

篋盛四毒蛇譬喻故事壁畫在克孜爾石窟中甚為多見，在80窟、104窟、171窟、186窟的拱券形券腹中都有生動的描述。

舞練飛天特寫像

出自克孜爾石窟76窟主室穹窿頂，縱84公分，橫60公分。因主室頂部為隆起的穹窿形，壁畫劃分為16條窄扇面。此圖為其中的兩條，扇面背景畫成孔雀屏尾狀，並畫出1根花羽毛。每條扇面各畫1個向下飛翔的手持彩練的天人。天人裸體，有項光，身佩飄帶。

此件現藏於德國柏林（何館不明）。

舞師女作比丘尼因緣故事畫

這幅畫繪在克孜爾石窟8窟中，畫面為菱形格中間有一坐佛，佛旁有一裸女舞蹈。說的是佛在王舍城迦蘭陀竹林時，有舞師女夫婦從南方來，攜一女名青蓮華，端正殊妙，善解舞法。青蓮華自恃舞藝超群，見佛時驕慢放逸，嬉笑不敬，佛以神力使她變成百歲老母。青蓮華求佛寬恕。佛復變其身如前，青蓮華及其父母即於佛前出家。（見圖192）

圖192　克孜爾石窟8窟——舞師女作比丘尼

《撰集百緣經》卷8中說：「（舞師女）猶故驕慢，放逸戲耍，不敬如來。爾時世尊，見其如是，即以神力，變此舞女為百歲老母，髮白面皺，牙齒疏缺，俯僂而行。」「舞女及其父母，即於佛前求索出家。」

[丶]

察爾其

即《西域圖志》中的雅哈阿里克城。過去曾誤以為其地為漢文姑墨國，其實地在今喀拉玉爾滾東60公里之拜城縣治西的察爾其鎮。

賽里木

今新疆拜城縣東面的一個市鎮，《元史》中作唆里迷國，唐賈耽《四夷道里記》中稱俱毗羅城，《西域圖志》中作賽里木，今仍稱賽里木。

弊狗因緣故事畫

這幅畫繪在克孜爾石窟80窟中，畫面為佛居中坐於方形高座上。一側一人站立，以右手拔腰部後挎長劍；另一側，一白色狗臥於方形座上，座前有一缽。

《經律異相》卷47中說：有一弊狗常喜齧人，凡人不得妄入相門。有一比丘入門乞食，值狗出臥不覺有人入。沙門得長老食，弊狗心念，汝若獨食，必齧殺之。沙門自食一摶與狗一摶，後狗出門臥，「被其齧人劍斫其頭，其狗即生長者夫人腹中」。（見圖193）

圖193 克孜爾石窟80窟——弊狗因緣

端正王智斷兒案本生故事畫

這幅畫繪在克孜爾石窟17窟券腹的菱形格內，故事出自佛經《賢愚經》。故事的內容如下：過去，有一個大國王，名叫端正。他以佛道治國，從不冤枉百姓。在這個國家中，有一婆羅門，名叫檀膩鞿，家裡貧窮，連吃的都不夠。地裡種了一些莊稼，因為沒有牲畜，也沒法收割。有一天，他從別人家借了一頭牛來收割，莊稼收完了，趕著牛去歸還主人。趕到主人門口，沒有告訴主人就回來了。當時牛主人雖看到了牛，但以為還沒有用完，所以也沒有把牛牽回家。後來，牛就丟失了。過後，牛主人前來要牛。檀膩鞿講已經歸還了，牛主人講當時你沒有說還牛的話，

龜茲文化詞典
十四畫

因而互相爭執起來。牛主人遂將檀膩䩭拉到國王處評理。當他們剛出門時，正碰上國王的牧馬人喊叫：「檀膩䩭，擋住我的馬！」當時，檀膩䩭順手拾起一塊石頭，朝馬打去，正好打在馬腳上，馬腳被打斷了。牧馬人拉住檀膩䩭不放，拉他到國王處告狀。他們一行人走啊走啊，走到一條河的邊上，但都不知道渡口在哪裡，正在為難之際，遇上一個木匠，嘴裡叼著斧頭在摸索著涉水過河。於是檀膩䩭就高聲地問木匠：「何處水淺可渡？」木匠應聲回答，一張口，斧頭落入了深水中，找了半天沒有找到，也把檀膩䩭抓住不放，把他拉到國王處打官司。檀膩䩭被三人拉著去打官司，邊走邊吵，越走越累，加上饑渴，正好路上見到一家酒店，他向女主人乞討酒喝。女主人給了他一碗酒，他見附近放著一張床，就坐床上去喝酒，不料床上躺著一個小兒，又不慎把小兒壓死了。小兒的母親就是酒店的女主人，她哭哭啼啼，抓住檀膩䩭不放，大聲責罵：「你白喝我酒，還把我小兒壓死。」所以也要去國王那裡打官司。他們一夥走啊走啊，走到了一道牆邊，檀膩䩭想道：「今天我太不幸了，一場禍接著一場禍，若到王宮，一定活不成，不如逃走。」主意打定後，他趁眾人不留意，一轉身就爬上牆頭往下跳。誰知牆下有一個老者正在曬太陽，一下子被檀膩䩭壓死了。當時，老者的兒子也抓住不放，與眾人一起要拉他去國王處打官司。他們走著走著，不覺來到一棵大樹下，見有雉鳥落在樹上，問檀膩䩭說：

「你今天要到哪兒去？」檀膩䩭便把之前遇到的幾件事告訴了雉鳥。雉鳥說：「你到王宮，也請為我問一問國王，我在其他樹上，鳴聲不好，而在這棵樹上，叫聲就好聽，這是為什麼？」檀膩䩭接受了雉鳥的囑託。後來又見到一條毒蛇，也問檀膩䩭要到何處？檀膩䩭又把上述經過一一向蛇講了。蛇也說道：「你到王宮，代我問問國王，我每天早晨，從穴中初出時，身體柔軟，沒有任何疼痛。而當晚上入洞時，身體粗壯疼痛，洞顯得小而難進，這為什麼？」檀膩䩭接受了毒蛇的囑託。在路上，又遇見了一個女人。女人問：「你們要到什麼地方去？」檀膩䩭又把上邊的事告訴了她，她說：「你到王宮，請代我問問國王，不知何原因，我在丈夫家時，想念父母家；而在父母家時，卻想念丈夫家。」檀膩䩭又接受了女人的委託。終於，他們一行人來到了國王的面前，端正王詳細地詢問了他們打官司的事由，馬上就一一做出了判決。對牛主人告檀膩䩭的官司，他說：「你們倆都有不對的地方。由於檀膩䩭沒有說清，應當割掉他的舌頭，而牛主人見了牛不收回家，應當挖掉其眼睛。」牛主人聽後，忙對國王說：「我也不要這頭牛了。我不願因此挖下自己的眼。同時，也不要割他的舌頭了。」這樣，兩個人就算和解了。對牧馬人告檀膩䩭的官司，他說：「因為由於是牧馬人叫檀膩䩭攔馬才發生此事，因此應割下牧馬人的舌頭。而檀膩䩭用石頭打馬則應砍掉他的手。」牧馬人一聽，忙向國王說：「馬由我自己賠

好了,對我倆人都不要用刑了。」這樣也算調解了下來。對木匠告檀膩䩭的官司,他說:「因為是檀膩䩭先喊木匠,所以應割去他的舌頭。但擔物之法,應當用手,而木匠用嘴叼斧頭,致使墜水,今天應當打斷他的兩個前齒。」木匠一聽,忙向國王說:「寧可不要斧頭,也不要這樣的懲罰。」兩個人也得到了和解;對酒店女主人告檀膩䩭的官司,他說:「你作為店主人,明知酒客多,還把小兒放在坐的地方,又讓人看不見,你們倆都有過錯。你兒子已死,乾脆你以檀膩䩭為夫,可以再生一個兒子,以後再放他回去。」酒店女主人一聽,忙對國王叩頭說:「我小兒既然已死,我們倆和解好了,我絕不要這個窮婆羅門為夫。」對於老者兒子告檀膩䩭的官司,他說:「你倆都不對。既然你父親已死,現在就讓檀膩䩭當你父親好了。」老者兒子對國王說:「父親既已死,我絕不要這個婆羅門當我父親。」就這樣,檀膩䩭遇到的幾件案子,經過端正王的評判,都算了結了,因而非常高興。這時,在端正王面前,又有兩個女人,共爭一個小兒。她們請國王評理。端正王以智斷案,他對兩個女人講:「今天只有一個兒子,你倆都想要,請你倆各挽小兒一隻手,誰能得到,小兒就歸誰。」這時,不是小兒的母親,因對小兒無慈愛之心,就盡力拽牽,不惜傷損小兒。而小兒生母,出於慈愛,不忍用力拽扯。端正王一看,真假分明,對那個用力拉的女人講:「他並非你兒,你是硬搶他人的兒。」在事實面前,這個人只好向國王承認:「我是假的,枉抱她人之兒。大王聰明過人,請寬大為懷,饒恕我的過錯。」隨即把小兒交還給他的生母。國王遂把她們放走了。這時,檀膩䩭對端正王說:「這些債主抓我來時,在道邊見一毒蛇,牠請我問一問國王,不知何故,從洞穴出時,柔軟自如,行動方便;而入穴時,行動不便,苦痛甚多。」國王回答說:「所以如此,是因初出穴時,沒有許多煩惱事,心情和順,身體所以也柔和。蛇出穴後,遇鳥獸等觸繞牠的身體,因而產生憤怒,身便粗大,所以入穴難進。你可以告訴牠,你在外,存心善良,不忿不怒,如初出穴時,就不會產生這樣的禍患。」檀膩䩭又對端正王說:「我路上見一女人,她請我請教國王,她在夫家,想念父母家,而在父母家,又想念夫家,這是什麼緣故?」國王回答說:「你可以告訴她,由於她存心不良,在夫家時,因娘家另有男人相好,故想念娘家;在娘家時,因為待久了,又想丈夫。她只有改邪歸正,才不會有這樣想法和煩惱。」檀膩䩭最後向端正王說:「道邊樹上,有一雉鳥,牠請我問大王,牠在其他樹上,叫聲不好聽。而在此樹上,叫聲好聽,這是為什麼?」端正王說:「所以如此,是由於這棵樹下有黃金,所以,叫聲好聽;而其他樹下沒有金子,所以聲音不妙。」國王最後告誡檀膩道:「你身多過,今天我已釋放和解脫了你,知你家貧困,在樹下有我的金子,你可挖出來享用。」檀膩䩭按照國王的教

龜茲文化詞典
十四畫

導,挖出了金子,置買房屋田地,一切應有盡有,馬上成了一個富人,世世代代過起了幸福愉快的生活。

克孜爾石窟17窟壁畫中所繪的這幅本生故事畫,表現為端正王抱著一個小兒,前面跪著兩個婦人。畫面顯示的僅僅是這個冗長故事中一小節,即兩個婦人在端正王面前爭奪小兒的場面。這種一個本生故事中擷取精彩的片段形之於圖畫的做法,是龜茲藝術家創作本生故事畫的一個特色。(見圖194)

圖194　克孜爾石窟17窟——端正王智斷兒案

十五畫

[一]

慧超

一作「惠超」。唐代新羅僧人。幼年來中國，不久航海至天竺，遍詣佛跡，遂取陸道於唐開元十五年（727年）還至中國。唐建中元年（780年）後卒。撰寫《往五天竺國傳》3卷。

慧超由天竺從陸路返回中國途中曾經過龜茲，對龜茲的政治、文化情況，特別是佛教文化情況做過一定的描述，此見之於他所撰的《往五天竺國傳》中：「又從疏勒東行一月至龜茲，即是安西大都護府，漢國兵馬大都集此處。」「（唐）開元十五年（727年）十月上旬，至安西，於時節度大使趙君，且於安西有兩所漢僧住持，行大乘法，不食肉也。大雲寺主秀行，善能講說，先是京中七寶臺寺僧。大雲寺都維那，名義超，善解律藏，舊是京中莊嚴寺僧也。大雲寺上座，名明惲，大有行業，亦是京中僧。此等僧大好住持，甚有道心，樂崇功德。龍興寺主，名法海，雖是漢兒，生安西，學識人風，不殊華夏。」

飄帶舞

這種舞的飄帶一般多用絲綢，取其輕飄炫目，神韻瀟灑。如克孜爾石窟135窟壁畫上有兩個伎樂天，她們裸上身，一個作站立姿勢，面部和悅，體態輕盈，舒緩自如，雙手正舞一紅綢；另一個右腿上提，縱身躍起，作飛燕式，左手下垂，挾持紅綢，右手高舉，揮舞一紅綢。在克孜爾石窟100、110號窟壁畫上也有類似飄帶的伎樂圖。民間一定也流行飄帶舞。因為中原於漢代已流行飄帶舞，可見發達的絲綢產業必然會產生絲綢飄帶舞，那麼龜茲的絲綢飄帶舞，應該是絲綢進入龜茲後所產生的主要舞蹈。可見龜茲飄帶舞係傳自中原。

播蜜川

《新唐書》中提及此河，又稱播密川，《大慈恩寺三藏法師傳》作波謎羅川，即今之阿克蘇河。

橫笛

龜茲石窟壁畫中的一種樂器。現今的笛是由古時稱為「橫吹」的管樂器發展而來，俗稱笛子，竹製，橫吹，有吹孔一，指孔六，近吹孔處另有膜孔，蒙以蘆膜或

竹膜。尾部常有 2～4 個出音孔。通常可吹奏 4 個調。

龜茲石窟壁畫上的橫笛，亦為單管橫吹，演奏者多為 4 個指頭下按音孔，用於獨奏、合奏和伴奏。

在克孜爾石窟 38 窟主室東壁的天宮伎樂圖中共繪出了 8 支橫笛。

橫的經濟構造

也可以稱為「東西向經濟構造」。龜茲地區存在著許多大綠洲與小綠洲，由於大綠洲與大綠洲之間、小綠洲與小綠洲之間橫亙著戈壁沙漠，這樣的地理構造產生了兩種結果。一是產生了綠洲與綠洲之間透過沙漠而形成的交通路線。此類交通路線被淹沒在廣漠無垠的戈壁之中，只是由於有一個又一個的綠洲為橋梁，才使其連接起來，成為適宜人類活動的商路。於是，在漫無邊際的沙漠中，由一個又一個綠洲連接而成的交通線，一直向東西方向延伸，最後終於成為歷史上有名的「絲綢之路」。二是產生了綠洲居民強大的經商能力。由於綠洲受沙漠的限制，農業生產不可能大規模地發展，而隨著人口的增加或氣候的「燥化」、水量的減少，都會造成農產品的不足與人口的過剩。在這種情況下，綠洲居民只能透過商業活動來增加收入，以維持綠洲的生存。因為這種經濟活動是在東西方之間橫向進行的，所以稱之為「橫的經濟構造」或「東西向經濟構造」。這種經濟構造形成了龜茲社會與外部社會之間的經濟活動。

[ノ]

德國「探險隊」

19 世紀末，德國柏林民族藝術博物館發起組織一支「探險隊」，到中國新疆「考古」。第一次於 1902 年開始，隊長為格倫威德爾，他在歐洲以研究印度佛教考古著名。這次主要是在吐魯番地區活動。第二次於 1904 年開始，隊長為勒柯克。這次主要是在吐魯番和哈密地區活動。第三次於 1905 年開始，格倫威德爾先來中國，勒柯克在 1906 年冬天來中國。1906 年底，格倫威德爾與勒柯克在一起工作，工作地點主要為庫車、焉耆、吐魯番和哈密。格倫威德爾根據其第三次中國之行的成果，於 1912 年發表了他的研究報告，題目為《中國突厥故地的古代佛寺》，這裡涉及了有關龜茲石窟的內容。1920 年，他又出版了一大冊壁畫圖集，以《古代庫車》為標題，將在龜茲石窟中發現的壁畫進行考古學與宗教學的研究。這是一本專門研究龜茲石窟的著作。1924 年，他又把更龐大的著作《阿毗斯陀經中的魔鬼及其與中亞佛教造像的關係》刊行於世，把古代波斯辛德阿毗斯陀經有關係的摩羅斯獅子碑銘和劍碑銘的形式內容與佛教，尤其是西藏的密教和時輪派密咒有關係的地方推論出來，使我們看到龜茲石窟中所發現的佛像和佛畫有些好像受了伊朗文化的影響。

德國「探險隊」於1913年第四次來中國，由勒柯克負責，主要是在庫車地區活動，到1914年結束。此後，經過多年的研究，勒柯克在從1922年到1926年的五年時間，陸續刊行了五卷本的《中亞晚期的佛教》。

德國人寫的其他有關龜茲石窟的重要著作有：勒柯克的《中亞藝術史與文化史圖說》、勒柯克的《東突厥斯坦的地下寶藏》、瓦爾德施密特的《犍陀羅、庫車、吐魯番》等。

德國人的克孜爾石窟分期

德國人對分期的研究，主要有格倫威德爾、勒柯克和瓦爾德施密特三人。格倫威德爾和勒柯克從整個新疆石窟考慮，認為石窟寺就是顯現的一種文化類型。格倫威德爾把新疆石窟壁畫分成五種，即犍陀羅—波斯類型、武人類型、早期突厥類型、晚期突厥類型、喇嘛教類型。克孜爾石窟壁畫只有前兩種類型。屬於第一種的洞窟，有76、77、83、84、92、149（旁）、167、207和212窟，這些洞窟壁畫在某種程度上受到印度壁畫的影響。石窟形制幾乎是方形窟，也有若干中心柱形窟。屬於兩種類型的洞窟，有4、7、8、17、38、58、63、67、80、114、123、192、198、205、206、219和224窟。壁畫的年代，他追溯到早期即4世紀中葉。勒柯克的五種壁畫類型與格倫威德爾基本相同。然而，他認為洞窟受希臘影響而存在，如149窟（旁）。屬於第一種類型的，列舉76、83、84、110、118、207和212窟，把這一時期定為6～7世紀。第二種類型，列舉8、67、175～190和205窟，這一時期確定7世紀前後，而廢棄則在8世紀中葉。瓦爾德施密特的年代觀，後來為柏林國立亞洲藝術博物館所認可，在歐洲被廣泛地認識，在1933年發表。他稱克孜爾石窟壁畫為印度—伊朗類型，分兩期：第一類型和第二類型。到目前為止，德國人根據印度犍陀羅和西亞石窟藝術特點，以分析壁畫的風格為主，參考克孜爾石窟中有關供養人題名，以及壁畫中的婆羅米字體和61窟穹窿頂發現的龜茲古文字等，將克孜爾石窟分期，擬為三種樣式：第一樣式，5世紀左右；第二樣式分為三段，第一段為600年左右，第二段為600年至650年，第三段為650年之後；第三種樣式為8～9世紀。

《德國第三次考察隊的考古成果》

格倫威德爾1909年11月20日在紀念德國人科學協會成立40週年會上所做的報告，載於1909年柏林出版的《人種學雜誌》上。

此報告著重提出了新疆石窟壁畫按其藝術特點有先後不同的五種畫風，並闡述了各種畫風的特點、時期和分布地域。

龜茲文化詞典

十五畫

稻田本生故事畫

這幅畫繪在森木塞姆石窟11窟後室左甬道外壁的菱形格中。畫面為一人舉雙手，左手心立一鳥，上有一飛鳥，故事出自郭良鋆、黃寶生譯《佛本生故事選》中。故事的內容如下：古時候，當摩揭陀王在王舍城治理國家的時候，城東北有個婆羅門村莊，名叫薩林底耶。這個東北地區是屬於摩揭陀的，那裡，有個住在薩林底耶村，名叫喬希耶瞿多的婆羅門，他占有大片土地，種植稻米。在稻子成熟的時候，他加固籬笆，把田地分給自己的人看管。他還出錢僱了一個人來看管。這個僱工蓋了一間草屋，日夜住在那裡。而在這片田地東北面的一個山坡上，有一大片木棉樹林，裡面居住著幾百隻鸚鵡。那時，菩薩轉生在鸚鵡群中，是鸚鵡王的兒子。牠長大後，漂亮健壯。牠父親年事已高，把王位傳給牠，說道：「我現在飛不遠了，你來管理這群鸚鵡吧！」於是，從第二天開始，牠不再讓父母出去覓食，而是自己帶著鸚鵡群飛往喜馬拉雅山，在野稻田裡吃夠稻子，回去時，帶足給父母吃的，盡心贍養父母。

後來，有一天，眾鸚鵡報告說：「過去這個時候，摩揭陀地區的稻子已經熟了。不知現在長得怎麼樣了？」「去了解了解吧！」於是，大士派出兩隻鸚鵡前去了解。牠倆飛到摩揭陀地區，降落在那個僱工守護的田地上，吃飽稻子後，帶了一株稻穗回到木棉樹林，放在大士腳下，說道：

「那裡的稻子長成這樣了。」第二天，大士帶領鸚鵡群飛到那裡，降落在這塊稻田上。那個僱工東奔西跑驅趕這些吃稻子的鸚鵡，但不見成效。其他的鸚鵡吃飽稻子後，都空著嘴巴回去，而鸚鵡王卻叼了許多稻穗，帶回去孝敬父母。此後，鸚鵡們每天都到那裡吃稻子。那個僱工心想：「如果這些鸚鵡這樣吃下去，再過幾天，稻子就所剩無幾了。婆羅門會將稻子作價，要我賠償的。我去報告他吧。」他帶著一把稻子和這個消息，去見婆羅門，行禮後，站在一旁。婆羅門問道：「夥計，稻子長得好吧？」「是的，長得很好，婆羅門！」說罷，念了兩首偈頌：

稻田長得好，鸚鵡來聚餐。

告訴婆羅門，驅散有困難。

其上有一鳥，健壯且美貌。

吃飽飛走時，還叼一嘴稻。

婆羅門聽了他的話，對鸚鵡王產生好感。問僱工道：「夥計，你會安絆子嗎？」「我會。」於是，婆羅門唸偈頌告訴他：

安下馬鬃絆，捕捉這隻鳥。

抓住別弄死，交給我活的。

聽了這話，僱工很高興，因為婆羅門沒有提出要他作價賠償。他回去準備了一隻馬鬃絆子，觀察了鸚鵡王當天降落的地方。第二天一清早，他做了一隻鳥籠，安下絆子，坐在草屋裡等候鸚鵡來臨。鸚鵡王帶領鸚鵡群來到稻田。牠沒有貪婪之心，

依舊降落在昨天吃食的地方,結果踩著了絆子。牠發現自己被絆住了,心想:「如果我現在就發出被絆的叫聲,我的同胞會嚇得不吃食就飛跑的。我應該忍住不叫,直到牠們吃完食。」最後,牠看到牠們已經吃飽,發出了三聲被絆住的可怕叫聲。所有的鸚鵡都嚇得飛跑了。鸚鵡王哀嘆道:「這些同胞沒有一個回頭看看我,我作了什麼孽啊!」他唸了一首偈頌:

吃飽又喝足,眾鳥遠飛去;

唯獨我被絆,作了什麼孽?

雇工聽到鸚鵡王被絆的叫聲和眾鸚鵡從空中飛過的聲音,心想:「情況怎麼樣了?」他走出草屋,來到安絆子的地方,看見鸚鵡王,心想:「這正是我安絆子要捕捉的那隻鸚鵡。」他滿懷喜悅,從絆子上解下鸚鵡王,捆住雙腳,拿到薩林底耶村,交給婆羅門。婆羅門十分喜愛大士,用雙手緊緊捧著牠,放在自己的膝上,跟牠交談,唸了兩首偈頌:

你的胃口大,勝過其他鳥。

吃飽飛走時,還叼一嘴稻。

糧倉需填滿,與我有宿怨?

請你回答我,稻子藏哪兒?

聽了這話,鸚鵡王用甜蜜的人聲,唸了第七首偈頌:

我住山上楠木林,無有宿怨無糧倉。

我既還債也放債,還在那裡聚寶藏。

婆羅門問道:

你放什麼債?你還什麼債?

說出你寶藏,即可把家回。

鸚鵡王唸了四首偈頌,解答婆羅門提出的問題:

兒子尚年幼,我叼食物回。

將來贍養我,故而我放債。

父母已衰老,我叼食物回。

報答養育恩,故而我還債。

還有一些鳥,翅斷元氣傷。

全由我照顧,智者稱寶藏。

我放這種債,我還這種債。

我聚這種寶,請君聽明白。

婆羅門聽了大士的說法,滿心歡喜,唸了兩首偈頌:

此鳥誠可貴,遵行最高法。

世上有些人,缺乏這品德。

攜帶你同胞,盡情吃稻子。

但願再相會,我愛見到你。

這樣懇求了大士之後,婆羅門慈祥地望著牠,像望著心愛的兒子。他解開鸚鵡王的雙腳,用提煉過一百次的油膏塗抹,讓牠坐在上座,給牠吃盛在金盆裡的甜炒米,喝蜜糖水。鸚鵡王囑咐婆羅門要謹言慎行,然後唸了一首偈頌教誨道:

我在你的村子裡,有吃有喝有友情。

你要施捨貧弱者，還要侍奉老雙親。

聽了這話，婆羅門滿心歡喜，激動地唸了這首偈頌：

今日遇見吉祥鳥，福星高照放光彩。

聽取鸚鵡美妙語，我積功德不懈怠。

婆羅門要把自己的大片田地送給大士，而大士只肯收下一小片。婆羅門拔去自己的界石，將這塊田地移交給大士，然後，雙手合十，說道：「尊者，請回吧，去安慰你的淚流滿面的雙親！」大士滿心歡喜，叼著稻穗飛回家去。牠把稻穗放在父母面前，說道：「媽媽、爸爸，起來吧！」老倆口淚流滿面，聞聲起來。這時，眾鸚鵡也聚集過來，問道：「王啊！你是怎麼獲得自由的？」牠把事情經過告訴了牠們。

婆羅門恪守鸚鵡王的教誨，從此以後，一直向有德之士、沙門和婆羅門布施。

[丶]

羯鼓

龜茲石窟壁畫中的一種樂器。《通典》說「羯鼓正如漆桶，兩頭俱擊，以出羯中，故號羯鼓，亦謂之兩杖鼓」。《羯鼓錄》也說，其狀「如漆桶，下以小牙床承之，擊用兩杖」。而壁畫上繪出的這種樂器，框較短，框廓稍彎，演奏者交足而坐，將鼓橫架於兩腿之間，用雙手相拍，所見雖與文獻記載有異，但這種圖像在敦煌莫高窟壁畫中也能見到，可能是較為接近原型的一種羯鼓圖像。

在克孜爾石窟186窟的壁畫中繪有羯鼓的圖像。

額士丁

元至正六年（1346年）察合台汗國合贊算端為權臣巴魯剌思部異密合札罕弒殺，察合台後裔禿黑貼木兒另立旗號，察合台汗國正式分裂，禿黑貼木兒一系被稱為東察合台汗國。為了取得境內廣大穆斯林居民的支持，禿黑貼木兒不僅將政治中心由草原移到定居的維吾爾族生活的農業地區，使用他們的語言，而且改宗伊斯蘭教，並利用這一宗教的「聖戰」口號進行武力擴張。禿黑貼木兒成了歷史上第一個信奉伊斯蘭教的蒙古可汗。禿黑貼木兒放手讓額士丁以民間組織名義創建了庫車教團，撥予專款、牛羊。庫車教團強迫當地人改變信仰，到處搗毀佛寺、佛像，迫害佛教僧侶，一度引起庫車、沙雅萬餘佛教徒的反抗。禿黑貼木兒立即派兵血腥鎮壓，著名的古龜茲佛寺、石窟寺如昭怙厘大寺，克孜爾、庫木吐喇等石窟的毀滅都發生在這一時期。直到伯希和到庫車考察時，還在一座佛寺廢墟中發現一具包裹在血淋淋僧衣中的枯瘦屍體。額士丁因此受到後世穆斯林的無比尊崇，額士丁家族也世襲最高喀孜（伊斯蘭教法官），享有伊斯蘭教世襲教長特權200餘年。額士丁去世後，其信徒在其生前的罕尼卡東面為他修建了豪華的陵墓，今稱毛拉額士丁麻札，位於

庫車縣新城與老城間的麻札比赫街。該陵墓始建於14世紀末，主要建築由外院、內庭和後院組成，並有墓室、禮拜殿。

摩尼珠像

全稱為摩尼如意寶珠。「摩尼」，意為光淨不為汙垢所染。唐慧苑《新譯大方廣佛華嚴經音義》卷上說：「摩尼，正云末尼。末謂末羅，此云垢也。尼謂離也，謂此寶光淨不為汙垢穢所染也。」《大般涅槃經》卷9說：「摩尼珠，投之濁水，水即為清。」「如意」，意為能滿足種種要求盡如人意。《大日經疏》卷8說：「今於此中廣種無限善根故，即從今生以後盡未來際常作如意寶珠身虛空藏身，能滿足他一切希願。」

摩尼珠出於何處呢？佛經中說法不一，有的說出自龍王或摩竭魚之腦中，有的說或為佛舍利變成。《雜寶藏經》卷7說：「佛言，此珠摩竭大魚腦中出，魚身長二十八萬里，此珠名曰金剛堅也。」《大乘無量壽經指歸》中說：「此珠多在大海中，大龍王以為首飾，若轉輪聖王出世，以慈悲方便能得此珠，於閻浮提作大饒益。」《大智度論》卷59則說：「有人言，是帝釋所執金剛用，與阿修羅戰時碎落閻浮提。有人言，諸過去久遠佛舍利，法既滅盡，舍利變成此珠，以益眾生。有人言，眾生福德因緣故，自然有此珠。譬如罪因緣故，地獄中自有治罪之器。此寶珠名如意，無有定色，清澈輕妙，四天下物皆悉照現。如意珠義如先說，是寶常能出一切寶物，衣服飲食隨意所欲，盡以與之。」

可見，摩尼珠是一種晶潤光潔、堅不可摧、能滿足人們一切願望、具有魔術般力量的寶物。佛把此寶珠散落人間，以饒益眾生。故而佛教繪畫中出現了摩尼珠的形象。

在龜茲石窟壁畫中，摩尼珠被畫成多種形象，最常見的為兩種：一種是一棵寶珠，四周縛以綵帶；一種是一個桃子形的寶物，表面上畫出熠熠的光輝。

克孜爾石窟新1窟後室右壁上畫的一顆摩尼珠是最有趣的，它由一個多角體組成，周圍縛以綵帶，身上發出閃閃的光芒，珠的下部還裝著一個木棍，以便手能夠提攜它，而不至於玷汙它。（圖195）

圖195　克孜爾石窟新1窟——摩尼珠像

摩利支天像

為密教所傳的天神。「摩利支」梵音，其義為不可見不可取的形象，為佛的守護神。據《佛說大摩裡支菩薩經》卷1中的記載，其形象為：「用好彩帛及板木等，

於其上畫無憂樹，於此樹下畫摩里支菩薩，身如黃金色，作童女相，掛青天衣，手執蓮華，頂戴寶塔莊嚴……令彼行人先作觀想，想彼摩里支菩薩坐金色豬身之上，身著白衣，頂戴寶塔，左手執無憂樹花枝，復有群豬圍繞。」

中外對摩利支天形象的雕塑和繪畫不一樣。據記載，在印度那爛陀寺有一尊摩利支天像，此像有三個面孔，一個面孔作豬形，三目八臂，右四手拿著絹索、鉤弓等武器，左四手拿著箭、劍、金剛杵等武器。頭部之後有火焰形裝飾，臺座上刻有七個豬形的雕塑。在敦煌莫高窟 3 窟亦有摩利支天像，此像為一面八臂，其面孔係人形，嘴巴豬形。八隻手都拿著各種武器，臺座上亦刻有八個豬形的雕塑，四壁則為千手觀音像。

據《佛說摩利支天經》說：世尊告知比丘，有天名摩利支，無人能見，常行日前。彼摩利支天無人能捉，不為人欺誑，不為人縛，不為人債其財物，不為怨家能得其便。《佛說摩利支天經》又說：世尊即說咒曰……於行路中護我，非行路中護我，盡日護我，夜中護我，於惡怨家護我，王難護我，賊難護我，一切處一切時護我。從《佛說摩利支天經》的內容來看：一是摩利支天神通廣大，能隱身變形，故而，它可以有多種形象；二是摩利支天不離佛的左右，一切處一切時都在護衛著佛，因而，它是佛的守護神。

在克孜爾石窟 178 窟中，摩利支天像被畫成一副豬面孔，兩個大耳朵，一個拱形鼻，只有兩臂，站在佛的後面，看不出它的兩手拿著什麼。但是，它作為佛的守護神的形象是明顯的。

有人認為它不是摩利支天，而是金翅鳥神。這種看法明顯是錯誤的，因為：第一，金翅鳥在克孜爾石窟壁畫中多出現於券腹中心部位的天相圖中，一般都被繪成人首鳥身或純粹是一隻鳥的形象；第二，金翅鳥王在佛教壁畫中是以佛的化身出現的，《大智度論》卷 27 中說，「譬如金翅鳥王普觀諸龍命應盡者，以翅搏海令水兩辟，取而食之。佛亦如是。以佛眼觀十方世界五道眾生……除三障礙而為說法」，它不是一尊守護神；第三，在克孜爾石窟 178 窟中與摩利支天像相對的壁面上還有一幅那羅延天的圖像，它們相互對稱，都站在背後，都以守護神形象出現。

摩訶毗盧遮那佛像

「摩訶毗盧遮那」為梵音，「摩訶」是「大」的意思，「毗盧遮那」是「日」的意思，故而摩訶毗盧遮那佛被譯作「大日佛」「大日如來」等，是密教的本尊。據密教的經典說，摩訶毗盧遮那與釋迦牟尼為同一佛，摩訶毗盧遮那是法身佛，而釋迦牟尼是應身佛。所謂「法身」，是指由於體現諸法之本性，修得佛教一切功德和教法而成就的佛身；所謂「應身」，則係指釋迦牟尼之主身。顯然，這是密教徒為了抬高自己的身分而胡謅出來的說法。

因此,在密教的諸佛排列中,摩訶毗盧遮那佛列於主位上,而釋迦牟尼佛則被列於從位上,這與大乘佛教其他各教派的諸佛排列法完全不同。

摩訶毗盧遮那佛既然是密教的教主,當然是神通廣大、法力無邊的了。據密教經典的說法,摩訶毗盧遮那佛身內包涵著一切世界,他的神力讓他在一切世界裡都能轉法輪,調伏眾生。在敦煌莫高窟135窟中有一幅摩訶毗盧遮那佛神,其形象是這樣的:身體軀幹部分畫成須彌山(佛教的地理概念,認為須彌山為人們所住世界的中心,日、月環繞此山迴旋出沒,三界諸天也依之層層建立,它的四方有東勝神、南瞻部、西牛貨、北俱蘆四個洲,人們所住的地方屬於南瞻部洲,上面是忉利天——佛教將眾生所住的世界分為高下三個層次:欲界、色界、無色界。忉利天為欲界的第二層天,在須彌山頂上,中央為帝釋天,四方各有八天,故又稱三十三天),兩肩是日、月,山下面是地獄道、畜生道等。

克孜爾石窟17窟左甬道壁上的摩訶毗盧遮那佛的形象和敦煌莫高窟135窟的不一樣:在摩訶毗盧遮那佛的全身,如胸部、腹部、臂部、甚至腿部都畫著一個又一個的小佛。總之,似乎在摩訶毗盧遮那佛的身上孕育著萬佛。《大日經疏》卷16中說:「所謂毗盧遮那者,日也。如世界之日,能除一切闇冥,而生長一切萬物,成一切眾生事業。今法身如來亦復如是,故以為喻也。」《千臂千缽大教王經》卷1中說:「說教之根宗本有三。一者毗盧舍那法身,本性清淨出一切法,金剛三摩地為宗;二者毗盧遮那報身,出聖性普賢願行力為宗;三者千釋迦化現千百億釋迦,顯現聖慧身,流出曼殊室利身,作般若母為宗。」可見,密教是把摩訶毗盧遮那佛作為化身、孕育萬佛之佛來進行崇拜的。

龜茲文化詞典
十六畫

十六畫

[一]

薛行軍陶罐

1961年6月，在新疆沙雅縣夾達克協海爾古城東南角30公分許的地下出土呈四方形排列的四口特大陶罐，其中的一只陶罐的腹部從左至右豎行書寫了「薛行軍」「監軍」五個毛筆字。

這個「薛行軍」就是《舊唐書西戎傳》中所說「阿史那社爾伐龜茲，其王伏信（指于闐國王）大懼，使其子以駝萬三百匹饋軍。及將旋師，行軍長史薛萬備，請社爾曰：『今者既破龜茲，國威已振，請因此機，願以輕騎羈取于闐之王。』社爾乃遣萬備率五十騎抵于闐之國，萬備陳國威靈，勸其入見天子，伏信於是隨萬備來朝」的薛萬備。他在這次平定龜茲的戰役中，立下赫赫戰功。打先鋒猛衝的是他；窮追龜茲王，圍困撥換城，擒拿龜茲王的是他；威服于闐王伏信的是他，嗣後又駐守西域，為統一西域立下了不朽功勳。所書「薛行軍」陶罐，正是當時供駐軍儲糧之用的。陶罐出土地點應為唐代駐軍之城。

霓裳羽衣曲

霓裳羽衣曲和霓裳羽衣舞是聯繫在一起的，當年楊貴妃跳霓裳羽衣舞，以霓裳羽衣曲伴奏，在歷史上傳下了佳話，詩人白居易曾作詩說：「飄然轉旋回雪輕，嫣然縱送遊龍驚。小垂手後柳無力，斜曳裾時雲欲生。煙蛾斂略不勝態，風袖低昂如有情。上元點鬟招萼綠，王母揮袂別飛瓊。」

霓裳羽衣曲為唐代著名歌舞大曲，雖已失散1000餘年，但至今還常為人們津津樂道，有不少傳聞佳話。

宋人江少虞在《宋朝事實類苑》中論述霓裳羽衣曲的來歷說：「余嘗觀唐人西域記云：『龜茲國王與臣庶知樂者，於大山間聽風水之聲，均節成音，後番入中國，如伊州、涼州、甘州，皆自龜茲至也。』則知霓裳亦來自西域云。」

《宋高僧傳》卷3《唐丘慈國蓮華寺蓮華精進傳》說：「安西境內有前踐山，山下有伽藍。其水滴溜，成音可愛。彼人每歲一時采綴其聲以成曲調。」

唐朝龜茲國朝野上下，人人善歌舞。在前踐山下，伽藍泉邊（指克孜爾石窟千

556

淚泉），山間流泉，滴水成音，微風相伴，形成優美的音樂旋律。龜茲樂師們採集這大自然的音樂素材，創造了動聽的霓裳羽衣曲，故唐代詩人王建《霓裳詞》中有「弟子部中留一色，聽風聽水作霓裳」之句，至今，克孜爾石窟還有一處「千淚泉」，流傳著這個古老美麗的傳說。古人據此做出「霓裳本自龜茲出」的推斷。

樵夫誅恩熊本生故事畫

這幅畫繪在克孜爾石窟38窟券腹的菱形格內，故事出自《大智度論》《根本說一切有部毗奈耶破僧事》《方廣大莊嚴經》《經律異相》等佛教經典，又名「大熊本生」「熊與樵夫本生」等。故事的內容如下：從前，婆羅尼斯城中，住著一個窮人，靠賣柴為生，人稱他婆羅尼斯樵夫。有一次他進山打柴，不巧遇狂風暴雨，七日不息，饑寒交迫。為避風雨來到山下一個石洞，正要進去，見裡面有大熊，他頓時嚇呆了。熊說人語：「樵夫莫怕，我雖是熊，不傷害你。」便把呆若木雞的樵夫抱入洞中，給他取暖，供給野果充饑。又經七八天後，風雨停息，熊送他上路。樵夫感激熊救命之恩，問他要何報答。熊告訴他別無所求，唯願不要向任何人透露牠的住處。樵夫回家途中，遇一獵手。獵手問他的去向，樵夫說了深山砍柴遇風雨，被熊救命的經過。獵手知山中有熊，喜出望外，便以小利收買樵夫，要他說出熊的住處。樵夫見利忘義，遂帶領獵手前往熊洞。大熊無防，結果遭獵手射殺。獵手剝掉熊皮，分熊肉給樵夫一半。樵夫剛要去拿，雙手突然斷掉落地，受到了應有的懲罰。獵手回城，把熊皮獻給國王。國王問明情由，知熊為義而遭身禍，十分感動，遂帶人去熊洞收拾殘骨，起塔供養。

克孜爾石窟38號窟壁畫中所繪的這幅本生故事畫，表現的是樵夫忘恩負義，引領獵手前往熊洞射殺大熊這個情節。畫面上繪出一個山洞，洞中繪出熊的半個軀體，洞外繪出獵手，正彎弓射箭，邊上站著樵夫，已斷了雙手，而地上則繪出兩隻手掌。整幅畫構圖別具一格，人物造型活潑，恰是喜好狩獵的龜茲牧人生活的反映。克孜爾石窟17窟也有此類壁畫。（見圖196）

圖196　克孜爾石窟17窟——樵夫誅恩熊

鸚鵡子王請佛供養故事畫

這幅畫繪在克孜爾石窟224窟券腹的菱形格內，故事出自佛經《撰集百緣經》。故事的內容如下：在群鳥中有一隻鸚鵡子王，牠遙見佛來，就飛到天空中，逆道奉迎，懇求佛及眾比丘能發慈悲心，到牠居住的森林中去，接受牠對佛及眾比丘的一宿供養。佛答應了。於是鸚鵡子王飛回自己居住的森林，命令眾鸚鵡前去迎接佛及眾比丘。佛及眾比丘到達鸚鵡林以後，各個布置好自己的座具，都在林下坐禪思維。這時，鸚鵡子王見佛及眾比丘已寂然宴坐，十分高興，就通宵飛翔在林子裡，始終繞著佛及眾比丘四周飛翔，四向環顧，看有沒有獅子、虎狼、禽獸及盜賊前來侵害佛及眾比丘。到第二天早晨，佛要離開鸚鵡林，鸚鵡子王就飛在前面作為引導，向著王舍城前進。當天夜中，鸚鵡子王即命終，生忉利天，長得十分快，一瞬間就如八歲。這時牠思念：「我有何福，生此天上？」後來牠自己觀察，知道是一宿供養佛及眾比丘的緣故。由於自己一絲善念，使來生得到如此好的果報。

這個供養故事在畫面上是這樣表現的：佛坐方座上，赤雙足，袒右臂，背後有團形花樹。花樹上停著兩隻鸚鵡，鸚鵡的眼睛注視著佛。

鸚鵡精誠滅火本生故事畫

這幅畫繪在克孜爾石窟178窟券腹的菱形格內，故事出自《舊雜譬喻》《僧伽羅剎集》《雜寶藏經》等佛教經典，又稱「歡喜首鳥本生」。故事內容如下：過去有大雪山，背陰處積雪終年不化，向陽處生長著一片茂密的樹林，樹林中鳥雀成群。有一鸚鵡，名叫歡喜首，也住林中。一個狂風大作的冬日，風吹樹林。摩擦起火，借助風勢，火越燒越大。樹林被毀，百鳥恐怖。鸚鵡見此慘狀，非常悲憐群鳥樹林遭受的不幸，遂飛進大海，以雙翅盛水，用口銜水，口噴翅灑，往返奔波，月月日日，精誠不息。鸚鵡的行為，被天神帝釋看見了，帝釋自天而降，對鸚鵡說：「此林廣闊，遠數千里，憑你雙翅取幾滴水難道就能滅此熊熊烈火？」鸚鵡回答天神帝釋：「山林雖廣我心更寬；烈火雖烈，我志彌堅。只要我勤奮取水，日夜不停；今世不行，還有來世，再大烈火，豈能不滅？」鸚鵡的精神感動了帝釋，帝釋即請雷公雨師降下大雨，澆滅烈火，使百鳥山林得救。

克孜爾石窟178窟壁畫中的這幅本生故事畫，其故事的情節近似中國古代的神話「精衛填海」，其畫面分成兩部分：上面畫出一隻鸚鵡正以雙翅灑水來撲滅烈火；下面則畫出山林中烈焰滾翻、百獸驚恐四處奔逃的場面。畫面簡練，造型優美，色調疏朗活潑，富有生活氣息，為佛畫中的優秀之作。（見圖197）

圖 197　森木塞姆石窟 26 窟——鸚鵡精誠滅火

［丿］

《穆天子傳地理考證》

著名地理學家丁謙先生撰寫，刊登於《地學雜誌》1915年第六卷第七、八、十一期上。文章對周穆王西遊所經過的諸地，進行了詳細的考證。今把文章中有關龜茲部分摘錄如下：「按本傳卷四里西土之數，自陽紆西至西夏氏，二千五百里。自西夏氏至珠余氏及河首襄山，千五百里。又西南至春山、珠澤、崑崙邱，七百里。西夏、珠余、河首襄山，均不見此文，當在本節以上脫簡中。以今地核之，穆王蓋由河源北行至柴達木，又西北經羅布泊，至庫勒爾（應為庫爾勒）城。又西經庫車、阿克蘇，折西南經疏勒府東，又南至和闐直隸州境。再以道里核之，西夏、珠余當在庫車地。河首襄山當在瑪喇巴什廳地。

崑崙山在和闐南。赤山今喀什噶爾河，唐地志作赤河，西域水道記作赫色勒河（註：拜城縣亦有赫色勒河，即克孜爾河）。赫色勒，回語赤也。當時穆王欲至崑崙，先經此水。此水雖源出蔥嶺，而流行之地，南近崑崙，故冠以崑崙之阿。且崑崙、蔥嶺本相連接，亦可通稱。故《山海經》言，赤水出崑崙西北隅，而東北流。」

［丶］

磨大石譬喻故事畫

這幅畫繪在克孜爾石窟17窟前室左壁上部，畫面為一個人正在磨一塊石頭。故事出自佛經《百喻經》，內容如下：「譬如有人，磨一大石，勤加功力，經歷日月，作小戲牛。用功既重，所期甚輕，世間之人亦復如是磨大石者。」

凝乳搬運本生故事畫

這幅畫繪在森木塞姆石窟11窟後室左甬道外壁的菱形格內，畫面為樹下坐一人，左立一束髮人，雙手托一果物。故事講一園丁向王宮獻庵摩羅果甘味。見巴利文《本生經》卷6等。

燃燈佛授記佛傳故事畫

這幅畫繪在克孜爾石窟63、114窟中，畫面為一善慧儒童，作解髮布地、俯首而伏之狀，為燃燈佛授記。故事說的是第二阿僧祇劫終時，遇燃燈佛出世，釋迦

龜茲文化詞典
十六畫

獻五華之蓮以供養之。時佛迎來，見地泥濘，用皮衣覆地，不足，又以髮布地，請佛蹈之而過，因以受未來成佛之記別。（見圖198、圖199）

圖198　克孜爾石窟 114 窟——燃燈佛授記

圖199　克孜爾石窟 114 窟——燃燈佛授記局部

[7]

壁爐窟 A

德文為 Höhle ngruppe mit dem Kamin A，這是德國人對克孜爾石窟 4 窟的稱呼。

壁爐窟 B

德文為 Höhle ngruppe mit dem Kamin B，這是德國人對克孜爾石窟 3 窟的稱呼。

壁爐窟 C、D、E

德文為 Höhle ngruppe mit dem Kamin C、D、E，這是德國人稱呼克孜爾石窟 2 窟的名稱。

壁龕禪窟

這類窟開鑿在半山腰或懸崖上的險要處，面積比小型禪窟還小，幾乎只等於一個壁龕，故又稱之為壁龕窟。

這類窟只見之於庫木吐喇石窟，可能是受中原文化影響下產生的一種禪窟。

壁畫重層窟

德文為 Ubermate Höhle， 這是德國人對克孜爾石窟 117 窟的稱呼。

壁畫重層窟旁小窟

德文為 Kleine Höhle nebenlderüber malten Höhle，這是德國人對克孜爾石窟 116 窟的稱呼。

十七畫

[一]

藏經洞

即克孜爾石窟67窟。1906年，德國三次考察隊從這個窟中清理出許多古寫本，故稱之為藏經洞。

古寫本的字體有三種：第一種是婆羅米早期體，其中一部分是印度輸入本，另一部分類似中亞貴霜字體或早期印度笈多字體，屬2世紀至4世紀；第二種是東突厥婆羅米字母早期體，具有當地特徵，不早於6世紀初；第三種是東突厥婆羅米字母晚期體，在6世紀後形成。

戴盔者窟

德文為 Höhle der Behelmten，這是德國人對克孜爾石窟58窟的稱呼。

[丨]

嚈噠

古西域國名，一譯小嚈噠、挹怛、挹闐，初名滑國。原為遊牧部族，一般認為是和大月氏混血的匈奴人。東羅馬史家稱之為「白匈奴」。5世紀中葉分布於今阿姆河之南。484年擊敗波斯，國號嚈噠，建都拔底延城（在今阿富汗北部伐濟臘巴德）。居民從事畜牧，兼營農業。

5世紀末，嚈噠與柔然相對抗，向東從柔然貴族手中奪得了龜茲、姑墨、疏勒、渴槃陀、朱居波、于闐等地。《南史夷貊傳》說：「魏之居代都，滑猶為小國，屬蠕蠕。後稍強大，征其旁國波斯、盤盤、罽賓、焉耆、龜茲、疏勒、姑墨、于闐、句般等國，開地千餘里。」

6世紀中葉，嚈噠為日益強大起來的突厥所擊潰，盡失其在西域的領地，龜茲於是從嚈噠的控制下擺脫出來，而又落入了突厥之手，《北史·突厥傳》記其事說：「西突厥者，木杆可汗之子大邏便也。與沙略有隙，因分為二，漸以強盛。東拒都斤，西至龜茲、鐵勒、伊吾及西域諸胡悉附之。」

此後，嚈噠逐漸被附近居民所同化，慢慢地喪失了其民族特性，走向衰亡。

[ノ]

徽章

　　出自克孜爾石窟 89—6 窟（1989 年編號），木質，色黑褐，圓形，徑約 4.7 公分，厚約 0.4～1.4 公分。正面平，陰刻一振翅欲飛的雁，胸前刻一槽，雁背上方刻六角星。背面弧，有鈕，鈕有穿孔。1989 年 5 月出土。

十八畫

[一]

覆缽式小塔

繪於克孜爾石窟 17 窟後室。該塔式最下面是一層方形石基臺，基臺上面為磚石結構的塔身。塔身正中開一印度式樣的拱券頂佛龕，龕面飾以蓮瓣紋，塔身上架有中原式的屋簷，屋簷上為一半圓形的覆缽，覆缽上是帶「山」形寶珠的尖頂剎。造型頗似印度窣堵波，呈白色。

[丨]

點戛斯

這是在歷史上曾一度占領過龜茲的一個民族。

點戛斯又稱紇斯。這是今新疆柯爾克孜族在唐代通用的漢譯名。其族源亦可追溯到西元前 3 世紀，那時的漢譯名作鬲昆，後又作堅昆、隔昆，地處匈奴之北或西北。北魏時，它是高車的一部，漢譯名作護骨。突厥興起時，它是鐵勒的一部，漢譯名有契骨、結骨、紇骨等，有時受東突厥汗國統治，有時受西突厥汗國統治。唐貞觀六年（632 年），唐朝使者王義宏到達點戛斯部。唐貞觀十七年（643 年），點戛斯首領派使向唐朝貢納貂裘等物。唐貞觀二十年（646 年）唐中央政府於點戛斯部設置堅昆都督府，任命其首領失缽屈阿棧為都督。8 世紀 50 年代，點戛斯部臣屬於回鶻汗國。9 世紀 20 年代，點戛斯首領稱可汗，下設宰相、都督、職使、長史、將軍、達乾等官，地域以劍河（今葉尼塞河上游）為中心，東到貝加爾湖，西南與葛羅祿部為鄰。在推翻了回鶻汗國之後，點戛斯向南推進，於 9 世紀 40 年代初曾一度占據了安西、北庭，《新唐書·李德裕傳》記其事：「點戛斯遣使來，且言攻取安西、北庭，帝欲從點戛斯求其地，德裕曰：『不可。安西距京師七千里，北庭五千里。異時繇河西、隴右抵玉門關，皆我郡縣，往往有兵，故能緩急調發。自河、隴入吐蕃，則道出回鶻。

回鶻今破滅，未知點戛斯果有其地邪？假令安西可得，即復置都護，以萬人往戍，何所興發，何道饋挽？彼天德、振武於京師近，力猶苦不足，況七千里安西哉？臣以為縱得之，無用也……』帝乃止。」但是點戛斯占據龜茲的時間並不長，很快被回鶻諸部所擊退，龜茲又重新落入回鶻人之手。

[丶]

鷹王受眾愛戀本生故事畫

這幅畫繪在克孜爾石窟184窟的左壁方格內，故事出自《經律異相》。故事的內容如下：過去，有一個國王，最喜歡吃鷹肉。他規定，每個獵師每天都要向國王敬奉一隻鷹，以備國王食用。所以，全國各地的獵師們不得不到處張網捕鷹。有一次，一隻鷹王率五百隻鷹從空中飛到地上找食。鷹王不慎墜入網中，被獵師捕獲了。其他的鷹見鷹王受害，都奮起驚飛，但久久徘徊於空中，不忍離去。其中一隻鷹連番追隨，不幸被弓箭所中，悲鳴吐血，時刻不止。獵師見此等慘狀，感到非常可憐，隨即把鷹王放於空中，令其自由飛去。群鷹見了鷹王，都高興地圍著牠，慶賀牠的歸來。獵師們把見到的這個情景，一一報告了國王，國王被鷹王及群鷹之間的這種情義所深深感動，毅然向全國下了一道命令：「自今而後，對鷹要好好地保護，再不許擅自捕殺！」

克孜爾石窟184窟壁畫中所繪的這幅本生故事畫，表現為一個寶座上坐著國王及王后，旁邊跪著一個侍者，手上托著一個盤，盤中放著一隻鷹。國王正伸手向盤，作取鷹的狀態。

二十畫

[丶]

魔法使本生故事畫

這幅畫繪在森木塞姆石窟48窟券腹的菱形格內。畫面為一裸上身、下著皮裙的人，單足立，左腿後折，雙手合十。故事講的是魔法使的諸種情節。見巴利文《本生經》卷5等。

[フ]

譬喻故事畫

這是把佛在傳教中的譬喻說法內容，用二十畫具體可感的畫面展示出來，使抽象玄奧的教義形象化、淺顯化，從而更易於信徒們領會和接受。由於這類譬喻故事畫多是強調要修習四念住（念身不淨、念受是苦、念心無常、念法無我），使自己感官和意識（即眼耳鼻舌身意）不受外界誘惑，以達到苦滅、解脫的目的，所以，譬喻故事畫是透過形象，以促使信徒們更深入地了解小乘佛教說一切有部主張的以解脫為目的的修行方法。

現存《舊雜喻經》《雜譬喻經》《譬喻經》《百喻經》《法句譬喻經》以及散入大部頭經卷如《阿含經》《賢愚經》《雜寶藏經》《生經》和《佛本行集經》等多載有這些譬喻故事。其內容雋永，多妙思美言；故事畫面構圖簡潔，人物形象生動。

龜茲石窟壁畫中的譬喻故事畫多存於中心柱型支提窟主室券頂兩側菱形格畫中部或最下端，同本生、因緣、供養等故事畫並列橫陳。有的譬喻故事畫則被繪於券腹中部或佛龕兩側甬道、中心柱兩側壁菱形格畫內。

附錄：龜茲研究院大事記

◆ 1951 年

西北科學考察團考古組組長向達先生率隊考察克孜爾石窟、庫木吐喇石窟、森木塞姆石窟和克孜爾尕哈石窟。

◆ 1953 年

9～12月，西北文化局新疆文物調查組在調查天山南路文物期間，對克孜爾石窟、庫木吐喇石窟、森木塞姆石窟和克孜爾尕哈石窟進行調查。此後，武伯綸的《新疆天山南路的文物調查》公布了這次調查結果。敦煌藝術研究所常書鴻先生考察克孜爾石窟。

◆ 1954 年

西北科學考察團再次在克孜爾石窟開展考察工作。

◆ 1955 年

6～12月，西北文化局新疆文物調查組分南北兩路對新疆文物進行全面調查。期間，南路分組在克孜爾石窟、庫木吐喇石窟、森木塞姆石窟和克孜爾尕哈石窟進行調查。

王子雲撰寫的《新疆拜城赫色爾石窟》，在《文物參考資料》1955年的第二期刊出。

◆ 1949 年直到 1956 年

庫木吐喇石窟、森木塞姆石窟和克孜爾尕哈石窟由庫車、沙雅、新和中心縣委代管。

◆ 1956 年

庫木吐喇石窟、森木塞姆石窟、克孜爾尕哈石窟和瑪扎伯哈石窟由庫車縣文化館管理。

拜城縣克孜爾千佛洞文物保管所（簡稱文管所）成立。

台台爾石窟、溫巴什石窟由拜城縣文化館管理。

龜茲文化詞典
附錄：龜茲研究院大事記

◆ 1957 年

克孜爾石窟、庫木吐喇石窟、森木塞姆石窟、克孜爾尕哈石窟、瑪扎伯哈石窟、托乎拉克艾肯石窟、溫巴什石窟被列為新疆維吾爾自治區重點文物保護單位。

◆ 1961 年

3月4日，克孜爾石窟和庫木吐喇石窟被中國國務院列為第一批全國重點文物保護單位之一。

秋季，北京大學閻文儒教授率中國佛教協會通一法師（劉明淵）、敦煌文物研究所劉玉權和祁鐸、新疆博物館沙比提·阿合買提等調查克孜爾石窟、庫木吐喇石窟、森木塞姆石窟和克孜爾尕哈石窟，對洞窟進行編號並分期。

◆ 1964 年

庫木吐喇石窟、森木塞姆石窟和克孜爾尕哈石窟由庫車縣文化教育科管理。

◆ 1972 年

庫木吐喇石窟、森木塞姆石窟、克孜爾尕哈石窟和瑪扎伯哈石窟由庫車縣文化館管理。

◆ 1973 年

拜城縣克孜爾千佛洞文管所護理員買買提·尼牙孜在鄰近69窟的西側發現新窟，內殘存壁畫和泥塑佛像比較完整。該窟於1975年編號為新1窟。

12月7～8日，中國國家文物局副局長沈竹以及顧鐵符、祁英濤考察克孜爾石窟。

◆ 1974 年

夏季，拜城縣克孜爾千佛洞文管所在43窟右側峭壁上鑿立「全國重點文物保護單位克孜爾千佛洞」標誌牌。

拜城縣克孜爾千佛洞文管所維修加固克孜爾石窟14、15、16、27、79、80、101、169、170、172、173、175等窟，清理全部洞窟裡的雜物、牛羊糞，並建成職工宿舍2棟、文物庫房及職工食堂1棟，植樹5000餘株。

◆ 1975 年

5 月 30～31 日，中國國家文物局局長王冶秋、顧問謝辰生，文物出版社總編輯金仲及，復旦大學教授譚其驤等考察克孜爾石窟和庫木吐喇石窟。

8 月，庫木吐喇石窟、森木塞姆石窟、克孜爾尕哈石窟和瑪扎伯哈石窟交庫車縣文管所管理。

9 月，敦煌文物研究所副所長段文杰及關友惠、潘玉閃、馬世長、祁鐸等考察克孜爾石窟，歷時 15 天。

11 月，拜城縣克孜爾千佛洞文管所組織職工王建林、孫來會、黃士凱、唐敖、艾米爾拉、亞森·卡斯木背運土坯維修加固克孜爾後山區 205、206、207、210、212、213、219、222、224、227、229 窟。

11 月 13 日，中國中央民族學院教授耿世民考察克孜爾石窟。

新疆維吾爾自治區人民政府撥款 430 萬元人民幣，由自治區水利廳設計、自治區水利廳水電二處施工的庫木吐喇石窟防洪圍堰開工。

中國國家文物局撥款 8 萬元人民幣，用於修建克孜爾石窟道路，解決照明用電。購置柴油發電機 1 臺，石窟始有照明用電。

◆ 1976 年

庫車縣文管所給庫木吐喇石窟 36、37、38、42、43、45、46、53、54、55、56、58、64、65 窟安裝門窗。

◆ 1977 年

庫車縣文管所對森木塞姆石窟部分洞窟進行修復和清理。

庫車縣文管所清理庫木吐喇新 1 窟並安裝門窗的同時，發現了新 2 窟。

庫車縣文管所給庫木吐喇五連洞入口安裝門窗。

新疆維吾爾自治區副主席巴岱視察庫木吐喇石窟。

◆ 1979 年

6 月 2 日，中共新疆維吾爾自治區黨委書記司馬義·艾買提視察克孜爾石窟。

龜茲文化詞典

附錄：龜茲研究院大事記

6月，由新疆維吾爾自治區文物管理委員會（簡稱文管會）組織，在克孜爾石窟臨摹壁畫，歷時1個月，臨品存新疆維吾爾自治區博物館。

8月15日，中國藝術研究院美術研究所所長、研究員譚樹桐，舞蹈研究所副所長董錫玖和美術研究所研究員王玉池、北京工藝美術研究所鄧爾威、孫秉山在克孜爾石窟考察，歷時10天。

8月20日，日中文化交流協會會長、日本和光大學教授、美術史學家宮川寅雄等5人訪問克孜爾石窟，其中有日本京都大學教授、著名考古學家通口隆康。

8月27日，北京大學副校長季羨林和任繼愈、黃心川、谷苞等考察克孜爾石窟。

8～10月，北京大學教授宿白帶領研究生馬世長、晁華山、丁明夷、徐琬音、美籍研究生顧樹基等人在克孜爾石窟、庫木吐喇石窟、森木塞姆石窟、克孜爾尕哈石窟及台台爾石窟進行考察。

9月，在新疆維吾爾自治區文管會的精心組織下，中央美術學院、北京畫院等單位派出優秀畫家共40人，在克孜爾石窟臨摹壁畫，臨摹品收藏於新疆維吾爾自治區博物館。

10月16日，《絲綢之路》聯合攝製組在克孜爾石窟開拍。

10月26日，拜城縣人民政府議定將克孜爾石窟原圍牆外的土地7000畝劃撥給拜城縣克孜爾千佛洞文管所使用，有利於文物保護與管理，並撥付人民幣給克孜爾鄉七大隊，作為土地補償。

11月20～22日，敦煌文物研究所所長常書鴻在新疆藝術學院龔建新老師的陪同下，來克孜爾石窟考察。

庫車縣文管所對庫木吐喇窟群區10、11、13、14、27、28、29、31窟的地坪進行了防滲處理。

拜城縣克孜爾千佛洞文管所在清理洞窟時，在克孜爾石窟清理出梵文《十誦律》殘片。

◆ **1980年**

9月7日，中央美術學院美術史學者張廣復教授考察克孜爾石窟。

孫秉山、李麗、沙迪克、米娜宛等，臨摹庫木吐喇新1、2窟及窟群區12、16、24、34、45、46、58、63窟等壁畫，臨摹作品保存在庫車縣文管所。

◆ 1981 年

9月12日，中國國務院水電部部長錢正英考察正在修建的克孜爾水庫，順路前往克孜爾石窟進行考察、研究，針對克孜爾水庫蓄水後對文物的影響及會產生什麼樣的變化，做了詳細的諮詢。

9月22日，日本著名畫家平山郁夫及夫人在克孜爾石窟考察並臨摹壁畫。

10月5日，中央工藝美術學院院長張汀考察克孜爾石窟。

由新疆維吾爾自治區水利廳水電二處施工，在庫木吐喇石窟窟群區10～33窟前修築門、防護牆和棧道。

庫車縣文管所給庫木吐喇窟群區23窟安裝木門，並修築窟櫃臺階。把部分已安裝的木門更換為鐵柵欄門，並在10、11、12、13、14、15、16、27、29、31、33、53、54、55、56、58、61窟前安裝鐵柵欄門。

◆ 1982 年

3月，庫車縣文管所對庫木吐喇窟群區14、22、23、24、25窟進行邊緣加固。

4月12日，敦煌文物研究所段文杰先生再次考察克孜爾石窟。

6月25～30日，浙江美術學院副教授、《中國美術史》編委會負責人王伯敏考察克孜爾石窟。

9月3日，新疆維吾爾自治區人民政府副主席伊敏諾夫在自治區文化廳副廳長李夢庚陪同下，視察克孜爾石窟。

9月16日，中國國務院財政部副部長江東平一行視察克孜爾石窟。

庫車縣文管所對庫木吐喇窟群區2、10、11、12、13、14、15、16、27、28、29、30、31、33、34、36、37、38、42、43、45、53、54、55、56、58、63、64、65窟壁畫邊緣進行加固。

由新疆維吾爾自治區文管會組織，文物處韓翔帶隊，邀請敦煌專家關友惠、霍希亮、趙俊榮及庫車文管所袁廷鶴等臨摹庫木吐喇石窟壁畫，臨摹作品現存新疆維吾爾自治區博物館。

龜茲文化詞典
附錄：龜茲研究院大事記

◆ 1983 年

9月23日，北京大學歷史系教授張廣達考察克孜爾石窟。

9月25日，中國國家文物局副局長莊敏視察克孜爾石窟。

中國和日本合作編輯的《中國石窟·克孜爾石窟》一卷本（日文版）出版發行。

新疆維吾爾自治區人民政府主席司馬義·艾買提視察庫木吐喇石窟。

◆ 1984 年

1月2日，中共新疆維吾爾自治區黨委副書記賈那布爾視察克孜爾石窟。

4月30日，法國國際文化交流協會成員考察克孜爾石窟。

5月6日，著名荷蘭友人斯諾伊文斯夫婦訪問克孜爾石窟，並拍攝錄影。

5月17日，中國國家民委主任趙健民視察克孜爾石窟。

11月8日，新疆維吾爾自治區政協主席司馬義·牙生諾夫，由中共拜城縣黨委書記李家讓陪同，視察克孜爾石窟文物保護工作。

新疆大學龜茲古文化考察隊在克孜爾石窟考察，並對石窟形制、壁畫拍攝照片，攝製《克孜爾千佛洞》電視紀錄片。

中國著名國畫家葉淺予、黃苗子考察克孜爾石窟壁畫。

《中國石窟·克孜爾石窟》二、三卷本（日文版）出版發行。

◆ 1985 年

7月，新疆龜茲石窟研究所成立，隸屬自治區文化廳，負責拜城、庫車和新和等地的石窟遺址的保護和研究工作，所址設於克孜爾石窟。

《中國石窟·克孜爾石窟》一卷本（中文版）出版發行。

◆ 1986 年

7月，中國國家文物局組織文物保護科學技術研究所高級工程師黃克忠、姜懷英等勘察克孜爾石窟，完成了《關於克孜爾水庫修建後對克孜爾千佛洞影響的調查報告》和《克孜爾千佛洞加固工程勘察報告》。

8月17日，新疆維吾爾自治區文化廳成立克孜爾千佛洞維修辦公室。

8月17日，中國全國政協副主席劉瀾濤視察石窟。

8月22日，新疆維吾爾自治區文化廳文物處副處長韓翔兼任新疆龜茲石窟研究所所長。

9月，中國藝術研究院副院長、中國人民大學教授、中國作家協會會員馮其庸先生，中國藝術研究院研究員溫廷寬，日本友人平川郁夫先後考察克孜爾石窟。

10月17～19日，日本學者宮治昭、須藤弘敏考察克孜爾石窟。

《中國石窟·克孜爾石窟》三卷本榮獲中國社會科學院考古研究所夏鼐考古學研究成果一等獎。

日本友人成立「日中友好克孜爾千佛洞修復保存協力會」，並捐贈1億544萬日元，資助石窟維修工程。

◆ 1987年

6月19日，扎克爾·托乎提、吳寶琛任新疆龜茲石窟研究所副所長。

6月21日，日本的中國佛教美術訪問團在奈良法隆寺執事中村大超團長率領下考察克孜爾石窟。

9月，中國國家文物局和新疆維吾爾自治區文化廳聯合在庫車召開克孜爾石窟維修研討會，與會專家在克孜爾石窟進行實地考察。

10月4～15日，中國國家文物局和新疆維吾爾自治區文化廳聯合邀請全國8省（區）、市的20餘位專家、學者和工程技術人員在新疆烏魯木齊召開克孜爾千佛洞維修設計方案論證會。

秋季，中國國家經貿委副主任袁寶華視察石窟。

◆ 1988年

6月，新疆維吾爾自治區文化廳與甘肅省第五建築公司五〇一工程隊、河南省偃師縣諸葛文物維修隊簽訂克孜爾石窟第一期維修工程一、二段的施工合約。

龜茲文化詞典

附錄：龜茲研究院大事記

◆ 1989 年

4月5日，新疆維吾爾自治區人民政府副主席毛德華和自治區人大等有關部門的領導、專家視察克孜爾石窟的保護維修工程。

4月，新疆維吾爾自治區文化廳副廳長解耀華在克孜爾石窟維修工地召開現場辦公會，就地解決施工中遇到的問題。

4～6月，新疆維吾爾自治區文化廳文物保護維修辦公室組織新疆文物考古研究所清理克孜爾石窟谷西區中段50～57等窟前山體崩塌積土，發現一批洞窟和珍貴文物。自西至東編號為89—1至89—10。

5月12日，中國國家文物局文物保護科學技術研究所高級工程師黃克忠在克孜爾石窟維修現場檢查指導工作。

5月31日，「克孜爾千佛洞維修捐款紀念碑」落成，中國全國政協副主席王恩茂題寫碑名。

5月，中國全國政協副主席王恩茂、中共新疆維吾爾自治區黨委副書記賈壽山、新疆軍區司令員高煥昌和阿克蘇地委書記頡富平等視察克孜爾石窟。

6月，新疆維吾爾自治區維修辦組織人員臨摹庫木吐喇臨河洞窟壁畫及進行洞窟檔案記錄、攝影，參加人員有新疆龜茲石窟研究所的袁廷鶴、王建林、史曉明、張凡、徐永明等，李麗負責洞窟檔案記錄，朱育萍攝影。臨摹作品現存於新疆龜茲研究院。

7月17日，河南省龍門石窟保管所所長劉景龍等受國家文物局文物保護科學技術研究所委託，來到克孜爾石窟，負責維修工程技術把關。

8月，新疆維吾爾自治區人民政府主席鐵木爾·達瓦買提在南疆視察工作期間，到克孜爾石窟視察維修施工現場。

9月15日，中國國家文物局文物處副處長朱長翎一行到克孜爾石窟維修加固施工現場檢查施工質量。

10月中旬，克孜爾石窟第一期維修加固工程一、二段工程竣工，向遊人開放谷西區洞窟。

新疆維吾爾自治區人民政府副主席毛德華視察庫木吐喇石窟。

◆ 1990 年

5月，敦煌研究院副院長樊錦詩率考察組到克孜爾石窟考察。

中共新疆維吾爾自治區黨委常委、宣傳部部長馮大真視察庫木吐喇石窟。

◆ 1991 年

10月，新疆維吾爾自治區文化廳任命陳世良為新疆龜茲石窟研究所副所長，主持研究所工作，韓翔不再擔任所長職務。

在敦煌研究院保護研究所李雲鶴副所長一行的協助下，新疆龜茲石窟研究所抽派專業人員對庫木吐喇石窟臨河的 10、11、12、14、15、16、22、23、33、38 十個洞窟進行了測繪、壁畫揭取等工作。

◆ 1992 年

3月，克孜爾石窟第二、三期維修工程開工。

3～11月，克孜爾石窟 49～80 窟的加固維修工程竣工。

3月，中國全國政協副主席趙樸初為《克孜爾石窟志》一書題寫書名。

6月，新疆維吾爾自治區文化廳批准新疆龜茲石窟研究所下設行政辦公室、美術研究室、石窟考古研究室、文物技術保護室、資料室、接待部及園林科等九個科室。

6月，中央美術學院教授李化吉和中央工藝美術學院教授權正環在克孜爾石窟臨摹壁畫。

7月14日，日本坂田明中國音樂之旅旅遊團參觀克孜爾石窟。

7月17日，中共新疆維吾爾自治區黨委副書記張福生及周國富蒞臨克孜爾石窟參觀並檢查指導工作。

9月，北京大學晁華山教授考察克孜爾石窟。

9月，敦煌研究院副院長樊錦詩率隊考察克孜爾石窟。

龜茲文化詞典
附錄：龜茲研究院大事記

◆ 1993 年

4月，新疆維吾爾自治區文化廳任命陳世良為新疆龜茲石窟研究所所長，扎克·托乎提、王建林為副所長。

7月始，克孜爾石窟138～199窟掩體加固維修工程開工，至1994年7月，克孜爾石窟二、三期掩體加固維修工程竣工。

7月31日～8月3日，日本早稻田大學文學部教授長澤和俊、櫻井清彥等考察了龜茲石窟。

中國國家文物局組織，由敦煌研究院保護研究所李最雄教授主持，在克孜爾石窟採集樣品，進行壁畫顏料分析。

8月5日，日本大阪商業大學教授宇野等考察克孜爾石窟。

8月，新疆龜茲石窟研究所參加了首屆阿克蘇龜茲文化藝術節，展出部分壁畫臨摹品。

8～9月，新疆龜茲石窟研究所邀請敦煌研究院李雲鶴一行對庫木吐喇新1、新2窟及窟體壁畫進行了加固維修。

8月22日，韓國國樂學會會員權五聖參觀克孜爾石窟。

8月，《龜茲佛教文化論集》《龜茲壁畫藝術叢書》出版發行。

10月10日，德國科協宗教歷史考察團五人考察克孜爾石窟。

《克孜爾石窟志》一書獲新疆維吾爾自治區社科二等獎，新疆龜茲石窟研究所陳世良、王建林、史小明參加了該書的編撰工作。

◆ 1994 年

9月8～14日，新疆龜茲石窟研究所等單位聯合在克孜爾石窟召開「鳩摩羅什和中國民族文化——紀念鳩摩羅什誕辰1650週年」國際學術討論會。

9月8日，由閻玉昆、閻玉敏、杜永衛等人設計的鳩摩羅什銅像揭幕儀式在克孜爾舉行，著名書法家馮其庸為鳩摩羅什銅像題字。

新疆烏魯木齊縣倉房溝寺給新疆龜茲石窟研究所捐款1萬元。

日本友人小島康譽給新疆龜茲石窟研究所捐款20萬日元。

◆ 1995 年

3月，新疆維吾爾自治區人民政府副主席吾甫爾查看了庫木吐喇石窟壁畫毀壞情況，在克孜爾石窟召開現場工作會議。

4月，新疆龜茲石窟研究所所長陳世良應日本早稻田大學邀請，赴日本進行為期一月的學術訪問。

5月，新疆維吾爾自治區文化廳任命艾買提·蘇菲為新疆龜茲石窟研究所副所長。

5月，日本創價學會給新疆龜茲石窟研究所贈送兩臺電腦和一部 Nikon 相機。日本早稻田大學贈送一輛 2020 越野車和一輛友誼牌中巴車。

5月15日～7月15日，新疆維吾爾自治區文物局受國家文物局委託，在克孜爾石窟正式開辦第二屆中國石窟考古專修班。專修班歷時兩個月，有來自全國八省區十多個文博單位的二十餘位學員參加。

12月，日本駐華大使夫人阿南史代考察克孜爾石窟。

著名紅學家、書法家馮其庸先生考察克孜爾石窟。

◆ 1996 年

8月，日本創價學會副會長三津木俊幸代表創價學會名譽會長池田大作對新疆龜茲石窟研究所進行了友好訪問，並送來象徵雙方友誼的櫻花樹苗和樹種。

9月，日中友協會長平山郁夫代表平山郁夫文化財保護協會向研究所贈送了電腦及洞窟用乾濕度計。

新疆庫車境內森姆塞姆石窟、蘇巴什佛寺遺址被國務院公布為第四批全國重點文物保護單位。

《中國美術分類全集新疆壁畫全集》獲中國中宣部「五個一」工程獎。新疆龜茲石窟研究所霍旭初、袁廷鶴、王建林、買買提·木沙參加了此書的編纂工作。

◆ 1997 年

7月，美國地理雜誌攝製組拍攝克孜爾石窟部分洞窟壁畫。

8月，深圳雅臻文化公司董事長楊衛平捐贈 2 萬元作為「唐代西域文明——安西大都護府國際學術討論會」籌辦經費。

龜茲文化詞典
附錄：龜茲研究院大事記

8月17～21日，「唐代西域文明——安西大都護府國際學術討論會（佛教美術考察會）」在克孜爾石窟召開，中、德、法、日、新加坡等6個國家40多名代表參加。

9月6～25日，新疆維吾爾自治區文物局撥款6萬餘元，邀請敦煌研究院保護研究所副所長李雲鶴等工作者對克孜爾新1窟塑像進行了修復。

9月12～14日，由中國國家文物局副局長張柏帶領的「克孜爾維修工程1—3期驗收團」在新疆維吾爾自治區文化廳黨組書記王中俊、副廳長解耀華等的陪同下，對克孜爾石窟二、三期工程進行驗收。

10月19日原中共中央組織部副部長趙宗鼐一行考察克孜爾石窟，並為克孜爾石窟題字「民族瑰寶」。

新疆維吾爾自治區人民政府副主席吾甫爾視察庫木吐喇石窟。

◆ **1998年**

4月26日，北京綠化基金會會長單昭祥一行考察克孜爾石窟，並捐款8萬元人民幣用於克孜爾石窟綠化工作。

5月，新疆維吾爾自治區文物局撥款5.5萬元，用於加固、修築庫木吐喇石窟41、42、43窟前鋼筋混凝土防洪壩。

7月，新疆龜茲石窟研究所向中共新疆維吾爾自治區黨委書記王樂泉提交了《關於徹底解決庫木吐拉（喇）千佛洞水害問題的報告》，呼籲廢除東方紅電站，徹底解決庫木吐喇石窟的水害問題。

9月14日，新疆維吾爾自治區人民政府副主席買買提明·扎克爾就庫木吐喇石窟的保護與搶救問題在《關於徹底解決庫木吐拉（喇）千佛洞水害問題的報告》上做了重要批示。

9月11～14日，「唐代西域文明——安西大都護府國際學術討論會」在克孜爾石窟召開，中國敦吐學會會長季羨林教授來函致賀，新疆維吾爾自治區人民政府副主席買買提明·扎克爾到會致開幕詞。來自中、德、法、美等16個國家和地區的代表50餘人參加會議。代表們就唐政權與西域各國的關係等方面進行了討論。

10月3日，德國柏林印度藝術博物館館長雅爾荻茨一行訪問克孜爾石窟。這次來訪歷時17天，德方向新疆龜茲石窟研究所贈送了流失德國的部分壁畫圖片資料。

10月31日，新疆維吾爾自治區人民政府派自治區環保局、水利廳、文物局等抽調的人員組成的專家組，考察庫木吐喇石窟和克孜爾石窟，對庫木吐喇石窟水害和克孜爾石窟上千佛洞電站修建爭議問題做了認真的調查。

12月7～9日，新疆維吾爾自治區人民政府副主席買買提明·扎克爾帶領自治區人民政府辦公廳、文化廳、文物局、環保局、水利廳、計委、財政廳等單位的領導和有關人員赴庫車縣，就庫木吐喇石窟保護與搶救、克孜爾石窟上千佛洞電站修建爭議問題進行現場辦公。

同年，庫木吐喇石窟發生地震，造成7、8窟坍塌，9窟部分坍塌。

◆ 1999年

3月15日，克孜爾鄉發生5.6級地震，造成克孜爾石窟窟區部分房屋裂縫，100餘平方公尺住房倒塌。

3月，新疆維吾爾自治區政協副主席米吉提·艾山率領自治區政協文物保護檢查團蒞臨克孜爾石窟，檢查指導工作。

4月6日，北京綠化基金會會長單昭祥在林業廳綠化委副主任買買提江、阿克蘇地委書記侯長安等人陪同下抵達克孜爾石窟。舉行了「北京綠化基金會紀念林」紀念碑揭幕儀式，北京綠化基金為克孜爾北京紀念林捐款12萬元。

5月20～21日，聯合國教科文組織駐北京總代表一行在新疆維吾爾自治區文物局副局長盛春壽的陪同下考察了克孜爾石窟和庫木吐喇石窟。

6月19日，由新疆維吾爾自治區人大審議通過了《克孜爾千佛洞歷史文化遺址保護管理辦法》。

8月，日本大使公使吉澤裕、聯合國教科文組織駐北京總代表等一行赴庫木吐喇石窟就聯合國教科文組織援助項目進行考察定點。

9月，《中國文物報》發表王建林文章《龜茲石窟新發現——阿艾1號》。

10月10日～11月15日，文物庫房正式交付使用。

10月，根據新疆維吾爾自治區文物局指示，新疆龜茲石窟研究所組織專業工作者對新發現的阿艾石窟進行了測繪、清理發掘、攝影、臨摹等調查工作，同年發表了《阿艾石窟清理簡報》。

10月，新疆龜茲石窟研究所副所長艾買提·蘇菲應德國柏林印度藝術博物館的邀請赴德國參加學術交流。

11月，新疆龜茲石窟研究所副研究員李麗應美國芝加哥大學邀請，赴美國參加國際學術討論會。

新疆維吾爾自治區文物局投資1.1萬元對克孜爾石窟14窟進行了漏水保護處理。

日本高野山佛教大學校長和田乘一行考察克孜爾石窟。

12月，庫木吐喇石窟維修列入聯合國教科文組織援助項目。

◆ 2000年

4月8～9日，聯合國教科文組織庫木吐喇維修項目專家組赴庫木吐喇石窟考察。

6月，《克孜爾石窟內容總錄》出版發行。

6月，克孜爾石窟谷內區、後山區維修工程開工。

7月，新疆龜茲石窟研究所學術委員會副主任王建林、副研究員彭杰參加「敦煌藏經洞發現一百週年國際學術研討會」。

7月，新疆維吾爾自治區文化廳任命盛春壽為新疆龜茲石窟研究所所長，陳世良、王建林二位不再擔任所長、副所長職務，任命陳世良為新疆龜茲石窟研究所學術委員會主任，王建林為副主任。

8月，美國蓋蒂保護研究所所長阿根紐夫婦等人考察克孜爾石窟和庫木吐喇石窟。

10月，由《人民日報》《文匯報》《中國文物報》等新聞媒體單位記者組成的「文物保護世紀行」考察團，由中國國家文物局副局長鄭欣淼帶隊，考察龜茲石窟。

11月，聯合國決定投資125萬美元對庫木吐喇石窟進行維修加固。

11月，北京綠化基金會會長單昭祥一行來克孜爾石窟檢查北京紀念林的綠化工作。單昭祥代表北京綠化基金會捐款22萬元人民幣。

中央美術學院教授、著名旅美油畫家袁運生帶領研究生考察克孜爾石窟。

新疆維吾爾自治區人民政府副主席買買提明·扎克爾視察庫木吐喇石窟。

◆ 2001 年

3月,《鳩摩羅什和中國民族文化——紀念鳩摩羅什誕辰1650週年國際學術討論會論文集》《阿艾石窟》等書籍出版發行。

4月19日,印度駐華大使館政務參贊錢偉倫夫婦參觀克孜爾石窟。

4月28日,克孜爾石窟旅遊公路通車。新疆維吾爾自治區人民政府副主席買買提明·扎克爾、阿克蘇地委書記侯長安、自治區文化廳廳長祖農·庫提魯克現場為公路剪綵。

5~6月,在新疆文物考古所的協助下,新疆龜茲石窟研究所考古研究室全體人員對克孜爾水庫台地15座墓葬進行了清理發掘,出土了一批隨葬品。

6月,中央美術學院教授、著名油畫家孫景波帶領研究生考察克孜爾石窟。

7月4日,新疆維吾爾自治區人民政府副主席劉怡菈臨克孜爾石窟參觀。

8月,北京大學文博考古學院博士生魏正中(義大利籍)捐款2萬元人民幣作為與新疆龜茲石窟研究所合作研究課題經費。

8月11~12日,聯合國教科文組織世界遺產中心主任梁明子女士抵達克孜爾石窟。

8月27~30日,聯合國教科文組織庫木吐喇維修項目專家組一行赴庫木吐喇石窟考察,並就維修項目計劃做了進一步論證,決定先撥款60萬美元,進行攝影、水文地質勘查、窟前清理、收集資料等前期準備工作。

8月30日,中央統戰部部長、全國政協副主席王兆國等一行在新疆維吾爾自治區、阿克蘇地區有關領導的陪同下參觀克孜爾石窟。

8月,英國倫敦大學著名教授韋陀等一行40餘人組成的學者考察團考察了克孜爾石窟、庫木吐喇石窟和森木塞姆石窟。

11月,新疆維吾爾自治區文化廳聘任王衛東同志為新疆龜茲石窟研究所所長,任期4年。盛春壽同志不再擔任所長職務。

德國法蘭克福大學捐贈4萬元人民幣作為課題經費,與新疆龜茲石窟研究所簽訂了吐火羅文研究合作協議。

克孜爾尕哈石窟被國務院公布為第五批全國重點文物保護單位之一。

龜茲文化詞典

附錄：龜茲研究院大事記

◆ 2002 年

3月15日，聯合國教科文組織庫木吐喇援助項目專家組抵達庫木吐喇石窟，決定建設綜合勘查研究設計院負責近景攝影，新疆第二測繪院負責航空測繪和地形測繪，遼寧有色金屬隊負責水文地質勘探，新疆龜茲石窟研究所負責洞窟保護及考古檔案資料的收集、記錄、攝影、測繪等工作。

3月，印度駐中國大使 Shris Menon 參觀克孜爾石窟。

4月30日～5月3日，聯合國教科文組織庫木吐喇援助項目專家組抵達庫木吐喇石窟。開展水文地質勘查、地形測繪、近景攝影工作，並對下一步工作做了重要部署。

5月21日，中國國家文物局文物研究所黃克忠陪工程師陪同美國蓋蒂保護研究所所長阿根紐一行6人抵達克孜爾，並考察了龜茲地區部分石窟。

5月31日，新疆龜茲石窟研究所組織的負責考古測繪、攝影、壁畫病害調查等項目的工作組進入庫木吐喇工作現場。

5月23日～6月15日，北京大學李崇峰教授、美國大都會博物館何恩之教授率領的由哈佛大學、早稻田大學、北京大學組成的聯合考察組15人抵達克孜爾石窟，對龜茲地區各石窟進行了考察。

6月3日，北京大學和美國羅特格斯大學向新疆龜茲石窟研究所捐贈了一部 Nikon 相機和八本畫冊。

6月17日，荷蘭駐華領事館總領事韓思克、比利時駐華領事館總領事 Merky Herman、新加坡駐華領事館總領事王祿敬、埃及駐華領事館總領事安澤鼎參觀克孜爾石窟。

◆ 2003 年

5月14日，中共新疆維吾爾自治區黨委書記王樂泉一行考察、調查研究克孜爾石窟。

10月，新疆維吾爾自治區文化廳聘任劉國瑞、趙莉擔任新疆龜茲石窟研究所副所長職務。

◆ 2004 年

4月，新疆青少年出版社出版了朱英榮、王建林編著的《龜茲石窟漫談》。

5月，新疆克孜爾石窟國債投資項目開始施工，主要對克孜爾石窟的供水、供電、道路進行改造。

7月25日，新疆龜茲石窟研究所副研究員王建林、李麗參加雲南「唐宋社會變遷國際學術研討會」。

◆ 2005年

2月11日，新疆維吾爾自治區人民政府主席司馬義·鐵力瓦爾地、副主席錢智一行考察克孜爾石窟。

4月8日，泰國公主瑪哈扎克里·詩琳通殿下一行訪問克孜爾石窟，並向克孜爾石窟捐款6萬元人民幣。陪同人員有泰國駐華大使暖西猜、阿克蘇地區行署副專員巴哈爾古麗等。

5月23～25日，著名吐火羅語專家、法國巴黎大學教授喬治·皮諾特先生來克孜爾石窟考察。

7月25日，新疆龜茲石窟研究所王衛東所長、李麗副研究員應邀參加雲岡石窟國際學術研討會。

9月9日，中國中央電視臺、新疆電視臺《直播新疆》專欄組，在克孜爾石窟進行文物保護工作現場直播。著名主持人徐莉對全球進行現場報導。

9月20日，伊拉克駐中國大使穆罕默德薩比爾伊斯梅爾、敘利亞駐中國大使穆罕默德海依爾·瓦迪、哈薩克斯坦駐中國使館文化參贊阿曼基利迪·塔熱諾夫、土耳其駐中國使館文化新聞參贊邁赫邁特·歐切爾等絲綢之路沿線部分國家駐中國使節，以及中國國家文物局辦公室、外事處官員一行13人考察克孜爾石窟。

◆ 2006年

2月19～20日，新疆維吾爾自治區文物局受中國國家文物局委託組織相關專家對對克孜爾石窟谷內區、後山區維修工程進行初步驗收。

4月12日，庫木吐喇石窟新1窟彩繪泥塑佛像被盜。

5月9日，聯合國教科文組織援助的庫木吐喇石窟保護修復工程二期項目啟動儀式在庫車舉行，參加啟動儀式的有聯合國教科文組織駐北京辦事處代表青島藤之先生，以

龜茲文化詞典
附錄：龜茲研究院大事記

及中國國家文物局，新疆維吾爾自治區文化廳、文物局，阿克蘇地區行署，庫車縣及新疆龜茲石窟研究所有關領導，還有參與項目的有關專家。

5月1～6日，中國中央電視臺《探索·發現》專欄攝製組，完成對龜茲石窟的外景及部分石窟的拍攝工作。

5月14日，中國文物研究所所長張廷皓一行考察克孜爾石窟。

6月6日，新疆青少年出版社出版了王建林編繪的《新疆石窟藝術線描集》，獲中國國家出版委員會精品獎。

6月12日，日本友人大洞龍民訪問克孜爾石窟，並捐贈10萬日元，用於石窟研究保護。

6月29日，「中國畫·畫中國——走進新疆采風寫生團」一行訪問克孜爾石窟，隨團知名畫家有：中國書畫家協會主席王煒、吉林美協主席易洪斌、海南省美協主席鄧子芳、新疆美協主席鄧維東、新疆建設兵團美協主席于雲濤、香港美術研究會主席王秋童等。

7月6日，軍旅畫家張乃西訪問克孜爾石窟，題字「物華天寶」。

8月，聯合國教科文組織援助的庫木吐喇石窟保護修復二期工程進入實施階段，遼寧有色基礎工程公司完成了二期工程中的五連洞及79窟危岩體加固工程。

8月2日，日本國花園大學教授一行考察克孜爾石窟。

8月4日，加拿大新時代電視臺攝製組，拍攝克孜爾石窟外景及相關石窟。

8月10日，中國中紀委領導劉麗英一行考察克孜爾石窟。

8月29日，新疆維吾爾自治區文化廳廳長阿不力孜·阿不都熱依木考察克孜爾石窟。

9月2日，絲綢之路（新疆段）跨國申遺工作啟動，克孜爾、庫木吐喇、森木塞姆、克孜爾尕哈四大石窟群，被列入預申報名錄。

9月，新疆龜茲石窟研究所副研究員王建林、李麗參加臺灣佛教文化研究所、新疆塔里木大學西域文化研究所合辦的「海峽兩岸絲路文化學術研討會」。

9月26日，新疆維吾爾自治區人民政府副主席胡偉一行考察克孜爾石窟。

10月，西安草堂寺方丈釋諦性一行訪問克孜爾石窟。

◆ 2007 年

6月27日，廈門大學易中天教授參觀克孜爾石窟。

7月7日，重慶出版社出版王功恪、王建林編著的《龜茲古國》。

7月16日，諾貝爾獎獲得者楊振寧先生考察克孜爾石窟。

12月25日，新疆龜茲石窟研究所參加了在阿克蘇地區舉辦的「龜茲文化藝術產品展示活動」，榮獲二等獎。

◆ 2008 年

1月，文物出版社出版了《庫木吐喇石窟內容總錄》和《森木塞姆石窟內容總錄》。

5月，新疆美術攝影出版社出版了史曉明、王建林編著的《克孜爾岩畫研究》。

9月，重慶出版社出版了王建林、王功恪編著的《絲綢之路——龜茲遊》。

9月，新疆龜茲石窟研究所研究員王建林、副研究員李麗及新疆龜茲石窟研究所副所長徐永明參加臺灣佛教文化研究所、塔里木大學西域文化研究所合辦的「海峽兩岸絲路文化學術研討會」。

10月，新疆維吾爾自治區人民政府副主席司馬義·鐵力瓦爾地視察克孜爾石窟。

10月24日，中共中央政治局委員俞正聲、新疆維吾爾自治區人民政府主席努爾·白克力、上海市市長韓正視察拜城克孜爾石窟，上海市給新疆龜茲石窟研究所捐款100萬元，新疆維吾爾自治區人民政府撥款200萬元。

◆ 2009 年

1月，新疆龜茲石窟研究所出版《克孜爾尕哈石窟內容總錄》。

2月19～21日，新疆龜茲石窟研究所參與了「聯合國教科文組織無償援助庫車庫木吐喇修復工程結項會」。

4月25日，新疆龜茲石窟研究所更名為新疆龜茲研究院。

7月下旬，庫木吐喇石窟環境整治項目竣工驗收。

8月10日，新疆龜茲研究院黨委成立，文化廳任命張國領為黨委書記。

8月22日，庫木吐喇石窟五連洞72窟北側臨河段搶險加固工程招標會在克孜爾石窟舉行。

◆ 2010年

3月10日，中共新疆維吾爾自治區黨委常委、宣傳部長李屹考察克孜爾石窟，撥款30萬元幣支持新疆龜茲研究院的宣傳工作。

4月23日，新疆龜茲研究院開展情繫玉樹抗震救災獻愛心捐款活動。

4月30日，新疆維吾爾自治區公安廳、龜茲公安局、拜城縣公安局有關領導在新疆龜茲研究院召開安全檢查會議。

5月9日，日本大洞龍民來克孜爾石窟與新疆龜茲研究院商談合作建立鳩摩羅什紀念館事宜。

6月11日，中國國家文物局局長和文化遺產研究院領導來克孜爾石窟調研。

7月9日，中共新疆維吾爾自治區黨委書記張春賢在自治區黨委常委、祕書長白志杰，自治區政協副主席、經貿委主任王永明，自治區文化廳黨組成員、文物局長盛春壽陪同下，來到地處南疆腹地的新疆龜茲研究院所在地克孜爾石窟考察調研。

7月中旬，中國文化遺產研究院出資邀請新疆龜茲研究院在一線工作的三名同仁參加在吉林舉行的遺產院專題考察和業務培訓。新疆龜茲研究院選派李麗研究員、依米提、張發林三名同仁參加此項活動。

8月25日，新疆龜茲研究院舉辦的「尋源龜茲」岩彩、重彩、膠彩畫藝術交流展在新疆藝術劇院展出，這也是新疆歷史上首次舉辦的國際大型藝術畫展。

9月15日，北京市文化局局長一行來克孜爾石窟考察調研。

9月20日，克孜爾石窟遭遇了百年不遇的山洪暴雨襲擊，整個文物保護區受災情況嚴重。研究院職工艱難地疏導洪水的流向，臨時構築起了一道防洪土壩，並將災情及時上報新疆維吾爾自治區文化廳和文物局。

10月12日，新疆維吾爾自治區文化廳副書記、廳長阿不力孜·阿不都熱依木，文物局副局長白建堯一行領導來新疆龜茲研究院視察慰問工作。

◆ 2011 年

1月7日，新疆龜茲研究院被命名為第五批「自治區青少年科技教育基地」。

7月3日～5日，在新疆維吾爾自治區文物局李軍主任陪同下，北京大學文博學院林梅村博士、美國華盛頓大學邵瑞騏教授及其助手安智博士、中國文物學會常務理事梁鑑先生等來庫車考察。

7月16日，《人民日報》《新疆日報》《新疆經濟報》等媒體一行來新疆龜茲研究院考察采風。

7月21日，由新疆維吾爾自治區文化廳主辦，新疆龜茲研究院、七坊街創意產業集聚區等單位聯合承辦的首屆新疆當代藝術節龜茲壁畫臨摹作品展在烏魯木齊市七坊街隆重舉行。首屆新疆當代藝術節暨「華彩龜茲」壁畫臨摹作品展共展出新疆龜茲研究院老中青三代美術工作者臨摹的77件龜茲壁畫藝術臨摹作品。

8月8日，「龜茲石窟保護與研究」國際學術研討會在克孜爾石窟召開。

11月26日，新疆龜茲研究院研究員王建林赴日本參加「從非洲到蒙古高原岩畫國際學術研討會」。

◆ 2012 年

2月9日，新疆龜茲研究院工作人員與新疆水利水電勘測設計研究院克孜爾項目組成員在克孜爾谷內區對千淚泉防洪項目施工現場進行節後現場查驗，該項目對防止夏秋季洪水浸泡沖刷克孜爾石窟文物造成積極的作用。

2月17日，由新疆龜茲研究院主辦的「丹青千載龜茲情」壁畫臨摹精品展在阿克蘇博物館展出。

4月21日，新疆重點文物保護項目領導小組執行辦公室組織各方在克孜爾石窟召開了「克孜爾石窟防洪工程千淚泉段技施方案優化討論會」。

4月25日，中國中央文史研究館員舒乙先生一行來克孜爾石窟考察研究。

5月9日，新疆龜茲研究院與新疆師範大學美術學院簽署了在克孜爾石窟共建美術學專業研究生培養基地的協議。

5月10日，中國全國人大常委會文物保護法執法檢查組一行來到新疆龜茲研究院管轄的克孜爾石窟、庫木吐喇石窟進行文物執法督察。調查過程中，考察組成員詳細了解

龜茲文化詞典
附錄：龜茲研究院大事記

和聽取了研究院對龜茲佛教石窟的保護、管理和研究的最新情況，觀看了具有代表性的龜茲佛教石窟。

6月9日，新疆龜茲研究院研究員王建林、博物館助理館員謝倩倩赴甘肅武威羅什寺及陝西戶縣草堂寺考察、研究、收集有關「鳩摩羅什」的資料。

6月15日，新疆龜茲研究院組織業務工作者與庫車文物局聯合對地處克魯亞克大峽谷約3公里處的狩獵岩畫進行了專業拓片保護。

6月28日，絲綢之路新疆段絲路申遺點考察規劃組一行來新疆龜茲研究院進行石窟外圍環境整治考察。

7月1日，新疆維吾爾自治區文化廳黨組書記、副廳長韓子勇帶領自治區文物局、廳規劃財務處、人事處、文物考古研究所負責人來新疆龜茲研究院駐地克孜爾石窟考察研究，看望慰問了研究院工作人員。

7月19～26日，由新疆龜茲研究院承辦的「五彩東方—龜茲古韻」壁畫展作為「傳承歷史·未來——第二屆海峽兩岸岩彩·膠彩學術展」重要組成部分在廈門美術館展出，研究院選送的95幅代表作品受到中外專家學者的關注。

8月18～19日，毛澤東主席之女李訥女士及其丈夫王景清一行在新疆維吾爾自治區文物局局長盛春壽的陪同下對古龜茲文化遺址進行考察訪問。

9月1日，「我們的故事·中華文化促進會創立20週年」慶典活動在北京人民大會堂隆重舉行。新疆龜茲研究院克孜爾尕哈石窟文物護理員——熱合曼·阿木提作為2009年獲得「中華文化人物」稱號的嘉賓出席了此次活動。

9月20日，新疆龜茲研究院與新疆師範大學舉行聯合共建美術學研究生培養基地揭牌儀式，龜茲研究院黨委書記張國領和新疆師範大學副校長海米提·依米提進行了座談。

9月21～25日，為期四天的第六屆龜茲學術研討會「現代視野下的龜茲文化發展與變遷」在阿克蘇市舉行。來自疆內外50餘名對龜茲文化頗有研究的著名專家學者與本地文物工作者圍繞「龜茲壁畫、樂舞對中華文化發展的貢獻」「龜茲文化與絲綢之路」等議題展開深入的探討和交流。

2012年9月26日～2013年2月28日，龜茲壁畫走進山西大同。以「天工」為主題的「首屆中國大同國際壁畫雙年展」在大同隆重開幕，這是新中國成立以來最大規模的壁畫展，也是中國乃至世界範圍首創的以雙年展形式舉辦的國際壁畫展。

10月7日，廣東省常務副省長徐少華一行，在新疆維吾爾自治區人民政府副主席庫熱西·買合蘇提及當地黨政領導的陪同下，蒞臨新疆龜茲研究院考察克孜爾石窟。

10月16～17日，中國國家文物局副局長童明康一行來新疆龜茲研究院研究考察，並就克孜爾石窟絲路申遺項目與研究院專家學者進行了座談交流。

11月30日，新疆龜茲研究院研究員王建林參加在陝西戶縣召開的「鳩摩羅什文化高端論壇會」，並將鳩摩羅什推介為「中國文化名人」。

12月5～12日，「五彩東方——龜茲古韻」壁畫展在浙江杭州美術館開幕，本次藝術展展出的是新疆龜茲研究院老中青三代畫家，以及中國藝術前輩和新生代畫家們30多年來對龜茲壁畫真誠研摹的80幅作品。

龜茲文化詞典
附錄：龜茲研究院大事記

後記

　　近年來，隨著中外文化交流的發展與國際上「絲綢之路」熱的興起，一批又一批中外學者赴古龜茲地區考察研究，大量關於龜茲文化研究的學術論文在中外期刊雜誌上紛紛湧現。我們從 20 世紀六七十年代即在克孜爾千佛洞文管所（後來的龜茲研究所以及龜茲研究院的前身）工作，在欣喜之餘，即萌生了一個念頭，想編寫一本《龜茲文化辭典》，為廣大龜茲文化研究工作者提供一個便利的工具，以促進與推動這股研究熱潮，使龜茲文化研究工作更加繁榮、更具成就。

　　因此從 1995 年起，我們開始蒐集資料，摸索前行。經過近 20 年的艱辛工作，《龜茲文化辭典》終於問世了，我們企圖為龜茲文化研究工作貢獻力量的願望終於實現了。

　　在本辭典的編寫過程中，我們深深地體會到：學術的發展是一個文化累積的過程。每一個學者的工作無須都從零開始，而應當儘量利用前人和時賢的研究成果。這部辭典正是在歸納與綜合了中外各家之說的基礎上完成的。蒐羅集廣，難以一一標出。

　　由於龜茲文化是涉及多學科的知識，涵蓋面很廣，很難全面掌握，加上我們學識不足、水平有限，本辭典中疏漏和舛誤在所難免，懇請讀者朋友們不吝賜教，批評指正。

　　另外，本辭典在編寫的過程中曾得到各方面的大力協助，新疆大學圖書館、新疆龜茲研究院資料中心和新疆大學歷史系資料室，在我們蒐集資料的過程中，向我們伸出過熱情的援手。特別是新疆大學歷史系的吳平凡老師給了我們很多的鼓勵和幫助，新疆龜茲研究院的同仁郭峰、葉梅、苗利輝、吳立紅、依米提·拉希、劉勇、高豔、謝倩倩、郭倩倩、張婷、趙麗婭給予了大力支持，在此表示深深的謝意。

王建林　朱英榮

國家圖書館出版品預行編目（CIP）資料

龜茲文化詞典 / 王建林 等 主編 . -- 第一版 .
-- 臺北市：崧燁文化，2019.09
　　面；　公分
POD 版

ISBN 978-957-681-943-8(平裝)

1. 文化 2. 詞典 3. 龜茲

676.09　　　　　　　　　　　　　108015036

書　　　名：龜茲文化詞典
作　　　者：王建林 等 主編
發 行 人：黃振庭
出 版 者：崧燁文化事業有限公司
發 行 者：崧燁文化事業有限公司
E - m a i l：sonbookservice@gmail.com
粉 絲 頁：　　　　　　網　址：
地　　　址：台北市中正區重慶南路一段六十一號八樓 815 室
8F.-815, No.61, Sec. 1, Chongqing S. Rd., Zhongzheng
Dist., Taipei City 100, Taiwan (R.O.C.)
電　　　話：(02)2370-3310　傳　真：(02) 2370-3210
總 經 銷：紅螞蟻圖書有限公司
地　　　址：台北市內湖區舊宗路二段 121 巷 19 號
電　　　話:02-2795-3656　傳真:02-2795-4100　網址：
印　　　刷：京峯彩色印刷有限公司（京峰數位）

　本書版權為西南師範大學出版社所有授權崧博出版事業股份有限公司獨家發行
電子書及繁體書繁體字版。若有其他相關權利及授權需求請與本公司聯繫。

定　　　價：1200 元
發行日期：2019 年 09 月第一版
◎ 本書以 POD 印製發行